军工单位财务工作质量保证体系

方世力　胡　苇　主编

中国宇航出版社
·北京·

图书在版编目（CIP）数据

军工单位财务工作质量保证体系 / 方世力，胡苇主编. -- 北京 : 中国宇航出版社，2021.6

ISBN 978-7-5159-1928-7

Ⅰ. ①军… Ⅱ. ①方… ②胡… Ⅲ. ①军事工业－财务管理－研究－中国 Ⅳ. ①F426.48

中国版本图书馆 CIP 数据核字(2021)第 124468 号

责任编辑 张丹丹　　**封面设计** 宇星文化

出版发行	中国宇航出版社		
社　址	北京市阜成路 8 号　**邮　编** 100830 (010)60286808　(010)68768548	**版　次**	2021 年 6 月第 1 版 2021 年 6 月第 1 次印刷
网　址	www.caphbook.com	**规　格**	787×1092
经　销	新华书店	**开　本**	1/16
发行部	(010)60286888　(010)68371900 (010)60286887　(010)60286804(传真)	**印　张**	33.5
		字　数	815 千字
零售店	读者服务部　(010)68371105	**书　号**	ISBN 978-7-5159-1928-7
承　印	天津画中画印刷有限公司	**定　价**	128.00 元

本书如有印装质量问题，可与发行部联系调换

《军工单位财务工作质量保证体系》
编 委 会

序

太空是人类生活的第四环境，是人类寻求资源的重要方向，利用太空资源，发展“太空经济”成为新时代的主题之一。随着我国航天技术的不断发展和相关应用的不断深入，我国航天具备了进入太空、利用太空的能力，而且这种能力在世界上是一流的，我国已成为航天大国。

中国空间技术研究院（以下简称“五院”），是中国空间事业的骨干力量。随着中国航天事业的发展，五院的经济规模不断增大，产业结构转型升级不断加速。为了更好地发展“太空经济”，支撑航天技术和产业的跨越式发展，对五院的管理能力提出了更高要求。在新环境、新经济形势下，国资委持续推进国有企业治理体系建设，着力构建定位准确、权责衔接、有效制衡的治理机制，要求五院推动自身治理能力的快速提升。财务管理作为经营管理的核心工作，一直以来都受到极大的重视。在提高财务价值创造能力的同时提高财务工作规范性，对于支撑五院的进一步乃至长期发展至关重要。

成立52年来，五院取得了辉煌的成就，累计发射航天器达300余颗。尤其是近3年，随着研制能力的提升，成功发射了97颗航天器。在300余颗航天器中，不乏系统复杂、技术难度大、质量可靠性和安全性要求特别高的跨世纪重点工程，如五院承担的载人航天工程、北斗工程、探月工程任务，均取得了举世瞩目的非凡成就，成为实践系统工程的典范。这些成绩的取得，离不开五院航天器研制过程中“零缺陷、零故障、零疑点”的基本要求，离不开“要求精准、过程量化、结果正确”的工作准则，离不开五院完备的质量管理体系，更离不开五院进一步将质量工作技术化、专业化，形成的具有航天特色的型号产品保证方法。

随着国家审计监督体制机制、审计方式方法不断完善，财务工作质量成为有效防范财务风险甚至业务风险的前沿管理内容，准确识别各环节风险、提出管控措施是确保财务工作成果高质量输出的前提。同型号产品保证的管理存在异曲同工之处，基于此，五院财务队伍运用系统工程思维，充分借鉴产品保证的成功经验，建立了五院财务工作质量保证体系（以下简称“财务质保体系”），服务于五院建设世界一流宇航企业的目标。

在财务质保体系建设过程中，五院动员各成员单位财务组织机构，依靠财务质保体系专家，把财务工作分类，把各项关键环节梳理出来，编写出一本本操作手册，通过推广应用操作手册，推进财务工作的系统化、标准化和制度化。通过3年多的体系建设，五院财务管控水平、财务工作质量得到了明显提高，同时也造就了一支高水平财务队伍，成为型号产品保证跨领域成功应用的标杆。

本书是五院财务质保体系建设经验、成果的系统总结和展示，其中各章的操作手册是体系建设最主要的成果，它们是财务工作中最佳实践经验的总结，由各岗位工作者根据切身工作撰写，经多次讨论修改，最终经五院评审通过后在全院范围内执行；它们是财务工作质量保证的核心，解决了从国家政策、财务会计制度、规章制度到实际操作“最后一公里”的问题，使国家政策、规章制度在操作层面得以精准落实，其内容可为企事业单位提高财务工作质量提供参考和借鉴。

最后，衷心希望五院财务质保体系不断完善发展，广泛应用，取得更好的成绩，为军工单位实现高质量发展提供更大帮助，为创建世界一流示范企业提供更多保障和启发。

2021年3月

前　言

知识是解决问题的要素，中国空间技术研究院（以下简称“五院”）通过建设财务工作质量保证体系，提炼下属各单位好的经验、做法，编写成各类工作手册，把优秀员工头脑中的知识和经验，变成了五院的财富，将个人能力有效转化为组织能力。通过工作手册在全院的宣贯、推广，基本解决了各单位财务发展不均衡、个人岗位变动对组织能力影响较大的问题，促进了全院各单位“雁行式”发展。手册中以小贴士形式列举的鲜活案例，对各单位把控财务风险帮助尤其大。

“企业最大的浪费，是经验的浪费。”为了使工作手册发挥更大作用，我们把部分能够公开出版的工作手册汇编成书，使之能够在更大范围得到传播、学习和运用，提高经验的价值。此外，我们把体系建设过程中形成的方法、路径、程序和改进机制，也在书中一一做了陈述，使开展体系建设工作的人员能够直接借鉴应用。

全书共分7篇，第1篇由郭文彧、夏禹、戴阳利编写；第2篇由郭文彧、杜慧超、王翰林、谢诗妍编写；第3篇由邓晓楠、闵长龙、李燕、郭盈捷、杨佳宁、张宝山、黄雷、何群、肖明锐、薛凯文、中菡、赵思思、周春宁、吴静丽、张嘉茜、孙冠杰、张清楠、王丹丹、孙阳、高树学、乔芳编写；第4篇由方义、孙明洋、杨宇红、沈雪莲、田亚琴、王雷、张馨、龚红莲、王硕、战歌、段晓彦、丁玉洁、姜文文、王漳清、刘晓燕、张辉、张春荣、杨哲、柯蓓编写；第5篇由刘冬梅、杨宝军、康斌、王漫、马蓓蓓、蒙京、潘伟、王丹丹、孙宁、孙冠杰、贺菲菲、杨彬、王余涛、李红莹、金玥含编写；第6篇由成军、王玉强、邱忠平、张晓媛、陈玲、姚屹峰、王雷、贺格森、王清、柯蓓、马薇、王芸菲、杨元琳、鲁晓静、何群、许凯、魏咸春、田亚琴、朱江源、孙冠杰、戴静、邓晓楠、马思捷编写；第7篇由于海霞、高树学、张召才编写。全书由童明姗、高树学进行审稿，由方世力、胡苇进行统稿。方世力、胡苇、李宏宇、栗晋、金胜及本书编委会委员为体系建设和各工作手册定稿做出了重要贡献。

本书对于军工企事业单位提高财务各类业务工作水平、防范财务风险能够提供参考和借鉴。我们虽尽全力做好本书的编写工作，但由于本书涉及面广、内容层次多，错漏之处在所难免，恳请读者和专家批评指正，以便进一步修正和完善。

最后，感谢参与五院财务工作质量保证体系建设的各位领导、专家，感谢你们对本体系给予的指导和帮助，希望财务工作质量保证体系能够有益于更多的军工单位，财务工作更加有效地支撑主业发展。

编　者

目　录

第1篇　军工单位财务管理概述

第2篇　财务工作质量保证体系设计

第3篇　资金管理

第4篇 税务管理

第5篇 资产管理

第 6 篇　数据管理

第7篇 应用效果与前景

第 1 篇

军工单位财务管理概述

第 1 章　军工单位发展概况

习近平总书记指出，国防科技工业作为国家战略性产业，是国家安全和国防建设的脊梁。军工单位是组成国防科技工业的细胞单元，是国家制造业综合实力的集中体现，是国民经济中的特殊组成部分。军工单位的第一要务是满足国家安全与国防建设的需要，为国防建设提供高性能的装备产品和服务保障。

随着国家国防和军队现代化建设与经济社会发展体系的融合更加广泛和深入，军工单位在满足军事需求、维护国家安全的同时，在国家经济建设、国民经济发展中的引领带动作用愈发凸显。先进的国防科学技术极大地拉动了国民经济，成为经济发展及产业结构升级的重要引擎。许多与国民生活密不可分的高科技皆源自国防科学技术，例如卫星导航、电子计算机、通信技术等。国防力量既根植于国家经济社会发展体系，又能反哺经济社会发展，彰显了军工单位对国民经济的拉动效应，有效提升了国家产业的竞争力。

当今世界正经历百年未有之大变局，新冠肺炎疫情的全球大流行，加速了大变局的发展演化，经济全球化遭遇逆流，我国发展的内外环境发生了深刻变化。党的十九届五中全会提出：准确把握新发展阶段、深入贯彻新发展理念、加快构建新发展格局，推动"十四五"时期高质量发展。在这样的背景下，我国提出了《国企改革三年行动方案（2020—2022 年）》，该方案对于发展和壮大国有经济，增强军工单位企业活力、提高效率，都具有重要的现实意义和深远的历史意义。与此同时，为进一步推动国有企业加强管理体系和管理能力建设，加快培育具有全球竞争力的世界一流企业，国务院国资委决定在国有重点企业开展"对标世界一流管理提升行动"，为军工单位的发展提供根本保证。

在国家的大力支持和产业发展的带动下，我国军工单位呈现出蓬勃发展的新态势，展示出富国强军的巨大实力，成为我国国家战略布局和经济转型发展中不可或缺的坚强后盾。面对未来战争要求和科技产业竞争的需要，军工单位全力推动自身模式转型，推动科研院所改制，成为市场化经营主体，进一步激发科技创新和产业发展的活力，成为我国现代产业体系中具有战略性的重要组成部分，呈现出鲜明的发展特征。

1）军工单位体制机制实现重大突破。军工单位公司制改革全面开启，实现了历史性突破。董事会建设迈出重要步伐，多家军工单位建立了外部董事占多数的董事会。市场化经营机制加快建立健全，积极推进经理层成员任期制和契约化管理，统筹运用多种方式强化中长期激励。混合所有制改革更加积极稳妥，军工单位形成层级较为齐全、覆盖各环节的混改配套政策。军工单位加快从管企业向管资本转变，构建业务监管、综合监督、责任追究三位一体的监督工作闭环，监管体系更加完善。

2）军工单位创新能力大幅增强。经过多年不懈努力，产业技术面貌发生了深刻改变，重大创新成果竞相涌现，以尖端武器装备技术为牵引，不断取得新的突破，自主可控能力大幅度提高，部分领域实现从“跟跑”到“并跑”的转变，取得了一系列让世人惊叹的成绩。双航母编队入列、歼20战机刺破苍穹、东风系列战略战术武器霸气问世，极大地提升了我军武器装备现代化水平，有力地推动了世界一流军队建设。北斗导航系统全面建成，“天问一号”向着火星出发，嫦娥五号圆满完成我国首次地外天体采样返回任务，“奋斗者”号万米探海，C919大飞机打破美欧两强垄断，复兴号高速列车跑出中国速度，全球第一台“华龙一号”核电机组投入商业运行，“海洋石油981”号深水半潜式钻井平台研发与应用、“智桥”SDN智能高密度万兆交换芯片CTC8096和FT－1500A系列CPU处理器发布等一大批自主创新成果，充分展示了军工单位服务国民经济发展的巨大潜力。在新能源、新材料、5G通信、先进制造、人工智能、大数据等新兴产业领域，军工单位也形成了具有特色的产品体系和产业化能力，成为我国新兴产业发展中的重要推动力量。不少军工单位在新兴产业的细分领域，已经成为行业龙头、隐形冠军。

3）军工单位经济效益保持健康稳健运行。随着我国军工单位转企改制，越来越多的军工单位进入资本市场，通过资本运作的手段——包括独立IPO、分板块注入上市公司等模式——开展资产价值管理，形成产品研制与资产运营的双轮驱动，加快了发展速度。在2020年世界500强中，我国共有6家军工单位入围上榜。同时，国家进一步向社会各类企业和机构开放竞争性采购，军工单位财务部门运用分类定价、激励约束等机制，适应军品定价模式。军工单位采用严格的成本管控措施和手段，不断调整和完善成本控制机制，以项目为载体、以预算为抓手，利用信息化手段健全成本管控，管控的约束力和穿透力显著增强，实现了企业“降本增效”“提速换挡”的效果。

4）军工单位质量管控水平大幅度提升。质量是军工单位的核心，产品的质量直接影响军工单位的有效发展，是提升军工单位能力的关键。党和国家提出“十四五”时期以推动高质量发展为主题，坚定不移建设制造强国、质量强国，推进产业基础高级化、产业链现代化，提高经济质量效益和核心竞争力。在多年的发展实践中，军工单位始终坚持作战需求的根本牵引，贯彻“质量就是生命、质量就是胜算”的理念，大幅度提升了质量管控能力。质量管控能力的提升主要体现在三个方面：一是强化质量管理体系建设。依据《质量管理体系要求》，持续编制完善质量管理体系文件，有效地促进了军工单位的技术进步和产品质量的提升；二是强化过程管控。军工单位以装备质量提升为履行强军首责的第一抓手，以实现“零缺陷、零失信”为总目标，加强质量过程管控，健全质量问题督办机制，产品质量持续提升；三是持续加强全寿命周期管理。军工单位坚持把质量和服务要求贯彻到装备全寿命周期服务的各个环节，以一流的质量、一流的服务支撑一流军队建设。

我国已进入高质量发展阶段，推动高质量发展，是遵循经济规律、保持经济持续健康发展的必然要求，也是适应我国社会主要矛盾变化和全面建成小康社会、全面建设社会主义现代化国家的必然要求。面对高质量发展的要求，军工单位不断提升用户需求优先的市场开拓意识、面向市场的产业化发展能力、灵活高效的市场化资源配置与运行机制，奋力向质量更高、效益更好、动力更强、结构更优的发展模式转型，更加高效地推进国家战略实施，更全面、更充分地满足国家发展战略需求。

第 2 章　军工单位财务工作的发展

财务管理是企业管理的核心内容之一，在企业管理中发挥着重要的基础性支持作用。财务工作的质量直接影响企业经营管理的效率，越来越多的企业将夯实财务工作基础、提升财务工作能力和水平作为支撑企业经营发展的基本前提。不仅如此，随着业财融合理念的实践探索，优秀的企业已经将财务管理作为企业战略决策的重要支撑，在进行业务决策、制定发展改革举措时，都要充分考虑财务部门的意见和建议，在重大投资、资产处置等业务中，还要制定专题的财务分析，作为决策支撑的依据。

2.1　军工单位财务工作的发展趋势

军工单位特殊的属性对财务管理也提出了特殊的要求。我国军工单位总体上处于市场化转型的发展进程中，必须适应军品竞争性采购、民用产业高度市场化竞争的特点。财务工作也必须与时俱进，根据军工单位转型的要求，强基固本，提质增效，传承创新。财务工作的核心就是要用战略的眼光考量单位的财务管理效率和效益，持续提升财务工作管理水平，强化对单位经营全过程的决策支撑和价值管控，加速实现能力提升和转型发展。

1）财务合规管理能力不断提高。合规是企业生存发展的基本前提，财务管理又是合规管理的重中之重，特别是在当前宏观经济形势复杂多变的局势下，企业面临的风险因素交织共振，部分企业为快速做大业绩，跨越合规底线，虽可能换来短期业绩，但往往会输掉未来。近年来，我国持续加强合规管理，从制定出台中央八项规定起步，拉开了全面从严治党、治企的序幕。2019 年，首次组织开展了军地联合专项审计，审计署对多家军工央企等开展了专项审计。国家协同审计、监督和税务等部门齐抓共管，对财务合规性的监督检查机制不断健全，监督体系不断完善，监督力度持续加强。在国家"应审尽审、有审必严，推动审计发现的问题整改到位、问责到位"的要求下，军工单位全面提升对财务相关政策理解和运用的能力。建立健全合规的管理体系，强化内部财务监督检查，不断提高财务合规管理水平，已经成为军工单位落实中央要求、全面从严治企的具体体现，也是适应市场化发展，推动经营模式转变，防范、化解各类风险的必然要求。

2）武器装备科研项目的财务管理要求不断提高。近几年，国家经济增速放缓，给财政收支平衡带来巨大压力。同时，国家进一步向社会各类企业和机构开放竞争性采购，形成军工领域产品日趋激烈的竞争环境。为大力开展开源节流、降本增效等工作，全面深入推进发挥成本管控要求，军工单位改变了原有的粗放式项目管理模式，开展精细化经营管控，构建精细化经营管理体系，财务核算方式更加趋于精细化、清晰化。此外，军工单位科研项目由于研究内容的不同，其经费构成千差万别，使用一种统一标准去丈量其经费内容，必然会导致一些不科学、不合理的结果。经过改进，军工单位按照研究方法和交付物的特征及内容将科研项目分为研制类、技术类和研究类，对三类项目的科研费的构成和概算方法均进行了规定，针对不同项目类别，开展差异化的核算方式，尽量使各类项目的概算与核算结果保持一致。这是科研费管理方式的一种突破，也是顺应科研费管理发展趋势的一大改革。

3）财税制度面临新的变化。我国持续推进税收改革，不断提升税收治理能力。为适应不同时期的需要，国家税收征管体制经历着持续性的变革。自 2018 年以来，税收制度改革进一步提速，呈现出多税种并进的态势。此外，国家为鼓励军工单位更好地开展自主研发等工作，陆续出台了一系列优惠政策，以更好地保障企业改革发展。军工单位在享受国家普惠性税费减免政策的同时，还享受特殊军品优惠减免政策。与此同时，国家也加严了监督管理，重点整治假发票、假退税、假申报等现象，提高税费征收的监管力度，违法必究，执法必严。

4）业财融合的发展趋势进一步显现。军工单位的市场化转型发展，加速了财务管理与业务经营的融合。财务管理工作由“事后记录与核算”的传统型财务模式，逐渐转变为“事前的预测和资源调用”的管理型财务模式。同时，业务管理人员与财务管理人员紧密配合，业务管理部门与财务部门的数据和信息双向流动与共享，实现了预算与决算、计划与执行、核算与监督的有效结合[1-2]。财务工作贯穿军工单位业务管理的全过程，不仅为主营业务和其他业务提供精准、高效的财务服务，还为各类经营决策提供系统的财务分析和预测，为企业创造价值提供强有力的支持，成为提升企业整体价值的关键一环。

5）数字化技术为财务管理注入新的发展理念和活力。人工智能、区块链、云计算等前沿技术在企业发展中不断得到应用，为财务管理工作提升了流程效率，为难点问题提供了新的解决方案，有效降低了业务处理的人工投入，将财务人员从基础性的财务工作中“解放”出来。在流程分析与优化整合方面，数字化技术可实现智能诊断和辅助优化设计，加速构建企业内部的财务共享管理能力。数字化技术在财务管理方面的应用，为军工单位改善财务管理工作水平和效率，提供了“提速换挡”的新机遇。

2.2 军工单位财务工作面临的挑战

越来越多的军工单位结合自身业务特点，加强财务工作能力建设，取得了显著的工作成效，但面对未来的新形势、新要求，总体来看还面临着不小的挑战。

1）军工单位财务工作要适应监管环境和模式的新变化。与财务管理密切相关的审计、财政、税务、工商、银行、商旅均已实现网络互通，形成了基于大数据的监管模式。财政部国库集中支付制度改革在全国国库收支系统中全面覆盖，实现了对预算单位授权支付资金的实时、全过程监管控制。可以预测，随着我国治理体系进一步完善，合规监管的力度和维度都将不断提升拓展，对企业财务管理工作提出新的更高要求。此外，国家有关部门不断强化全链条税收监管，通过金税三期工程，将国税、工商、社保、纳税人联网，跟踪纳税企业的现金流、单据流，清晰、实时掌握纳税企业的税基情况。军工单位需吃透国家税收政策，用好用足军工领域、地方、行业性质税收政策。

2）军工单位财务工作要适应数字化技术变革的新常态。面对人工智能、区块链、云计算的蓬勃发展和广泛应用，军工单位财务工作面临技术变革带来的业务基层结构性变化，越来越多的财务工作融入了数字化技术元素，改变了业务的形态和操作模式。人与机器的交互工作成为新的常态，催生了全新的财务工作方法和流程。

3）军工单位财务工作要适应高素质综合型财务人才队伍建设的新思维。一流的财务人才队伍是实现一流财务工作的核心支撑。无论是业财融合发展，还是数字化技术支撑下的财务转型，都需要财务人员不仅具备扎实的财务功底，也需要对企业业务、技术能有效理解和运用。财务人才的培养，正在从单一型财务业务人才向高素质综合型财务人才转型升级。军工单位具有人才密集型的特点，不仅要培养科研技术的高端人才，也要培养经营管理的高端人才，尤其在财务管理提升和转型方面，人员队伍建设必须"提前抓，科学干"，为财务人员创造更多了解业务、拓展技能、增长才干的机遇，对财务人才"选、育、用、留"的机制提出了更高的要求。

2.3　军工单位改进财务工作的探索

面对新要求、新形势、新特征，越来越多的军工单位结合自身业务特点和管理基础，积极探索财务工作高质量发展的路径和方法。一是优化财务工作体系，夯实财务管理基础，提升财务工作质量；二是强化业务管理与财务管理的联动，加速财务工作转型；三是优化成本管理、预算管理、税务筹划、投融资管理等财务管理关键环节的工作方法，解决制约发展的痛点和瓶颈；四是强化财务监管，建立穿透式的财务风险评估和管理能力；五是推动数字化技术应用，加速财务工作理念变革和动力变革。这些探索与实践取得了积极的效果，为更多的军工单位把握财务工作发展趋势，应对各类新要求、新挑战提供了理念、方法和经验借鉴。

无论哪种探索创新，质量都是企业发展的基础和前提。武器装备无论技术指标多么先进、性能多么突出，装备的可靠性都是根本前提，是发展的根本保障。一次试验的失利，可能就会引起连锁反应，一个性能的缺陷，可能会给部队作战带来极大困扰。在我国的国防科技工业体系中，质量是永恒的主题，是每家军工单位苦练的基本功，更是优秀单位形成更大竞争优势的看家本领。如果说装备产品的质量体现了军工单位的综合实力，那么管理质量则是这种竞争实力的基础支撑，换句话说，一流的军工企业不仅要有一流的产品与服务，更应该同时具有一流的管理体系和管理能力。财务管理是管理工作的基础要素，要提升军工单位管理的能力和质量，财务管理质量必须先行。要发挥军工单位在装备质量管理方面的优势，把相关的理念和方法引入财务管理工作中，既要提升产品硬实力，也要提升管理软实力。

近年来，五院探索将质量管理的理念、方法引入管理转型升级工作中，并率先实践探索出财务管理新模式、新路径，将积淀的航天型号科研生产质量管理的成功经验和方法，创新应用到财务管理领域，构建了基于航天产品质量保证管理理念的财务工作质量保证体系，并在五院及各所属单位开展了成功实践。

五院在产品质量管理方面，形成了深厚的强大历史积淀和完善的质量管理体系。航天产品保证工作体系是针对高风险复杂航天产品技术特点，结合产品固有技术特性，在产品研制、生产、交付全过程进行的一系列有组织、有计划的技术和管理活动，采用一套全面、细致、科学、规范的程序和方法，重点对产品的技术风险进行有效识别和控制，确保产品可用、可靠、安全，满足要求[3]。航天产品保证工作体系强调基于风险的思维，提出了一套严密的过程保证程序和方法，为我国神舟飞船、嫦娥探测器等一系列重大航天器项目的顺利实施和飞行任务的圆满完成做出了重大贡献。

航天产品保证工作体系强调严密的风险管理理论与方法、健全的产品保证组织、专业化的产品保证队伍、科学的产品保证程序与标准、先进的产品保证工具，是一套完整的工作体系。围绕产品保证要求在各单位、各型号的逐级传递与贯彻落实，五院组建了产品保证部门，实现对产品保证队伍的管理和对产品保证工作的支持、监督；建立了专业化的产品保证队伍，对产品保证要求的执行进行策划，对实施过程进行指导、监督和评价；建立了产品保证标准，指导和规范产品保证工作项目的实施；建立了型号产品保证文件体系，规范型号产品保证工作过程；组建了专业产品保证中心及专家组，为型号提供技术支持和指导。

五院财务管理工作借鉴航天产品保证工作体系，发动全院财务系统力量，构建“财务工作质量保证体系”（图 2－1），组建覆盖全院的组织体系和专家队伍，逐步建立层次清晰的制度规范，补充完善相关工作的实施细则及具体业务操作规范，形成一系列具有单位特色且行之有效的“制度、流程、标准、文化”。以先进促后进，实现财务系统“雁行式”管理，提升整体财务工作水平，实现财务管理工作紧跟、伴随、支撑单位主业发展。这种探索也是五院作为军工单位，加速推动财务工作高质量发展的具体实践，取得了显著的成功，具有较高的推广价值。

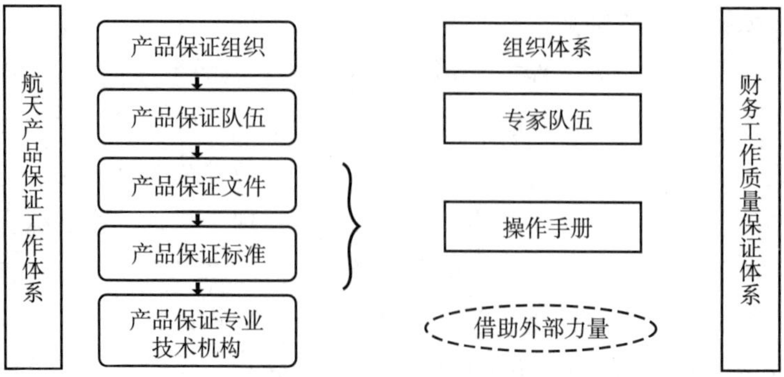

图 2－1　财务工作质量保证体系与航天产品保证工作体系对比

第 2 篇

财务工作质量保证体系设计

第3章　体系建设背景

五院隶属于中国航天科技集团有限公司（以下简称“集团公司”），成立于1968年2月20日，首任院长是著名科学家钱学森，所属行业是航天器及运载火箭制造。五院是我国主要的空间技术及其产品的研制基地，是中国空间事业最具实力的骨干力量。五院总部位于北京市海淀区，并逐步打造了位于北京、天津、河北、西安、兰州、烟台、深圳、内蒙古的八大产业基地，自1970年4月24日成功发射我国第一颗人造地球卫星以来，五院抓总研制并发射了300余颗卫星，形成了载人航天、月球与深空探测、北斗卫星导航系统、对地观测、通信广播、空间科学与技术试验六大系列航天器，铸就了东方红一号卫星、神舟五号载人飞船、嫦娥一号卫星的中国航天发展三大里程碑。

2018年，集团公司党组对五院提出“航天强国建设引领者、空间事业发展领导者”的新定位，在国家航天强国建设和集团公司战略指引下，五院提出“建设世界一流宇航企业”发展目标，着力提升宇航系统制造与应用服务能力、强化技术创新能力，加快国际化发展步伐，迈入了高质量发展的新阶段。

财务管理是五院经营管理的核心组成部分，要紧跟、伴随、支撑主业发展，覆盖到五院业务的各个领域，贯彻到各项业务的各个环节。随着五院改革发展，五院及下属各单位已形成了较为成熟的财务管理模式及方法，建立了相对完善的规章制度体系，但与建设世界一流宇航企业，实现高质量、高效率、高效益发展的新要求相比，财务管理的能力和水平还存在差距，需要着力推动五院各单位财务工作水平整体迈上新台阶。财务高质量发展是财务迈上新台阶的关键性一步，需要系统、科学的方法，核心是要围绕财务管理的规范、高效、创新展开。规范就是要适应规则、运用规则，及时掌握财税、成本等政策的要求和新变化，吃透政策；高效就是要提升效率，单位内部企业要协同进步，共同发展，运用现代化的技术和理念，解决长期制约发展的深层次问题；创新就是要转型发展，辅助决策，由核算型财务向管理型财务转型，推动业财融合的发展。

自2017年起，五院财务部锚定未来发展，将航天产品保证理念和方法在财务管理中实践应用，建立了“五院财务工作质量保证体系”（以下简称“财务质保体系”），在全院推广实施。自财务质保体系建立以来，五院财务队伍业务能力明显提升，形成了可推广、复制的体系建设和管理模式，财务创造价值能力得到整体提高，财务工作效率明显改善，同时体系建设实践方法和成果也得到了行业专家、学者的肯定。

第 4 章　体系构成与建设方法

五院财务质保体系建设按照“院搭平台、专家支撑、边建边用、持续改进”的实施策略开展，如图 4-1 所示。通过 18 家下属单位调研总结、400 余个监督检查问题深入分析、三个操作手册试点编制，在深入学习航天产品保证方法的基础上，五院制定了《财务工作质量保证体系建设方案》，明确了建设目标、方针、内容、计划。按照建设计划成立组织体系，组建专家队伍，组织编写操作手册，对编写完成的手册下发、宣贯、执行，对手册的执行情况进行监督检查。在深入总结体系建设经验的基础上，出台了《五院财务工作质量保证体系管理办法》，明确了体系持续改进机制。

五院财务质保体系形成了以构建覆盖五院及所属单位两级的组织体系为保障，组建专家队伍即财务系统的专业化产品保证队伍为支撑，以编制全面覆盖财务业务的系列标准文件手册为主要成果的高质量财务管理模式。组织体系是五院财务质保体系的关键，也是全面提升五院财务工作管理水平的前提和基础。专家队伍是财务质保体系的重要组成部分，是体系建设的专业技术支撑团队。操作手册是确保财务工作依法依规有序开展、相关管理制度有效落实的重要保障手段。专业化地成立组织体系和组建专家队伍，全面提升操作手册的编写质量，为财务质保体系的高效运行提供了专业化支撑。

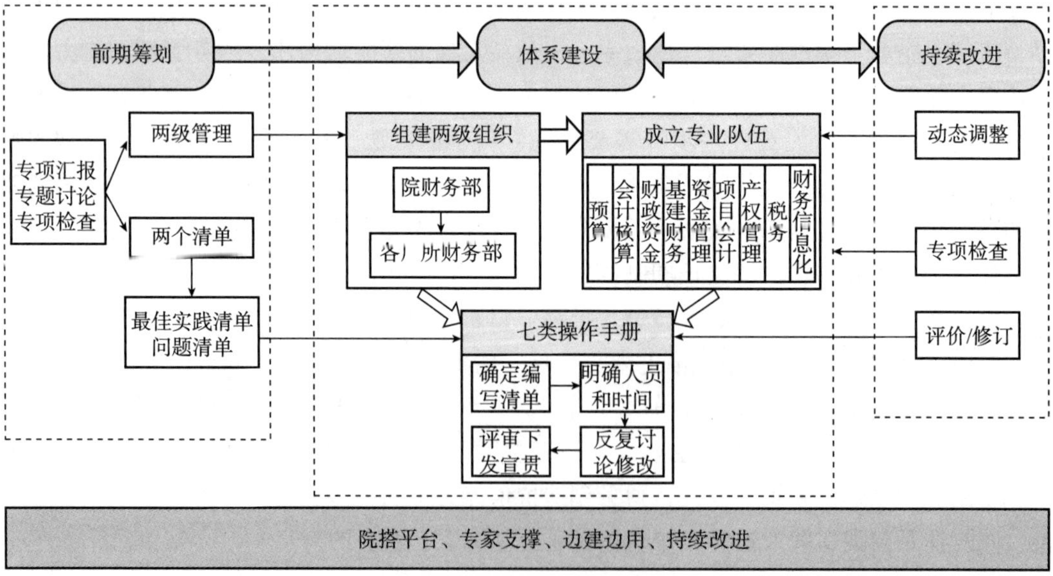

图 4-1　五院财务质保体系建设路径

4.1　构建多维组织层级

五院将体系引领、组织支撑作为夯实财务质保体系的工作基础和持续推进工作的主要策略。在广泛调研分析的基础上，五院系统设计财务质保体系，突出组织管理，并建立了多维组织层级的决策支撑团队。

(1) 建立五院、下属单位两级工作组织体系，夯实财务质保体系工作基础

组织建设是保证工作质量的基础和前提，五院建立了顶层领导决策、中层部署推进、基层实施应用的组织结构。为了全面推进五院财务工作质量保证体系建设，五院财务部牵头建立了覆盖全院各单位的工作组织体系。

工作组织体系主要包括五院领导（领导层）、财务部（组织和执行层）和各单位（执行层），此外，为了使组织工作更加高效、有序，五院还组织成立了财务质保体系议事机构，研究、解决财务质保体系建设及运行过程中的相关问题。

(2) 明确组织体系职能定位和职责分工，建立清晰、高效的工作机制

五院总会计师是财务质保体系的第一责任人，组织领导体系建设。五院财务部和各单位的财务部门既是本单位的财务管理部门，又是财务质保部门。

五院财务部作为财务质保体系建设与运行的主管部门，主要负责以下 3 个方面的工作：

1）制定财务质保体系建设的顶层策划、年度工作计划并组织实施；

2）制定、修订财务质保体系管理相关制度，组建、管理财务质保体系议事机构和专家队伍，组织编写、修订操作手册；

3）对财务质保体系的现状、适宜性、充分性、有效性等情况进行总结、自评。此外，财务部设立了财务质保体系主管处室和主管岗位，将体系建设纳入财务管理日常工作。

议事机构是财务质保体系建设及运行过程中的参谋机构，议事机构由五院财务部、重点下属单位财务领导组成，主要职能是审核操作手册制修订计划，审核初步拟定的专家队伍名单及调整名单，研究、解决体系建设及运行过程中的相关问题，确保操作手册有利于提高业务工作水平，有利于控制财务风险。

五院下属各单位参与体系建设，落实体系建设要求，执行操作手册，主要工作包括两个方面：一是识别本单位财务管理最佳实践和存在的问题，总结最佳实践经验、改进业务工作、固化工作流程；二是以最佳实践和各类问题整改为切入点编写本单位操作手册，并向五院推荐。

4.2　遴选专家队伍

产品保证队伍的专业技术能力水平决定了产品保证工作开展的水平，专业且富有经验的人员是产品保证工作的核心支撑，为此，五院财务质保体系将专家队伍建设作为体系建

设的重要因素，建立了专家选聘、使用及管理等配套机制。

（1）建立九个财务业务领域的专家团队，全面支撑财务质保体系

五院财务部优先推荐经验丰富、善于解决问题、经过风险理论培训、在业务领域中做出较突出成绩的骨干进入专家队伍，专家队伍领域与财务业务领域相一致，即在预算管理、会计核算、财政资金管理、基建财务管理、资金管理、项目财务管理、产权管理、税务、财务信息化九个业务领域分别成立相应的专家队伍。专家队伍经议事机构审核把关、五院总会计师批准后成立。

为激发调动专家的工作热情，五院以正式文件发文的形式对专家进行聘任，对于受聘为专家的人员，要求各下属单位在待遇、任职通道上给予适度考虑。

进入专家队伍既是荣耀，更是责任，五院严格控制专家数量，坚持优中选优，专家队伍人数占五院财务人员总数的比例始终控制在10%以内。

（2）发挥专家业务能力和经验优势，树立各项业务标杆

在财务质保体系建设过程中，专家的专业引领作用得到了有效发挥，在各自业务领域树立了业务规范和操作标杆。体系专家主要有四方面职责：一是参与财务质保体系建设，参与操作手册起草、院级讨论、院级评审；二是研究各类审计监督检查问题，分析风险环节和关键控制点，提出问题整改、建立持续改进机制的建议；三是交流各单位业务领域内相关工作的亮点、问题，从最佳实践、各类监督检查问题整改两个角度提出操作手册编写建议；四是参与财务质保体系评价，对已发布的操作手册进行评价。

专家队伍在五院财务质保体系建设中发挥着重要作用，从专业理论、业务实操、风险辨识、经验传承等方面为财务质保体系的设计、建设与运行提供了强有力的支撑。

4.3　编制操作手册

操作手册依据国家、上级单位有关法规、制度制定，是上述法规、制度在执行层面的分解、细化和补充。操作手册结合了质量管理第三层次文件和内控文件的编写方法，将制度要求、成功经验、问题教训融入每一步具体操作之中，并指出关键风险点，提出风险控制措施，是财务领域知识管理的工具，是经验传承的媒介，是财务工作质量保证的核心文件。

（1）以“最佳实践清单”和“问题清单”为切入点编制，保证手册实用性

编写操作手册目的之一是将隐性知识显性化、显性知识制度化，基本宗旨是有效指导实际业务操作。在编写之前，五院财务部挖掘各单位工作亮点，形成了“最佳实践清单”，梳理各类审计、监督检查问题，形成了“问题清单”。

五院财务部以最佳实践为切入点编写操作手册，旨在把个人、个别单位的先进经验进行固化并推广至全院，提升整体工作水平。通过对五院各单位财务工作的调研，分析、对比形成了175个覆盖财务各项业务的最佳实践案例，正向支撑了操作手册的编写工作。

“问题清单”聚焦各类监督检查中暴露出来的问题，以问题整改为切入点编写操作手

册，旨在总结问题整改过程中形成的风险控制措施，建立持续改进的长效机制，做到举一反三。

（2）分类清晰、定位清楚的操作手册体系，覆盖财务各项业务

①全面覆盖财务业务，手册内容重点突出、统筹兼顾

编制的操作手册内容覆盖五院财务管理的九大领域。手册内容结构化，既包括工作原则、工作程序等宏观要求，也包含工作要点、操作步骤、风险点及具体防控措施等细节内容，内容鲜活，具有极强的操作性。

②七类手册类型全面、定位清楚、特点鲜明

操作手册是现有规章制度的下层文件，共七类，分为强制执行和参照执行两种。工作规范、操作规范为必须遵照执行的文件，工作指南、指导书、岗位说明书、范例、工具说明书五类手册为参照执行文件。本书为了使读者阅读方便，统一对操作手册名称和手册内容进行了修改。另外，由于保密的原因，部分手册不能出版发行。

③急用先行与持续推进相互结合

操作手册的编制坚持急用先行、持续推进的工作方式，对于问题多发、风险高的业务优先编制手册，如 2017 年体系建立之初即组织编写了《增值税发票管理工作规范》《电子发票管理操作规范》和《在建工程预转资产工作规范》3 个手册，并面向五院发布和宣贯，及时满足了各单位在相关财务管理和操作方面的工作需要。在满足业务急需的同时，五院财务部组织制定手册编写计划，并以周计划的形式持续推进手册编制工作。

（3）多层次审查制度，确保手册发挥质量保证作用

为了保证操作手册的质量，五院采取了多项措施严格把关手册内容质量，具体内容包括：采用二级评审制度对手册的内容进行严格把关，确保手册内容的准确性、实用性、权威性；手册编写单位完成手册初稿后提交五院财务部初审，初审通过后，财务部组织五院相关部门、各单位相关人员、体系专家队伍对手册初稿进行院级讨论，手册编写单位根据意见修改、完善；经过修改、完善的手册组织院级评审，评审组由外部专家、上级单位相关领导及主管人员、相关业务部门、体系专家队伍组成。通过集中讨论和院级评审，集思广益，更加有利于形成共识，便于手册落实，能够在更深层次上把握风险点和相应的控制措施，从而保证手册的准确性、实用性和权威性。

第5章　体系推广及应用

5.1　推动全院范围应用

自五院财务质保体系启动建设以来，在全院各单位逐步宣贯落实，体系建设成果在下属各单位逐渐得到应用。

（1）严格的计划管理，保证体系正常运行、发挥作用

在五院财务质保体系建设中，特别加强院级计划、组织和协调工作的建设和开展。五院财务部每年度制定财务质保体系工作计划，经议事机构讨论及五院总会计师审定后发布。体系工作计划包括操作手册的制修订计划、宣贯培训计划、应用效果总结计划，体系专家年度工作计划，体系专家队伍调整计划，体系建设、总结、评价等工作计划。财务部严格按照工作计划组织实施，确保体系建设顺利推进，体系平稳运行。

（2）体系建设成果全院发布执行，确保体系成果快速应用

自2017年下半年开始，五院在全院范围应用财务质保体系成果，由五院统一组织，各级财务质保人员逐级负责，确保体系有关要求、管理办法、操作手册的执行在各单位财务工作的全过程中得到有效贯彻和落实。五院财务部就评审通过的操作手册对全院相关财务、业务人员进行宣贯、培训，专家队伍全程辅导、解释，督促各厂所尽快予以落实。

5.2　实现体系闭环管理

闭环管理是综合闭环系统、管理的封闭原理、管理控制、信息系统等原理形成的一种管理方法，通过决策、控制、反馈、再决策、再控制、再反馈……从而在循环积累中不断提高、不断发展。在五院财务质保体系的建设及运行中，借鉴了航天产品保证体系全闭环管理、各要素相互关联和支撑、形成有机整体的方法，根据工作进展情况和实施反馈情况及体系评价情况，持续改进体系，促进质量保证水平始终处于螺旋上升状态。

（1）跟踪业务发展，突出抓好意见、问题反馈

五院建立了下属各单位将操作手册执行中存在的问题向财务部反馈并解决的机制。五院财务部、各单位跟踪业务发展，对于开展的新业务，应用的新工具、新方法，解决的新问题，及时组织编写相应操作手册，持续保持操作手册基本覆盖财务各项业务。

（2）建立体系总结与评价机制，确保体系质量保证水平持续提高

五院财务部每年度组织开展体系评价工作。财务部每年度末评价专家履职情况，对于

履职不到位的专家提出调整建议。专家队伍每年度末对已发布操作手册的有效性、适用性、与国家（或上级）法规和制度的符合性等方面进行评价，对于经评价存在问题的手册提出修订、废止等建议。财务部每年度末对财务质保体系的现状、适宜性、充分性、有效性等情况进行总结、自评，分析存在的问题并提出改进措施。五院总会计师作为体系建设的第一责任人，对财务部的总结、自评逐项审核并进行评价，财务部根据总会计师的评价意见制定体系改进措施，并纳入下一年度体系工作计划。

五院财务质保体系按照计划、实施、评价、改进的闭环管理工作模式，使组织体系、专家队伍、操作手册体系三大要素相互关联和支撑，形成有机的工作体系，持续互相促进，有效识别财务风险点并加以控制，保证了财务工作质量。

第 3 篇
资 金 管 理

第 6 章　资金管理概述

资金管理是对企业资金来源和使用进行计划、控制、监督、考核等工作的总称。“现金为王”一直以来都被视为企业资金管理的核心理念，企业现金流管理水平，直接影响企业长远战略规划和经营发展决策，往往是决定企业存亡的关键所在。面对日益激烈的市场竞争，企业面临的生存环境复杂多变，只有不断提升企业现金流管理水平，提高企业整体资金利用效率，才能有效控制运营风险，确保企业持续健康发展。下面对本篇内容进行简要描述。

本篇收录了出纳岗位工作、资金管理岗位工作、财政资金用款计划编报、财政授权支付令编制使用、财政资金划转和归垫、政策性资金申报、商业汇票使用、一户通资金账户系统使用等 8 个方面的内容，希望能对军工科研单位资金管理工作提供参考和借鉴。

出纳是会计工作的一个重要岗位，担负着现金收付、银行结算、货币资金核算、现金和有价证券保管等重要任务。一个单位所有的资金流入、流出都必须经过出纳。出纳每天经手大量资金，必须做到日清月结、账实相符，其工作的一举一动都遵守着财务纪律和会计纪律，因此单位一般对出纳人员的工作质量、职业道德和任期等都有严格的要求。出纳岗位工作一章首先讲述了岗位任职要求，然后着重从现金业务、银行业务和其他业务三方面深入浅出地描述了岗位的日常工作流程及注意事项，最后将经验总结提炼出了言简意赅的诀窍。

资金管理岗负责债务筹资、资金计划、资金分析以及金融相关业务等管理工作。多渠道筹措资金，积极争取低成本融资，在满足生产经营必需的资金需求的前提下，最大程度降低资金的使用成本；按周细化资金收支计划，准确把握大额资金的收支情况，增大资金调配统筹的余地，进而提高资金的使用效率；资金分析是财务分析的核心，只有现金流才能最真实地反映企业的经营状况和风险程度。资金管理岗位工作一章首先讲述了岗位概述，然后从授信申请、批复、担保、使用和调整全流程详细讲述债务筹资管理，最后从资金计划管理和资金分析报告的角度阐述资金管理的途径及意义。

军工单位承研了大量资金来源为财政资金的科研项目，而财政资金的拨缴以国库集中收付为主要形式，因此各项目的用款计划编制的科学性、合理性和准确性尤为重要。获批财政资金的单位应该通过加强用款计划管理，研究编制年度用款计划，规范财政资金支付令编制，细化管理执行过程中的归垫与划转，严格规范财政资金支付和管理。

财政资金用款计划编报一章讲述了依据财政部相关管理制度及要求，预算单位依据批复的年度部门预算（部门预算控制数）和项目进度，科学编制用款计划；基本支出用款计划按照年度均衡性原则编制，项目支出用款计划按照项目实施进度编制，通过提高用款计划编报的科学性、准确性、规范性，提升财政资金的使用效益。

财政授权支付令编制使用一章讲述了财政授权支付令的编制规则、流程，以及使用、维护环节的要点，确保授权支付的准确性，提高财政资金执行效率。

财政资金划转和归垫一章主要讲述了财政资金划转要求和划转程序，适应国库集中支付改革要求，切实规范和加强财政资金管理和监督，规范财政资金划转和归垫行为，提高财政资金运行的效率和效益。

政策性资金申报是充分利用国家、上级单位的相关制度、要求，对照本单位的业务情况，积极申报符合条件的政策性资金补助。用好用足补助政策，既能支撑业务发展，又可降低资金使用成本，助力降本增效。政策性资金申报时间窗口一般较为紧张，因此，优化单位内部政策性资金申报工作流程，规范申报材料是提升申报质量的迫切要求。政策性资金申报一章以进口贴息资金申报为例详细叙述了申报全流程。

商业汇票是出票人签发的，委托付款人在指定日期无条件支付确定的金额给收款人或者持票人的票据。在交易活动中，商业汇票的结算方式可以节约买方的资金成本，也可以促进卖方扩大销售规模，同时更好锁定业务回款。商业汇票使用一章主要介绍了商业汇票的收取、开具、处置、保管的流程和注意事项，以及台账管理等日常事项，将有利于规范单位商业汇票的使用、提高资金使用效率。

近年来，财政部逐级加严了对非法人单位资金账户的管控，非法人单位在非异址异地办公情况下不得开设独立的银行账户。因此当独立核算的非法人单位无法满足与上级法人单位异址异地办公的条件时，急需探索在符合政策的情况下实现账户和资金的合规、高效管理的解决途径。本篇用一章的篇幅详细介绍了中国建设银行“一户通资金账户系统”。该系统以法人单位的中国建设银行账户为母账户，在该母账户下设非法人单位银行子账户。子账户能实现与母账户相似的一般银行账户功能。一户通资金账户系统的主要功能包括：母账户与子账户、各子账户间资金独立不交叉，且母账户能够实时监控子账户资金状况；各子账户能够独立使用网银、POS 机等工具，能够独立对账并打印回单，从而解决了非法人单位资金账户合规、高效管理的需求。

第 7 章　出纳岗位工作

7.1　质量目标

出纳岗位工作的质量目标为：办理本单位现金和银行等款项的收支业务，确保各项收支准确无误；妥善保管本单位现金、各种银行结算票据和相关印章，严格按照有关规定和制度履行程序，确保本单位资金安全使用；按期清查本单位现金、银行存款和银行结算票据，确保账实相符、账账相符。

7.2　适用范围

本章内容适用于军工单位的出纳岗相关工作，企事业单位也可参考使用。

7.3　相关释义

库存现金，是指为了满足企业经营过程中零星支付需要而持有，可随时用于支付的现金，由出纳人员经管，包括人民币现金和外币现金。

坐支，是指企事业单位和机关团体将本单位的现金收入直接用于现金支出。

零余额账户，是指财政部门为本部门和预算单位在商业银行开设的账户，用于财政直接支付和财政授权支付及清算。

其他货币资金，是指除现金和银行存款以外的、存放地点和用途均与现金和银行存款不同的其他各种货币资金，主要包括：外埠存款、银行汇票存款、银行本票存款、信用证保证金存款、信用卡存款、在途货币资金等。

商业汇票，是指出票人签发的，委托付款人在指定日期无条件支付确定的金额给收款人或者持票人的票据。商业汇票分为商业承兑汇票和银行承兑汇票。

委托付款，是指存在债权债务关系中的债权人方，向其债务人开具付款委托书，委托债务人向该债权债务关系之外的第三方支付款项。

委托收款，是指收款人委托银行向付款人收取款项的结算方式。

7.4　职责分工

出纳负责现金、银行存款的收、付业务，办理与银行结算票据的相关事宜，银行账户的开设、变更、撤销及日常管理，办理与岗位相关的其他事项。根据会计法相关要求，出纳岗不得兼任审核、稽核、会计档案保管工作；出纳不得负责收入、支出、债权债务账目记账工作。出纳岗应在三年、最长不超过五年的时间内进行岗位轮换。

7.5 业务流程和操作规范

7.5.1 现金业务

现金业务主要包括实有资金账户及零余额账户现金的收付、提取、盘点与保管、收据的保管与开具等工作。

7.5.1.1 现金收取

（1）具体范围

现金收取具体范围包括：向个人销售物品或提供劳务；个人缴纳的党费、工会会费、还款、赔偿款、罚款及向个人收取的押金、保证金、出入证工本费等；无法办理银行转账的各项收入；不足结算起点的小额收入及其他只能收取现金的情形。随着信息技术的发展，在缴纳党费、工会会费时，员工也可以通过银行支付客户端进行转账支付；其他向个人收取的费用如具备条件，也可通过银行支付客户端收取。目前人民银行规定的现金结算起点为1 000元。

（2）工作程序

1）出纳根据收款凭证判断该业务是否属于现金收取范围，不属于现金收取范围的应通过银行办理结算。

2）在接收经审核人员审核的凭证后，出纳应复核审核人员签章是否完备、收取的现金金额与收款凭证、记账凭证是否一致。

3）收取现金时，出纳应进行当面清点，对存疑钞票需进行人工检验，点验完毕后，倒换另一面再进行点验；清点后，出纳立即报出所清点的现金数额，获得缴款人的确认（唱收），同时检查实收金额与收款凭证金额是否一致，核实无误后将现金存放于指定的保险柜中。

【小贴士】

出纳应尽量避免收取残缺污损币，除以下根据人民银行规定的可全额兑换的情况外，其余残缺污损币应拒收。根据《中国人民银行残缺污损人民币兑换办法》规定：能辨别面额，票面剩余四分之三（含四分之三）以上，其图案、文字能照原样连接的残缺、污损人民币，金融机构应向持有人按原面额全额兑换。

4）现金收讫无误后，出纳应开具收据并加盖收款单位财务专用章、出纳人名章或本人签字。如需开具发票，按发票开具流程办理。

5）收据经缴款人签字后，出纳应将付款方记账联交缴款人，同时将收款方记账联粘贴于收款凭证后，余下留存联留存备查，并在收款凭证上加盖现金收讫章、出纳人名章或本人签字，交审核岗制单（如已制单，可直接交稽核岗）。

【小贴士】

收取的现金必须进行账务处理，不得坐支。

6）不得将收取的本单位现金以个人名义私自存入银行，不得私设小金库。

现金收取流程图如图 7－1 所示。

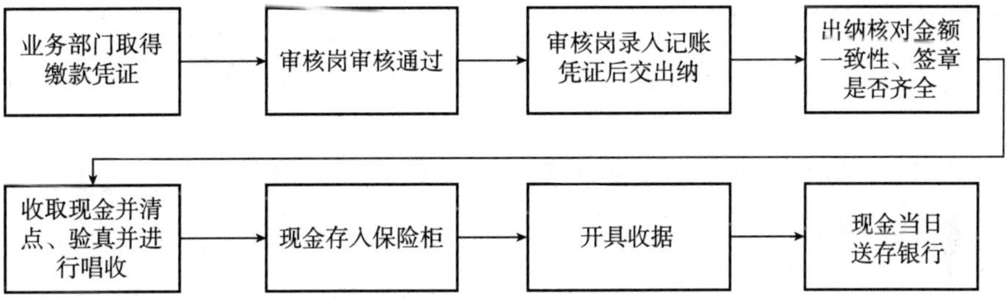

图 7－1　现金收取流程图

7）除出纳或受本单位财务部门授权委托人员外，任何单位或个人都不得代表本单位接收现金。

7.5.1.2　现金支付

（1）具体范围

现金支付具体范围包括：支付职工工资、奖金津贴；个人劳务报酬；根据国家规定颁发给个人的科学技术、文化艺术、体育等各种奖金；各种劳保、福利费用以及国家规定的对个人的其他支出；出差人员必须随身携带的差旅费；向个人支付的其他款项（如评审费、试验队零星报销等）以及结算起点以下的零星支出等。

（2）工作程序

1）根据付款凭证判断是否属于现金支付范围，对于不属于现金支付范围的应通过银行办理结算。

2）在接收经审核人员审核的凭证后，复核原始凭证，核准金额大小写是否一致，审核人员签章是否完备。如已制单，还需复核记账凭证与原始凭证金额是否一致。

3）现金支付时，应至少清点两遍，并在将现金交给现金领取人的同时，告知所交付的数额，要求领取人当面清点，双方确认无误（唱付）。

现金支付流程图如图 7－2 所示。

4）现金领取人确认无误后，出纳在付款凭证上加盖现金付讫章、出纳人名章或本人签字，交审核岗制单（如已制单，可直接交稽核岗）。

7.5.1.3　现金提取

现金提取的一般流程包括：

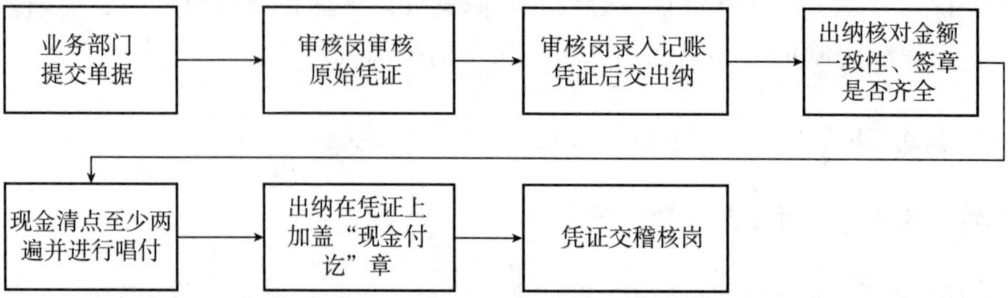

图 7-2　现金支付流程图

1）出纳根据现金余额及预计的现金支付需求，确定需提取现金的额度。

2）预约取现的方式主要是出纳向基本户（或专用可提现账户）开户行进行电话预约。

3）预约后，出纳填写并携带现金支票去银行取现。单位取现 1 万元（含 1 万元）以上的应两人同行，取现 5 万元（含 5 万元）以上的应申请单位专车接送。

现金提取流程图如图 7-3 所示。

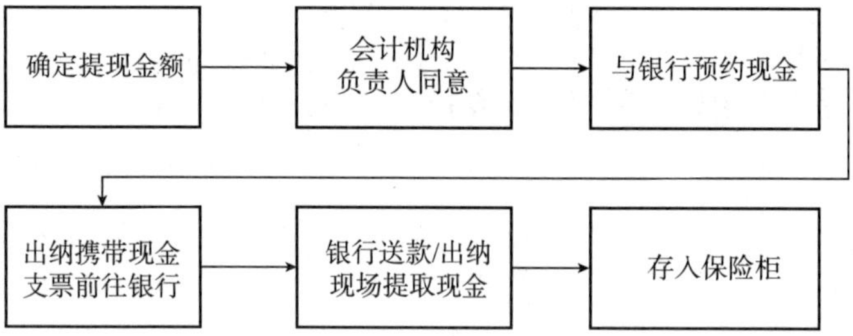

图 7-3　现金提取流程图

【小贴士】

各银行对取现需提前预约的时间要求不尽相同，具体要求需咨询开户行。同时，部分银行对一定时间内累计取现额度也有控制要求，出纳需咨询银行客户经理，避免出现超额度无法取现的情况。因现金支票见票即付，且不记名，出纳应严格保管现金支票。

各单位可与基本户开户行签订《现金业务上门服务协议》，根据需求选择其中的上门收款、上门送款、上门零钞兑换、人民币零钞清点及残缺污损币清点等服务，既能提高工作效率，又能确保现金安全。提取现金时一定要当面清点，清点中发现有残币或假钞应立即向银行要求调换。

4）零余额现金提取与实有资金账户现金提取流程基本一致，区别在于填写零余额现金支票时应正确填写财政授权支付令。

7.5.1.4　现金保管及盘点

（1）现金保管

现金须存放在指定保险柜内，不得随意存放；不准以白条、票据、债券等抵充现金；

库存现金的纸钞和铸币应分类保管，即对纸钞和铸币分别按票面金额和币面金额，以整数（大数）和零数（小数）分类保管。

（2）现金盘点

现金盘点主要包括以下事项：

1）出纳岗每日应对库存现金进行盘点，并与会计核算系统中的现金日记账余额核对，确保账实相符。超过现金限额的部分应于当日银行下班前送存银行。单位送存现金 1 万元（含 1 万元）以上的应两人同行，送存现金 5 万元（含 5 万元）以上的应申请单位专车接送。

现金限额是指为了满足本单位日常现金支付需要，按规定允许留存的现金最高额度。额度由本单位会计机构结合有关规定和现金结算量核定，并按上级要求备案。

2）如发现现金溢余或短缺，应及时查明原因，不得直接以现金溢余弥补现金短缺。

3）出纳岗每月末应对库存现金进行盘点并编制现金盘点表，如实反映库存现金盘点情况，并与当日现金日记账余额进行核对，确保款、账、表相符。

【小贴士】

稽核岗及会计机构负责人应不定期监盘现金，稽核岗每月至少一次、会计机构负责人每年至少两次监盘，并在现金盘点表上签字确认。

7.5.1.5　购汇换汇

（1）购汇

购汇是指用账户上的本币兑换外币，是转账交易，不提取现金。若单位涉及进出口业务，可委托外贸公司负责办理，与外方共同签订三方协议，单位与外贸公司按人民币结算，外贸公司与外方按外币结算，一般不需要单位自行购汇。

（2）换汇

换汇是指将本币兑换为外币，与购汇的区别在于，换汇可提取现金。一般情况下，单位涉及因公出国业务时，需要换汇。

7.5.2　银行业务

银行业务主要包括实有资金账户及零余额账户的银行账户管理、银行收付业务、银行结算票据管理，保管银行预留印鉴卡、开户许可证、财务部门负责人名章（或财务专用章）等工作。

7.5.2.1　银行账户管理

银行账户管理具体指银行账户的开立、年检、变更、撤销及其他日常管理。如单位已设立资金管理岗，应明确资金管理岗与出纳岗的职责分工。

（1）银行账户的类别

单位开设的境内银行账户主要包括财务公司账户、基本存款账户、一般存款账户、专用存款账户、外币账户，境外银行账户主要包括储蓄账户、支票账户、商业理财账户。

1）基本存款账户：用于办理各单位预算内、预算外以及往来等资金的日常转账结算和工资、奖金等现金收付业务。一个法人单位只能开设一个基本存款账户。

2）一般存款账户：用于在基本存款账户以外的银行借款转存、归还，或与基本存款账户的存款人不在同一地点的附属独立核算单位结算业务，可以办理转账结算和现金缴存。

3）专用存款账户：因特殊用途需要开设的账户，包括基本建设资金专户、党费团费工会经费专户、住房公积金专户、医疗保险基金专户、离退休经费专户、零余额账户、保证金存款账户和其他专用存款账户。

（2）银行账户开立

单位根据业务需要，明确银行账户开户需求。经内部审批同意后，按照上级的要求办理开户手续。上级单位对本单位资金账户开设审批通过后，企业单位可直接联系银行办理开户手续，事业单位开立基本存款账户、一般存款账户以及党费、工会、房改资金、离退休经费、定期存款以外的专用存款账户还需填报《中央基层预算单位开立银行账户申请表》报财政部驻地方财政监察专员办（以下简称“财政专员办”）审批，待审批通过后联系银行办理开户手续。事业单位在账户开设完成后三个工作日内填报财政部统一规定的《中央预算单位银行账户备案表》，报财政专员办备案。企业单位无须备案，正常使用即可。

【小贴士】

在实际工作中，不同银行和不同性质的账户所需资料有所差异，为提高开户审核效率，建议提前咨询开户银行客户经理，明确应准备的文件资料清单，主要包括银行提供的需盖章的制式单据、集团批复的《中央基层预算单位开立银行账户申请表》复印件及根据银行要求自行编制的介绍信等几类。

单位提供材料（包括备案银行预留印鉴）后，由银行客户经理在银行系统内提交人民银行进行审核。审核通过后，银行通知单位出纳领取开户许可证，领取开户许可证后表示账户开户成功并可正常使用。

2016年起，财政部规定事业单位开立党费、工会、房改资金、离退休经费、定期存款等专用存款账户无须事前经财政专员办审批，改为事后报财政专员办备案。

银行账户开户流程如图7－4所示。

（3）银行账户变更或撤销

发生下列账户变更或撤销事项的，应在事项发生后15天之内，完成账户变更或撤销手续，单位完成账户变更或撤销后3日内还应填报《中央预算单位银行账户备案表》，报财政专员办备案：

1）临时存款账户、因某特定事项设立的专项存款账户，业务结束后办理销户。

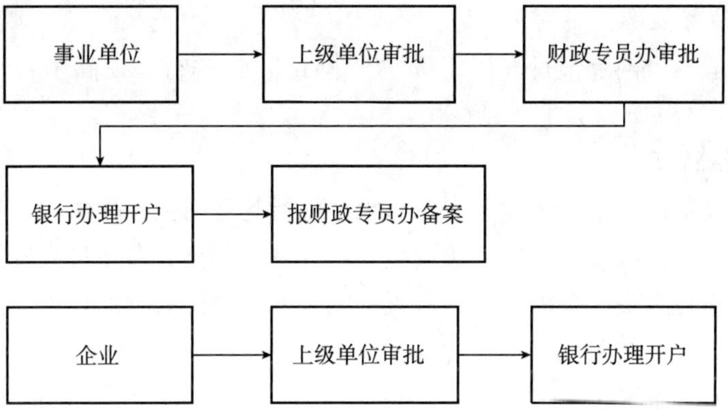

图7－4　银行账户开户流程

2）单位被兼并的，其账户按规定撤销，资金余额转入合并单位的同类账户；不同单位合并组建一个新单位的，原账户按规定撤销，重新开设资金账户，并按规定办理开户审批、撤户备案手续；单位按规定开设的账户，在开设后一年内没有发生收付业务的，该账户（定期存款账户除外）应进行撤销处理；单位对按规定开设的贷款账户，除在规定付息日或还款日前3个工作日内，可转入应付利息或应还本金资金外，不允许其他任何资金转入，在完成全部还本付息后应办理撤销账户。单位因机构改革等原因被撤销的，其账户应办理撤销，并按相关政策处理账户资金。

3）单位变更名称，但不改变开户机构及账号的；单位的法定代表人或主要负责人、地址及其他开户资料变更的；因开户机构账户升级等原因变更账号，但不改变开户机构的。

4）其他按规定不需报经审批的变更事项。

（4）银行账户年检

依据《关于调整中央预算单位银行账户管理有关事项的通知》（财库〔2016〕210号），目前财政专员办对银行账户的年检方式为每两年一个年检周期、每年按单位数量50%比例进行抽检。单位年检结论为不合格或存在问题的中央单位，下一年度需要继续进行年检。

办理账户年检时，被检单位需通过中央预算单位账户管理系统，填写、打印《中央预算单位银行账户年检申请表》，并携带系统生成的账户信息数据包、中央预算单位开立银行账户批复书、加盖单位公章的被检年度各账户最后一个月对账单、开户许可证至财政专员办进行办理。

【小贴士】

专用可提现账户还需配合开户行完成人民银行的年检程序。企业单位账户不需要进行年检。

7.5.2.2　银行结算业务

账户结算一般通过网上银行（以下简称“网银”）进行，提高了银行结算业务的便利性。

（1）网银系统管理

利用网银办理货币资金收付业务，应与承办银行签订网银操作协议。单位须设置出纳及审核人员的网银操作权限，其中大额资金支出（具体额度视各单位实际情况而定）需要再次审核，因此审核人员应按需分多级设置。安装网上银行系统的计算机应为符合保密规定的专用计算机，并安装正版杀毒软件。

（2）网银密码及密钥管理

网银系统客户证书及其密码视同财务印鉴管理，不得转借他人，网银密码应定期更换。网银密码与密钥应分开保管，不得转借他人或者由他人代替上机操作。网银操作人员暂时离开时，必须及时退出网银系统，确保系统安全。出纳岗更换后，接任人应立即更换网银密钥的用户名及密码。

【小贴士】

出纳应关注网银系统客户证书有效期，即将到期时应按银行要求对网银系统进行续费。

（3）银行转账收款

出纳应每天查看网银交易流水，对新增到款应及时取得纸质银行回单，可自助打印或从银行取得回单。取得银行回单后，通知业务人员认领到款，业务人员认款时需明确收款项目的详细信息，如项目名称、核算代码、合同号等。出纳将已认款的银行回单移交收入管理岗进行账务处理。出纳根据退汇原因与经办人核对汇款信息，在退汇登记簿上登记，并重新汇款。银行转账收款流程如图 7－5 所示。

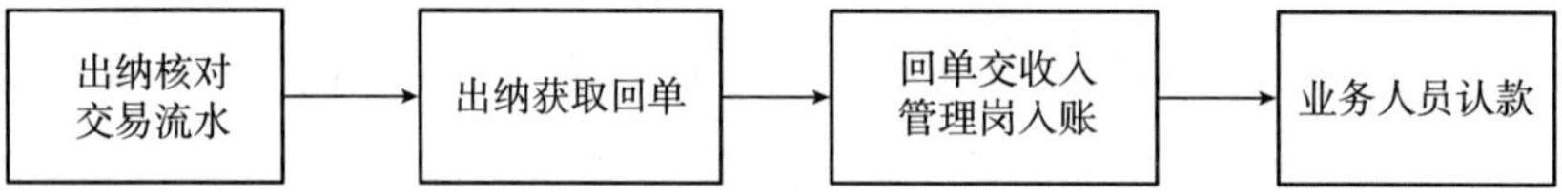

图 7－5　银行转账收款流程

【小贴士】

出纳移交银行回单时可进行交接登记，记录到款时间、付款单位、金额等信息。

（4）银行转账支付

1）在接收经审核人员审核完成的凭证后，复核金额大小写是否一致，审核人员签章是否完备。如已制单，还需复核记账凭证与原始凭证金额是否一致。

与现金支付相比，银行转账支付时出纳还需确认支付信息是否完整，如收款单位名称、开户行、账号等。

【小贴士】

付款时，出纳应注意付款账户的准确性，避免使用错误的账户支付的情况。

2）出纳登录网银系统，录入汇款信息，生成支付指令提交复核岗复核，并在付款凭证上加盖“已付款”戳记，避免重复支付。

【小贴士】

出纳录入支付信息时应注意：相似的汉字不要写错，账号出现多个零时一定数清位数，要确保在网银系统中输入的账号信息与经办人提交单据的信息完全准确。

如对方单位名称含有括号，录入时一定要区分全角和半角填制（必须与银行开户信息一致），否则无法正常支付。

3）将加盖“已付款”戳记的凭证交复核岗，复核岗核对支付指令无误后方可付款。

4）网银系统审批流程如图7-6所示。

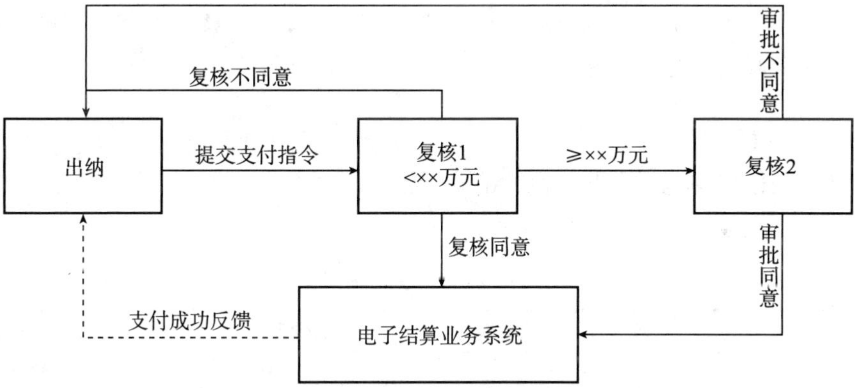

图7-6　网银系统审批流程图

5）出纳完成网报结算并打印银行回单。

6）出纳在取得银行回单后，应及时粘贴在对应的原始凭证后交制单岗制单。如已制单，直接移交稽核岗。

【小贴士】

粘贴银行回单时，应注意与原始凭证进行核对，避免出现多汇、重汇和漏汇等情况。

7）每月初取得上个月银行对账单，提交审核岗并协助对账。

8）银行转账支付流程如图7-7所示。

（5）委托收款付款

委托收款是指收款人委托银行向付款人收取款项的结算方式。

多数单位要履行委托收款事项的付款义务。根据业务需要，各单位履行本单位的审批

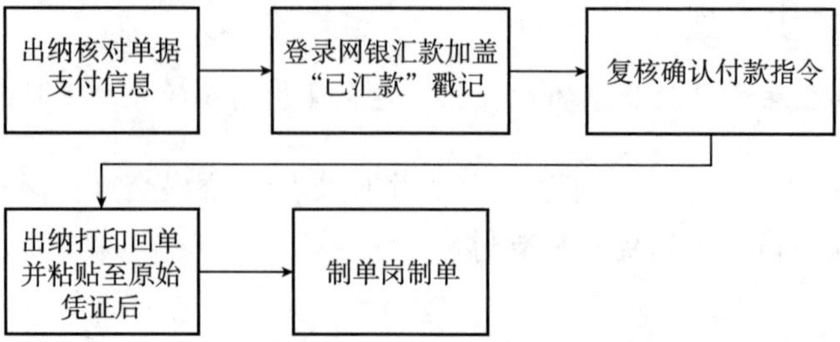

图 7－7　银行转账支付流程图

手续后，与银行签订委托收款付款授权书，授权银行在接收到对方单位出具的付款通知单后从指定账户支付款项。出纳应对所有银行账户委托收款付款授权的信息制定台账，定期核对，确保扣款日前账户资金充足。款项收付后，出纳应及时取得银行回单，交业务人员办理报销手续。

【小贴士】

一般水电费、通信费及社会保险等可通过银行委托收款付款形式办理。出纳将银行回单移交业务人员时应做好交接登记。

7.5.2.3　银行结算票据

银行结算票据主要包括支票、银行汇票、银行本票及商业汇票等，各类票据的对比情况见表 7－1。

表 7－1　银行结算票据对比表

票据种类	适用地域	出票人	付款期	用途
支票	同一票据交换区域	单位、个人	出票日起 10 日	可用于转账，注明“现金”字样的也可提现
银行汇票	异地	银行	出票日起 1 个月	可用于转账，填明“现金”字样的也可提现
银行本票	同城	银行	出票日起最长不得超过 2 个月	可用于转账，注明“现金”字样的也可提现
商业汇票（自然人不得使用）	异地、同城	单位	汇票到期日起 10 日（付款期限最长不超过 1 年）	转账

（1）票据管理一般要求

票据管理一般要求包括如下：

1）出纳应设置票据登记簿，用于记录各类银行结算票据的购买、收取、领用、背书转让、贴现、注销等事项。在收到票据、办理票据贴现和背书转让时应报告财务部门负责人，并及时登记入票据登记簿。

2）出纳对购买和取得的银行结算票据应分类、序时进行登记，逐项登记出票日期、票据号码、承兑期、对方单位名称、金额等信息（承兑期可写在备注）。

【小贴士】

单位如设置票据管理岗并有专人管理票据的，应明确相关票据管理岗与出纳之间的职责分工。

3）相关业务人员使用银行结算票据时，出纳应在《票据领（使）用登记簿》上登记票据号码、用途、金额、出票日期、领用人等，并由领用人员签名，同时票据存根上也需要领用人员签名。业务人员报销后，出纳应在备注栏注明已报销。

4）票据不能折叠和污损，出纳应妥善保管和使用；票据遗失后出纳应立即向银行申报挂失止付并向财务部门负责人报告，必要时及时更换银行预留印鉴。

5）因填写、开具失误或其他原因导致作废的票据，应加盖“作废”戳记后与存根一并归档保存，不应随意处置或销毁，并在备注栏注明作废；对超过法定保管期限、可以销毁的票据，在履行审批手续后，由会计档案管理岗填制销毁清册并监销。

6）出纳岗每月末应编制票据盘点表，如实反映库存票据盘点情况，确保账实相符。

【小贴士】

稽核岗及财务部门负责人应不定期监盘票据，稽核岗每月至少一次、财务部门负责人每年至少两次，并在票据盘点表上签字确认。

（2）支票

支票是由付款方签发，委托办理业务的开户银行在见票时无条件支付票面确定金额给收款方或者持票方的票据。

①支票的种类

支票由发行银行统一印制，种类包括：

1）现金支票：支票上印有“现金”字样，只能用于支取现金。

2）转账支票：支票上印有“转账”字样，只能用于转账。

3）普通支票：未印有“现金”或者“转账”字样，既可用于支取现金，也可用于转账。

4）划线支票：在普通支票左上角划两条平行线，只能用于转账，不得支取现金。

【小贴士】

各单位常用的支票是现金支票和转账支票。

②支票的购买

出纳携带开户许可证、支票购买证及支票购买密码在银行柜台领购支票。

【小贴士】

不同银行的要求不同，个别银行需提前在银行自助柜员机进行预约。

出纳负责将购买的支票在登记簿上进行登记。

③支票的取得

业务部门收到支票后，应及时交存本单位出纳岗；出纳在票据登记簿上进行登记，除登记票面基本信息外，还需记录收款项目信息，如项目名称、核算代码、合同号等；如收到转账支票，在支票背面被背书人处注明存入银行的开户行名称，在背书人签章处的空白区域注明委托收款，背书人签章处加盖银行预留印鉴。

出纳填制银行进账单，并在支票有效期（开出支票当日起10天内）将进账单与转账支票一起送交银行。支票存入银行后，出纳收集银行进账单客户联、银行回单交收入管理岗进行账务处理。

【小贴士】

进账单必须用黑色签字笔规范填写，凡有错字、漏字、涂改、字迹模糊、印章不清或用圆珠笔填写的，银行一律不予受理。

进账单日期必须和办理银行结算的日期相同，而不是和转账支票的出票日期相同。

收取支票的注意事项如下：

1）没有签字盖章的支票属于不完全票据，无任何法律效力，应由出票人补盖印鉴；

2）支票上的签名可以使用加盖人名章的方式代替，但不能以按指印的方式代替签名；

3）出票签名和盖章模糊不清的支票应拒收，因容易被银行退回造成损失；如果有盖错或模糊的印鉴，旁边补有正确清晰的印鉴，则票据有效可以接收；

4）图章颠倒的支票有效，可以接收；票据上没有填写出票年月日的支票，原则上应拒收；

5）支票有效期为十天，日期首尾各算一天，从支票签发日期起十日内有效（包括中间遇到的法定节假日），过期作废，但如到期日的最后一天是法定节假日，则到期日顺延至法定节假日后的第一个工作日；收取支票时应注意支票有效期，过期支票应拒收；

6）收取支票应开具收取凭证，列明支票主要信息，并将付款方记账联交送票人。

收取手写支票时，应重点注意以下事项：

1）票据大写金额栏内没有填写“元”字的支票，由于只写了数字金额，没有货币单位，其金额是无法确定的，原则上应拒收；大小写金额经涂改的支票是无效支票，应拒收；

2）票据上大写金额多写“零”字的支票，应拒收。在金额位数连续有几个零时，无论有多少个零，都应该只写一个零字。如人民币100 001.00元，应写作“壹拾万零壹元整”，而不能写作“壹拾万零零零壹元整”；

3）票面金额填写“拾元正”应拒收，支票金额的正确写法应为“壹拾元整”。

④支票的签发

出纳应对支票付款记账凭证及原始凭证进行核对确认，确认通过后办理结算业务。支票必须由出纳规范填写，填写的顺序是从左至右、从上到下。现金支票与转账支票的填写规范相同。出纳尽量使用支票打印机签发支票。支票存根联应填写清楚开票日期、收款单位、用途、金额且由领用人签字。如存根联发生遗失，应取得盖有银行账户有效印章的同一张支票复印件作为入账依据。

出纳开具支票时应注意以下事项：

1）出纳应随时掌握银行存款余额动态，不应开具超过存款余额的空头支票。签发空头支票是破坏结算纪律的行为，银行按规定会对签发空头支票的单位按票面金额给予一定比例的处罚。对于签发空头支票骗取财物的，还会根据情节严重与否，依法给予行政处罚或追究刑事责任。

2）不应开具没有收款单位、没有限额的支票。不应开具票载出票日期晚于实际出票日期的远期支票。当具体结算金额尚未明确时，支票上的金额可以授权补记，但补记前的支票不得使用。

【小贴士】

由于支票票面上附加记载事项不具有实际效力，各单位在授权补记前一般在发生金额的前一位用“¥”封口。

比如，业务人员申请借一张限额 5 000 元的支票，出纳在票面金额下方空白处注明“限 5 000 元”，业务人员拿到支票后自行填写 9 000 元后，该支票仍可正常使用，银行不认可附加记载。

【小贴士】

出纳在《票据领（使）用登记簿》上登记，并由领用人员签字后方可领用支票。零余额支票必须在其背面正确填写财政支付信息编码。在实际工作中为确保资金安全，并减少银行未达账项，应尽量减少支票的使用。

⑤支票的密码

支票在使用时需要密码，为便于使用，一般在签发支票时将密码填入支票的密码区。密码来源有两种方式：一种是由银行在售出支票时，一并向购票人提交密码清单，出纳签发支票时根据支票号查询密码；另一种是使用向银行购买的银行支付密码器，生成对应支票的密码。

【小贴士】

出纳可向银行申请，将密码清单更换为支付密码器。

⑥支票的退换

业务人员办理支票的退换业务时，告知退换原因后出纳需对支票的票号、金额、收票人名称、出票日期、银行预留印鉴进行核对，确认该笔款项未从账户中划转后，出纳人员将附在原凭证上的支票根撕下与退回的支票粘贴在一起，并加盖作废戳记，同时在《票据领（使）用登记簿》“备注栏”备注作废。换支票业务还须在上述流程后将重新开具的支票根贴回原凭证。所有作废支票统一保管备查，不得随意放置。

⑦支票的倒划

同城区域内，因业务需要（如时间紧急，支票即将过期），出票人可将支票连同进账单一并提交出票人开户行，将款项划给收款人。进账单中收款人填写收票人单位名称。此项业务也叫作倒存、主动支付。

⑧支票遗失处理

支票签发后发生遗失时，失票人应及时通知出纳，出纳将遗失信息反馈给财务部门负责人，同时立即向开户行申请挂失止付。

【小贴士】

填写开户行提供的挂失止付通知书、加盖银行预留印鉴，并提供单位证明文件，包括开户许可证、事业单位法人证书（未办理三证合一的单位还需提供组织机构代码证、税务登记证）及法人代表身份证复印件。挂失止付通知书的内容务必填写完整，否则银行不受理挂失。

经银行审核无误，且查明该支票确未支付，收取挂失手续费以后受理挂失；若银行查明该支票在挂失前已经支付，出纳应及时将信息反馈给财务部门负责人，按本单位有关要求处理。

向银行办理挂失止付手续后，出纳还要立即向开户行所在地的人民法院申请公示催告，提交丢失支票的存根和法院要求的其他证据，办理受理申请手续。持法院公示催告等手续，向银行提出终止支付申请，办理正式止付手续。银行自接受挂失止付通知书之日起 12 日内没有收到人民法院的止付通知书的，自第 13 日起撤销挂失止付责任，开始对此支票付款，止付通知书失效。失票人在挂失期间找到原丢失的支票，如法院尚未发出止付通知的，需提供单位证明，同时交回止付通知书回单，撤销挂失止付；如法院已发出止付通知的，仍由法院通知银行撤销挂失止付，出纳同时交回挂失止付通知书回单。

支票取得后发生遗失时，出纳应立即联系出票单位申请挂失止付。

（3）银行汇票

银行汇票是指由出票银行签发的，由其在见票时按照实际结算金额无条件支付给收款人或持票人的票据。多用于办理异地转账结算和支取现金。银行汇票的付款期为 1 个月。这里所说的付款期，是指从签发之日起到办理兑付之日止的时期。如到期日遇法定假日可以顺延。逾期的汇票，兑付银行将不予办理。

①银行汇票签发

业务部门因业务需要使用银行汇票时，应在借款单具体填写领用部门、经办人、汇款用途、收款单位名称、开户银行、账号等，由出纳进行登记，经办人核对并签字。

出纳向签发银行（只能是由中国人民银行和商业银行参加“全国联行往来”的银行机构办理）提交“银行汇票委托书”，逐项写明汇款人名称和账号、收款人名称和账号、兑付地点、汇款金额、汇款用途（军工产品可免填）等内容，并在“汇款委托书”上加盖汇款人银行预留印鉴，由银行审查后签发银行汇票。如汇款人未在银行开立存款账户，则可以交存现金办理汇票。银行汇票一律记名，办理银行汇票时，须详细填明单位。

“银行汇票委托书”一式三联，其中第一联是存根，出纳留存交制单岗制单；第二联是支款凭证，由签发行办理汇票的传出传票；第三联是收入凭证，由签发行做汇出汇款收入传票。

签发银行受理“银行汇票委托书”，经过验对“银行汇票委托书”内容和印鉴，并在办妥转账或收妥现金之后，即可向汇款人签发转账或支取现金的银行汇票。

银行汇票一式四联，第一联为卡片，由签发行结清汇票时做汇出汇款付出传票；第二联为银行汇票，与第三联解讫通知一并由出纳带回，在兑付行兑付汇票后此联做银行往来账付款凭证交制单岗记账；第三联解讫通知，在兑付行兑付后随报单寄签发行，由签发行做余额收入传票；第四联是多余款通知，如有多余款项，或因汇票超过付款期等原因发生款项退回时，还需将银行多余款收账通知交制单岗编制收款凭证。

②银行汇票取得

业务部门收到银行汇票后，应交存本单位出纳岗；出纳在票据登记簿上进行登记，除登记票面基本信息外，还需记录收款项目信息，如项目名称、核算代码、合同号等；出纳将汇票、解讫通知进账单送交银行，并将银行退回的进账单粘贴在对应凭证后交制单岗进行制单。

【小贴士】

受理银行汇票时，必须对相应内容进行审查，如汇票付款日期或金额是否准确，印章是否清楚可见，解讫通知上的要求必须齐全并且资料相符。

（4）银行本票

银行本票是指银行签发的，承诺自己在见票时无条件支付确定金额给收款人或持票人的票据。银行本票的付款期限为自出票日起最长不超过2个月，在付款期内银行本票见票即付。超过提示付款期限不获付款的，应在票据权利时效内向出票银行做出说明，并提供单位证明，可持银行本票向银行请求付款。管理流程与银行汇票相同。

（5）商业汇票

商业汇票按载体形式的不同可以分为纸质商业汇票和电子商业汇票，按照承兑人（承诺到期付款人）的不同分为商业承兑汇票和银行承兑汇票。

纸质商业汇票的最长付款期限为 6 个月，根据中国人民银行、银保监会相关通知要求，纸质汇票金额不得超过 100 万元，不得跨省接受或者开具。电子商业汇票的最长付款期限为一年，最大金额为 10 亿元。

【小贴士】

电子商业汇票相比纸质商业汇票，具有流通性好、额度大、期限长等优势，建议优先使用电子商业汇票进行结算。

①商业汇票的购买

纸质商业汇票：出纳按所在银行要求填写承兑汇票购买单并加盖财务专用章，送至银行进行预约，购买纸质商业汇票。

②商业汇票的收取

（a）纸质商业汇票

业务部门收到纸质商业汇票后，交本单位出纳岗。出纳对收到的商业承兑汇票进行逐项登记，包括出票人、出票日期、票据号码、到期日、上一手背书人、金额等信息，登记后业务部门核对并签字，同时业务部门还需明确收款项目的详细信息，如项目名称、核算代码、合同号等。登记完毕后交收入管理岗进行账务处理。纸质商业承兑汇票到期日前十天，出纳在票据背面加盖银行预留印鉴，并填写银行托收单据，到银行办理承兑。承兑汇票到账后取得银行到账回单，与托收凭证第一联及承兑汇票复印件一起，交收入管理岗进行账务处理。

（b）电子商业汇票

出纳登录网银系统签收电子承兑汇票，打印并逐项登记出票人、出票日期、票据号码、到期日、上一手背书人、金额等信息，登记后业务部门核对并签字，同时业务部门需明确收款项目的详细信息，如项目名称、核算代码、合同号等，登记后交收入管理岗进行账务处理。

电子承兑汇票到期前 10 天内，出纳在网银系统进行提示付款指令操作，审核岗对指令进行审核。收款成功后取得相应银行单据及打印的票据一并交收入管理岗进行账务处理。

③商业汇票的签发

（a）纸质商业承兑汇票

对纸质商业承兑汇票付款记账凭证及原始凭证进行复核，复核通过后办理支付业务。纸质商业承兑汇票必须由出纳规范填写，填写要求与支票、进账单相同。汇票填写完毕，在票据正面承兑人签章栏及出票人签章栏加盖银行预留印鉴，第一联由出纳留存，第二联交给业务人员并在票据领取薄上登记，第三联传递制单岗粘贴在对应的凭证后。出纳在《票据领（使）用登记表》上登记，并由领用人员签字后方可领用。

（b）纸质银行承兑汇票

出票人需事先与金融机构签订承兑额度合同（金融机构要求提供的业务背景材料主要包括：合同复印件、发票复印件、承兑票据清单、上期财务报表主表等），出纳持填写有效的银行承兑汇票向金融机构申请承兑，并缴纳相应手续费后，金融机构在“承兑行签章”处加盖汇票专用章，并加盖经办人人名章。

【小贴士】

手续费金额具体由各金融机构确定。

付款人已有金融机构授信的，使用授信额度直接签订承兑额度合同；没有授信的，可向金融机构申请办理承兑额度，但需要按照评级存放不同比例的保证金，银行一般要求 1∶1 保证金比例，具体可以在办理时与金融机构协商确定。

（c）电子承兑汇票

各金融机构电票系统要素基本相同，以财务公司电子承兑汇票为例进行操作说明。

登录网银系统后，使用“业务系统/电子汇票/承兑业务/出票登记申请”，进入电子汇票填制界面，填写出票人账号、票据种类、是否可转让、承兑人信息、收款人信息、出票日期、到期日等信息提交，提交成功后由复核岗进行复核。

【小贴士】

电子汇票出票人和收款人名称中有括号的，一定要区分全角和半角填制（必须与银行开户信息一致），否则无法正常收票。

出票登记复核通过后，出纳进行“提示承兑申请”操作，随后提交所在财务公司承兑商业汇票需提供的材料。“提示承兑申请”由财务公司复核通过后，出纳进行“提示收票申请”操作，复核岗复核通过后，出纳关注票据状态变化，提醒对方单位进行收票。通过左侧底部的“票据状态查询/成员单位票据状态查询”功能可查看票据状态：

1）“提示收票-待签收”，表明收款人尚未收票；

2）“提示收票-已签收”，表明收款人已收票；

3）“提示收票-已拒绝”，表明收款人拒绝收票；

4）“提示收票-已撤回”，表明出票人撤销了提示收票申请。

以上几种汇票收付承兑跨期较长，时间节点要求严格，出纳需定期对照《票据登记簿》及《票据领（使）用登记簿》及时进行收付款操作，以免过期或延误。

7.5.3　其他业务

7.5.3.1　银行资信证明

根据业务需要需办理银行资信证明时（一般是对外投标时），出纳填写《单位资信证明业务委托书》，并在指定位置加盖法定代表人名章、银行预留印鉴，由出纳持本人身份证复印件（2 份）及《单位资信证明业务委托书》前往银行柜台办理。

【小贴士】

不同银行要求的资料有所差异，建议提前咨询基本户开户银行客户经理，准备所需资料并按要求办理。

7.5.3.2 银行保函

银行保函一般按如下流程申请：

1）根据业务需要，出纳联系金融机构，按金融机构的要求提交开立资料。

【小贴士】

不同机构要求的资料有所差异，建议提前咨询银行客户经理。

2）金融机构审查收到的申请和有关资料，对申请人的合法性、财务状况、交易背景的真实性进行调查，了解借款人的履约、偿付能力，给申请人正式答复。

3）金融机构审批同意后，单位在保证金账户存入相应比例的保证金或直接占用单位在此机构的授信额度，银行在规定工作日内出具银行保函。

4）出纳取得保函后，及时交给业务人员。

7.5.3.3 印章管理

出纳常用的印章是银行预留印鉴，包括财务专用章及财务部门负责人名章。银行预留印鉴不得由出纳一人保管，应分别由出纳和其他岗位人员分开保管、使用，使用后及时放入保险柜或加锁抽屉柜中妥善保存。

【小贴士】

银行预留印鉴卡由出纳负责保管。

其他部门人员需加盖财务专用章时，应履行审批程序，经会计机构负责人同意后，方可盖章。因业务需要需携章外出时，应经会计机构负责人批准；携章外出使用时，应两人同行。印章保管人员调动或离职时应填制移交清单办理印章交接手续。印章应保持清洁，字迹清晰。如需更换印章，应报本单位会计机构负责人、单位负责人批准，按各单位印章管理规定办理。印章遗失应立即向本单位会计机构负责人和单位负责人报告，并采取相应补救措施，联系开户银行进行备案，说明印章遗失情况等。

7.5.3.4 工作交接

（1）临时交接

出纳因特殊原因不能及时履行职责时，应由会计机构负责人指定专人代办有关业务，并办理临时交接手续。临时交接手续可根据出纳离岗时间以及在此期间涉及业务进行交接，主要包括库存现金、票据、印章等。出纳人员恢复工作时，应与代理人员再次办理交接手续，分清责任。

（2）正式交接

出纳岗位调动或离职（含轮岗），必须与接管人员办理交接手续，并由会计机构负责人监交。

1）出纳人员整理应移交的资料、物品，对未了事项写出书面材料。

2）编制移交清单，打印科目余额表，在“现金”“POS”“银行存款”科目余额后加盖出纳个人名章，还需打印现金日记账、银行日记账等会计账簿。同时列明应移交的库存现金、有价证券、银行票据、票据登记簿、网银密码及密钥、印章等。移交人员还应在移交清单中列明保险柜密码（钥匙×把）、POS 卡及支付密码、银行预留印鉴卡片、由出纳保管的银行开户资料、年检资料、《库存现金限额备案报告》《银行存款人密码信息》以及需出纳保管的其他文件资料和实物资料。

3）交接时，应由出纳、接管人员当面清点、核对，会计机构负责人监交。库存现金、有价证券应与会计账簿记录保持一致，不一致时，移交人员应查清后才可办理移交。移交人员经管的票据、印章和其他实物等应交接清楚，将票据的编号、张数在移交清单上列明，交接的印章应在移交清单的指定位置盖章。

4）交接完毕后，交接双方和监交人员应在移交清单上签字。移交清单一式三份，交接双方各执一份，存档一份。接管人员应及时更换保险柜密码、POS 卡支付密码、网银密钥及网银交易密码，注销原网银登录密码。

5）工作交接流程如图 7－8 所示。

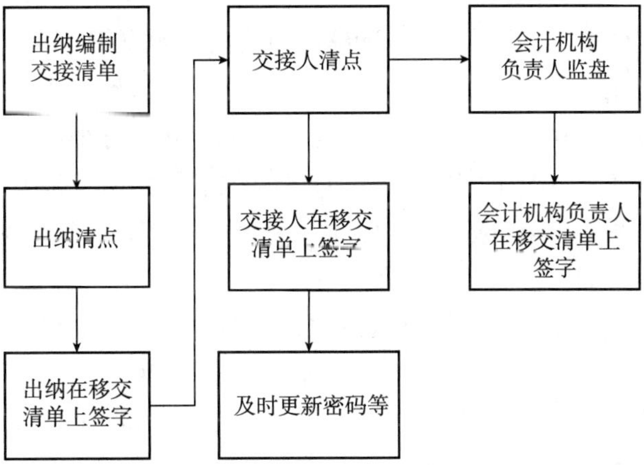

图 7－8　工作交接流程图

7.5.3.5　保险柜日常管理

出纳应妥善保管保险柜钥匙。现金、银行结算票据、印章及有价证券应及时存入保险柜，并锁闭保险柜门；除上述物品外，不得存放其他物品。出纳应对保险柜密码保密并定期更换，不得向他人泄露，关闭保险柜后应打乱密码。日常使用保险柜，输入密码时最好进行遮挡，防止密码泄露。出纳调动岗位，接替人员应及时更换保险柜密码。

7.6 其他相关事项

7.6.1 便捷收款

目前，随着各种便捷支付客户端的普及，出纳也面对着收款形式的多样化，对公业务较为普遍使用的便捷收款形式主要包括银行账户二维码收款、支付宝“当面付”两种。

7.6.1.1 银行账户二维码收款

各单位可向开户行申请开通二维码收款业务，申请时需提供的材料主要包括：事业单位法人证书副本复印件、法定代表人身份证复印件、开户许可证原件、出纳身份证复印件、法人授权书，银行所提供的承诺函、信息查询使用授权书、收单业务申请书。各银行要求不尽相同，建议提前咨询开户行，明确所需材料。银行在收齐以上材料五个工作日内对材料进行审核，审核通过后三个工作日内向申请单位提供电子、纸质收款二维码，表示二维码收款业务已成功开通。银行账户二维码收款与现金收取流程大致相同，区别在于经办人由缴纳现金的方式，更改为扫描银行提供的二维码缴纳款项，缴纳成功后款项直接进入银行账户。出纳通过网银系统查询款项到账情况，确认到账后开具收据（如需开具发票，按发票开具流程办理），并及时取得银行回单，粘贴在对应的原始凭证后，移交稽核岗。

7.6.1.2 支付宝“当面付”

注册企业支付宝账户，注册所需材料包括：事业单位法人证书复印件、法人代表身份证复印件、本单位可正常使用的银行账号、出纳身份证复印件、加盖公章的法人委托书。材料准备齐全后，登录支付宝官网（www.alipay.com），单击立即注册并实名认证。

注册并完成认证后下一个工作日可使用账户名和密码登录，选择申请进入“当面付”业务。支付宝服务端将对申请业务的企业支付宝账户进行审核，审核通过后服务端人员将上门提供安装扫描枪等服务。

开通“当面付”业务后，可由出纳使用扫描枪扫描经办人支付宝钱包中的条形码/二维码进行收款，也可由经办人员扫描单位账户收款码进行缴款，上述方式均可实现资金实时到账。出纳登录企业支付宝账户进行交易查询、对账。确认收到款项后出纳开具收据（如需开具发票，按发票开具流程办理）。

【小贴士】

出纳登录企业支付宝账户后，在对账中心的“账户汇总”模块，可对单位账户的账务信息按日或月进行查询，此外还可按金额、日期、户名等进行精确查询。

支付宝“当面付”收款无银行回单，出纳可对每日/月账户汇总信息下载打印，便于对账，下载提供 csv、xls 两种格式。

企业支付宝账户的余额可提取到与支付宝账户认证名相同的银行账户中。

7.6.2　便捷验钞

最常用的验钞方法是验钞机验钞，同时出纳应学习中国人民银行公布的鉴别人民币真伪方法，采取人工和验钞机验钞相结合的方法，有效识别钞票真伪。

识别假钞的基本步骤是“一看”：观察钞票的水印是否清晰，颜色和大小是否正常。“二摸”：用手触摸人民币，真正的人民币票面上行名、盲文、国徽、头像等图案凹凸感很强，特别是人像处采用雕刻技术，可以感受到人像发丝的层次感。“三听”：抖动或弹人民币的声音很清脆，纸张耐折不易撕裂，假币和真正的人民币用的纸张不同，所以声音会发闷，或过分清脆。

7.6.3　用印

银行在识别预留印鉴时要求越来越严格，加盖印鉴时如有轻微移动模糊甚至少许墨迹，银行会拒收，因此去银行柜台办理业务前，对加盖的印鉴需仔细核对以下三处：

1）加盖的印记边框是否清晰、完整，不能有缺口。

2）印记内文字是否清楚，是否模糊不清、辨识不清、有墨点或重影等情况。

3）印记颜色是否够深够鲜明。加盖时应注意力度，加盖前给印章加墨水。

用印前，应准备需要用印的印章、印垫、印泥或相应颜色的墨水。正式用印前，可先在其他纸面上试盖印章，确认试盖效果后再次蘸色。

用印包括如下技巧：

1）用印时，要在印章接近纸面前，使印面与纸面处于基本平行的状态。

2）印面与纸面接触时，要轻压，并按住印章，防止发生错位移动。

3）待印章在纸面上放稳后，一只手固定住印章，另一只手在印章顶部沿周长方向对纸面垂直施力一圈。

4）用印后，要将印章向上慢慢提起，离开纸面。印章离开纸面时，要防止出现印迹重影；在每一张纸面用印后，都不要立刻覆盖任何物品，防止蹭污。盖章时注意不要压框，银行验票时容易不通过。

7.6.4　物品保管

出纳的工作涉及现金、票据、印章、凭证等繁杂物品，必须养成随时收存和整理的良好习惯，所有物品分类存放，不能丢、不能脏、不能坏。如因故临时离开工位，切记要把桌子上的物品先整理一下，把现金、票据、印章等物品统统锁入适当的地方，避免丢失。出纳所在的办公室，无论什么时间，最后一个离开房间的人，一定要将房门锁好。

7.6.5　实用工具

出纳人员有一些专门的工具，如票据收纳袋和文件袋，外出办公时用来收纳票据、发票等，不仅有助收纳，防止票据折叠和污损，还可降低遗失风险，如图 7－9 所示；多功能印章收纳盒可以对各类印章和印泥进行收纳，占地小且方便外出携带，可避免印油外溢等情况发生，如图 7 - 10 所示；财务通用印章盒可以用来放置现金收讫章、现金付讫章等工作常用印章，如图 7 - 11 所示。

图 7 - 9　票据收纳袋

图 7 - 10　多功能印章收纳盒

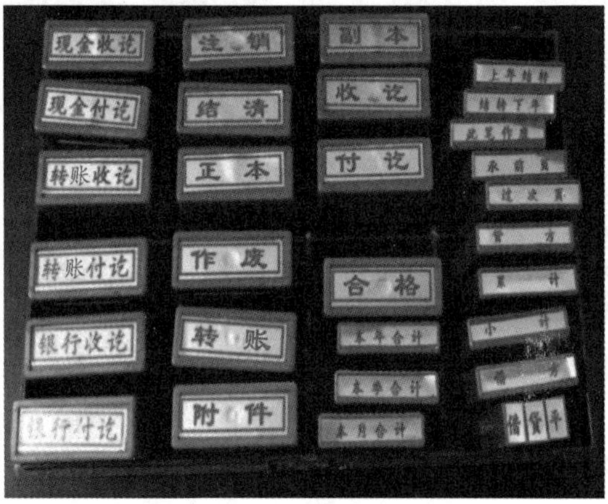

图 7 - 11　财务通用印章盒

7.6.6　出纳三字经

出纳员，很关键；净头脑，清杂念。
业务忙，莫慌乱；情绪好，态度谦。
取现金，当面点；高警惕，出安全。
收现金，点两遍；辨真假，免赔款。
支现金，先审单；内容全，要会签。
收单据，要规范；不合规，担风险。
账外账，甭保管；违法纪，又罚款。

第 8 章　资金管理岗位工作

8.1　质量目标

依据上级单位资金管理相关制度、要求，制定本单位相应制度并执行；多渠道筹措资金，保证资金用款需求，同时降低用款成本；统筹策划资金收支，提高资金利用效率，增加资金收益。

8.2　适用范围

适用于军工单位资金管理岗位相关工作。

8.3　相关释义

委托贷款（简称委贷），是指委托人提供资金，由金融机构（受托人）根据委托人确定的用途、金额、币种、期限、利率等向借款人代为发放、协助监督使用、协助收回的贷款。

保证，是指保证人与金融机构签订保证合同，债务人无法履行债务人义务时，由担保人提供连带担保责任。

抵押、质押，是指债务人以其一定的资产作为抵押、质押物从金融机构办理贷款或其他筹资。常见的抵押资产包括：房产、土地、汽车、机器设备等；常见的质押资产包括：存款单、汇票、债券、股权证书等。

信用，是指金融机构对债务人财务、经营等情况进行综合评价后，对债务人的贷款等筹资业务免于担保。能够以信用方式办理授信的单位一般资产规模大、经营状况好。

委托理财，是指委托金融机构办理以财务性投资为目的的有价证券投资业务，包括但不限于股票、债券、基金、银行理财产品、信托产品、资产管理类金融产品和结构性存款等产品，不包括对金融类企业的股权投资。

保函（又称为保证书），是指银行、保险公司、担保公司或个人应申请人的请求，向第三方开立的一种书面信用担保凭证。保证在申请人未能按双方协议履行责任或义务时，由担保人代其履行一定金额、一定期限范围内的某种支付责任或经济赔偿责任。保函是不可撤销的。

信用证，是指开证银行应申请人（买方）的要求并按其指示向受益人开立的载有一定金额的、在一定的期限内凭符合规定的单据付款的书面保证文件。

应收账款保理，是指企业将符合条件的应收账款转让给商业银行等金融机构，以获得银行的流动资金支持，加快资金周转。

买方信贷，是指出口商国家的银行根据合同规定，凭出口商提供的交货单据，将货款付给出口商。同时记入进口商偿还账户内，然后由进口商按照与银行订立的交款时间将款项偿还给出口商国家的银行，并支付利息。

8.4　职责分工

资金管理岗位负责制定资金调配与筹集的有关制度；负责编制统筹资金收付款计划，根据业务部门资金到款及资金需求信息，制定资金计划安排，统筹使用资金，同时将业务经费到款金额等信息通知业务部门；负责本单位债务筹资管理，存款、贷款、委托贷款等业务办理工作；负责委托理财等金融性投资业务办理工作；负责编制资金报表及资金分析报告；负责与岗位相关的其他事项。

业务部门负责制定业务收款计划、用款计划，报财务部门汇总；负责催收主管业务经费，将到位经费相关信息通知财务部门；负责审核主管项目的授信、担保、委托贷款申请事项的可行性。

法律部门负责对拟签订的合同、协议等进行法律审核，出具审核意见；对各单位及控股公司的其他股东提供的反担保的抵押、质押的合法性进行审核。

8.5　业务流程和操作规范

8.5.1　债务筹资管理

债务筹资方式主要包括财务公司或银行贷款、委托贷款、专项贷款以及商业汇票等各类金融工具应用。

按照中国航天科技集团有限公司（以下简称“集团公司”）的管理要求，各单位开展的财务公司（以下“财务公司”均特指集团公司所属“航天科技财务有限公司”）和外部银行贷款、委托贷款、专项贷款以及商业汇票等各类金融工具应用均应纳入授信额度统一管理，因此开展债务筹资管理即主要是授信管理。

【小贴士】

由单位自承兑的商业汇票实质上仅作为延期付款的凭证，不具有从金融机构等外部融资的特征，目前并未纳入授信额度管理范围。

8.5.1.1　授信类别

金融机构为了降低风险，一般会要求获得授信的单位为其授信下的筹资事项提供担保，常见的担保方式主要有保证和抵押、质押，此外，部分单位在金融机构的信用评级较高，或因上市公司股权复杂等因素，可以信用方式（无担保）获得授信额度。

（1）保证

上级单位可对隶属关系的下一级单位贷款等筹资事项进行保证担保。严禁各单位为非行政隶属或股权关系的单位、个人提供任何形式的担保或变相担保；严格控制对参股公司的担保，对参股公司只能按股份比例承担担保。

除借贷业务外，保证担保也出现在买卖、货物运输、加工承揽等经济活动中，上述业务担保行为按照要求应纳入担保范围统一管理。

（2）抵押、质押

常见的抵押资产包括：房产、土地、汽车、机器设备等；常见的质押资产包括：存款单、汇票、债券、股权证书等。

（3）信用

能够以信用方式办理授信的单位一般资产规模大、经营状况好。目前，财务公司信用评级当年达到 AA 级或连续三年 A 级的单位，可以申请信用方式办理授信。

8.5.1.2　授信额度申请

授信额度申请时需要注意申请时间、前期准备和授信申报。

1）申请时间。每年 11 月申报下一年度的授信额度需求。

2）前期准备。资金管理岗应提前了解本单位下一年度的资金需求，具体可参考以下三个方面：下一年度的资金预算情况，包括重大投资情况、经费的收支情况以及其他大额资金收支情况；本单位的金融负债的承受能力，包括资金成本情况、还款能力等；本单位以往年度的资金状况，特别是各类授信使用情况。

【小贴士】

各级单位跨年延续性贷款等筹资业务，在新的授信批复前无法清偿完毕的，应在下一年度授信申报中予以考虑。

3）授信申报。各级单位应以正式文件逐级报送年度授信申请，具体应包括以下内容：

a）请示文件。请示文件需统一标题格式，文件内容应包括上一年度各类授信额度的使用情况和申报年度各类授信额度的需求情况；其中，应重点说明申报年度各类授信额度用途、类别和担保方式；需要上级单位提供保证担保的，应详细说明担保需求，并提出担保申请；申请额度较上年使用额度有较大增加的，应详细说明增加的原因。

b）《不可撤销的反担保函》《贷款担保申请表》。申请的授信额度需要上级单位提供担保的，应提交《不可撤销的反担保函》《贷款担保申请表》。

【小贴士】

以集团公司为例，《不可撤销的反担保函》只适用于被担保单位为本单位全资或绝对控股且股比超过 2/3 的成员单位，《不可撤销的反担保函》应由单位法定代表人签字并加盖单位法人名称公章。

c）编写授信预算表。根据本单位各类授信需求情况及对应的担保方式，填列相应的授信预算表，具体详见表 8－1 和表 8－2。

表 8－1　商业银行、财务公司授信预算表（××年）

编制单位：　　　　20××年　　　　（单位：万元）

序号	项目名称	项目类别	总计	××银行（或财务公司）		备注
				额度	担保方式	
合计						
一	贷款					
（一）	流动资金贷款					
（二）	项目贷款					
二	银行承兑汇票					
三	产业链金融					
四	信用证、保函等银行中间业务					

表 8－2　委托贷款年度预算表

编制单位：　　　　20××年　　　　（单位：万元）

序号	委托人		借款人		金额	金融机构	备注
	单位	级次	单位	级次			
一	自有资金委托贷款						
二	外部资金委托贷款						

8.5.1.3　授信额度批复

一般每年 3~4 月份对当年授信额度进行分解批复，额度以“峰值”作为批复标准，即某一项授信业务在授信期间的最高使用额，并非授信期间的累计使用额，在授信期间内，在不超批复的情况下额度可滚动使用。

【小贴士】

各单位跨年延续性贷款等筹资业务，在新的授信批复前无法清偿完毕的，应在下一年度授信申报中予以考虑。

8.5.1.4　授信额度办理

授信额度批复后，各单位应在批复的额度内，与财务公司等金融机构联系办理新一年度的授信手续。

【小贴士】

以办理财务公司授信合同为例，各单位应向财务公司提交信贷业务申请书、上一年度决算报表、营业执照（或事业单位法人证书）等材料；涉及对下担保的单位，需要与财务公司签订最高额保证合同。

财务公司授信办理周期约 1 个月，各单位资金管理岗应提前准备相关资料，避免授信到期无法办理贷款等授信业务。

使用财务公司承兑汇票的单位，可将批复的财务公司授信额度分解一部分与财务公司签订《承兑额度协议》，便于日常快速开立承兑汇票，但应做好筹划，避免承兑协议占用过多的授信额度，需要贷款时，授信额度不足。

办理抵质押贷款的单位，需要提前对抵质押资产进行评估，财务公司根据评估报告开展尽职调查和内部审贷程序；审贷通过后，抵质押单位与财务公司签订抵质押合同和借款合同，并携带上述合同办理抵质押登记；登记成功后财务公司发放借款。抵质押贷款办理周期较长，应提前筹划。

8.5.1.5　授信使用审批

各单位可在上级单位批复的范围内使用授信额度，使用授信额度前，应按照本单位制度的要求履行审批程序。资金管理岗应了解本单位授信使用审批的相关决策流程，根据资金需求情况，留足决策周期。

【小贴士】

对于办理授信业务审批权授权的单位，应确保授权程序合规，授权事项和额度明确。

8.5.1.6　授信额度具体使用

（1）金融机构贷款

获批授信的单位须严格依照上级单位的授信批复选择贷款机构。以获批财务公司贷款为例：

1）放款。申请贷款单位与财务公司签订借款合同，由贷款单位在合同中填入借款金额、单位基本情况、收款还款账户等信息，盖章后提交财务公司，财务公司一般在两个工作日内可将贷款发放到位。

2）付息。财务公司贷款按月结息，每月 21 日财务公司通过贷款单位账户自动扣息。

3）还款。财务公司流动资金贷款可随借随还，且无须受托支付，贷款单位在资金充裕时，可办理任意合同、任意金额的还款；提前还款应向财务公司提交书面申请。

【小贴士】

资金管理岗应做好贷款台账管理，关注贷款到期日和还款账户余额情况，确保在贷款到期前、利息支付前账户余额充足，避免出现贷款逾期、欠息等，影响单位信用记录情况。

若遇到无法确定未来回款的准确时间和金额，而又急需资金周转的情况下，可在一笔借款合同下分次放款，本金分段计息，降低资金成本。

财务公司固定资产贷款合同项下的单笔放款金额达到或超过项目总投资 5%或 500 万元人民币的贷款资金支付，应当采用受托支付方式。

（2）委托贷款

委托贷款业务应纳入委托人和借款人的全面预算，严格履行申报程序。开展委贷业务流程如下：

申请委托贷款：借款人（资金借入方）应向委托人（资金借出方）提交委托贷款申请文件，申请内容应包括：借款人目前存贷款情况，近期的大额收支情况，申请委托贷款金额、期限、用途及后续还款计划等。

办理委托贷款：委托人、借款人应向受托人（金融机构）提交《委托贷款合同》（一式四份）、最近一期财务报表三张主表、单位内部办理委托贷款的决策文件以及委托贷款业务申请表，上述材料均应加盖公章。在上述材料提交财务公司后，委托人应确保账户资金足够发放委托贷款，一般 2 个工作日内委托贷款可发放到位。

委托贷款还款付息：委托贷款一般选择按季结息，季度最后一个月 21 日受托人通过借款人账户自动扣息。

委托贷款展期：委托贷款可申请展期一次，展期期限不能超过原委托贷款期限，申请委托贷款展期的手续与首次办理委托贷款时相同。

【小贴士】

各单位在办理金融机构贷款和委托贷款前，应综合本单位的资金状况、项目情况和单位发展趋势，考虑长期与短期贷款的配置；用于固投项目的贷款，应办理固定资产投资贷款，不得将流动资金贷款用于固投项目。

资金管理岗应与税务管理岗及时沟通本单位统借统贷情况，研究、策划用好统借统贷利息收入税前扣除政策，并按照要求做好税务系统内的网上申报工作。

（3）商业汇票

商业汇票根据承兑主体不同，分为银行承兑汇票和商业承兑汇票；根据汇票载体不同，分为纸质商业汇票和电子商业汇票。

以办理财务公司电子银行承兑汇票为例，已与财务公司签订《承兑额度协议》的单位，可在承兑额度范围内，通过财务公司网银内的电票系统进行开立操作，开立前要向财务公司提供业务背景资料，主要为合同和发票。

【小贴士】

按照央行商业汇票管理的要求，全额 100 万元以上商业汇票应全部通过电票办理。在资金紧张的情况下，各单位还可以将收到的商业汇票进行贴现，贴现要支付利息；财务公司办理贴现业务一般要求承兑人为商业银行，财务公司贴现不占用授信额度，授信额度不足的单位可以考虑优先贴现；此外，各单位应关注财务公司贴现利率，低于贷款利率时可考虑优先办理贴现，降低融资成本。各单位除主动开立商业汇票外，还应关注已收取的商业汇票情况，综合考虑汇票到期时间，优先将收取的到期时间较长的商业汇票背书转让，减少到期收回风险。

（4）保函

根据保证人的不同可以分为财务公司保函和商业银行保函。

1）财务公司保函。获批财务公司授信额度的单位，可通过财务公司直接开立保函，也可以通过财务公司代开商业银行保函。财务公司代开保函业务需准备营业执照（或事业单位法人证书）、法定代表人身份证、业务合同以及财务公司要求的其他资料，并与财务公司签订代开保函协议。

2）商业银行保函。获批了商业银行授信额度的单位，可通过商业银行直接开立保函，各银行开立保函业务所需材料不同，具体办理前，资金管理岗应联系授信银行确认。

【小贴士】

在无商业银行授信的情况下，可协调银行通过存入保证金的方式开立保函，各银行对存入保证金的比例要求不同，且一般需要开立保证金专户，具体办理要求资金管理岗应联系银行确认。

（5）信用证

信用证是国际贸易中最主要、最常用的支付方式。开具信用证也需占用银行授信额度。

资金管理岗应在上级单位批复的额度内与银行签订授信合同，在合同额度内办理信用证。办理前，资金管理岗应提前准备开证申请书、开证说明、业务合同等银行要求的资料，具体应联系银行确认。

（6）应收账款保理

应收账款保理可以分为有追索权保理和无追索权保理。

在与金融机构办理应收账款保理前，资金管理岗应提前了解应收账款保理融资方式，梳理本单位应收账款情况。办理应收账款保理一般应向银行或财务公司提交业务合同、发票、应收账款明细表，签订保理协议。拟办理无追索权保理业务的单位，应对保理协议条款进行研究，保理协议中不能存在回购条款或类似条款。

（7）融资租赁

融资租赁业务适用于需要大额资金购置机器设备的单位，可分期向金融机构支付租金减轻资金压力。以办理财务公司融资租赁业务为例，一般需要向财务公司提供业务申请书、财务报表等材料，签订融资租赁协议。业务运行后，资金管理岗应做好资金筹划，确保支付租金日账户余额充足。

8.5.1.7 授信额度调整

在年度授信使用过程中，若出现授信额度无法满足需求的情况，可向上级单位申请调整授信额度。授信额度调整包括直接新增额度、授信类别调整以及担保方式调整等。授信类别调整是指财务公司授信和商业银行授信之间调整，担保方式调整是指保证担保、抵质押和信用之间调整。

授信额度调整申请应以正式文件形式上报。各级次单位在授信调整过程中，受到权限、级次影响，调整操作流程不同，具体如下：

（1）直接新增额度

直接新增额度由提出申请单位决策后，逐级报送至上级单位审批。

（2）授信类别调整

按集团公司管理要求，授信总额度不变，授信提供者由外部银行调整为财务公司的，由提出申请单位逐级报送审批，最终报送至集团公司备案；反之，由提出申请单位逐级报送至集团公司审批。

（3）担保方式调整

按集团公司管理要求，授信总额度不变，担保方式由保证担保或抵质押调整为信用的，由提出申请单位逐级报送审批，最终报送至集团公司备案；反之，由提出申请单位决策后，逐级报送至集团公司审批；担保方式在保证担保和抵质押之间调整的，由提出申请单位逐级报送审批，最终报送至集团公司备案。

8.5.2 资金计划与分析

8.5.2.1 资金计划管理

（1）年度资金计划

1）确定年度资金计划。年末时，资金管理岗要根据本单位下年度收支预算，测算资金收款、大额支出时点，计算存、贷款峰值，确定年度授信额度需求，为下一年度本单位各项经营活动提供融资保证；资金富裕的单位可根据资金状况，各类、各档存款利率情况，确定存款计划，符合条件的可考虑委托理财，提高资金管理收益。

2）年度资金计划调整。在年度资金计划执行过程中，出现资金紧张情况时，应首先通过压缩付款、加强收款、开立票据等方式缓解资金压力，其次通过向上级单位申请调整授信额度，缓解资金压力；如果资金富裕，应根据单位自身情况，选择偿还贷款，降低资金成本或对外支付合同款项等。

3）测算年末存贷款。资金管理岗人员应根据本单位当年调整预算情况，对年末资金情况进行滚动测算，结合本单位目前存贷款情况并每日更新，测算年末本单位存款、贷款情况，与业务部门核对收款，统筹安排付款，在测算的基础上，提前筹划贷款偿还工作，准备还款手续，避免年末报表出现“存贷双高”的情况。

（2）日常资金计划

填报资金系统计划。资金管理岗每周应制定并填报下周资金计划，同时组织所属单位按时填报，并做好核查工作。

（3）编制资金周报告

资金管理岗应每周编制资金周报告，各单位可根据自身实际情况确定资金周报告主要内容，一般应包括本单位上一周大额资金收支情况、主要账户存款余额情况、本周资金计划安排情况等；有下属单位的，还应汇总下属单位的存贷款情况，形成本单位整体的资金周报告。

资金周报告应报送至单位相关领导，同时可根据需要抄送有收付款职能的部门。资金周报告要对资金收支的非正常状况及时预警，财务部门要与业务部门沟通，分析原因并提出有效措施。

【小贴士】

资金管理岗位人员应及时掌握本单位资金状况，每周应至少在周一和周五对主要结算账户的余额情况进行不少于两次的查询，月底、年底查询频次应适当增加，并在此基础上妥善开展资金收支安排，提高资金使用效率。

7 天通知存款应与资金周计划安排密切配合，在确定本周资金收支安排后，可将富余资金安排办理通知存款；此外，在资金不足的情况下，应提前 7 天（7 个自然日，非 7 个工作日）通知金融机构 7 天后支取，第 T+7 天进行支取操作，保证每周资金需求，同时提高资金收益。

各单位可通过建立制度，明确资金计划流程和各相关部门职责，设定资金计划报送时间、限额等要求，强化资金计划落实。

（4）资金调配管理

1）选择结算方式。在资金收款过程中可使用票据贴现、买方信贷等金融工具实现快速回款；资金付款可通过开具承兑汇票延缓支付周期，降低资金成本。

2）应用贴息政策。具备申请军工项目贷款贴息条件的单位应滚动测算可贴息情况，合理安排贷款，以达到充分利用贷款贴息政策、降低单位资金成本的目标。

3）办理定期、通知存款。资金管理岗应根据单位资金存量以及近期的大额收支安排情况，考虑办理七天通知存款、定期存款。办理定期、通知存款要按照本单位管理要求，履行审批程序。

【小贴士】

资金管理岗位人员应对单位账户进行梳理，针对财务公司一般户、商业银行归集账户，与财务公司签订协定存款协议，其他未归集的商业银行账户，应积极与开户商业银行协商签订协定存款协议，获得较高的利息收入。例如 2019 年财务公司活期存款利率 0.402 5%，协定存款利率为 1.322 5%，两者差距较大。

资金富裕单位可采用“十二存单法”获得较高的资金效益，即年初开始每月办理一笔一年定期存款，坚持 12 个月，从次年一月开始每个月都会有资金回笼且获得利息收入，这一方法兼顾了灵活存取和较高回报两个优势。

各单位应注意结构性存款与定期存款的区别，结构性存款属于收益增值产品，一般与利率、汇率等波动挂钩，风险和收益高于定期存款，实质为金融性投资行为，应按金融性投资的相关制度要求履行审批程序后实施。

8.5.2.2　资金分析与报告

（1）年度资金分析

资金管理岗应至少按年度开展资金专题分析，形成本单位的年度资金专题分析报告，报告内容一般应包括本单位及下属单位的存贷款情况、贷款主要用途、资金收益或成本情况，分析资金精细化管理成果、不足，提示相关资金风险，提出改进措施。

（2）专项资金分析

各单位在年度分析过程中，还应根据单位实际情况开展专项资金分析，梳理资金收、付情况，预警资金风险。

1）重点单位资金分析。如果单位出现贷款规模大、资金持续紧张等情况，应组织进行资金专项分析，对贷款用途、现金流、资金缺口等情况进行全面梳理，提出措施、建议。

2）重点项目资金分析。对于单位投资大、周期长的重点项目，应开展资金分析，对项目资金收支情况、占用贷款情况进行梳理，为后续资金安排提供支撑。

8.5.3　委托理财

资金富裕的单位可以考虑开展委托理财业务，以获得较高资金收益。委托理财业务要符合政策要求，履行审批程序，控制理财风险。

（1）申报额度

符合条件、有委托理财需求的单位通过年度授信额度申请文件逐级上报。申请内容应包括：本单位对照委托理财基本条件的梳理情况，申请委托理财的额度、期限及拟选定的投资标的情况。开展委托理财业务一般需经集团公司审批同意。

（2）签订理财合同

资金管理岗应对合同中的理财额度、期限、投资标的等关键要素进行核对，确保与本单位委托理财决策内容一致。此外，业务开始前应确保约定的扣款账户资金充足，理财开始后资金无法提前赎回，资金管理岗应提前做好资金筹划。

开展委托理财需要支付管理费用。以通过财务公司开展委托理财业务为例，每年缴纳的管理费用按委托理财本金的 0.5%收取。开展委托理财还需注意投资标的的风险。若想将业务风险控制在较低水平，可在合同中约定国债、央行票据、同业存款、货币市场基金、银行理财产品等风险相对更低的投资标的组合。

（3）到期结算

理财到期后，财务公司会按照合同约定，扣除管理费后将本金、理财收益转入约定的资金账户。资金管理岗应提前关注理财到期情况，核对管理费、理财收益等数据。

第 9 章　财政资金用款计划编报

9.1　质量目标

全面落实深化国库集中支付改革要求，进一步加强财政资金用款计划管理，提高用款计划编报的科学性、准确性、规范性。

9.2　适用范围

本章适用于纳入中央部门预算范围的军工单位，开展基本支出和项目支出用款计划编制工作。

9.3　相关释义

财政资金用款计划，是指预算单位按照批复的部门预算和资金使用计划，向财政国库支付执行机构申请授权支付的月度用款限额，是办理财政性资金支付的依据。预算单位在月度用款限额内，自行开具支付令，通过财政国库支付执行机构转由代理银行向收款人付款，并与国库单一账户清算。财政资金用款计划一般分为基本支出用款计划和项目支出用款计划。

中央政府预算由各部门的预算组成，中央各部门预算由本部门所属各单位预算组成，中央部门预算实行“一个部门一本预算”的综合预算管理，其内容包括一个部门所有的收入和支出。其核心思想是将部门依法取得的包括所有财政性资金在内的各项收入和支出，都按照统一的编报内容和形式在一本预算中反映，实行统一管理，统筹安排，综合平衡。

中央部门财政项目资金预算编制包括以下五个阶段：

1）项目清理阶段：按照财政部和上级单位项目管理相关要求，单位项目归口管理部门对当年主管项目进行年度清理，将项目清理情况逐级上报至上级预算主管部门。按照项目库管理要求，做好项目入库工作，配合上级主管部门做好项目评审，合理设定绩效目标。

2）“一上”阶段：各单位中央部门“一上”预算应根据院下发的预算编制要求编制，按院上报时间要求将“一上”预算报院，经相关业务部门审核后，由财务部汇总后报院领导审批，院按集团公司上报时间要求将中央部门预算报送集团公司。

3）“一下”阶段：财务部门接到上级预算主管部门下发的“一下”控制数后，及时分解并转发各单位“一下”控制数，同时通知项目归口管理部门。

4）“二上”阶段：各单位中央部门“二上”预算应根据上级下达的预算控制数和项目库编制基本支出、项目支出三年滚动规划，按上级上报时间要求将“二上”预算报院，经相关业务部门审核后，由财务部门汇总后报上级审批，根据上报时间要求将中央部门预算报送上级预算主管部门。

5）“二下”阶段：次年，在收到上级预算主管部门下达的中央部门预算批复 15 个工作日内将预算转批各单位并通知项目归口管理部门。

9.4 职责分工

9.4.1 财务部门

财务部门是本单位财政资金用款计划编报的牵头部门，可指定专人负责财政资金用款计划编报工作，职责一般包括：

1）学习领会财政资金用款计划编报的各项要求，做好本单位内部的培训、宣贯与执行。

2）组织人事部门和项目主管部门开展年度财政资金用款计划的编制。

3）负责对用款计划编制的合理性及规范性进行审核，按照要求及时上报用款计划。

4）负责跟进用款计划的有效执行，并反馈执行情况。

5）对于编制及上报过程中出现的问题，及时与上级预算主管部门进行沟通、协调。

9.4.2 业务部门

业务部门是本单位财政资金用款计划的编制及执行部门，职责一般包括：

1）人事部门开展基本支出年度资金需求预测，项目管理部门开展项目支出年度资金需求预测。

2）项目主管部门依据批复的中央部门预算（含预算调整数）或预算控制数以及年度资金需求，合理编制分月用款计划，确保足额分解全年预算指标。

3）对于因特殊情况确需调整用款计划的，提出用款计划调整申请。

4）负责用款计划的执行及执行情况的分析、总结。

9.5 业务流程和操作规范

9.5.1 编制原则

1）及时性原则。严格按照上级预算主管部门规定的时间、内容、格式、程序等要求及时编制用款计划申请并按时上报。

2）规范性原则。用款计划中列示的资金支付方式、项目名称和编码等内容应与财政部批复的年度范围划分文件相符。

3）一致性原则。全年用款计划合计金额必须与财政部批复的年度中央部门预算数（含预算调整数）保持一致。

4）匹配性原则。基本支出用款计划应根据按照年度均衡性原则编制；项目支出用款计划应与项目（或工程）实施进度相匹配，同时兼顾均衡性进行编制，符合项目实际需要。

9.5.2 编制时间

预算单位用款计划一年编制两次，分月进行编制。一般于每年12月份编报下年1~5月用款计划，每年5月份编报本年6~12月用款计划，具体时间以上级通知为准。

9.5.3 编制依据

部门预算批复前，依据“一下”预算控制数编制。部门预算批复后，按财政部批复的部门预算编制。如“一下”预算控制数与财政部批复的部门预算数不一致，可将预算差异在6~12月用款计划中进行调整。调整预算的用款计划，按财政部批复的调整预算编制。

9.5.4 基本支出用款计划编制

基本支出预算主要是保障单位机构正常运转、完成日常工作任务而编制的年度支出计划，包括人员经费和日常公用经费两部分。基本支出主要包括：事业费、离退休经费、住房公积金、提租补贴、购房补贴。

按照年度均衡性原则，将全年预算分月均衡编制。基本支出用款计划按项级科目编制。基本支出的项级科目具体指：事业费、离退休经费、住房公积金、提租补贴、购房补贴。全年用款计划应对照财政部批复的年度部门预算数（含预算调整数）全额分解。用款计划填报表详见表9－1和表9－2。

表9－1　×至×月基本支出分月用款计划表

（单位：万元）

序号	预算科目	经费项目	拨款方式	×××单位（单位名称）
		合计		
		事业费		
		离退休经费		
		住房公积金		
		提租补贴		
		购房补贴		
一		国库集中支付		
（一）	2150210	事业费		

续表

序号	预算科目	经费项目	拨款方式	×××单位(单位名称)
1		1 月指标		
2		⋮		
(二)	2080502	离退休经费		
1		1 月指标		
2		⋮		
(三)	2210201	住房公积金		
1		1 月指标		
2		⋮		
(四)	2210202	提租补贴		
1		1 月指标		
2		⋮		
(五)	2210203	购房补贴		
1		1 月指标		
2		⋮		

表 9 - 2　×至×月基本支出分月用款计划表

(单位:万元)

序号	预算科目	经费项目	拨款方式	×××单位(单位名称)
		合计		
		事业费		
		离退休经费		
		住房公积金		
		提租补贴		
		购房补贴		
一		国库集中支付		
(一)	2150210	事业费		
1		6 月指标		
2		⋮		
(二)	2080502	离退休经费		

续表

序号	预算科目	经费项目	拨款方式	×××单位(单位名称)
1		6月指标		
2		⋮		
(三)	2210201	住房公积金		
1		6月指标		
2		⋮		
(四)	2210202	提租补贴		
1		6月指标		
2		⋮		
(五)	2210203	购房补贴		
1		6月指标		
2		⋮		

填报1~5月用款计划时，可将基本支出“一下”预算控制数中各项级科目额度分别除以12，分别取整填报1~5月用款计划。

【案例1】

某单位20××年“一下”预算控制数中，事业费为1 250万元，离退休经费为2 420万元，机关事业单位基本养老保险缴费支出2 000万元，机关事业单位职业年金缴费支出1 220万元，住房公积金504万元，提租补贴60万元，购房补贴360.55万元。

用款计划编制方法为：

事业费：1 250÷12万元≈104.17万元，各月用款计划取整数，填报104万元即可；104×12万元=1 248万元，考虑年底各单位工资支出相对较多，剩余的2万元可列入12月用款计划，也可根据各单位实际情况列报。

离退休经费：2 420÷12万元≈201.67万元，各月用款计划取整数，填报201万元即可；201×12万元=2 412万元，剩余8万元可列入12月用款计划，也可根据各单位实际情况列报。

机关事业单位基本养老保险缴费支出：2 000÷12万元≈166.67万元，各月用款计划取整数，填报166万元即可；166×12万元=1 992万元，剩余的8万元可列入12月用款计划，也可根据各单位实际情况列报。

机关事业单位职业年金缴费支出：1 220÷12万元≈101.67万元，各月用款计划取整数，填报101万元即可；101×12万元=1 212万元，剩余的8万元可列入12月用款计划，也可根据各单位实际情况列报。

住房公积金：504÷12 万元=42 万元，能够整除，各月填报 42 万元即可。

提租补贴：60÷12 万元=5 万元，各月填报 5 万元即可。

购房补贴：360.55÷12 万元=30.046 万元，各月填报 30 万元即可，剩余 0.55 万元在 6 月列支，即 6 月用款计划为（360.55−30×11）万元=30.55 万元。

预算单位根据实际需求申请，如存在特殊情况建议编制月度用款计划时根据实际情况适当增加用款计划。

【案例 2】

某预算单位基本支出离退休经费"一下"控制数为 2 420 万元，财政部批复的部门预算数为 2 600 万元。

由于 1~5 月用款计划已根据"一下"控制数上报，即 201×5 万元=1 005 万元，6~12 月用款计划根据部门预算数 2 600 万元来填报，即（2 600−100 5）÷7 万元≈227.857 万元，填报各月用款计划取整数，6~11 月填报 227 万元即可，12 月填报 233 万元。

9.5.5　项目支出用款计划编制

项目支出预算是部门支出预算的重要组成部分，是中央部门为完成其特定的行政工作任务或事业发展目标，在基本支出预算之外编制的年度支出计划，包括基本建设、有关事业发展专项计划、专项业务费、大型修缮、大型购置、大型会议等项目支出。

充分考虑项目（或工程）进展、资金支出实际需求及项目执行中可能存在的风险，科学、合理编报用款计划，提高用款计划执行率。

编报用款计划时要考虑项目的进展情况，以及存在的新型冠状病毒性肺炎疫情等不可抗力的影响因素，据实申报。

【案例 3】

某单位科研项目为 20××年财政部批复预算内项目，项目负责人按照均衡性原则申请了该项目 1~5 月用款计划，财政资金按用款计划按时到位。但在项目执行过程中，受新型冠状病毒性肺炎疫情影响项目研制进度推迟，从而影响了该项目经费的正常执行，使得用款计划执行率滞后。

用款计划填报表详见表 1 和表 2。

项目支出用款计划按具体项目编制，项目清单应与《上级预算主管部门预算分配方案明细表》核对一致。

全年用款计划必须对照财政部批复的年度部门预算数（含预算调整数）全额分解。

上年结转资金不需编报用款计划，财政部将于次年 1~3 月分别按上年结转资金总额的 50%、25%、25%下达各预算单位（单个预算科目结余不足 10 万元的，全部于 1 月份下达）。

表 1　1~5 月财政性预算资金季度分月用款申请表

（单位：万元）

科目名称	预算科目			项目名称	承担单位	项目执行期	本年度预算批复财政拨款数	本年度已审批财政拨款数	截至目前累计结余资金		截至目前实际支出数	预算金额×50%	本次资金需求申请数						备注
	类	款	项						小计	其中：预付款			小计	1月	2月	3月	4月	5月	
	1	2	3	4	5	6	7	8	9	10	11	12	13	14	15	16	17	18	25
合计	合计																		

表 2　6~12 月财政性预算资金季度分月用款申请表

（单位：万元）

科目名称	预算科目			项目名称	承担单位	项目执行期	本年度预算批复财政拨款数	本年度已审批财政拨款数	截至目前累计结余资金		截至目前实际支出数	预算金额×50%	本次资金需求申请数								备注
	类	款	项						小计	其中：预付款			小计	6月	7月	8月	9月	10月	11月	12月	
	1	2	3	4	5	6	7	8	9	10	11	12	13	14	15	16	17	18	19	20	29
合计	合计																				

【案例 4】

某单位预算项目 20××年财政资金预算为 100 万元，且将于 2018 年 6 月进行财务决算审计，该项目用款计划无法按均衡要求编制，需在“备注”列进行说明，如：本项目将于 2018 年 6 月进行财务决算审计，上级预算主管部门要求在审计组进驻之前，配套资金全部到位，因此用款计划集中在 1~5 月。

【小贴士】

财政部下达各月财政授权支付额度时，项目关联号与具体项目的对应关系不明确，一般需要财务人员通过财政授权支付额度与用款计划进行匹配，从而确定财政授权支付额度、项目关联号与具体项目的对应关系。因此申请 1~5 月项目用款计划时，应避免出现首次到款相同的情况，否则将影响项目关联号与具体项目对应关系的确定，进而影响财政资金的正常执行。

【案例5】

某预算单位，20××年中央部门预算批复高技术研究项目分别为A项目、B项目、C项目，根据项目用款计划1月到款额度见表3。

表3　财政授权支付额度到账通知书

××单位
你单位1月份的财政授权支付额度已经财政部核准,特予通知。　　单位:万元　　额度下发日期:××××-××-××

科目编码(功能分类)			科目名称	预算来源	财政授权支付额度		
类	款	项			收支管理	关联号	额度
206	03	03	高技术研究	当年预算	项目支出	015	10
206	03	03	高技术研究	当年预算	项目支出	016	10
206	03	03	高技术研究	当年预算	项目支出	019	10

由于A项目、B项目、C项目1月用款计划申请额度均为10万元，由于到款额度相同，无法判断项目与关联号的对应关系，从而不能准确填写支付令，导致项目预算无法执行，影响项目预算执行率和用款计划执行率。

鉴于财政部有可能将1~3月用款额度集中于一个月下达，编制用款计划时，注意不同项目前3个月用款计划的合计数也不要相同。

【案例6】

某预算单位，20××年中央部门预算批复高技术研究项目分别为A项目、B项目、C项目，1~5月用款计划详见表4。

表4　1~5月财政性预算资金季度分月用款申请表

(单位:万元)

科目名称	预算科目			项目名称	承担单位	项目执行期	本年度预算批复财政拨款数	本年度已审批财政拨款数	截至目前累计结余资金		截至目前实际支出数	预算金额×50%	本次资金需求申请数					
	类	款	项						小计	其中:预付款			小计	1月	2月	3月	4月	5月
	1	2	3	4	5	6	7	8	9	10	11	12	13	14	15	16	17	18
合计																		
民用航天科研费	206	03	03	A项目	某单位	2016—2018	200					100	100	20	20	10	25	25
民用航天科研费	206	03	03	B项目	某单位	2016—2018	160					80	80	15	25	10	15	15
民用航天科研费	206	03	03	C项目	某单位	2017—2018	155					77.5	70	10	20	20	10	10

由于财政部 1~3 月用款计划在 3 月份一次性下达，因此当年一季度的到款情况见表 5。

表 5 财政授权支付额度到账通知书

××单位
你单位 1 月份的财政授权支付额度已经财政部核准，特予通知。　　单位：万元　　额度下发日期：×××-××-××

科目编码（功能分类）			科目名称	预算来源	财政授权支付额度		
类	款	项			收支管理	关联号	额度
206	03	03	高技术研究	当年预算	项目支出	015	50
206	03	03	高技术研究	当年预算	项目支出	016	50
206	03	03	高技术研究	当年预算	项目支出	019	50

在此案例中，A、B、C 三个项目的 1~3 月用款计划各不相同，但由于出现了前 3 个月财政集中拨款的情况，三个项目到账额度均为 50 万元，无法判断项目与关联号的对应关系，从而不能准确填写支付令，导致项目预算无法执行，影响了项目预算执行率和用款计划执行率，需待 4 月额度到位确定关联号与项目的对应关系。所以在编制用款计划时，要避免不同项目前 3 个月用款计划的合计数相同。

9.5.6 用款计划上报

各预算单位严格按照上级要求的内容、格式编制本单位用款计划，并在规定时间内逐级上报，最终由上级预算部门审核汇总后，编制《中央预算单位分月用款计划汇总表》报财政部。

9.5.7 用款计划下达

财政部根据部门预算（部门预算控制数）批复下达上级预算主管部门分月用款计划，一级预算单位根据财政部批准的汇总用款计划，下达用款计划，各预算单位根据上一级预算单位下达的用款计划办理财政授权支付手续。

9.5.8 用款计划核对

用款计划下达后，根据财政部统一安排核对财政资金用款计划下达情况，预算单位定期与上级预算主管部门核对，预算执行过程中追加的用款计划及时核对。

9.5.9 用款计划调整

因年度财政资金预算调整导致的用款计划调整，各单位在收到财政部预算调整文件后，及时调整本单位的用款计划，按规定程序报财政部。12 月追加的预算不需补报用款计划。

【案例 7】

某单位××××基建项目全年预算 1 000 万元，20××年 1~5 月用款计划合计 700 万元，6~12 月用款计划合计 300 万元。由于新型冠状病毒性肺炎疫情的原因建设资金无法按期支付，造成建设项目延期，6~12 月用款计划 300 万元预计下年支出，故业务部门按程序申请调减当年财政资金预算。收到财政部下达的预算调整批复文件后，项目管理部门逐级上报用款计划调整申请，由上级预算主管部门代报本项目用款调减计划至财政部。待调整批复下达后，财务部门根据项目调整批复及到款通知书进行账务处理，见表 6。

表 6　调减计划申报表

（单位：万元）

项目名称	承担单位	建设性质	建设（研制）周期	项目密级	总投资			2018 年首批分配预算			调整情况			调整后		
					小计	财政拨款	其他资金	小计	财政拨款	其他资金	小计	财政拨款	其他资金	小计	财政拨款	其他资金
三、调减项目																
××	××所	续建	2015—2019	××	×	×	0	1 000	1 000	0	-300	-300	0	700	700	0
合计											-300	-300	0	700	700	0

在目前实际工作中，调减用款计划的业务处理是将调减的财政资金由各单位零余额账户退回国库，因此各单位在具体操作时，应确保零余额账户资金充足，保证调减资金的正常退回。

除预算调整原因外，用款计划一般不进行调整，因特殊情况确需调整的，预算单位提前提出申请，经上级预算主管部门审核同意后，一般在用款月度前 10 个工作日报财政部审批。

用款计划调整时，由项目主管部门提出申请报财务部门，财务部门及时上报上级预算主管部门，经上级预算主管部门审核后，由上级财务主管部门与上级预算主管部门沟通用款计划调整事宜。

9.5.10　用款计划执行与分析

财政资金管理人员应及时将各月财政资金到款情况通知业务部门，并组织业务人员对当月用款计划执行情况进行预测，对用款计划执行率偏低的项目提出预警，组织业务部门推动项目执行。

各单位应关注各月用款计划执行率，原则上各月用款计划执行率不得低于 90%。各单位根据当月用款计划执行情况及下月用款计划，预测下月预计支出数并报上级单位。各单位应加强用款计划执行的审核，避免超过全年预算指标支出财政资金。各单位对业务部门预算执行情况动态监控，协助上级预算主管部门解决动态监控问题。年度终了，各单位应对当年用款计划执行情况进行分析与总结，查找影响用款计划执行率的问题及原因，并加以改进，提高后续年度用款计划编制的科学性及准确性，提高财政资金使用效益。

第 10 章　财政授权支付令编制使用

10.1　质量目标

根据财政部、中国人民银行等相关规定，结合实际情况，规范财政授权支付令的编制和使用，确保支付准确性，提高财政资金执行效率。

10.2　适用范围

纳入中央部门预算范围内的军工单位的财政授权支付令的编制、使用和管理。

10.3　相关释义

财政直接支付，是指由财政部门开具支付令，通过国库单一账户体系，直接将财政资金支付到收款人或用款单位账户。

财政授权支付，是指单位按照财政部的授权，自行向代理银行签发支付指令，代理银行根据支付指令，在财政部批准的用款额度内，通过国库单一账户体系将资金支付到收款人账户。

基本支出，是指为保障正常运转、完成日常工作任务而发生的人员支出和公用支出，包括事业费、离退休经费、住房公积金、提租补贴、购房补贴、事业单位养老保险、职业年金等。

项目支出，是指为完成特定的工作任务或事业发展目标，在基本支出之外所发生的支出，如中央建设投资、科技重大专项等。

财政授权支付令，是单位办理财政授权支付业务时填写的一组代表预算来源、项目类型、用途等授权支付信息的数字标识。

10.4　职责分工

财务部门是本单位财政授权支付令管理的主管部门，单位在确保不相容岗位相互分离的前提下，可结合实际情况设置财政资金管理岗和财政资金支付岗位。

1）编制财政授权支付令，并办理资金支付相关手续。

2）核对财政授权支付令的编制，并复核财政资金支付业务。

3）由于财政部门对“经济分类”不定期更迭，同一项目“关联号”年度之间也会变化，需对“经济分类”和“关联号”定期维护。

4）编制财政资金收支明细表和汇总表，并与银行余额核对。

5）按月核对财政资金账面余额与银行余额。

10.5　业务流程和操作规范

10.5.1　支付令编制规则

10.5.1.1　支付令的结构

基本支出授权支付令为 15 位，项目支出授权支付令为 18 位。基本支出支付令不涉及关联号。具体结构见表 10－1。

表 10－1　支付令的结构

预算管理	功能分类			经济分类		支付类型	预算来源	关联号
	类	款	项	类	款			
第 1 位	第 2~8 位			第 9~11 位	第 12~13 位	第 14 位	第 15 位	第 16~18 位

10.5.1.2　预算管理

财政授权支付令第 1 位为预算管理码。“1”为基本支出，“2”为项目支出。

10.5.1.3　功能分类

财政授权支付令第 2～8 位为功能分类码。功能分类来源于财政部制定的《政府收支分类科目》（每年更新），单位常用功能分类码见表 10－2。

表 10－2　单位常用功能分类码

功能分类			名称	说明
类	款	项		
206	03	03	高技术研究	反映为解决事关国民经济长远发展和国家安全等重大战略性、前沿性和前瞻性高技术问题而开展的研究工作支出
206	09	01	科技重大专项	反映用于科技重大专项的经费
215	02	10	工艺品及其他制造业	反映用于工艺品及其他制造业方面的支出
208	05	02	事业单位离退休	反映实行归口管理的事业单位开支的离退休经费
208	05	05	机关事业单位基本养老保险缴费支出	反映机关事业单位实施养老保险制度由单位缴纳的基本养老保险费支出
208	05	06	机关事业单位职业年金缴费支出	反映机关事业单位实施养老保险制度由单位实际缴纳的职业年金支出
221	02	01	住房公积金	反映行政事业单位按人力资源和社会保障部、财政部规定的基本工资和津贴补贴以及规定比例为职工缴纳的住房公积金

续表

功能分类			名称	说明
类	款	项		
221	02	02	提租补贴	反映按房改政策规定的标准,行政事业单位向职工(含离退休人员)发放的租房补贴
221	02	03	购房补贴	反映按房改政策规定的标准,行政事业单位向符合条件职工(含离退休人员)发放的用于购买住房的补贴
215	02	07	通信设备、计算机及其他电子设备制造业	反映用于通信设备、计算机及其他电子设备制造业方面的支出
215	02	99	其他制造业支出	反映其他用于制造业方面的支出
215	99	99	其他资源勘探信息等支出	反映其他用于资源勘探信息等方面的支出
216	06	99	其他涉外发展服务支出	反映其他用于涉外发展服务方面的支出

编制支付令功能分类码时，先核对《财政性预算资金分月用款申请表》（以下简称“用款计划”）预算科目与从代理银行转来的《财政授权支付额度到账通知书》（以下简称“通知书”）中标明的科目编码，若无误可参照通知书填写，用款计划示例见表 10－3。

表 10－3 用款计划示例

（单位:万元）

科目名称	预算科目			项目名称	承担单位	项目执行期	本年度预算批复财政拨款数
	类	款	项				
	1	2	3	4	5	6	7
民用航天科研费	206	03	03	项目 1	某单位	2017—2021	1 000
民用航天科研费	206	03	03	项目 2	某单位	2019—2022	2 000
民用航天科研费	206	03	03	项目 3	某单位	2018—2021	3 000

10.5.1.4 经济分类

财政授权支付令第 9~13 位为经济分类码。财政授权支付令的经济分类采用政府预算支出经济分类。本文所列“经济分类”码为 2018 年版本，后续若有新政策，以新政策为准。单位常用经济分类码见表 10－4。

表 10－4 单位常用经济分类码

经济分类		说明
代码	名称	
事业单位		
50501	对事业单位经常性补助-工资福利性支出	主要在发放事业费、住房性费用时使用
50502	对事业单位经常性补助-商品和服务支出	主要在科研项目支出时使用
50601	对事业单位资本性补助-资本性支出(一)	反映由非发改委集中安排的基本建设支出,在购置固定资产、购建基础设施等基本建设支出时使用

续表

经济分类		说明
代码	名称	
50602	对事业单位资本性补助-资本性支出(二)	反映由发改委集中安排基本建设支出,在购置固定资产、购建基础设施等基本建设支出时使用
50905	对个人和家庭补助的补助-离退休费	在发放离退休人员生活费时使用
59999	其他支出	在划转各类补贴时使用
企业单位		
50701	对企业单位资本性支出-费用补贴	反映对企业的费用性补贴
50702	对企业单位资本性支出-利息补贴	反映对企业的利息补贴
50799	对企业单位资本性支出-其他对企业补贴	反映对企业的其他补贴
50801	对企业单位资本性支出-资本性支出(一)	反映由非发改委集中安排,对企业注入资本金或股权投资支出
50802	对企业单位资本性支出-资本性支出(二)	反映由发改委集中安排,对企业注入资本金或股权投资支出

编制经济分类码时可以与中央部门预算核对。中央部门预算填报系统在填制部门预算经济分类科目后，自动关联生成政府预算经济分类科目，示例见表 10－5。

表 10－5　中央部门预算示例

(单位:万元)

部门预算经济分类科目	本年支出			政府预算经济分类科目
	小计	财政拨款	其他资金	
合计	296	296	0	
[30102]津贴补贴	296	296	0	[50501]工资福利支出

10.5.1.5　支付类型

财政授权支付令第 14 位为支付类型码。1~8 表示内容见表 10－6。

表 10－6　支付类型

支付类型		用途说明
代码	分类	
1	货物政府采购支出	政府部门购买办公用品及物资等
2	工程政府采购支出	政府部门支付工程款、设备款,支付安评费、环评费以及其他建设相关支出时使用
3	服务政府采购支出	政府部门接受外单位提供服务
4	货物非政府采购支出	非政府单位购买办公用品及物资等
5	工程非政府采购支出	非政府单位支付工程款、设备款,支付安评费、环评费以及其他建设相关支出时使用

续表

支付类型		用途说明
代码	分类	
6	服务非政府采购支出	非政府单位接受外单位提供服务，如支付外协费、差旅费、交通费、评审费等时使用
7	转移支出	无指定用途支付
8	工资支出	支付工资性支出（如事业费、购房补贴）时使用

10.5.1.6　预算来源

财政授权支付令第15位为预算来源码。“1”为当年预算，“2”为上年预算。

【小贴士】

基本支出原则上要求当年全部使用完毕，因此一般不涉及上年结转资金；项目支出使用当年预算时选“1”，使用上年结转资金时选“2”。同一项目既有当年预算资金，也有上年结转资金时，建议优先使用上年结转资金，使用完毕后再使用当年预算资金。

10.5.1.7　关联号

财政授权支付令第16~18位为项目关联号，由代理银行编制。同一项目当年的关联号与上一年度可能发生更迭，银行额度到账后应核对当年关联号是否发生变化。

10.5.2　工作流程及要点

10.5.2.1　编制环节

（1）支付令维护

关注财政部下发的经济分类编制方案更迭，对财政授权支付令中经济分类码进行维护。

（2）核对额度

年初根据用款计划确认当年财政资金项目名称和分月用款计划，财政资金账户用款额度（以下简称“额度”）到账后，核对到账额度与用款计划申请金额是否一致，若不一致，及时向相关项目主管部门反馈，确认不一致的原因；若一致，按照通知书显示关联号参照用款计划信息，确认支付令相关代码。

（3）编制当年财政授权支付令

根据用款计划、经济分类码文件确定支付令1~15位，通过通知书确认16~18位。

【案例1】

某单位为事业单位，2019年基建项目A（非发改委安排资金），3月资金需求50万元。根据用款计划结合经济分类码文件可以判断A项目财政授权支付令1~15位为“220603035060151”。

2 月 24 日额度到账，通知书显示某项目到款 50 万元，关联号 021，具体信息如图 1 所示。

××单位							
你单位 3 月份的财政授权支付额度已经财政部核准，特予通知							
					单位:元	额度下发日期:20××-2-24	
科目编码(功能分类)			科目名称	预算来源	财政授权支付额度		
类	款	项			收支管理	关联号	额度
206	03	03	高技术研究	当年预算	项目支出	021	500 000

图 1　财政授权支付额度到账通知书示例

通过用款计划和通知书比对，在金额唯一的情况下可以确定关联号“021”的项目为 A 项目。A 项目 2018 年财政授权支付令为“22060303506015l021”。

（4）编制财政资金收支台账

财政资金执行人员应根据当年财政资金项目编制财政资金收支明细表与汇总表，及时与银行余额进行核对，保证明细表与汇总表金额和银行余额一致，如图 10－1 所示。

功能分类科目编码	功能分类科目名称	可用额度（元）	额度属性	关联号	经济分类编码	预算来源
2060901	科技重大专项	10 000	项目支出	001		当年预算
2060901	科技重大专项	20 000	项目支出	002		上年结余
2150210	工艺品及其他制造	30 000	项目支出	003		当年预算
2150210	工艺品及其他制造	40 000	基本支出			当年预算
可用额度总计（元）：		**100 000**				

核对分项是否一致

核对总额是否一致

图 10－1　银行余额表示例

10. 5. 2. 2　审核与支付环节

（1）审核环节

为提高财政资金执行准确率，应加强财政资金项目付款单据汇款信息的审核。

1）为避免经办人根据经验填写收款人信息，导致资金退库，财政资金项目付款审核时，建议附收款单位盖章确认的收款信息函，付款单据的汇款信息应与对方单位提供的信息保持一致。

2）由于基建分账户开户的特点，分账户名称可能为“单位名称+项目名称”，向基建分账户汇款时，收款单位名称建议按照基建分账户的账户名称填写。

【案例 2】

如 A 单位基建分账户开户名称为“A 单位××试验场厂房建设”，A 单位从财政资金账户向该账户汇款时，收款单位名称应写“A 单位××试验场厂房建设”而不是“A 单位”。

3）对财政资金项目与其他项目进行区分，以防止出现财政资金项目从单位实有资金账户支付情况。

【案例 3】

A 单位在借款单、报销单模板中专门设置“财政资金”支付方式，与实有资金支付进行区分，设置专岗审核。

【案例 4】

B 单位统一收单审核，审核完毕后在醒目位置加盖“零余额”图章，交予专岗出纳人员处理。

（2）支付环节

单位应按照财政资金项目分项、据实支付，一笔支付业务只能对应一个财政资金项目及收款人。

①现金支付

提取现金应按照财政资金项目和用途分别据实提取，以避免造成现金退库。财政资金现金支票须在支票背面“附加信息”栏填写财政授权支付令，如图 10 - 2 所示。

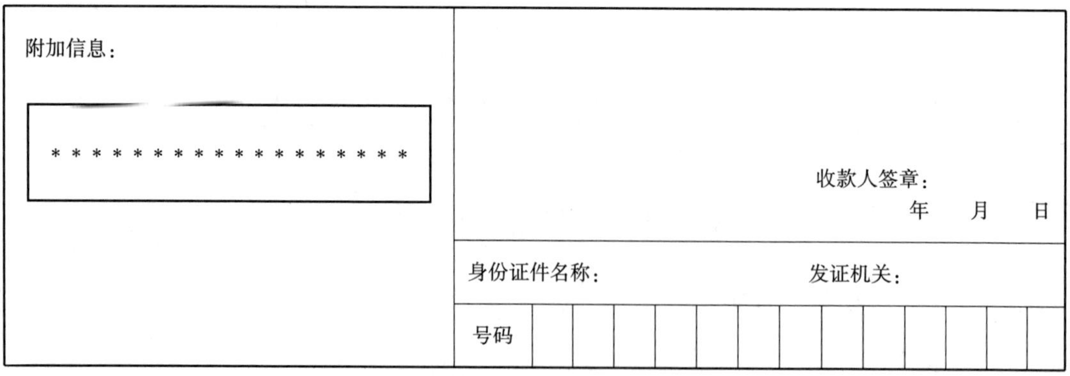

图 10 - 2　现金支票填写示例

【案例 5】

A 项目支出评审费 100 元，差旅费 900 元；B 项目支出办公费 200 元，交通费 500 元。提取现金时应按项目和用途分别出具现金支票，A 项目 1 000 元，B 项目 200 元和 500 元，并分别编制支付令。

②银行支付

使用网银汇款支付方式，需填写财政授权支付令，以工行为例，输入界面在汇款界面“汇款用途”下方。

使用柜台支付方式，需签发财政资金转账支票，并填写电汇单前往银行柜台发起主动付款。财政资金转账支票背面“附加信息”栏内填写财政授权支付令。

使用支票支付方式，为防范最终收款人与实际业务承办人不一致的情况发生，转账支票背面除在“附加信息”栏填写财政授权支付令以外，建议加盖“不得转让”图章，如图 10－3 所示。

附加信息：	被背书人	被背书人
＊＊＊＊＊＊＊＊＊＊＊＊＊＊＊＊ 不得转让	背书人签章 年　月　日	背书人签章 年　月　日

图 10－3　转账支票填写示例

【案例 6】

某单位在 A 会展中心举办会议，使用财政资金转账支票支付会议费 2 000 元，对方单位名称填写完整，但未加盖“不得转让”图章。A 会展中心收到支票后背书转让给了 B 农贸市场。上级监督部门检查时，发现银行对账单收款单位与实际业务承办单位不一致。为了防范风险，建议严格把控财政资金转账支票的使用，尽量选用主动支付方式。

（3）复核环节

财政资金管理岗人员应对支付金额、收款单位名称、开户银行以及银行账号、支付令等信息填写是否完整、准确进行逐项复核，确认无误后方可支付。

10.6　其他相关事项

10.6.1　资金划转

资金划转时需标明具体用途，单位常用资金划转支付令见表 10－7。

表 10－7 单位常用资金划转支付令

资金划转类型	预算管理	功能分类			经济分类		支付类型	预算来源	关联号
		类	款	项	类	款			
	1	2~4	5~6	7~8	9~11	12~13	14	15	16~18
住房公积金	1	221	02	01	505	01	8	1	—
提租补贴	1	221	02	02	505	01	8	1	—
领用直接材料	2	需划转项目相应的功能分类			505	02	4	1	需划转项目相应的关联号
收益	2				505	02	6	1	
固定资产使用费	2				505	02	6	1	
财政补助	2	206	03	03	599	99	6	1	

10.6.2 资金归垫

单位因客观原因，用本单位实有资金账户垫付项目相关支出需要归垫的，使用的支付令应与实际业务相匹配，经济分类码或关联号发生变化的，应填写变化后的相应代码，支付用途需标明“归垫资金”。

【案例 7】

某科研项目 2019 年项目关联号“017”，当年领用直接材料 50 万，划转 20 万元后项目额度使用完毕，使用的支付令为“220609015020441017”，剩余 30 万下一年进行归垫。2020 年该项目经济分类码变为“50502”，关联号变为“018”，业务实质不变，应使用的支付令为“220609015050241018”。

10.6.3 退库和更正

单位因客观原因，出现科目用错、退回资金等确需调整时，应当填写《财政授权支付更正（退回）通知书》（以下简称“退库单”）送交代理银行，通知书如图 10－4 所示。

退库单相关内容需填写完整。“单位名称”处需填写单位全称；“单位名称”后空白处填写财政资金账户账号；“凭证编号”在一个自然年度内从 0001 开始连续填写；“原列事项”行的“信息代码”列对应填写原支付票证的财政授权支付令；“调整事项”行的“业务类型”列对应填写“更正”；“时间”栏分别填写原支付日期以及办理更正业务的日期；“金额”栏分别填写原支付金额以及需要更正科目的金额。

原列事项为当年发生的，调整事项信息代码一般与原列事项信息代码相同；原列事项为往年发生的，调整事项信息代码可能与原列信息不同，按银行的要求填写，签章处加盖银行预留印鉴。

资金退库业务涉及跨年的，还需按代理银行的要求提供退库说明。

单位名称：　　　　　　　　　　　　　　　　凭证编号：

内容 事项	业务类型	信息代码	时间			金额											
			年	月	日	十	亿	千	百	十	万	千	百	十	元	角	分
原列事项	支付																
调整事项																	
备　注																	

预 算 单 位			代 理 银 行		
负责人		签　章	负责人		签　章
经办人			经办人		

第一联　预算单位作记账凭证

图 10－4　财政授权支付更正（退回）通知书示例

【案例 8】

A 单位 2019 年 12 月 5 日向 B 公司支付合同款 100 万元，委托 B 公司进口设备 1 台。由于汇率变动，2020 年 2 月 10 日，B 公司退回汇率差额 1 万元。A 单位办理资金退库时，除提交退库单外，还需提交包括 B 单位名称、银行账号等信息的退库说明，退库说明模板如图 2 所示。

退库说明（模板供参考）

××银行××支行：

我单位申请 1 笔财政资金退库，明细如下：

财政资金账户名称：A 单位

财政资金账号：* * * * * * * * * * * * * * *

原汇款信息					退库金额
财政授权支付令	支出日期	支付金额	收款人名称	收款人账号	
220609015090451012	20××. 12. 05	1 000 000 元	B 公司	* * * * * * * * * * *	10 000 元

A 单位

20××年×月×日

图 2　退库说明模板

10. 6. 4　结余资金退回

形成结余资金的，应按照原渠道退回，若原渠道退回对应的预算科目或项目已经取消，需按财政部指定的预算科目或项目退回。

【案例 9】

如某单位国拨基建项目审减 40 万元形成结余资金需退回国库。此笔经费 2019 年支出时编制支付令为 220603035100651001。退回国库时需区分情况：1）该项目对应的关联号仍存在，应按照原渠道退回要求，使用关联号 001；2）该项目对应的关联号已取消，需按照财政部指定退回渠道退回。

第 11 章　财政资金划转和归垫

11.1　质量目标

近年来，为了更好地完善国库集中支付制度，规范财政资金的支出行为，财政部门加强了对财政支出的管理和监督力度。财政资金的划转和归垫作为财政资金使用中比较特殊的部分，财政出台了多个相关的文件用于规范其使用和管理。为了适应财政部日趋严格的监管要求，解决财政资金划转归垫内容不清晰的问题，达到规范财政资金划转和归垫行为，提高资金的运行效率和使用效益的目标。

11.2　适用范围

本章适用于纳入中央部门预算范围内的军工单位的财政资金划转和归垫工作。

11.3　相关释义

资金划转，是指各单位从零余额账户向本单位或上级主管单位、所属下级单位实有资金账户进行资金划转的行为。

资金归垫，是指各单位在财政授权支付用款额度或财政直接支付用款计划下达之前，用本单位实有资金账户资金垫付相关支出，再通过财政授权支付方式或财政直接支付方式将资金归还原垫付资金账户的一种特殊行为。发生下列特殊情况之一的，允许垫付资金：

1）经国务院批准并限时开工的基建投资项目支出。

2）基建投资项目前期费用支出。

3）重大紧急突发事项支出。

4）其他按规定允许垫付的支出。

11.4　职责分工

财政资金的划转和归垫工作通常涉及单位的财务部门和业务部门，具体分工如下：

11.4.1　财务部门

财务部门是单位财政资金划转和归垫的牵头部门，具体职责一般包括：

1）组织开展财政资金划转归垫的政策学习、宣贯，严格执行相关管理规定。

2）负责按规定划转财政资金，牵头开展财政资金归垫备案工作。

3）协调业务部门，落实归垫所需垫付事项的证明材料。

4）整理归垫所需材料、填报相关表格，并配合后续相关检查工作；负责组织接受国家、上级单位的监督与审查。

5）负责按照国家有关财务会计制度对资金的划转和归垫进行账务处理。

11.4.2 业务部门

业务部门是单位财政资金的执行部门，应配合财务部门完成“事前立项、事后补助”类科研项目、“先建设后补偿”类基建项目的财政资金归垫工作，提供归垫部分的确认依据，并配合财务部门接受上级单位对财政资金归垫的相关检查工作。

11.5 业务流程和操作规范

11.5.1 资金划转

11.5.1.1 资金划转的范围

根据财政部对军工单位的有关要求“军工单位按以下规定划转资金不需备案，但必须在填写授权支付令时标明具体用途。”资金划转的范围主要包括：

1）按照财库〔2002〕28号文件有关规定，从零余额账户向本单位实有资金账户划转工会经费、住房公积金、提租补贴等资金时，必须在“用途栏”具体标明“工会经费”“住房公积金”“提租补贴”等字样。

【小贴士】

“提租补贴”作为工资的“津补贴”的构成部分，每月可随工资进行发放。已参加中央国家机关事业单位基本养老保险的单位，建议在进行社会保险和职业年金缴费时，将缴费账户登记为单位的零余额账户，即可按月将相关费用从零余额账户直接划转至央保中心。

2）按照财政部有关规定，“从零余额账户向本单位实有资金账户划转基建和科研项目的利润、收益、使用费等资金时，必须在‘用途栏’具体标明‘应得利润’‘应得收益’‘净结余留用’‘应分摊使用费’‘应分摊修缮费’等字样”。

基建项目可划转的情况包括：“a）自营工程施工、自制非标设备及自行安装费用三项支出中按国家有关规定结算后应得利润；b）应在建设单位管理费中分摊的工具用具使用费、固定资产使用费等；c）项目完工后按规定留用项目单位的净结余；d）按国家有关规定垫付的资金。”

科研项目可划转的情况包括：“a）自制专用测试设备仪器费、购置设备需自行安装的安装费中按国家规定结算后应得收益；b）应分摊的固定资产使用费；c）应在管理费中分摊的科研及办公用房屋建筑物修缮费等；d）收益；e）按国家有关规定垫付的资金。”

【小贴士】

科研项目在按照财政部规定进行资金划转的同时也应遵守国家相关的经费管理规定。

3）军工单位上下级或平级单位之间，根据购买服务、货物、工程的合同或科研生产计划，从零余额账户向相关单位实有资金账户划转资金时，必须在“用途栏”具体标明“内购货物”“内购工程”“内购服务”等字样。

4）军工单位领用集中采购的材料、购买由本单位自行提供的服务等，从零余额账户向本单位或上级主管单位、所属下级单位实有资金账户划转资金时，必须在“用途栏”具体标明“领用材料”或“内购服务”等字样。

5）财政补贴性资金和收储资金等，从零余额账户向本单位实有资金账户划转时，必须在“用途栏”具体标明“财政补贴”等字样。

除以上情况外，军工单位不得从零余额账户向本单位或上级主管单位、所属下级单位实有资金账户划转资金。

11.5.1.2　资金划转的操作

在进行财政资金划转时，其实质是将财政资金从单位的零余额账户转入实有账户，可采用零余额账户的“网上银行”或“转账支票”两种方式进行，可根据单位内部的管理要求选择适合的方式进行操作。

（1）通过“网上银行”进行资金划转

首先应开通单位零余额账户的“网上银行”业务，开通后即可通过“网上银行”进行财政资金的划转，具体有以下几个步骤：

1）选择“汇款单位”和“收款单位”名称，需要注意的是，这两个名称均应是本单位的名称。

2）选择“汇款账号”和“收款账号”，汇款账号应选择本单位零余额账户的账号，收款账号则是单位实有账户的账号。

3）在“金额”栏中填写需要划转的金额。

4）选择“汇款方式”，为了资金能尽快回流，可以将汇款方式选为紧急，单位无须支付零余额账户资金划转的手续费，此部分费用由财政部进行支付。

5）将“汇款用途”选为手工录入，在“手工录入用途”栏中根据实际划转的内容进行填写，如住房公积金、财政补贴等。

6）根据政府预算经济分类按规定依次填写“收支管理”“科目号”“经济分类”和“预算来源”（支付令的编制参见本书第 10 章）。

（2）通过“转账支票”进行资金划转

通过“转账支票”进行资金划转有以下几个步骤：

1）在转账支票正面的收款单位处填写本单位名称。

2）在转账支票正面的“用途”处标明具体用途。

3）在支票背面的附加信息处填写支付令。

【小贴士】

若通过转账支票的方式进行资金划转，需在转账支票背面的“附加信息”栏中填写15位（基本支出）或18位（项目支出）连续代码作为支付指令。

11.5.2 资金归垫

11.5.2.1 基本支出资金归垫（事先备案）

单位财政预算基本支出的资金垫付和资金归垫，按照《财政部关于规范和加强中央预算单位国库集中支付资金归垫管理有关问题的通知》（财库〔2007〕24号）有关规定执行，实行事先备案制度，由单位在资金垫付之前将拟垫付事项、原因和资金来源等情况逐级上报上级预算主管部门，经审核确认后报财政部备案，财政部收到备案材料后，将是否同意垫付的意见回复上级预算主管部门，并逐级转发至单位。

【小贴士】

基本支出资金归垫需在年度初始即对当年预计要发生的归垫情况向财政部提交垫付申请，且需获得批准后才能开展垫付的工作，而不是年末预计发生结余时再提交申请，再开展相关工作。因基本支出的资金垫付和归垫审核周期长及获得批复的不确定性，相关人员应提前做好基本支出支付的规划工作，保证用款计划和实际支出相匹配，尽可能避免年底产生结余资金被财政收回。

11.5.2.2 项目支出资金归垫（事后备案）

单位项目支出资金归垫实行事后备案制度。单位在办理资金归垫时，必须在授权支付令“用途栏”标明“归垫资金”字样，将《20××年第×季度归垫资金备案表》（表11－1）于每季度结束后在规定时限内将上一季度资金归垫情况上报上级单位审核，由上级单位汇总审核后报财政部备案，作为财政动态监控和以后核查的依据。

依据《财政部关于规范和加强中央预算单位国库集中支付资金归垫管理有关问题的通知》（财库〔2007〕24号）中的规定，财政部对中央预算单位资金归垫实行监督管理，“发现预算单位有虚列开支、伪造合同、编造借款事项等骗取资金归垫的情形，除责令退回已归垫资金外，还将按照有关法律对相关单位和责任人做出处理”。

【小贴士】

科研项目常见的归垫内容为：1）根据会计制度规定分摊计入项目科研成本的燃料动力费、职工薪酬及管理费中的相关支出。单位待项目符合归垫条件后即可进行归垫；

2）在项目研制周期内，以前年度发生的成本支出，可在本年财政下达的授权支付用款额度内进行归垫，单位应做好年度用款计划，尽量减少直接成本资金归垫行为的发生。在财政授权支付用款额度下达的当年，从项目精细化管理的角度出发，也应尽量避免当年直接成本的归垫。

基建项目归垫内容为：1）项目建设周期内，财政授权支付用款额度下达之前，垫支的建设成本；2）“先建设后补偿类”基建项目，在项目初设报告中写明用于项目启动前统筹建设的已建成并投入使用的建筑物。此类建筑安装投资归垫，可依据建设管理部门提供的工程投资明细账和项目主管部门提供的工程分摊依据进行归垫。

归垫备案材料包括但不限于以下：

1）20××年第×季度归垫资金备案表见表 11-1。

表 11-1　20××年第×季度归垫资金备案表

序号	单位名称	项目编号	项目名称	科目编码	科目名称	财政预算批复文号	预算下达金额（万元）	归垫金额（元）	归垫时间	支票号
1	××	232×××××××××××××××	××	××	××	财防〔×〕×号	××	××	20××. ××. ××	××

单位名称按照零余额账户户名的单位全称填报，项目编号（18 位）与项目名称以部门预算批复为准填列。

科目编码（7 位）与科目名称，即款类项码及名称，必须严格对应，常用为“2060303 高技术研究”“2060901 科技重大专项”“2150210 工艺品及其他制造业”。

财政预算批复文号，以部门预算批复文件中财政部文号为准，20××年第一批财政资金文号为“财防〔20××〕××号”，后续追加预算另行填写。

不得合并单元格或行次，不同批次预算的资金预算要分行填列，归垫的资金属于项目第一批的，预算下达金额就填第一批的，第二批以此类推，均为单行列示，每行分属同一项目的不同批次预算，同一项目追加预算，也要按照新的批复文号和不同批次分行填列。

预算下达金额为年度批复金额，单位为“万元”，小数位精确到最后一位有效金额；归垫资金单位为“元”，精确到分。

如果归垫资金是使用支票的，则在支票号列填写支票号；如果通过网银，则应填列银行回单左上角或右上角的编号。

填报格式、字号、归垫时间格式，均需按表 11-1 示例填写。

2）证明垫付事项的合同、发票。

3）财政授权支付额度到账通知书。

4）记录垫付事项发生时的账簿或凭证，具体为项目成本三栏（多栏）明细账。

5）记录资金归垫发生时的零余额账簿，具体为项目“零余额账户用款额度”三栏明细账。

6）银行结算证明。因项目支出资金归垫实行事后备案制度，纸质归垫材料由单位留存备查，针对同一张原始凭证进行多次归垫的情况，单位应建立台账，记录每次归垫金额，避免重复归垫。

11.5.3 常见业务的账务处理及支付令

11.5.3.1 资金划转账务处理

常见的资金划转可分为基本支出划转、科研项目划转和基建项目划转。

（1）基本支出划转（住房公积金等）

借：银行存款

　　贷：零余额账户用款额度—本年预算—基本支出

（2）科研项目划转（领用材料、划转使用费等）

借：银行存款

　　贷：零余额账户用款额度—本年预算—科研项目

（3）基建项目划转

借：银行存款

　　贷：零余额账户用款额度—本年预算—基建项目

11.5.3.2 资金归垫账务处理

常见的资金归垫可分为基本支出归垫、科研项目归垫和基建项目归垫。

（1）基本支出归垫

借：银行存款

　　贷：零余额账户用款额度—本年预算—基本支出

（2）科研项目归垫

①归垫科研项目当年支出（燃料动力费、管理费等）

借：银行存款

　　贷：零余额账户用款额度—本年预算—科研项目

②归垫科研项目上一年度支出（科研项目上一年度支出超过财政拨款额度的部分）

借：银行存款

　　贷：零余额账户用款额度—本年预算—科研项目

借：财政补助支出—项目支出—科研项目—成本支出

　　贷：科研成本

　　　　预付账款

（3）基建项目归垫

借：银行存款

　　贷：零余额账户用款额度—本年预算—基建项目

借：财政补助支出—项目支出—基建项目

　　贷：专用基金—折旧基金

　　　　预付账款

【小贴士】

单位应依据项目的研制进度及时进行结算，避免在年末产生预付账款，形成结转或结余资金。

11.5.3.3　常用支付令

常用的支付令包括资金划转支付令和资金归垫支付令。

(1) 资金划转常用支付令

资金划转的常用支付令可分为基本支出划转支付令和项目支出划转支付令。

1) 基本支出划转常用支付令；

例如，住房公积金：122102015050181。

2) 项目支出划转常用支付令（表 11－2）。

表 11－2　项目支出划转常用支付令表

划转摘要	支付令	预算科目
应分摊使用费	2206030350502×1×××	高技术研究
	2206090150502×1×××	科技重大专项
应得收益	2206030350502×1×××	高技术研究
	2206090150502×1×××	科技重大专项
领用材料	2206030350502×1×××	高技术研究
	2206090150502×1×××	科技重大专项
财政补贴	2206030350502×1×××(事业)	高技术研究
	2206030350702×1×××(企业)	高技术研究

【小贴士】

第 14 位×代表支出类型，后三位×××为银行提供的财政授权支付额度到账通知书中各项目的关联号。

(2)资金归垫常用支付令

资金归垫常用的支付令包括科研项目和基建项目，根据单位性质的不同，又分为事业单位和企业单位，具体支付令情况见表 11－3。

表 11－3　资金归垫常用支付令表

项目分类	支付令	预算科目	备注
科研项目	2206030350502×1×××	高技术研究	事业单位
	2206030350799×1×××		企业
科研项目	2206090150502×1×××	科技重大专项	事业单位
	2206090150799×1×××		企业
科研项目	2215029950799×1×××	其他制造业支出	事业单位
基建项目	2206030350601×1×××	高技术研究	事业单位
	2206030350799×1×××		企业
基建项目	2206090150601×1×××	科技重大专项	事业单位
	2206090150799×1×××		企业
基建项目	2215021050602×1×××	工艺品及其他制造业	事业单位

第12章　政策性资金申报

12.1　质量目标

依据国家、上级单位有关政策性资金申报事项的相关制度、要求，进一步落实各部门职责，优化申报工作流程，规范申报事项管理，提升申报材料质量，用好用足各项政策性资金补助。

12.2　适用范围

本章选取进口贴息作为政策性资金申报的代表进行详解，适用于符合条件的单位贴息补助资金申报工作。

12.3　相关释义

进口贴息资金，是指中央财政安排的用于鼓励扩大先进设备和技术、关键零部件、国内紧缺的资源性产品进口的专项资金。

12.4　职责分工

财务部门是进口贴息资金申报工作的归口管理部门，主要职责如下：

1）负责组织开展贴息政策的学习、研究和宣贯工作，同时制（修）订本单位进口贴息资金申报工作的相关要求；

2）负责根据相关通知要求，组织开展进口贴息申报工作；

3）负责组织开展进口贴息资金使用情况的总结和绩效评价工作；

4）负责组织接受进口贴息相关的专项监督检查。

业务部门是引进事项的具体参与部门，主要职责如下：

1）负责提供贴息资金申报事项所需的《进口货物报关单》《进出口货物征免税证明》、进口产品订货合同及代理采购协议等申报材料；

2）负责协助财务部门编写进口贴息资金申请文件，提供进口产品用途、预计可产生的效益、绩效目标情况等申报素材；

3）负责进口申报事项的真实性和完整性；

4）负责配合完成进口贴息资金的绩效评价和监督检查等相关工作。

12.5　业务流程和操作规范

12.5.1　进口贴息材料的日常管理

进口贴息资金的申报时间窗口通常比较短，因此需要提前按照现行要求准备相应的申报材料。

12.5.1.1　业务部门

设备采购、技术引进等业务主管部门建立进口产品及技术的订货或进口合同台账，做好进口报关完成情况记录，已完成报关的事项应记录《进口货物报关单》中的申报日期，未完成报关的事项应记录未完成原因并持续跟进报关完成情况。业务主管部门应通过外贸公司收集并核实相关贴息材料，按季度报送财务部门。

12.5.1.2　财务部门

财务部门根据业务主管部门报送的材料按季度梳理本单位符合申报条件的进口产品及技术，整理并审核业务主管部门报送的《进口货物报关单》《进出口货物征免税证明》、进口产品订货合同、代理采购协议复印件等基础材料，同时按进口产品及技术建立台账。

【小贴士】

按照2020年财政部、商务部下发的申报工作通知，符合以上条件的进口产品及技术总额不低于50万美元的进口贴息申报单位方可申报进口贴息资金。

12.5.2　进口贴息资金申报

12.5.2.1　梳理申报材料

梳理申报所需材料，《进口货物报关单》《进出口货物征免税证明》、进口产品订货合同及代理采购协议等材料复印件准备齐套。

（1）核对目录

申报进口贴息资金的产品或技术应属于国家发展改革委、财政部、商务部发布的最新版本《鼓励进口技术和产品目录》（以下简称《目录》）规定的范围。《目录》以2016年版本为例予以说明：

1）《目录》中第一类为“鼓励引进的先进技术”（A类），第二类为“鼓励进口的重要装备”（B类），第三类为“鼓励发展的重点行业”（C类）。

2）进口贴息申报单位根据申报进口事项的名称及规格选择《目录》中对应的类别及序号，《目录》中对于进口事项有技术参数要求的，申报的进口事项应与《目录》完全一致。

（2）核对监管方式

报关单上的监管方式应为一般贸易或边境贸易。目前，“监管方式”为军事装备等方式的进口产品不能申报进口贴息资金。

（3）核对报关日期

进口产品应在申报年度上年 7 月 1 日至申报年度当年 6 月 30 日期间完成进口报关，具体以《进口货物报关单》中“申报日期”为准；进口技术应在申报年度上年 7 月 1 日至申报年度当年 6 月 30 日期间执行合同。

（4）消费使用单位

报关单上的“消费使用单位”应与进口贴息申报单位一致。由于统一采购等原因造成的“消费使用单位”与进口贴息申报单位不一致的，应在申报文件中予以说明。如遇以下情况均应予以说明：

1）进口贴息申报单位为简化审批手续，加快报关速度，申请进口贴息的进口产品中存在使用上级单位名义进行报关的情况，但所有进口产品最终用户及支付方均为进口贴息申报单位。

2）业务部门作为负责办理进口产品工作的内部职能部门，全权代表进口贴息申报单位签订进口合同并办理进口货物报关等工作，但进口产品最终用户及支付方为进口贴息申报单位。

【小贴士】

各进口贴息申报单位的财务部门按季度梳理业务主管部门报送的申报材料发现此类情况的，应及时向业务主管部门反映，尽量避免后续单位名称不一致情况的发生。

（5）征免性质

报关单上的“征免性质”包含一般征税（照章征税）、科教用品等类别。涉及进口免税的申报事项，可提供《进出口货物征免税证明》作为辅助材料，《进出口货物征免税证明》中的“合同号”“货名”“数量”“单位”“金额”“币制”等产品信息应与《进口货物报关单》中“合同协议号”“商品名称”“数量及单位”“总价”“币制”等信息一致。

【小贴士】

1）《目录》中“鼓励发展的重点行业”项下的设备未被列入《国内投资项目不予免税的进口商品目录（2012 年调整）》（财政部、国家发展改革委、海关总署、国家税务总局公告 2012 年第 83 号）。

2）不同征免性质的进口事项均可申报进口贴息资金。

（6）核对合同文本

进口产品属于有技术参数要求的重要装备，合同或产品说明书中应列明产品技术参数，且与《目录》中一致。若通过外贸公司代理采购的，还需提供代理采购协议。进口产品订货合同及代理采购协议应为有效合同及协议，合同章及代表人签字应齐全。进口产品订货合同及代理采购协议中的“合同号”“产品名称及规格”“数量”“总价”“原产地国”等产品信息应与《进口货物报关单》中“合同协议号”“商品名称、规格型号”“数量及单位”“总价”“原产国（地区）”等信息一致。

【小贴士】

1）进口技术合同中不得包含违反《中华人民共和国技术进口管理条例》（国务院令第331号）规定的条款。

2）不同《进口货物报关单》中的商品若均属于同一份进口产品订货合同，仅需提供一份进口产品订货合同及代理采购协议即可。

（7）核对技术进口材料

进口技术属于《目录》中第一类“鼓励引进的先进技术”（A类），相关申报材料包括：《技术进口合同登记证书》《技术合同数据表》、技术进口合同、付汇凭证等材料的复印件。整理申报材料应注意：

1）取得《技术进口合同登记证书》《技术合同数据表》。

2）“技术使用单位”应与进口贴息申报单位一致。“技术使用单位”与付汇单位不一致的，需提供双方的代理合同。

3）技术进口额是指通过转让、许可、委托开发、合作开发、技术咨询等方式自非关联企业引进《目录》内技术所支付的技术费金额（不含设备、培训、调试、差旅等费用，不含以年度销售额、利润等为基数按比例支付的技术引进费）。

4）提供银行出具的付汇凭证，并加盖银行回单专用章。同时应注明技术引进合同号、技术名称和符合贴息条件的付汇金额。

（8）核对设备进口材料

进口“鼓励发展的重点行业”项下设备属于《目录》中第三类“鼓励发展的重点行业”（C类），相关申报材料包括：《国家鼓励发展的内外资项目确认书》《进口货物报关单》《进出口货物征免税证明》、进口产品订货合同等材料的复印件。整理申报材料应注意：

1）《国家鼓励发展的内外资项目确认书》为企业按照要求申请，国家发展改革委或省级发展改革委（经委）审核通过出具。

2）属于《目录》“鼓励发展的重点行业”中“国家级工程（技术）研究中心、国家工程试验室、国家认定的企业技术中心、重点实验室、高新技术创业服务中心、新产品开发设计中心、科研中试基地、实验基地建设”的，不需提供《国家鼓励发展的内外资项目确认书》，但需提供科技部、国家发展改革委等部门关于国家级研究中心的认定文件。

3）《国家鼓励发展的内外资项目确认书》应包含进口设备清单，申报“鼓励发展的重点行业”项下设备进口贴息的产品应在进口设备清单中。

12.5.2.2　填写申报材料

进口贴息申报单位需填写《进口贴息事项申报说明》和《进口贴息事项申请表》，编写进口贴息资金申请文件。

（1）填写申报说明

进口贴息申报单位的财务部门填写《进口贴息事项申报说明》，填报时需注意：

1）申请企业名称：应为本单位法人名称，申报材料中单位名称应保持前后一致。

2）企业性质：按国有、集体、民营、三资、研究院所、高校、其他填写，具体情况根据各进口贴息申报单位性质填写。

3）上报申报文件资料页数为纸张数，双面复印按 1 页计算，可通过复印机复印张数予以校验。页数包括封面、目录、进口贴息资金申请文件等，不包括分隔彩页。

4）申请企业法定代表人或授权人签名栏：必须为亲笔签字。由授权人签署的，需提供由法定代表人亲笔签字并加盖单位公章的授权书原件。使用签名章无效。

5）申请企业盖章：应使用本单位法人名称公章，与申请企业名称一致。

6）银行账户信息：一般为单位零余额账户，用于贴息资金收款。

7）企业联系人：应填写本单位进口贴息主管。

（2）填写申报表

进口贴息申报单位的财务部门组织业务主管部门填列《进口贴息事项申请表》，填报时需注意：

1）申请企业：应为本单位法人名称，并加盖单位公章，与《进口贴息事项申报说明》保持一致。

2）填列方式：应按《进口货物报关单》列明的项目逐项填报，不得将相同商品合计填报，序号则按《进口货物报关单》数量编号。例如同一个《进口货物报关单》中存在两个申报商品，名称均为“电缆组件”且商品编号为同一编号，填列申请表时，应分开两行进行填报，但序号栏需合并单元格编为同一编号。

3）填列顺序：应先按《进口货物报关单》中“申报日期”年份填列，年度内再按照《目录》中序号顺序，序号一样的不做要求。例如申报事项的申报日期年份和《目录》中的序号分别为①2016 年 B127 类、②2017 年 B128 类、③2016 年 B134 类、④2017 年 B134 类、⑤2017 年 B127 类，则排列顺序应为①③⑤②④；涉及一个《进口货物报关单》中有多个商品且分别属于《目录》不同类别的，以《进口货物报关单》中第一个商品序号为准进行排列。例如同一个《进口货物报关单》中存在两个商品：第一个商品为 B134 类、第二个商品为 B127 类，则排列顺序应以 B134 类作为排序依据，第二个商品紧跟第一个商品排序。

4）海关报关单号（技术进口填合同号）：申报进口产品的，应按照《进口货物报关单》中 18 位海关编号填写。

5）商品税号（技术进口不填）：申报进口产品的，应按照《进出口货物征免税证明》中 10 位税号或《进口货物报关单》中 10 位商品编号填写。免税商品可提供《进出口货物征免税证明》时，商品税号则以《进出口货物征免税证明》中的税号为准。例如申报商品《进出口货物征免税证明》中税号为 9013200099，《进口货物报关单》中商品编号为 90132000.99，《进口贴息事项申请表》中应按 9013200099 填写商品税号。

6）商品名称/技术名称：应按照《进口货物报关单》中“商品名称”填写。

7）商品技术参数（技术进口不填）：申报进口产品的，应按照《进口货物报关单》中“规格型号”或进口产品订货合同中产品描述型号填写。《目录》中对进口产品有技术参数要求的，应填写该产品对应的实际参数，并注明参数在所附材料中的页码。

8）实际进口额：应以美元为计价币种。《进口货物报关单》或《付汇凭证》以非美元作为计价币种的，应将进口额折算成美元。折算率按照国家外汇管理局申报当年 6 月底公布的《各种货币对美元折算率表》（国家外汇管理局网址：http：//www. safe. gov. cn）计算。具体计算方式为实际进口额（美元）= 总价×折算率（折算率按照公布的数据，小数点后 6 位进行计算），填写时实际进口额应保留两位小数。

（3）填写申报文件

进口贴息申报单位的财务部门组织业务主管部门共同编写进口贴息资金申请文件，内容应包括本单位基本情况、申报情况说明、进口产品用途、预计可产生的效益、绩效目标情况以及近五年有无违法违规行为等情况，填报时需注意：

1）申请文件封面：落款应为本单位法人名称，并加盖单位公章，法定代表人签字栏必须为亲笔签字，使用签名章无效。

2）申报情况说明：申报贴息事项总数应按《进口货物报关单》个数计算，申报进口总额应与《进口贴息事项申请表》实际进口额总计一致。

3）进口产品用途：按照《进口贴息事项申请表》中填列的主要进口产品或技术予以简要阐明其归属《目录》类别和用途。阐述的进口产品或技术的进口额要求覆盖申报贴息事项进口总额的 80%。

4）预计可产生的效益：简要阐明引进的产品或技术对提高产品性能、完成任务、技术创新的影响及效益。

5）绩效目标情况：可从产出指标和效益指标两方面说明进口贴息申报单位的绩效目标情况。产出指标以申报事项实际台/套数作为绩效评价指标值，按照《进口货物报关单》中商品数量计算设定指标值。例如《进口货物报关单》中报关商品的数量为 8 套，则按 8 台/套计算该指标值；效益指标以上级单位下达的科研生产计划节点完成率和降低资金成本作为绩效评价指标值，其中科研生产计划节点完成率指标值依据进口贴息申报单位上半年的计划节点完成情况设定，降低资金成本指标值按照上年度获批进口贴息的贴息比例设定，例如上年度 1 美元进口额申报贴息获批 0. 25 元人民币（假定汇率为 1 美元=6. 5 元，贴息率为 3. 85%），则：降低资金成本=预计获得贴息资金=申报进口总额（美元）×0. 25（元）÷1（美元）。

6）其他情况说明：应对进口贴息申报单位近五年来违法违规、拖欠财政资金情况予以说明；涉及《进口货物报关单》中消费使用单位与进口贴息申报单位不一致的，应对所属关系及原因予以说明。

7）落款：应为本单位法人名称，并加盖单位公章。

（4）整理、装订申报材料

进口贴息申报单位的财务部门按照顺序整理进口贴息申报材料，汇编成册，并编制申报材料目录。进口贴息资金申报材料整理顺序依次为：申报材料统一封面、进口贴息资金申请文件、事业单位法人证书（或企业营业执照）复印件、《进口贴息事项申报说明》《进口贴息资金申请表》《进口货物报关单》复印件、《进出口货物征免税证明》复印件（适用于免税商品）、进口产品订货合同复印件、代理采购协议复印件。整理申报材料时应注意：

1）均使用 A4 纸复印申报所需材料。

2）复印时应保证材料关键信息清晰有效。

3）加盖单位公章：加盖进口贴息申报单位法人名称公章。事业单位法人证书（或企业营业执照）、《进口货物报关单》《进出口货物征免税证明》复印件均应加盖单位公章；进口产品订货合同及代理采购协议复印件，进口贴息申报单位应在合同及协议每一页加盖单位公章。若合同及协议页数过多，可在合同及协议首页加盖单位公章，待装订完成后加盖骑缝单位公章。

4）在《进口贴息事项申请表》之后，以申报事项为单位，按照《进口贴息事项申请表》填列顺序整理申报材料，并插入彩页予以分隔。

5）各进口贴息申报单位上报申报材料一式两份。此外可按照国家档案管理有关规定单独妥善保管一套申报材料，以备后续核查。

6）涉及《进口货物报关单》对应多份进口产品订货合同及代理采购协议的情况，应按《进口货物报关单》《进出口货物征免税证明》、进口产品订货合同 A 及代理采购协议 A、进口产品订货合同 B 及代理采购协议 B 的顺序排序。

7）涉及多个《进口货物报关单》对应一份进口产品订货合同及代理采购协议的情况，应按《进口货物报关单》A、《进出口货物征免税证明》A、《进口货物报关单》B、《进出口货物征免税证明》B、进口产品订货合同、代理采购协议的顺序排列。

（5）报送申报材料

各进口贴息申报单位将装订好的纸质申报材料（一式两份）报送上级主管单位，同时，以正式文件形式报送进口贴息资金申请文件。

12.5.3　进口贴息资金的核算与管理

进口贴息申报单位应将进口贴息资金纳入年度中央部门预决算管理，将进口贴息资金批复情况按照国家有关规定编报中央部门预决算。获得财政批复后，若进口贴息资金通过零余额账户到位，财务部门应及时划转至本单位实有资金账户。

依据《军工科研事业单位会计制度》（财防〔2013〕381 号）和《企业会计准则》，具体会计分录如下：

（1）资金到位零余额账户

①事业单位

借：零余额账户用款额度

　　贷：财政补助收入

借：银行存款—实有资金账户

　　贷：零余额账户用款额度

②企业单位

借：零余额账户用款额度

借：财务费用（红字冲销）

借：银行存款—实有资金账户

　　贷：零余额账户用款额度

（2）资金到位实有资金账户

①事业单位

借：银行存款—实有资金账户

　　贷：财政补助收入

②企业单位

借：银行存款—实有资金账户

借：财务费用（红字冲销）

第 13 章　商业汇票使用

13.1　质量目标

落实《中华人民共和国票据法》等有关政策及规定，进一步规范单位商业汇票的使用，提高资金使用效率和业务运行效率，防范资金风险和保障资金安全，提高单位内部管控水平和运行质量。

13.2　适用范围

本章适用于各企事业单位的商业汇票使用。

13.3　相关释义

商业汇票，是指出票人签发的，委托付款人在指定日期无条件支付确定的金额给收款人或者持票人的票据。商业汇票用于单位之间商品交易业务结算。商业汇票按照承兑人（承诺到期付款人）的不同分为商业承兑汇票和银行承兑汇票。商业汇票按照载体的形式可以分为纸质商业汇票（以下简称“纸质汇票”）和电子商业汇票（以下简称“电子汇票”）。劳务报酬、债务清偿、资金借贷等不可采用商业汇票进行结算。

【小贴士】

由于承兑人不同，商业承兑汇票与银行承兑汇票在信用等级与流通性方面存在较大差别。银行承兑汇票承兑人为银行等金融机构，到期承兑银行无条件见票付款，票面付款人资金不足时银行垫付；商业承兑汇票承兑人为对方单位，到期由出票人确认付款，出票人资金不足则无法付款。同时，银行承兑汇票是银行信用，办理背书转让、票据贴现时更容易被接受。

纸质汇票的最长付款期限为 6 个月，根据中国人民银行、银保监会相关通知的要求，纸质汇票金额不得超过 100 万元，不得跨省接受或者开具。电子汇票的最长付款期限为一年，最大金额为 10 亿元。

13.4　职责分工

财务部门是商业汇票归口管理部门，其主要职责如下：

1）根据商业汇票管理相关法律法规制定单位商业汇票相关管理要求，并对单位业务人员进行宣贯和培训。

2）负责办理商业汇票的签发、背书、收款、贴现及收票查验等手续，并将汇票执行情况向使用部门反馈。

3）负责办理商业汇票相关授信业务。

4）负责商业汇票的保管、台账管理以及对账工作。

5）配合业务部门进行往来单位商业信用管理。

业务部门（包含市场、采购、基建、外协外包等发生购销业务的部门）是商业汇票的使用部门，其主要职责如下：

1）对商业汇票对应的经济业务真实性负责。

2）对涉及的往来单位进行商业信用管理与业务协调。

3）负责纸质汇票过程传递与签收。

4）商业汇票收款出现异常时，负责进行追索。

13.5 业务流程和操作规范

商业汇票业务主要包括：纸质汇票开具、纸质汇票收取、纸质汇票台账管理，电子汇票开具、电子汇票收款、电子汇票台账管理。

13.5.1 商业汇票开具及管理

商业汇票开具及管理主要包括提出需求、开票、承兑、背书及登记管理等环节。本章主要说明商业汇票开具与管理要求及纸质汇票签发规范。

13.5.1.1 商业汇票需求提出

单位发生采购（包括基建、外协外包等，下同）业务时，业务部门在借款或报销手续上注明汇票结算、发起商业汇票结算需求。财务部门根据单位持有的商业汇票情况签发或背书转让商业汇票。

【小贴士】

为了规范审批手续，建议在借款单及报销单上“借款方式”和“支付方式”中增加“商业汇票”栏目，方便业务部门选择使用。

13.5.1.2 商业汇票签发（开票）

财务部门收到汇票结算需求时进行审核，审核通过后签发商业汇票，在票面上填写出票人（商业承兑汇票为“付款人”）、收款人、出票金额、出票日期、汇票到期日等信息，如图 13－1 所示。

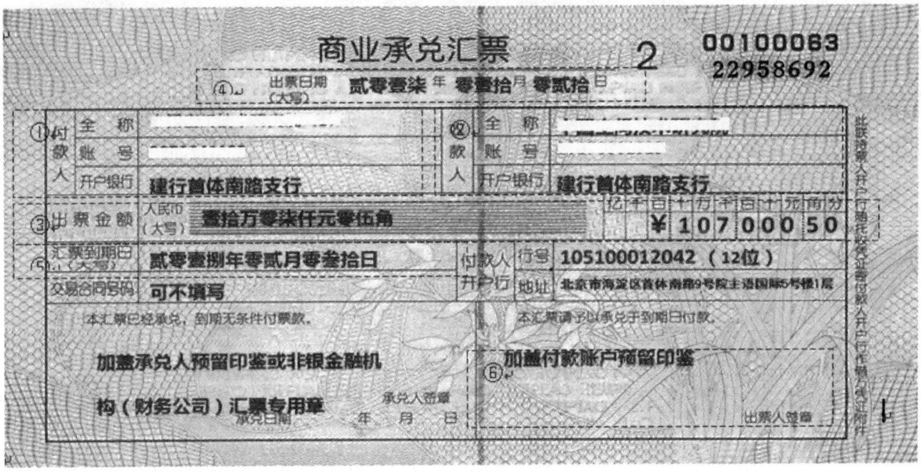
商业承兑汇票　2　00100083 22958692

④ 出票日期（大写）贰零壹柒年零壹拾月零贰拾日

① 付款人　全称　账号　开户银行　建行首体南路支行

② 收款人　全称　账号　开户银行　建行首体南路支行

③ 出票金额　人民币（大写）壹拾万零柒仟元零伍角　亿千百十万千百十元角分　¥107000 50

⑤ 汇票到期日（大写）贰零壹捌年零贰月零叁拾日

付款人开户行　行号　105100012042（12位）　地址　北京市海淀区首体南路9号院主语国际5号楼1层

交易合同号码　可不填写

本汇票已经承兑，到期无条件付票款。

本汇票请予以承兑于到期日付款。

加盖承兑人预留印鉴或非银金融机构（财务公司）汇票专用章　承兑人签章　承兑日期　年　月　日

⑥ 加盖付款账户预留印鉴　出票人签章

此联持票人开户行随托收凭证寄付款人开户行作借方凭证附件

图 13 - 1　商业汇票签发

【小贴士】

商业汇票的填开基本要素包括付款人、收款人、出票金额、出票日期、出票人签章，如有缺项汇票无效。商业汇票出票金额、日期、收款人名称不得更改，更改的汇票无效。电子汇票能够根据输入的信息自动生成，不易出错，建议优先使用电子汇票。

1）出票金额。商业汇票上记载的出票金额必须确定，出票大写金额必须与小写金额一致，须在出票金额栏中“人民币”后按表 13 - 1 的要求顶格使用中文大写填写出票金额，在小写位置填写相应的阿拉伯数字金额，并用“¥”封头，金额填写具体要求见表 13 - 1。

表 13 - 1　商业汇票金额填写要求

序号	数字	大写规范	备注
1	*****.00	*****元正	阿拉伯数字到元位须“正”或“整”
2	*****.*0	*****元*角	阿拉伯数字到角位可不“正”
3		*****元*角正	
4	*****.**	*****元*角*分	阿拉伯数字到分位无“正”
5	**0*.**	*仟*佰零*元*角*分	阿拉伯数字中间有“0”时，中文大写金额要写“零”字
6	*00*.**	*仟零*元*角*分	阿拉伯数字中间连续几个“0”时，中文大写金额中间可以只写一个“零”字
7	****.0*	*仟*佰*拾*元零*分	角位是“0”，而分位不是“0”时，中文大写金额“元”后面应写“零”字
8	*0***0.**	*拾万*仟*佰*拾元*角*分	万位、元位为“0”，同时千位、角位不为 0，中文大写金额中可以只写一个“零”字，也可以不写“零”字
9		*拾万零*仟*佰*拾元零*角*分	

续表

序号	数字	大写规范	备注
10	*****.**	人民币□*****元*角*分	×人民币与大写间不可空格
11		人民币*****元*角*分	√票面未印“人民币”时须手写

2）出票日期。使用中文大写按要求填写，商业汇票出票日期使用小写填写的，金融机构将不会受理，日期填写具体要求见表13－2。

表13－2　商业汇票日期填写要求

序号	日期	大写规范	备注
1	****年1月**日	****年零壹月**日	—
2	****年2月**日	****年零贰月**日	—
3	****年10月**日	****年零壹拾月**日	—
4	****年**月*日	****年**月零*日	日为1~9的，应在其前面加“零”
5	****年**月10日	****年**月零壹拾日	—
6	****年**月20日	****年**月零贰拾日	—
7	****年**月30日	****年**月零叁拾日	—
8	****年**月1*日	****年**月壹拾*日	日为11~19的应在其前面加“壹”

3）汇票到期日。按表13－2的要求大写填写，纸质汇票期限为6个月的，到期日按照出票日期加汇票信用期的对应日期计算。

比如，出票日为2018年1月5日，到期日最晚为2018年7月5日，即2018年1月5日+6个月；无对应日期的，月末最后一天为到期日（例如：出票日为2018年8月31日，到期日最晚为2019年2月28日，即月份+6个月的月末最后一日）。

4）出票人签章。出票人必须在票面规定的方框内加盖出票人银行预留印鉴，签章必须清晰，无断口、重影、模糊等情况。出现盖章失误时，若签章区域空间充足，可以补盖正确印章，若空间不足，则需要重开。

13.5.1.3　商业汇票承兑

商业汇票签发完成后，应进行承兑或申请金融机构进行承兑（承诺在商业汇票到期日支付商业汇票金额），在承兑人签章处加盖承兑人银行预留印鉴或金融机构签章。

1）付款人自身承兑。在承兑人签章框格内加盖付款人付款账户的银行预留印鉴，商业承兑汇票如图13－2所示。

2）金融机构承兑。商业汇票进行金融机构承兑需事先与金融机构签订承兑额度合同，签订承兑额度合同需提供业务具体材料，主要为合同复印件、发票复印件、承兑票据清单、上期财务报表主表等材料，具体材料与金融机构沟通确定。然后持填写有效的银行承兑汇票申请金融机构承兑，金融机构在“承兑行签章”处加盖汇票专用章，并至少加盖一个经办人人名章，银行承兑汇票承兑如图13－3所示。

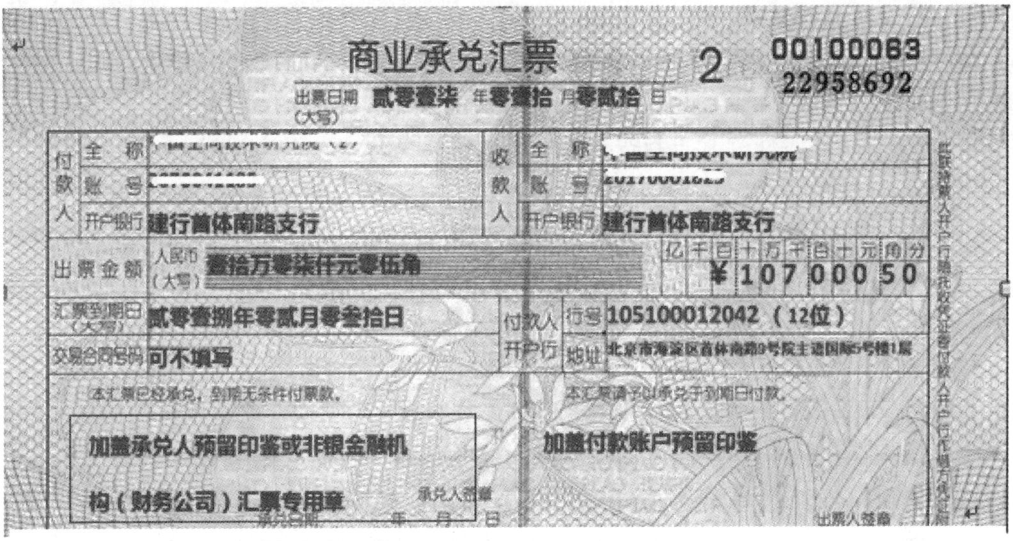

商业承兑汇票　2　00100063　22958692

出票日期（大写）　贰零壹柒 年 零壹拾 月 零贰拾 日

付款人	全　称		收款人	全　称		
	账　号			账　号		
	开户银行	建行首体南路支行		开户银行	建行首体南路支行	
出票金额	人民币（大写）	壹拾万零柒仟元零伍角			亿千百十万千百十元角分 ¥10700050	
汇票到期日（大写）	贰零壹捌年零贰月零叁拾日		付款人开户行	行号	105100012042（12位）	
交易合同号码	可不填写			地址	北京市海淀区首体南路9号院主语国际5号楼1层	

本汇票已经承兑，到期无条件付票款。

加盖承兑人预留印鉴或非银金融机构（财务公司）汇票专用章

承兑人签章　承兑日期　年　月　日

本汇票请予以承兑于到期日付款。

加盖付款账户预留印鉴

出票人签章

图 13－2　商业承兑汇票

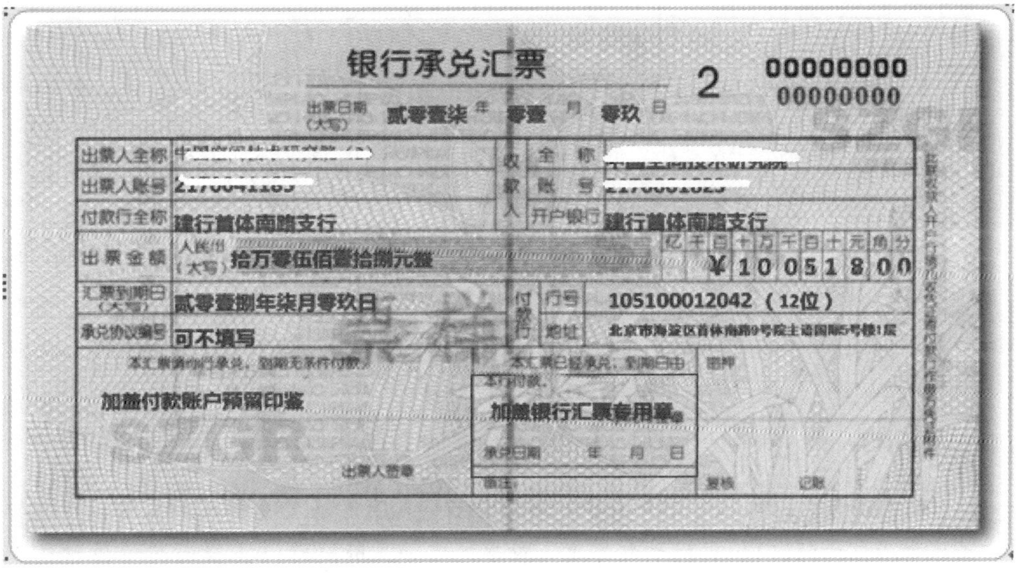

银行承兑汇票　2　00000000　00000000

出票日期（大写）　贰零壹柒 年 零壹 月 零玖 日

出票人全称		收款人	全　称		
出票人账号			账　号		
付款行全称	建行首体南路支行		开户银行	建行首体南路支行	
出票金额	人民币（大写）拾万零伍佰壹拾捌元整			亿千百十万千百十元角分 ¥10051800	
汇票到期日（大写）	贰零壹捌年柒月零玖日	付款行	行号	105100012042（12位）	
承兑协议编号	可不填写		地址	北京市海淀区首体南路9号院主语国际5号楼1层	

本汇票请你行承兑，到期无条件付款。

加盖付款账户预留印鉴

出票人签章

本汇票已经承兑，到期日由本行付款。

加盖银行汇票专用章

承兑日期　年　月　日

备注：　　复核　　记账

图 13－3　银行承兑汇票承兑

【小贴士】

付款人已有金融机构授信的，使用授信额度直接签订承兑额度合同；没有授信的，可向金融机构申请办理承兑额度，但需要按照评级存放不同比例的保证金，银行一般要求 1∶1 保证金比例，具体可以在办理时协商确定。

银行承兑汇票承兑需支付手续费（承兑后收回不用也要收取费用），手续费具体由各金融机构确定，手续费支出计入当期财务费用。

13.5.1.4　商业汇票背书

单位收到商业汇票结算需求时，可以将持有的商业汇票进行背书转让（图 13－4），具体操作如下：

1）在票据背面或粘单上“被背书人”栏填写被背书人收款账户户名。

【小贴士】

商业汇票第一手背书必须由票据正面收款人背书转让。

2）在“背书人签章”栏加盖单位银行预留印鉴。

3）用阿拉伯数字填写背书时间。未填写背书日期的，视为在商业汇票到期日前背书。

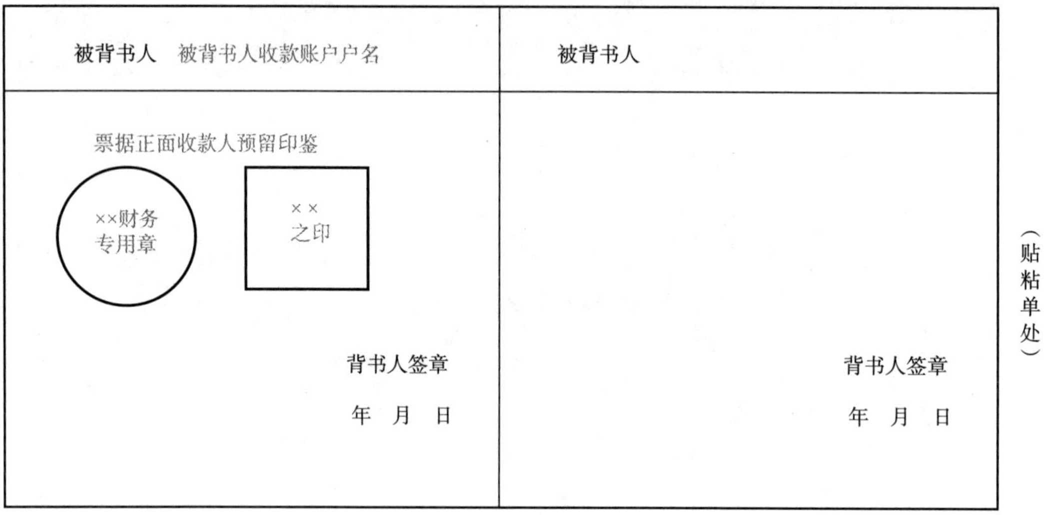

图 13－4　商业汇票背书

【小贴士】

商业汇票在背面上都印有背书格式，如果背书格式不能满足背书人的需要，可以加附粘单（从金融机构领取），粘附于票据上，粘单处需加盖骑缝章（盖贴粘单单位财务专用章），商业汇票背书粘单折叠时不要在骑缝章缝隙处折叠，尤其是粘单与粘单之间骑缝，否则会影响骑缝章效果。

如果开票单位或背书单位需要限制收款单位或被背书单位继续转让或办理贴现，可在印鉴框内注明“不得转让”字样。

商业汇票不能回头背书使用（即：出票人→…→出票人→…或…→背书人 A →…→背书人 A →…）、重复背书（即：…→背书人 A →背书人 A →…）。

13.5.1.5　商业汇票台账管理

单位应安排专人负责商业汇票台账管理，商业汇票台账管理主要为台账登记与业务办理提醒，业务办理主要包括商业汇票转让、到期收款、到期付款、逾期收款、逾期付款等。商业汇票台账要素主要有汇票到期日、汇票类别、汇票形式、对方单位、出票单位、被背书单位、收票金额、背书金额、收款金额、开票金额、付款金额、出票日期、号码、对方单位前手背书单位、业务合同号、经办人、备注等，单位可结合本单位实际需要制定单位商业汇票台账。

业务部门领取签发或背书转让的商业汇票，并在票据登记本上填写领用信息，将商业汇票交与对方单位并办理交接手续，并将交接手续复印件及时交财务部门，财务部门在商业汇票台账上进行登记。

【小贴士】

单位可根据实际需要制定交接手续格式，交接手续至少注明汇票号码、开票单位、汇票金额、交接时间、交接人签字等信息。

商业汇票台账建议按照到期日排序，在业务办理过程中及时进行信息更新，签发的汇票要保证汇票到期日账户资金充足；背书转让的汇票要关注上下游收付款情况。

13.5.1.6　商业汇票到期承兑

单位商业汇票管理人员要积极关注汇票到期日付款账户存款余额，确保能够按期付款，避免影响单位信用及产生法律纠纷。金融机构承兑的汇票因出票单位账户余额不足由金融机构垫付时将产生罚息，每日罚息约为垫付金额的万分之五。

13.5.2　商业汇票收取及管理

商业汇票收取主要包括商业汇票收票、商业汇票查验、商业汇票登记、商业汇票贴现、商业汇票到期收款和商业汇票追索等环节。本小节主要说明纸质汇票收取与管理要求及相关处理方法。

13.5.2.1　商业汇票收票

单位业务部门应结合单位实际，建立销售业务客户信用管理制度，进行客户分级分类管理，明确各类客户商业承兑汇票与银行承兑汇票结算额度、期限、审批权限及黑名单管理机制，合理控制商业承兑汇票收票规模。财务部门应配合业务部门开展客户信用调查、信用评级等相关工作。

单位财务部门应关注金融机构信用，国有商业银行、股份制银行、农村商业银行、非银行金融机构信用等级存在差别，信用等级低的金融机构承兑的商业汇票同样具有风险。

【小贴士】

业务部门收到商业汇票后，应三个工作日内送交财务部门登记、入账，避免商业汇票丢失或逾期。

收取商业汇票后或商业汇票对外交付前，若发生票据丢失，须及时到当地法院进行票据丢失登记，同时向承兑人发出票据止付通知，及时控制票据丢失损失。

13.5.2.2　商业汇票查验

收到商业汇票时，财务部门需进行商业汇票验票，包括商业汇票真伪查验和商业汇票信息填写规范性检查，有假票嫌疑或填写不规范影响贴现、收款的商业汇票应当拒收。

（1）真伪查验

纸质汇票真伪查验主要为查验有无安全线、号码、缩微文字、防涂改纸面、红水线、水印、无色荧光纤维、双底纹、汇票主图案兰花等防伪要素，如图 13－5 所示。如有需要，可以购置票据检查仪器进行票据查验。

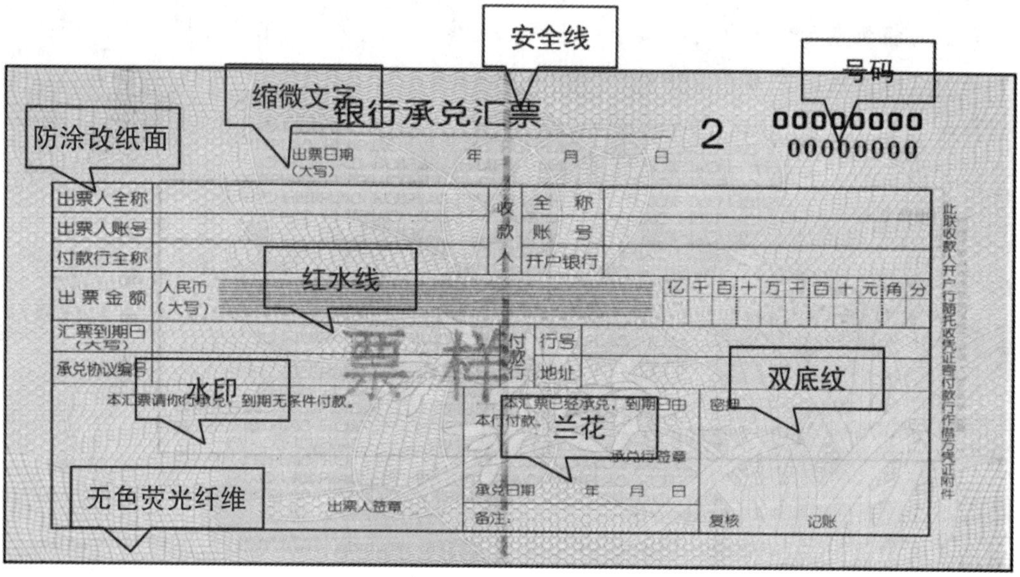

图 13－5　商业汇票防伪要素

（2）规范性查验

规范性查验主要包括商业汇票出票人、收款人、出票日期、出票金额、到期日等填开要素规范性查验和盖章规范性查验，具体要求与汇票签发和背书转让相关要求相同。

商业汇票规范性常见问题如下：

1）票面项目填写不全或字迹不清或有涂改；

2）出票人签章与出票人名称不一致；

3）背书用章与预留印鉴不符或预留印鉴不规范（如以结算财务专用章作为预留印鉴的需单附说明）；

4）粘单格式不对或有重粘痕迹或骑缝章不规范；

5）票面收款人与第一背书人签章不一致；

6）连续背书转让时日期填写不符合前后逻辑关系。

【小贴士】

若经过查验仍无法确定有无问题，可与出票人开户银行进行确认是否能够到期付款。

背书的商业汇票出现问题时因为和出票人没有商业合作关系很难直接追索到出票人，建议少收纸质汇票，尤其是经过背书转让的纸质汇票。

13.5.2.3　商业汇票登记

收取商业汇票后应同时进行台账登记，重点关注汇票到期日等信息，及时办理商业汇票转让、收款，防止商业汇票逾期。

13.5.2.4　商业汇票贴现

持有的商业汇票未到期时，如果单位有资金需求可以向单位开户金融机构进行贴现。办理贴现一般为提供业务背景材料（合同、发票等）、贴现票据清单、有效商业承兑汇票/银行承兑汇票，与金融机构签订贴现额度合同。

商业汇票贴现需要支付贴现利息，贴现利息计入当期财务费用。贴现利息计算公式为

$$贴现利息=票面金额\times贴现天数\times日贴现率$$

$$日贴现率=年贴现率\div360$$

【小贴士】

1）金融机构一般参考银行同业拆借利率确定贴现率，具体贴现率可以在业务办理时协商确定，在金融市场资金宽松情况下贴现率能够低于一年期贷款利率。单位可以统筹考虑贴现率和贷款利率进行融资，降低单位财务费用。

2）商业汇票注明“不得转让”“质押”等字样不能办理贴现。

3）商业汇票贴现期自贴现日起至汇票到期日止。

4）一般情况下，商业汇票贴现利息由持票人支付，若出票人或背书人有融资需要，也可协商由出票人或背书人支付贴现利息。

13.5.2.5　商业汇票到期收款

商业汇票到期日起 10 日内可以向银行申请商业汇票收款（一般提前 10 日即可申请收款）。持票人须将商业汇票原件、托收凭证一并交单位收款账户开户金融机构，由金融机构将票据寄往承兑人开户行进行收款。

1）持票人在汇票背书栏“被背书人”处填写托收金融机构名称，在背书人签章栏内加盖银行预留印鉴，并注明“委托收款”字样，同时填制托收凭证，汇票填写要求如图 13-6 所示。

2）托收凭证共五联，五联的信息基本相同，备注与签章栏按各联要求设置。托收凭证为自动复写格式，托收基本信息在第一联填写，收款单位盖章只盖第二联。

3）在托收凭证第一联“付款人”处填写承兑人或承兑金融机构信息，“收款人”填写持票人信息，“托收凭据名称”处填写“商业承兑汇票”或“银行承兑汇票”。

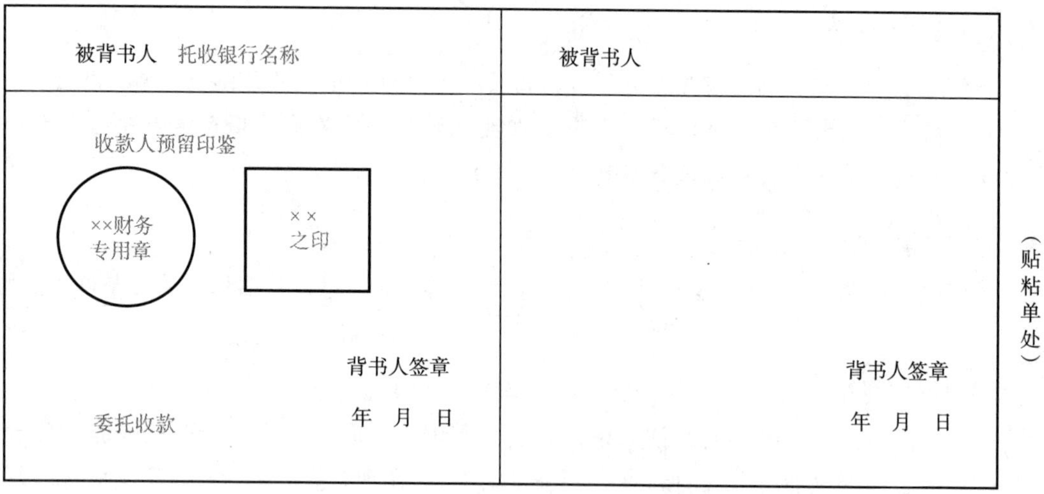

图 13-6　商业汇票收款

4）托收凭证第二联下方收款人签章处加盖收款人银行预留印鉴。

【小贴士】

若商业汇票出现逾期或印章不清晰，须单独说明。汇票逾期须由相关单位逐一出具说明，印章不清晰须由不清晰单位出具说明。以上说明提交银行，若对方单位拒付，可走法律程序追索。

资产负债表日已到期但尚未收到款项的商业汇票，应按企业会计准则的要求从“应收票据”科目转入“应收账款”，进而计提坏账准备。

【小贴士】

商业汇票从向银行申请收款到款项到账存在 定的时间间隔，为避免资产负债表日票据已到期但款项未到账的情况，建议单位业务人员尽量不要收取到期日临界于资产负债表日（月末）的商业汇票。

13.5.2.6　商业汇票追索

若收款出现问题，应及时联系银行查明原因，补充收款手续或通知业务部门进行追索。

13.5.3　电子汇票操作流程及管理

电子商业汇票系统（以下简称“电票系统”），是各金融机构依托中国人民银行电子商业汇票系统，为其客户提供网上办理电子商业汇票业务的服务平台，所有票据信息和流转过程均能够在中国人民银行系统登记。

电子汇票分为电子银行承兑汇票和电子商业承兑汇票。

电子汇票开票人和收票人双方均需开通电票系统且其开户行已加入中国人民银行电子商业汇票系统，才能实现双方电子汇票结算。

【小贴士】

电子汇票所有票据信息和流转过程均在中国人民银行电子汇票系统登记，不会出现假票、毁损等问题，流转迅速、安全有保证，建议优先使用电子汇票。

各金融机构电票系统要素基本相同，本章操作以中国工商银行电子银行承兑汇票操作界面为例进行说明。

13.5.3.1　电子汇票开票（含自动承兑、提示收票）

1）电子商业承兑汇票开票。点击“电子汇票/商业承兑汇票出票/逐笔申请指令提交”目录进入电子汇票填制界面，如图 13－7 所示，填写出票人全称、出票人账号、票据金额、票据到期日、收款人全称、收款人账号，点击选择是否可背书、承兑类型等信息提交，提交成功后由复核岗复核，即完成开票。

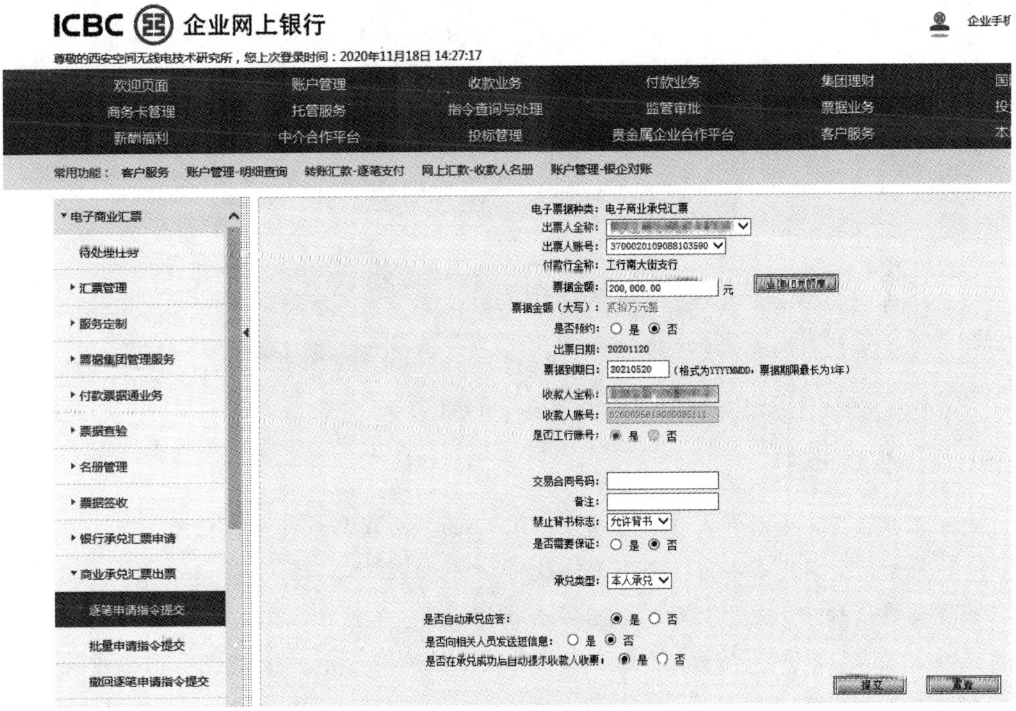

图 13－7　电子商业承兑汇票——开票（含自动承兑、提示收票）

2）电子银行承兑汇票开票。点击“电子汇票/银行承兑汇票申请/逐笔申请指令提交”目录进入电子汇票填制界面，如图 13－8 所示，填写出票人全称、出票人账号、票据金额、票据到期日、收款人全称、收款人账号、是否可背书、承兑类型等信息提交，提交成功后由复核岗复核，即开票完成。

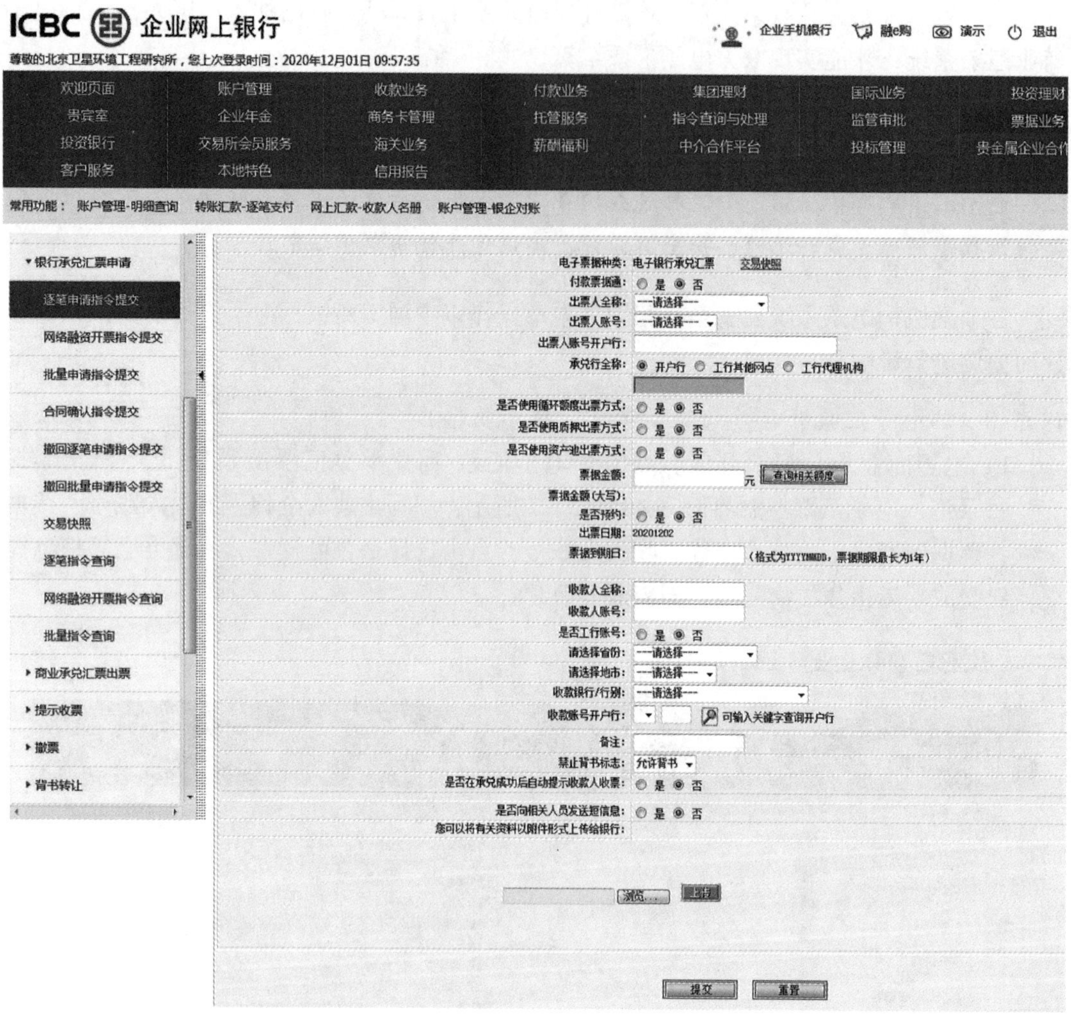

图 13 - 8　电子银行承兑汇票——开票

【小贴士】

电子汇票出票人和收款人账号中有“（）”的，必须与银行开户信息一致，重点区分“（）”符号是全角还是半角，否则无法收付。

出票信息选项中：是否自动承兑应答选择“是”，是否在承兑成功后自动提示收款人收票选择“是”，可省略单独进行电子汇票申请承兑和电子承兑汇票提示收票步骤，开完票据对方即收到汇票。

13.5.3.2　电子汇票签收

1）点击“电子汇票/票据签收/签收指令提交”，选择“机构名称”“账号”等票据查询条件，点击“确定”，从列表框中勾选需要签收的票据，点击“同意签收”，再点击“提交”，提交成功后由复核岗复核，即签收完成，如图 13 - 9 和图 13 - 10 所示。

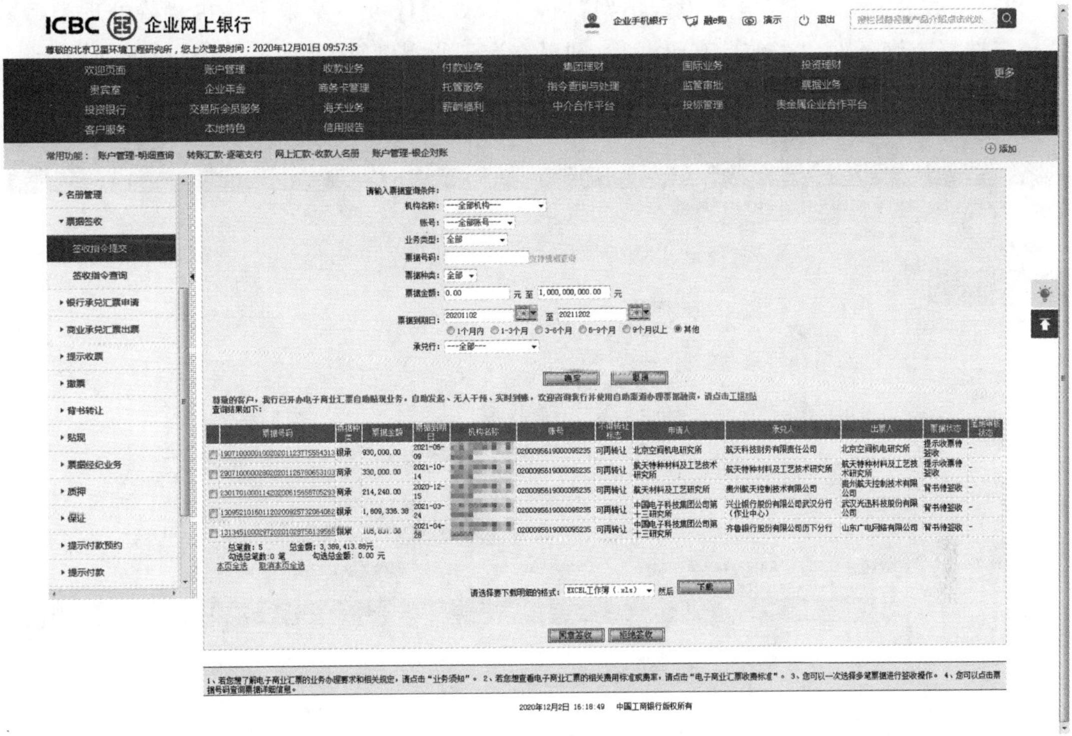

图 13－9　电子汇票——签收 1

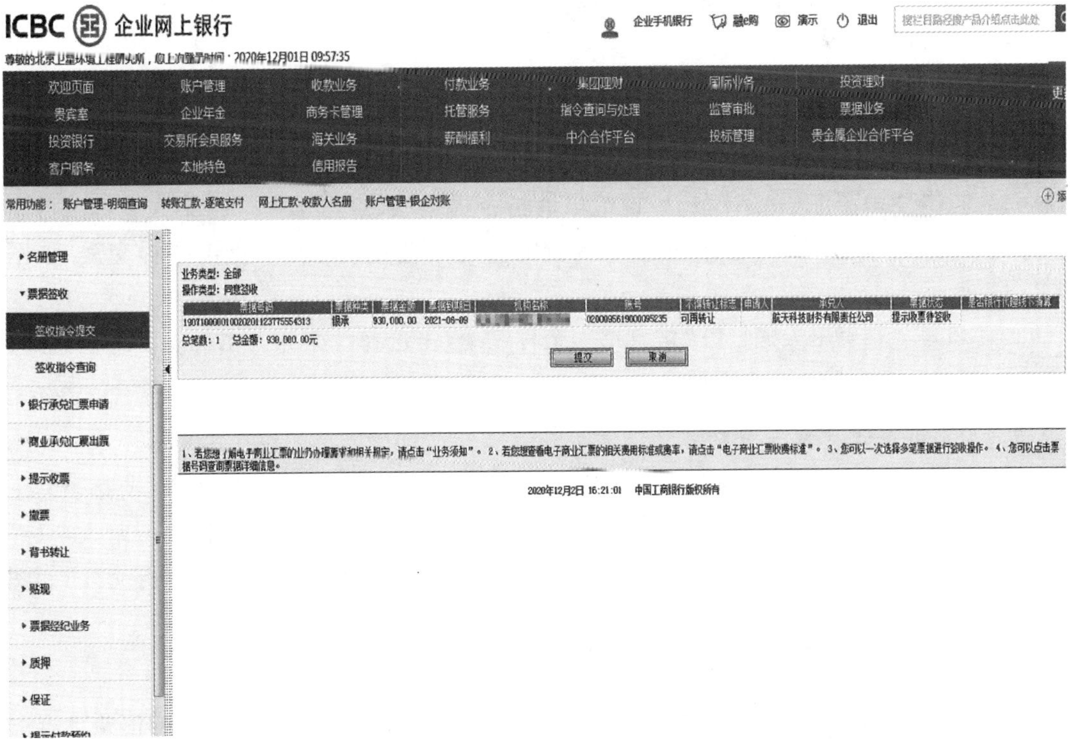

图 13－10　电子汇票——签收 2

2）签收完成后，在“电子商业汇票”—“待处理任务”菜单下，在“待处理类型”栏单击选择查询条件“当前持有票据”，即可查询到所有已签收票据，如图 13－11 所示。

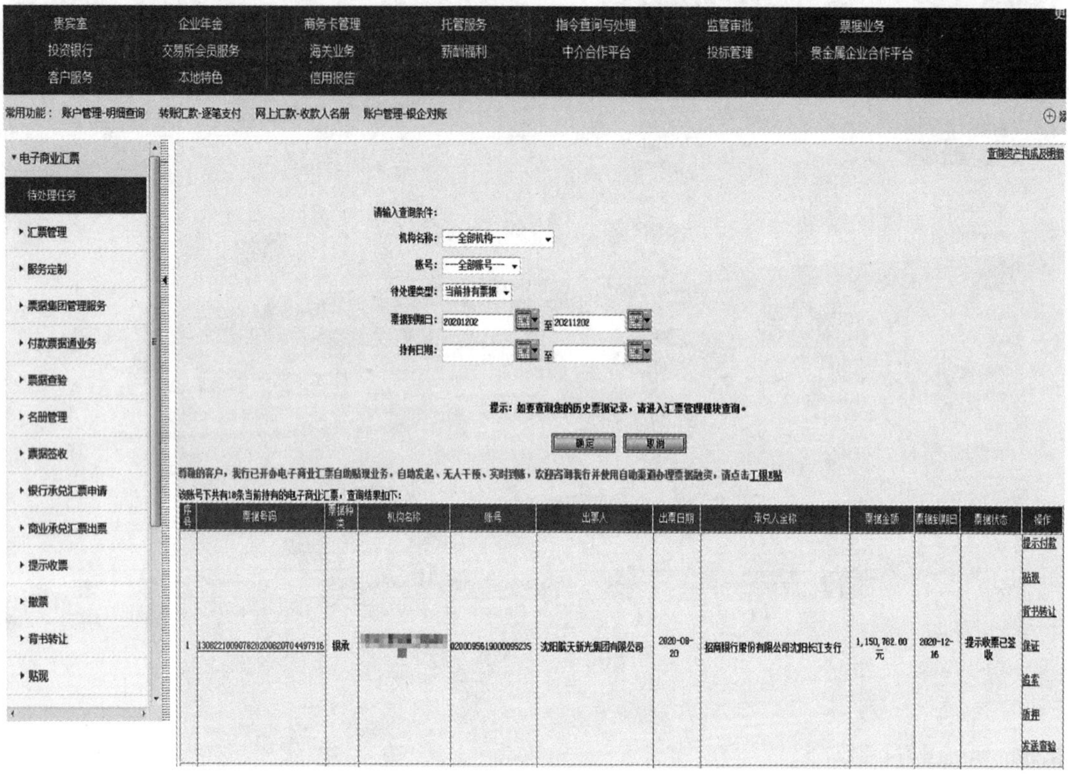

图 13－11　电子汇票——签收 3

13.5.3.3　电子汇票背书转让

1）点击“电子汇票/背书转让/逐笔申请指令提交”，点击选择“持票人全称、持票人账号”等票据查询条件，从列表框中勾选需要背书转让的汇票，点击“提交”，如图 13－12 所示。

2）填写“被背书人账号”“被背书人全称”，点击选择“禁止背书标志”等信息后，点击“确定”，如图 13－13 所示。

13.5.3.4　电子汇票提示付款

点击“电子汇票/提示付款/逐笔申请指令提交”（票据到期后 10 日内）或者“电子汇票/逾期提示付款/逾期提示付款申请”（票据到期 10 日后），点击选择“持票人全称、持票人账号”等票据查询条件，从查询结果中勾选需要收款的汇票，点击“提交”，如图 13－14 所示。

13.5.3.5　电子汇票贴现

点击“电子汇票/贴现/逐笔申请指令提交”，从列表框中勾选需要贴现的汇票，点击“贴现申请”，如图 13－15 所示。

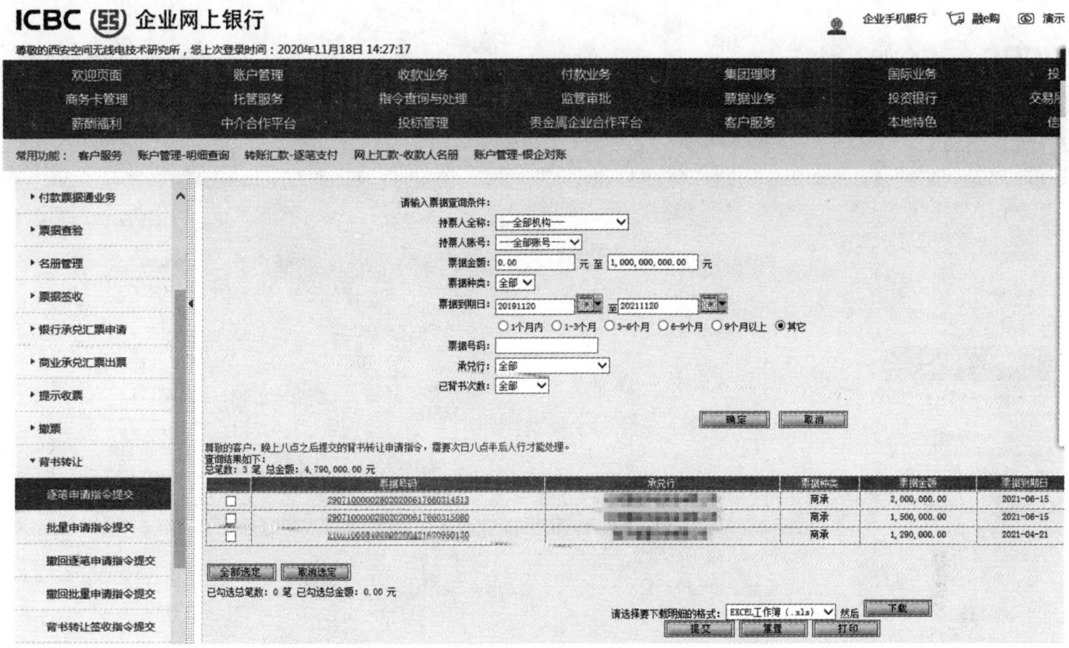

图 13 - 12　电子汇票——背书转让 1

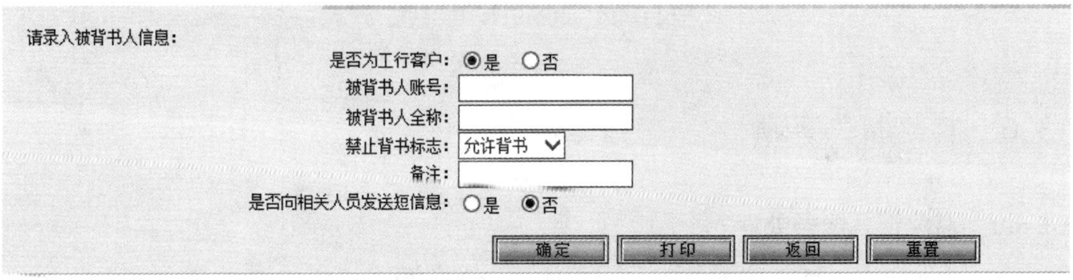

图 13 - 13　电子汇票——背书转让 2

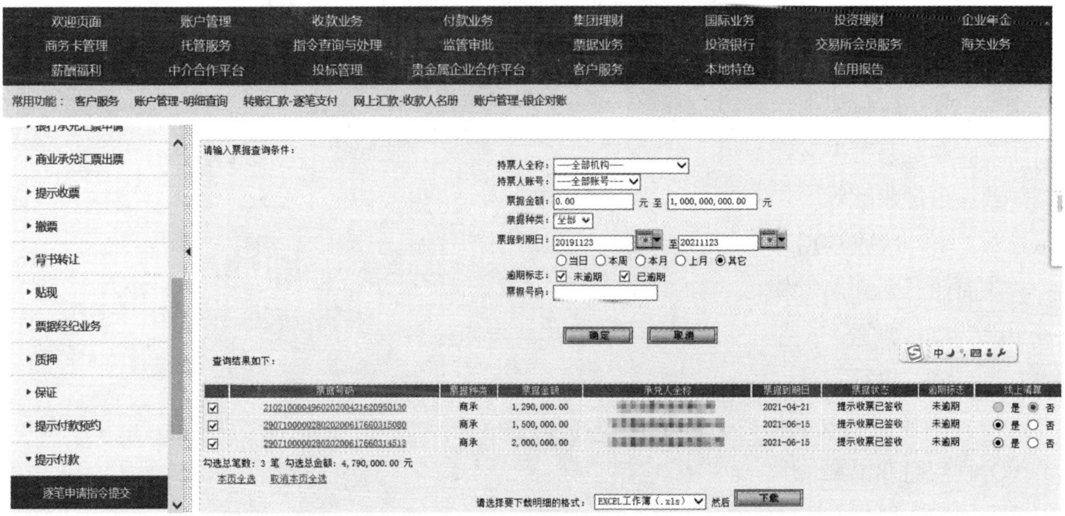

图 13 - 14　电子汇票——提示付款

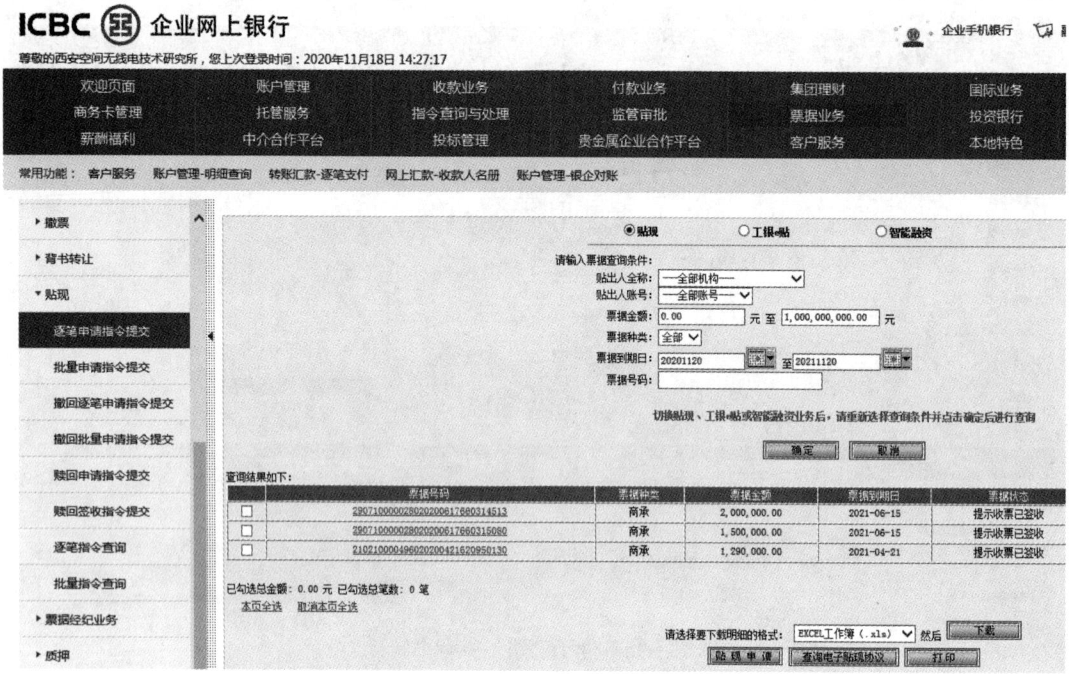

图 13 - 15　电子汇票——贴现

13.6　其他相关事项

13.6.1　商业汇票账务处理

商业汇票账务处理主要涉及商业汇票开具、商业汇票收款的相关账务处理。

（1）商业汇票开具相关账务处理

①开出商业汇票

借：预付账款等（科研成本或生产成本等，下同）

　　贷：应付票据

②商业汇票背书转让

借：预付账款等

　　贷：应收票据

③商业汇票到期付款

借：应付票据

　　贷：银行存款

（2）商业汇票收取相关账务处理

①收到商业汇票

借：应收票据

贷：预收账款等（科研收入、主营业务收入、其他业务经营收入等，下同）

②商业汇票贴现

（a）收款单位承担贴现利息

借：银行存款

　　财务费用

　贷：应收票据

（b）出票人或背书人承担贴现利息

借：银行存款

　贷：应收票据

（c）商业汇票收款

借：银行存款

　贷：应收票据

（d）商业汇票逾期未收回

借：应收账款

　贷：应收票据

13.6.2　商业汇票对账

单位财务部门与业务部门应定期进行商业汇票业务对账，主要核对汇票数量、金额、对方单位及到期日等业务信息，有利于业务部门信用管理和收款。

持票单位应与出票单位进行内部往来核对，持票单位应与对方单位进行内部交易及账务信息核对。

1）汇票为对方单位直接开出的内部往来核对，持票单位应按票面信息与出票单位进行内部往来核对。

2）汇票为对方单位背书转让的内部往来核对，持票单位应按票面信息与出票单位进行往来核对，若背书单位关联方内的单位需与背书单位进行内部交易事项核对。

13.6.3　商业汇票保管

商业汇票视同现金管理，随现金一并进行盘点和核对，纸质汇票一般为出纳保管，随现金一起放保险柜保存。

第 14 章　一户通资金账户系统使用

14.1　质量目标

依据上级管理要求，实现非法人单位合规、高效使用银行账户功能，能够独立办理现金提取、银行票据、POS 机及扫码支付等相关业务，能够独立发放薪酬，并接收特殊银行汇款。

14.2　适用范围

适用于企事业单位下属非法人单位开设中国建设银行一户通资金账户系统，办理其他银行类似资金账户业务，需参考相关银行管理规定。

14.3　相关释义

一户通资金账户系统，是指以法人单位的中国建设银行账户为母账户，通过下设非法人单位银行子账户形成的资金账户系统（图 14－1），子账户能实现与母账户相似的一般性银行账户功能。一户通资金账户系统的主要功能包括：母账户与子账户、各子账户间资金独立不交叉，且母账户能够实时监控子账户资金状况；各子账户能够独立使用网银、POS 机等工具，能够独立对账并打印回单。

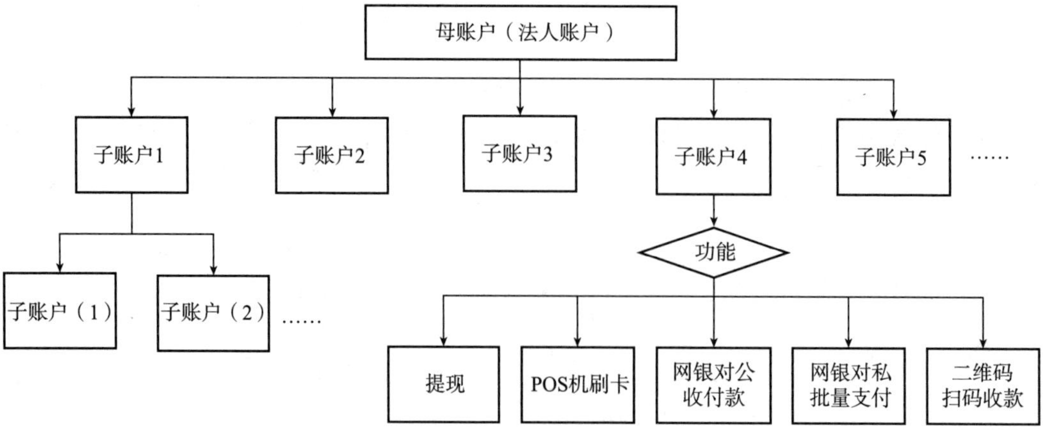

图 14－1　一户通资金账户系统

14.4　职责分工

法人单位职责主要包括：开设一户通资金账户系统；为一户通资金账户系统办理资金归集；将子账户授权给非法人单位使用；制定一户通资金账户系统管理要求，监督检查非法人单位的账户使用及管理情况等。

非法人单位职责主要包括：负责在法人单位的授权下，按照一户通资金账户系统管理规范合理、合规使用子账户，按要求提供开户材料等。

14.5　业务流程和操作规范

14.5.1　创建流程

14.5.1.1　选择母账户

建议优先选用法人单位基本户作为一户通资金账户系统的母账户，以便于非法人单位在子账户中进行提现和工资代发等操作。目前只支持在同城同行下建立一户通账户系统，且一个法人单位只能设立一个母账户。

【小贴士】

母账户设置网银权限后可监控所有子账户资金情况，并可代替子账户进行各类网银收支操作。

14.5.1.2　开设子账户

子账户的户名与母账户的户名相同，账号为母账户后加四位阿拉伯数字，并以“-”（数字键盘减号）连接，如-0002、-0009 等。非法人单位可自行拟定子账户编号，不必连续排列，但第一位数字不能是 9，且不得选择-0001。

【小贴士】

0001 子账户即母账户，由法人单位使用，如对方单位按照母账户账号汇款，资金会自动计入 0001 子账户，不会进入其他子账户。

一户通资金账户系统最多可设立三级子账户，即非法人单位可根据实际需要在所属二级子账户下再设立三级子账户，但需在首次申请一户通资金账户系统时一并办理。值得注意的是，账户层级架构体系一旦建立，二级账户后续无法再申请开立下属三级子账户，但二级账户可在同级次增加新的并列二级账户。

14.5.1.3　选取预留印鉴

一户通资金账户系统支持三种子账户的预留印鉴组合方式，可根据内控管理要求自选一种：

1）母账户财务专用章一枚（共用）+经授权的个人签章若干枚。

2）母账户财务专用章若干枚（账户名称一致，可通过数字编号 1、2、3…加以区分，每个子账户一枚）+个人签章一枚（共用）。

3）母账户财务专用章若干枚（账户名称一致，可通过数字编号 1、2、3…加以区分，每个子账户一枚）+经授权的个人签章若干枚，即每个子账户采用的财务专用章与个人签章组合方式均不同。

【小贴士】

建议选择第三种组合印鉴方式，便于各非法人单位独立办理子账户银行业务。同时，各非法人单位可单独变更子账户预留印鉴，不影响母账户和其他子账户。

14. 5. 1. 4　准备资质证明性材料

开设一户通资金账户系统资质证明材料（原件）主要包括：开户许可证、事业单位法人证书（正本+副本）、法人身份证、经办人身份证、法人授权委托书、子账户授权代理人身份证。

【小贴士】

建议提前与银行客户经理确认所需资料，并与银行协商，采用复印件加盖法人单位公章的方式替代事业单位法人证书原件（包含正本与副本）和法人身份证原件。

14. 5. 1. 5　准备银行业务表单

开设一户通资金账户系统需按照银行的要求完成以下表单的信息填写及盖章工作：

1）开立账户用单。包括：《中国建设银行对公综合服务申请书》《人民币单位银行结算账户预留印鉴变更申请书》《人民币单位银行结算账户组合印鉴申请书》《组合印鉴卡片》《组合印鉴管理服务协议》《“申请变更预留印鉴”授权书》《“申请变更预留印鉴”公函》《变更或新增预留印鉴中的授权代理人签章》《撤销原授权并对新的代理人授权的授权文件》。

2）办理网上银行及结算卡用单。包括：《中国建设银行对公综合服务申请书》《中国建设银行网上银行客户服务申请表》《服务费收费价格表》《对公客户授权委托书》《撤销纸质对账说明》《中国建设银行单位客户对账服务协议》。

3）安装转账 POS 机用单。包括：《转账 POS 设备使用协议书》《中国建设银行××分行转账 POS 安装表》《转账 POS 设备有偿使用责任条款》《商户变更资料申请表》《法人征信证明》。

4）安装二维码智能 POS 终端用单。包括：《特约商户受理人民币卡协议书》《商户扫码收单服务协议》《商户 POS 安装表》《特约商户开通银行卡联机退货业务协议书》《商户承诺书》《法人征信证明》、三张办公环境照片、《中国建设银行××分行商户网上对账业务申请表》(用于开设银行流水邮箱)。

建议提前取得银行现场业务所需全部表单，并与银行客户经理确认盖章类型和盖章位置，统一完成盖章等手续。

【小贴士】

办理二维码智能 POS 终端时，可使用 SIM 卡或 WiFi 两种模式接收信号，对于保密单位，建议选择 SIM 卡模式。

14.5.1.6　网点办理

网点办理通常一周内完成。变更原有账户为一户通资金账户系统架构并分别设置子账户预留印鉴可在一天内办理完成。印鉴须在次日生效，生效后方可签约子账户相关产品，如开设网上银行并配置网银盾、申请结算卡、工资代发许可等。

转账 POS 机及二维码扫码终端等设备申请须由支行网点将相关资料提交至上级分行，流程所需时间略长。待审批通过后，由银行内技术人员携机进行上门安装。

14.5.2　操作流程

一户通资金账户系统子账户可以实现对公对私网银、转账 POS、存取现（结算卡）和二维码收款等一般性银行账户的常用功能。

14.5.2.1　对公网上银行汇款

一户通资金账户系统子账户也使用建行全国统一网银系统进行对公汇款，与其他建行网银操作类似。每个账户配有 3 个网银盾，即主管盾、审核盾和制单盾。各单位可自定义主管盾的授权额度，授权额度内，通过制单盾和审核盾即可支出款项。具体操作步骤如下：

1）插入网银盾，在弹出的网银登录界面（图 14－2）输入密码。

图 14－2　网银登录界面

2）进入网银首页（图 14－3）后，界面会呈现出所有绑定账户的信息，选择待操作账户后进入相关功能模块。

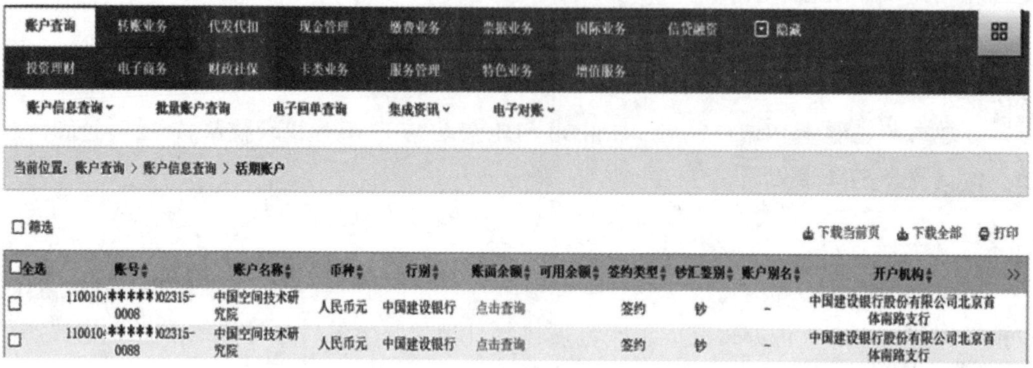

图 14－3　网银首页

3）选择"转账业务"模块，进入转账业务界面（图 14－4、图 14－5），录入汇款信息，审核后即完成汇款。

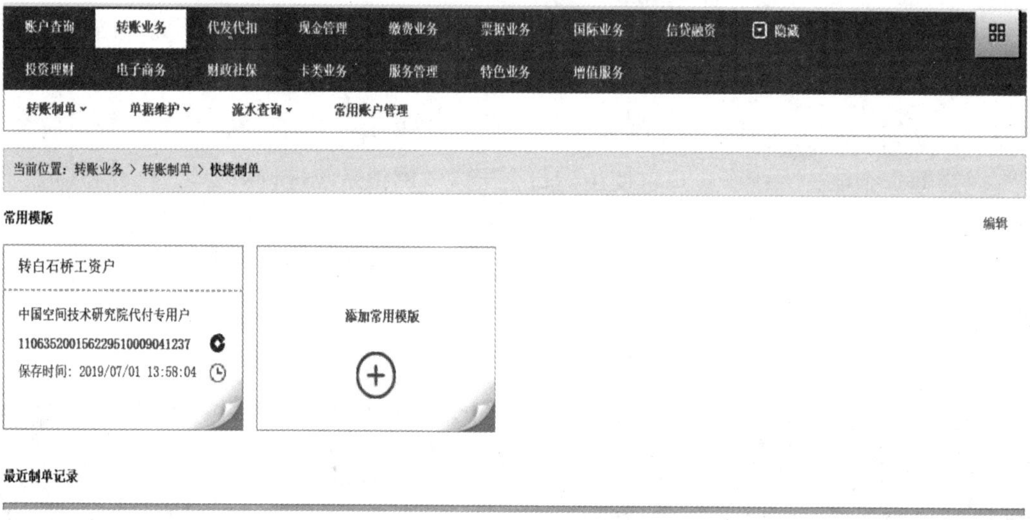

图 14－4　转账业务界面－1

【小贴士】

按照建行一户通系统要求，账户需解除实时归集或办理定时归集才能办理一户通业务。若资金已被归集，但仍需通过子账户进行汇款的，可按照汇款金额将单位其他银行账户资金先转入子账户，再使用子账户进行对公网上银行汇款。

14.5.2.2　对私批量结算

在网银中选择"代发代扣"模块，进入代发制单界面（图 14－6）。如发放人次较多，可选择 Excel 模板批量导入。

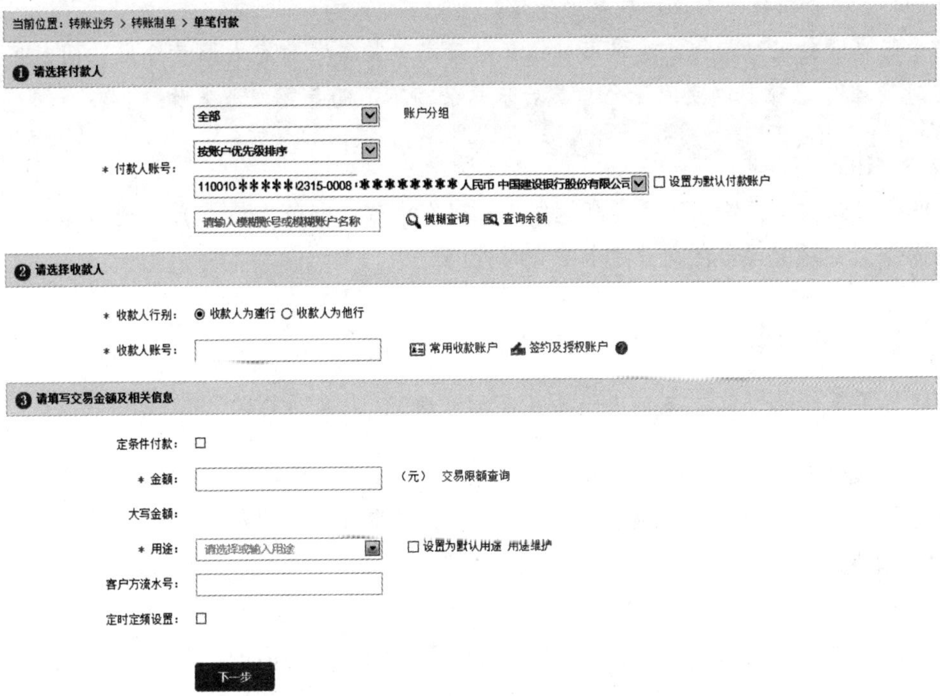

图 14－5　转账业务界面－2

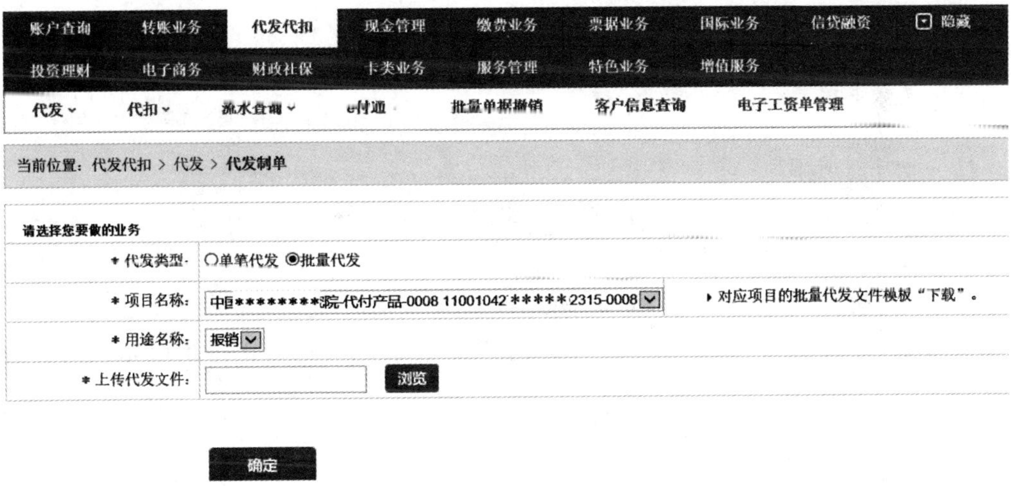

图 14－6　代发制单界面

在银行系统批量分发后，可在“代发代扣—代发流水查询”中查询发放结果，如出现“失败”笔数，可查询失败原因并进行重新发放。

【小贴士】

网银系统中提供 Excel 模板，需按照格式的要求上传。上传成功后建议核对系统中显示的 Excel 合计金额与待发合计数是否一致。

由于账户资金定时归集，建议各单位在每日定时归集之前完成批量分发，同时不得勾选“定时处理”选项，以免因资金归集后账户余额不足而导致发放失败。

14.5.2.3　POS 机转账

POS 机转账时支持刷卡、插卡和闪付 3 种操作模式，财务人员需通过刷结算卡确认每笔转账操作，交易记录可在网银流水中实时查询。

【小贴士】

POS 机单笔转账（收、支）上限为 5 万元（含），无交易笔数上限。

14.5.2.4　提取现金

财务人员可使用现金支票到银行网点办理取现业务，也可使用结算卡在银行网点、ATM 机上取现。

（1）使用现金支票

使用现金支票取现时，需加盖子账户对应的银行预留印鉴后前往开户行办理，其他网点无法办理。

【小贴士】

一户通资金账户系统仅支持母账户法人单位购买现金支票，非法人单位需向法人单位申请借出现金支票。

（2）使用结算卡

一户通资金账户系统各账户均关联一张结算卡，该结算卡具有储蓄卡性质，其与子账户实时绑定，卡内余额与子账户余额一致。

经办人可持结算卡在建行 ATM 机或建行任意网点支取现金。在 ATM 机上支取时，单日取现额度不得超过 2 万元；在银行网点支取时，需同时携带银行预留印鉴人身份证原件。

【小贴士】

使用结算卡取现无须拆借支票，且不受网点限制，建议非法人单位在办理现金业务时，优先选用结算卡。如需提取大额现金，建议提前一天电联开户行网点，确保资金充裕。若需银行上门送款，可与银行签订有偿服务协议。

14.5.2.5　存入现金

财务人员可就近选择任意建行网点办理现金存款业务，现场办理时，无须携带结算卡及银行预留印鉴。

【小贴士】

在非开户行办理现金存款时，将收取 2 元/笔的手续费，该费用无法选择从账户中扣款，需自备现金。

14.5.2.6　二维码扫码结算

（1）二维码收款

开通智能 POS 终端后，员工可使用银行卡刷卡和微信、支付宝扫码等方式办理缴款业务，缴款可采用主扫与被扫两种方式。主扫方式为员工出示手机微信或支付宝生成的实时二维码，由财务人员持终端机主动进行扫描，系统自动扣款；被扫方式为财务人员出示智能 POS 终端实时生成的二维码，员工使用手机微信或支付宝“扫一扫”功能进行扫码支付。

以主扫方式为例，具体的操作步骤为：

1）开机后输入用户名及开机密码，进入智能 POS 终端首页（图 14－7）；

图 14－7　智能 POS 终端首页

2）点击中心“收款”按键，进入“输入金额”界面，财务人员输入收款金额后确定；

3）进入“选择收款方式”界面，选择“扫顾客付款码”图标（如在“被扫”模式下，需选择“二维码收款”图标）；

4）员工出示手机二维码，财务人员用 POS 终端扫描员工手机二维码，员工输入支付密码后成功完成扣款；

5）智能 POS 终端自动打印出存根联，其中“商户存根”联与缴款书一并作为财务收款凭据，“持卡人存根联”交给员工作为缴款凭据。

【小贴士】

如员工手机显示缴款成功，但POS终端没有自动打印存根联，可点击主界面下方“全部”菜单，在“异常订单查询”模块中找到该笔业务并重新打印。

如要重打任一笔交易，可点击主界面下方“全部”菜单，在“打印”模块中选择“重打最后一笔”或“重打任意一笔”。

智能POS终端使用光敏卷式打印纸，一段时间后打印信息会变淡直至掉色，建议财务人员将网银打印出的对应回单联一并附上作为最终收款依据。

（2）二维码退款

智能POS终端只支持收款，无法付款，但可以对三个月内收到的款项按照原收款路径退回。出国护照押金等款项可使用二维码退款方式在三个月内退回，扣缴的手续费也将原路径全额退回。

【小贴士】

开通二维码退款功能需提交《特约商户开通银行卡联机退货业务协议书》，建议在开通智能POS终端时一并办理。

（3）二维码对账

通过智能POS终端发生的资金收、退款业务，其交易资金将在中国银联跨行结算平台暂存，于次日凌晨4点统一日结清算后，按照单日多笔累计收支合计数（扣除手续费后净额）转入子账户，形成一张银行回单（图14－8）。财务人员需等到T+1日后才能查看到银行流水、制单并对账。

交易手续费按单笔业务收取，系统在收款金额内自动抵扣，由单位账户承担。

为掌握各项业务收支明细，建议向银行提交相关申请，开通收支明细邮件推送业务。银行会在每日上午将前一日智能POS终端产生的交易明细（图14－9）发送至预留邮箱，财务人员可查看各项交易的金额、手续费及划账金额等。

【小贴士】

开通邮件推送业务需填写《中国建设银行××分行商户网上对账业务申请表》，建议在开通智能POS终端时一并办理。

14.5.2.7 查询银行账户余额及交易流水

登录网上银行后，选择“账户查询”模块，可在查询界面（图14－10）查看银行账户余额及交易流水。

N O.0

中国建设银行 China Construction Bank　中国建设银行单位客户专用回单

币别：人民币　　2019年10月22日　　流水号：1910220127523648449

付款人	全 称	待清算间联商户消费款户	收款人	全 称	中国*********究院
	账 号	02910(*********)0000		账 号	110010*********315-0008
	开户行	建行:*********各支行营业部		开户行	建行:*********支行营业部
金 额		(大写)人民币贰万肆仟伍佰肆拾伍元伍角捌分			(小写)￥24,545.58
凭证种类			凭证号码		10804*********446441749
结算方式		转账	用 途		1050*********人民币POS清算款

交易笔数：2笔
交易金额：￥24,607.10
手续费：￥61.52
DCC手续费：￥0.00
交易净计金额：￥24,545.58
商户名称：中国*********究院
分期交易金额：￥0.00

中国建设银行 电子回单 专用章

贷方回单

生成时间:2019-11-06　　交易柜员:CCB_NRCC　　交易机构:110705000

此回单以客户真实交易为依据，可通过建行网站（www.ccb.com）校验真伪。电子回单可重复打印，请勿重复记账。

图 14－8　银行回单

3	人民币卡汇总单（含IC卡交易汇总单）				划账笔数 = 正交易笔数 - 撤销交易笔数 + 撤销冲正交易笔数			
4	人民币卡分类	交易笔数	交易金额	银行手续费	小费	DCC返还手续费	划账笔数	划账金额
5	微信	2	24607.10	61.52	0.00	0.00	2	24545.58
6	人民币卡合计	2	24607.10	61.52	0.00	0.00	2	24545.58
7								

8	终端交易明细													
9	终端号	发卡行	卡种	卡号-序列号	交易日期	交易时间	交易类型	授权号	交易金额	小费	分期期数	银行手续费	DCC返还手续费	划账金额
10	10071014	微信	微信贷记卡	888888****888888	2019-10-21	10:01:28	微信支付	-	410.60	0.00	-	1.03	0.00	409.57
11	10071014	微信	微信借记卡	wx3b8b****d101bb07	2019-10-21	14:36:33	微信支付	-	24196.50	0.00	-	60.49	0.00	24136.01
12	POS编号：105006773996246#0001		签约柜台		终端小计	笔数	2	24607.10	0.00		61.52	0.00	24545.58	

图 14－9　交易明细

【小贴士】

一户通资金账户系统虽进行了定时归集处理，但仍然可以获得存款利息。

14.5.2.8　打印回单

登录网上银行后，可在“账户查询”模块选择“电子回单查询”在线自助打印回单。

【小贴士】

账户归集和解归集操作也会生成相应回单，但无须打印及制单。母账户可在网上银行和银行网点现场打印回单，子账户只能使用网上银行打印回单。

14.5.2.9　银行对账及对账单打印

目前一户通资金账户系统母账户单位可使用结算卡在银行自助机打印所有账户的合并对账单，但无法区分出每个子账户的独立流水。各非法人单位可在网上银行查询银行流水并进行银行对账，但盖章版银行对账单需联系客户经理在银行网点后台打印。

图 14－10　查询界面

14.6　其他相关事项

14.6.1　相关费用

一户通资金账户系统在使用过程中，会收取相关费用，包括：

（1）固定年费

一户通资金账户系统母账户年费为 2 400 元/年，子账户年费为 360 元/年；转账 POS 机年费为 2 400 元/年；网银年费为 1 200 元/年；结算卡年费为 480 元/年。

【小贴士】

同一单位拥有两个子账户，若网银盾共用则只按一个账户收取网银费用。

（2）提取现金手续费

当日累计取款 5 万元以内免手续费，累计超过 5 万元部分按 1‰收取手续费，500 元封顶。

（3）二维码收款手续费

二维码智能 POS 终端按单笔交易收取手续费。借记卡手续费为 6‰，20 元封顶；贷记卡手续费为 6‰，上不封顶；微信或支付宝手续费为 2.5‰，上不封顶。

发生退款时，如全额退款，可退还全部手续费；如部分退款，能否退还手续费与原收款方式相关：若原使用借记卡收款的，手续费不退；若原使用贷记卡或二维码收款的，可按退款比例退回手续费。

使用 SIM 卡接收信号，费用为 120 元/年。

（4）对公转账汇款手续费

由于各账户处于定时归集状态，银行无法自动扣款，因此对公转账汇款手续费需各单位每月初手动缴费，否则账户将不能继续汇款。收费标准如下：

本行同城：0.8 元/笔。

跨行同城及异地：1 万元以下收 5 元；1 万~10 万元收 10 元；10 万~50 万元收 15 元；50 万~100 万元收 20 元；100 万元以上按金额 0.002%收取，200 元封顶。

14.6.2　应用效果

一户通资金账户系统上线应用后，各子账户独立调配资金，运行良好。母账户可实时查询子账户资金状况，提升了法人单位对资金的全面管控，落实了集团公司“集中管理、独立核算、分户使用”的资金管理要求。同时，非法人单位在账户管理与支付手段等方面有显著改进，以通信与导航卫星总体部为例，其资金管理效率大幅提升。

1）能够独立发放对私批量报销款，不再需要通过法人单位资金账户进行中转，员工常规报销周期（投递报销单之日起至收到款项之日止）由原来的 14 日缩短为 5~7 日，改善了员工体验感。紧急借款的，可以使用转账 POS 机或单笔汇款方式支付，经办人可在 10 分钟内拿到资金，现金使用量骤减。

2）支持员工使用微信或支付宝进行二维码扫码缴款，免去携带现金及银行卡的不便，现金缴存量同比下降超 95%，减少了财务人员将现金存入银行的频次。

3）改善了部分客户无法汇入财务公司内设账户的情况，对此，大部分客户选择直接将款项汇入子账户，不再通过法人单位账户中转，资金中转频次降低 50%以上。

未来，可进一步完善一户通资金账户系统功能，在更多领域内应用：

a）将一户通账户绑定单位微信公众号，实现远程在线支付；

b）按存款类型开立活期、定期、通知、协定子账户，实现客户资金分期、分档、分类管理；

c）为长期合作、款项来往频繁的业务伙伴分别建立专属子账户，双方资金往来清晰、账务清楚；

d）依托党费专户或工会专户下设党费子账户或工会子账户，解决非法人单位党费账户和工会账户的资金管理问题。

第 4 篇

税 务 管 理

第 15 章　税务管理概述

军工单位的税务管理工作是会计工作的重要环节，加强“业、财、税”融合是提高财务管理水平的重要措施。国家对于军工单位有相应的税收优惠政策措施，军工单位如何能够合理利用有关税收优惠政策，同时做到依法合规纳税，需要对国家各项税务管理政策进行系统学习和筹划。同时，由于军工单位的涉密性质，在增值税发票购买、发票开具、纳税申报、税款缴纳等方面有特殊性要求。本篇根据国家有关规定及军工单位实际情况，介绍了税务管理涉及的相关内容。

1）在财务工作中要做到依法纳税，同时要合理进行税收筹划，做好税务风险防控。税务管理岗位工作一章从税务政策研究和宣贯、税务登记、税务申报及缴纳、票据管理、税收优惠政策实施、税务风险、档案资料保管和工作交接等方面对税务管理岗位主要工作内容进行了总结。

2）增值税申报与缴纳一章旨在进一步明晰增值税申报与缴纳的工作流程，提高增值税申缴工作规范性，依法依规做好增值税申缴工作，充分享受增值税税收优惠政策，有效防范增值税纳税风险，对增值税销项税额、进项税额、增值税申报表填写、增值税纳税申报及税款缴纳等工作进行规范。

3）企业所得税汇算清缴一章旨在促进军工单位依法充分享受企业所得税各项税收优惠政策，规范工作策划、过程控制、申报备案等环节的管理，明晰军工单位企业所得税汇算清缴工作流程，规范研究开发费用税前加计扣除，有效防范企业所得税纳税风险，依法依规做好汇算清缴工作进行规范。

4）我国个人所得税目前采取代扣代缴和自行申报相结合的征管模式，其中分类所得的征管模式主要采取按月、按次代扣代缴，综合所得则按年计税，实行“代扣代缴、自行申报，汇算清缴、多退少补，优化服务、事后抽查”的征管模式。一切向个人支付应税收入的单位和个人，都是个人所得税的代扣代缴义务人，负有依法扣缴个人所得税的义务。个人所得税代扣代缴一章旨在进一步明晰个人所得税代扣代缴的工作流程，为纳税人依法依规做好个人所得税代扣代缴工作，依法享受个人所得税税收优惠政策，有效防范个人所得税纳税风险。

5）增值税发票管理方面，国家税务总局全面推行“营改增”政策后，对增值税的监管环境日益严格，稽查力度不断加强，加之“金税三期”系统上线后，国家税务总局对增值税发票的管理更为规范，税务稽查中重点检查增值税发票进项抵扣合规情况，增值税业务中要保证发票“业务流、资金流、发票流”的统一。

6）电子发票是指在购销商品、提供或者接受服务以及从事其他经营活动中，开具、收取的以电子方式存储的收付款凭证，与纸质增值税普通发票具有相同的法律效力。电子发票主要用于单位业务招待、交通运输、通信服务及办公用品购买等一般性费用支出业务，目前可使用的电子发票为增值税普通发票。电子发票管理一章对如何规范电子发票审核报销，杜绝利用电子发票的特点进行重复报销、使用技术手段篡改发票信息等行为进行了介绍。

本篇收录了税务管理岗位工作、增值税申报与缴纳、企业所得税汇算清缴、个人所得税代扣代缴、增值税发票管理、电子发票管理6个方面的内容，希望为军工单位税务管理工作提供借鉴参考。

第 16 章　税务管理岗位工作

16.1　质量目标

按照国家税收管理法律法规，结合本单位生产经营情况，办理以单位为纳税义务人的各项税务管理工作，包括政策研究和宣贯、税务登记、纳税申报及缴纳、票据管理、税收优惠政策实施、档案资料保管和工作交接等，确保符合法律要求。

严格落实依法纳税义务，按时、准确申报缴纳各项税款，确保优惠政策享受依据充分，防范税务风险。保管好增值税普通发票、专用发票等涉税票据及凭证，确保票据使用安全。

16.2　适用范围

本章适用于军工科研院所税务管理岗位相关工作。

16.3　相关释义

税务登记，是指税务机关对纳税人的生产、经营活动进行登记并据此对纳税人实施税务管理的一种法定制度，是税务机关对纳税人实施税收管理的首要环节和基础工作，是征纳双方法律关系成立的依据和证明，也是纳税人必须依法履行的义务。

纳税申报及缴纳，是指单位在纳税义务发生后，按照税收征收管理法律规定，就有关纳税事项向税务机关提交书面报告及缴纳税款的工作。

票据，是指增值税专用发票、机动车销售统一发票、增值税普通发票、卷票（普通发票）、电子发票（普通发票）、定额发票（通用发票）、门票、过路（过桥）费发票、中央行政事业单位资金往来结算票据等。

税务风险，是指企业的纳税行为不符合税收法规的规定，应纳税而未纳税、少纳税，从而面临补税、罚款、加收滞纳金、刑法处罚以及声誉损害等风险；以及企业经营行为适用税法不准确，没有充分利用有关税收政策，多缴了税款，承担了不必要的税收负担。

16.4　职责分工

税务管理岗主要负责的工作内容包括：组织开展税收相关政策法规学习、研究，开展培训与宣贯，并合理运用；负责办理单位涉税审批，包括新设登记、税务变更、税务注销等；负责税款的计算、申报和缴纳，及时正确完成涉税业务会计核算处理，根据税务政策及会计准则变化对本单位的会计核算提出改进建议；负责各类票据的领购、开具、保管；结合单位经济业务特点负责税收优惠政策的筹划与实施；负责税务相关档案资料及设备的保管、交接和资料归档；负责制定年度税务管理工作策划，针对重大事项进行专项纳税筹划，总结、分析年度纳税情况；负责单位税务风险的识别与控制；负责接受税务主管机关的税务稽查、核查、辅导等工作，配合做好单位内外部审计；负责指导所属分公司、子公司税务管理工作。

【小贴士】

税务管理岗不得同时兼任以下岗位：税务规划的起草与审批，税务资料的准备与审查，纳税申报表的填报与审批，税款缴纳划拨凭证的填报与审批，发票购买、保管与发票印章保管，税务风险事项的处置与事后检查。

16.5 业务流程和操作规范

16.5.1 政策研究和宣贯

税务管理岗须宣贯税法中规定的单位应承担的基本纳税义务和法律责任，并对单位经营管理活动中所涉及的具体税收法律法规、经济政策法规、会计制度等进行收集、整理、学习、研究和应用。

（1）跟踪、收集与整理政策

税务管理岗位人员需密切关注国家相关政策的颁布，可通过“国家税务总局官网”（www. chinatax. gov. cn）及本单位属地税务微信公众号（如“北京海淀税务”）等有针对性地跟踪、收集、整理相关税收法律法规。

（2）学习解读、研究、理解政策

税务管理岗位根据单位经济业务正确解读税收法律法规，并运用于日常纳税管理、税务优惠政策实施等具体工作中，依法依规应对涉税事项，控制税收风险。

【小贴士】

本单位税务管理岗位人员之间可成立纳税研讨小组，对新政策和难点疑点进行专门研讨，集思广益。

（3）宣贯政策

税务管理岗位须针对单位不同层次人员，采取政策解读、专题授课等具体方式，开展税收政策的宣贯，使经营管理和业务经办人员了解目前纳税政策、环境以及业务与纳税的风险点。

【小贴士】

正确认识和理解国家制定税收法律法规，有助于业务部门人员依法合规开展经营活动，如涉税项目谈判、涉税合同签订等。各单位可以采取建立内部网站税务专栏收集政策、邀请专家现场讲解、制作政策速递卡等方式进行政策宣贯。

16.5.2　税务登记

税务登记是税务机关对纳税人的生产、经营活动进行登记并据此对纳税人实施税务管理的一种法定制度，是税务机关对纳税人实施税收管理的首要环节和基础工作，是征纳双方法律关系成立的依据和证明，也是纳税人必须依法履行的义务。

【小贴士】

1）《税收征收管理法》第四条规定："法律、行政法规规定负有纳税义务的单位和个人为纳税人"，本篇中所述纳税人仅包含有纳税义务的单位，不含个人。

2）税务管理岗可在税务业务厅或电子税务局办理相关业务。

16.5.2.1　设立登记

（1）新设登记

新成立的企业及事业单位应在成立 30 日内办理设立登记。按照《关于落实"三证合一"登记制度改革的通知》（税总函〔2015〕482 号），自 2015 年 10 月 1 日起，新设立企业、农民专业合作社领取由工商行政管理部门核发加载法人和其他组织社会统一社会信用代码的营业执照后，无须再次进行税务登记，不再领取税务登记证，但需在首次办理涉税事宜时，对税务机关依据市场监督管理等部门共享信息制作的《"多证合一"登记信息确认表》进行确认，对其中不全的信息进行补充，对不准确的信息进行更正。

【小贴士】

目前各税务机关现场办理登记信息确认必须提供的材料要求不同。建议在电子税务局办理信息确认，按具体提示上传相关材料即可。北京市税务机关提供新办纳税人"套餐式"服务，可一并办理以下涉税事项：电子税务局开户、登记信息确认、财务会计制度及核算软件备案、纳税人存款账户账号报告、增值税一般纳税人登记、发票票种核定、增值税专用发票最高开票限额审批、实名办税、增值税税控系统专用设备初始发行、发票领用，具体事项范围可咨询主管税务机关或登录北京电子税务局查询。

（2）外出经营报验登记

单位跨省、市临时从事生产经营活动的，或在同一地累计超过 180 天的，应向单位所在地的税务机关进行跨区域涉税事项报告，并向临时经营地税务机关进行报验登记。

向所在地税务机关进行跨区域涉税事项报告需提供的材料包括《跨区域涉税事项报告

表》两份，加载统一社会信用代码的营业执照原件，或加盖单位公章的复印件一份。向临时经营地进行报验登记需提供的资料包括加载统一社会信用代码的营业执照原件，或加盖单位公章的复印件一份。

【小贴士】

1）纳税人跨区域经营合同延期的，可以选择在经营地或机构所在地的税务机关办理报验管理有效期限延期手续。

2）异地不动产转让和租赁业务不适用跨区域涉税事项管理相关制度规定，需根据《国家税务总局关于发布〈纳税人转让不动产增值税征收管理暂行办法〉的公告》（国家税务总局公告2016年第14号）、《国家税务总局关于发布〈纳税人提供不动产经营租赁服务增值税征收管理暂行办法〉的公告》（国家税务总局公告2016年第16号）中的相关条款办理。

3）各省（自治区、直辖市和计划单列市）对跨县（市）临时从事生产经营活动，是否实施跨区域涉税事项报验管理，由各省（自治区、直辖市和计划单列市）税务机关自行确定，请根据各省具体要求确定是否需要办理此项业务。

16.5.2.2 变更登记

本单位登记信息发生变化时，应办理变更登记。其中单位名称、经营范围、营业期限、投资人、法定代表人等市场监管部门管理的登记信息发生变更的，向市场监管等部门申报办理变更登记。税务机关接收市场监管等部门变更信息，经纳税人确认后更新系统内的对应信息；生产经营地、财务负责人等非市场监管等部门登记信息发生变化时，向主管税务机关申报办理变更。办理变更登记，需提供的资料包括经办人身份证原件及变更信息的有关材料复印件。

【小贴士】

提供的各项资料为复印件的，均需注明“与原件一致”并加盖公章；若单位在税务机关实施特别纳税调查调整期间，申请变更经营地址的，税务机关在调查结案前原则上不予办理变更手续。

16.5.2.3 注销登记

（1）一般注销登记

本单位发生以下情形的，应当向税务机关申请税务注销。具体包括：

1）因解散、破产、撤销等情形，依法终止纳税义务的；

2）被市场监督管理机关吊销营业执照或者被其他机关予以撤销登记的，应在15日内申报办理税务注销；

3）因住所、经营地点变动，涉及改变税务登记机关的。

本单位应先向税务机关申报清税，结清应纳税款、多退（免）税款、滞纳金和罚款，缴销发票和其他税务证件。清税完毕后，税务机关出具《清税证明》，单位持《清税证明》到原登记机关办理注销。

办理注销登记，需提供《清税申报表》两份及经办人身份证原件。

【小贴士】

提供的各项资料为复印件的，均需注明“与原件一致”并加盖公章；若单位在税务机关实施特别纳税调查调整期间申请注销税务登记的，税务机关在调查结案前原则上不予办理注销手续；税务机关结清税申报后，银税三方（委托）划缴协议自动终止。

（2）外出经营注销登记

单位跨区域经营活动结束后，应当结清经营地税务机关的应纳税款以及其他涉税事项，向经营地税务机关填报《经营地涉税事项反馈表》，经营地税务机关将相关信息反馈给单位所在地的税务机关。

16.5.3　纳税申报与税款缴纳

纳税申报缴纳是单位在纳税义务发生后，按照税收征收管理法律规定，就有关纳税事项向税务机关提交书面报告及缴纳税款的工作。各税种纳税义务时间不同，主要税种纳税征期见表 16－1。

表 16－1　主要税种纳税征期表

序号	名称	纳税征期	备注
1	企业所得税	每年 1、4、7、10 月进行季度预缴，在预缴当月 1~15 日完成	企业所得税按月预缴的为每月 1~15 日完成 若遇法定节假日，纳税申报时间将顺延，具体请按主管税务机关要求办理
		每年 1~5 月汇算清缴，5 月 31 日前完成申报缴纳	
2	增值税	每月 1~15 日	
3	房产税	每年 4 月、10 月缴纳，在当月 1~15 日内完成	
4	城建建设维护税和教育费附加	每月 1~15 日	
5	印花税	每月 1~10 日	
6	城镇土地使用税	每年 4 月、10 月缴纳，在当月 1~15 日内完成	

16.5.3.1　申报及缴纳渠道

申报缴纳渠道包括税务业务大厅现场办理与电子税务局网上办理两种方式。

根据《国家税务总局关于国防军工企业不实行网上报税有关问题的通知》（国税函〔2012〕544 号），涉密单位增值税、企业所得税不得在互联网进行纳税申报。同时，因涉密单位记载发票信息的税控盘不能连接互联网，涉密单位有关增值税发票业务也需到办税服务厅办理。

涉密单位在办税服务厅办理的业务主要包括：增值税及附加税费月度申报与缴纳，企业所得税月度、季度和年度申报与缴纳，增值税发票验旧与领购，增值税发票增减量申请，红字增值税专用发票开具申请。除上述涉税业务外，其他税种纳税申报和涉税业务办理，如印花税纳税申报、房产税纳税申报、城镇土地使用税纳税申报、残疾人就业保障金缴纳等均可通过电子税务局客户端进行网上申报。

非密单位各税种纳税申报和涉税业务办理均可通过电子税务局客户端网上申报。

目前，电子税务局网上申报快捷方便，建议在满足保密要求下，尽量采用网上申报。

（1）网上申报缴纳

北京市电子税务局地址 https：//etax. beijing. chinatax. gov. cn/，进入电子税务局客户端，界面如图 16－1 所示。

图 16－1　电子税务局登录界面

登录后，进入办税界面，可以进行单位各项涉税业务查询、办理等各项业务，如图 16－2 所示。

【小贴士】

1）“一证通”：北京市法人一证通是利用本市法人库基础信息，通过数字证书唯一标识和接口，实现全市各部门业务系统的数字证书互认，使得法人用户可以使用一张数字证书，按需选择在北京市各部门的网上应用系统间贯通办事，一证通行。

2）目前北京市法人一证通包含市税务局服务专区、市公积金服务专区、市统计局服务专区、市社保服务专区、市工商局服务专区、市政府采购中心服务专区及市经信委服务专区，涵盖 69 项具体功能，各单位可根据业务实际需要，申请开通相关应用权限。

3）税务管理岗可登录北京市法人一证通平台在线申请一证通数字证书（https：//yzt. beijing. gov. cn），证书制作完成后通过邮寄方式发送。

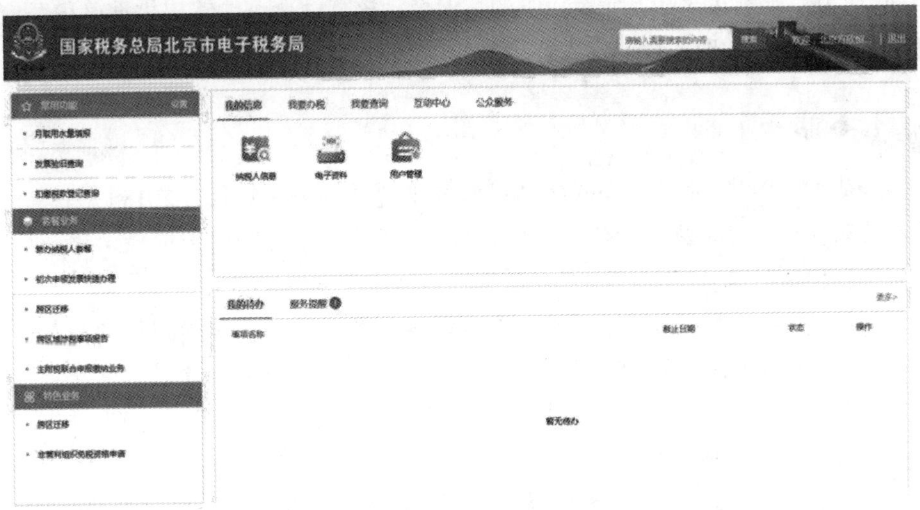

图 16－2　电子税务局办税界面

（2）办税大厅申报

不具备网上申报缴纳的单位前往办税大厅现场进行申报需携带的资料包括：办税人员身份证、金税盘、各项报税资料（需加盖公章）等。

（3）缴纳税款

网上申报与办税大厅申报，均会生成税款缴款书，已签署“税库银联网三方协议”的单位，可在网上点击自动扣缴或在办税大厅告知税务机关办理人员直接扣缴。

未签署“税库银联网三方协议”的单位，需打印税款缴款书，填写单位名称、开户行及账号信息，加盖银行预留印鉴后提交开户银行办理税款缴纳。

【小贴士】

已签署“税库银联网三方协议”的单位，选择直接扣缴税款的，应确保签约银行账户余额充足。

16.5.3.2　主要税种申报与缴纳

（1）增值税

增值税是以商品和劳务在流转过程中产生的增值额作为征税对象而征收的一种流转税。征税范围包括在境内发生的销售货物或者劳务，销售服务、无形资产或者不动产，以及进口货物等应税行为。销售服务、无形资产或者不动产的具体征税范围请参考《关于全面推开营业税改征增值税试点的通知》（财税〔2016〕36 号）注释的详细说明。

增值税纳税企业分两类：小规模纳税人和一般纳税人。

增值税一般纳税人资格登记条件有两类：

1）增值税纳税人，年应税销售额超过 500 万元的，应向主管税务机关申请办理一般纳税人登记。

2）年应税销售额在500万元及以下的，但会计核算健全，能够提供准确税务资料的，可以向主管税务机关办理一般纳税人登记。

【小贴士】

1）根据《关于统一增值税小规模纳税人标准的通知》（财税〔2018〕33号），小规模纳税人的认定标准为年应征增值税销售额500万元及以下。登记为一般纳税人后，一般不得转为小规模纳税人。

2）根据《国家税务总局关于明确二手车经销等若干增值税征管问题的公告》（2020年第9号），转登记日前连续12个月（以1个月为1个纳税期）或者连续4个季度（以1个季度为1个纳税期）累计销售额未超过500万元的一般纳税人，可在2020年12月31日前选择转登记为小规模纳税人。

3）小规模纳税人采用简易计税方法计税，征收率为3%，但进项税额不得抵扣。

办理一般纳税人资格登记的程序如下：

1）填报《增值税一般纳税人登记表》（表16-2），并提供加载统一社会信用代码的营业执照原件；2）填报内容与税务登记信息一致的，税务机关现场完成登记；3）税务机关核对后返还纳税人《增值税一般纳税人登记表》，作为留底凭据。

表16-2　增值税一般纳税人登记表

纳税人名称			纳税人识别号		
法定代表人（负责人、业主）		证件名称及号码		联系电话	
财务负责人		证件名称及号码		联系电话	
办税人员		证件名称及号码		联系电话	
税务登记日期					
生产经营地址					
注册地址					
纳税人类别：企业□　非企业性单位□　个体工商户□　其他□					
主营业务类别：工业□　商业□　服务业□　其他□					
会计核算健全：是□					
一般纳税人资格生效之日：当月1日□　次月1日□					
纳税人（代理人）承诺： 上述各项内容真实、可靠、完整。如有虚假，愿意承担相关法律责任。 经办人：　法定代表人：　代理人：　（签章）　年　月　日					
以下由税务机关填写					
主管税务机关受理情况	受理人： 主管税务机关（章） 年　月　日				

①税率及征收率

增值税税率主要分为 13%、9%、6% 和零税率，征收率一般为 3%，增值税税率表见表 16－3。

表 16－3　增值税税率表（2019 年 4 月 1 日起实施）

序号	税目	税率
1	销售或者进口货物(除 9~12 项外)	13%
2	加工、修理修配劳务	13%
3	有形动产租赁服务	13%
4	不动产租赁服务	9%
5	销售不动产	9%
6	建筑服务	9%
7	运输服务	9%
8	转让土地使用权	9%
9	饲料、化肥、农药、农机、农膜	9%
10	粮食等农产品、食用植物油、食用盐	9%
11	自来水、暖气、冷气、热水、煤气、石油液化气、天然气、二甲醚、沼气、居民用煤炭制品	9%
12	图书、报纸、杂志、音像制品、电子出版物	9%
13	邮政服务	9%
14	基础电信服务	9%
15	增值电信服务	6%
16	金融服务	6%
17	现代服务	6%
18	生活服务	6%
19	销售无形资产(除土地使用权外)	6%
20	出口货物,境内单位和个人销售国务院规定范围内的服务和无形资产	0%

②申报缴纳流程

（a）确定销项税额

税务管理岗应建立销项税台账，进行动态管理。根据当期已开具增值税发票并取得增值税应税收入的销项税额和已取得增值税应税收入但未开具增值税发票的销项税额，确定当期销项税额。

【小贴士】

为保证数据准确性，在税控机中按月打印增值税普通发票、增值税专用发票（图 16－3）已开票税额统计表，按开票单位、税率类别整理单位应缴纳增值税情况并留底备查。

未开票缴纳税款的，税务管理岗应留存增值税纳税申报表备查，在补开发票后，需从当月开票税额中剔除，防止重复申报缴税。

增值税专用发票金税设备资料统计

制表日期：2020-07-27

所属期间：7月第1期

金税设备2020年7月资料统计

纳税人登记号：12100000400005898G

企业名称：××××

地址电话：北京市海淀区×× 6874××××

★ 发票领用存情况 ★

期初库存份数	11	正数发票份数	10	负数发票份数	0
购进发票份数	0	正数废票份数	0	负数废票份数	0
退回发票份数	0	期末库存份数	1		

★ 销项情况 ★

金额单位：元

序号	项目名称	合计	13%	6%
1	销项正废金额	0.00	0.00	0.00
2	销项正数金额	3061555.57	1819305.30	1242250.27
3	销项负废金额	0.00	0.00	0.00
4	销项负数金额	0.00	0.00	0.00
5	实际销售金额	3061555.57	1819305.30	1242250.27
6	销项正废税额	0.00	0.00	0.00
7	销项正数税额	311044.73	236509.70	74535.03
8	销项负废税额	0.00	0.00	0.00
9	销项负数税额	0.00	0.00	0.00
10	实际销项税额	311044.73	236509.70	74535.03

图 16－3 增值税专用发票汇总表

(b) 确定进项税额

根据与税务局比对后通过认证的税额进行进项税额的抵扣计算。同时打印认证结果通知书（图 16－4）和抵扣清单，并与认证增值税发票抵扣联装订备查。

发票统计表（报表更新时间：2020-01-07 15:26:36）

纳税人名称：××　　纳税人识别号：××　　所属月份：2019 年 12 月

发票类型	抵扣			不抵扣		
	份数	金额(元)	有效税额(元)	份数	金额(元)	有效税额(元)
增值税专用发票	26	417 019.73	41 712.61	0	0.00	0.00
机动车销售统一发票	0	0.00	0.00	0	0.00	0.00
通信费电子发票	0	0.00	0.00	0	0.00	0.00
出口转内销发票	0	0.00	0.00	0	0.00	0.00
总计	26	417 019.73	41 712.61	0	0.00	0.00

图 16－4　发票认证抵扣统计表

【小贴士】

用于免征增值税项目、用简易计税方法计税项目、用于集体福利或个人消费的进项税额不得从销项税额中抵扣，已抵扣的需要进行进项税额转出处理。

【案例 1】

某事业单位承担的军品任务，适用于免交增值税的，其成本支出取得了增值税专用发票，并已进行了认证抵扣，需进行进项税额转出处理。

账务分录如下：

借：科研成本

　　贷：应缴税费—应交增值税—进项税额转出

【小贴士】

一般纳税人兼营免税项目而无法划分不得抵扣的进项税额的，按当月免税销售额占当月全部销售额的比例计算。

【案例 2】

某事业单位因管理费等间接费用无法直接划分应税项目与免税项目，已认证的物业管理费等进项税额，应按照认证当月申报的免税销售额占全部销售额的比例进行转出。

账务分录如下：

借：管理费/辅助费用/研制费用

　　贷：应缴税费—应交增值税—进项税额转出

【小贴士】

2019 年 4 月 1 日至 2021 年 12 月 31 日，提供邮政服务、电信服务、现代服务取得的销售额占全部销售额比重超过 50%的纳税人，按照当期可抵扣进项税额加计 10%，抵减应纳税额；2019 年 10 月 1 日至 2021 年 12 月 31 日，提供生活服务取得的销售额占全部销售额比重超过 50%的纳税人，按照当期可抵扣进项税额加计 15%，抵减应纳税额。

（c）填写纳税申报表

增值税需按月申报缴纳，每月填报《增值税纳税申报表》及附表，共 6 张表格，见表 16－4。

表 16－4　增值税纳税申报表

序号	申报表及附列资料	建议填报顺序
1	《增值税纳税申报表(一般纳税人适用)》	6
2	《增值税纳税申报表附列资料(一)》(本期销售情况明细)	1
3	《增值税纳税申报表附列资料(二)》(本期进项税额明细)	3
4	《增值税纳税申报表附列资料(三)》(服务、不动产和无形资产扣除项目明细)	2
5	《增值税纳税申报表附列资料(四)》(税额抵减情况表)	4
6	《增值税减免税申报明细表》	5

根据申报表及附表之间的关系，申报表及附表填写顺序可参照表 16－4 第三列。网上填报主表申报表《增值税纳税申报表（一般纳税人适用）》的数据来自各附表，自动带出不可修改。涉密单位不能在网上填报申报表，可以按此流程填报并在表间按逻辑关系建立公式模版，保证上报数据的正确性。

（d）抄报税、网上申报、清卡

完成当月增值税发票开具以及增值税进项发票认证之后，根据销项税额和进项税额确定当月应缴纳增值税，进行纳税申报表及附表的填写和审核后，可以进入抄报税环节。具体流程为抄税、报税、网上申报、清卡。

1）抄税：当月所有已开发票统计抄在金税盘中，点击“报税处理/报税管理/办税厅抄报”，如图 16－5 所示。

系统弹出“请选择要抄税的票种”对话框，对话框中仅显示本单位授权的票种，可按照票种进行抄税，如图 16－6 所示。

选择需要抄税的票种后点击“确定”按钮，弹出“抄税介质”对话框，根据实际情况选择抄税介质，点击“抄税”按钮。

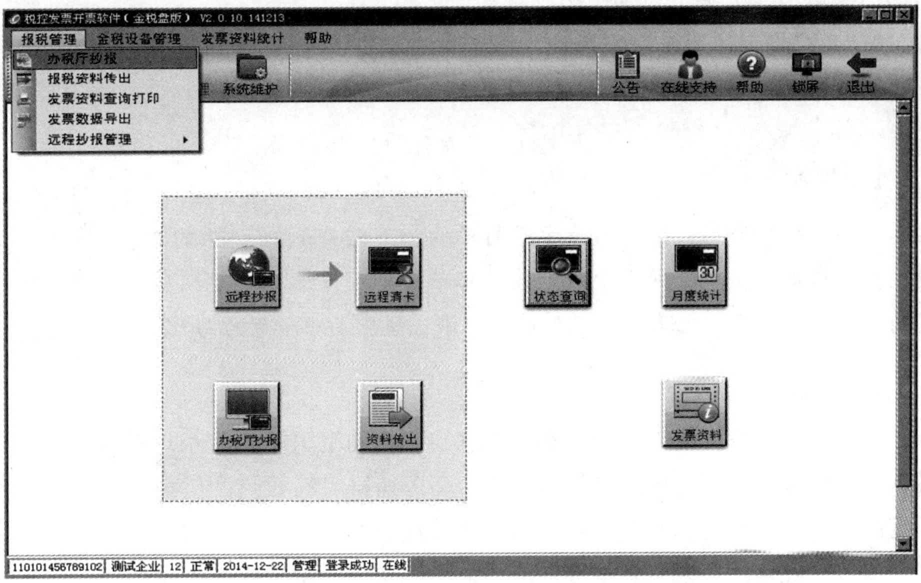

图 16－5　在金税盘中进行发票抄报

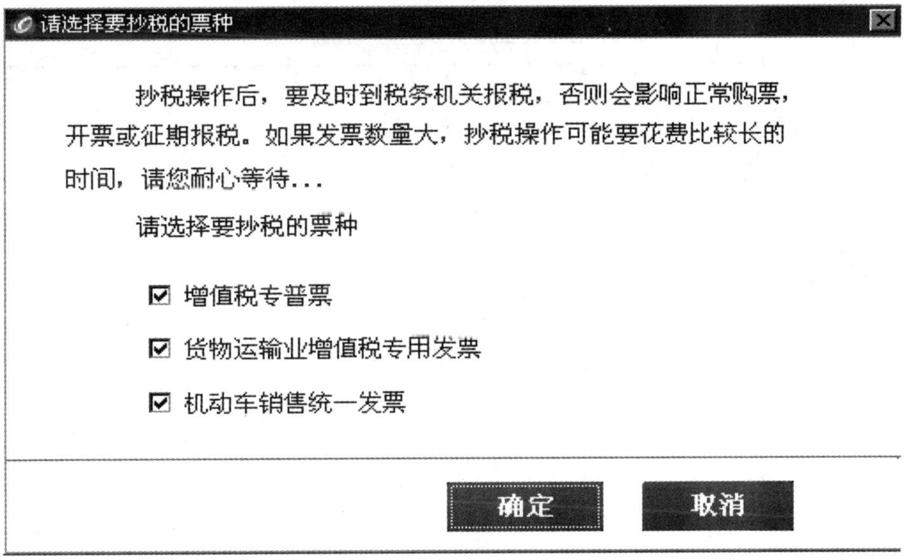

图 16－6　选择抄税的票种

【小贴士】

每月报税前必须抄税，否则无法申报。非征期抄税后，当月仍然能开具发票，但进入次月后，必须先完成清卡才能开具发票。

2）报税：将金税盘的发票信息上传至税务局。

3）网上申报：填写完毕的增值税申报表及附表中的申报信息，登录电子税务局系统，进入“增值税申报”业务进行网上申报。

4）清卡：是指上述工作完成后，清除上月发票开具信息以及报税工作，清卡后开始进入下月的操作，一个申报流程闭环结束。

【小贴士】

在网络连接的状态下，金税盘清卡是自动的，不需要手工点击清卡。涉密单位不允许网上申报，抄税后，报税、网上申报、清卡环节需携带抄税后的金税盘、纳税申报表及附表一式两份（需盖公章）、税务管理人员身份证去税务局办税大厅办理。

（2）企业所得税

企业所得税是对我国境内的企业和其他取得收入的组织的生产经营所得和其他所得征收的税款。征税范围包括销售货物所得、提供劳务所得、转让财产所得、股息和红利等权益性投资所得、利息所得、租金所得、特许权使用费所得、接受捐赠所得和其他所得。企业、事业单位、社会团体以及其他取得收入的组织均须缴纳企业所得税。

①税率

企业所得税基本税率为25%。其他主要优惠税率见表16－5。

表16－5 企业所得税主要优惠税率表

序号	名称	税率
1	符合条件的小型微利企业（2019年1月1日至2021年12月31日，应缴纳所得额不超过100万元的，减按25%计入应纳税所得额，超过100万元但不超过300万元的，减按50%计入应纳税所得额）	20%
2	高新技术企业	15%
3	西部地区鼓励类企业	15%
4	技术先进型服务企业（中国服务外包示范城市）	15%
5	线宽小于0.25μm的集成电路企业	15%
6	投资额超过80亿元的集成电路生产企业	15%
7	广东横琴、福建平潭、深圳前海等地区鼓励类产业企业	15%
8	国家规划布局内的重点软件企业和集成电路设计企业	10%
9	对从事污染防治的第三方企业（从2019年1月1日至2021年年底）	15%

【小贴士】

高新技术企业资质有效期为3年，3年后需重新申请认证。

②申报缴纳流程

企业所得税征收方式为按月度/季度预缴，年度进行汇算清缴。

（a）计算应纳税额

企业所得税应纳所得税额＝应纳税所得额×适用税率

应纳税所得额=收入总额-不征税收入-免税收入-准予扣除项目金额-允许弥补的以前年度亏损

(b) 月度、季度预缴申报

税务管理岗位人员按本单位财务快报/季报，按月度/季度填列《企业所得税月（季）度预缴申报表》，一式两份每页加盖公章，携带身份证至税务大厅办理预申报。

【小贴士】

每期预缴申报资料做好留存，以备年度汇算清缴需要。

(c) 年度汇算清缴

年度汇算清缴中应纳税所得额调整项主要包括：

1）减计收入调减应纳税所得额。财政资金等不征税收入全额调减，商业卫星收入减按 92%计算。

【小贴士】

企业将符合规定条件的财政性资金做不征税收入处理后，在 5 年（60 个月）内未发生支出且未缴回财政部门或其他拨付资金的政府部门的部分，应计入取得该资金第六年的应税收入总额；计入应税收入总额的财政性资金发生的支出，允许在计算应纳税所得额时扣除。

不征税收入用于支出所形成的费用，不得在计算应纳税所得额时扣除；用于支出所形成的资产，其计算的折旧、摊销不得在计算应纳税所得额时扣除。

2）加计成本调减应纳税所得额。研究开发费用未形成无形资产的按 75%加计扣除，研究开发费用形成资产的按 175%在税前摊销；残疾职工工资按照 100%加计扣除。

3）成本扣除类调增应纳税所得额。职工教育经费、安全生产费当年计提金额与实际支出的差额，当年拨付工会经费未取得专用票据部分，业务招待费超扣除限额部分，不征税收入形成的支出部分。

税务管理岗在完成应纳税所得额调整的同时，应将高新技术企业资质资料、研究开发费用加计扣除资料、残疾职工工资明细、残疾人证件等资料整理归类，留存十年，以备税务主管机关核查。

《企业所得税年度纳税申报表》由 37 张表组成（表 16－6），其中必填表 2 张，选填表 35 张。其分为基础信息表（1 张）、主表（1 张）、一级明细表（6 张）、二级明细表（25 张）和三级明细表（4 张），税务管理岗应根据本单位行业类型、业务发生情况正确选择适合本单位的申报表。

表 16－6　《企业所得税年度纳税申报表》

表单编号	表单名称	选择填报情况	
		填报	不填报
A000000	企业基础信息表	√	×
A100000	中华人民共和国企业所得税年度纳税申报表(A 类)	√	×
A101010	一般企业收入明细表	□	□
A101020	金融企业收入明细表	□	□
A102010	一般企业成本支出明细表	□	□
A102020	金融企业支出明细表	□	□
A103000	事业单位、民间非营利组织收入、支出明细表	□	□
A104000	期间费用明细表	□	□
A105000	纳税调整项目明细表	□	□
A105010	视同销售和房地产开发企业特定业务纳税调整明细表	□	□
A105020	未按权责发生制确认收入纳税调整明细表	□	□
A105030	投资收益纳税调整明细表	□	□
A105040	专项用途财政性资金纳税调整明细表	□	□
A105050	职工薪酬支出及纳税调整明细表	□	□
A105060	广告费和业务宣传费跨年度纳税调整明细表	□	□
A105070	捐赠支出及纳税调整明细表	□	□
A105080	资产折旧、摊销及纳税调整明细表	□	□
A105090	资产损失税前扣除及纳税调整明细表	□	□
A105100	企业重组及递延纳税事项纳税调整明细表	□	□
A105110	政策性搬迁纳税调整明细表	□	□
A105120	特殊行业准备金及纳税调整明细表	□	□
A106000	企业所得税弥补亏损明细表	□	□
A107010	免税、减计收入及加计扣除优惠明细表	□	□
A107011	符合条件的居民企业之间的股息、红利等权益性投资收益优惠明细表	□	□
A107012	研发费用加计扣除优惠明细表	□	□
A107020	所得减免优惠明细表	□	□
A107030	抵扣应纳税所得额明细表	□	□
A107040	减免所得税优惠明细表	□	□
A107041	高新技术企业优惠情况及明细表	□	□
A107042	软件、集成电路企业优惠情况及明细表	□	□
A107050	税额抵免优惠明细表	□	□
A108000	境外所得税收抵免明细表	□	□
A108010	境外所得纳税调整后所得明细表	□	□
A108020	境外分支机构弥补亏损明细表	□	□

续表

表单编号	表单名称	选择填报情况	
		填报	不填报
A108030	跨年度结转抵免境外所得税明细表	□	□
A109000	跨地区经营汇总纳税企业年度分摊企业所得税明细表	□	□
A109010	企业所得税汇总纳税分支机构所得税分配表	□	□
说明:企业应当根据实际情况选择需要填报的表单			

税务管理岗需准备《企业所得税年度纳税申报表》一式两份，且每页加盖单位公章，携带办税人身份证原件，至纳税服务大厅办理年度企业所得税汇算清缴申报。

(3) 房产税

房产税是以房产为征税对象，依据房屋价值或房产租金收入向房产所有人或经营人征收的一种税。征税范围是位于城市、县城、建制镇和工矿区的房屋，不包括农村房屋。

【小贴士】

事业单位本身业务范围内使用的房产免征房产税。出租房产以及非自身业务使用的生产、营业用房须缴纳房产税。

①税率

房产税分为从价计征和从租计征。从价计征的税率为 1.2%，从租计征的税率为 12%。

1）从价计征的计税依据是指按照房产原值一次性减除 10%～30%的扣除比例后的余值征税，具体扣除比例由各省、自治区、直辖市人民政府确定。

【小贴士】

房产原值是指纳税人在会计账簿“固定资产”科目中记载的房屋原价，包括与房屋不可分割的各种附属设备或一般不单独计算价值的配套设施以及地价。地价包括为取得土地使用权支付的价款、开发土地发生的成本费用等。宗地容积率低于 0.5 的，按房产建筑面积的 2 倍计算土地面积并据此确定计入房产原值的地价。纳税人对原有房屋进行改建、扩建的需要增加房屋原值。

2）从租计征的计税依据为房产租金收入。

【小贴士】

根据《北京市人民政府关于进一步落实〈中华人民共和国房产税暂行条例〉有关规定的通知》（京政发〔2016〕24 号）规定，自 2016 年 7 月 1 日起，自用的房产以房产余值作为计税依据，房产税依照房产原值一次减除 30%后的余值计算缴纳。出租的房产，以租金收入为房产税的计税依据。

②申报缴纳流程

房产税实行按年计算、分期缴纳的征收方式，具体纳税期限由各省确定。房产税应按房产坐落地点分别向房产所在地税务机关纳税。

（a）计算应纳税额

1）从价计征：应纳税额=应税房产原值×（1-扣除比例）×1.2%

2）从租计征：应纳税额=租金收入×12%

（b）申报缴纳

税务管理岗位人员登录电子税务局，进入房产税申报界面，登记相关的房产信息。将基本的房源信息填写清楚后进入“维护明细信息”，主要关注计征方式，如从价计征、从租计征等。

【小贴士】

对于房产自用和出租同时存在的混合计征情形，自用部分按照房产余值从价计征，房产出租部分按照租金收入从租计征。

（4）城市维护建设税、教育费附加和地方教育附加

征收城市维护建设税的目的主要是筹集城镇设施建设和维护资金。征收教育费附加是为了加快地方教育事业，增加地方教育经费的资金而征收的一项专用基金。征税范围是以单位实际缴纳增值税、消费税的税额为计税依据。

①税率

1）城市维护建设税税率为三档：纳税人所在地为市区的为7%，纳税人所在地为县城、镇的为5%，其他的为1%。

2）教育费附加征收率：3%。

3）地方教育附加征收率：2%。

②申报缴纳流程

城市维护建设税、教育费附加和地方教育附加是由纳税人在缴纳增值税、消费税时同时缴纳的，所以其纳税期限分别与增值税、消费税的纳税期限一致。

（a）计算应纳税额

1）教育费附加应纳税所得额=实际缴纳的增值税、消费税×征收率。

2）教育费附加应纳税所得额=实际缴纳的增值税、消费税×3%。

3）地方教育附加应纳税所得额=实际缴纳的增值税、消费税×2%。

（b）申报缴纳

税务管理岗位人员登录电子税务局，进入“税费申报及缴纳”—“城建税、教育费附加、地方教育附加”办理申报。

【小贴士】

对海关进口的产品征收的增值税、消费税，不征收城建税、教育费附加和地方教育附加。

对于因减免税而需进行增值税、消费税退库的，城市维护建设税、教育费附加和地方教育附加可同时退库。

对先征后返、先征后退、即征即退的，除另有规定外，随之征收的城市维护建设税、教育费附加和地方教育附加不退（返）还。

（5）印花税

印花税是以经济活动和经济交往中订立、领受具有法律效力的凭证的行为所征收的一种税，因其采用在应税凭证上粘贴印花税票的方法缴纳税款而得名。征税范围为：经济合同、产权转移书据、营业账簿、权利许可证和财政部门确定的其他凭证。

①税率

印花税主要按照合同、资金账簿等计算应纳税所得额，税率分为比例税率和定额税率，各类印花税税率见表 16－7。

1）合同类：以凭证所载金额作为计税依据。

2）资金账簿：以“实收资本”和“资本公积”两项合计金额作为计税依据。

3）不记载金额营业账簿、权利许可证照：以件数作为计税依据。

表 16－7　印花税税率表

税目	内容	税率
1.财产租赁合同	包括房屋租赁、船舶、飞机、机动车辆、机械、器具、设备等合同，缴纳印花税主体为确立合同双方	1 括
2.仓储保管合同	包括仓储、保管合同，缴纳印花税主体为确立合同双方	1 括
3.加工承揽合同	包括加工、定作、修缮、修理、印刷广告、测绘、测试等合同，缴纳印花税主体为确立合同双方	0.5 工
4.建设工程勘察设计合同	包括勘察、设计合同，缴纳印花税主体为确立合同双方	0.5 察
5.货物运输合同	包括民用航空运输、铁路运输、海上运输、内河运输、公路运输与联运合同，缴纳印花税主体为确立合同双方	0.5 用
6.产权转移书据	包括财产所有权和版权、商标专用权、专利权、专有技术使用权等转移书据，缴纳印花税主体为立据双方	0.5 产
7.账簿	记载资金的账簿，按实收资本和资本公积的合计金额增加部分 0.25 的贴花。其他账簿按件贴花 5 元	0.25 他
8.购销合同	包括供应、预购、采购、购销、结合及协作、调剂、补偿、易货等合同，缴纳印花税主体为确立合同双方	0.3 应
9.建筑安装工程承包合同	包括建筑、安装、工程承包合同，缴纳印花税主体为确立合同双方	0.3 筑
10.技术合同	包括技术开发、转让、咨询、服务等合同，缴纳印花税主体为确立合同双方	0.3 术

续表

税目	内容	税率
11.借款合同	银行及其他金融组织和借款人(不包括银行同业拆借)所签订的借款合同,缴纳印花税主体为确立合同双方	0.05 他
12.财产保险合同	包括财产、责任、保证、信用等报销合同,缴纳印花税主体为确立合同双方	1 括
13.权利、许可证照	包括政府发给的房屋产权证、工商营业执照、商标注册证、专利证、土地使用证,缴纳印花税主体为领受人	按件贴花 5 元

②申报缴纳流程

(a) 计算应纳税额

1) 印花税应纳税额=应税凭证记载的金额×比例税率。

2) 印花税应纳税额=应税凭证的件数×定额税率。

(b) 申报缴纳

税务管理岗可在征期内随时登录电子税务局，进入“其他税费申报”—“印花税申报”办理申报。

(6) 城镇土地使用税

城镇土地使用税是以国有土地为征税对象，对拥有土地使用权的单位和个人征收的一种税，该税种有利于促进土地的合理使用，调节土地级差收入，也有利于筹集地方财政资金。征税范围：包括在城市、县城、建制镇和工矿区内的国家所有和集体所有的土地。

【小贴士】

事业单位用于自身业务的土地免征城镇土地使用税。

①税率

城镇土地使用税以纳税人实际占用的土地面积为计税依据，依照税额计算征收。主要采用定额税率，按大、中、小城市等分别规定每平方米土地使用税年应纳税额。大城市 1.5~30 元，中等城市 1.2~24 元，小城市 0.9~18 元，县城、建制镇、工矿区 0.6~12 元。

②申报缴纳流程

(a) 计算应纳税额

全年应纳税额=实际占用应税土地面积(平方米)×定额税率

(b) 申报缴纳

税务管理岗位人员登录北京市电子税务局进行申报缴纳，首次进行基础信息填报的纳税人需要填报其全部土地的税源基础信息。后续办理税源申报和纳税申报时，核对税源基础信息是否发生变化，如果纳税人的土地及相关信息未发生变化的，可以直接进行税源申报和纳税申报；发生变化的，先修改税源基础信息，再进行申报。

(7) 其他税费

根据《财政部关于调整残疾人就业保障金征收政策的公告》(财政部公告〔2019〕第 98 号)，自 2020 年 1 月 1 日起至 2022 年 12 月 31 日，对残疾人就业保障金实行分档减缴政策。其中：用人单位安排残疾人就业比例达到1%（含）以上，但未达到所在地省、自治区、直辖市人民政府规定比例的，按规定应缴费额的50%缴纳残疾人就业保障金；用人单位安排残疾人就业比例在1%以下的，按规定应缴费额的90%缴纳残疾人就业保障金。

每年残保金申报缴纳一般在第二年的8月1日—9月15日，税务管理岗位人员应在此期间随时关注本地税务局官网通知。接到通知后，会同单位人力资源部门共同计算填报《残疾人就业保障金申报表》并进行税款缴纳。

16.5.4　票据管理

票据管理包括发票的领购、开具、保管、登记及纳税申报资料、缴款凭证保管等工作。

票据按种类划分包括增值税专用发票、机动车销售统一发票、增值税普通发票、卷票（普通发票）、电子发票（普通发票）、定额发票（通用发票）、门票、过路（过桥）费发票、中央行政事业单位资金往来结算票据等，按来源分为开具的票据和收取的票据。

【小贴士】

单位内部自制收据，不得作为收入成本确认的依据。税务管理岗应根据需要抽取发票向对方单位寄发询证函，以核实业务的真实性。

16.5.4.1　增值税发票

增值税发票包括增值税专用发票和增值税普通发票。

（1）发票申领

初次申请增值税发票的纳税人需要办理发票领购资格认定手续，目前一般通过网上电子税务局办理。

①资格认定手续办理

1）登录北京市国家税务局网站，网上办税服务厅，进入发票业务下的“增值税票种核定”功能模块；

2）点击“我要填报一个新申请”，填写“增值税发票票种核定表”，新增加的购票人需要提交身份证电子版附件；

3）电子税务局端审批通过后，回执结果“北京市国家税务局税务事项通知书”“北京市国家税务局税务行政许可决定书”将以PDF形式展现；

4）购买安装增值税发票管理系统后，方可申领发票。

②增值税发票管理系统

增值税发票管理系统包括通用设备、专用设备和开票软件。

通用设备有计算机、打印机和扫描仪等。专用设备有金税盘和税控盘两种，两者功能相同，按照主管税务机关的要求购买即可。

【小贴士】

金税盘和税控盘中都灌装了纳税人的税务数字证书，实现纳税人身份认证、发票数字签名，加密上传的安全功能，开具的发票数据经过税务数字证书系统的安全认证，通过互联网实时上传税务机关。

③领购增值税发票

经税务主管机关核定后，税务管理岗可按月领购固定数量的增值税发票。目前可以在网上电子税务局办理领购发票手续，选择快递方式寄送。

税务大厅领购发票的流程如下：

1）将金税盘开票情况在单位税控机上抄报；

2）完成当期纳税申报后，在税务服务大厅纳税征管窗口对金税盘清卡；

3）验旧自助机上办理发票验旧；

4）自助申领发票机身份验证后办理领购并打印申领单据；

5）申领单加盖发票专用章后，去发票申领窗口领取增值税发票，并现场核对发票票号与发票申领单据上的票号是否一致。

④增值税发票增量降量及增版

（a）增值税发票增量办理

由于经营业务的需要，在发票不够时，可申请办理发票增量。

1）办理业务前提条件：领购的发票已全部开具（验旧）。

2）办理增值税发票增量应准备材料：纳税人领用发票票种核定表（调整领用适用）、税务文书送达回证，加盖单位公章，并携带税务管理岗身份证及单位法人证书复印件。

3）申领步骤：增值税普通发票临时增量可去税务大厅随办随批，增值税专用发票增量需要取得税务主管机关的批复（一般为3个工作日）并且需要税务大厅税控登记窗口改写金税盘。

（b）增值税专用发票降量

若单位业务不再需要较大数量的发票数额，税务管理人员应办理发票降量，所需材料与办理增量一致。增值税专用发票降量随办随批，取得降量批准后，税务管理人员需到税控发行窗口改写金税盘。

（c）增值税专用发票增版

若增值税专用发票单张限额较低，可根据业务需要，申请办理增值税专用发票增版。

领购的发票全部开具（验旧）后，可登录电子税务局中进入发票套餐模块，点击增值税发票增版，即可在线办理。

（2）发票开具

发票开具的流程如下：

1）操作员登录开票软件，如图16－7所示。

2）登录后进入发票管理界面，将领购发票读入开票软件。点击“发票管理/发票领用管理/读入新购发票”菜单项，如果读入成功，则购票信息记入本机金税盘中，并显示发票读入成功的提示信息，如图 16－8 所示。

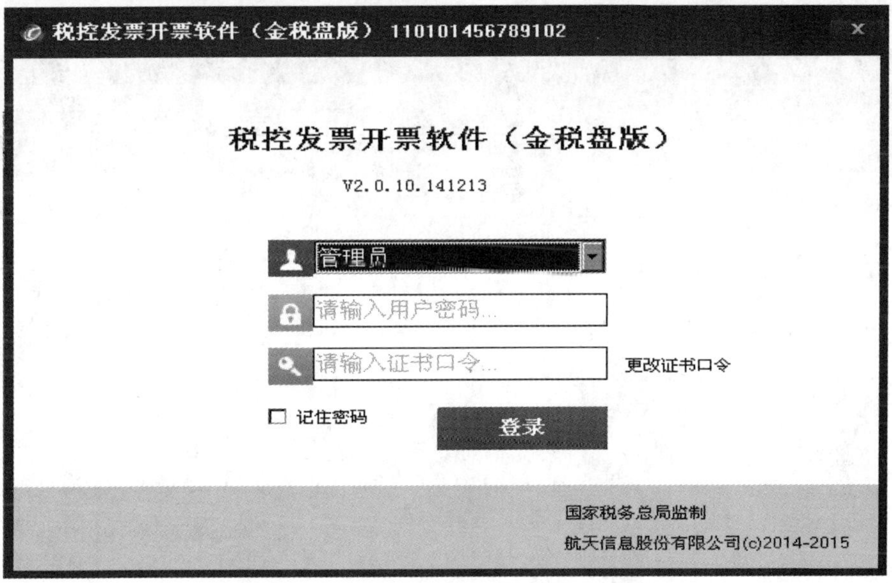

图 16－7　税控发票开票软件登录界面

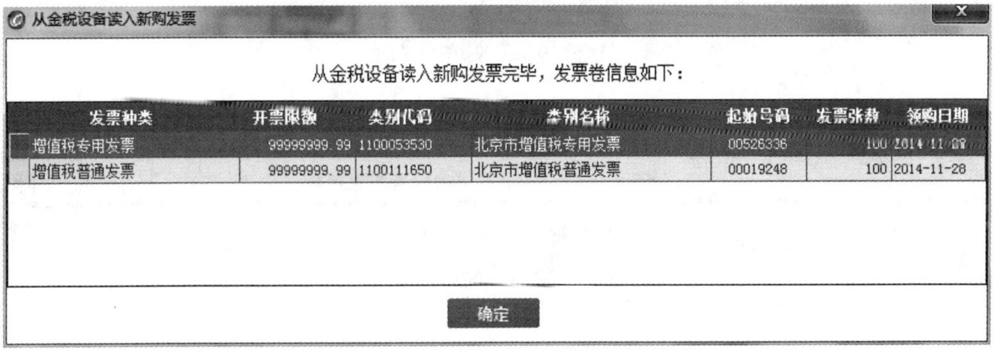

图 16－8　税控发票读入新购发票信息

3）点击“发票管理/发票开具管理/发票填开/专用发票填开”，系统弹出“发票号码确认窗口”，再点“确认”进入发票填开界面，如图 16－9 和图 16－10 所示。

4）填写购买方信息。

方法一：从客户编码库中选取，如图 16－11 所示。点击“名称”或“纳税人登记号”右边的下拉编辑窗口，双击该客户记录行。

方法二：在票面上直接手工输入。若客户信息不在客户编码库中，可以在客户信息的各文本框中直接输入相应信息。

5）填写商品信息。点击“商品名称”编辑框右侧的按钮（图 16－12），弹出“商品编码选择”窗口，可从中选取一种商品名称，然后点击工具条上的“选择”按钮，则本条商品的名称、规格型号、单位、单价和税率等信息便写入发票界面的商品信息行。在“数量”一栏填写销售本商品的数量，然后按<回车>键，系统会自动计算出金额、税额和价税合计金额。

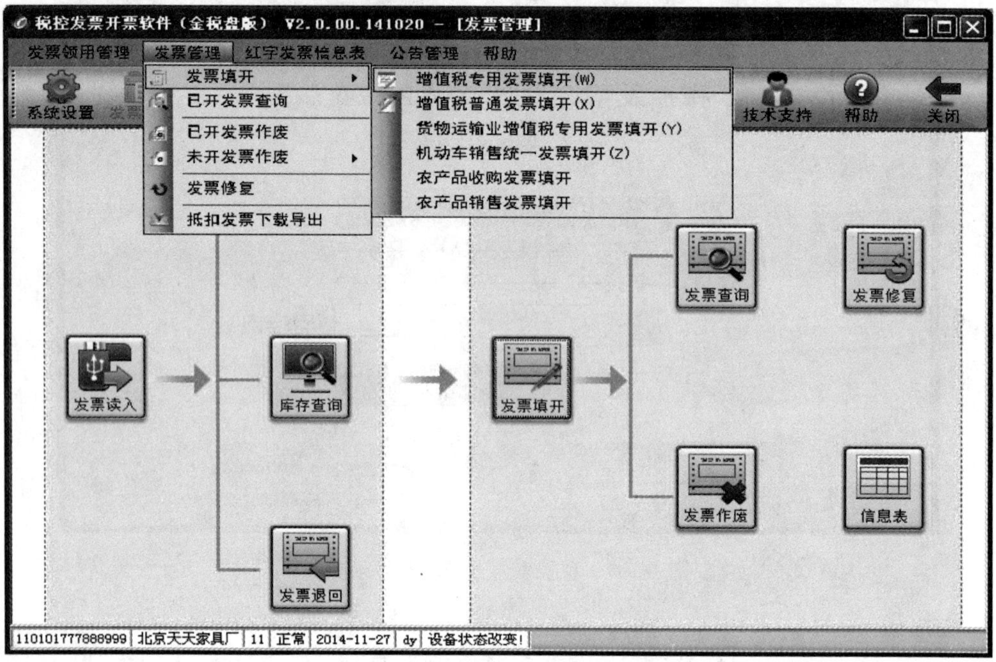

图 16－9　发票填开界面

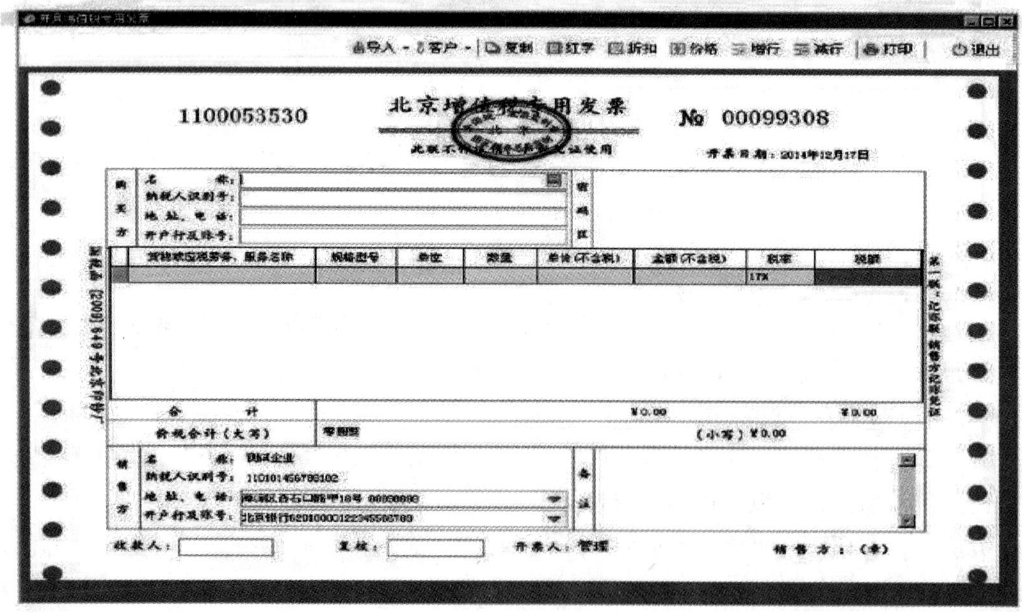

图 16－10　增值税专用发票填开界面

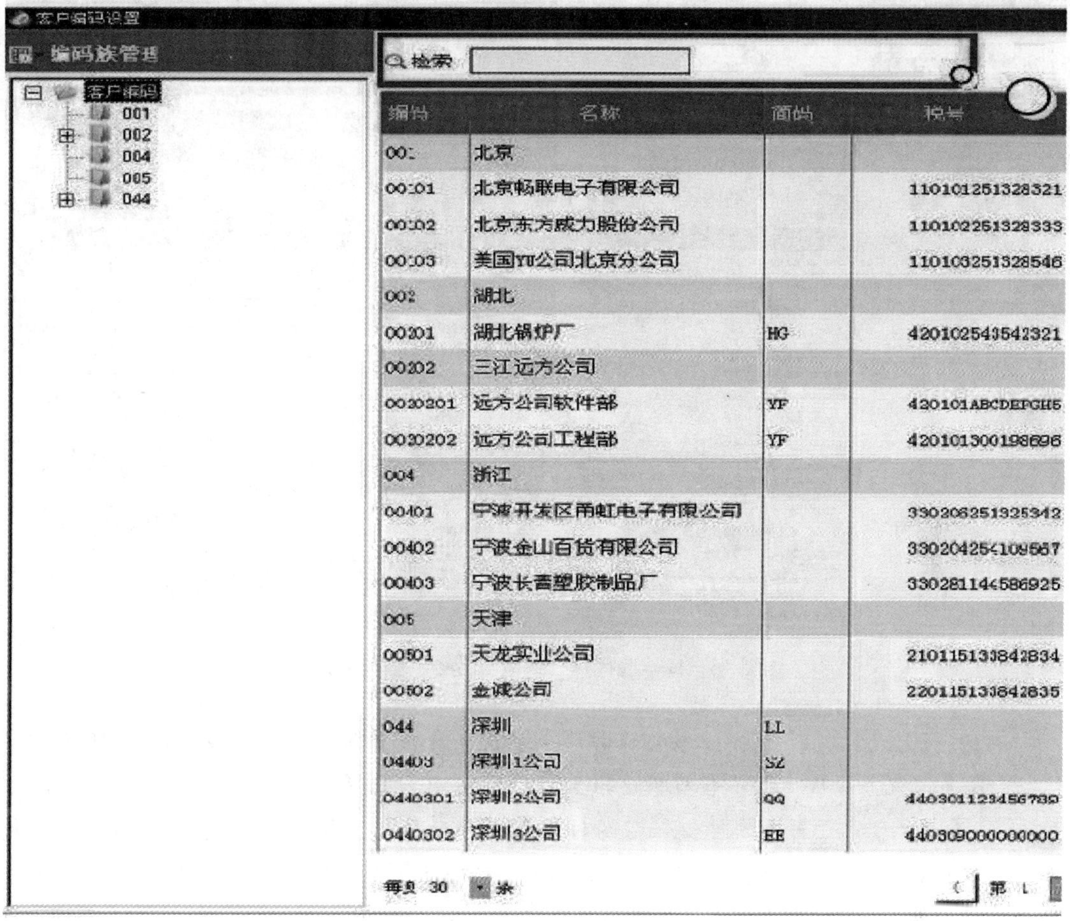

图 16－11　选择客户记录行

【小贴士】

“单价”数值可以修改，“税率”可从下拉框中选择“13%、9%、6%”等。

商品名称只能从商品编码库中选取。通过增值税发票管理新系统开具增值税发票时，商品和服务税收分类编码对应的简称会自动显示在发票票面“货物或应税劳务、服务名称”或“项目”栏次中。

【小贴士】

按“价格”转换按钮可转换含税价与不含税价（可重复转换），请注意使用；税额项由系统自动算出，无法修改；一张票面中允许有不同税率的商品行；最高开票限额是指单张专用发票的不含税销售额合计数不得达到的上限额度。例如核定最高限额为 10 000 元，单张发票的最高开票额只能为 9 999.99 元；由于金额四舍五入等原因有可能造成系统开票税额与手工计算产生 0.01 元的差异，建议在纳税申报时按系统统计的开票税额填报。

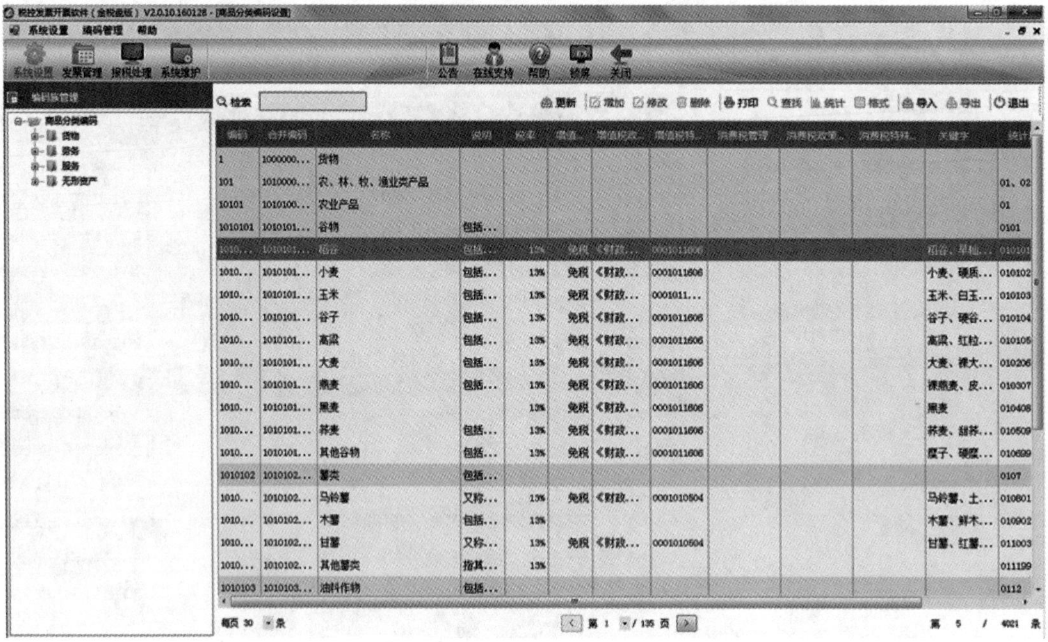

图 16－12　选择货物或应税劳务、服务名称

例如，2017 年，A、B 单位签订保障服务合同，含税金额 3 180 500 万元，增值税税率 11%。B 单位税务管理岗按不含税价 2 865 315.32 开具发票时，开票软件自动计算税款为 315 184.685 元，由于开票软件仅保留两位小数，导致票面税款显示为 315 184.69 元，出现不含税价+税款＝3 180 500.005 元，保留两位小数后为 3 180 500.01 元，导致票面总金额与合同金额产生 0.01 元差异。

6）填写其他信息。销售方信息、发票号码、开票日期、密文、备注栏、开票人、复核人等这些信息除备注之外，皆由系统生成，无须填写。销售方信息一般由系统自动调出，可以修改银行账号，其他项目不能修改。

7）打印发票。发票填写完毕后，检查购方信息、商品信息、销售方信息以及备注无误后，点击工具上的“打印”后，系统首先将所开发票信息记入金税盘与开票软件数据库，随后弹出打印对话框，此时可以设置边距、预览打印效果、进行打印。

所填开的发票一经保存即记入金税盘，无法修改。因此，在填开后应仔细比对系统发票类别、号码，与打印机上安装的纸质发票是否完全一致；在填写数据时应尽量避免错误。若出现问题，只能将该发票作废，然后重新填开。增值税专用发票票样如图 16－13 所示。

（3）发票作废

发票的作废处理有即时作废和符合条件作废两种。

①即时作废

即时作废是指开票当时发现有误后，直接作废。

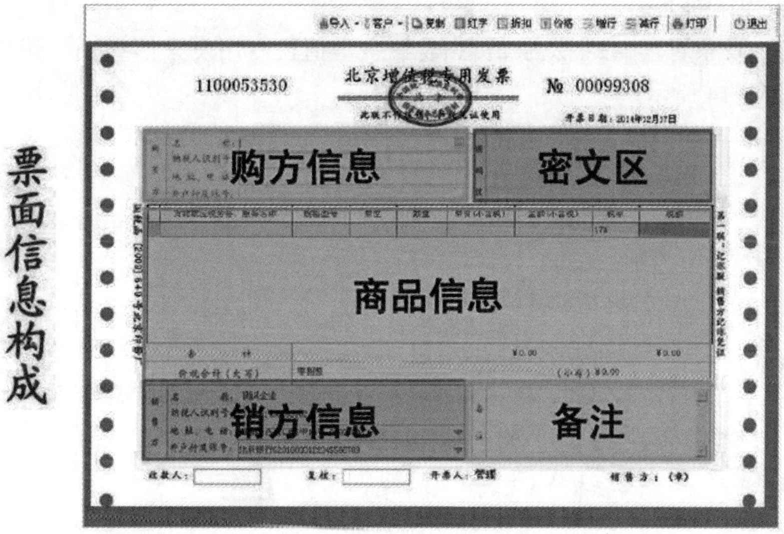

图 16－13　增值税专用发票票样

操作流程为：进入开票软件，点击发票管理，双击要作废的发票，该发票标记为作废表示该发票已作废。同时将纸质发票各联次（包含未打印发票）上注明“作废”字样后妥善保管备查。

②符合条件作废

符合以下条件的，可以进行发票作废处理：当月开具的发票在当月退回、该发票未抄税和未记账、取得发票方未通过税务系统进行认证。操作流程同即时作废。

【小贴士】

发票作废只能是当月未抄报发票，抄报后不能作废发票。

（4）红字增值税发票开具

开具增值税专用发票后，发生销售货物退回或者折让、开票有误等情形的，可开具红字增值税发票，包括红字增值税专用发票和红字普通发票。

①红字增值税专用发票

开具红字增值税专用发票需要在发票管理系统中填写《开具红字增值税专用发票信息表》（以下简称《信息表》），分为购买方申请和销售方申请两种情况，《信息表》经税务机关审核校验后，销售方才能开具红字增值税专用发票。

由购买方申请：购买方取得增值税专用发票并已申报抵扣的，或未抵扣，但发票联/抵扣联无法退回的，由购买方填写《信息表》，并将增值税税额从当期进项税额中转出，待取得销售方开具的红字增值税专用发票后，与《信息表》一并作为记账凭证。

由销售方申请：销售方开具增值税专用发票尚未交付购买方，或购买方未用于申报抵扣并将发票联和抵扣联退回的，由销售方填写《信息表》。

具体填报操作如下：

1）点击“发票管理/红字发票信息表/红字增值税专用发票信息表填开”，显示选择界面，如图16－14所示。

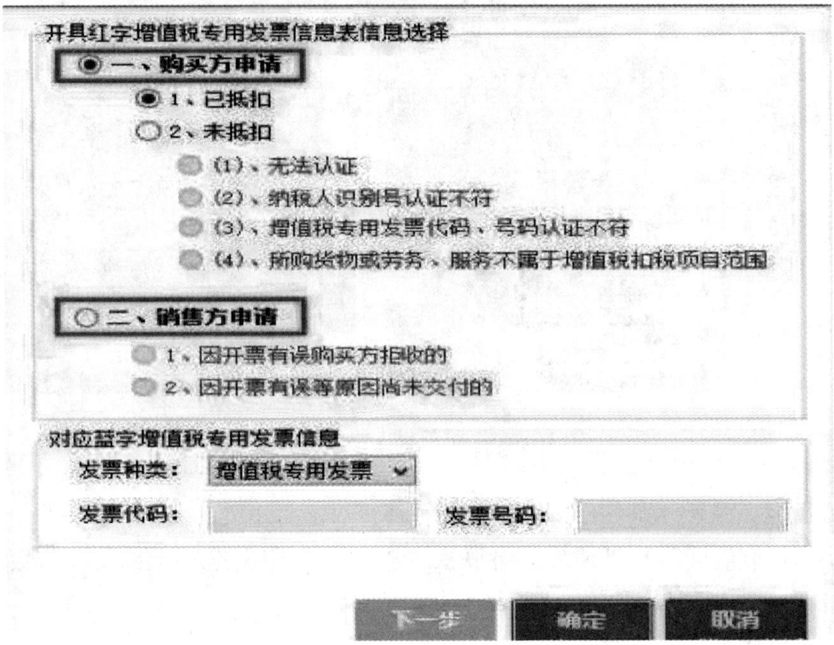

图16－14 红字增值税专用发票填开

购买方已申报抵扣的，对应蓝字发票信息只需要选择发票种类，不需要输入发票代码和发票号码；未申报抵扣的，对应蓝字发票信息都要填列。销售方申请时，蓝字发票信息都需要填列。

2）填写《信息表》。购买方：选择开具信息表的原因，在选择、填写蓝字发票信息后，将进入信息表填开界面（图16－15），填写相应信息后点击“打印”保存并打印纸质信息表。

销售方：选择开具信息表的原因，并选择、填写蓝字发票信息，之后点击“下一步”按钮后，系统自动调出发票库中对应蓝字发票信息，系统确认可以对此张发票开具负数，点击“确定”后，进入信息表填开界面（图16－16），系统自动转换购方及商品信息，确认后点击“打印”保存并打印信息表。

《信息表》通过网络上传，经系统自动校验通过后，将生成16位的“红字发票信息表编号”。

【小贴士】

涉密单位应打印信息表，加盖单位公章后前往办税大厅提交税务机关审核并取得税务机关信息表编号。

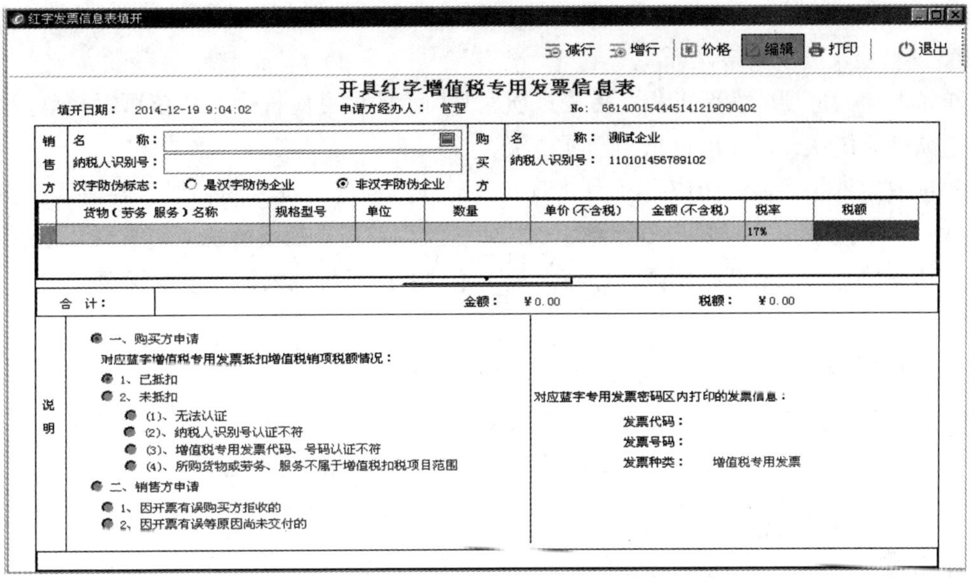

图 16 - 15　购买方填写红字增值税专用发票信息表

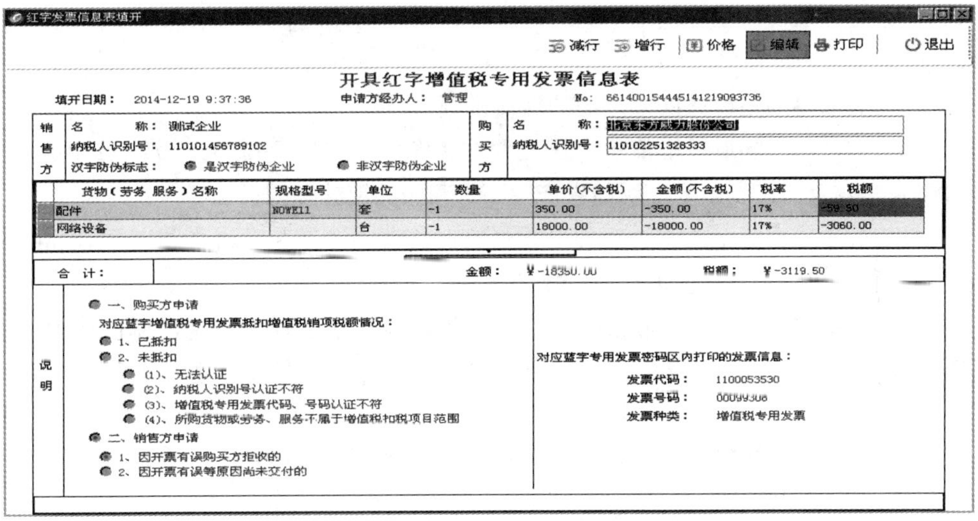

图 16 - 16　销售方填写红字增值税专用发票信息表

3）红字发票填开。在发票填开界面中，选择“红字”按钮下的“直接开具”，系统会弹出信息表编号输入窗口；输入两遍信息表编号，若输入正确，点击“下一步”；系统弹出销项正数的发票代码、号码填写、确认窗口；进入红字发票填开界面，并根据信息表正确填写票面内容；点击“打印”按钮，保存并打印发票。

②红字普通发票

红字普通发票的填开方法与红字增值税专用发票不同，不需要填写红字《信息表》。

1）点击“红字”按钮进行发票填开，填写负数发票对应的正数发票代码、号码；

2）连续两次输入相同的代码代号，点击“下一步”；

3）开票软件中显示销项正数发票代码号码填写、确认并打印发票。

（5）增值税进项发票认证

单位取得的进项联发票抵扣，首先进项发票列示的项目应符合该单位可抵扣范围，其次通过认证系统认证后才可以抵扣销项税额。

进项发票抵扣期限：2017 年 1 月 1 日及以后开具的增值税专用发票，取消认证确认、稽核比对、申报抵扣的期限。2016 年 12 月 31 日及以前开具的增值税专用发票，超过认证确认、稽核比对、申报抵扣期限，但符合规定条件的，仍可继续抵扣进项税额。

【小贴士】

不是当月有增值税进项发票就必须当月进行认证抵扣的，在当月进项发票已经足够多的情况下，已经不用交增值税，可以将多余的进项发票放在下月认证抵扣。

①进项税额抵扣的主要种类

进项税额抵扣的种类主要包括：

1）从销售方取得的增值税专用发票上注明的增值税额。

2）从销售方取得的税控机动车销售统一发票上注明的增值税额，准予从销项税额中抵扣。

3）从海关取得的完税凭证上注明的增值税额。

4）购进农产品，除取得增值税专用发票或者海关进口增值税专用缴款书外，按照农产品收购发票或者销售发票上注明的农产品买价和扣除率计算的进项税额。

5）从境外单位或者个人购进服务、无形资产或者不动产，自税务机关或者扣缴义务人取得的解缴税款的完税凭证上注明的增值税额。

6）支付的道路通行费按照收费公路通行费增值税电子普通发票上注明的增值税额抵扣进项税额；支付的桥、闸通行费，进项税额＝桥、闸通行费发票上注明的金额÷（1+5%）×5%。

7）购进国内旅客运输服务，其进项税额允许从销项税额中抵扣。未取得增值税专用发票的暂按照以下规定确定进项税额：

a）取得增值税电子普通发票的，为发票上注明的税额；

b）取得注明旅客身份信息的航空运输电子客票行程单的，进项税额＝（票价+燃油附加费）÷（1+9%）×9%；

c）取得注明旅客身份信息的铁路车票的，进项税额＝票面金额÷（1+9%）×9%；

d）取得注明旅客身份信息的公路、水路等其他客票的，进项税额＝票面金额÷（1+3%）×3%。

②进项税额不得抵扣的情形

进项税额不得抵扣的情形主要包括以下几类：

1）抵扣凭证不合规。书面合同、付款证明和境外单位的对账单或发票等资料不全的，进项不得抵扣。

2）国内旅客运输服务发票票面未注明税额，且未注明旅客身份信息的，进项不得抵扣。

3）不得开具专用发票。购买方为消费者个人、销售免税货物、实行增值税退（免）税办法的增值税零税率应税服务、金融商品转让、不征税项目等不得开具增值税专用发票的情形。

4）非生产经营项目。用于简易计税方法计税项目、免征增值税项目、专门用于集体福利或个人消费而购进的货物、劳务、服务、无形资产和不动产的，进项不得抵扣。

5）非正常损失。非正常损失的购进货物，以及相关的加工修理修配劳务和交通运输服务，进项不得抵扣；非正常损失的在产品、产成品、所耗用的购进货物，以及相关的加工修理修配劳务和交通运输服务，进项不得抵扣；非正常损失的不动产与在建工程，以及相应耗用的购进货物、设计服务和建筑服务，取得的进项不得抵扣。

【小贴士】

非正常损失是指因管理不善造成货物被盗、丢失、霉烂变质，以及因违反法律、法规造成货物或不动产被依法没收、销毁、拆除的情形。

6）不得抵扣的服务项目。贷款服务利息支出，进项不得抵扣；一般纳税人购买餐饮服务、居民日常服务和娱乐服务的，进项不得抵扣。

③需要进行认证的进项发票

需要进行认证的进项发票包括增值税专用发票（图 16－17）和机动车销售统一发票。

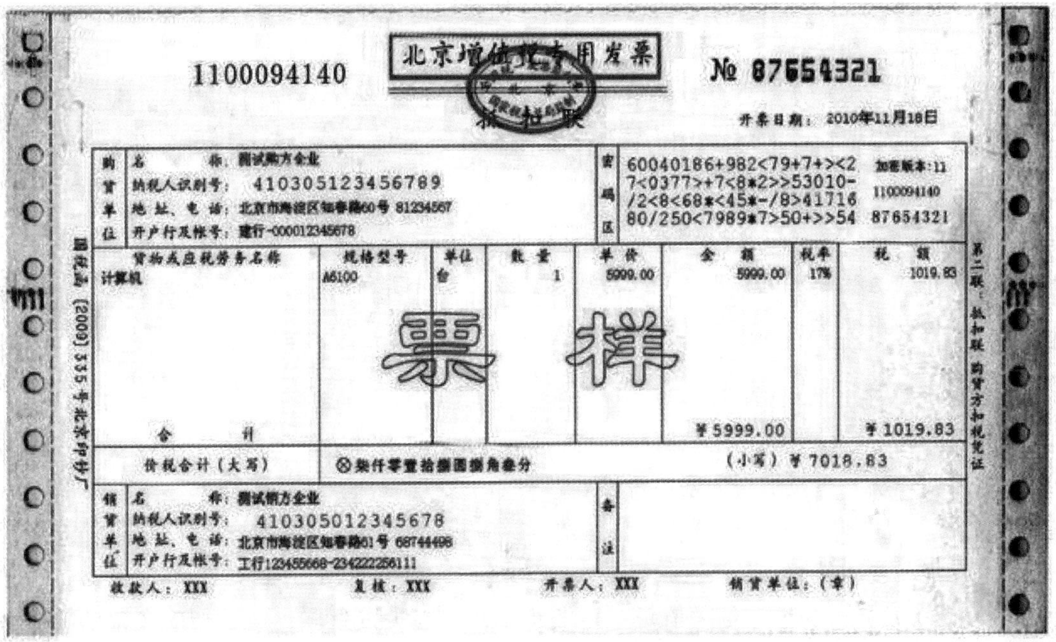

图 16－17　增值税专用发票票样

④不需要认证的进项发票

并不是所有增值税专用发票都需要认证，以下两种情况增值税专用发票不需要认证：取得的红字增值税专用发票不需要认证，直接从当期进项税额中转出；纳税人初次购买增值税税控设备不需要认证，应在增值税应纳税额中全额抵减。

⑤进项税发票认证方式

进项税发票认证目前有三种方式：税局大厅认证、扫描认证、网上勾选平台认证。

1）税局大厅认证。税务管理岗位人员携带增值税专用发票等可抵扣发票，在月底前到办税服务厅进行认证发票。

2）扫描认证。经保密部门审批，配备了专门扫描仪的单位，税务管理岗登录系统后选择“应用中心”—“扫描认证”，在菜单栏选择“发票录入”—“扫描录入”，将一定数量（建议一次不超过20张）进项抵扣联放置到扫描仪逐张扫描，扫描中若出现红字提示，表明抵扣联扫描信息不准确，需将票面逐项与扫描结果比对，重点比对密码区、纳税人识别号、金额和税率等区域，修改通过后选择“上传税局认证”，并勾选“自动回复认证结果”获取认证结果，若仍有不通过的票据，可选择“查询与统计”筛选未通过票据，更正后上传认证直至认证通过。若手工更改错误信息后，上传超过两次的发票，需到税局大厅认证。

3）网上勾选平台认证。非涉密单位可以选择使用网上“增值税发票选择确认平台”，进行勾选认证确认操作，不再需要扫描发票。

（6）发票内部管理

税务管理人员应严格遵守发票管理规定，加强增值税发票的开具、使用和保管。

①发票开具和保管

税务管理岗应对发票开具及领用情况按发票号码进行登记，存档备查，并妥善保管空白增值税专用发票，一般应在保险柜中存放。

【小贴士】

如果一般纳税人发生转业、分立、联营、改组、合并等情况，需变更税务登记，还需要缴销空白专用发票和已使用过的专用发票存根联。

②发票丢失处理

如果丢失本单位增值税发票，应写明丢失原因，向主管税务机关报失。

如果丢失从外单位取得的增值税发票，有如下处理方法：

1）丢失从外单位取得的增值税普通发票，应提供加盖开票单位发票专用章的发票记账联或存根联复印件。

2）丢失从外单位取得的增值税专用发票。若仅丢失发票联，可凭相应发票的抵扣联复印件，作为记账凭证。若仅丢失抵扣联，可凭相应发票的发票联复印件作为增值税进项税额的抵扣凭证或退税凭证。

若发票联和抵扣联一并丢失，可凭加盖销售方发票专用章的相应发票记账联复印件，作为增值税进项税额的抵扣凭证、退税凭证或记账凭证。

16.5.4.2　中央行政事业单位资金往来结算票据

中央行政事业单位资金往来结算票据（以下简称“财政结算票据”）是指国家机关、事业单位、社会团体、经法律法规授权的具有管理公共事务职能的其他组织机构发生暂收、代收和单位内部资金往来结算等经济活动时开具的凭证。不得向有偿经营单位（如公司、个体经营商户等）开具资金结算票据。

（1）票据申领

首次申领，税务管理岗位人员应携带单位法人证书原件及加盖单位公章的复印件各一份、财政票据领用证至财政部票据监管中心领取；

后续申领，税务管理岗位人员携带财政票据领用证、已开具完毕的财政结算票据至财政部票据监管中心，经中心核旧后，领取新票据，一般单位可领取的财政结算票据不超过经中心核定的可领用数量的六个月使用量。

（2）财政票据开具

财政票据开具范围为：暂收、代收和单位内部资金往来结算性质的款项，不得用于经营服务性收费。目前，新领取的中央行政事业单位资金往来票据不再允许手写填开，要求安装财政票据管理系统进行开票。申请使用财政票据管理系统需准备的资料及办理流程如下：

①申请资料

1）填写《财政票据电子化管理单位基础信息表》，并加盖本单位公章；

2）填写《外部用户个人证书申请及变更表》，并加盖本单位公章，同时将电子版发送至 pjxtsq@ 163. com 和 sunyiner@ mof. gov. cn，邮件标题为单位名称+“个人证书”；

3）三证合一证书或《组织机构代码证》副本复印件，并加盖本单位公章；

4）在 A4 纸上盖本单位开具财政票据使用的印章（收费专用章或财务专用章）；

5）申请个人证书的身份证复印件。

②办理流程

税务管理岗携带《财政票据领用证》至财政部财政票据监管中心领取 Ukey、电子票据和机打票据（之前领用尚未核销的机打票据和手工票据需先进行检查核销）。

（3）财政票据的管理

纳税岗位管理人员应按票据号码顺序开具。

应建立财政结算票据登记台账。

税务管理岗位人员负责财政结算票据的申领、使用登记与保管，登记内容应至少包括开票单位、开票日期、开票内容、合同编号与型号名称、开票金额等。

票据存根联应由税务管理岗位人员妥善保管，使用完毕或到期后及时到财政部票据监管中心核销。

财政资金票据不得外借、出借、代开、买卖、销毁、涂改票据。

16.5.5　税收优惠政策实施

税收优惠政策与实施是税务管理岗位人员依据国家颁布的各项税收优惠政策，结合本单位业务实际情况，在合理合法的前提下，对单位涉税事项进行策划和安排，以达到充分享受国家税收优惠政策的行为。

按照税收优惠方式的不同，主要分为税额优惠、税率优惠和税基优惠三种方式。

【小贴士】

在策划税收筹划方案时，应充分考虑单位经济业务，根据单位具体情况制定筹划方案，涉密单位应充分考虑国有军工科研涉密的属性。

16.5.5.1　税额优惠

税额优惠是直接通过减少税额的方式来实现税收的减免，具体包括全部免征、减半征收、核定减征率以及另定减征额等。

（1）“四技”合同免征增值税

《财政部　国家税务总局关于全面推开营业税改增值税试点的通知》（财税〔2016〕36号）附件第26条：纳税人提供技术转让、技术开发和与之相关的技术咨询、技术服务项目免征增值税。该政策是国家为支持、鼓励单位开展研发创新活动在增值税方面给予免征增值税的一项优惠政策。

具体应用：单位研发部门承担某预研项目，并签订了项目研制合同，若合同文本中明确规定：项目由承研单位独立取得研制成果，且研制成果归属权已在合同中明确归属由甲方或甲乙双方共同享有同等条件，可申请办理“四技”合同免征增值税，在合同取得技术市场免税登记后，税务管理岗位人员就可开具免税普通发票免缴增值税。

【小贴士】

“四技”合同免税办理前，税务管理岗位人员应与业务部门、中介机构充分沟通，需要业务部门按照“四技”合同格式条款签订合同。

①材料准备

“四技”合同免税材料包括：

1）正式签订的“四技”合同文本一式两份（合同加盖骑缝章）。

2）若合同涉密，应向当地科技管理部门技术登记管理机关和税务主管机关提供由单位保密部门盖章的合同涉密证明各一份。

3）若合同上单位名称与单位注册名称不一致的，应提供加盖单位公章的单位名称说明一份（批注：文后无附件，请确认此类问题，全文同）。

税务管理岗位人员向中介机构提供上述材料后，由其至当地科技管理部门完成合同免税认定与登记，登记后合同封面应有“已登记”印章戳记和科技管理部门分配的合同编号，合同最后一页应有技术合同登记机关办理人员的印章戳记。

②办理流程

取得已登记的“四技”合同后，税务管理岗位人员应在技术收入核定表每页上加盖单位公章、法人签章，并由单位财务负责人、财务主管机关负责人、税务管理岗位人员签字后，除提交税务机关和单位留存联外，其余各联均反馈给科技管理部门。

【小贴士】

取得经过科技管理部门登记的合同后，税务管理岗位就可开具增值税免税发票。

（2）军品合同免征增值税

《财政部　国家税务总局关于军品增值税政策的通知》（财税〔2014〕28 号）：以下情形可免征增值税：销售给军队、武警、公安、司法、国家安全部门的武器装备，销售给其他纳税人的武器装备，为军队、武警提供的加工、修理修配劳务。

具体应用：单位承担的军品任务，在收到主管部门转发的批复文件文号和合同清单后，及时向税务主管机关备案军品免税合同编号与合同金额，备案后即可根据《开具增值税发票申请表》开具免税的增值税普通发票。

①材料准备

《纳税人减免税备案登记表》一式两份，表中填报的备案合同应包含本月开具的所有免税发票对应的合同。

②办理流程

单位一般于当年年底获得申报军品免税合同的批复，次年年初至税务局进行免税备案，具体时间根据专管员通知。《纳税人减免税备案登记表》加盖公章及法人代表手签章，待办理完毕后，其中一份《纳税人减免税备案登记表》加盖税务局业务专用章返回作为备案回执。

【小贴士】

1）军品合同免征增值税办理包括军队和科工局两个渠道，销售给军队的项目由军方向税务总局申报免征增值税手续；承担的科工局项目由各单位业务部门逐级申报免征增值税手续，税务总局将统一下发军品免税合同批复。

2）在取得批复前确需开具发票的，可先按业务适用的税率开具增值税发票，待取得批复后，向税务机关申请办理退税。

（3）航天发射出口退税

《财政部　国家税务总局关于航天发射有关增值税政策的通知》（财税〔2015〕66 号）：境内单位在轨交付的空间飞行器及相关货物视同出口货物，适用增值税出口退税政策，实行免退税办法。其在轨交付的空间飞行器及相关货物免征增值税，相应购进空间飞行器及相关货物取得的进项税额予以退还。

16.5.5.2 税率优惠

税率优惠是指对特定的纳税人或纳税项目采用低于一般税率的税率征收。

（1）高新技术企业所得税优惠

《中华人民共和国企业所得税法》第28条第2款：国家需要重点扶持的高新技术企业，减按15%的税率征收企业所得税。

【小贴士】

为高效取得高新技术企业资质，建议聘请中介机构指导和开展整体策划、材料收集整理等工作。

（2）西部地区鼓励类企业优惠

按照《财政部　税务总局　国家发展改革委关于延续西部大开发企业所得税政策的公告》（财政部公告〔2020〕第23号），对设立在西部地区的鼓励类企业减按15%的税率征收企业所得税。鼓励类企业是指以国家发展改革委牵头制定的《西部地区鼓励类产业目录》中规定的产业项目为主营业务，且其主营业务收入超过企业总收入60%的企业。

【小贴士】

西部地区包括内蒙古自治区、广西壮族自治区、重庆市、四川省、贵州省、云南省、西藏自治区、陕西省、甘肃省、青海省、宁夏回族自治区、新疆维吾尔自治区和新疆生产建设兵团。湖南省湘西土家族苗族自治州、湖北省恩施土家族苗族自治州、吉林省延边朝鲜族自治州和江西省赣州市可以比照西部地区的税收政策执行。

（3）简易计税优惠

一般纳税人出租2016年4月30日前获得的不动产，可以选择适用简易计税方法，按照5%的征收率计算应纳税所得额。不动产所在地与单位所在地不在同一县（市、区）的，应向不动产所在地主管税务机关预缴税款，向单位所在地主管税务机关申报。不动产所在地与单位所在地在同一县（市、区）的，向单位所在地主管税务机关申报纳税。

$$简易计税应缴税款=[含税销售额\div(1+5\%)]\times5\%$$

具体应用：院内单位出租2016年4月30日前获得的不动产，可选择适用简易计税方法，按照5%的征收率享受税收优惠政策。

【小贴士】

一般纳税人发生财政部和国家税务总局规定的特定应税行为，可以选择适用简易计税方法计税，但一经选择，36个月内不得变更。

16.5.5.3 税基优惠

税基优惠是指在合法、合理的前提下，增加税前扣除额，缩小计税依据来减少税收负担，主要适用于所得税类和财产税类。

（1）研发费加计扣除缩小税基

具体应用：母公司、子公司均为高新技术企业，每年均以自主研发的形式申报多个研发项目的研发费加计扣除。母公司为总体研发设计单位，子公司为子系统研发设计单位，双方所属技术领域存在关联性。

由母公司委托子公司进行研发活动，研发成果归属母公司，子公司就母公司委托事项，投入自主研发活动。

母公司作为委托方，按委托项目研发支出的 80%享受加计扣除；子公司作为受托方，直接发生的受托项目研发支出不能享受加计扣除，但因完成受托项目而开展其他自主研发项目（如满足加计扣除）的有关规定，相关研发支出可以享受加计扣除优惠政策。架构模拟测算如下：

母公司委托子公司完成研发项目 A，研发项目 A 合同金额 1 000 万元，子公司为获得完成研发项目 A 的技术能力，投入了研发项目 B 的研发，研发项目 B 支出额 400 万元，

母公司可加计扣除额＝1 000 万元×80%×75%＝600 万元

子公司可加计扣除额＝400 万元×75%＝300 万元

（2）商业卫星收入减按 92%计算应纳税所得额

按照《财政部　国家税务总局关于宇航商业发射业务企业所得税政策的通知》（财税〔2017〕年 9 号），自 2016 年 1 月 1 日至 2020 年 12 月 31 日期间，相关航天企业和科研单位从事宇航商业发射业务取得的收入，在计算应纳税所得额时，减按 92%计入收入总额。

具体应用：单位取得的商业卫星收入按照 92%计入应纳税所得额。

（3）通过细化合同标的缩小税基

具体应用：对于出租方的代收项目收入，应当与实际租金收入分开核算，分别签订合同，从而降低从租计征的计税依据。

纳税策划事例：甲公司签订房屋租赁合同，租金共计 2 000 万元，其中含代收的物业管理费 200 万元，水电费 50 万元。

方案一：签订合同中约定租金 2 000 元，需缴纳房产税 2 000×12%万元＝240 万元；

方案二：各项收入分别与关联方签订合同，如物业公司签订物业费合同、水电费代收代缴，需缴纳房产税＝（2 000－200－50）×12%万元＝210 万元。

（4）对外捐赠缩小税基

根据《企业所得税法》第 9 条规定，企业发生的公益性捐赠支出，在年度利润总额 12%以内的部分，准予在计算应纳税所得额时扣除。公益性捐赠，是指通过公益性社会团体或县级以上人民政府及其部门，用于《中华人民共和国公益事业捐赠法》规定的公益事业的捐赠。

具体应用：单位在选择捐赠对象的时候，应优先选择通过公益性社会团体或者县级以上人民政府及其部门进行的公益性捐赠。

（5）纳税义务递延缩小当期税基

同一经济事项存在着不同的会计核算方法，而不同的会计处理方法又对单位的财务状况、经营成果有着不同的影响，同时这些不同的会计核算方法又都得到了税法的承认，所以通过对有关会计处理方法筹划也可以达到降低税负的目的。

①固定资产计价筹划

按照会计准则的要求，外购固定资产成本主要包括购买价款、相关税费，使固定资产达到可使用状态前所发生的可归属于该项资产的运输费、装卸费、安装费和专业人员服务费等。

盈利单位由于当期费用可用于企业所得税税前扣除，故当期费用的增加有利于减少当期企业所得税应纳税所得额，因此，盈利单位在购置固定资产时应将购置费用中可计入费用的，如购置成套固定资产时需同时购买的易损件、小配件，可以单独开票作为低值易耗品入账计入当期费用，降低当期的应纳税所得额；对于已达到预计可使用状态的在建工程，要尽可能早地转入固定资产，以便尽早提取折旧，降低当期的应纳税所得额。

②固定资产折旧方法筹划

按照会计准则的规定，固定资产折旧的方法主要有平均年限法、工作量法等直线法（或称平速折旧法）和双倍余额递减法、年数总和法的加速折旧法。不同的折旧方法对应纳税所得额的影响不同。

根据《关于设备器具扣除有关企业所得税政策的通知》（财税〔2018〕54号）文件的规定："企业在2018年1月1日至2020年12月31日期间新购进的设备、器具，单位价值不超过500万元的，允许一次性计入当期成本费用在计算应纳税所得额时扣除，不再分年度计算折旧"。

利用此税收优惠政策，在因实际需求采购一定规模的固定资产时，选择在企业所得税前一次性列支，达到纳税义务递延的效果，即在购入资产的当期一次性列支后，后续年度会计继续计提折旧，再调增应税所得额。

从长期看，固定资产的扣除不可能超过固定资产的价值本身，但固定资产采用不同的折旧方法，可实现纳税义务的递延，从而产生所获资金的时间价值。

【小贴士】

需要注意的是，如果预期企业所得税的税率会上升，则应考虑在未来可能增加的税负与所获得的资金时间价值进行比较决策。同样的道理，在免税期内（如软件企业"三免三减半"）添置的固定资产，则不适合购入固定资产一次性扣除。

（6）企业重组选择股权的原有计税基础

根据《财政部　国家税务总局关于企业重组业务企业所得税处理若干问题的通知》（财税〔2009〕59号）的规定，在股权收购业务中，收购企业购买的股权不低于被收购企业全部股权的50%，且收购企业在该股权收购发生时的股权支付金额不低于其交易支付总额的 85%，可以选择按以下规定处理：

1）被收购企业的股东取得收购企业股权的计税基础，以被收购股权的原有计税基础确定。

2）收购企业取得被收购企业股权的计税基础，以被收购股权的原有计税基础确定。

3）收购企业、被收购企业的原有各项资产和负债的计税基础和其他相关所得税事项保持不变。

按上述规定，对交易中股权支付暂不确认有关资产的转让所得或损失的，其非股权支付仍应在交易当期确认相应的资产转让所得或损失，并调整相应资产的计税基础。

非股权支付对应的资产转让所得或损失 =（被转让资产的公允价值-被转让资产的计税基础）×（非股权支付金额÷被转让资产的公允价值）

【案例 3】

甲公司 1 000 万股股权（其他资产类亦同），将 80% 的股权转让乙公司收购。假定收购日甲公司每股资产的计税基础为 7 元，每股资产的公允价值为 9 元。

1）在收购对价中，乙公司以非现金支付对价 7 200 万元（下同），则甲公司

借：资产类　　7 200

　　贷：资产类——账面　　5 600

　　资本公积　　1 600

2）在收购对价中，乙公司以非现金支付对价 6 480 万元，现金支付 720 万元，则甲公司取得非股权支付额对应的资产转让所得计算为

$$(7\,200-5\,600)\times(720\div7\,200)\text{万元}=1\,600\times10\%\text{万元}=160\text{万元}$$

对甲公司来说：

借：银行存款　　720

　　相关资产　　6 480

　　贷：资产类——账面　　5 600

　　　　资本公积　　1440

　　　　确认损益　　160

3）在收购对价中，乙公司以现金支付对价 7 200 万元（超过对价 15%），则甲公司

借：资产类　　7 200

　　贷：资产类——账面　　5 600

　　　　确认损益　　1 600

即满足上述条件后：

当所述税类为企业所得税时，资产取得方以无偿或非现金取得的资产其税务成本可按照取得资产的原税务成本认定；当所述税类为增值税时，货物转让不征收增值税。可合法避免视同销售或视同捐赠带来的交易双方流转税、所得税较高的问题。

16.5.6 税务风险管理

税务风险主要包括两方面，一方面是企业的纳税行为不符合税收法规的规定，应纳税而未纳税、少纳税，从而面临补税、罚款、加收滞纳金、刑法处罚以及声誉损害等风险；另一方面是企业经营行为适用税法不准确，没有充分利用有关税收政策，多缴了税款，承担了不必要的税收负担。

税务管理岗应熟悉单位经济业务，对涉税业务的各个环节面临的税务风险进行充分识别、评估，并制定相应的风险控制措施，有效防范税务风险。

（1）纳税义务人风险管理

纳税义务人风险识别主要是确定单位是否是具备纳税义务的纳税人。国家各项税种对纳税义务人进行了明确界定，税务管理岗应根据政策法规和单位业务识别出单位是哪些税种的纳税义务人，应缴纳哪些税费。

例如《中华人民共和国烟草专卖法》中规定收购烟叶的单位为烟叶税的纳税人，因此军工科研单位均不属于烟叶税的纳税义务人。

（2）征税范围风险管理

各税种的征税范围包含很多特殊条款，税务管理岗应进行充分识别，重点关注单位的特殊事项是否应纳入征税范围。

例如增值税的征税范围包括在境内发生的销售货物或者劳务，销售服务、无形资产或者不动产，以及进口货物等应税行为。向其他单位或者个人无偿提供服务、无偿转让无形资产或者不动产，虽然不是有偿行为，但除用于公益事业或者社会公众对象外，应视同发生应税行为，缴纳增值税。

（3）税率风险管理

税务管理岗应熟知各项应税业务的税率，尤其是同一税种中存在不同税率情形的，要进行明确区分，不能混淆。

例如增值税的税率分为13%、9%、6%和零税率，每一种应税行为均明确了相应的税率，但兼有不同税率的应税销售行为，从高适用税率。如：一项销售行为如果既涉及服务，又涉及货物，为混合销售。从事货物的生产、批发或者零售的单位和个体工商户的混合销售行为，按照销售货物缴纳增值税。

（4）计税基础风险管理

由于会计准则与税法对部分业务的计量口径存在差异，税务管理岗应按照税法的要求进行调整，重新确定计税基础，准确计算应纳税额。

例如企业所得税汇算清缴中要求纳税人按照税收法律、法规和企业所得税的有关规定进行纳税调整。如：会计准则规定单位可按应付职工薪酬的2.5%提取职工教育经费，计入当年管理费。而税法中对当年提取未实际支出部分在计算应纳税所得额时要求进行扣除。

（5）税收优惠风险管理

税务管理岗应关注拟实施的各项税收优惠政策的享受依据是否充分，享受程序是否办理完成，相关资料是否完备。

例如单位开展研发活动中实际发生的研发费用，未形成无形资产计入当期损益的，在按规定据实扣除的基础上，在 2018 年 1 月 1 日至 2020 年 12 月 31 日期间，再按照实际发生额的 75%在税前加计扣除；形成无形资产的，在上述期间按照无形资产成本的 175%在税前摊销。同时，按政策规定，以“委托研发”的方式委托外单位开展研发活动的，委托方加计扣除时按照研发活动发生费用的 80%作为加计扣除基数，受托方不得进行加计扣除。税务管理岗在进行研发费用加计扣除时应区分各研发项目任务来源，确保项目选取及加计扣除基数符合政策规定要求。

（6）纳税期限风险管理

税务管理岗应知悉各税种申报缴纳时间，关注税务网站的纳税事项提醒，以防止忘记或者漏报、逾期申报的发生。

16.5.7　档案资料保管和工作交接

（1）档案资料保管

税务管理岗位人员应按照申报期对税务申报资料、发票（收据）存根、发票登记簿、银行托收回单等各类完税凭证进行归档管理，并留存备查。税务申报资料包括《纳税申报表》、向税务机关报送的财务会计报表以及税务机关根据实际需要要求报送的其他纳税资料，保管期限为 15 年。发票（收据）存根、发票登记簿保管期限为 5 年。涉税资料保管清单见表 16 - 8。

表 16 - 8　涉税资料保管清单

序号	名称	备注
一	增值税	—
1	增值税纳税申报表	—
2	增值税普通发票汇总表	按月自行打印留存
3	增值税专用发票汇总表	按月自行打印留存
4	增值税进项税额抵扣认证汇总表	在税款所属期导出明细打印
5	比对异常情况处理单	—
6	纳税人减免税备案登记表及其他备存资料	—
二	企业所得税	—
1	企业所得税预缴纳税申报表	—
2	企业所得税年度纳税申报表	—

续表

序号	名称	备注
3	研究开发费用加计扣除备查材料	—
三	房产税	—
1	房产税申报表	—
四	城市维护建设税和教育费附加	—
1	城市维护建设税、教育费附加、地方教育附加申报表	—
五	印花税	—
1	印花税申报表	—
六	城镇土地使用税	—
1	城镇土地使用税申报表	—
七	发票	—
1	增值税发票	包含已开具发票存根和从外单位取得的发票联或抵扣联
2	中央行政事业单位资金往来结算	
八	银行托收证明	—

税务管理岗应结合本单位实际涉税业务，保存相关资料，不局限于表 16 - 8 所列事项。

（2）工作交接

税务管理岗位调动或离职（含轮岗），必须与接管人员办理交接手续，并由财务部门负责人监交。税务工作交接参照会计档案相关管理制度执行，按照“交工作、交内容、交仪设”的原则交接（税务工作交接表见表 16 - 9），可参照以下步骤执行：

1）税务管理岗位人员整理应移交的资料、物品，对未了事项写出书面材料。

2）编制移交工作清单，包括工作事项、工作时间节点、工作成果、工作内容等，可召开交接工作评审会，经过部门负责人同意后方可交接。交接人员清理列明应移交各税种申报表、报告材料、留存发票及台账、免税合同、优惠备案备查相关材料、业务接口的联系人和联系方式（如税务主管机关及专管员、中介机构等），同时应完成税控机、税控盘、数字身份证书（一证通）、数字身份证书密码卡、税控打印机、扫描仪有关税务管理岗位工作所需仪器设备的清点交接。

3）交接时，应由原税务管理岗位人员当面清点、核对，部门负责人监交。交接材料应与交接清单保持一致，移交人员查清无误后才可办理移交。

4）交接完毕后，交接双方和监交人员应在《税务工作交接表》上签字。移交清单一式三份，交接双方各执一份，存档一份。接管人员应及时更换纳税申报人、发票领购人等信息。

表 16－9　税务工作交接表

填表日期：　　年　　月　　日　　　　　　　　　　　　　　　　　　　　　　　　　　/ 页

一、工作内容		
序号	工作内容	节点
二、代办事项		
三、资料清单		
四、办税机关及联系人、地址、电话		
五、其他注意事项		

移交人：　　　　　　　　　　　　接收人：　　　　　　　　　　　　财务部门负责人：
日期：　　　　　　　　　　　　　日期：　　　　　　　　　　　　　日期：

第 17 章　增值税申报与缴纳

17.1　质量目标

进一步明晰军工单位增值税申报与缴纳工作流程，提高增值税申缴工作规范性，依法依规做好增值税申缴工作，充分享受增值税税收优惠政策，有效防范增值税纳税风险。

17.2　适用范围

适用于军工单位（含非法人单位）。

17.3　相关释义

增值税，是指以商品（含应税劳务、服务）在流转过程中产生的增值额作为计税依据而征收的一种流转税。它的计税原理是对商品产生、流通、劳务服务中多个环节的新增价值或商品的附加值征收的一种流转税。增值税实行价外税，也就是由消费者负担的，有增值才征税，没有增值不征税。

增值税的征税范围，是指按照我国增值税相关法律法规的规定，增值税的征税范围包括我国境内销售货物或者提供加工、修理修配劳务，销售服务、无形资产、不动产以及进口货物等。

增值税的纳税人，是指在中华人民共和国境内销售货物、劳务、服务、无形资产、不动产的单位和个人，为增值税纳税人。增值税纳税人按照经营规模的大小，划分为一般纳税人和小规模纳税人。

增值税税率，是指增值税税额占货物或应税劳务、服务销售额的比率。增值税征收率是指对特定货物或特定的纳税人销售货物、提供应税劳务、发生应税行为在某一生产流通环节应纳税额与销售额的比率。我国现行增值税属于比例税率，目前军工单位主要适用的增值税税率一共有 4 档：13%、9%、6%和零税率。军工单位适用于一般纳税人简易征收的征收率主要有两档：5%和 3%。增值税税率会随着政策变化有所调整，请关注最新财税政策并及时更新税率。

增值税纳税期限，是指根据《中华人民共和国增值税暂行条例》第 23 条规定的期限，增值税的纳税期限分别为 1 日、3 日、5 日、10 日、15 日、1 个月或者 1 个季度。纳税人的具体纳税期限，由主管税务机关根据纳税人应纳税额的大小分别核定；不能按照固定期限纳税的，可以按次纳税。一般纳税人的纳税期限一般为 1 个月，应于次月的 1~15 日期间完成增值税的申报与缴纳工作。军工各单位一般都应于 15 日之前完成申报缴纳增值税。请及时关注税务官媒定期发布的征期日历。

17.4　职责分工

财务部门是本单位申报缴纳工作的归口管理部门，业务主管部门是本单位增值税申报缴纳工作的配合部门。

17.4.1　财务部门

财务部门是本单位申报缴纳工作的归口管理部门，应设立专岗（一般为税务管理岗，岗位人员以下统一称“办税员”）、指定专人（专职或兼职）负责本单位增值税申报缴纳工作，具体职责如下：

1）了解国家增值税税收政策，充分利用增值税优惠政策，按期依法申报缴纳增值税。

2）规范增值税发票的申领与保管工作，依法依规开具增值税发票。

3）负责享受增值税优惠政策的备案与报批工作。

4）联合业务主管部门，组织开展增值税税收策划工作。

5）组织税收政策的宣贯培训，加强业务部门对增值税相关政策的了解。

6）规范增值税留存资料的收集、整理与保管工作。

7）组织接受税务主管机关或上级单位的监督与核查。

8）评估分析增值税税收风险，进行有效的税收风险防控。

17.4.2　业务主管部门

业务主管部门是本单位增值税申报缴纳工作的配合部门，主要职责如下：

1）配合财务部门共同开展增值税税收策划工作。

2）提供开具增值税发票的审核资料，如开具发票申请单、相关合同、产品交接清单等。

3）提供符合抵扣要求的增值税专用发票抵扣联。

4）配合财务部门进行增值税优惠事项的备案与报批。

5）配合财务部门接受税务机关或上级单位的监督与核查。

17.5　业务流程和操作规范

17.5.1　工作要点

增值税申报与缴纳工作需要事前掌握以下工作要点：

17.5.1.1 纳税义务发生时间

纳税义务发生时间是纳税人发生应税销售行为应当承担纳税义务的起始时间。增值税扣缴义务发生时间为纳税人增值税纳税义务发生的当天。《增值税暂行条例》第19条规定：发生应税销售行为，纳税义务发生时间为收讫销售款项或者取得索取销售款项凭据的当天；先开具发票的，为开具发票的当天。

纳税义务发生时间按销售结算方式的不同，主要有以下几种情况：

1）采取直接收款方式销售货物，不论货物是否发出，均为收到销售款或者取得索取销售款凭据的当天。

2）采取托收承付和委托银行收款方式销售货物，为发出货物并办妥托收手续的当天。

3）采取赊销和分期收款方式销售货物，为书面合同约定的收款日期的当天，无书面合同或者书面合同没有约定收款日期的，为货物发出的当天。

4）采取预收货款方式销售货物，为货物发出当天，但生产销售工期超过12个月的大型机械设备、船舶、飞机等货物，为收到预收款或者书面合同约定的收款日期的当天。

【案例1】

2017年4月8日，军工单位W与外单位签订销售大型设备的合同，约定W单位在2018年12月8日交付，并于2017年6月30日、2017年12月30日、2018年6月30日、2018年12月8日分四次平均收取全部价款800万元。因为产品属于生产销售工期超过12个月的大型设备，所以W单位纳税义务发生时间的确定应当按合同上约定的收款日期分别确认销售额200万元并申报缴纳增值税。

5）销售应税劳务，为提供劳务同时收讫销售款或者取得销售款的凭据的当天。

6）纳税人发生视同销售货物行为，为货物移送的当天。

《营业税改征增值税试点实施办法》规定，增值税纳税义务发生时间为：

1）纳税人发生应税行为并收讫销售款项或者取得销售款项凭据的当天；先开具发票的，为开具发票的当天。

【小贴士】

应税行为指有偿提供应税劳务、有偿转让无形资产所有权或使用权、有偿转让不动产所有权的行为。

取得销售款项凭据的当天，是指书面合同确定的付款日期；未签订书面合同或者书面合同未确定付款日期的，为服务、转让完成的当天或者不动产权属变更的当天。

2）纳税人提供租赁服务采取预收款方式的，其纳税义务发生时间为收到预收款的当天。

3）纳税人从事金融商品转让的，为金融商品所有权转移的当天。

【小贴士】

增值税的纳税义务发生时间与会计收入确认时限不同。对于销售方而言，一项销售行为由交货、收款、开票三个环节组成，通常情况下，交付货物且收款或者取得收款权利时，增值税的纳税义务便发生了；由于我国增值税实行以票控税的管理模式，如果先开具发票的，增值税纳税义务发生时间为发票开具的当天。

17.5.1.2　税收优惠

我国在增值税方面制定了一系列优惠政策，对纳税人销售货物、劳务、服务、无形资产或不动产的应纳税额予以免征或减征。增值税减免优惠的具体实施主要采取直接减免、即征即退或先征后退等形式，按照税务机关对优惠政策的管理分类，分为备案类减免税和报批类减免税。

目前军工单位增值税方面的优惠政策运用主要有军品增值税优惠与技术开发合同认证免税两项。

1）军品增值税优惠政策属于报批类减免税，每个季度或每个年度结束后 10 个工作日内，单位主管部门按程序向财政部和国家税务总局报送免征增值税合同清单，经过审批后将免税清单逐级下发，最终下发至主管税务所。各单位需得到主管税务所免税清单后才可按要求开具增值税免税发票，享受相应的优惠政策。

2）技术开发合同认证免税政策属于备案类减免税，纳税人申请免征增值税时，须先持技术转让、开发的书面合同，到纳税人所在地省级科技主管部门进行认定，并持有关的书面合同和科技主管部门审核意见证明文件报主管税务机关备查后，方可开具增值税免税发票，享受相应税收优惠政策。

【小贴士】

《征收教育费附加的暂行规定》第 3 条规定，教育费附加是以各单位和个人实际缴纳的增值税的税额为计征依据，所以在减免增值税发生退税的，同时退还已征教育费附加。但对出口产品退还增值税的，不退还已征的教育费附加。

2019 年发布的“增值税加计抵减政策”与“留抵税额退税政策”也是适用于部分军工单位的增值税税收优惠政策，详见以下进项税额抵扣的其他规定。

在统借统还业务中，企业集团或企业集团中的核心企业以及集团所属财务公司按不高于支付给金融机构的借款利率水平或者支付的债券票面利率水平，向企业集团或者集团内下属单位收取的利息免征增值税。统借方向资金使用单位收取的利息，高于支付给金融机构借款利率水平或者支付的债券票面利率水平的，应全额缴纳增值税。如某军工单位的下属单位委托本级贷款，且贷款利率水平低于金融机构利率水平，则军工单位收取的利息免征增值税。

17.5.1.3 计税方法

（1）一般计税方法

一般计税方法应纳税额计算公式为

应纳税额＝当期销项税额－当期进项税额

一般纳税人当期销项税额小于当期进项税额不足抵扣时，其不足部分可以结转下期继续抵扣。结转期限没有限定，可以无限期向以后纳税期结转，直至得到抵扣。

【小贴士】

一般计税方法当期的销项税额和进项税额按照该一般纳税人全部项目汇总计算，而不是按照不同的经营项目分别核算。

（2）简易计税方法

简易计税方法应纳税额计算公式为

应纳税额＝销售额×征收率

采用简易计税方法并不是小规模纳税人的专权，一般纳税人发生特定应税行为也可以选择适用的简易计税方法计税，采用简易方法不得抵扣进项税额。

17.5.1.4 销项税额

增值税销项税额的统计一般通过所属期所开具增值税发票进行汇总。未开票收入及其他项的增值税销项税额统计则需要单位办税员在日常工作中根据国家税法规定做好记录清单。

（1）增值税发票税控开票软件统计销项税额

在日常工作中，业务部门根据所负责项目的纳税义务发生时间及时到财务部门申请开具增值税发票。财务部门办税员审核合同等相关资料后开具符合国家税法要求的增值税发票。同时销项税额在开票软件中自动汇总统计。次月办税员可从增值税开票软件中获取增值税所属期发票汇总清单。增值税发票汇总表分为增值税普通发票汇总表与增值税专用发票汇总表。其中主要要素为所属期各个税率下的实际销售金额与实际销项税额。从汇总表中可以统计出所属期开具增值税发票的增值税销项税额，如图 17－1 和图 17－2 所示。

（2）未开票收入增值税销项税额的统计

按照增值税纳税义务的原理，只要发生应税行为，即使未开具发票也应按规定进行增值税申报与缴纳。因此，财务部门应对业务部门做好纳税义务发生时间的宣贯培训工作，如果在纳税义务发生时对方单位暂不需要提供发票，业务部门应将确认纳税义务发生的证明资料提交财务部门审核，办税员依据纳税义务发生时间及时计提增值税，并按时申报缴纳。同时办税员应做好相应记录，制作未开票收入记录清单，保证增值税的及时申报与缴纳。未开票收入记录清单见表 17－1。

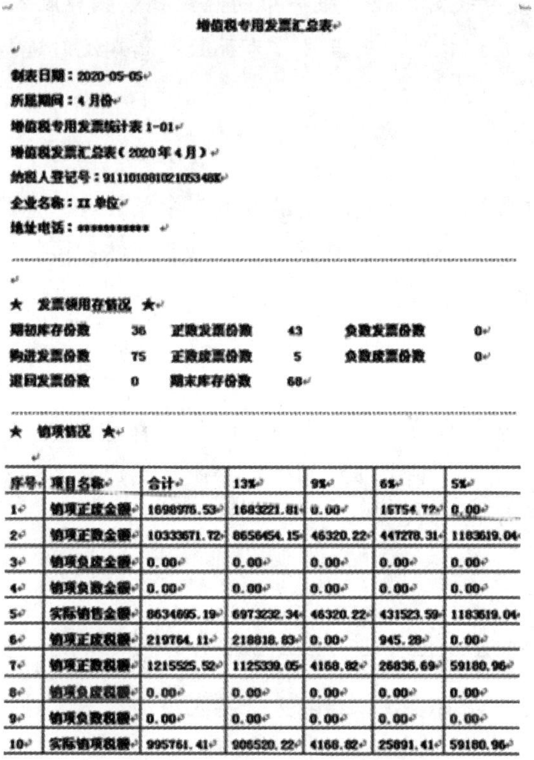

增值税专用发票汇总表

制表日期：2020-05-05

所属期间：4 月份

增值税专用发票统计表 1-01

增值税发票汇总表（2020 年 4 月）

纳税人登记号：91110108102105348K

企业名称：XX 单位

地址电话：************

★　发票领用存情况　★

期初库存份数	36	正数发票份数	43	负数发票份数	0
购进发票份数	75	正数废票份数	5	负数废票份数	0
退回发票份数	0	期末库存份数	68		

★　销项情况　★

序号	项目名称	合计	13%	9%	6%	5%
1	销项正废金额	1698976.53	1683221.81	0.00	15754.72	0.00
2	销项正数金额	10333671.72	8656454.15	46320.22	447278.31	1183619.04
3	销项负废金额	0.00	0.00	0.00	0.00	0.00
4	销项负数金额	0.00	0.00	0.00	0.00	0.00
5	实际销售金额	8634695.19	6973232.34	46320.22	431523.59	1183619.04
6	销项正废税额	219764.11	218818.83	0.00	945.28	0.00
7	销项正数税额	1215525.52	1125339.05	4168.82	26836.69	59180.96
8	销项负废税额	0.00	0.00	0.00	0.00	0.00
9	销项负数税额	0.00	0.00	0.00	0.00	0.00
10	实际销项税额	995761.41	906520.22	4168.82	25891.41	59180.96

图 17－1　增值税专用发票汇总表

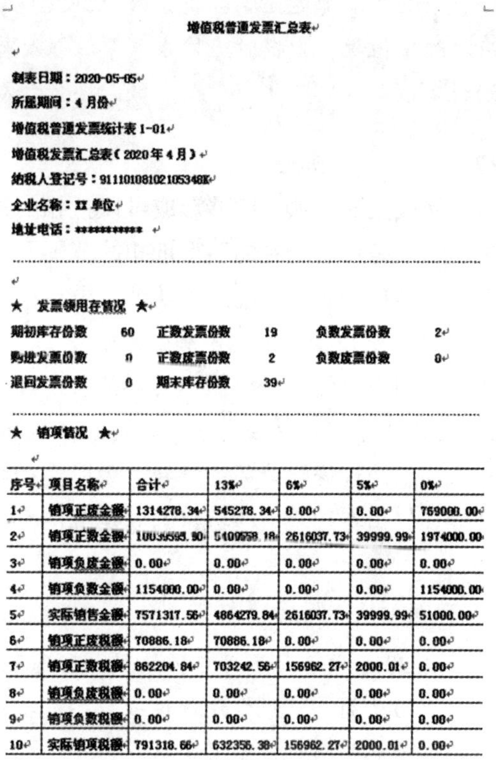

增值税普通发票汇总表

制表日期：2020-05-05

所属期间：4 月份

增值税普通发票统计表 1-01

增值税发票汇总表（2020 年 4 月）

纳税人登记号：91110108102105348K

企业名称：XX 单位

地址电话：************

★　发票领用存情况　★

期初库存份数	60	正数发票份数	19	负数发票份数	2
购进发票份数	0	正数废票份数	2	负数废票份数	0
退回发票份数	0	期末库存份数	39		

★　销项情况　★

序号	项目名称	合计	13%	6%	5%	0%
1	销项正废金额	1314278.34	545278.34	0.00	0.00	769000.00
2	销项正数金额	10039595.90	5109558.18	2616037.73	39999.99	1974000.00
3	销项负废金额	0.00	0.00	0.00	0.00	0.00
4	销项负数金额	1154000.00	0.00	0.00	0.00	1154000.00
5	实际销售金额	7571317.56	4864279.84	2616037.73	39999.99	51000.00
6	销项正废税额	70886.18	70886.18	0.00	0.00	0.00
7	销项正数税额	862204.84	703242.56	156962.27	2000.01	0.00
8	销项负废税额	0.00	0.00	0.00	0.00	0.00
9	销项负数税额	0.00	0.00	0.00	0.00	0.00
10	实际销项税额	791318.66	632356.38	156962.27	2000.01	0.00

图 17－2　增值税普通发票汇总表

表 17－1　未开票收入记录清单

未开票收入记录清单								
序号	客户名称	税款所属期	未开票销售额	未开票税额	开具发票日期	发票票面销售额	票面税额	备注

【小贴士】

未开票收入为含税收入，填报时应先将其还原为不含税销售额，并计算出增值税销项税额。例如未开票收入为 100 万元，适用于 13% 的增值税税率，则未开票销售额 = 1 000 000÷（1+13%）元 = 884 955.75 元，增值税销项税额 =（1 000 000－884 955.75）元 = 115 044.25元。

后续补开发票时务必做好记录并及时从销项税额中减除，以免重复纳税。

个税手续费返还收入属于财税〔2016〕36号规定的现代服务中的经纪代理服务收入，应缴纳增值税，申报时应按未开票收入处理。应以收到款项当月作为税款所属期及时进行纳税申报。

17.5.1.5 进项税额

纳税人购进项目能够形成可以抵扣的进项税额，必须同时满足以下3个条件：一是购进项目没有用于规定的不得抵扣的范围，二是取得合法的扣税凭证，三是取得的扣税凭证在规定的抵扣时限内经过了认证、申请稽核比对、申报扣除等程序。

（1）不得抵扣进项税额的范围

下列项目的进项税额不得从销项税额中抵扣：

1）用于简易计税方法计税项目、免征增值税项目、集体福利或者个人消费的购进货物、加工修理修配劳务、服务、无形资产和不动产。其中涉及的固定资产、无形资产、不动产，仅指专用于上述项目的固定资产、无形资产、不动产。

【小贴士】

自2018年1月1日起，纳税人租赁固定资产、不动产，既用于一般计税方法计税项目，又用于简易计税方法计税项目、免征增值税项目、集体福利或者个人消费的，其进项税额准予从销项税额中全额抵扣。

2）非正常损失的购进货物，以及相关的加工修理修配劳务和交通运输服务。

3）非正常损失的在产品、产成品所耗用的购进货物（不包括固定资产）、加工修理修配劳务和交通运输服务。

4）非正常损失的不动产，以及该不动产所耗用的购进货物、设计服务和建筑服务。

5）非正常损失的不动产在建工程所耗用的购进货物、设计服务和建筑服务。

6）购进的贷款服务、餐饮服务、居民日常服务和娱乐服务。

7）财政部和国家税务总局规定的其他情形。

（2）可以抵扣进项税额的票据凭证

以下为可以抵扣进项税额的票据凭证：

1）增值税专用发票。从销售方取得的增值税专用发票上注明的增值税额，准予从销项税额中抵扣。增值税专用发票样例如图17－3所示。

2）机动车销售统一发票。从销售方取得的税控机动车销售统一发票上注明的增值税额，准予从销项税额中抵扣。机动车销售统一发票样例如图17－4所示。

3）海关进口增值税专用缴款书。从海关取得的海关进口增值税专用缴款书上注明的增值税额，准予从销项税额中抵扣。增值税一般纳税人进口货物时应准确填报企业名称，确保海关缴款书上的企业名称与税务登记的企业名称一致。税务机关将进口货物取得的属于增值税抵扣范围的海关缴款书信息与海关采集的缴款信息进行稽核比对。经稽核比对相符后，海关缴款书上注明的增值税额可作为进项税额在销项税额中抵扣。稽核比对不相符的，所列税额暂不得抵扣，待核查确认海关缴款书票面信息与纳税人实际进口业务一致后，海关缴款书上注明的增值税额可作为进项税额在销项税额中抵扣。海关专用缴款书样例如图 17－5 所示。

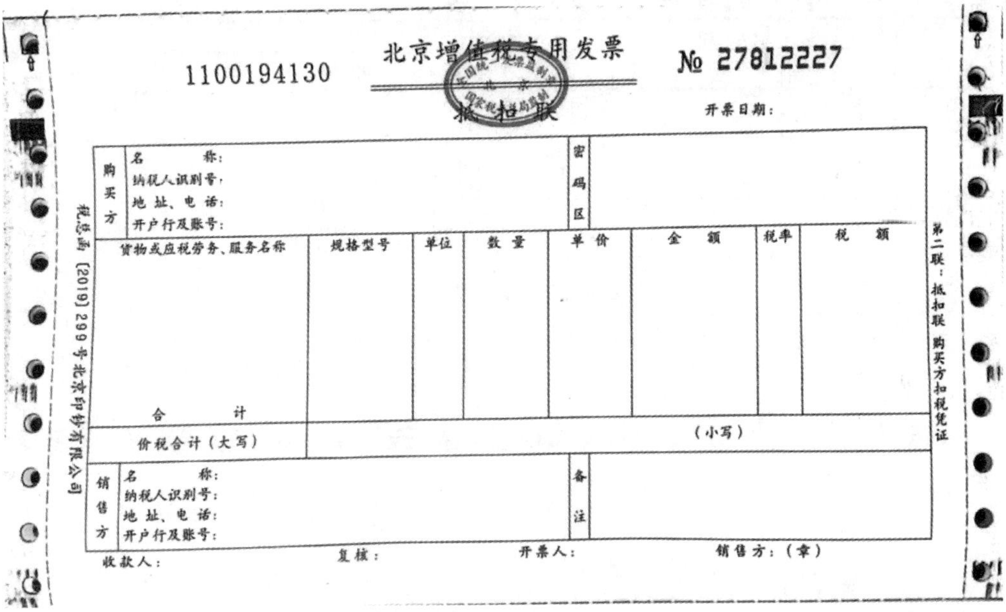

图 17－3　增值税专用发票样例

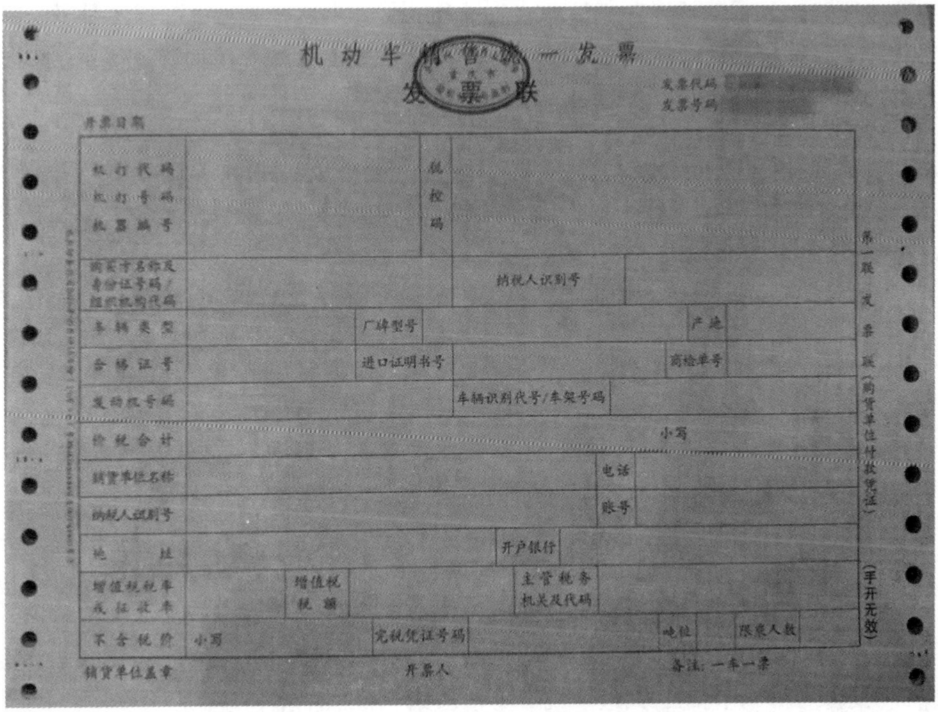

图 17－4　机动车销售统一发票样例

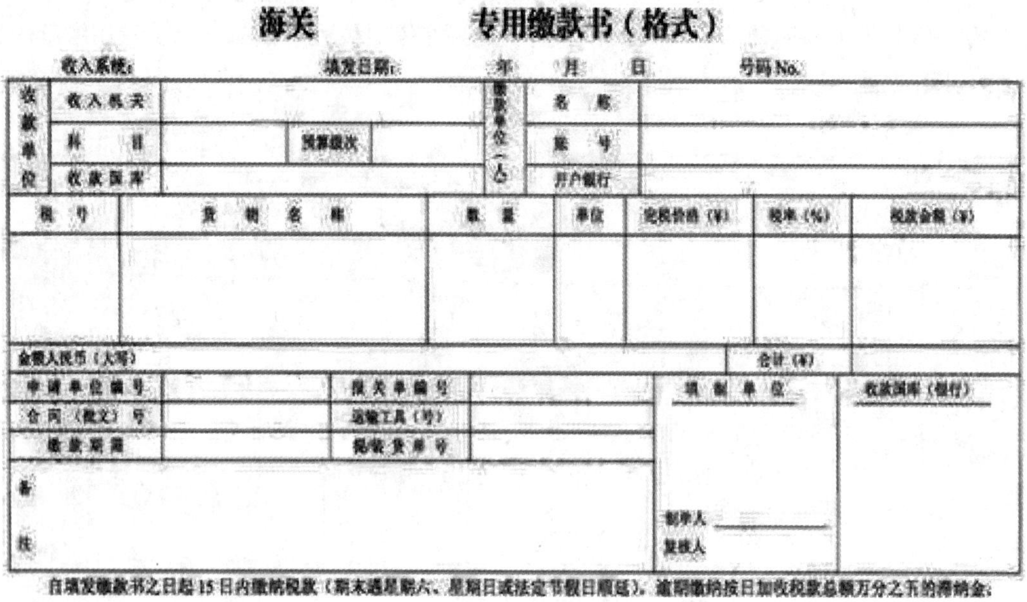

海关　　　　专用缴款书（格式）

收入系统：　　　　填发日期：　　　年　　月　　日　　　　号码 No.

收款单位	收入机关			缴款单位（人）	名称	
	科目		预算级次		账号	
	收款国库				开户银行	

税号	货物名称	数量	单位	完税价格（¥）	税率（%）	税款金额（¥）
金额人民币（大写）					合计（¥）	

申请单位编号		报关单编号		填制单位	收款国库（银行）
合同（批文）号		运输工具（号）			
缴款期限		提/装货单号			
备注				制单人 复核人	

自填发缴款书之日起15日内缴纳税款（期末遇星期六、星期日或法定节假日顺延），逾期缴纳按日加收税款总额万分之五的滞纳金。

图 17－5　海关专用缴款书样例

【小贴士】

对海关代征进口环节增值税开具的增值税专用缴款书上标明有两个单位名称，既有代理进口单位名称，又有委托进口单位名称的，只准予其中取得专用缴款书原件的一个单位抵扣税款。申报抵扣税款的委托进口单位，必须提供相应的海关代征增值税专用缴款书原件、委托代理合同及付款凭证，否则，不予抵扣进项税款。

4）农产品收购发票或销售发票。购进农产品，除取得增值税专用发票或者海关进口增值税专用缴款书外，按照农产品收购发票或者销售发票上注明的农产品买价和扣除率计算进项税额。计算公式为

$$进项税额=买价\times扣除率$$

【小贴士】

买价，是指纳税人购进农产品在农产品收购发票或者销售发票上注明的价款和按照规定缴纳的烟叶税。

5）解缴税款完税凭证。从境外单位或者个人购进服务、无形资产或者不动产，自税务机关或者扣缴义务人取得的解缴税款的完税凭证上注明的增值税额，准予从销项税额中抵扣。纳税人凭完税凭证抵扣进项税额的，应当具备书面合同、付款证明和境外单位的对账单或者发票。资料不全的，其进项税额不得从销项税额中抵扣。

6）道路、桥、闸通行费。通行费，是指有关单位依法或者依规设立并收取的过路、

过桥和过闸费用。自 2018 年 1 月 1 日起，纳税人支付的道路、桥、闸通行费，按照以下规定抵扣进项税额：

a）纳税人支付的道路通行费，按照收费公路通行费增值税电子普通发票上注明的增值税额抵扣进项税额。

b）纳税人支付的桥、闸通行费，凭取得的通行费发票上注明的收费金额按照下列公式计算可抵扣的进项税额：

桥、闸通行费可抵扣进项税额=桥、闸通行费发票上注明的金额÷(1+5%)×5%

7）旅客运输凭证。纳税人购进国内旅客运输服务，其进项税额允许从销项税额中抵扣。纳税人未取得增值税专用发票的，暂按照以下规定确定进项税额：

a）取得增值税电子普通发票的，为发票上注明的税额；

b）取得注明旅客身份信息的航空运输电子客票行程单的，按照下列公式计算进项税额：

航空旅客运输进项税额=(票价+燃油附加费)÷(1+9%)×9%

c）取得注明旅客身份信息的铁路车票的，按照下列公式计算的进项税额：

铁路旅客运输进项税额=票面金额÷(1+9%)×9%

d）取得注明旅客身份信息的公路、水路等其他客票的，按照下列公式计算进项税额：

公路、水路等其他旅客运输进项税额=票面金额÷(1+3%)×3%

【小贴士】

旅客运输服务自 2019 年 4 月 1 日起可以抵扣进项税额，因此应注意票据开具日期必须是 2019 年 4 月 1 日以后。

《国家税务总局关于国内旅客运输服务进项税抵扣等增值税征管问题的公告》（国家税务总局公告 2019 年第 31 号）第 1 条第 1 款规定："国内旅客运输服务"限于与本单位签订了劳动合同的员工，以及本单位作为用工单位接受的劳务派遣员工发生的国内旅客运输服务。

（3）进项税额抵扣的其他规定

①固定资产进项税额抵扣的规定

自 2009 年 1 月 1 日起，增值税一般纳税人购进或自制固定资产发生的进项税额，可根据《增值税暂行条例》和《增值税暂行条例实施细则》的有关规定，凭增值税专用发票、海关进口增值税专用缴款书和运输费用结算单据从销项税额中抵扣。

【小贴士】

纳税人允许抵扣的固定资产进项税额，是指纳税人 2009 年 1 月 1 日以后实际发生，并取得 2009 年 1 月 1 日以后开具的增值税扣税凭证上注明的或者依据增值税扣税凭证计算的增值税税额。

②增值税加计抵减政策

2019 年 3 月，财政部、税务总局、海关总署联合发布的第 39 号公告《财政部　税务总局　海关总署关于深化增值税改革有关政策的公告》中第 7 条规定：自 2019 年 4 月 1 日至 2021 年 12 月 31 日，国家允许生产、生活性服务业纳税人按照当期可抵扣进项税额加计 10%，抵减应纳税额。

政策运用需要重点关注以下几点内容：

1）关注政策执行时间。政策执行期间：2019 年 4 月 1 日至 2021 年 12 月 31 日。

2）注意确认条件。生产、生活性服务纳税人可享受此项抵减政策。生产、生活性服务纳税人是指提供邮政服务、电信服务、现代服务、生活服务取得的销售额占全部销售额的比重超过 50%的纳税人。

【小贴士】

四项服务的具体范围按照《销售服务、无形资产、不动产注释》（财税〔2016〕36 号印发）执行。

3）纳税人设立时间的区分。2019 年 3 月 31 日前设立的纳税人自 2018 年 4 月至 2019 年 3 月期间的销售额（经营期不满 12 个月的按照实际经营期的销售额）符合生产、生活性服务条件的，自 2019 年 4 月 1 日起适用加计抵减政策。

2019 年 4 月 1 日后设立的纳税人自设立之日起 3 个月的销售额符合规定条件的自登记为一般纳税人之日起适用加计抵减政策。

4）不可加计抵减的情况。出口货物劳务、发生跨境应税行为的不适用加计抵减政策。兼营出口货物劳务、发生跨境应税行为且无法划分不得计提加计抵减额的进项税额需要按政策规定予以剔除。

5）加计抵减的基数。按照当期可抵扣进项税额的 10%计提当期加计抵减额。不得从销项税额中抵扣的进项税额部分不能作为计提的基数。已计提加计抵减额的进项税额按规定做进项税额转出的，应在进项税额转出当期相应调减加计抵减额。

6）单独核算加计抵减。纳税人应单独核算加计抵减额的计提、抵减、调减、结余等变动情况。

【小贴士】

加计抵减政策是按年适用的，纳税人确定适用加计抵减政策后，当年内不再调整。

加计抵减政策是一项自主判断、自主申报、自主享受的优惠政策，按照《国家税务总局关于深化增值税改革有关事项的公告》（国家税务总局 2019 年第 14 号）规定，适用加计抵减政策的生产、生活服务业纳税人，应在年度首次确认适用加计抵减政策时，通过电子税务局（或前往办税服务厅）提交《适用加计抵减政策的声明》。

【案例 2】

军工单位 M 为现代服务业纳税人，确定适用加计抵减（10%）政策。2020 年 5 月当期发生销项税额 141 万元，当期可抵扣进项税额 70 万元，4 月份没有留抵进项，没有可抵减进项余额，因此 5 月份应纳增值税计算如下：

第一步：计算抵减前的应纳增值税税额（1 410 000−700 000）元＝710 000 元

第二步：计算当期加计抵减数 700 000×10%元＝70 000 元

第三步：计算本期应纳税额（710 000−70 000）元＝640 000 元

2019 年 9 月 30 日，财政部、税务总局发布的 2019 年第 87 号公告《关于明确生活性服务业增值税加计抵减政策的公告》中规定：2019 年 10 月 1 日至 2021 年 12 月 31 日，允许生活性服务业纳税人按照当期可抵扣进项税额加计 15%，抵减应纳税额。政策运用需要重点关注以下几方面内容：

1）关注政策执行时间。政策执行期间：2019 年 10 月 1 日至 2021 年 12 月 31 日。

2）注意确认条件。此次公告所称生活性服务业纳税人，是指提供生活服务取得的销售额占全部销售额的比重超过 50%的纳税人。生活服务的具体范围按照《销售服务、无形资产、不动产注释》（财税〔2016〕36 号印发）执行。

3）纳税人设立时间的区分。2019 年 9 月 30 日前设立的纳税人自 2018 年 10 月至 2019 年 9 月期间的销售额（经营期不满 12 个月的按照实际经营期的销售额）符合生活性服务条件的，自 2019 年 10 月 1 日起适用加计抵减 15%政策。2019 年 10 月 1 日后设立的纳税人自设立之日起 3 个月的销售额符合规定条件的自登记为一般纳税人之日起适用加计抵减 15%政策。

【小贴士】

纳税人确定适用加计抵减 15%政策后，当年内不再调整，以后年度是否适用，根据上年度销售额计算确定。

生活性服务业纳税人应按照当期可抵扣进项税额的 15%计提当期加计抵减额。按照现行规定不得从销项税额中抵扣的进项税额，不得计提加计抵减额；已按照 15%计提加计抵减额的进项税额，按规定做进项税额转出的，应在进项税额转出当期，相应调减加计抵减额。

【小贴士】

加计抵减政策的其他有关事项，按照《关于深化增值税改革有关政策的公告》（财政部　税务总局　海关总署公告 2019 年第 39 号）等有关规定执行。

③留抵税额退税

期末留抵税额，是指纳税人销项税额不足以抵扣进项税额而未抵扣完的进项税额。对于期末留抵税额，一直执行的是结转下期抵扣的制度。2018 年，我国对装备制造、研发服务、电网等符合条件的企业，在一定时期内未抵扣完的进项税额实行了一次性退还。2019 年，又将留抵退税扩大到全行业，纳税人只要符合条件，其新增留抵税额可以退还。2019 年 8 月 31 日，财政部、税务总局发布的 2019 年第 84 号公告又进一步规定部分先进制造业纳税人退还增量留抵税额的优惠政策。

（a）享受留抵退税的条件

享受留抵退税政策要求满足以下 5 个条件才可以：

1）自 2019 年 4 月税款所属期起，连续六个月（按季纳税的，连续两个季度）增量留抵税额均大于零，且第六个月增量留抵税额不低于 50 万元；

【小贴士】

部分先进制造业纳税人自 2019 年 6 月税款所属期起，增量留抵税额大于零。

2）纳税信用等级为 A 级或者 B 级；

3）申请退税前 36 个月未发生骗取留抵退税、出口退税或虚开增值税专用发票情形的；

4）申请退税前 36 个月未因偷税被税务机关处罚两次及两次以上的；

5）自 2019 年 4 月 1 日起未享受即征即退、先征后返（退）政策的。

【小贴士】

部分先进制造业纳税人，是指按照《国民经济行业分类》，生产并销售非金属矿物制品、通用设备、专用设备及计算机、通信和其他电子设备销售额占全部销售额的比重超过 50%的纳税人。

（b）允许退还的增量留抵税额计算公式为

允许退还的增量留抵税额＝增量留抵税额×进项构成比例×60%

【小贴士】

部分先进制造业纳税人当期允许退还的增量留抵税额计算公式为

允许退还的增量留抵税额＝增量留抵税额×进项构成比例

进项构成比例，为 2019 年 4 月至申请退税前一税款所属期内已抵扣的增值税专用发票（含税控机动车销售统一发票）、海关进口增值税专用缴款书、解缴税款完税凭证注明的增值税额占同期全部已抵扣进项税额的比重。

（c）其他关注事项

1）增量留抵税额，是指与 2019 年 3 月底相比新增加的期末留抵税额。

2）纳税人应在增值税纳税申报期内，向主管税务机关申请退还留抵税额。

3）纳税人出口货物劳务、发生跨境应税行为，适用免抵退税办法的，办理免抵退税后，仍符合本公告规定条件的，可以申请退还留抵税额；适用免退税办法的，相关进项税额不得用于退还留抵税额。

4）纳税人取得退还的留抵税额后，应相应调减当期留抵税额。按照本条规定再次满足退税条件的，可以继续向主管税务机关申请退还留抵税额。

5）以虚增进项、虚假申报或其他欺骗手段，骗取留抵退税款的，由税务机关追缴其骗取的退税款，并按照《中华人民共和国税收征收管理法》等有关规定处理。

（4）进项税票的认证

①选择扫描认证

《国家税务总局关于扩大小规模纳税人自行开具增值税专用发票试点范围等事项的公告》（国家税务总局公告 2019 年第 8 号）中第 2 条规定：将取消增值税发票认证的纳税人范围扩大至全部一般纳税人。一般纳税人取得增值税发票（包括增值税专用发票、机动车销售统一发票、收费公路通行费增值税电子普通发票，下同）后，可以自愿使用增值税发票选择确认平台查询，选择用于申报抵扣、出口退税或者代办退税的增值税发票信息。

《国家税务总局关于国防军工企业不实行网上报税有关问题的通知》（国税函〔2012〕544 号）中要求涉密单位增值税不得在互联网进行纳税申报，涉密单位开具增值税发票也需离线进行，不得连接互联网。

而增值税发票如果通过平台申报抵扣就必须将“发票报税盘”连接互联网，此做法不符合保密规定，因此，对于军工涉密单位，增值税发票的进项抵扣依然通过扫描认证进行。

各单位应于所属期最后一天之前将当期符合抵扣认证条件的增值税专用发票通过进项抵扣软件进行上传认证。例如北京目前使用中兴通抵扣软件（E 简税）。

【小贴士】

增值税一般纳税人取得 2017 年 1 月 1 日及以后开具的增值税专用发票、海关进口增值税专用缴款书、机动车销售统一发票、收费公路通行费增值税电子普通发票，取消认证确认、稽核比对、申报抵扣的期限。纳税人在进行增值税纳税申报时，应当通过本省（自治区、直辖市和计划单列市）增值税发票综合服务平台对上述扣税凭证信息进行用途确认。

单位务必于所属期内（1 个月之间）通过进项抵扣软件将获取的增值税进项发票扫描上传认证，才可享受当期的进项税抵扣。

进项扫描认证也可以在办税服务厅现场办理。

②其他进项税额确认

其他无法通过认证方式直接获取的增值税进项结果，则需按要求制作明细台账，并进行动态管理，留存备查。

【小贴士】

建议财务部门与业务部门做好沟通，在单位签订合同时对发票类别等内容进行约定。如用于不可抵扣项目的，则需要获得增值税普通发票，用于可抵扣项目的，则要求对方单位开具增值税专用发票。

17.5.2　工作流程

17.5.2.1　填写申报表前的准备工作

填写申报表准备工作主要包括以下几个方面：

1）一般于申报期（1~15 日）初期，通过增值税开具软件进行“抄税”处理，将所属期发票资料（如发票汇总清单及发票明细清单等）进行打印备用。

2）整理未开票收入清单。

3）通过中兴通进项抵扣软件打印所属期进项发票明细汇总。

4）整理其他进项税台账。

5）整理所属期享受税收优惠事项数据统计表。

17.5.2.2　增值税纳税申报表的填写

（1）增值税纳税申报表表单体系

军工单位进行增值税申报缴纳时均适用《增值税纳税申报表（一般纳税人适用）》。此申报表主要包括一张主表和五张附表，纳税人应先填写五张附表，主表的大部分数据由附表数据生成。主表为《增值税纳税申报表》，附列资料一《本期销售情况明细》，附列资料二《本期进项税额明细》，附列资料三《服务、不动产和无形资产扣除项目明细》，附列资料四《税额抵减情况表》，附列资料五《增值税减免税申报明细表》。

【小贴士】

根据主表及附表之间的关系，建议填写顺序见表 1。

表 1　主表及附表填写顺序

序号	主表及附表	建议填写顺序
1	《增值税纳税申报表(一般纳税人适用)》	6
2	《增值税纳税申报表附列资料(一)》(本期销售情况明细)	1
3	《增值税纳税申报表附列资料(二)》(本期进项税额明细)	2
4	《增值税纳税申报表附列资料(三)》(服务、不动产和无形资产扣除项目明细)	3
5	《增值税纳税申报表附列资料(四)》(税额抵减情况表)	4
6	《增值税纳税申报表附列资料(五)》(增值税减免税申报明细表)	5

实际申报时如遇到特殊项目需要增加附表时，可以根据税务要求在现场领取相关表格填报。

（2）增值税纳税申报表填写依据

增值税纳税申报表填写依据主要包括以下几点：

1）增值税发票汇总清单；

2）未开票收入记录清单；

3）当期进项抵扣认证明细汇总表；

4）其他进项税额明细汇总表；

5）增值税税收优惠政策统计表。

（3）增值税纳税申报表填写案例

增值税纳税申报表主要按报表填报说明填写，以下为典型案例填报分析。

【案例 3】

一般情况的填报

军工单位 W，2019 年 8 月初开始申报 7 月份所属期增值税，办税员已经准备好申报依据资料（图 1~图 3 与表 3），7 月份没有未开票收入。进项抵扣方面也没有特殊情况。

制表日期：2020-06-22

所属期间：7月份

增值税专用发票统计表 1-01

增值税发票汇总表(2019年7月)

纳税人登记号：91110108102105348K

企业名称：××公司

地址电话：北京中关村××　　　6874××××

★　发票领用存情况　★

期初库存份数	33	正数发票份数	38	负数发票份数	0
购进发票份数	40	正数废票份数	1	负数废票份数	0
退回发票份数	0	期末库存份数	35		

★　销项情况　★

金额单位：元

序号	项目名称	合计	13%	6%	5%
1	销项正废金额	979692.74	979692.74	0.00	0.00
2	销项正数金额	14376994.09	13967138.17	38427.35	371428.57
3	销项负废金额	0.00	0.00	0.00	0.00
4	销项负数金额	0.00	0.00	0.00	0.00
5	实际销售金额	13397301.35	12987445.43	38427.35	371428.57
6	销项正废税额	127360.06	127360.06	0.00	0.00
7	销项正数税额	1836605.13	1815728.05	2305.66	18571.43
8	销项负废税额	0.00	0.00	0.00	0.00
9	销项负数税额	0.00	0.00	0.00	0.00
10	实际销项税额	1709245.07	1688367.99	2305.65	18571.43

图 1　增值税专用发票汇总表

制表日期：2020-06-22

所属期间：7月份

增值税普通发票统计表 1-01

增值税发票汇总表(2019年7月)

纳税人登记号：91110108102105348K

企业名称：××公司

地址电话：北京中关村××　　　6874××××

★　发票领用存情况　★

期初库存份数	27	正数发票份数	43	负数发票份数	9
购进发票份数	70	正数废票份数	4	负数废票份数	0
退回发票份数	0	期末库存份数	45		

★ 销项情况　★

金额单位：元

序号	项目名称	合计	13%	9%	6%	5%	0%
1	销项正废金额	963593.97	957119.02	3192.66	0.00	3282.29	0.00
2	销项正数金额	12663405.47	9829606.27	6715.60	506399.99	74183.61	2246500.00
3	销项负废金额	0.00	0.00	0.00	0.00	0.00	0.00
4	销项负数金额	5199251.75	5199251.75	0.00	0.00	0.00	0.00
5	实际销售金额	6500559.75	3673235.50	3522.94	506399.99	70901.32	2246500.00
6	销项正废税额	124876.92	124425.47	287.34	0.00	164.11	0.00
7	销项正数税额	1312546.41	1277848.81	604.40	30384.01	3709.19	0.00
8	销项负废税额	0.00	0.00	0.00	0.00	0.00	0.00
9	销项负数税额	675902.68	675902.68	0.00	0.00	0.00	0.00
10	实际销项税额	511766.81	477520.66	317.06	30384.01	3545.08	0.00

图 2　增值税专用发票汇总表

认证结果通知书

××单位：

19年07月 认证的专用发票 90 份。其中认证相符的专用发票 90 份，税额 938783.83 元，无法认证的专用发票 0 份，税额 0.00 元。

请将认证相符专用发票抵扣联与本通知书一起装订成册，作为纳税检查的备查资料。

认证详细情况请见本通知所附清单。

税率分类汇总表（认证相符）

（单位：元）

税率	发票份数	金额	税额
16%	27	2211206.88	353793.12
13%	42	3617039.78	470215.22
6%	21	1912924.51	114775.49
总计	90	7741171.17	938783.83

图 3　申报抵扣发票统计表

表 2　增值税税收优惠政策享受汇总清单

（单位：元）

2019 年 7 月增值税税收优惠政策享受汇总清单		
政策名称	免税销售额	免税金额
技术开发免税	2 000 000	120 000
军品免税	246 500	32 045
简易征收政策（不动产租赁）		
发票清单中 5% 税率均属于不动产租赁项目（房租）		

案例填报分析：

1）基本信息按填报说明据实填写，其他数据则根据上述准备资料按要求填报增值税纳税申报表。

2）首先应关注发票汇总清单上的几个要素，准确区别增值税专用发票清单与普通发票清单，关注不同税率，确认实际销售金额与实际销项税额。认真核对当期享受增值税优惠政策清单。据此填写《销售情况明细表》，如图 4 所示。

纳税人名称：（公章）

项目及栏次				开具增值税专用发票		开具其他发票	
				销售额	销项(应纳)税额	销售额	销项(应纳)税额
				1	2	3	4
一、一般计税方法计税	全部征税项目	13%税率的货物及加工修理修配劳务	1	12987445.43	1688367.99	3673235.5	477520.66
		13%税率的服务、不动产和无形资产	2				
		9%税率的货物及加工修理修配劳务	3			3522.94	317.06
		9%税率的服务、不动产和无形资产	4				
		6%税率	5	38427.35	2305.65	506399.99	30384.01
	其中：即征即退项目	即征即退货物及加工修理修配劳务	6	—	—	—	—
		即征即退服务、不动产和无形资产	7	—	—	—	—
二、简易计税方法计税	全部征税项目	6%征收率	8				
		5%征收率的货物及加工修理修配劳务	9a				
		5%征收率的服务、不动产和无形资产	9b	371428.57	18571.43	70901.32	3545.08
		4%征收率	10				
		3%征收率的货物及加工修理修配劳务	11				
		3%征收率的服务、不动产和无形资产	12				
		预征率　%	13a				
		预征率　%	13b				
		预征率　%	13c				
	其中：即征即退项目	即征即退货物及加工修理修配劳务	14	—	—	—	—
		即征即退服务、不动产和无形资产	15	—	—	—	—
三、免抵退税	货物及加工修理修配劳务		16	—	—		—
	服务、不动产和无形资产		17	—	—		—
四、免税	货物及加工修理修配劳务		18			246500	
	服务、不动产和无形资产		19	—	—	2000000	—

图 4　根据发票汇总表填报《销售情况明细表》

3）根据申报抵扣发票统计表填写附列资料二《本期进项税额明细》。

【小贴士】

目前进项抵扣系统需要报税盘驱动才可以打印汇总，所以建议涉密单位在所属期扫描认证后导出明细并打印备用，如图5所示。

增值税纳税申报表附列资料（二）

（本期进项税额明细）

税款所属时间： 年 月 日至 年 月 日

纳税人名称：（公章） 金额单位：元至角分

一、申报抵扣的进项税额

项目	栏次	份数	金额	税额
（一）认证相符的增值税专用发票	1=2+3	90	7741171.17	938783.83
其中：本期认证相符且本期申报抵扣	2	90	7741171.17	938783.83
前期认证相符且本期申报抵扣	3			
（二）其他扣税凭证	4=5+6+7+8a+8b			
其中：海关进口增值税专用缴款书	5			
农产品收购发票或者销售发票	6			

图5 《进项税额明细表》填写样例

4）根据填写完整的附列资料一与附列资料二可汇总出《服务、不动产和无形资产扣除项目明细表》，如图6所示。

增值税纳税申报表附列资料（三）

（服务、不动产和无形资产扣除项目明细）

税款所属时间： 年 月 日至 年 月 日

纳税人名称：(公章)

项目及栏次		本期服务、不动产和无形资产价税合计额（免税销售额）	服务	
			期初余额	本期发生额
		1	2	3
13%税率的项目	1	18826569.58		
9%税率的项目	2	3840		
6%税率的项目（不含金融商品转让）	3	577517		
6%税率的金融商品转让项目	4			
5%征收率的项目	5	464446.4		
3%征收率的项目	6			
免抵退税的项目	7			
免税的项目	8	2000000		

图6 《服务、不动产和无形资产扣除项目明细表》

5）附表四《税额抵减情况表》，一般当期没有相应情况不用填写。附表五《增值税减免税申报明细表》根据自制增值税税收优惠政策享受汇总清单表填写，如图 7 所示。

免税性质代码及名称	栏次	二、免税项目				
		免征增值税项目销售额	免税销售额扣除项目本期实际扣除金额	扣除后免税销售额	免税销售额对应的进项税额	免税额
		1	2	3=1-2	4	5
合　计	7	2246500		2246500		152045
出口免税	8		—	—	—	—
其中：跨境服务	9		—	—	—	—
财税[2016]36号	10	2000000	0	2000000	0	120000
其他（军品增值税政策涉密文件）	11	246500	0	246500	0	32045
	12					
	13					
	14					
	15					
	16					

图 7　《增值税减免税申报明细表》填写样例

6）主表《增值税纳税申报表》的填报，主表数据是依据五张附表汇总得来的。需要特别注意的是，抵扣进项时，简易征收的部分是不可以抵扣进项的，表格中也已经将简易征收部分单独列示，如图 8 所示。

	项　目	栏次	一般项
			本月数
销售额	（一）按适用税率计税销售额	1	17651361.1
	其中：应税货物销售额	2	16664203.87
	应税劳务销售额	3	
	纳税检查调整的销售额	4	
	（二）按简易办法计税销售额	5	442329.89
	其中：纳税检查调整的销售额	6	
	（三）免、抵、退办法出口销售额	7	
	（四）免税销售额	8	
	其中：免税货物销售额	9	
	免税劳务销售额	10	
税款计算	销项税额	11	2198895.37
	进项税额	12	938783.83
	上期留抵税额	13	0
	进项税额转出	14	0
	免、抵、退应退税额	15	0
	按适用税率计算的纳税检查应补缴税额	16	
	应抵扣税额合计	17=12+13-14-15+16	938783.83
	实际抵扣税额	18（如17<11，则为17，否则为11）	938783.83
	应纳税额	19=11-18	1260111.54
	期末留抵税额	20=17-18	0
	简易计税办法计算的应纳税额	21	22116.51
	按简易计税办法计算的纳税检查应补缴税额	22	0
	应纳税额减征额	23	
	应纳税额合计	24=19+21-23	1282228.05

图 8　《增值税纳税申报表》填写样例

【案例 4】

存在"未开票收入"情况的填报

军工单位 W 以直接收款方式销售货物，2019 年 6 月份收到货款 100 万元，货物尚未发出，当月没有开具增值税发票。业务部门及时向财务部门反馈，根据纳税义务发生时间办税员进行记录确认收入并计提增值税（案例中销售货物如不做特殊说明，均适用 13%的税率，下同），如图 9 所示。

增值税纳税申报表附列资料（一）

（本期销售情况明细）

税款所属时间：　年　月　日至　年　月　日

纳税人名称：（公章）

项目及栏次				开具增值税专用发票		开具其他发票		未开具发票	
				销售额	销项(应纳)税额	销售额	销项(应纳)税额	销售额	销项(应纳)税额
				1	2	3	4	5	6
		13%税率的货物及加工修理修配劳务	1					884955.75	115044.25
		13%税率的服务、不动产和无形资产	2						

图 9　案例 4《销售情况明细表》填写样例

案例填报分析：

7 月初填写申报表时应将此部分数据填写在未开具发票栏，及时申报缴纳增值税。

【案例 5】

补开发票的填报

军工单位 W2019 年 6 月确认未开票收入 100 万元，增值税已按时申报缴纳。7 月份，业务部门申请开具 6 月份未开票货款的增值税专用发票 100 万元。7 月该单位还取得其他货物销售收入 200 万元，均开具增值税专用发票。8 月初增值税纳税申报表填写如图 10 所示。

案例填报分析：

《国家税务总局关于印发〈增值税纳税申报比对管理操作规程（试行）〉的通知》（税总发〔2017〕124 号）（2018 年 3 月 1 日起执行）中说明纳税人申报增值税未开票收入时需要注意以下事项：

1）发生未开票纳税义务期间，申报增值税仍然在"未开票收入"栏填列正数销售额即可，但需要保留有关的证据，如合同、收款记录等，以备日后查证。

2）如果对未开票收入在日后开具发票，则对开具发票期间，申报增值税不能在"未开票收入"填列负数，而应计算在开票销售额中减去已经申报的未开票收入，将差值填列到"开票收入"的相应栏次。

增值税纳税申报表附列资料（一）

（本期销售情况明细）

税款所属时间：　年　月　日至　年　月　日

纳税人名称：（公章）

项目及栏次			开具增值税专用发票		开具其他发票		未开具发票		纳税检
			销售额	销项(应纳)税额	销售额	销项(应纳)税额	销售额	销项(应纳)税额	销售额
			1	2	3	4	5	6	7
	13%税率的货物及加工修理修配劳务	1	1769911.5	230088.5					
	13%税率的服务、不动产和无形资产	2							

图 10　案例 5《销售情况明细表》填写样例

3）对于因第 2 项操作而产生的比对异常，因为不能在网上申报，需要按照主管税务机关的要求接受审核，并提交相应的证据证明该项差额与以前期间申报的未开票收入金额的一致性，申请正常申报和解锁税控设备。

【小贴士】

针对第 3 项，军工涉密单位都是窗口申报不涉及网上申报，但是所需要的证据仍需提交审核。证据主要包括 1）未开票收入情况说明；2）确认未开票收入当月申报表、本月申报表；3）确认未开票收入当月收入开票情况说明；4）确认未开票收入当月主营业务收入明细账；5）本月主营业务收入明细账；6）本月开具的增值税专用发票明细表；7）本笔业务相关合同；8）相关发票；9）其他要求提供的资料；10）所有资料提供复印件并注明“此复印件与原件一致”，并加盖企业公章。

【案例 6】

进项抵扣旅客运输票据情况的填报

军工企业 M 为增值税一般纳税人，2019 年 4 月购进按规定允许抵扣的国内旅客运输服务。取得 1 份增值税专用发票，金额 20 000 元，税额 1 800 元；取得 1 份增值税电子普通发票，金额 8 000 元，税额 720 元；取得 1 张注明旅客身份信息的航空运输电子客票行程单，票价 2 200 元，民航发展基金 50 元，燃油附加费 120 元；取得 5 张注明旅客身份信息的铁路车票，票面金额合计 2 180 元；取得 15 张注明旅客身份信息的公路、水路等其他客票，票面金额合计 5 150 元。

该企业 2019 年 4 月（税款所属期）《附列资料（二）》填报如图 11 所示。

案例填报分析：

1）根据 39 号公告第 6 条规定，纳税人购进国内旅客运输服务，其进项税额允许从销项税额中抵扣。

增值税纳税申报表附列资料（二）

（本期进项税额明细）

税款所属时间： 年 月 日至 年 月 日

纳税人名称：（公章） (单位：元)

一、申报抵扣的进项税额

项目	栏次	份数	金额	税额
（一）认证相符的增值税专用发票	1=2+3	1	20000	1800
其中：本期认证相符且本期申报抵	2	1	20000	1800
前期认证相符且本期申报抵	3			
（二）其他扣税凭证	4=5+6+7+8a+8b	22	17128.44	1241.56
其中：海关进口增值税专用缴款书	5			
农产品收购发票或者销售发	6			
代扣代缴税收缴款凭证	7		——	
加计扣除农产品进项税额	8a	——	——	
其他	8b	22	17128.44	1241.56
（三）本期用于购建不动产的扣税凭证	9			
（四）本期用于抵扣的旅客运输服务扣税凭	10	23	37128.44	3041.56
（五）外贸企业进项税额抵扣证明	11	——	——	
当期申报抵扣进项税额合计	12=1+4+11	23	37128.44	3041.56

图 11 进项税额明细表填写样例

2）取得增值税专用发票的，可抵扣的进项税额为发票上注明的税额，即 1 800 元；

3）取得增值税电子普通发票的，可抵扣进项税额为发票上注明的税额，即 720 元；

4）取得注明旅客身份信息的航空运输电子客票行程单的，按照下列公式计算进项税额：

航空旅客运输进项税额=(票价+燃油附加费)÷(1+9%)×9%元

=(2 200+120)÷(1+9%)×9%元=191.56 元

【小贴士】

需要注意，民航发展基金不得作为计算进项税额的基数。

5）取得注明旅客身份信息的铁路车票的，按照下列公式计算进项税额：

铁路旅客运输进项税额=票面金额÷(1+9%)×9%=2 180÷(1+9%)×9%元=180 元

6）取得注明旅客身份信息的公路、水路等其他客票的，按照下列公式计算进项税额：

公路、水路等其他旅客运输进项税额=票面金额÷(1+3%)×3%

=5 150÷(1+3%)×3%元=150 元

7）《附列资料（二）》第 2 行“其中：本期认证相符且本期申报抵扣”：

本行“份数”列=1 份

本行“金额”列=20 000 元

本行“税额”列=1 800 元

8）《附列资料（二）》第 8b 行“其他”：

本行“份数”列=22 份

本行“金额”列＝[8 000+(2 200+120)÷(1+9%)+2 180÷(1+9%)+5 150÷(1+3%)]元＝17 128.44 元

本行“税额”列＝(720+191.56+180+150)元＝1 241.56 元，本行填写企业取得的除增值税专用发票以外的其他扣税凭证允许抵扣的进项税额。

9)《附列资料（二）》第 10 行“（四）本期用于抵扣的旅客运输服务扣税凭证”：

本行“份数”列＝23 份

本行“金额”列＝(20 000+17 128.44)元＝37 128.44 元

本行“税额”列＝(1 800+1 241.56)元＝3 041.56 元，本行填写企业本月允许抵扣的所有国内旅客运输服务进项税额。

【案例 7】

符合增值税期末留抵税额退税政策情况的填报

军工企业 N 为一般工业企业，且为增值税一般纳税人，2019 年 3 月，税款所属期“期末留抵税额”为 100 000 元，2019 年 4 月至 2019 年 9 月，税款所属期“期末留抵税额”均大于 100 000 元，2019 年 9 月，税款所属期“期末留抵税额”为 700 000 元；该企业符合增值税期末留抵税额退税政策，2019 年 10 月，征期内向主管税务机关申请退还留抵税额，进项构成比例为 80%，主管税务机关于当月批准并退还留抵税额 288 000 元，企业于 2019 年 10 月 30 日取得退还的留抵税额。

该企业 2019 年 10 月（税款所属期）《附列资料（二）》的填报如图 12 和图 13 所示。

二、进项税额转出额		
项目	栏次	税额
本期进项税额转出额	13=14至23之和	288000
其中：免税项目用	14	
集体福利、个人消费	15	
非正常损失	16	
简易计税方法征税项目用	17	
免抵退税办法不得抵扣的进项税额	18	
纳税检查调减进项税额	19	
红字专用发票信息表注明的进项税额	20	
上期留抵税额抵减欠税	21	
上期留抵税额退税	22	288000
其他应作进项税额转出的情形	23	

图 12　退还留抵税额时附表一的填报样例

案例填报分析：

1）根据 39 号公告第 8 条第（六）项，自 2019 年 4 月 1 日起，试行增值税期末留抵税额退税制度。纳税人取得退还的留抵税额后，应相应调减当期留抵税额。

2）允许退还的增量留抵税额＝增量留抵税额×进项构成比例×60%＝(700 000－

税款计算	进项税额	12				
	上期留抵税额	13	700000			—
	进项税额转出	14	288000			
	免、抵、退应退税额	15			—	—
	按适用税率计算的纳税检查应补缴税额	16			—	—
	应抵扣税额合计	17=12+13-14-15+16	412000	—		—
	实际抵扣税额	18（如17<11，则为17，否则为11）				
	应纳税额	19=11-18				
	期末留抵税额	20=17-18	412000			—
	简易计税办法计算的应纳税额	21				
	按简易计税办法计算的纳税检查应补缴税额	22			—	—
	应纳税额减征额	23				
	应纳税额合计	24=19+21-23				

图 13　主表填报样例

100 000)×80%×60%元=288 000 元。

3）主管税务机关于 2019 年 10 月退还留抵税额 288 000 元，因此纳税人应在 2019 年 10 月（税款所属期）申报时，将退还的留抵税额 288 000 元填入《附列资料（二）》第 22 栏“上期留抵税额退税”。

17.5.2.3　申报前准备

申报前的准备工作主要有以下几点：

1）完成发票软件中的抄税工作（图 17－6 和图 17－7），准备好申报税盘（图 17－8）。

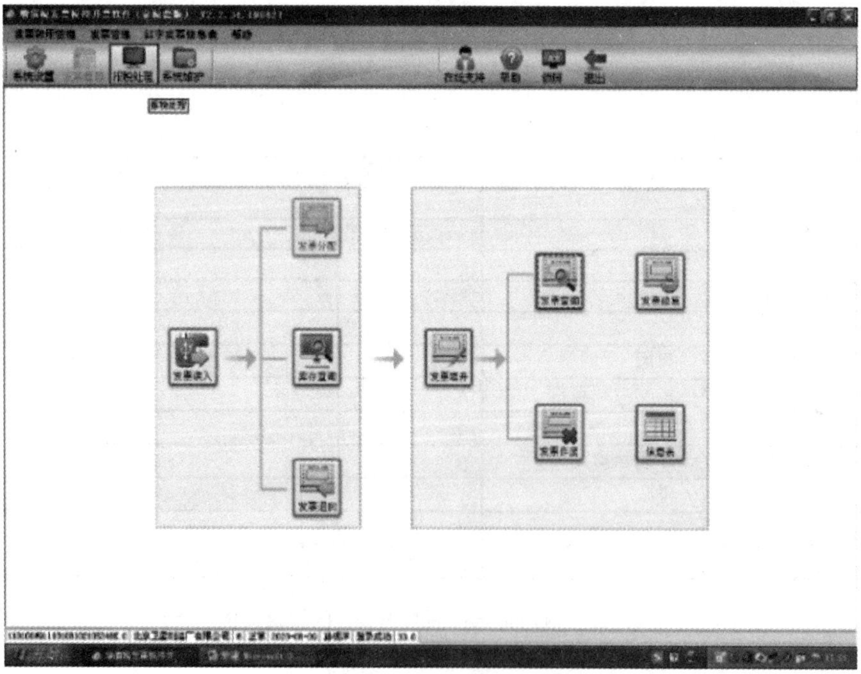

图 17－6　发票软件抄税步骤一

2）准备增值税纳税申报表，一式两份，每张都要盖单位公章。

3）携带办税员身份证。

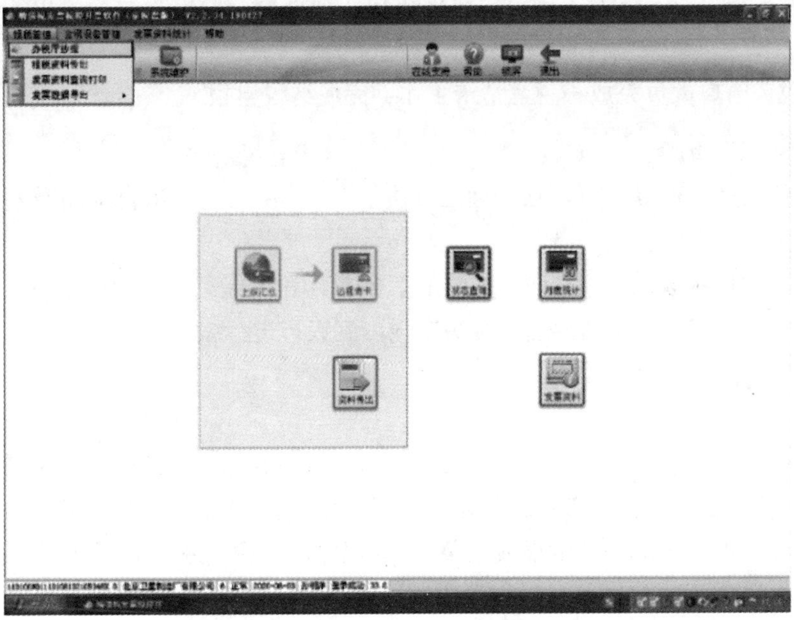

图 17－7　发票软件抄税步骤二

图 17－8　报税用金税盘（报税盘）

4）在北京税务公众号上提前预约申报时间。

【小贴士】

非涉密单位可以在电子税务局进行增值税的申报与缴纳。

17.5.2.4　现场申报

现场申报具体步骤如下：

1）提交报税盘进行办税厅抄税。

2）提交增值税申报表一份。

3）税务窗口人员为涉密单位进行进项抵扣确认签名。

4）等待税务窗口人员录入比对，申报成功后，将另一份申报表交由税务盖章后企业单位留存。

5）由税务窗口人员完成报税盘清卡工作，完成纳税申报。

17.5.2.5 税款缴纳

如果单位已经办理过“税库银联网三方协议”，可在网上点击自动扣缴或在办税大厅告知税务机关办理人员直接扣缴。

未签署“税库银联网三方协议”的单位，需打印税款缴款书，填写单位名称、开户行及账号信息，加盖银行预留印鉴后于限缴期限内到银行进行缴款。

17.5.3 法律责任

纳税人应依法、依规、及时、准确申报与缴纳增值税。《中华人民共和国税收征收管理法》第25条规定，纳税人必须依照法律、行政法规的规定确定的申报期限、申报内容如实办理纳税申报，报送纳税申报表；第63条规定，纳税人进行虚假的纳税申报，不缴或者少缴应纳税款的，是偷税。对纳税人偷税的，由税务机关追缴其不缴或者少缴的税款、滞纳金，并处不缴或者少缴的税款50%以上5倍以下的罚款；构成犯罪的，依法追究刑事责任；第77条规定，纳税人有本法第63条规定的行为涉嫌犯罪的，税务机关应当依法移交司法机关追究刑事责任。

第 18 章　企业所得税汇算清缴

18.1　质量目标

依据《中华人民共和国企业所得税法》及实施条例，同时结合军工单位业务实际，系统梳理企业所得税汇算清缴工作重点和工作流程，指导军工单位依法合规做好企业所得税纳税调整和税款清缴工作，同时充分享受国家税收优惠政策，有效防范企业纳税风险。

18.2　适用范围

本章适用于军工单位企业及所属非法人组织机构的所得税汇算清缴工作。

18.3　相关释义

企业所得税汇算清缴，是指单位自纳税年度终了之日起 5 个月内或实际经营终止之日起 60 日内，依照税收法律、法规、规章及其他有关企业所得税的规定，自行计算纳税年度应纳税所得额和应纳所得税额，根据月度或季度预缴企业所得税的数额，确定该纳税年度应补或者应退税额，并填写《企业所得税年度纳税申报表》，向税务主管机关办理企业所得税年度纳税申报，提供税务主管机关要求的有关资料，缴纳全年企业所得税税款的行为。根据《中华人民共和国企业所得税法》《企业所得税实施条例》等相关规定，我国对企业所得税采取按纳税年度计算、分月或者分季预缴、年度汇算清缴的方式征收。目前大部分军工单位均采用分季预缴、年度汇算清缴的方式缴纳企业所得税。

汇算清缴范围，是指凡在纳税年度内从事生产、经营（包括试生产、试经营），或在纳税年度中间终止经营活动的单位，无论盈利或亏损，均应按照《中华人民共和国企业所得税法》及其实施条例及《企业所得税汇算清缴管理办法》的有关规定进行汇算清缴。

汇算清缴期限，是指各单位应当自纳税年度终了之日起 5 个月内，进行企业所得税汇算清缴，缴纳企业所得税税款。

【小贴士】

军工单位均为企业所得税的纳税义务人（内部设立的非法人组织机构参照法人单位开展企业所得税汇算清缴，由法人单位合并汇总后向税务主管机关申报纳税），需按税法规定及税务主管机关年度企业所得税汇算清缴事项的通知要求进行汇算清缴。

军工单位涉及公司清算、撤销、股权转让等情形的，应按照税法及相关法律法规的要求进行汇算清缴，汇算清缴期间自公历 1 月 1 日起到终止经营之日止，各项减免税政策在汇算清缴期间内适用。

纳税年度的计算，是指自公历 1 月 1 日起至 12 月 31 日止。单位在一个纳税年度中间开业，或者终止经营活动，导致纳税年度的实际经营期间不足 12 个月的，应当以其实际经营期为一个纳税年度。单位依法清算时，以清算期间作为一个纳税年度，清算期间指该单位实际生产经营终止之日至办理完毕清算事务之日止的期间。

根据《关于企业清算所得税有关问题的通知》（国税函〔2009〕684 号）的规定：企业清算时，应当以整个清算期间作为一个纳税年度，依法计算清算所得及其应纳所得税。

建议单位在企业所得税汇算清缴到期之日（5 月 31 日）前两周时间内向税务主管机关进行申报，以防在申报过程中出现问题而没有充足时间进行更正的情况。

单位在年度中间发生解散、破产、撤销等终止生产经营情形，需进行企业所得税清算的，应在清算前报告税务主管机关，并自实际经营终止之日起 60 日内进行汇算清缴，结清应缴或应退企业所得税款。

单位有其他情形依法终止纳税义务的，应当自停止生产、经营之日起 60 日内，向主管税务机关办理当期企业所得税汇算清缴。

18.4 职责分工

军工单位的财务部门一般为企业所得税汇算清缴工作具体实施部门，项目、合同管理等业务部门为企业所得税汇算清缴工作的配合部门。

18.4.1 财务部门

财务部门应设立专岗（一般为税务管理岗），指定专人（专职或兼职）负责本单位企业所得税汇算清缴工作，具体职责如下：

1）充分了解国家各项税收政策，确保本单位依法纳税，依法享受各项税收优惠政策。

2）开展相关政策学习、研究并落实到位。

3）组织业务主管部门开展企业所得税汇算清缴工作前期策划。

4）充分识别会计与税法的差异，做好纳税调整，确保企业所得税汇算清缴工作的真实、准确与完整。

5）负责按时报送企业所得税年度纳税申报表，限期内完成企业所得税汇算清缴工作。

6）做好留存备查资料的收集、整理与保管（详见以下备查资料清单），对本部门产生的留存备查资料真实、合法、完整性负责。

7）企业所得税汇算清缴工作结束后对工作效果进行总结分析。

8）组织接受税务主管机关或上级单位的监督与核查。

18.4.2　业务主管部门

项目、合同管理等业务主管部门应积极配合财务部门开展企业所得税汇算清缴工作，主要职责如下：

1）配合财务部门开展有关企业所得税汇算清缴工作的策划。

2）配合财务部门提供企业所得税汇算清缴工作中所需的业务相关备查资料，并对所提供的备查资料真实、合法、完整性负责。

3）配合财务部门接受税务机关或上级单位的监督与核查。

【小贴士】

业务主管部门提供的企业所得税汇算清缴备查资料可以提交财务部门统一保管，也可以由业务部门自行保管，税务主管机关核查时应及时提供。

18.5　业务流程和操作规范

18.5.1　工作策划

纳税年度初，财务部门应遵循依法合规享受各项税收优惠政策、有效防范控制风险的原则，结合本单位业务实际，组织开展企业所得税汇算清缴工作策划。根据当年收入、成本费用、利润等预算测算当年的企业所得税及税负率（税负率=应纳所得税额÷营业收入×100%），与以前年度企业所得税及税负率进行比较，分析变化原因，同时结合适用的各项税收优惠政策，与业务主管部门积极联动，协同开展税收筹划。

【小贴士】

使用研发费用加计扣除相关政策进行企业所得税筹划，则需要在年初做好项目初筛、测算加计扣除额度、确定项目清单等工作。如使用安置残疾人员就业有关企业所得税优惠政策进行企业所得税筹划时，则需要联合人力部门进行工资成本测算，对残疾职工的用工比例进行统筹考虑。

18.5.2　事前准备工作事项

企业所得税汇算清缴工作政策性强、节点明确、所需资料质量要求高，为确保按时保质完成此项工作，单位应重视前期各项准备工作，可从以下方面开展具体工作：

1）政策筛选。收集、整理、学习和掌握纳税年度最新的税法新规，对照本单位实际业务，筛选出与本单位适用的税收政策，用好用足国家给予的各项税收优惠政策。

【小贴士】

军工单位大部分为高新技术企业，运用研究开发费用税前加计扣除政策较为普遍。为了确保顺利通过专业中介机构的审计、审核或鉴证，单位应重视申报资料的真实性、准确性和完整性，提前学习研究最新政策，尽早开展工作策划，认真准备和收集申报资料，全面梳理财务收支，确保会计核算分类分项准确，费用归集完整及时。

2）收入确认。核实单位收入是否全部确认入账，特别是往来款项是否还存在应确认收入而没有入账的情况。收入确认如涉及依据项目进度进行结转收入的情况，需业务主管部门配合。

3）成本结转。核实单位成本结转与收入是否匹配，是否真实反映单位成本情况。一般情况下，经过年度财务决算审计的收入与成本结转情况已确认，各单位在企业所得税汇算清缴期间可针对关注要点进行重点核实，确保企业所得税汇算清缴工作准确完整。

4）费用标准。核实单位费用支出是否符合相关税法规定，计提费用项目和税前列支项目是否超过税法规定标准。

5）亏损弥补。根据税法规定，单位某一纳税年度发生的亏损可以用下一年度的纳税调整后所得弥补，下一年度的纳税调整后所得不足以弥补的，可以逐年延续弥补，但最长不得超过5年。

【小贴士】

根据《关于延长高新技术企业和科技型中小企业亏损结转年限的通知》（财税〔2018〕76号），自2018年1月1日起，当年具备高新技术企业或科技型中小企业资格的企业，其具备资格年度之前5个年度发生的尚未弥补完的亏损，准予结转以后年度弥补，最长结转年限由5年延长至10年。例如2018年具备高新技术企业或科技型中小企业资格，则2013—2017年的亏损结转年限最长按10年，分别对应结转至2023—2027年。

6）梳理纳税调整事项。按税法规定对收入、成本、费用等项目的“税会差异”进行纳税调整，是企业所得税汇算清缴的重要环节。单位应在准备阶段全面梳理纳税年度的会计处理，编制纳税调整项目明细表（表18－1），便于后续填写年度申报表。经调整后计算确定年度应纳税所得额，从而计算出应缴纳的企业所得税金额，减去月度或季度企业所得税预缴金额，确认应缴或应退的年度企业所得税金额。

表18－1　纳税调整项目明细表

行次	项目	账载金额	税收金额	调增金额	调减金额
		1	2	3	4
1	一、收入类调整项目	*	*		
2	（一）视同销售收入	*			*

续表

行次	项目	账载金额	税收金额	调增金额	调减金额
		1	2	3	4
3	(二)未按权责发生制原则确认的收入				
4	(三)投资收益				
5	(四)按权益法核算长期股权投资对初始投资成本调整确认收益	*	*	*	
6	(五)交易性金融资产初始投资调整	*	*		*
7	(六)公允价值变动净损益		*		
8	(七)不征税收入	*	*		
9	其中:专项用途财政性资金	*	*		
10	(八)销售折扣、折让和退回				
11	(九)其他				
12	二、扣除类调整项目	*	*		
13	(一)视同销售成本	*		*	
14	(二)职工薪酬				
15	(三)业务招待费支出				*
16	(四)广告费和业务宣传费支出	*	*		
17	(五)捐赠支出				
18	(六)利息支出				
19	(七)罚金、罚款和被没收财物的损失		*		*
20	(八)税收滞纳金、加收利息		*		*
21	(九)赞助支出		*		*
22	(十)与未实现融资收益相关在当期确认的财务费用				
23	(十一)佣金和手续费支出				*
24	(十二)不征税收入用于支出所形成的费用	*	*		*
25	其中:专项用途财政性资金用于支出所形成的费用	*	*		*
26	(十三)跨期扣除项目				
27	(十四)与取得收入无关的支出		*		*
28	(十五)境外所得分摊的共同支出	*	*		*
29	(十六)党组织工作经费				
30	(十七)其他				
31	三、资产类调整项目	*	*		

续表

行次	项目	账载金额	税收金额	调增金额	调减金额
		1	2	3	4
32	(一)资产折旧、摊销				
33	(二)资产减值准备金		*		
34	(三)资产损失				
35	(四)其他				
36	四、特殊事项调整项目	*	*		
37	(一)企业重组及递延纳税事项				
38	(二)政策性搬迁	*	*		
39	(三)特殊行业准备金				
40	(四)房地产开发企业特定业务计算的纳税调整额	*			
41	(五)有限合伙企业法人合伙方应分得的应纳税所得额				
42	(六)其他	*	*		
43	五、特别纳税调整应税所得	*	*		
44	六、其他	*	*		
45	合计	*	*		

注：* 表示不需要填写。

企业所得税汇算清缴事前准备工作在年度财务决算之后开始，一般始于当年 2~4 月。

【小贴士】

为了提高工作效率和质量，军工单位也可聘请税务师事务所等专业中介机构，对汇算清缴具体工作进行专业指导，并出具企业所得税年度纳税申报鉴证报告。专业机构可以为本单位汇算清缴工作和备查资料进行把关，提供更专业、可靠的意见和政策依据。

另外，研究开发费用税前加计扣除专项工作也可聘请中介机构针对加计扣除事项进行专项审计并出具审计报告。

18.5.3　事前准备关注要点

事前准备关注要点包括收入类调整项目、扣除类调整项目和资产类调整项目。

(1) 收入类调整项目

在军工单位企业所得税汇算清缴工作中，收入类的主要关注点是区分不征税收入与免税收入。不征税收入是企业所得税汇算清缴纳税调整事项，免税收入是企业所得税汇算清缴纳税优惠事项，两者的区别主要体现在收入范围和确认依据。

①不征税收入

根据《中华人民共和国企业所得税法》第 7 条规定，收入总额中的下列收入为不征税收入：

1）财政拨款。对于军工单位来说，不征税收入主要包括直接财政部门收到的事业费、离退休经费、住房改革支出等基本支出补助资金，以及国家有关部门、机关通过中央部门预算安排的项目及课题经费、贴息资金等项目支出补助资金。

2）依法收取并纳入财政管理的行政事业性收费、政府性基金。

3）国务院规定的其他不征税收入。是指企业取得的，由国务院财政、税务主管部门规定专项用途并经国务院批准的财政性资金。

4）企业从县级以上各级人民政府财政部门及其他部门取得的应计入收入总额的财政性资金，凡同时符合以下条件的，可以作为不征税收入，在计算应纳税所得额时从收入中减除：

一是企业能够提供资金拨付文件，且文件中规定该资金的专项用途；二是财政部门或其他拨付资金的政府部门对该资金有专门的资金管理办法或具体管理要求；三是企业对该资金以及以该资金发生的支出单独进行核算。

【小贴士】

财政资金拨付文件包括本单位年度中央部门预算批复、地方同级财政部门有关财政资金批复的正式文件等。

单位作为不征税收入的财政性资金研发项目，其相应的研发支出不得计算加计扣除。未作为不征税收入处理的，相应的研发支出可以加计扣除。

【案例 1】

某军工单位 2019 年收到由财政部门拨入的财政补助收入 100 万元，按照税法规定，准予作为不征税收入处理，在计算应纳税所得额时从收入总额中减除，进行纳税调减。2020 年该单位进行汇算清缴，填报纳税调整项目明细表时应如图 1 所示。

关于不征税收入的注意事项主要有以下两方面：

《财政部　国家税务总局关于专项用途财政性资金企业所得税处理问题的通知》（财税〔2011〕70 号）及《关于专项用途财政性资金有关企业所得税处理问题的通知》（财税〔2009〕87 号）明确提出：不征税收入用于支出所形成的费用，不得在计算应纳税所得额时扣除；用于支出所形成的资产，其计算的折旧、摊销不得在计算应纳税所得额时扣除。

财税〔2011〕70 号文中进一步规定：企业将符合规定条件的财政性资金进行不征税收入处理后，在 5 年（60 个月）内未发生支出且未缴回财政部门或其他拨付资金的政府部门的部分，应计入取得该资金第六年的应税收入总额；计入应税收入总额的财政性资金发生的支出，允许在计算应纳税所得额时扣除。

A105000 纳税调整项目明细表 （单位：万元）

行次	项目	账载金额	税收金额	调增金额	调减金额
		1	2	3	4
1	一、收入类调整项目（2+3+…8+10+11）	*	*		
2	（一）视同销售收入（填写 A105010）	*			*
3	（二）未按权责发生制原则确认的收入（填写 A105020）				
4	（三）投资收益（填写 A105030）				
5	（四）按权益法核算长期股权投资对初始投资成本调整确认收益	*	*	*	
6	（五）交易性金融资产初始投资调整	*	*		*
7	（六）公允价值变动净损益		*		
8	（七）不征税收入	*	*		100
9	其中：专项用途财政性资金（填写 A105040）	*	*		

图 1 纳税调整项目明细表

【案例 2】

某军工单位具备高新技术企业资格，于 2012 年 2 月、2017 年 9 月分别从同级财政部门取得科研项目经费 300 万元、100 万元，每年的项目支出情况详见表 1。

表 1 专项资金支出情况

（单位：万元）

年度		2012 年金额	2017 年金额
当年取得的财政性资金		300	100
2012 年资金使用情况	费用化支出	20	
	资本化支出	20	
	支出小计	40	
2013 年资金使用情况	费用化支出	30	
	资本化支出	30	
	支出小计	60	
2014 年资金使用情况	费用化支出	40	
	资本化支出	30	
	支出小计	70	
2015 年资金使用情况	费用化支出	20	
	资本化支出	10	
	支出小计	30	
2016 年资金使用情况	费用化支出	20	
	资本化支出	20	
	支出小计	40	

续表

年度		2012 年金额	2017 年金额
2017 年资金使用情况	费用化支出	30	40
	资本化支出	10	20
	支出小计	40	60
支出合计		280	60

在会计处理方面，该单位在取得财政性资金的年度已分别将资金收入共计 400 万元全额计入当期收入核算；项目全部任务完成并验收时，该项目剩余资金形成结余，依据规定，结余留归单位自行支配使用，该单位将项目结余 60 万元直接计入当期损益。

在税务处理方面，这笔专项资金符合不征税收入条件，该单位已于 2013 年汇算清缴时将 2012 年收到的财政性资金 300 万元作为不征税收入处理。2017 年 2 月，项目资金到位期满 60 个月，项目财政性资金仍结余 20 万元尚未使用完毕，按规定可留归本单位使用的。因此在汇算清缴时，单位应将结余 20 万元应调整计入 2017 年度收入总额进行纳税。另外，2017 年度该项目当年费用化支出共计 70 万元，不得在税前扣除。因此，2018 年该单位进行汇算清缴时，应按上述调整事项填报年度纳税申报表，如图 2 和图 3 所示。

A105000　　纳税调整项目明细表　　（单位：万元）

行次	项目	账载金额	税收金额	调增金额	调减金额
		1	2	3	4
1	一、收入类调整项目（2+3+…8+10+11）	*	*		
2	（一）视同销售收入（填写 A105010）	*			*
3	（二）未按权责发生制原则确认的收入（填写 A105020）				
4	（三）投资收益（填写 A105030）				
5	（四）按权益法核算长期股权投资对初始投资成本调整确认收益	*	*	*	
6	（五）交易性金融资产初始投资调整	*	*		*
7	（六）公允价值变动净损益		*		
8	（七）不征税收入	*	*	20	100
9	其中：专项用途财政性资金（填写 A105040）	*	*	20	100
10	（八）销售折扣、折让和退回				
11	（九）其他				
12	二、扣除类调整项目（13+14+…24+26+27+28+29+30）	*	*		
13	（一）视同销售成本（填写 A105010）	*		*	
14	（二）职工薪酬（填写 A105050）				
15	（三）业务招待费支出				*
16	（四）广告费和业务宣传费支出（填写 A105060）	*	*		
17	（五）捐赠支出（填写 A105070）				
18	（六）利息支出				
19	（七）罚金、罚款和被没收财物的损失		*		*
20	（八）税收滞纳金、加收利息		*		*
21	（九）赞助支出		*		*
22	（十）与未实现融资收益相关在当期确认的财务费用				
23	（十一）佣金和手续费支出				*
24	（十二）不征税收入用于支出所形成的费用	*	*	70	*
25	其中：专项用途财政性资金用于支出所形成的费用（填写 A105040）	*	*	70	*
26	（十三）跨期扣除项目				

图 2　专项用途财政性资金纳税调整明细表

A105040　专项用途财政性资金纳税调整明细表　（单位：万元）

行次	项目	取得年度	财政性资金	其中：符合不征税收入条件的财政性资金		以前年度支出情况					本年支出情况		本年结余情况		
				金额	其中：计入本年损益的金额	前五年度	前四年度	前三年度	前二年度	前一年度	支出金额	其中：费用化支出金额	结余金额	其中：上缴财政金额	应计入本年应税收入金额
		1	2	3	4	5	6	7	8	9	10	11	12	13	14
1	前五年度	2012	300	300		40	60	70	30	40	40	30	20		20
2	前四年度	2013				*									
3	前三年度	2014				*	*								
4	前二年度	2015				*	*	*							
5	前一年度	2016				*	*	*	*						
6	本　年	2017	100	100	100	*	*	*	*	*	60	40	40		
7	合计（1+2+…+6）	*				*	*	*	*	*		70	60		20

图 3　纳税调整项目明细表

②免税收入

《中华人民共和国企业所得税法》第 26 条规定，企业的下列收入为免税收入：

1）国债利息收入。

2）符合条件的居民企业之间的股息、红利等权益性投资收益。其中“符合条件”主要满足以下条件：

一是居民企业之间，不包括投资到“独资企业、合伙企业、非居民企业”。二是居民企业是指依法在我国境内成立，或者依照外国（地区）法律成立但实际管理机构在我国境内的企业。非居民企业是指依照外国（地区）法律成立且实际管理机构不在我国境内，但在我国境内设立机构、场所的，或者在我国境内未设立机构、场所，但有来源于我国境内所得的企业，以及依照外国（地区）法律成立的企业和其他取得收入的组织。三是直接投资，不包括“间接投资”，如果被持有方是公开发行并上市的公司，必须是连续持有居民企业公开发行并上市流通的股票在一年（12 个月）以上取得的投资收益。

3）在我国境内设立机构、场所的非居民企业从居民企业取得与该机构、场所有实际联系的股息、红利等权益性投资收益。

4）符合条件的非营利组织的收入。

关于免税收入，需要注意的是根据《关于贯彻落实企业所得税法若干税收问题的通知》（国税函〔2010〕79 号）第 6 条规定：企业取得的各项免税收入所对应的各项成本费用，除另有规定外，可在计算企业应纳税所得额时扣除。

（2）扣除类调整项目

企业纳税调整时需要重点关注的费用扣除比例及税政依据，见表 18－2。

表 18－2　费用扣除比例及政策依据明细表

费用类别	扣除标准/限额比例	说明事项	政策依据
职工福利费	14%	工资薪金总额，比例内据实扣除	《中华人民共和国企业所得税法实施条例》第40条 《国家税务总局关于企业工资薪金及职工福利费扣除问题的通知》(国税函〔2009〕3号)
职工教育经费	2.5%	工资薪金总额；超过部分，准予在以后纳税年度结转扣除	《中华人民共和国企业所得税法实施条例》第42条
	8%	企业发生的职工教育经费支出，不超过工资薪金总额8%(原政策为2.5%)的部分，准予在计算企业所得税应纳税所得额时扣除；超过部分，准予在以后纳税年度结转扣除(自2018年1月1日起执行)	《财政部　国家税务总局关于高新技术企业职工教育经费税前扣除政策的通知》(财税〔2015〕63号，自2015年1月1日起执行) 根据《财政部　税务总局关于企业职工教育经费税前扣除政策的通知》(财税〔2018〕51号)规定，企业职工教育经费税前扣除标准调整到8%，本通知自2018年1月1日起执行
职工工会经费	2%	工资薪金总额；凭工会组织开具的《工会经费收入专用收据》或税务机关代收工会经费凭据扣除	《中华人民共和国企业所得税法实施条例》第41条 《关于工会经费企业所得税税前扣除凭据问题的公告》(国家税务总局公告2010年第24号) 《关于税务机关代收工会经费企业所得税税前扣除凭据问题的公告》(国家税务总局公告2011年第30号)
业务招待费	(60%,5‰)	发生额的60%，且不超过销售或营业收入的5‰	《中华人民共和国企业所得税法实施条例》第43条
广告费和业务宣传费	15%	当年销售(营业)收入，超过部分可在后续年度结转	《中华人民共和国企业所得税法实施条例》第44条
捐赠支出	12%	企业发生的公益性捐赠支出，在年度利润总额12%以内的部分，准予在计算应纳税所得额时扣除；超过年度利润总额12%的部分，准予结转以后3年内在计算应纳税所得额时扣除 公益性捐赠(含捐赠住房作为公共租赁住房) 有捐赠票据，财政部、国家税务总局和民政部以及省、自治区、直辖市、计划单列市财政、税务和民政部门公布的税前扣除资格名单内，所属年度内可扣 企业实施股权捐赠后，以其股权历史成本为依据确定捐赠额，并依此按照企业所得税法有关规定在所得税前予以扣除(应取得公益性社会团体按照捐赠企业提供的股权历史成本开具的捐赠票据)	《中华人民共和国企业所得税法》第9条 《中华人民共和国企业所得税法实施条例》第53条 《关于公益性捐赠税前扣除有关问题的通知》(财税〔2008〕160号) 《关于公益性捐赠税前扣除有关问题的补充通知》(财税〔2010〕45号) 《财政部　国家税务总局关于通过公益性群众团体的公益性捐赠税前扣除有关问题的通知》(财税〔2009〕124号) 《国家税务总局关于企业所得税执行中若干税务处理问题的通知》(国税函〔2009〕202号) 《财政部　国家税务总局关于公共租赁住房税收优惠政策的通知》(财税〔2015〕139号，执行至2018年12月31日) 《财政部　国家税务总局关于公益股权捐赠企业所得税政策问题的通知》(财税〔2016〕45号，自2016年1月1日起执行)

续表

费用类别	扣除标准/限额比例	说明事项	政策依据
罚款、罚金和被没收财物损失	不得扣除	行政罚款不得扣除 企业间经济往来的违约金可以扣除	《中华人民共和国企业所得税法》第10条
税收滞纳金	不得扣除	仅指税收滞纳金，不含其他滞纳金	《中华人民共和国企业所得税法》第10条
补充养老保险	5%	工资总额（当年实际支出工资总额）	《中华人民共和国企业所得税法实施条例》第35条 《财政部　国家税务总局关于补充养老保险费、补充医疗保险费有关企业所得税政策问题的通知》（财税〔2009〕27号）
补充医疗保险	5%	工资总额（当年实际支出工资总额）	《中华人民共和国企业所得税法实施条例》第35条 《财政部　国家税务总局关于补充养老保险费、补充医疗保险费有关企业所得税政策问题的通知》（财税〔2009〕27号）
不征税收入用于支出所形成费用	不得扣除	企业的不征税收入用于支出所形成的费用，不得在计算应纳税所得额时扣除；企业的不征税收入用于支出所形成的资产，其计算的折旧、摊销不得在计算应纳税所得额时扣除	《中华人民共和国企业所得税法实施条例》第28条 《财政部　国家税务总局关于财政性资金行政事业性收费、政府性基金有关企业所得税政策问题的通知》（财税〔2008〕151号）
其他商业保险	不得扣除	国务院财政、税务主管部门规定可以扣除的除外	《中华人民共和国企业所得税法实施条例》第36条
固定资产折旧	规定范围内可扣	不超过最低折旧年限	《中华人民共和国企业所得税法》第11条 《中华人民共和国企业所得税法实施条例》第57~60条

（3）资产类调整项目

资产类事前准备关注要点包括资产减值准备项目税会差异分析、固定资产项目税会差异分析。

①资产减值准备项目

根据《军工科研事业单位会计制度》，军工事业单位不设置“坏账准备”“减值准备”等备抵科目，资产减值准备主要适用于军工企业单位，见表18-3。

表18-3　资产减值税务与会计差异情况表

项目	资产减值准备
税收政策规定	《中华人民共和国企业所得税法实施条例》第56条：企业的各项资产，包括固定资产、生物资产、无形资产、长期待摊费用、投资资产、存货等，以历史成本为计税基础 企业持有各项资产期间资产增值或减值，除国务院财政、税务主管部门规定可以确认损益外，不得调整该资产的计税基础

续表

项目	资产减值准备
会计规定	《企业会计准则》规定，企业发生资产减值损失，应当计提资产减值准备。计提时，借记“资产减值损失”科目，贷记“坏账准备”“存货跌价准备”“持有至到期投资减值准备”“固定资产减值准备”“无形资产减值准备”“在建工程减值准备”等科目。资产减值损失实际发生时，冲减资产减值准备。除“坏账准备”“存货跌价准备”“持有至到期投资差值准备”和另有特殊规定计提的准备外，其他准备一经计提不得转回
税务与会计差异	税收规定资产减值准备不得在税前扣除，因此，计提时应调增应纳税所得额，资产减值损失实际发生时应调减应纳税所得额

【案例 3】

某公司 2014 年 12 月购置一台大型机械加工设备，该设备价款 2 340 万元，取得增值税专用发票，进项税额可以抵扣，设备无须安装，固定资产入账价值 2 000 万元，按 10 年计提折旧，每年计提折旧额 200 万元，假设无预计净残值，会计采用的折旧年限和折旧方法与税法相同。因技术进步的原因，公司于 2019 年年底计提该项固定资产减值准备 800 万元，同时计提长期股权投资减值准备 200 万元。2020 年 1 月 1 日起每年会计折旧额为 40 万元。

2019 年计提减值准备的账务处理：

借：资产减值损失　　10 000 000 元

　　贷：固定资产减值准备　　8 000 000 元

　　贷：长期股权投资减值准备　　2 000 000 元

2019 年税务与会计差异调整：会计计提的两项减值准备 1 000 万元，按税法的规定不得在税前扣除，应在年度纳税申报表中调增，如图 4 所示。

A105000　　纳税调整项目明细表　　（单位：万元）

行次	项　　目	账载金额	税收金额	调增金额	调减金额
		1	2	3	4
1	一、收入类调整项目（2+3+…8+10+11）	*	*		
	……				
12	二、扣除类调整项目（13+14+…24+26+27+28+29+30）	*	*		
	……				
31	三、资产类调整项目（32+33+34+35）	*	*		
32	（一）资产折旧、摊销（填写 A105080）				
33	（二）资产减值准备金	1000	*	1000	
34	（三）资产损失（填写 A105090）				
35	（四）其他				

图 4　纳税调整项目明细表

2020 年税务与会计差异调整：会计计提的折旧额 =（原值 2 000 万元 − 累计折旧 1 000 万元 − 减值准备 800 万元）÷5 年 =40 万元，税收计算的折旧额 = 原值 2 000 万元 ÷10 年 =200 万元。税会差异 160 万元，需在汇算清缴时进行纳税调减，如图 5 所示。

A105080　　**资产折旧、摊销及纳税调整明细表**

行次	项目	账载金额			税收金额					纳税调整金额
		资产原值	本年折旧、摊销额	累计折旧、摊销额	资产计税基础	税收折旧额	享受加速折旧政策的资产按税收一般规定计算的折旧、摊销额	加速折旧统计额	累计折旧、摊销额	
		1	2	3	4	5	6	7=5-6	8	9(2-5)
1	一、固定资产（2+3+4+5+6+7）						*	*		
2	（一）房屋、建筑物						*	*		
3	（二）飞机、火车、轮船、机器、机械和其他生产设备	2000	40	1040	2000	200	*	*	1200	-160

图 5　资产折旧、摊销及纳税调整明细表

②固定资产项目

固定资产项目税务与会计差异主要体现在折旧范围、折旧年限、预计净残值、折旧方法几个方面，见表 18－4。

表 18－4　固定资产项目税务与会计差异情况表

项目	差异内容
折旧范围	对于房屋、建筑物以外未投入使用的固定资产和经营活动无关的固定资产，税收规定不得计提折旧在税前扣除，会计规定应计提折旧，应调增应纳税所得额
折旧年限	税收规定了最低折旧年限，会计没有规定，由企业合理确定，当会计折旧年限低于税收最低年限时，税务与会计存在差异
预计净残值	税务与会计均无规定具体比例，但一经确定不得随意变更
折旧方法	如果会计采用直线法，税务与会计无差异。如果会计采用加速折旧法，由于税收对采用加速折旧法规定了使用的条件，税务与会计可能存在差异

【案例 4】

某公司固定资产情况如下：

2013 年 12 月 31 日，公司购入一项房产，价值为 1 200 万元，折旧年限为 15 年，采用直线法计提折旧（税法规定房屋折旧最低年限 20 年）。

2016 年 12 月 31 日，公司购入一台不需要安装的研发设备，固定资产入账价值为 150 万元。折旧年限为 10 年，会计采用直线法计提折旧。税法规定可加速折旧，折旧年限为 6 年。

假设该公司不属于加速折旧新政策规定的重点行业，计提折旧时均不考虑预计净残值，资产的初始入账价值与计税基础相同。研发设备折旧的税务处理，选择缩短折旧年限方法，按 6 年计提折旧。

2017 年各项资产会计折旧和税收折旧计算为：

房产：会计计提的折旧额＝1 200÷15 万元＝80 万元，累计折旧额＝80×4 万元＝320 万元；税收计算的折旧额＝1 200÷20 万元＝60 万元，累计折旧额＝60×4 万元＝240 万元。

研发设备：会计计提的折旧额 = 150÷10 万元 = 15 万元，累计折旧额 = 15×1 万元 = 15 万元；税收计算的折旧额 = 150÷6 万元 = 25 万元，累计折旧额 = 25×1 万元 = 25 万元。

2017 年度汇算清缴进行纳税调整，纳税申报表填写如图 6 所示。

A105080　　　　资产折旧、摊销及纳税调整明细表

行次	项目		账载金额			税收金额					纳税调整金额
			资产原值	本年折旧、摊销额	累计折旧、摊销额	资产计税基础	税收折旧额	享受加速折旧政策的资产按税收一般规定计算的折旧、摊销额	加速折旧统计额	累计折旧、摊销额	
			1	2	3	4	5	6	7=5-6	8	9(2-5)
1	一、固定资产（2+3+4+5+6+7）							*	*		
2	所有固定资产	（一）房屋、建筑物	1200	80	320	1200	60	*	*	240	20
3		（二）飞机、火车、轮船、机器、机械和其他生产设备	150	15	15	150	25	*	*	25	-10
4		（三）与生产经营活动有关的器具、工具、家具等						*	*		
5		（四）飞机、火车、轮船以外的运输工具						*	*		
6		（五）电子设备						*	*		
7		（六）其他						*	*		
8	其中：享受固定资产加	（一）重要行业固定资产加速折旧（不含一次性扣除）									*
9		（二）其他行业研发设备加速折旧	150	15	15	150	25	15	10	25	*

图 6　资产折旧、摊销及纳税调整明细表

18.5.4　事中备查资料的收集与整理

根据国家税务总局关于发布修订后的《企业所得税优惠政策事项办理办法》（国家税务总局公告 2018 年第 23 号）：企业享受优惠事项采取“自行判别、申报享受、相关资料留存备查”的办理方式。备查资料收集、整理具体工作要点如下：

1）为了确保企业所得税汇算清缴年报数据及申报的真实和准确，单位可在完成年度汇算清缴工作前，将优惠事项的留存备查资料收集齐全并整理归类，以备税务主管机关核查。

2）设有非法人分支机构的居民企业享受优惠事项的，由居民企业的总机构负责统一收集并留存备查。

3）单位在享受优惠事项的后续管理中，应当根据税务主管机关的需要，按照规定的期限和方式提供留存备查资料，以证实享受优惠事项符合条件。各单位留存备查资料应从享受优惠事项当年的企业所得税汇算清缴期结束次日（6 月 1 日）起保留 10 年。

企业所得税优惠事项备查管理项目与政策依据（适用于军工单位）按享受优惠政策的时间可以将优惠事项分为两类：预缴享受（1~4 项）与汇缴享受（5~7 项），具体优惠事项与政策依据明细见表 18 - 5。

18.5.5　申报表的填写与申报

军工单位进行汇算清缴时均适用《中华人民共和国企业所得税年度纳税申报表（A 类，2017 年版）》。

表 18－5 企业所得税优惠事项与政策依据明细表

享受优惠事项	享受优惠时间	主要留存备查资料	主要政策依据
1. 国家需要重点扶持的高新技术企业，减按15%的税率征收企业所得税。国家需要重点扶持的高新技术企业，是指拥有核心自主知识产权，产品（服务）属于国家重点支持的高新技术领域规定的范围、研究开发费用占销售收入的比例不低于规定比例、高新技术产品（服务）收入占企业总收入的比例不低于规定比例、科技人员占企业职工总数的比例不低于规定比例，以及高新技术企业认定管理办法规定的其他条件的企业。对从事文化产业支撑技术等领域的文化企业，按规定认定为高新技术企业的，减按15%的税率征收企业所得税	预缴享受	1）高新技术企业资格证书 2）高新技术企业认定资料 3）知识产权相关材料 4）年度主要产品（服务）发挥核心支持作用的技术属于《国家重点支持的高新技术领域》规定范围的说明，高新技术产品（服务）及对应收入资料 5）年度职工和科技人员情况证明材料 6）当年和前两个会计年度研发费用总额及占同期销售收入比例、研发费用管理资料以及研发费用辅助账，研发费用结构明细表	1）《中华人民共和国企业所得税法》第28条 2）《中华人民共和国企业所得税法实施条例》第93条 3）《关于高新技术企业境外所得适用税率及税收抵免问题的通知》（财税〔2011〕47号） 4）《财政部 海关总署 国家税务总局关于继续实施支持文化企业发展若干税收政策的通知》（财税〔2014〕85号） 5）《科技部 财政部 国家税务总局关于修订印发〈高新技术企业认定管理办法〉的通知》（国科发火〔2016〕32号） 6）《科技部 财政部 国家税务总局关于修订印发〈高新技术企业认定管理工作指引〉的通知》（国科发火〔2016〕195号） 7）《国家税务总局关于实施高新技术企业所得税优惠有关问题的通知》（国税函〔2009〕203号） 8）《国家税务总局关于实施高新技术企业所得税优惠政策有关问题的公告》（国家税务总局公告2017年第24号）
2. 符合条件的居民企业之间的股息、红利等权益性投资收益免征企业所得税	预缴享受	1）被投资企业的最新公司章程（企业在证券交易市场购买上市公司股票获得股权的，提供相关记账凭证、本公司持股比例以及持股时间超过12个月情况说明） 2）被投资企业股东会（或股东大会）利润分配决议或公告、分配表 3）被投资企业进行清算所得税处理的，留存被投资企业填报的加盖主管税务机关受理章的《中华人民共和国清算所得税申报表》及附表三《剩余财产计算和分配明细表》复印件 4）投资收益、应收股利科目明细账或按月汇总表	1）《中华人民共和国企业所得税法》第26条第2款 2）《中华人民共和国企业所得税法实施条例》第17条、第83条 3）《财政部 国家税务总局关于执行企业所得税优惠政策若干问题的通知》（财税〔2009〕69号）第4条 4）《国家税务总局关于贯彻落实企业所得税法若干税收问题的通知》（国税函〔2010〕79号）第4条

续表

享受优惠事项	享受优惠时间	主要留存备查资料	主要政策依据
3）固定资产加速折旧或一次性扣除：对于生物药品制造业，专用设备制造业，铁路、船舶、航空航天和其他运输设备制造业，计算机、通信和其他电子设备制造业，仪器仪表制造业，信息传输、软件和信息技术服务业，轻工、纺织、机械、汽车等行业企业新购进的固定资产，可缩短折旧年限或采取加速折旧的方法。对于所有行业企业新购进的专门用于研发的仪器、设备，单位价值不超过 100 万元的，允许一次性计入当期成本费用在计算应纳税所得额时扣除，不再分年度计算折旧；单位价值超过 100 万元的，可缩短折旧年限或采取加速折旧的方法。对所有行业企业持有的单位价值不超过 5 000 元的固定资产，允许一次性计入当期成本费用在计算应纳税所得额时扣除，不再分年度计算折旧 企业在 2018 年 1 月 1 日至 2020 年 12 月 31 日期间新购进的设备、器具，单位价值不超过 500 万元的，允许一次性计入当期成本费用在计算应纳税所得额时扣除，不再分年度计算折旧；单位价值超过 500 万元的，仍按企业所得税法实施条例、财税〔2014〕75 号、财税〔2015〕106 号等相关规定执行	预缴享受	1）属于重点行业、领域企业的说明材料[以某重点行业业务为主营业务，固定资产投入使用当年主营业务收入占企业收入总额 50%（不含）以上] 2）购进固定资产的发票、记账凭证（购入已使用过的固定资产，应提供已使用年限的相关说明） 3）核算有关资产税法与会计差异的台账	1）《财政部　国家税务总局关于完善固定资产加速折旧企业所得税政策的通知》（财税〔2014〕75 号） 2）《财政部　国家税务总局关于进一步完善固定资产加速折旧企业所得税政策的通知》（财税〔2015〕106 号） 3）《国家税务总局关于固定资产加速折旧税收政策有关问题的公告》（国家税务总局公告 2014 年第 64 号） 4）《国家税务总局关于进一步完善固定资产加速折旧企业所得税政策有关问题的公告》（国家税务总局公告 2015 年第 68 号） 5）《财政部　国家税务总局关于设备、器具扣除有关企业所得税政策的通知》（财税〔2018〕54 号）
4. 符合条件的小型微利企业减免企业所得税（从事国家非限制和非禁止行业的企业，减按 20% 的税率征收企业所得税。对年应纳税所得额低于 50 万元（含 50 万元）的小型微利企业，其所得减按 50%计入应纳税所得额，按 20%的税率缴纳企业所得税）	预缴享受	1）所从事不属于限制和禁止行业的说明 2）从业人数的计算过程 3）资产总额的计算过程	1）《中华人民共和国企业所得税法》第 28 条 2）《中华人民共和国企业所得税法实施条例》第 92 条 3）《财政部　税务总局关于扩大小型微利企业所得税优惠政策范围的通知》（财税〔2017〕43 号） 4）《国家税务总局关于贯彻落实扩大小型微利企业所得税优惠政策范围有关征管问题的公告》（国家税务总局公告 2017 年第 23 号）

续表

享受优惠事项	享受优惠时间	主要留存备查资料	主要政策依据
5）企业安置残疾人员的，在按照支付给残疾职工工资据实扣除的基础上，按照支付给残疾职工工资的100%加计扣除。残疾人员的范围适用《中华人民共和国残疾人保障法》的有关规定	汇缴享受	1）为安置的每位残疾人按月足额缴纳了企业所在区县人民政府根据国家政策规定的基本养老保险、基本医疗保险、失业保险和工伤保险等社会保险证明资料 2）通过非现金方式支付工资薪酬的证明 3）安置残疾职工名单及其《残疾人证》或《残疾军人证》 4）与残疾人员签订的劳动合同或服务协议	1）《中华人民共和国企业所得税法》第30条 2）《中华人民共和国企业所得税法实施条例》第96条 3）《财政部　国家税务总局关于安置残疾人员就业有关企业所得税优惠政策问题的通知》（财税〔2009〕70号）
6. 企业为开发新技术、新产品、新工艺发生的研究开发费用，未形成无形资产计入当期损益的，在按照规定据实扣除的基础上，按照研究开发费用的50%加计扣除；形成无形资产的，按照无形资产成本150%摊销。对从事文化产业支撑技术等领域的文化企业，开发新技术、新产品、新工艺发生的研究开发费用，允许按照税收法律法规规定，在计算应纳税所得额时加计扣除	汇缴享受	1）自主、委托、合作研究开发项目计划书和企业有关部门关于自主、委托、合作研究开发项目立项的决议文件 2）自主、委托、合作研究开发专门机构或项目组的编制情况和研发人员名单 3）经科技行政主管部门登记的委托、合作研究开发项目的合同 4）从事研发活动的人员（包括外聘人员）和用于研发活动的仪器、设备、无形资产的费用分配说明（包括工作使用情况记录及费用分配计算证据材料） 5）集中研发项目研发费决算表、集中研发项目费用分摊明细情况表和实际分享收益比例等资料 6）“研发支出”辅助账及汇总表 7）企业如果已取得地市级（含）以上科技行政主管部门出具的鉴定意见，应作为资料留存备查	1）《中华人民共和国企业所得税法》第30条 2）《中华人民共和国企业所得税法实施条例》第95条 3）《财政部　海关总署　国家税务总局关于继续实施支持文化企业发展若干税收政策的通知》（财税〔2014〕85号） 4）《财政部　国家税务总局　科技部关于完善研究开发费用税前加计扣除政策的通知》（财税〔2015〕119号） 5）《科技部　财政部　国家税务总局关于进一步做好企业研发费用加计扣除政策落实工作的通知》（国科发政〔2017〕211号） 6）《国家税务总局关于企业研发费用税前加计扣除政策有关问题的公告》（国家税务总局公告2015年第97号 7）《国家税务总局关于研发费用税前加计扣除政策有关问题的公告》（国家税务总局公告2017年第40号）

续表

享受优惠事项	享受优惠时间	主要留存备查资料	主要政策依据
7. 科技型中小企业开展研发活动中实际发生的研发费用，未形成无形资产计入当期损益的，在按规定据实扣除的基础上，再按照实际发生额的 75% 在税前加计扣除；形成无形资产的，在上述期间按照无形资产成本的 175% 在税前摊销 企业开展研发活动中实际发生的研发费用，未形成无形资产计入当期损益的，在按规定据实扣除的基础上，在 2018 年 1 月 1 日至 2020 年 12 月 31 日期间，再按照实际发生额的 75% 在税前加计扣除；形成无形资产的，在上述期间按照无形资产成本的 175% 在税前摊销	汇缴享受	1）自主、委托、合作研究开发项目计划书和企业有关部门关于自主、委托、合作研究开发项目立项的决议文件 2）自主、委托、合作研究开发专门机构或项目组的编制情况和研发人员名单 3）经科技行政主管部门登记的委托、合作研究开发项目的合同 4）从事研发活动的人员（包括外聘人员）和用于研发活动的仪器、设备、无形资产的费用分配说明（包括工作使用情况记录及费用分配计算证据材料） 5）集中研发项目研发费决算表、集中研发项目费用分摊明细情况表和实际分享收益比例等资料 6）“研发支出”辅助账及汇总表 7）企业已取得的地市级（含）以上科技行政主管部门出具的鉴定意见 8）科技型中小企业取得的入库登记编号证明资料	1）《中华人民共和国企业所得税法》第 30 条 2）《中华人民共和国企业所得税法实施条例》第 95 条 3）《财政部　国家税务总局　科技部关于完善研究开发费用税前加计扣除政策的通知》（财税〔2015〕119 号） 4）《财政部　国家税务总局　科技部关于提高科技型中小企业研究开发费用税前加计扣除比例的通知》（财税〔2017〕34 号） 5）《科技部　财政部　国家税务总局关于印发〈科技型中小企业评价办法〉的通知》（国科发政〔2017〕115 号） 6）《国家税务总局关于企业研发费用税前加计扣除政策有关问题的公告》（国家税务总局公告 2015 年第 97 号） 7）《国家税务总局关于提高科技型中小企业研究开发费用税前加计扣除比例有关问题的公告》（国家税务总局公告 2017 年第 18 号） 8）《国家税务总局关于研发费用税前加计扣除政策有关问题的公告》（国家税务总局公告 2017 年第 40 号） 9）《财政部　税务总局　科技部关于提高研究开发费用税前加计扣除比例的通知》（财税〔2018〕99 号）

18.5.5.1　年度纳税申报表表单体系

2017年12月29日，国家税务总局发布了《中华人民共和国企业所得税年度纳税申报表（A类，2017年版）》，适用于2017年度及以后年度企业所得税汇算清缴纳税申报。

修订后的年度纳税申报表由37张表单组成，其中必填表2张，选填表35张。从填报内容看，全套申报表由反映纳税人整体情况（2张）以及反映会计核算（6张）、纳税调整（13张）、弥补亏损（1张）、税收优惠（9张）、境外税收（4张）、汇总纳税（2张）等明细情况的表格体系组成。

从申报表体系看，全套申报表分为基础信息表（1张）、主表（1张）、一级明细表（6张）、二级明细表（25张）和三级明细表（4张），申报数据逐级汇总，环环相扣。

从使用频率看，绝大部分单位实际填报表单的数量为8~10张。常用的申报表主要包括《企业基础信息表》《中华人民共和国企业所得税年度纳税申报表（A）类》《一般企业收入明细表》《一般企业成本支出明细表》《期间费用明细表》《纳税调整项目明细表》《职工薪酬支出及纳税调整明细表》《减免所得税优惠明细表》等。除此之外，各单位应根据行业类型、业务发生情况正确选择适合本单位的申报表。企业所得税年度纳税申报表体系见表18-6。

表18-6　企业所得税年度纳税申报表体系

表单编号	表单名称	选择填报情况	
		填报	不填报
A000000	企业基础信息表	√	×
A100000	中华人民共和国企业所得税年度纳税申报表(A类)	√	×
A101010	一般企业收入明细表	□	□
A101020	金融企业收入明细表	□	□
A102010	一般企业成本支出明细表	□	□
A102020	金融企业支出明细表	□	□
A103000	事业单位、民间非营利组织收入、支出明细表	□	□
A104000	期间费用明细表	□	□
A105000	纳税调整项目明细表	□	□
A105010	视同销售和房地产开发企业特定业务纳税调整明细表	□	□
A105020	未按权责发生制确认收入纳税调整明细表	□	□
A105030	投资收益纳税调整明细表	□	□
A105040	专项用途财政性资金纳税调整明细表	□	□
A105050	职工薪酬支出及纳税调整明细表	□	□
A105060	广告费和业务宣传费跨年度纳税调整明细表	□	□
A105070	捐赠支出及纳税调整明细表	□	□
A105080	资产折旧、摊销及纳税调整明细表	□	□
A105090	资产损失税前扣除及纳税调整明细表	□	□

续表

表单编号	表单名称	选择填报情况	
		填报	不填报
A105100	企业重组及递延纳税事项纳税调整明细表	□	□
A105110	政策性搬迁纳税调整明细表	□	□
A105120	特殊行业准备金及纳税调整明细表	□	□
A106000	企业所得税弥补亏损明细表	□	□
A107010	免税、减计收入及加计扣除优惠明细表	□	□
A107011	符合条件的居民企业之间的股息、红利等权益性投资收益优惠明细表	□	□
A107012	研发费用加计扣除优惠明细表	□	□
A107020	所得减免优惠明细表	□	□
A107030	抵扣应纳税所得额明细表	□	□
A107040	减免所得税优惠明细表	□	□
A107041	高新技术企业优惠情况及明细表	□	□
A107042	软件、集成电路企业优惠情况及明细表	□	□
A107050	税额抵免优惠明细表	□	□
A108000	境外所得税收抵免明细表	□	□
A108010	境外所得纳税调整后所得明细表	□	□
A108020	境外分支机构弥补亏损明细表	□	□
A108030	跨年度结转抵免境外所得税明细表	□	□
A109000	跨地区经营汇总纳税企业年度分摊企业所得税明细表	□	□
A109010	企业所得税汇总纳税分支机构所得税分配表	□	□
说明：企业应当根据实际情况选择需要填报的表单			

18.5.5.2　年度纳税申报表的填写要点

单位应如实、正确、完整地填写《中华人民共和国企业所得税年度纳税申报表（A 类，2017 年版）》。填写报表时应注意填写顺序与填报数据之间的逻辑关系。

年度纳税申报表主要围绕主表填报，主表数据从附表生成或从经审计的年度财务决算报表直接取得。每张附表既独立体现现行的各项企业所得税政策，又与主表密切关联，层级分明、内容完整、逻辑缜密。建议单位填报人员按照企业基础信息表、三级附表、二级附表、一级附表和主表的先后顺序填报。

填报前应仔细研读报表填写说明，严格按填报说明填写。针对各个表单，在填写过程中有以下细节需要格外注意：

（1）A000000 企业基础信息表（图 18－1）

填写企业基础信息表需要注意的事项如下：

1）“102 所属行业明细代码”：根据《国民经济行业分类》标准填报纳税人的行业代码，填写前须核实有关代码。

2）“110 适用的会计准则或会计制度”：各单位根据采用的会计准则或会计制度选择。

A000000　　　　企业基础信息表

100 基本信息			
101 汇总纳税企业	□总机构（跨省）——适用《跨地区经营汇总纳税企业所得税征收管理办法》 □总机构（跨省）——不适用《跨地区经营汇总纳税企业所得税征收管理办法》 □总机构（省内） □分支机构（须进行完整年度纳税申报且按比例纳税）——就地缴纳比例=　　% □分支机构（须进行完整年度纳税申报但不就地缴纳） □否		
102 所属行业明细代码		103 资产总额（万元）	
104 从业人数		105 国家限制或禁止行业	□是　□否
106 非营利组织	□是　□否	107 存在境外关联交易	□是　□否
108 上市公司	是（□境内　□境外）□否	109 从事股权投资业务	□是　□否
110 适用的会计准则或会计制度	企业会计准则（□一般企业　□银行　□证券　□保险　□担保） □小企业会计准则 □企业会计制度 事业单位会计准则（□事业单位会计制度　□科学事业单位会计制度　□医院会计制度　□高等学校会计制度　□中小学校会计制度　□彩票机构会计制度） □民间非营利组织会计制度 □村集体经济组织会计制度 □农民专业合作社财务会计制度（试行） □其他		

200 企业重组及递延纳税事项		
201 发生资产（股权）划转特殊性税务处理事项	□是	□否
202 发生非货币性资产投资递延纳税事项	□是	□否
203 发生技术入股递延纳税事项	□是	□否
204 发生企业重组事项	是（□一般性税务处理　□特殊性税务处理）	□否

204-1 重组开始时间	年　月　日	204-2 重组完成时间	年　月　日

204-3 重组交易类型	□法律形式改变	□债务重组	□股权收购	□资产收购	□合并	□分立
204-4 企业在重组业务中所属当事方类型	*	□债务人 □债权人	□收购方 □转让方 □被收购企业	□收购方 □转让方	□合并企业 □被合并企业 □被合并企业股东	□分立企业 □被分立企业 □被分立企业股东

300 企业主要股东及分红情况					
股东名称	证件种类	证件号码	投资比例	当年（决议日）分配的股息、红利等权益性投资收益金额	国籍（注册地址）

图 18-1　企业基础信息表

应严格按照适用制度选择，否则会影响后续申报表必填表体系。

3）“300 企业主要股东及分红情况”应为本单位从被投资企业直接取得的分红。上缴国有资本收益及集团收益，受益方为国家、集团，填列中不应填列上缴国有资本收益和集团收益。

（2）A101010 一般企业收入明细表（图 18-2）

填写一般企业收入明细表需注意如下事项：

《企业会计准则第 16 号——政策补助》规范了政府补助的确认、计量和相关信息的披露。(政府补助是指企业从政府无偿取得货币性资产或非货币性资产，但不包括政府作为企业所有者投入的资本。政府补助分为与资产相关的政府补助和与收益相关的政府补助。取得政府补助时往往计入递延收益科目，分期确认收入计入当期损益）在此行只填报转入营业外收入的政府补助利得，而不是当年获得的政府补助总额。这里只需要从会计核算角度进行填报，不需考虑不征税收入问题，如果政府补助收入满足不征税收入条件，则需在纳税事项调整表中进行填报调整。

A101010　　　一般企业收入明细表

行次	项　　目	金　额
1	一、营业收入（2+9）	
2	（一）主营业务收入（3+5+6+7+8）	
8	……	
9	（二）其他业务收入（10+12+13+14+15）	
15	……	
16	二、营业外收入（17+18+19+20+21+22+23+24+25+26）	
19	……	
20	（四）政府补助利得	

图 18－2　一般企业收入明细表

（3）A102010 一般企业成本支出明细表（图 18－3）

A102010　　　一般企业成本支出明细表

行次	项　　目	金　额
1	一、营业成本（2+9）	
2	（一）主营业务成本（3+5+6+7+8）	
8	……	
9	（二）其他业务成本（10+12+13+14+15）	
14	……	
15	5.其他	
16	二、营业外支出（17+18+19+20+21+22+23+24+25+26）	
17	（一）非流动资产处置损失	
18	（二）非货币性资产交换损失	
19	（三）债务重组损失	
20	（四）非常损失	
21	（五）捐赠支出	
22	（六）赞助支出	
23	（七）罚没支出	
24	（八）坏账损失	
25	（九）无法收回的债券股权投资损失	
26	（十）其他	

图 18－3　一般企业成本支出明细表

填写一般企业成本支出明细表注意事项如下：

其他业务成本中的“其他”项与“营业外支出”项是存在较多税收风险的会计科目，因此是本表填写的重点部分，需要各单位予以关注。图 18－3 中 15 行“其他”项应按照国家统一会计制度核算其他业务成本项中未列举的其他业务成本填报。“营业外支出”应按照《企业会计准则——会计的主要账务处理》中规定的核算内容填报。

（4）A105030 投资收益纳税调整明细表（图 18－4）

A105030　　投资收益纳税调整明细表

行次	项目	持有收益			处置收益							纳税调整金额
		账载金额	税收金额	纳税调整金额	会计确认的处置收入	税收计算的处置收入	处置投资的账面价值	处置投资的计税基础	会计确认的处置所得或损失	税收计算的处置所得	纳税调整金额	
		1	2	3（2-1）	4	5	6	7	8（4-6）	9（5-7）	10（9-8）	11（3+10）
1	一、交易性金融资产											
2	二、可供出售金融资产											
3	三、持有至到期投资											
4	四、衍生工具											
5	五、交易性金融负债											
6	六、长期股权投资											
7	七、短期投资											

图 18－4　投资收益纳税调整明细表

填写投资收益纳税调整明细表的注意事项如下：

按权益法核算的长期股权投资，当被投资单位宣告分派利润或现金股利时，会计准则规定，投资企业相应减少长期股权投资的账面价值，而税法规定，被投资方做出利润分配的日期确认投资收益。据此，投资企业应当在 A105030 投资收益纳税调整明细表中做纳税调整。

（5）A105090 资产损失税前扣除及纳税调整明细表（图 18－5）

填写资产损失税前扣除及纳税调整明细表的注意事项如下：

本表适用于发生资产损失税前扣除项目及纳税调整项目的单位填报。单位应根据税法、相关规定及国家统一企业会计制度，填报资产损失的会计处理、税收规定，以及纳税调整情况。

相关规定如下：

1）《财政部　国家税务总局关于企业资产损失税前扣除政策的通知》（财税〔2009〕57 号）。

2）《国家税务总局关于发布〈企业资产损失所得税税前扣除管理办法〉的公告》（国家税务总局公告 2011 年第 25 号）。

3）《国家税务总局关于企业因国务院决定事项形成的资产损失税前扣除问题的公告》（国家税务总局公告 2014 年第 18 号）。

4）《国家税务总局关于企业所得税资产损失资料留存备查有关事项的公告》（国家税务总局公告 2018 年第 15 号）。

A105090　　资产损失税前扣除及纳税调整明细表

行次	项　　目	资产损失的账载金额	资产处置收入	赔偿收入	资产计税基础	资产损失的税收金额	纳税调整金额
		1	2	3	4	5（4-2-3）	6（1-5）
1	一、清单申报资产损失（2+3+4+5+6+7+8）						
2	（一）正常经营管理活动中，按照公允价格销售、转让、变卖非货币资产的损失						
3	（二）存货发生的正常损耗						
4	（三）固定资产达到或超过使用年限而正常报废清理的损失						
5	（四）生产性生物资产达到或超过使用年限而正常死亡发生的资产损失						
6	（五）按照市场公平交易原则，通过各种交易场所、市场等买卖债券、股票、期货、基金以及金融衍生产品等发生的损失						
7	（六）分支机构上报的资产损失						
8	（七）其他						
9	二、专项申报资产损失（10+11+12+13）						
10	（一）货币资产损失						
11	（二）非货币资产损失						
12	（三）投资损失						
13	（四）其他						
14	合计（1+9）						

图 18－5　资产损失税前扣除及纳税调整明细表

【小贴士】

单位以前年度向税务机关进行年度纳税申报前需先申报扣除资产损失，报送资产损失相关资料。根据《国家税务总局关于企业所得税资产损失资料留存备查有关事项的公告》（国家税务总局公告 2018 年第 15 号）规定："企业向税务机关申报扣除资产损失，仅需填报企业所得税年度纳税申报表《资产损失税前扣除及纳税调整明细表》，不再报送资产损失相关资料。

停止报送相关资料后，各单位"A105090 资产损失税前扣除及纳税调整明细表"的填报更为重要。公告中虽未明确"以表代备"或"以表代申报"，但在实际申报中资产损失及调整表起到了类似作用。各单位需要特别注意，如果要在企业所得税前扣除资产损失，不管有无税务与会计差异，必须填写"A105090 资产损失税前扣除及纳税调整明细表"。

各单位应当建立健全资产损失内部核销管理制度，及时收集、整理、编制、审核、保存资产损失税前扣除证据材料，方便税务机关核查。

（6）A107012 研发费加计扣除优惠明细表（图 18－6）

填写研发费加计扣除优惠明细表需要注意的事项见表 18－7。

行次	项　目	金额（数量）
1	本年可享受研发费用加计扣除项目数量	
2	一、自主研发、合作研发、集中研发（3+7+16+19+23+34）	
3	（一）人员人工费用（4+5+6）	
4	1.直接从事研发活动人员工资薪金	
5	2.直接从事研发活动人员五险一金	
6	3.外聘研发人员的劳务费用	
7	（二）直接投入费用（8+9+…+15）	
8	1.研发活动直接消耗材料费用	
9	2.研发活动直接消耗燃料费用	
10	3.研发活动直接消耗动力费用	
11	4.用于中间试验和产品试制的模具、工艺装备开发及制造费	
12	5.用于不构成固定资产的样品、样机及一般测试手段购置费	
13	6.用于试制产品的检验费	
14	7.用于研发活动的仪器、设备的运行维护、调整、检验、维修等费用	
15	8.通过经营租赁方式租入的用于研发活动的仪器、设备租赁费	
16	（三）折旧费用（17+18）	
17	1.用于研发活动的仪器的折旧费	
18	2.用于研发活动的设备的折旧费	
19	（四）无形资产摊销（20+21+22）	
20	1.用于研发活动的软件的摊销费用	
21	2.用于研发活动的专利权的摊销费用	
22	3.用于研发活动的非专利技术（包括许可证、专有技术、设计和计算方法等）的摊销费用	
23	（五）新产品设计费等（24+25+26+27）	
24	1.新产品设计费	
25	2.新工艺规程制定费	
26	3.新药研制的临床试验费	
27	4.勘探开发技术的现场试验费	
28	（六）其他相关费用(29+30+31+32+33)	

图 18－6　研发费加计扣除优惠明细表

表 18－7　填写研发费加计扣除优惠明细表需要注意的事项

序号	费用	内容	特殊处理
(1)	人员人工费用	包括直接从事研发活动人员（包括研究人员、技术人员、辅助人员）的工资薪金（包括按规定可以在税前扣除的对研发人员股权激励的支出）、基本养老保险费、基本医疗保险费、失业保险费、工伤保险费、生育保险费和住房公积金，以及外聘研发人员的劳务费用（包括直接支付给员工个人和通过劳务派遣公司支付给个人两种方式） 通过劳务派遣公司支付给个人的劳务费用可以加计扣除，支付给劳务派遣公司的管理费等不允许加计扣除	可从成本支出科目中的"人工费"分析填列，在此基础上扣除离退休人员费用、职工福利费、补充医疗保险费、补充养老保险费、意外险等 若人工费采用分摊计入方式，则需将属于生产经营费用与研发费用之间、各研发项目之间发生的公共费用，应对人员活动情况做必要记录，同时采用相对固定且科学的分摊方法（如实际工时占比）进行合理分摊，并形成记录备查

续表

序号	费用	内容	特殊处理
(2)	直接投入费用	1)研发活动直接消耗的材料、燃料和动力费用。研发费用直接形成产品或作为组成部分形成的产品对外销售的,扣除其对应的材料费用。产品销售与对应的材料费用发生在不同纳税年度且材料费用已计入研发费用的,可在销售当年以对应的材料费用发生额直接冲减当年的研发费用,不足冲减的,结转以后年度继续冲减 2)用于中间试验和产品试制的模具、工艺装备开发及制造费 3)用于不构成固定资产的样品、样机及一般测试手段购置费 4)用于试制产品的检验费 5)用于研发活动的仪器、设备的运行维护、调整、检验、维修等费用 6)通过经营租赁方式租入的用于研发活动的仪器、设备租赁费	若燃料动力费采用分摊计入方式,则需将属于生产经营费用与研发费用之间、各研发项目之间发生的公共费用,采用相对固定且科学的分摊方法(如实际工时占比)进行合理分摊,并形成记录备查 根据支出内容: 1)可从成本支出科目中的"材料费""燃料动力费"归集 2)可从成本支出科目中的"试验费""专用费""外协费"归集 3)可从成本支出科目中的"专用费""外协费"归集 4)可从成本支出科目中的"材料费""外协费"归集 5)可从成本支出科目中的"材料费""外协费"归集 6)可从成本支出科目中的"设备费""外协费"归集
(3)	折旧费用	指用于研发活动的仪器、设备的折旧费。用于研发活动的仪器、设备,符合税法规定且选择加速折旧优惠政策的,在享受研发费用税前加计扣除时,就税前扣除的折旧部分计算加计扣除	根据支出具体内容,可从成本支出科目中的"设备费"归集 专门用于研发活动的设备、仪器折旧可以按照相关凭证登记;共用的应对仪器设备使用情况做必要记录
(4)	无形资产摊销	用于研发活动的软件、专利权、非专利技术(包括许可证、专有技术、设计和计算方法等)的摊销费用。直接用于研发活动的无形资产,符合税法规定且选择缩短摊销年限的,在享受研发费用税前加计扣除政策时,就税前扣除的摊销部分计算加计扣除	已计入无形资产但不属于允许加计扣除研发费用范围的,摊销时不得计算加计扣除。例如计入研究开发费用或无形资产成本的意外险、出国费、通信费、不动产租赁费等 专用于研发活动的无形资产摊销可以按照相关凭证登记;共用的应对其无形资产使用情况做必要记录
(5)	新产品设计费等	指在新产品设计、新工艺规程制定与试验过程中发生的与开展该项活动有关的各类费用	根据支出具体内容,可从成本支出科目中的"设计费""试验费"归集
(6)	其他相关费用	指与研发活动直接相关的其他费用,如技术图书资料费、资料翻译费、专家咨询费、高新科技研发保险费,研发成果的检索、分析、评议、论证、鉴定、评审、评估、验收费用,知识产权的申请费、注册费、代理费,差旅费、会议费,职工福利费、补充养老保险、补充医疗保险费。不在上述范围内的费用不得享受加计扣除	其他相关费用总额不得超过可加计扣除研发费用总额的 10%,即允许加计扣除的研发费用中的第 1 项至第 5 项的费用之和×10%/(1−10%)。当其他相关费用实际发生数小于限额时,按实际发生数计算税前加计扣除数额;当其他相关费用实际发生数大于限额时,按限额计算税前加计扣除数额 法律、行政法规和国务院财税主管部门规定不允许企业所得税前扣除的费用和支出项目不得计算加计扣除。例如相关支出未按规定取得合法有效票据、研发人员的福利费支出超过其工资薪金总额 14%的部分、研发人员的补充养老保险、补充医疗保险分别超过其工资薪金总额 5%的部分等

（7）向税务主管机关申报前需将申报表提交单位法人审核签章并加盖单位公章（图 18－7）

中华人民共和国企业所得税年度纳税申报表

（A类，2017年版）

税款所属期间：　　年　月　日至　　　年　月　日

纳税人统一社会信用代码：□□□□□□□□□□□□□□□□□□
（纳税人识别号）

纳税人名称：

金额单位：人民币元（列至角分）

谨声明：此纳税申报表是根据《中华人民共和国企业所得税法》《中华人民共和国企业所得税法实施条例》以及有关税收政策和国家统一会计制度的规定填报的，是真实的、可靠的、完整的。

法定代表人（签章）：　　　　　　　　年　月　日

纳税人公章：	代理申报中介机构公章：	主管税务机关受理专用章：
会计主管：	经办人： 经办人执业证件号码：	受理人：
填表日期：　　年　月　日	代理申报日期：　　年　月　日	受理日期：　　年　月　日

图 18－7　中华人民共和国企业所得税年度纳税申报表

18.5.5.3　年度纳税申报表的自审要点

根据企业所得税纳税申报表体系逻辑关系的特点，申报表填报的关键是会计核算与税收基础数据以及有关证据资料的收集整理，最终申报结果应有证据证明企业所得税汇算清缴工作各项纳税事实清楚、证据确凿。

对重要审核事项要全面关注并记录说明。各单位对企业所得税年度纳税申报审核，不仅是对企业所得税年度纳税申报表各纳税事项的审核，还是对本单位资产负债表、利润表、记账凭证、明细账和总账所记录内容的审核。

对税务主管机关关注的事项要重点记录。对税务机关有可能要求提供说明或证明材料的会议费、差旅费、董事会费等事项，以及认为有必要经税务主管机关确认的事项，应重点说明，留存备查。

18. 5. 5. 4　年度纳税申报表的申报要点

符合关联方申报要求的单位应在向税务主管机关报送年度企业所得税纳税申报表时，就其与关联方之间的业务往来进行关联申报。

【小贴士】

单位在年度内与其关联方发生业务往来的一般应进行关联申报［详见《国家税务总局关于完善关联申报和同期资料管理有关事项的公告》（国家税务总局公告 2016 年第 42 号）］。

根据近两年企业所得税汇算清缴纳税申报的经验来看，关联业务往来报告表需在年度纳税申报表申报完成之后才可申报，因此具有关联业务往来的单位应注意预留充足时间完成往来报告表。

仅因国家持股或者由国有资产管理部门委派董事、高级管理人员而存在关联关系的单位，由国家出资成立的单位目前可不填列关联业务往来报告表。

各单位应及时向税务主管机关办理企业所得税年度纳税申报，真实、准确、完整地向税务主管机关提供有关资料，及时缴纳纳税年度企业所得税税款。

【小贴士】

军工单位在年度企业所得税汇算清缴申报完成后，税款缴纳主要有以下两种情形：

一是预缴企业所得税税额小于实际应纳税所得税额时，需补缴差额；单位已在税务主管机关办理了三方代扣代缴协议的，并在相应银行账户留存足额资金，在税务申报窗口可立即划缴税款；单位未办理三方代扣缴款协议的，需由税务局申报窗口工作人员打印缴款书，在限缴日期之前到约定银行柜台完成税款补缴。建议留出充足时间进行缴费。

二是预缴企业所得税税额大于应纳所得税额时，单位可选择申请退税，也可在后续年度递延抵扣。

18. 6　其他相关事项

对企业所得税汇算清缴申报资料及相关备查资料进行梳理与检查，确保资料齐全完整并装订成册，留档备查。

对年初税收筹划工作的实施效果进行分析，固化经验，持续推进企业所得税汇算清缴工作的有效开展。

对企业所得税汇算清缴工作过程中发现的不足进行总结与改进，进一步提升企业所得税汇算清缴工作的管理水平。

第 19 章　个人所得税代扣代缴

19.1　质量目标

进一步明晰个人所得税代扣代缴的工作流程，依法依规做好个人所得税代扣代缴的工作，依法享受个人所得税税收优惠政策，有效防范个人所得税纳税风险。

19.2　适用范围

本章适用于各企事业单位个人所得税代扣代缴相关管理工作。

19.3　相关释义

个人所得税纳税人，是指我国个人所得税纳税人包括居民纳税人和非居民纳税人。在我国境内有住所，或者无住所而一个纳税年度内在我国境内居住累计满 183 天的个人，为居民个人。居民个人从我国境内和境外取得的所得均应依法缴纳个人所得税；在我国境内无住所又不居住，或者无住所而一个纳税年度内在我国境内居住累计不满 183 天的个人，为非居民个人。非居民纳税人仅就其来源于我国境内的所得缴纳个人所得税。

个人所得税征税项目，是指我国个人所得税共有的 9 项，具体包括：工资、薪金所得，劳务报酬所得，稿酬所得，特许权使用费所得，经营所得，利息、股息、红利所得，财产租赁所得，财产转让所得，偶然所得。居民个人取得前款第一项至第四项所得（以下称综合所得），按纳税年度合并计算个人所得税；非居民个人取得前款第一项至第四项所得，按月或者按次分项计算个人所得税。纳税人取得前款第五项至第九项所得（以下称分类所得），依照税法的规定分别计算个人所得税。

个人所得税代扣代缴，是指按照税法有关规定，负有扣缴税款义务的单位或个人，在向个人支付应纳税所得时，应计算应纳税额，从其中扣除并缴入国库，同时向税务机关报送扣缴个人所得税报告表。扣缴义务人向个人支付应纳税所得（包括现金、实物和有价证券）时，不论纳税人是否属于本单位人员，均应代扣代缴其应纳的个人所得税。“支付”包括现金支付、汇拨支付、转账支付和以有价证券、实物以及其他形式的支付。除经营所得外，其他由本单位支付的前款所述的个人所得税征税项目本单位均负有代扣代缴个人所得税的义务。

19.4　职责分工

19.4.1　财务部门

财务部门是个人所得税代扣代缴工作的归口管理部门，负责组织开展相关政策的学习、研究和贯彻；明确本单位个人所得税代扣代缴的工作流程；组织接受税务机关或上级单位的监督与审查；指定专人负责个人所得税扣缴申报工作，一般为单位的工资发放管理专员或者税务主管人员。具体承担以下工作：

1）严格执行个人所得税的计算方法，归纳完善信息统计、采集、申报及账务处理流程。在征期内及时申报，完成代扣代缴工作，同时做好留存备查资料的收集、整理与保管，确保扣缴个人所得税报告表及相关报送、备查资料的真实性、准确性、可靠性。

2）及时了解个人所得税政策，做好纳税筹划，充分利用税收优惠政策，在依法依规缴纳税款的同时维护本单位和员工的合法权益；同时积极主动地向本单位员工宣贯个人所得税的相关法规、规定。

3）按规定向纳税人提供已办理的专项附加扣除项目及金额等信息。

19.4.2　业务部门

业务部门是员工个人所得税代扣代缴工作的配合部门，主要包括：人力资源部门，给个人发放评审费、稿费、劳务费等个人所得税应税项目的单位经营、管理等业务部门（一般包括计划管理、质量管理、研发管理、航天技术应用产业经营、宣传等业务主管部门）。业务部门分别承担以下工作：

1）人力资源部门配合开展有关员工个人工资薪金等经常性所得的个人所得税代扣代缴工作的策划。

2）业务部门配合开展除工资、薪金所得外的其他个人所得税代扣代缴工作的策划。

3）提供个人所得税代扣代缴工作中所需信息（如姓名、身份证号、联系方式、国籍、各项所得明细等确保个人所得税成功申报的相关信息）。

4）配合接受税务机关或上级单位的监督与审查。

【小贴士】

业务部门应与财务部门建立良好的沟通机制，业务部门发放评审费、稿费、劳务费时及时告知财务部门扣缴个人所得税。

【小贴士】

业务部门应及时向财务部门提供完整、准确的非居民纳税人相关个人信息，如：姓名、国籍、护照号码、来华时间等。

19.4.3　个人所得税纳税人

个人所得税纳税人应积极配合本单位个人所得税代扣代缴工作，并对提供的个税相关信息的真实性、准确性负责，具体承担以下工作：

1）提供个人所得税申报的准确信息。居民纳税人应提供的信息主要包括：姓名、身份证号码、联系方式等，非居民纳税人应提供的信息主要包括：姓名、国籍、有效身份证件号码等。

2）提供个人所得税减免的各项材料。

3）及时、准确填报个人的专项附加扣除信息，或者及时、准确地向扣缴义务人报送个人的专项附加扣除信息，并保证资料的真实性。

4）配合接受税务主管机关或上级单位的监督检查。

19.5　业务流程和操作规范

19.5.1　工资、薪金所得的个人所得税代扣代缴

19.5.1.1　工资、薪金所得的范围

工资、薪金所得是指个人因任职或者受雇而取得的工资、薪金、奖金、年终加薪、劳动分红、津贴、补贴以及与任职或受雇有关的其他所得。

这里所说的奖金，是指一般意义上的奖金，不包括个人因在科学、教育、技术、文化、卫生、体育、环境保护等方面有发明创造成果而由省级人民政府、国务院各部门、军队军以上单位，以及外国组织、国际组织颁发的奖金。

所说的津贴、补贴，不包括国务院规定的发给的政府特殊津贴和国务院规定的免纳个人所得税的补贴、津贴。

【小贴士】

政府特殊津贴需要申报收入，在实际操作中计入工资、薪金所得，作为免税收入申报。

19.5.1.2　适用税率

居民个人取得的综合所得，按纳税年度合并计算个人所得税，适用税率见表 19－1。

表 19－1　个人所得税税率（综合所得适用）

级数	全年应纳税所得额	税率(%)
1	不超过 36 000 元的	3
2	超过 36 000 元至 144 000 元的部分	10
3	超过 144 000 元至 300 000 元的部分	20
4	超过 300 000 元至 420 000 元的部分	25

续表

级数	全年应纳税所得额	税率(%)
5	超过 420 000 元至 660 000 元的部分	30
6	超过 660 000 元至 960 000 元的部分	35
7	超过 960 000 元的部分	45

注:本表所称全年应纳税所得额是指依照个人所得税法第 6 条的规定,居民个人取得综合所得以每一纳税年度收入额减除费用六万元以及专项扣除、专项附加扣除和依法确定的其他扣除后的余额。本表适用于差额计算综合所得个人所得税。

单位向居民个人支付工资、薪金所得时，应当按照累计预扣法计算预扣税款，并按月办理扣缴申报（本章所指的纳税人均为居民纳税人）。

累计预扣法，是指扣缴义务人在一个纳税年度内预扣预缴税款时，以纳税人在本单位截至当前月份工资、薪金所得累计收入减除累计免税收入、累计减除费用、累计专项扣除、累计专项附加扣除和累计依法确定的其他扣除后的余额为累计预扣预缴应纳税所得额，适用个人所得税预扣率见表 19－2。

表 19－2　个人所得税预扣率

级数	全年累计预扣预缴应纳税所得额	预扣率(%)	速算扣除数
1	不超过 36 000 元	3	0
2	超过 36 000 元至 144 000 元的部分	10	2 520
3	超过 144 000 元至 300 000 元的部分	20	16 920
4	超过 300 000 元至 420 000 元的部分	25	31 920
5	超过 420 000 元至 660 000 元的部分	30	52 920
6	超过 660 000 元至 960 000 元的部分	35	85 920
7	超过 960 000 元的部分	45	181920

表 19－2 适用于全额计算居民个人工资、薪金综合所得税预扣预缴。

19. 5. 1. 3　应纳税所得额

居民个人的综合所得，以每一纳税年度的收入额减除费用 6 万元以及专项扣除、专项附加扣除和依法确定的其他扣除后的余额，为应纳税所得额。专项扣除，包括居民个人按照国家规定的范围和标准缴纳的基本养老保险、基本医疗保险、失业保险等社会保险费和住房公积金等；专项附加扣除，包括子女教育、继续教育、大病医疗、住房贷款利息、住房租金、赡养老人等支出。

综合所得年度应纳税额＝（收入额－免税收入－减除费用－专项扣除－专项附加扣除－依法确定的其他扣除）×税率－速算扣除数。

【小贴士】

《中华人民共和国个人所得税法实施条例》（中华人民共和国国务院令第 707 号）第 13 条规定：依法确定的其他扣除，包括个人缴付符合国家规定的企业年金、职业年金，个人购买符合国家规定的商业健康保险、税收递延型商业养老保险的支出，以及国务院规定可以扣除的其他项目。

专项扣除、专项附加扣除和依法确定的其他扣除，以居民个人一个纳税年度的应纳税所得额为限额；一个纳税年度扣除不完的，不结转以后年度扣除。

扣缴义务人向居民个人支付工资、薪金所得时，应当按照累计预扣法计算预扣税款，并按月办理全员全额扣缴申报。具体计算公式为

本期应预扣预缴税额=（累计预扣预缴应纳税所得额×预扣率-速算扣除数）-累计减免税额-累计已预扣预缴税额

累计预扣预缴应纳税所得额=累计收入-累计免税收入-累计减除费用-累计专项扣除累计专项附加扣除-累计依法确定的其他扣除

其中：累计减除费用，按照 5 000 元/月乘以纳税人当年截至本月在本单位的任职受雇月份数计算。

【小贴士】

为了保证个税计算的准确性，建议将工资系统中的开始计税时间（用友工资核算系统）和自然人税收征管系统中员工任职受雇日期填写一致。

19.5.1.4　专项附加扣除

个人所得税专项附加扣除，是指个人所得税法规定的子女教育、继续教育、大病医疗、住房贷款利息、住房租金、赡养老人等六项专项附加扣除。

纳税人可以通过远程办税端（个人所得税手机 APP、自然人办税服务平台 Web 端）、电子或者纸质报表等方式，向扣缴义务人或者主管税务机关报送个人专项附加扣除信息。纳税人选择纳税年度内由扣缴义务人办理专项附加扣除的，按下列规定办理：

1）纳税人通过远程办税端选择扣缴义务人并报送专项附加扣除信息的，扣缴义务人根据接收的扣除信息办理扣除。

2）纳税人通过填写电子或者纸质《个人所得税专项附加扣除信息表》（以下简称《扣除信息表》）直接报送扣缴义务人的，扣缴义务人将相关信息导入或者录入扣缴端软件，并在次月办理扣缴申报时提交给主管税务机关。《扣除信息表》应当一式两份，纳税人和扣缴义务人签字（章）后分别留存备查。

纳税人选择年度终了后办理汇算清缴申报时享受专项附加扣除的，既可以通过远程办税端报送专项附加扣除信息，也可以将电子或者纸质《扣除信息表》（一式两份）报送给汇缴地主管税务机关。大病医疗只能在次年汇算清缴时扣除。

为了保护员工隐私并确保员工及时享受个人所得税专项附加扣除，建议鼓励并引导纳税人采用远程办税端报送信息。

纳税人向扣缴义务人提供专项附加扣除信息的，扣缴义务人应当按照规定予以扣除，不得拒绝。扣缴义务人应当为纳税人报送的专项附加扣除信息保密。纳税人报送给扣缴义

务人的《扣除信息表》，扣缴义务人应当自预扣预缴年度的次年起留存五年。

扣缴义务人应当及时按照纳税人提供的信息计算办理扣缴申报，不得擅自更改纳税人提供的相关信息。

扣缴义务人发现纳税人提供的信息与实际情况不符，可以要求纳税人修改。纳税人拒绝修改的，扣缴义务人应当向主管税务机关报告。

除纳税人另有要求外，扣缴义务人应当向纳税人提供已办理的专项附加扣除项目及金额等信息。

扣缴义务人从自然人税收管理系统扣缴客户端获取员工专项附加扣除信息的方法：

1）登录自然人税收管理系统扣缴客户端，选择税款所属期。

2）采集人员信息。

3）获取《个人所得税专项附加扣除信息表》，点击“下载更新”按钮，下载员工专项附加扣除信息，如图 19－1 所示。

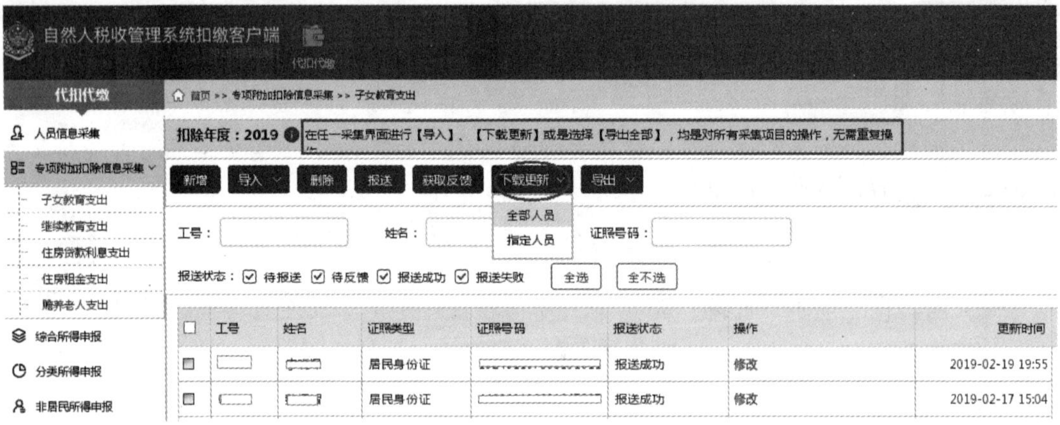

图 19－1　获取员工专项附加扣除

【小贴士】

自然人税收管理系统扣缴客户端未强制要求下载员工的《扣除信息表》，建议每月计算工资应预扣预缴个税税款前，将员工的《扣除信息表》下载到本地备份，以备员工查询核对。

4）获取专项附加扣除数据，填写综合所得预扣预缴表格，点击“预填专项附加扣除”按钮，系统会自动匹配员工已采集的专项附加扣除信息，此处获得的专项附加扣除信息为员工的专项附加扣除明细金额，如图 19－2 所示。

【小贴士】

为确保员工个人所得税计算的准确性，建议扣缴义务人每月发放工资前在自然人税收管理系统扣缴客户端点击一次“下载更新”员工专项附加扣除信息，并通过“预填专项附加扣除”获取员工专项附加扣除数据，至下月申报个税前不再更新员工专项附加扣除信息。

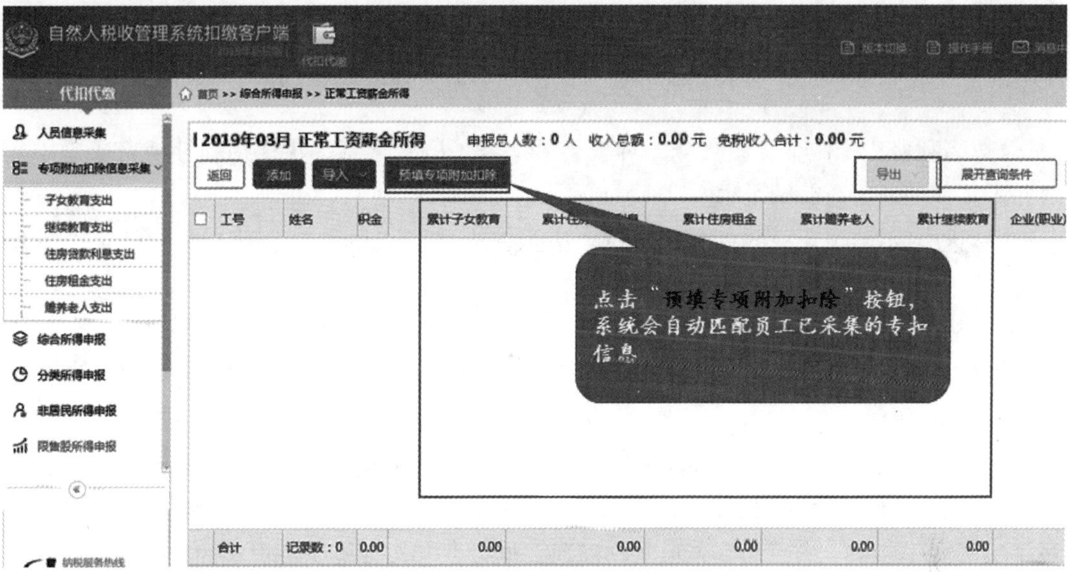

图 19－2　预填专项附加扣除信息

19.5.1.5　减免税项目

（1）法定免税项目

《中华人民共和国个人所得税法》（第 4 条）规定的免税项目包括：

1）省级人民政府、国务院各部门、军队及以上单位，以及外国组织、国际组织颁发的科学、教育、技术、文化、卫生、体育、环境保护等方面的奖金。

2）国债和国家发行的金融债券利息。

3）按照国家统一规定发给的补贴、津贴，即按照国务院规定发给的政府特殊津贴和国务院规定的免税的补贴、津贴。

【小贴士】

按月发放的政府特殊津贴和一次性发放的政府特殊津贴均免征个人所得税［《国家税务总局关于印发〈征收个人所得税若干问题的规定〉的通知》（国税发〔1994〕89 号）］。

【小贴士】

国务院规定免税的补贴、津贴包括：独生子女补贴，执行公务员工资制度未纳入基本工资总额的补贴、津贴差额和家属成员的副食品补贴，托儿补助费，国家规定标准内的差旅费津贴，午餐补助［《国家税务总局关于印发〈征收个人所得税若干问题的规定〉的通知》（国税发〔1994〕89 号）］。

【小贴士】

五院及院属各单位适用的免税补贴、津贴主要为政府特殊津贴。

4）福利费、抚恤金、救济金。对于集体疗养、员工食堂等集体福利性消费通常不需要并入员工工资薪金缴纳个税。

下列收入不属于免税的福利费范围，应当并入纳税人的工资、薪金收入计征个人所得税：

a）从超过国家规定比例或基数（职工工资总额的2%）计提的工会经费中支付给个人的各种补贴、补助［《国家税务总局关于生活补助费范围确定问题的通知》（国税发〔1998〕155号）］。

b）从工会经费中支付给本单位职工的人人有份的补贴、补助［《国家税务总局关于生活补助费范围确定问题的通知》（国税发〔1998〕155号）］；如各单位逢年过节发给员工的月饼、粽子、米面油等各项实物福利，也属于个人所得税法规定的因任职或者受雇而取得的工资、薪金所得项目，应按照“工资薪金所得”税目缴纳个人所得税。

c）单位为个人通信工具负担通信费采取发放补贴形式的，扣除一定标准的公务费用后，应并入当月工资、薪金计征个人所得税［《国家税务总局关于个人所得税有关政策问题的通知》（国税发〔1999〕58号）］。

公务费用的扣除标准，由省级税务局根据纳税人公务交通、通信费用的实际发生情况调查测算，报经省级人民政府批准后确定，并报国家税务总局备案。其中：

北京京地税个〔2002〕116号：单位为个人通信工具（因公需要）负担通信费采取金额实报实销或限额实报实销部分的，可不并入当月工资、薪金征收个税。单位为个人通信工具负担通信费采取发放补贴形式的，应并入当月工资、薪金计征个税。

天津津地税个所〔2009〕5号：对单位向有关人员与业务工作有关的电话费补助等，凡不具有福利性质，即非全体人员都有的补助项目，不再征收个税。

山东鲁地税函〔2005〕33号：企事业单位自行制定标准发放给个人的公务通信补贴，其中：法人代表、总经理每月不超过500元（含500元），其他人员每月不超过300元（含300元）的部分，可在个人所得税税前据实扣除。超过部分并入当月工资、薪金所得计征个税。取得公务通信补贴，同时又在单位报销相同性质通信费用的，其取得的公务通信补贴不得在个人所得税前扣除。凡发放公务通信补贴的单位，应将本单位发放标准及范围的文件或规定等材料报送主管税务机关备案。

d）单位为个人购买汽车、住房、电子计算机等不属于临时性生活困难补助性质的支出［《国家税务总局关于生活补助费范围确定问题的通知》（国税发〔1998〕155号）］。

e）单位执行物业费、供暖费货币化改革，向员工个人支付的物业费补贴、供暖费补贴（《中华人民共和国个人所得税法实施条例》）。

5）保险赔款。

6）军人的转业费、复员费、退役金。

7）按照国家统一规定发给干部、职工的安家费、退职费、退休工资、离休工资、离休生活补助费。

8）国务院规定的其他免税所得。

（2）其他免税项目

1）中国科学院和中国工程院院士津贴、资深院士津贴［《财政部　国家税务总局关于对中国科学院中国工程院资深院士津贴免征个人所得税的通知》（财税字〔1998〕118 号）］。

2）社会基本保险、公积金（《中华人民共和国个人所得税法》）。

企事业单位按照国家或省（自治区、直辖市）人民政府规定的缴费比例或办法实际缴付的基本养老保险费、基本医疗保险费和失业保险费，免征个人所得税。

个人实际领（支）取原提存的基本养老保险金、基本医疗保险金、失业保险金和住房公积金时，免征个人所得税。

单位为员工购买或员工个人购买的税优健康险，每月不超 200 元的部分，免征个人所得税［《财政部　国家税务总局保监会关于将商业健康保险个人所得税试点政策推广到全国范围实施的通知》（财税〔2017〕39 号）］。

【小贴士】

商业养老保险缴费扣除试点政策，目前仅在上海市、福建省（含厦门市）和苏州工业园区执行，其他地区暂不支持。

【小贴士】

超过规定比例缴付的部分，应当并入个人当期的工资、薪金所得计税。

《财政部　国家税务总局关于个人所得税有关问题的批复》（财税〔2005〕94 号）规定，单位为职工个人购买商业补充养老保险、商业补充医疗保险等，在办理投保手续时应作为个人所得税的“工资、薪金所得”项目，按税法规定缴纳个人所得税；因各种原因退保、个人未取得实际收入的，已缴纳个人所得税应予以退回。

3）股份制企业以股票溢价发行收入所形成的资本公积金转增个人股本的时候，个人取得的转增股本，不作为个人所得，不征收个人所得税［《关于股份制企业转增股本和派发红股征免个人所得税的通知》国税发〔1997〕198 号）］。

4）工作职工及其亲属获得工伤保险待遇，免征个人所得税［《财政部　国家税务总局关于工伤职工取得的工伤保险待遇有关个人所得税政策的通知》（财税〔2012〕40 号 ）］。

（3）暂免征税项目

1）已经达到离休、退休年龄，由于工作需要而留任的享受政府特殊津贴的专家、学者和中国科学院、中国工程院院士，在缓办离休、退休期间工资、薪金所得［《财政部　国家税务总局关于高级专家延长离休退休期间取得工资薪金所得有关个人所得税问题的通知》（财税〔2008〕7号）]。

【小贴士】

延聘专家、学者、院士的工资、薪金所得免征个税，其他延聘人员的工资、薪金所得应依法计征个税；返聘人员的返聘工资也需依法计征个税。

2）企业年金、职业年金。根据《财政部　人力资源和社会保障部　国家税务总局〈关于企业年金、职业年金个人所得税有关问题的通知〉》（财税〔2013〕103号）规定，从2014年1月1日起，企业和事业单位（以下统称单位）根据国家有关政策规定办法和标准，为在本单位任职或者受雇的全职职工缴付的企业年金或职业年金（以下统称年金）单位缴费部分，在计入个人账户时，个人暂不缴纳个人所得税。

个人根据国家有关政策规定缴付的年金个人缴费部分，在不超过本人缴费工资计税基数的4%标准内的部分，暂从个人当期的应纳税所得额中扣除。

【小贴士】

超出上述规定标准缴付的年金单位缴费和个人缴费部分，应并入个人当期的工资、薪金所得，依法计征个人所得税。

企业年金个人缴费工资计税基数为本人上年度月平均工资。月平均工资按照国家统计局规定列入工资总额统计的项目计算。月平均工资超过职工工作地所在地区城市上一年度职工月平均工资300%以上的部分，不计入个人缴费工资计税基数。

职业年金个人缴费工资计税基数为职工岗位工资和薪级工资之和。职工岗位工资和薪级工资之和超过职工工作地所在地区城市上一年度职工月平均工资300%以上的部分，不计入个人缴费工资计税基数。

3）个人与用人单位解除劳动关系取得一次性补偿收入（包括用人单位发放的经济补偿金、生活补助费和其他补助费），在当地上年职工平均工资3倍数额以内的部分，免征个人所得税；超过3倍数额的部分，不并入当年综合所得，单独适用综合所得税率表，计算纳税［《财政部　国家税务总局关于个人所得税法修改后有关优惠政策衔接问题的通知》（财税〔2018〕164号）］。

个人所得税代扣代缴手续费返还收入，用于奖励有关工作人员时，应按照税法规定缴纳个人所得税。

【小贴士】

根据税法规定，对扣缴义务人按照所扣缴的税款，付给2%的手续费。付给的手续费，可以追溯3年。

根据税务局网站或者个税专管员的通知，在税务局网站上下载个人所得税手续费返还表格填完后，加盖本单位公章（一式两份）交给本单位的个税专管员；也可根据税务通知，登录自然人税收管理系统扣缴端，进入“退付手续费核对”界面进行年度代扣代缴税款核对，确认手续费返还金额后，提交退税申请即可，不再需要去税务机关办理退税手续。

取得的个人所得税手续费返还收入应按照“经纪代理服务”缴纳增值税（按未开票收入申报），税率为6%。同时还应计入企业所得税应税收入中，参与单位当年的企业所得税汇算。

（4）减税项目（《中华人民共和国个人所得税法》）

①残疾、孤老人员和烈属的所得

经省级人民政府批准可减征个人所得税的残疾、孤老人员和烈属的所得仅限于劳动所得，具体所得项目为：工资、薪金所得，对企事业单位的承包经营、承租经营所得，劳务报酬所得，稿酬所得，特许权使用费所得。其他各项所得，即利息、股息、红利所得，财产租赁所得，财产转让所得，偶然所得和经国务院财政部门确定征税的其他所得，不属减征照顾的范围。

【小贴士】

根据《北京市财政局北京市地方税务局关于残疾、孤老人员和烈属的所得减征个人所得税问题的通知》（京财税〔2006〕947号）文件规定：“一、持有区县以上民政部门、残联有效证件或证明的烈属、孤老人员和残疾人的下列所得，分别享受减征个人所得税优惠政策：个人的工资、薪金所得；劳务报酬所得；稿酬所得；特许权使用费所得，按应纳税额减征50%的个人所得税。”各地区的减征额度由各省、自治区、直辖市人民政府制定。

②因严重自然灾害造成重大损失的

由省、自治区、直辖市人民政府规定减征个人所得税的项目、具体幅度和期限。

19.5.1.6　涉及捐赠的个人所得税处理办法

对于符合条件的捐赠，可在计算个人所得税时税前全额扣除或者按限额扣除30%，具体处理方法如下：

（1）全额扣除的政策规定

个人向公益性青少年活动场所（其中包括新建）的捐赠，红十字事业的捐赠，福利性、非营利性的老年服务机构的捐赠，农村义务教育的捐赠，中华健康快车基金会、孙冶方经济科学基金会、中华慈善总会、中国法律援助基金会、中华见义勇为基金会的捐赠，中国医药卫生事业发展基金会等捐赠，准予在计算个人所得税税前全额扣除。

（2）限额扣除30%的政策规定

个人将其所得对教育事业和其他公益事业的捐赠，是指个人将其所得通过我国境内的社会团体、国家机关向教育和其他社会公益事业以及遭受严重自然灾害地区、贫困地区的捐赠。捐赠额未超过纳税义务人申报的应纳税所得额30%的部分，可以从其应纳税所得额中扣除。

举例：张某2019年全年工资收入180 000元（“五险一金”个人负担部分为36 000元，专项附加扣除金额为24 000元），当年无其他综合所得。当年将其中10 000元通过当地县政府民政部门捐赠给四川某贫困山区，捐赠扣除限额计算如下：应纳税所得额=（180 000-60 000-36 000-24 000）元=60 000元，允许扣除的捐款限额=60 000×30%元=18 000元，则2019年张某可以扣除的捐赠额为10 000元。

（3）注意事项

1）须取得财政部门印制的捐赠专用收据。捐赠专用收据图样如图19－3所示。

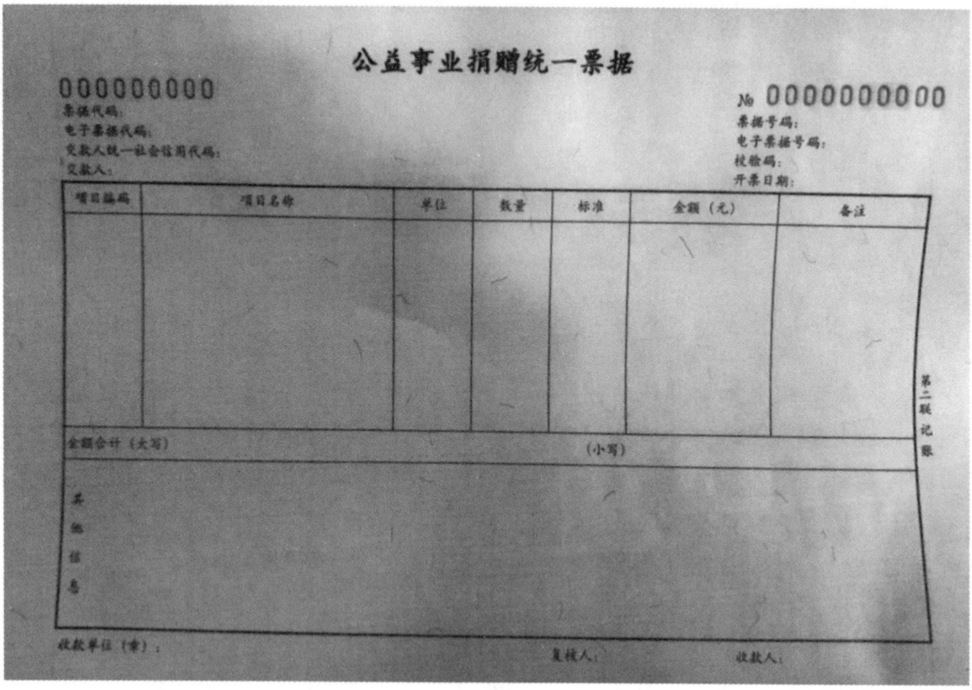
公益事业捐赠统一票据

0000000000
票据代码：
电子票据代码：
交款人统一社会信用代码：
交款人：

№ 0000000000
票据号码：
电子票据号码：
校验码：
开票日期：

项目编码	项目名称	单位	数量	标准	金额（元）	备注
金额合计（大写）			（小写）			
其他信息						

第二联 记账

收款单位（章）：　　复核人：　　收款人：

图19－3　捐赠专用收据图样

2）捐赠对象：必须是向教育和其他社会公益事业以及遭受严重自然灾害地区、贫困地区的捐赠。

3）捐赠途径：捐赠必须通过境内的社会团体或国家机关进行。直接向受赠单位或个人的捐赠，不能在个人所得税税前扣除。

4）捐赠扣除尺度：一般情况下捐赠未超过纳税义务人申报的应纳税所得额30%的部分，可以从其应纳税所得额中扣除；准予在计算缴纳个人所得税税前全额扣除的捐赠，必须有文件明确规定的才能税前扣除。

5）捐赠扣除期限：个人在税前扣除的对教育事业和其他公益事业的捐赠，其捐赠资金应属于其纳税申报当期的应纳税所得；当期扣除不完的捐赠余额，不得转到其他应税所得项目以及纳税申报期的应纳税所得中继续扣除，也不允许将当期捐赠在属于以前纳税申报期的应纳税所得中追溯扣除。

19.5.2　居民个人其他综合所得的个人所得税代扣代缴

19.5.2.1　其他综合所得的范围

除工资、薪金所得外，其他综合所得包括扣缴义务人向居民个人支付的劳务报酬所得、稿酬所得、特许权使用费所得。

（1）劳务报酬所得

劳务报酬所得，是指个人从事劳务所得，包括从事设计、装潢、安装、制图、化验、测试、医疗、法律、会计、咨询、讲学、翻译、审稿、书画、雕刻、影视、录音、录像、演出、表演、广告、展览、技术服务、介绍服务、经纪服务、代办服务以及其他劳务所得。

劳务报酬所得以收入减除费用后的余额为收入额。

减除费用：预扣预缴税款时，劳务报酬所得每次收入不超过 4 000 元的，减除费用按 800 元计算；每次收入 4 000 元以上的，减除费用按收入的 20%计算。

应纳税所得额：劳务报酬所得以每次收入额为预扣预缴应纳税所得额，计算应预扣预缴税额。劳务报酬所得适用个人所得税预扣率见表 19－3。

表 19－3　劳务报酬所得适用个人所得税预扣率

（居民个人劳务报酬所得预扣预缴适用）

级数	预扣预缴应纳税所得额	预扣率（%）	速算扣除数(元)
1	不超过 20 000 元的	20	0
2	超过 20 000 元至 50 000 元的部分	30	2 000
3	超过 50 000 元的部分	40	7 000

本项目主要涉及外单位人员，如评审费。

【小贴士】

本单位支付的所得项目，由本单位代扣代缴个人所得税；非本单位支付的所得项目，本单位无代扣代缴个人所得税的义务。

举例：2019 年 2 月，某研究所××项目组召开项目归零评审会，发放给参与评审的××大学的张教授评审费 1 000 元，如何计算个税？

解析：劳务报酬所得每次收入不超过 4 000 元的，减除费用 800 元；超过 4 000 元的，减除 20%的费用，以其余额为应纳税所得，按照表 19－3 列出的税率计算应纳税额。

张教授的此笔评审费应纳税额＝(1 000−800)×20%元＝40 元。

【小贴士】

劳务报酬所得和工资、薪金所得的区别主要在于，劳务报酬所得是个人独立从事各种技艺、提供各项劳务所取得的报酬。工资、薪金所得是个人从事非独立个人劳务活动，以及在机关、团体、学校、部队、企事业单位及其他组织中任职、受雇而取得的报酬。

（2）稿酬所得

稿酬所得是指个人因其作品以图书、报刊的形式出版、发表所得。

稿酬所得以收入减除费用后的余额为收入额；同时，稿酬所得的收入额减按 70%计算。

减除费用：预扣预缴税款时，稿酬所得每次收入不超过 4 000 元的，减除费用按 800 元计算；每次收入 4 000 元以上的，减除费用按收入的 20%计算。

应纳税所得额：稿酬所得适用 20%的比例预扣率。

本项目涉及在本单位领取稿酬的本单位员工和外单位人员，如：本单位职工在单位期刊上发表文章取得的稿酬收入。

举例：李某在××研究所担任会计，该所有内部期刊《××报》，李某 2018 年 6 月份在《××报》上发表文章取得稿酬收入 1 500 元。李某的稿酬所得如何计算个税？

解析：根据国税函〔2002〕146 号《国家税务总局关于个人所得税若干业务问题的批复》：任职、受雇于报纸、杂志等单位的记者、编辑等专业人员，因在本单位的报刊、杂志上发表作品所得，属于因任职、受雇而取得的所得，应与其当月工资收入合并，按“工资、薪金所得”项目征收个人所得税。除上述专业人员以外，其他人员在本单位的报刊、杂志上发表作品所得，应按“稿酬所得”项目征收个人所得税。因此，李某的稿酬所得应按“稿酬所得”预扣预缴个人所得税。李某的稿酬收入预扣预缴税额＝（1 500－800）×20%×（1－30%）元＝98 元。

【小贴士】

图书、报刊、杂志等是指有国家新闻出版广播电影电视总局核定刊号的刊物。

【小贴士】

根据《国家税务总局关于印发〈关于个人所得税若干问题的规定〉的通知》（国税发〔1994〕89 号），作者将自己的文字作品手稿原件或复印件拍卖所得，应以其转让收入额减除 800 元（转让收入额 4 000 元以下）或者 20%（转让收入额 4 000 元以上）后的余额为应纳税所得额，按照“特许权使用费所得”项目适用 20%税率缴纳个人所得税。因此，不适用于“稿酬所得”项目征税。

（3）特许权使用费所得

特许权使用费所得是指个人提供专利权、商标权、著作权、非专利技术以及其他特许权的使用权所得；提供著作权的使用权所得，不包括稿酬所得。

特许权使用费所得以收入减除费用后的余额为收入额。

减除费用：预扣预缴税款时，特许权使用费所得每次收入不超过 4 000 元的，减除费用按 800 元计算；每次收入 4 000 元以上的，减除费用按收入的 20%计算。

应纳税所得额：特许权使用费所得适用 20%的比例预扣率。

本项目涉及由本单位支付特许权使用费的本单位员工和外单位人员，如：××研究所员工张某将自己的专利技术转让给研究所使用取得的特许权使用费收入。

【小贴士】

所说的专利权，是由国家专利主管机关授予专利申请人或其权利继承人在一定期间内实施其发明创造的专有权。

【小贴士】

所说的商标权，即商标注册人享受的商标专用权。

【小贴士】

所说的著作权，是作者依法对文学、艺术和科学作品享有的专有权。

扣缴义务人向居民个人支付工资、薪金所得，劳务报酬所得，稿酬所得，特许权使用费所得时，按前文所述方法预扣预缴个人所得税，并向主管税务机关报送《个人所得税扣缴申报表》。年度预扣预缴税额与年度应纳税额不一致的，由居民个人于次年 3 月 1 日至 6 月 30 日向主管税务机关办理综合所得年度汇算清缴，税款多退少补。

19. 5. 2. 2　其他综合所得对于"每次"的确认方法

劳务报酬所得、稿酬所得、特许权使用费所得，属于一次性收入的，以取得该项收入为一次；属于同一项目连续性收入的，以一个月内取得的收入为一次。

19. 5. 3　分类所得的个人所得税扣缴

19. 5. 3. 1　分类所得

我国现行个人所得税实行综合与分类相结合的税制，分类所得包括：利息、股息、红利所得，财产租赁所得，财产转让所得，偶然所得。

（1）利息、股息、红利所得

利息、股息、红利所得是指个人拥有债权、股权而取得的利息、股息、红利所得。

本项目涉及在本单位获取利息、股息、红利的本单位员工和外单位人员，如：××上市公司为其股东派发的股息收入。

【小贴士】

所说的利息，是指个人拥有债权所得，包括存款利息、贷款利息和各种债券利息以及其他形式取得的利息。

【小贴士】

所说的股息、红利，是指公司、企业按照个人拥有的股份分配的息金、红利。

上市公司在现金分红后，上市公司作为扣缴义务人对其个人股东股息收入的个人所得税进行代扣代缴。

《财政部　国家税务总局　证监会关于上市公司股息红利差别化个人所得税政策有关问题的通知》（财税〔2015〕101号）规定：

1）个人从公开发行和转让市场取得的上市公司股票，持股期限超过1年的，股息红利所得暂免征收个人所得税；个人从公开发行和转让市场取得的上市公司股票，持股期限在1个月以内（含1个月）的，其股息红利所得全额计入应纳税所得额；持股期限在1个月以上至1年（含1年）的，暂减按50%计入应纳税所得额。

2）上市公司派发股息红利时，对个人持股1年以内（含1年）的，上市公司暂不扣缴个人所得税；待个人转让股票时，证券登记结算公司根据其持股期限计算应纳税额，由证券公司等股份托管机构从个人资金账户中扣收并划付证券登记结算公司，证券登记结算公司应于次月5个工作日内划付上市公司，上市公司在收到税款当月的法定申报期内向主管税务机关申报缴纳。

【小贴士】

为简便代扣代缴分红的个人所得税的流程，上市公司一般会在税务局进行备案，对分红的个人所得税进行汇总申报。申报时收入为收到的红利税除以20%，以此作为应纳税所得额。

（2）财产租赁所得

财产租赁所得，是指个人出租不动产、机器设备、车船以及其他财产所得。

本项目涉及从本单位获取财产租赁所得的本单位员工和外单位人员，如××研究所员工赵某将自己的居住用房租赁给研究所，用于研究所职工宿舍取得的房屋租赁收入。

（3）财产转让所得

财产转让所得，是指个人转让有价证券、股权、合伙企业中的财产份额、不动产、机器设备、车船以及其他财产所得。

本项目涉及由本单位获取财产转让所得的本单位员工和外单位人员，如××研究所员工孙某将自己的机动车转让给研究所取得的转让收入。

（4）偶然所得

偶然所得是指个人得奖、中奖、中彩以及其他偶然性质的所得。

本项目涉及从本单位获取偶然所得的本单位员工和外单位人员，如本单位员工获得的地方政府奖励。

举例：某单位承担的项目获得××地方政府奖励200万元，该单位按项目参与人员分别给予奖励，项目人员包括该单位人员和外部聘请的专家，此类奖励的发放该单位按偶然所得扣缴个人所得税，应纳个人所得税税额合计为 200×20%万元＝40 万元。

【小贴士】

单位在对外接待活动中赠送给外单位人员的纪念品，按“偶然所得”为其扣缴个人所得税。如××单位赠送给外宾价值 500 元的航天纪念品，该单位按偶然所得为外宾扣缴个人所得税合计为 500×20%元＝100 元。

19.5.3.2　适用税率

利息、股息、红利所得，财产租赁所得，财产转让所得和偶然所得，适用比例税率，税率为 20%。

19.5.3.3　应纳税所得额

应纳税所得额需要确认的事项包括：财产租赁所得应纳税所得额的确定，财产转让所得应纳税所得额的确定，利息、股息、红利所得和偶然所得应纳税所得额的确定。

（1）财产租赁所得应纳税所得额的确定

财产租赁所得，每次收入不超过 4 000 元的，减除费用 800 元；4 000 元以上的，减除 20%的费用，其余额为应纳税所得额。

（2）财产转让所得应纳税所得额的确定

财产转让所得，以转让财产的收入额减除财产原值和合理费用后的余额，为应纳税所得额。

（3）利息、股息、红利所得和偶然所得应纳税所得额的确定

利息、股息、红利所得和偶然所得，以纳税人每次取得收入额为应纳税所得额。

19.5.3.4　分类所得关于“每次”的确认方法

分类所得关于“每次”的确认应遵循以下原则：

1）财产租赁所得，以一个月内取得的收入为一次。

2）利息、股息、红利所得，以支付利息、股息、红利时取得的收入为一次。

3）偶然所得，以每次取得该项收入为一次。

19.5.4　申报与缴纳

19.5.4.1　申报准备

收集个人所得税代扣代缴工作需要的信息，主要包括个人身份信息、收入项目及金额、专项附加扣除信息、各项减免税凭证（如税优健康险的税优识别码）等。原则上，工资、薪金所得涉及的信息由本单位人力资源部门提供，其他个税涉税项目的代扣代缴信息由本单位其他业务部门提供。

【小贴士】

中国居民身份证号码为个人所得税纳税人识别号，故申报个人所得税时人员信息必须准确，姓名、身份证号码务必核对无误。

19.5.4.2 申报流程

每月15日前，需要在自然人税收管理系统扣缴客户端中进行个人所得税代扣代缴申报工作。

【小贴士】

一般个税代扣代缴的征期截止日为每月15日，遇节假日顺延，建议各单位提前2~3个工作日完成申报工作，若申报信息在申报系统校验报错，可在申报日前及时更正，确保在每月个税申报日前1个工作日顺利完成申报，并在税务主管机关规定的税收征管期及时扣缴税款。

（1）填写“人员信息”表格

①人员信息登记

人员信息登记，即把需要申报的人员信息添加到软件中。目前的添加方式有两种：单个“添加”和批量“导入”。

单个添加适合于本单位人员信息较少的情况。

当本单位人员信息较多时，可以使用批量导入功能。

新增人员后，需要将纳税人的信息通过自然人税收管理系统扣缴客户端进行身份验证，身份验证通过后可继续办理相关业务。如果身份验证不通过，需要对证照号码进行修改的，必须重新添加人员信息。

【小贴士】

在进行人员信息采集时，若相关信息不符合规范，在“添加”或“导入”时会有对应的提示。如：身份证号码不满足校验规则、姓名中不能有特殊字符等。在弹出相关提示时，需按照提示的要求，更改相关信息为合规信息后，重新保存即可。

【小贴士】

若进行人员信息采集时姓名中包含生僻字，不能通过输入法正常录入的，可先安装生僻字补丁包后再进行人员姓名录入。

②人员信息编辑

人员信息采集到系统后，人员信息存在错误或发生变化时，需修改或删除人员信息后重新采集人员信息。

人员已报送成功，则人员信息不允许删除，只能修改；未报送的人员，既可删除重新采集信息，也可直接修改错误信息。

证照类型、证照号码、国籍信息不允许修改。若录入错误，可把人员状态改为［非正常］，重新登记正确的人员信息。

③人员报送登记

人员信息登记完毕后，需要点击“报送”/“获取反馈”将人员信息报送及获取身份验证结果，获取身份验证结果后继续办理后续业务。

身份验证状态为“验证通过”的，表示人员身份信息与公安机关的居民身份登记信息一致，可进行下一步操作。

身份验证状态为“验证不通过”的，表示人员身份信息与公安机关的居民身份登记信息不一致，扣缴义务人应对其进行核实，经核实确存在问题的，应予以修正；如果经核实自然人身份信息准确无误的，则该自然人需前往办税服务厅进行登记。

身份验证状态为“验证中”的，表示尚未获取到公安机关的居民身份登记信息。扣缴单位可以忽略该结果，正常进行后续操作。

身份验证状态为“暂不验证”的，表示税务系统暂未与第三方系统联通交互，目前尚无法进行验证。扣缴单位可以忽略该结果，正常进行后续操作。

【小贴士】

人员状态为正常，指可以申报的人员，一般为在职人员；人员状态为非正常，指不可以申报的人员，一般为离职或退休人员。根据全员全额明细申报的要求，处于在职状态或其他需代扣代缴个税的人员，应设置为“正常”状态；反之可设置为“非正常”状态。

【小贴士】

纳税人姓名和身份证信息校验通过后，方可报税。

【小贴士】

离职人员一定要改为“非正常”状态，否则在填写“正常工资薪金”时，会提示将离职人员进行“零申报”。为了保护离职人员的权益，不要对离职人员进行“零申报”。

（2）专项附加扣除信息采集

符合子女教育、继续教育、住房贷款利息或住房租赁、赡养老人专项附加扣除范围和条件的纳税人，自其符合条件开始，可以向取得工资、薪金所得的扣缴义务人提供上述专项附加扣除有关信息，由扣缴义务人在次月预扣预缴税款时办理扣除；也可以在次年 3 月 1 日至 6 月 30 日内，向税务机关办理汇算清缴申报时扣除。

①填报途径

纳税人可以通过远程办税端、电子或者纸质报表等方式，向扣缴义务人或者主管税务机关报送个人专项附加扣除信息。

本指南主要介绍纳税人通过填写电子或者纸质《专项附加扣除信息表》直接报送扣缴义务人的，扣缴义务人的操作方法。

首页功能菜单下点击“专项附加扣除信息采集”，显示可采集的专项附加扣除项目，分别为“子女教育支出”“继续教育支出”“住房贷款利息支出”“住房租金支出”“赡养老人支出”。与人员信息采集方法类似，专项附加扣除信息可以单条增加，也可以批量导入，如图 19－4 所示。

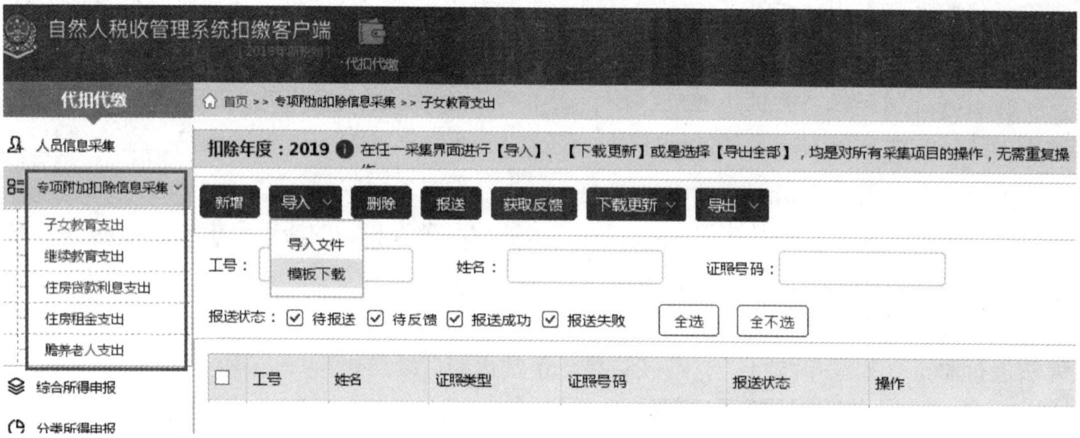

图 19－4　专项附加扣除信息采集界面

所有专项附加扣除信息的采集操作基本类似，只是各项专项附加扣除采集的数据项有所不同。

②获取专项附加扣除信息

扣缴义务人点击“下载更新”，可下载各渠道（税务局端、扣缴客户端、WEB、APP 端）填报并指定给该扣缴义务人预扣预缴时扣除的专项附加扣除信息。可自行选择下载全部人员或下载指定人员的专项附加扣除信息。如果本地有“待反馈”的专项附加扣除信息，先通过“获取反馈”获取报送结果，确保各专项附加扣除项目下均无“待反馈”记录后，再进行下载。点击“下载更新”时，若存在“待反馈”的专项附加扣除信息，则弹出提示后结束操作。

可选择“选中人员”或“全部人员”进行专项附加扣除信息的导出，客户端会将导出的 Excel 表单放置在文件夹内［文件夹命名为：专项附加扣除信息（导出）_ 日期］，按照每个人员一张 Excel 表的形式进行展示。

【小贴士】

“下载更新”仅能对“人员信息采集”报送成功的人员进行下载更新，若存在未报送成功的人员，该人员的专项附加扣除信息将无法下载。

（3）预扣预缴申报

实行个人所得税预扣预缴申报的综合所得包括：工资、薪金所得，劳务报酬所得，稿酬所得，特许权使用费所得。

首页功能菜单下点击“综合所得申报”，进入“综合所得预扣预缴表”界面，界面上方为申报主流程导航栏，根据“1 收入及减除填写”“2 税款计算”“3 附表填写”和“4 申报表报送”四步流程完成综合所得预扣预缴申报，如图 19－5 所示。

图 19－5　综合所得预扣预缴申报

①收入及减除填写

用于录入综合所得各项目的收入及减除项数据，所得项目名称包括“正常工资薪金所得”“全年一次性奖金收入”“年金领取”“解除劳动合同一次性补偿金”“劳务报酬所得（保险营销员、证券经纪人）”“劳务报酬所得（一般劳务、其他劳务）”“稿酬所得”“特许权使用费所得”“提前退休一次性补贴”和“个人股权激励收入”。点击界面下方综合所得申报表名称或“填写”进入表单，即可进行数据的录入，各项表单的填写方式，与“人员信息采集”的操作类似，都可选择使用单个添加，或下载模板批量导入。

1）正常工资薪金。《正常工资薪金》是工资、薪金所得的一部分，主要是单位每月发放给员工的工资。国税发〔2005〕第 205 号《个人所得税全员全额扣缴申报管理暂行办法》规定，扣缴义务人必须依法履行个人所得税全员全额扣缴申报义务。因此，《正常工资薪金》每月都需要全员申报，对于当月无工资的在职员工，需要进行零申报。

数据的填写方式，与“人员信息采集”功能类似。可以单个人员添加，也可以批量导入。

对于员工数据较少的单位，可以选择单个人员薪资数据的录入。对于员工数量较多的单位，建议用批量导入功能。

注意金额栏数据小数点后保留两位，多于两位的数据自动四舍五入。

点击“预填专项附加扣除”，弹出提示框，勾选确认需要进行自动预填，选择预填人员范围后，点击“确认”，可自动将采集的专项附加扣除信息下载到对应纳税人名下，自动填充申报表。为了避免员工通过其他渠道采集的专项附加扣除信息发生未扣、漏扣的情况，建议通过“专项附加扣除信息采集”菜单进行“下载更新”后，再进行“税款计算”。

【小贴士】

为了避免自然人税收管理系统扣缴客户端在线计算的税款与工资系统中计算的个税不一致的情况，建议申报个税时在“正常工资薪金所得”表格中导入专项附加扣除信息。

【小贴士】

商业健康险如果填写金额，须同时填写“扣缴所得税报告表”－“商业健康保险税前扣除情况明细表”。

【小贴士】

注意社保基数、住房公积金基数、残保金基数以及申报个人所得税金额口径的一致性。

2）劳务报酬所得。如发生评审费等，须填写“劳务报酬所得”表格，注意评审费只能发给非本单位人员。

申报评审费注意集团内部非本单位专家的申报，会涉及领导人员个人事项填报的准确性。

3）全年一次性收入。填写当月发放的全年一次性奖金收入总额。

根据实际情况，如发生稿酬、特许权使用费所得、经济补偿金等，须填写相应的表格。

综合所得预扣预缴申报表除正常工资薪金所得外，其他所得项目均没有专项扣除和专项附加扣除填写项。

综合所得里的“正常工资薪金”“个人股权激励收入”“年金领取”“提前退休一次性补贴”“解除劳动合同一次性补偿金”“全年一次性奖金收入”都只有雇员才能填写。

②税款计算

点击“税款计算”，系统自动对“收入及减除填写”模块中填写的数据进行计税，其中工资、薪金所得项目会下载本纳税年度上期累计数据，再与当期填写的数据合并累计计税（税款所属期为一月时只检查是否有待计算数据，有则进行算税）。“税款计算”界面上会分所得项目显示对应项目的明细数据和合计数据，右上角显示综合所得的合计数据，包括申报总人数、收入总额、应纳税额和应补退税额，如图 19－6 所示。

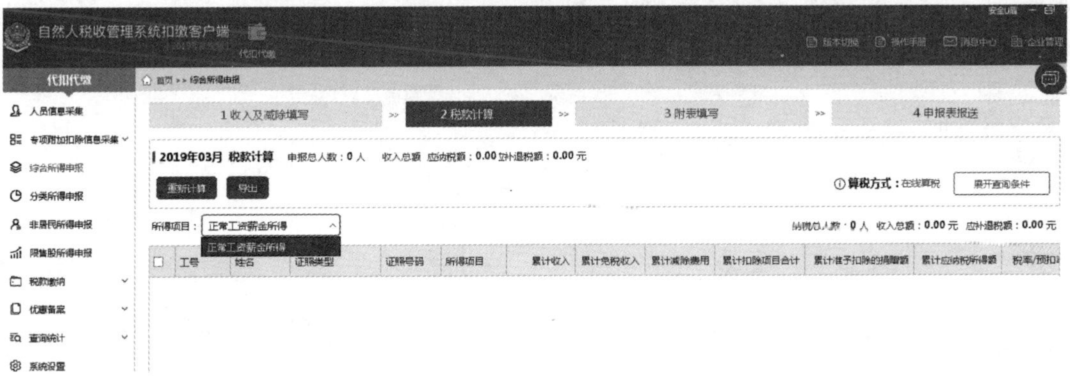

图 19－6　综合所得税款计算

③附表填写

在收入及减除中填写了减免税额、商业健康保险、税延养老保险的情况下，需要在相应附表里面完善减免信息，比如：减免事项、减免性质、减免税额等，如图 19－7 所示。

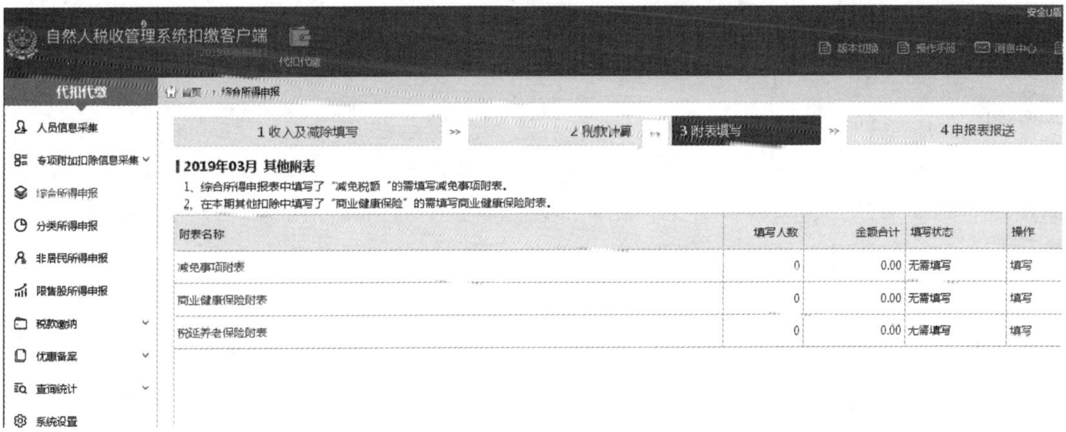

图 19－7　综合所得申报之附表填写

【小贴士】

税优健康险必须填写“税优识别码”一栏。

1）分类所得申报。实行个人所得税分类所得扣缴申报的应税所得包括：利息、股息、红利所得，财产租赁所得，财产转让所得，偶然所得。

首页功能菜单点击“分类所得申报”，进入“一般分类所得代扣代缴申报”界面，界面上方为申报主流程导航栏，根据“1 收入及减除填写”“2 附表填写”和“3 申报表报送”三步流程完成分类所得代扣代缴申报，如图 19－8 所示。

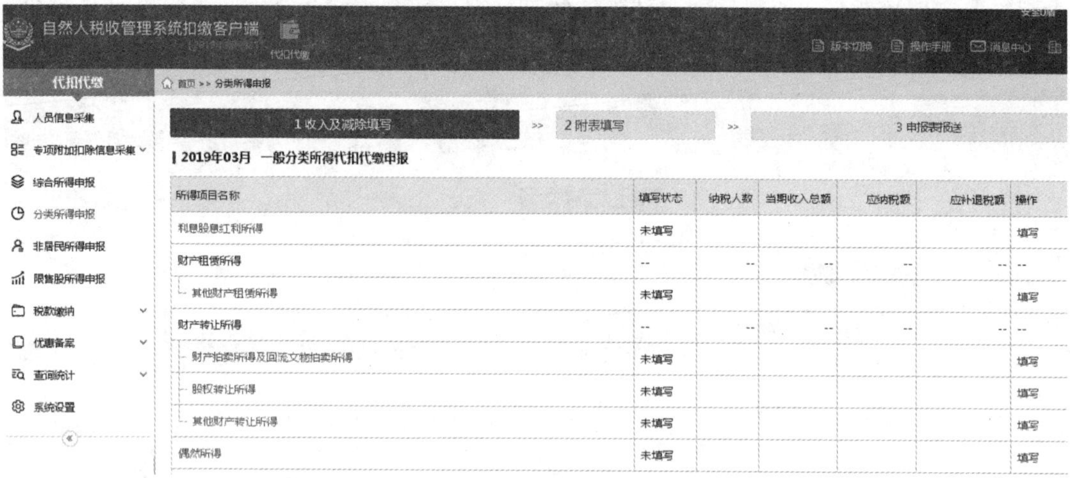

图 19－8　分类所得申报

分类所得申报整体业务与综合所得预扣预缴填写操作基本一致。数据可以逐条增加，也可以批量导入。

2）申报表报送。申报表填写、税款计算完成后，点击“获取反馈”，显示“申报成功”，说明申报明细完成。

“申报表报送”需在法定申报期时才可点击进入申报界面。2019 年 3 税款所属期报表需在 2019 年 4 月时才可点击操作。

3）申报有误更正。综合所得个人所得税预扣预缴申报成功之后，发现有错报、漏报的情况，可使用预扣预缴申报更正功能，修改已申报的数据重新申报。在已缴款或未缴款的情况下均可使用此功能进行更正申报。在当前所得月份未缴款的前提下，可以使用预扣预缴申报作废功能，对已申报的数据进行作废处理。预扣预缴更正申报与作废申报的区别在于，申报成功后是否已缴税款。已缴款时只能更正申报，无法作废申报表。

分类所得扣缴申报成功后，已缴款或是未缴款的情况下均可进行更正申报。对于申报成功，当前所得月份未缴款或无须缴款时，可向税务机关发送请求作废当前所得月份的申报表。

（4）个人所得税汇算清缴

居民个人取得综合所得，按年计算个人所得税；有扣缴义务人的，由扣缴义务人按月或者按次预扣预缴税款；年度预扣预缴税额与年度应纳税额不一致的，由居民个人于次年 3 月 1 日至 6 月 30 日向主管税务机关办理综合所得年度汇算清缴，税款多退少补。

①基本概念

依据税法规定，年度终了后，居民个人需要在已预缴税款的基础上合并全年综合所得，“查遗补漏、汇总收支、按年算账、多退少补”，办理年度汇算。

全年综合所得仅限于上年 1 月 1 日至 12 月 31 日的工资薪金、劳务报酬、稿酬、特许权使用费四项所得。不涉及利息、股息、红利所得，财产租赁所得，财产转让所得，偶然所得，经营所得等分类所得，以及按规定选择不并入综合所得计算纳税的全年一次性奖金等所得。

②人员范围

不需要办理年度汇算的人员范围如下：

1）年度综合所得年收入不超过 12 万元，则无论补税金额多少，均无须办理年度汇算；

2）只要补税金额不超过 400 元，则不论综合所得年收入的高低，均不需办理年度汇算，取得综合所得时存在扣缴义务人未依法预扣预缴税款的情形除外；

3）如平时已预缴税额与年度应纳税额完全一致，既不需要退税，也不需要补税，则无须办理年度汇算；

4）自愿放弃退税的，无须办理年度汇算。

需要办理年度汇算的人员范围如下：

1）年度综合所得收入超过 12 万元且需要补税金额超过 400 元的；

2）年度已预缴税额大于年度应纳税额且申请退税的；

3）上年度调入的员工。

③办理时间及地点

需要办理汇算清缴的纳税人，应当在取得所得的次年 3 月 1 日至 6 月 30 日内，向任职、受雇单位所在地主管税务机关办理纳税申报，并报送《个人所得税年度自行纳税申报表》。纳税人有两处以上任职、受雇单位的，选择向其中一处任职、受雇单位所在地主管税务机关办理纳税申报；纳税人没有任职、受雇单位的，向户籍所在地或经常居住地主管税务机关办理纳税申报。

④办理方式

（a）自行办理

职工个人自行办理。可通过个人所得税 APP、自然人电子税务局网站办理。手续简便，保护个人隐私。

（b）委托单位办理

请任职受雇单位代为办理。需要个人与单位签订授权委托书、承诺书等，并提供单位以外取得的全部综合所得、各项扣除、已预缴税额等。

（c）委托第三方办理

委托涉税专业服务机构或其他单位代为办理。员工可自行联系代理机构，但需由员工自行支付服务费。

【小贴士】

由于个人所得税汇算清缴涉及较多个人隐私，建议单位做好指引，组织员工自行办理个税申报。

1）办理渠道。办理渠道有四种，包括手机个人所得税 APP、网上电子税务局、办税服务厅、邮寄。

【小贴士】

建议优先选择手机个人所得税 APP 和网上电子税务局办理，税务机关将按规定为个人提供申报表预填服务。

2）办理步骤。在办理年度汇算前，需准备好个人的收入、三险一金、专项附加扣除、其他扣除（年金、符合条件的商业健康保险或税延养老保险）、捐赠、税收优惠、已纳税款等相关信息或资料，以备填报申报信息时使用。

第一种，自行申报的步骤：

自行办理年度汇算时，须填写纳税申报表（个人所得税年度自行纳税申报表）；如有新增或者调整本人重要基础信息（如有效联系方式、银行卡）、专项附加扣除信息等扣除信息，需要对相应信息进行补充或更新。上述事项均可通过手机个人所得税 APP、自然人电子税务局等渠道“随时随地”办理。如不方便使用网络，也可以通过邮寄方式或者到办税服务厅办理。

第二种，委托单位申报的步骤：

根据《个人所得税法实施条例》第 29 条规定：“扣缴义务人存在为纳税人代为办理汇算清缴申报的义务。”员工选择单位代办年度汇算，单位可在自然人电子税务局为员工办理集中申报，步骤如下：

a）判断员工个人是否构成个人所得税法规定居民个人。

b）构成居民个人的，单位应与其签订《代理申报授权委托书》和《承诺书》，明确告知个人应承担的法律责任，如图 19－9 和图 19－10 所示。

c）员工向单位提供数据确认单，确认是否存在本单位月度个税申报数据以外的事项。如存在，需补充提供其上年度除本单位以外取得的综合所得收入、相关扣除、享受税收优惠、已预交的税款等信息。在上年取得全年一次性奖金时如是单独计算纳税的，年度汇算时是否并入综合所得计算纳税，需要员工预先做出选择。

d）根据员工提供的确认单，再次对员工姓名、身份证号码、手机号码等基本信息进行核实确认。

e）依据员工提供的补充信息资料，完善汇总其申报所用全部数据信息。

f）逐一对员工提供的数据资料进行整理、核对、判断。

依据整理完成的员工个人所得税基础申报数据，计算员工本年度最终应纳税额和应补（退）税额。

g）依据员工个人所得税基础申报数据及计算出的应退或应补税额情况，分不同情况进行筛选、汇总，将员工分成无须办理年度汇算的员工和需要办理年度汇算的员工。

h）需要办理年度汇算的员工，区分需补税和退税的员工，分别进行如下操作：

代理申报授权委托书

国家税务总局____________税务局：

兹委托__________________(统一社会信用代码：______________)办理(姓名) __________ (身份证号：____________________)2019 年度个人所得税综合所得汇算清缴纳税申报事项，受托人在委托期限内办理前述事项所签字确认的法律文件，委托人予以认可并承担由此引发的一切法律后果。

委托人和代理人承诺严格遵守有关税收法律法规及相关税收政策等。

委托期限自______年_____月_____日至_______年_____月____日。

委托人(签名)：______________________

身份证号：______________________

日期：_____年____月____日

联系方式：______________________

图 19－9　代理申报授权委托书

承诺书

索引号：（建议按部门+员工编号）

本人_________ (身份证号：______________________)就 2019 年度综合所得个人所得税汇算清缴有关情况声明如下：

本人选择委托______________________（单位全称）（统一社会信用代码：______________________）办理汇算清缴。本人承诺：真实提供本人 2019___纳税年度完整的综合所得收入、扣除、优惠等信息资料，并对所提供信息资料的真实性、准确性、完整性负责，并自愿承担因此所产生的一切法律后果。

承诺人（签名）：_________________________

承诺日期：______年_____月_____日

图 19－10　承诺书

需要补税的员工，由单位通过自然人税收管理系统进行申报，并统一代扣代缴。需要退税的员工，由单位通过自然人税收管理系统进行申报，员工提供个人银行卡信息，税款由税务机关审核后直接退至个人账户。

i）经法人授权后，单位登录“自然人电子税务局”，点击“单位办税”进入“集中申报”办税菜单。

j）单位完成申报手续后，告知个人申报情况，并将数据信息向个人进行反馈，告知其是否需要申报的理由、已补缴税款、应退还税款等信息，由个人进行确认。如果个人提供的数据信息有误，可以通过自行申报调整，也可以告知单位后由单位调整申报。

k）对于汇算已补缴税款的员工，其已扣缴的税款应在下一次发放薪酬时予以扣除或向员工直接收取。

第三种，委托第三方办理的步骤：

委托涉税专业服务机构或其他单位及个人办理。选择这种方式，需要与受托人签订委托授权书，并提供与申报相关的收入、扣除、纳税信息资料。

3）应补（退）税额计算方法。

年度汇算应退或应补税额=［（综合所得收入额-60 000元-“三险一金”等专项扣除-子女教育等专项附加扣除-依法确定的其他扣除-捐赠）×适用税率-速算扣除数］-2019年已预缴税额

4）如何办理退税、补税。需要退税的，只要在申报表的相应栏次勾选“申请退税”，并提供符合条件的个人银行账户（税务局建议使用个人的工资卡账户），即完成了申请提交。税务机关按规定履行必要的审核程序后即可为个人办理退税，退税款直达个人银行账户。

需要补税的，通过网上银行、办税服务厅POS机刷卡、银行柜台、非银行支付机构等方式即可完成税款缴纳。

5）留存资料。汇算清缴结束后，需将年度汇算申报表以及与综合所得收入、扣除、已缴税额或税收优惠等相关资料留存备查，自年度汇算期结束之日起留存5年。

6）注意事项。未按规定办理年度汇算，需要承担的责任如下：

如员工需要退税，没有办理年度汇算，无须承担后果。

如员工需要补交税款，未依法办理年度汇算的，可能面临税务机关的行政处罚，构成犯罪的，依法承担刑事责任，并计入个人纳税信用档案。

19.5.4.3 缴纳税款

缴纳税款有两种方式：一种是网上缴费，企业和银行及税务系统签了三方协议后，可以直接在自然人税收管理系统扣缴客户端缴款；另一种是在银行窗口缴款，企业未办理三方缴款协议的，需在“互联网税务局”打印缴款书后，去基本户银行缴款。

19.5.5 个人所得税会计核算

财务部门按照国家有关财务、会计制度的规定对代扣代缴的个人所得税进行账务处理。依据《军工科研事业单位财务制度》（财防〔2012〕386号）和《军工科研事业单位会计制度》（财防〔2013〕381号），具体会计分录如下：

代扣个人所得税：

借：应付职工薪酬等

　　贷：应缴税费-应缴个人所得税

代缴个人所得税：

借：应缴税费-应缴个人所得税

　　贷：银行存款

19.5.6　个人所得税纳税筹划

19.5.6.1　纳税筹划的目的

第一，在合法合规的前提下，保证实际所得不变，同时减少名义所得和名义支出，从而降低应纳税所得额。

第二，对可以减除一定费用的应税所得项目，应尽可能扩大减除费用额度。

建议各单位根据实际情况对个人所得税进行合理筹划，在依法依规的前提下实现单位利益和员工利益的最大化。

【小贴士】

注意社保基数、住房公积金基数以及申报个人所得税金额口径的一致性。建议各单位关注社保政策，依法合规缴纳社保。

19.5.6.2　年终奖和月收入分配方案建议

《中华人民共和国个人所得税法》《国家税务总局关于调整个人取得全年一次性奖金等计算征收个人所得税方法问题的通知》（国税发〔2005〕9号）规定：

1）全年一次性奖金是指行政机关、企事业单位等扣缴义务人根据其全年经济效益和对员工全年工作业绩的综合考核情况，向员工发放的一次性奖金。

上述一次性奖金也包括年终加薪、实行年薪制和绩效工资办法的单位根据考核情况兑现的年薪和绩效工资。

2）纳税人取得全年一次性奖金，单独作为一个月工资、薪金所得计算纳税，并按以下计税办法，由扣缴义务人发放时代扣代缴：

将员工当月内取得的全年一次性奖金，除以12个月，按其商数确定适用税率和速算扣除数。

应纳税额=员工当月取得全年一次性奖金×适用税率-速算扣除数

根据《关于个人所得税法修改后有关优惠政策衔接问题的通知》（财税〔2018〕164号），居民个人取得全年一次性奖金，符合《国家税务总局关于调整个人取得全年一次性奖金等计算征收个人所得税方法问题的通知》（国税发〔2005〕9号）规定的，在2021年

12 月 31 日前，不并入当年综合所得，以全年一次性奖金收入除以 12 个月得到的数额，按照按月换算后的综合所得税率表（见表 19－4，以下简称“月度税率表”），确定适用税率和速算扣除数，单独计算纳税。计算公式为

应纳税额=全年一次性奖金收入×适用税率-速算扣除数

表 19－4　按月换算后的综合所得税率表

级数	每月应纳税所得额	税率(%)	速算扣除数
1	不超过 3 000 元的	3	0
2	超过 3 000 元至 120 00 元的部分	10	210
3	超过 12 000 元至 25 000 元的部分	20	1 410
4	超过 25 000 元至 35 000 元的部分	25	2 660
5	超过 35 000 元至 55 000 元的部分	30	4 410
6	超过 55 000 元至 80 000 元的部分	35	7 160
7	超过 80 000 元的部分	45	15 160

居民个人取得全年一次性奖金，也可以选择并入当年综合所得计算纳税。

自 2022 年 1 月 1 日起，居民个人取得全年一次性奖金，应并入当年综合所得计算缴纳个人所得税。

纳税人可以选择把年终奖单独计算，也可以把年终奖并入综合所得。个人在选择时，要考虑整体收入。比如员工月工资为 3 000 元，年终奖为 10 000 元，如果按照综合所得计算，则一年综合所得=（3 000×12+10 000）元=46 000 元，而综合所得费用减除为 60 000 元，所以将年终奖并入综合所得，不需要缴个税；如果作为全年一次性奖金单独计税，则要按 3%税率缴个人所得税。

【小贴士】

对于工资相对较低的员工（扣减专项扣除、专项附加扣除以及其他免税收入后，全年工资及奖金 60 000 元以内），年终奖并入综合所得更合适。

3）在一个纳税年度内，对每一个纳税人，该计税办法只允许采用一次。

4）员工取得除全年一次性奖金以外的其他各种名目奖金，如半年奖、季度奖、加班奖、先进奖、考勤奖等，一律与当月工资、薪金收入合并，按税法规定缴纳个人所得税。

建议合理安排员工平时月工资与全年一次性奖金的分配比例，均衡发放，以达到合理节税的目的。

由于全年一次性奖金计税政策采用简易计税办法，在某些奖金区间内，可能会出现税前奖金多，而纳税人实际获得的税后奖金反而少的情况。举例说明：

A 的年终兑现奖为 36 000 元，根据规定，36 000 元÷12=3 000 元，适用税率为 3%，

应纳个人所得税额为 36 000 元×3% = 1 080 元，其税后收入 = (36 000 - 1 080) 元 = 34 920 元。

B 的年终兑现奖为 36 500 元，根据规定，36 500 元÷12 = 3 041.67 元，适用税率为 10%，应纳个人所得税额为(36 500×10% - 210)元 = 3 440 元，其税后收入 = (36 500 - 3 440)元 = 33 060 元。

B 的税前奖金比 A 高 500 元，但税后收入比 A 少 1 860 元。这种情况即为年终奖金政策的“无效区间”（表 19 - 5），企业在发放年终奖时应该尽量避开“无效区间”。

表 19 - 5　全年一次性奖金发放“无效区间”

序号	全年一次性奖金额(元)	税率(%)	边际税负增加额	全年一次性奖金发放“无效区间”(元)
1	0~36 000	3	—	—
2	36 001~144 000	10	2 310	36 001.00~38 566.67
3	144 001~300 000	20	13 200	144 001.00~160 500.00
4	300 001~420 000	25	13 750	300 001.00~318 333.33
5	420 001~660 000	30	19 250	420 001.00~447 500.00
6	660 001~960 000	35	30 250	660 001.00~706 538.46
7	960 001 以上	45	88 000	960 001.00~1 120 000.00

注：本表年收入指扣除减免项之后的收入数。

第 20 章　增值税发票管理

20.1　质量目标

进一步规范对增值税发票开具、取得、保管、开具红字发票、作废及丢失等环节的管理，避免税务风险。

20.2　适用范围

适用于军工单位一般纳税人增值税发票的使用和管理。财务部门在规范开展增值税发票管理工作的同时，须对业务部门涉及增值税发票相关的行为实行辐射规范管理，提出具体管控要求。

20.3　相关释义

增值税发票是指在单位购销商品、提供或者接受服务以及从事其他经营活动中，开具、收取的收付款凭证，是财务收支的合法凭证、税款抵扣的重要凭证、会计核算的原始凭证、购货方合法权益的证明文件之一。

增值税发票管理和风险管控应当坚持以下原则：

1）坚持依法依规。严格执行相关法律法规。

2）坚持业务真实。坚决杜绝虚开增值税发票的行为，严禁虚假贸易、空转贸易。

3）坚持操作规范。严格按照合同约定，开具和取得增值税发票。

20.4　职责分工

20.4.1　财务部门

财务部门是本单位增值税发票管理的归口部门，其主要职责如下：

1）编制和修订本单位增值税发票管理工作规范。

2）严格执行增值税发票管理相关规定。

3）定期对本单位业务人员进行宣贯和培训。

4）严格执行合同中的增值税发票条款。

5）财务部门应设置纳税管理岗，具体承担以下工作内容：

a）根据本单位实际情况领购增值税发票，并做好登记及保管工作。

b）依据本工作规范，向业务部门开具增值税发票，对取得的增值税发票进行认证抵扣和管理。

c）经财务部门领导审核后，按月填报增值税申报表。

d）结合税收优惠政策和本单位实际经营情况，进行税收筹划并负责办理相关税收优惠手续。

e）负责纳税相关资料的存档和管理。

20.4.2　业务部门

业务部门是增值税发票的使用部门，其主要职责如下：

1）对经济业务及与其签订合同的真实性负责。

2）严格执行合同中对增值税发票条款的约定。

3）向财务部门申请开具增值税发票时，须按照要求提交相关资料和审批手续。

4）取得的增值税进项发票，须妥善保管并及时到财务部门办理报销入账。

5）根据税收优惠政策，结合合同实际情况，充分做好军品免征增值税合同鉴证备案及“四技”合同免增值税备案等相关工作。

20.5　业务流程和操作规范

20.5.1　增值税发票的开具

20.5.1.1　销售条款中关于增值税发票的内容

销售合同条款中，关于开具增值税发票的条款须包含以下内容：

1）开具发票类型：增值税专用发票或增值税普通发票。

2）开具发票的税率、项目及规格型号。

3）开具发票信息：单位名称、纳税人识别号、地址、电话、开户行及账号。

4）合同金额或开具发票金额是否含税。

5）开具发票的时间。

6）发票的送达时间及送达方式；若逾期送达客户，导致客户损失的，负相应的违约赔偿责任。

7）除因开具发票有误导致客户拒收的以外，须明确客户出具拒收说明的义务。

8）明确客户对产品交付或进度确认的签收条件、方式、时间。

20.5.1.2　增值税发票开具流程

增值税发票开具流程中涉及业务部门、财务部门、客户，具体流程如图 20－1 所示。

业务部门向财务部门申请开具增值税发票时，须提供销售合同原件，财务部门对合同原件进行审核、备案、存档（对于实行合同信息化管理的单位，业务部门可以不提供纸质合同，但应能随时查询电子合同信息；已备案或无须签订销售合同的小额收款可不提供），

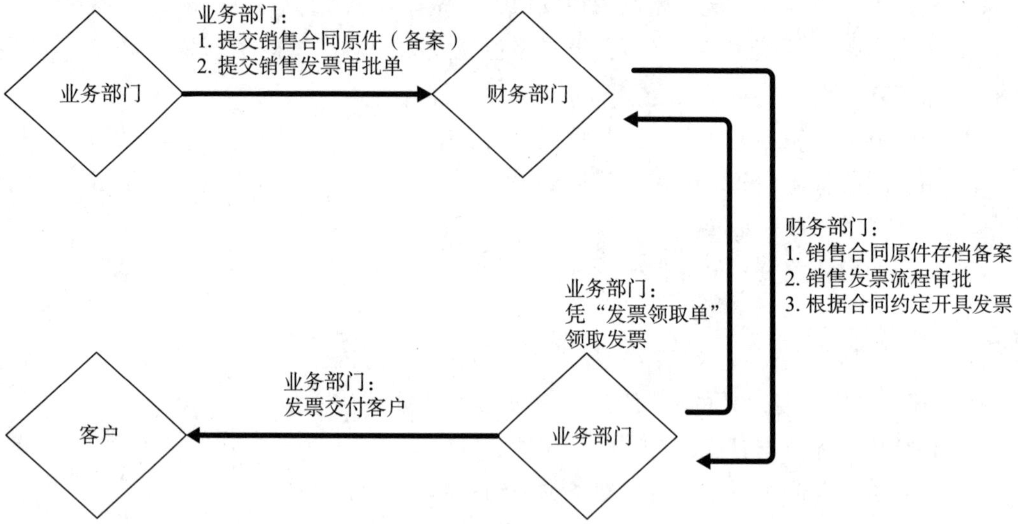

图 20-1 增值税发票开具流程图

合同中已按增值税发票标准条款明确开票信息的,提交"增值税发票开具申请单(简式)"(表 20-1),经业务部门、财务部门审批后,财务部门开具增值税发票,开具内容须与合同、发票开具申请单内容一致。

表 20-1 发票开具申请单(简式)

单位/部门: 年 月 日

票据类型	□增值税专用发票 □ 增值税普通发票
本次开票金额	小写:¥
	大写:
开票内容	
预计收款日期	年 月 日
合同编号	
合同名称	
申请人	
申请部门领导意见	
财务部门审批意见	
备 注	

财务部门对合同中有关开具增值税发票条款存在疑问的,应及时提出修改建议并退回业务部门,若业务部门维持原条款,则应提供"增值税开具发票申请单(详式)"(表 20-2),详细列明开票有关信息,经业务部门、财务部门审批后,财务部门方可开具增值税发票,开具内容须与发票开具申请单内容一致。

表 20-2　发票开具申请单（详式）

单位/部门：　　　　年　　月　　日

票据类型	□增值税专用发票(0%,6%,9%,13%,其他_%) □增值税普通发票(0%,6%,9%,13%,其他_%)
本次开票金额	小写：¥
	大写：
开票内容	
付款单位全称(代码)	
付款单位纳税人识别号	
付款单位开户行及账号	
付款单位地址	
付款单位联系方式	
预计收款日期	年　　月　　日
合同编号	
合同名称	
申请人	
申请部门领导意见	
财务部门审批意见	
备　注	

财务部门按合同约定条款、增值税发票开具申请单，按适用税率开具发票，及时通知业务部门领取发票。

自 2019 年 9 月 20 日起，纳税人需要通过增值税发票管理系统开具 17%、16%、11%、10%税率蓝字发票的，应向主管税务机关提交《开具原适用税率发票承诺书》，办理临时开票权限。临时开票权限有效期限为 24 h，纳税人应在获取临时开票权限的规定期限内开具原适用税率发票。

业务部门从财务部门领取发票后，应在合同约定截止日期前送达客户。未将发票及时送达客户时，财务部门要及时通知业务部门，避免客户拒收、客户无法及时抵扣等情况的发生。

财务部门对发票开具情况按发票号码进行登记，存档备查。

20.5.2　增值税发票的取得

20.5.2.1　取得发票的种类

业务部门取得的发票种类有：增值税专用发票和增值税普通发票（含增值税电子普通发票）。

20.5.2.2　采购条款中关于增值税发票的内容

在采购合同条款中，关于增值税发票的条款须包含（但不限于）以下内容：

1）取得发票类型：增值税专用发票或增值税普通发票。

2）取得发票的税率、项目及规格型号。

3）本单位开票信息：单位名称、纳税人识别号、地址、电话、开户行及账号。

4）合同金额或取得发票金额是否含税。

5）取得发票的时间或截止日期。

6）发票的送达时间及送达方式；若供应商逾期送达，导致本单位损失的，由供应商承担违约赔偿责任。

7）明确供应商与本单位的业务涉及税务调查，供应商必须履行通知义务；本单位与供应商的业务涉及税务调查，供应商有义务配合并提供相关资料。

8）业务部门应避免供应商原因导致财务部门取得的增值税发票无法认证抵扣，如有此类情况发生，财务部门有权拒收发票，业务部门应退回并及时更换发票。

20.5.2.3　增值税发票取得流程

增值税发票取得流程涉及业务部门、财务部门、供应商，其流程如图 20－2 所示。

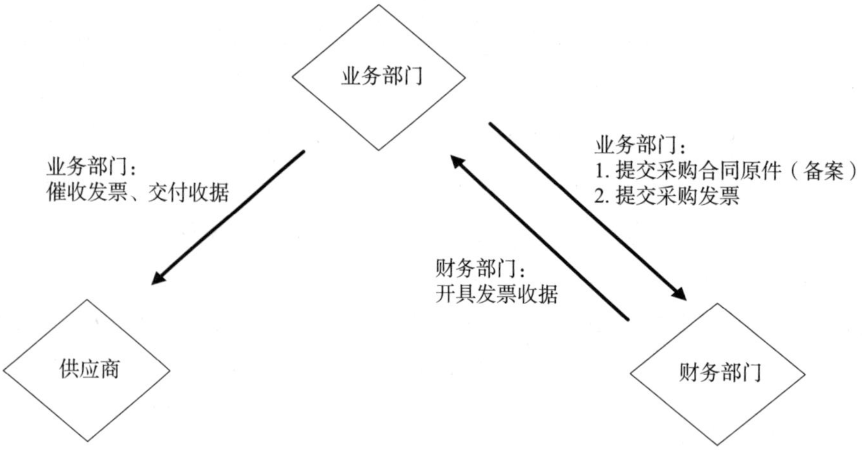

图 20－2　增值税发票取得流程图

业务部门及时向财务部门提交采购合同原件（对于实行合同信息化管理的单位，财务部门可以不留存纸质合同，但应能随时查询电子合同信息），财务部门对合同原件进行审核、备案、存档。

业务部门须按合同约定（无须签订采购合同的小额付款按经济业务实质），及时向供应商催收发票。

业务部门在提交采购发票前，须对发票的真实性进行验证。

业务部门向财务部门提交采购发票，财务部门对合同中的发票条款和经济业务实质与实际收到发票进行比对、审核，确认一致后才可收取发票。

对于业务部门预付账款长期挂账，或销售合同发票已经全额开具，仍有预付账款未及时报销抵扣的，财务部门要定期进行清理预付账款，及时通知业务部门催收发票，及时报账，办理进项抵扣。

业务部门应及时提交发票，确保财务部门及时认证抵扣；若发生进项无法抵扣的情况，财务部门应拒收增值税专用发票，由业务部门退回并及时更换发票。

20.5.3　增值税专用发票作废及开具红字发票处理

20.5.3.1　增值税发票作废的处理

（1）发票作废满足条件

在开具增值税专用发票当月，因客户发生销售货物退回、需重新开票的，须同时满足以下条件时，才可以申请作废：

1）收到退回的发票联、抵扣联时间未超过开票当月。

2）未抄税并且未记账。

3）购买方未认证或者认证结果为“纳税人识别号认证不符”“专用发票代码、号码认证不符”。

（2）发票作废处理

1）财务部门在收到退回的发票联、抵扣联后，由业务部门提交“增值税发票作废审批单”，审核无误后，由财务部门重新开具发票。

2）在开具增值税专用发票当月，因开票有误，需重新开票的，财务部门在收到退回的发票联、抵扣联后，可直接作废并重新开具发票；开具时发现有误的，可即时作废；作废发票一律加盖发票作废章。

20.5.3.2　开具红字增值税发票的处理

财务部门在未收回专用发票抵扣联及发票联，或购货方已将专用发票抵扣联报送税务机关认证的情况下，不得作废已开具的专用发票。

（1）开具红字发票满足条件

增值税专用发票满足下列任意一项条件时，可以开具红字增值税专用发票：

1）购买方认证相符后，发生销货退回、开票有误、应税服务终止等情形，已无法申请发票作废的。

2）因销售货物部分退回的。

3）因发生销售折让的。

4）购买方取得专用发票未用于申报抵扣，但发票联或抵扣联无法退回的。

5）不在开票当月，销售方开具专用发票尚未交付购买方的。

6）不在开票当月，购买方未用于申报抵扣并将发票联及抵扣联退回的。

（2）开具红字发票的处理

因业务部门或客户原因导致需要开具红字专用发票的，由业务部门提交“增值税专用发票开具红字发票审批单”，见表 20-3。

表 20－3　增值税专用发票开具红字发票审批单

年　　月　　日

原　　因	□购买方认证相符后，发生销货退回、开票有误、应税服务终止等情形，已无法申请发票作废的 □因销售货物部分退回的 □因发生销售折让的 □购买方取得专用发票未用于申报抵扣，但发票联或抵扣联无法退回的 □不在开票当月，销售方开具专用发票尚未交付购买方的 □不在开票当月，购买方未用于申报抵扣并将发票联及抵扣联退回的
所属部门	
合同编号	
发票代码	
发票号码	
发票金额	
发票项目	
经 办 人	
业务部门审批	
财务部门审批	
备　注	

财务部门需要求客户开具拒收说明（加盖财务机构公章），审核无误后，可开具红字发票，开具红字发票的处理流程如图 20－3 所示。

20.5.4　增值税专用发票的丢失及失控处理

纳税管理岗人员需妥善保管空白增值税专用发票，在保险柜中存放。

20.5.4.1　增值税专用发票丢失处理

（1）丢失本单位增值税发票

应写明丢失原因，向主管税务机关报失。

（2）丢失从外单位取得的增值税发票

1）丢失从外单位取得的增值税普通发票，应提供加盖开票单位发票专用章的发票记账联或存根联复印件。

2）丢失从外单位取得的增值税专用发票，应向主管税务机关报失。

若抵扣联未丢失，需复印抵扣联并加盖开票单位发票专用章，由业务部门详细说明原因，按照审批权限要求逐级审批后，方可作为原始凭证报销。

若发票联和抵扣联一并丢失，需复印记账联并加盖开票单位发票专用章，由业务部门详细说明原因，按照审批权限要求逐级审批后，方可作为原始凭证报销。

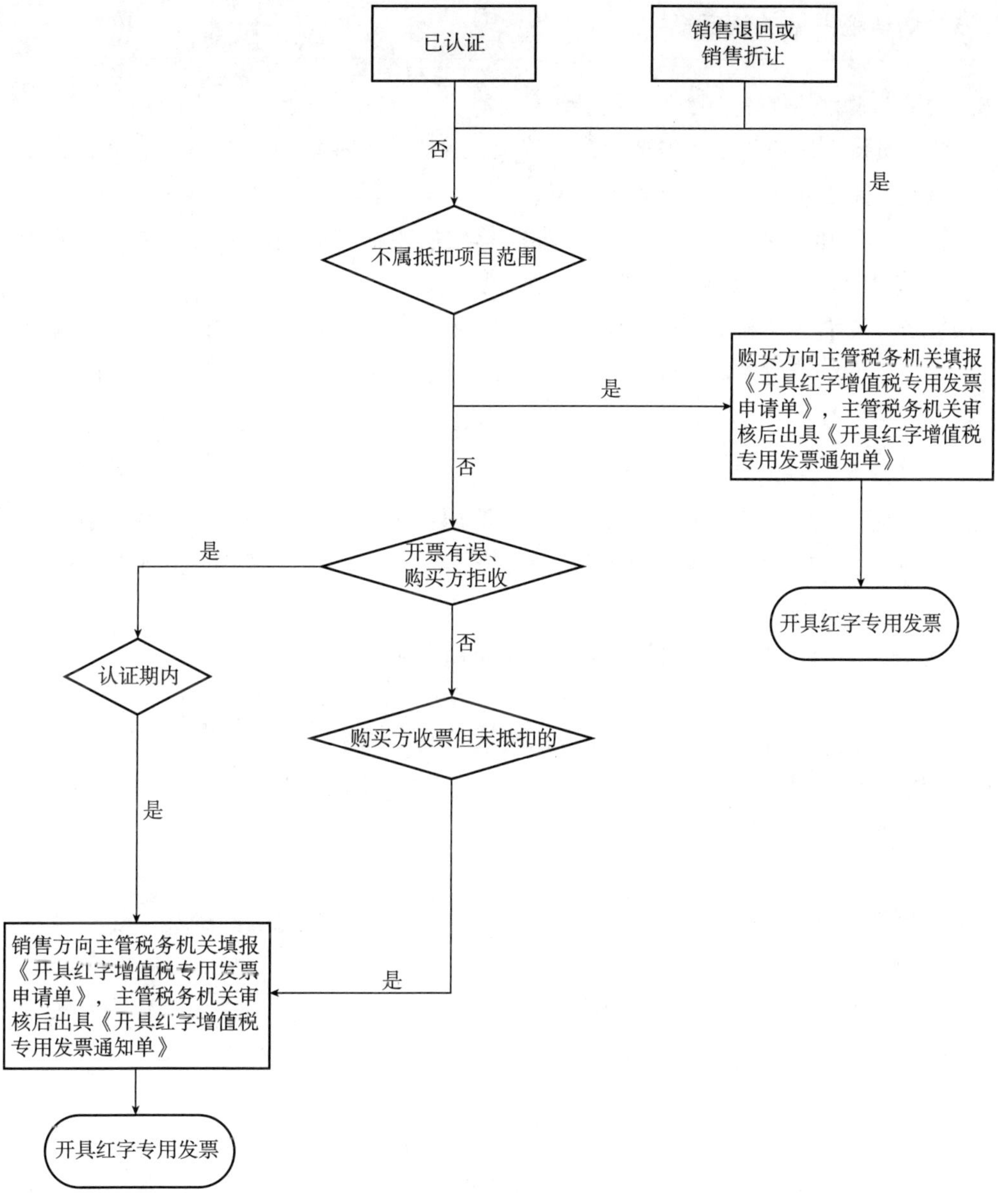

图20－3　开具红字发票的处理流程

20.5.4.2　增值税专用发票失控处理

税务机关将走逃企业、丢失增值税专用发票未抄报纳税数据或企业逾期未申报信息的增值税专用发票定性为失控发票。专用发票已被登记为失控专用发票的，财务部门暂不得作为增值税进项税额的抵扣凭证，税务机关扣留原件，查明原因，分情况进行处理。业务部门经办人员也需配合财务部门查验合同、业务真实性，如果业务、票据均有问题，不得再列支成本、费用，存在的问题和造成的损失需报告主管领导，追究相关部门及人员的责任。

20.5.5 增值税发票的认证抵扣

20.5.5.1 认证抵扣期限

业务人员持有增值税专用发票，需妥善保管并尽快办理报销手续，避免发生个人原因造成增值税专用发票无法进行抵扣的情况。

《关于取消增值税扣税凭证认证确认期限等增值税征管问题的公告》（国家税务总局公告2019年第45号）规定：增值税一般纳税人取得2017年1月1日及以后开具的增值税专用发票，取消认证确认、稽核比对、申报抵扣的期限。2016年12月31日及以前开具的增值税专用发票，超过认证确认、稽核比对、申报抵扣期限，但符合规定条件的，仍可继续抵扣进项税额。

20.5.5.2 抵扣凭证种类

全面“营改增”后，可抵扣的增值税项目增多，业务人员在日常经营活动中应尽可能开具增值税专用发票，增加本单位进项税额；同时，一些增值税普通发票或取得的完税凭证也可抵扣。进项税额抵扣的种类如下：

1）从销售方取得的增值税专用发票（含税控机动车销售统一发票）。

2）取得小规模纳税人在税务机关代开的增值税专用发票。

3）从海关取得的海关进口增值税专用缴款书。

4）从境外单位或者个人购进服务、无形资产或者不动产，自税务机关或者扣缴义务人取得的解缴税款的完税凭证。

5）农产品收购发票、销售发票。

6）增值税一般纳税人支付的道路、桥、闸通行费，取得的通行费发票（不含财政票据）。

7）自2019年4月1日及以后实际发生的国内旅客运输服务，并取得合法有效增值税扣税凭证注明的或依据其计算的增值税税额。

20.5.6 档案的管理

纳税管理人员对发票开具情况按发票号码进行登记，年度终了存档。税款抵扣联装订成册，进行妥善保管，保管期限为10年，保存期满后报经主管税务机关查验之后销毁。将1~12月增值税纳税申报表装订存档。

第 21 章　电子发票管理

21.1　质量目标

为了适应经济社会发展和税收现代化建设的需要，国家税务总局自 2015 年起在全国范围推行增值税电子发票系统。增值税电子发票的实施，对降低纳税人经营成本，节约社会资源，深化“放管服”改革优化营商环境，激发市场活力，增强发展内生动力起到了关键作用。随着电子发票的普及，如何对电子发票进行有效的管理显得尤为重要。电子发票管理旨在通过明确发票使用部门的职责、规范业务流程，为电子发票的使用提供指导，规避因电子发票管理不当所引起的财务风险。

21.2　适用范围

本章适用于军工单位从外部取得电子发票管理的相关工作。

21.3　相关释义

电子发票是指在购销商品、提供或者接受服务以及从事其他经营活动中，开具、收取的以电子方式存储的收付款凭证，与纸质增值税发票具有相同的法律效力。目前电子发票包括增值税电子普通发票和增值税电子专用发票。

21.4　职责分工

电子发票管理一般涉及财务部门和业务部门。

21.4.1　财务部门

财务部门一般是本单位电子发票管理工作的归口部门，其主要职责如下：

1）依法依规，严格执行国家及地方政府机关关于电子发票管理的相关法律法规。

2）明确本单位电子发票管理要求，并根据国家统一规定及时进行调整。

3）负责对本单位业务人员进行宣贯和培训。

4）负责电子发票的开具、审核、报销、档案管理等相关工作。

21.4.2　业务部门

业务部门是本单位电子发票的使用部门，主要包括销售部门、采购部门等，其主要职责如下：

1）提出开具电子发票的申请，并对电子发票对应的经济业务的真实性负责。

2）对电子发票本身的真实性、唯一性负责，不得利用电子发票的特点进行重复报销、使用技术手段篡改发票信息等。

3）取得电子发票须打印、妥善保管并及时报销入账。

21.5　业务流程和操作规范

21.5.1　发票获取

业务经办人在适用电子发票的行业购买商品、接受劳务或服务时，均可要求对方开具增值税电子发票。经办人将开票相关信息提交销售单位，电子发票服务平台据此生成、存储电子发票，并通过网络反馈业务经办人。

21.5.2　查验真伪

业务经办人取得电子发票后，须对电子发票进行真伪验证。一般可在国家税务总局查验平台和第三方应用软件进行查验。

（1）国家税务总局查验平台

业务经办人可登录国家税务总局全国增值税发票查验平台（https：//inv－veri.chinatax.gov.cn）对电子发票进行验证。该平台可查验最近5年内增值税发票管理新系统开具的发票，当日开具的发票从当日起可进行查验，每天每张发票可在线查询次数为5次，超过次数后次日可再进行查验操作。图21－1所示为增值税电子普通发票样式。

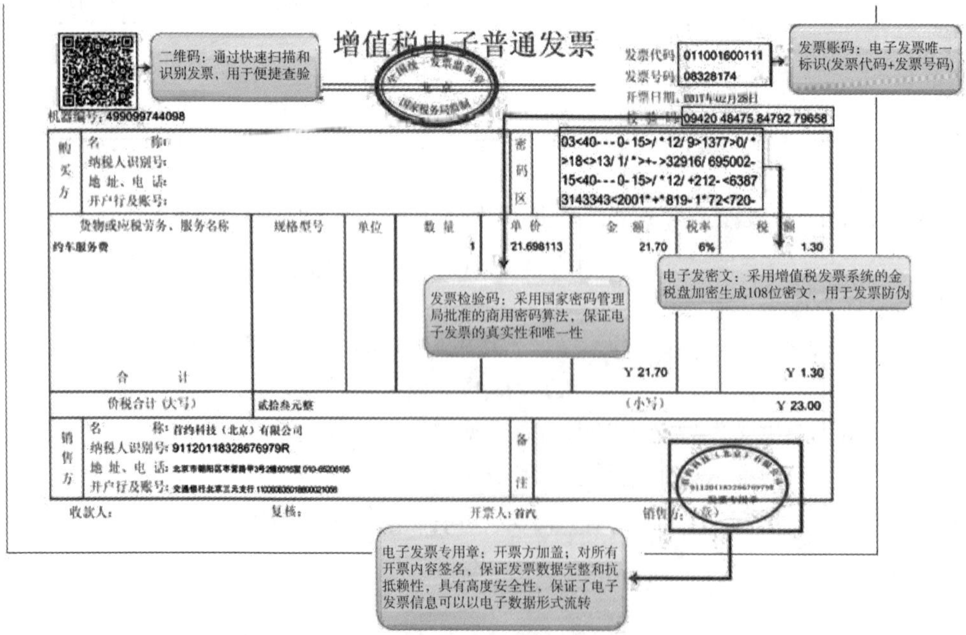

图21－1　增值税电子普通发票样式

（2）第三方应用软件

第三方应用软件指的是连接国家税务总局的增值税发票数据库，利用二维码扫描或输入发票信息等方式校验电子发票真伪的验真工具，如微信的发票查验小程序等。

若查询结果与发票票面信息一致，则发票为真；若发票信息不存在或者信息与发票票面信息不一致，则发票不得作为报销凭据。

21.5.3　报销及审核

业务部门在进行电子发票报销时，应向财务部门提交电子发票的打印版及电子版，报销要求与纸质发票一致。财务部门收到电子发票及相关报销材料后，除正常纸质发票审核工作外，还须对电子发票的唯一性进行审核。审核电子发票的唯一性是指根据电子发票的发票号码判断电子发票是否存在重复报销的情况。一张电子发票只能报销一次，严禁重复打印、复印或采取技术手段修改电子发票并用于业务报销。单位可在报销系统中嵌入发票管理模块，通过对业务经办人员填写的发票号码进行实时查验，审核电子发票的唯一性。

21.5.4　电子发票会计档案管理

单位以纸质记账凭证进行档案管理的，须以打印版的电子发票纸质件作为报销入账归档的依据。对于符合档案管理要求以电子记账凭证进行档案管理的单位，电子发票可仅使用电子版进行报销入账归档，无须再以纸质形式保存。

第 5 篇
资 产 管 理

第 22 章　资产管理概述

近年来，军工单位的资产规模普遍大幅增加，一方面受益于国家军工技改的大量投入，另一方面军工单位普遍增加了对民用领域的投资力度。随着国家国有资产管理制度的不断完善，军工单位必须在完成军工科研生产任务的同时，落实好国有资产保值增值的相关要求。在实际工作中，资产账实是否相符、资本运作相关资产是否合理评估作价、在建工程是否及时转固以及账务处理是否合规等问题越来越受到各方审计监督检查的关注。

在资产清查方面，军工单位各类资产种类多、体量大、系统性强，需要单位内部各职能部门密切协同，明确相关管理职责分工与流程。特别是要明确工作组织机构、健全工作机制、建立标准化操作流程、加强资产盘点，确保账账相符、账实相符，及时发现潜在损失和渎职行为。

在资产评估方面，资产评估工作专业性较强，军工单位需要配合有资质的中介机构严格按照评估工作相关准则开展，有效避免评估范围漏评、评估方法选择不合适、重点事项处置不当等问题，以保证评估报告质量和工作效率，有效维护国有权益。

在资产报表编制方面，自 2017 年开始，财政部要求事业单位编制年度资产报告，需要军工单位相关财务主管人员熟练掌握编制要求及每年重新调整的专用软件，以保证工作质量和工作效率。

在建工程转固方面，由于军工建设项目周期长，施工复杂，交付的固定资产种类繁多，规格不一等原因，军工单位在资产管理工作中容易出现计入固定资产比例较低、转固不及时、长期挂账等问题，直接影响军工单位的账面损益，并容易造成实物监管不到位、提前毁损。为了尽量避免相关资产会计核算偏差、尽早实施对相关资产的有效管理，军工单位一方面对已验收项目应及时办理转固，按照不同资金来源、资金归垫、资金后补偿等不同业务进行账务处理，另一方面要对已达到使用状态尚未进行竣工财务决算和验收的项目实施预转固，以保证预转资产的后续决算与验收数据完整，满足账务处理、报表编制等方面工作的要求。

为了普及与资产管理有关的知识，加强财务人员对相关知识的学习，本篇收录了资产清查、国有资产评估、事业单位国有资产报告编报、基本建设项目预转资产、基本建设项目资产交付等 5 个方面的内容。

第 23 章　资产清查

23.1　质量目标

加强资产监督管理，规范资产清查工作，保护各项财产物资安全、完整，提高资产使用效益，保证会计核算资料真实可靠，真实反映资产及财务状况。

23.2　适用范围

本章适用于军工单位开展资产清查、盘点工作。

23.3　相关释义

资产清查，是指单位按照规定的政策、工作程序和方法，对本单位资产进行盘点、账账核对、账实核对，依法认定各项资产，真实反映资产状况的工作。具体包括两个阶段：第一个阶段是对资产进行清查、核对，摸清家底；第二个阶段是对资产清查中发现的盘盈、盘亏及资产损失，提出处理方案，按规定进行相应处理。

23.4　职责分工

各单位的资产清查工作应成立资产清查小组。

资产清查工作涉及财务、资产管理和具体使用部门等。

【小贴士】

上级单位除负责本单位的资产清查工作外，还应负责督导下级单位的资产清查工作。

23.4.1　资产清查小组

资产清查小组应明确小组负责人，小组成员由财务部门及其他职能部门和业务部门组成。小组负责人负责组织资产清查工作，处理清查工作中遇到的重大问题，协调各部门之间的协作关系。

23.4.2　财务部门

财务部门是资产清查工作的主管部门，主要职责如下：

1）负责与资产管理部门的实物账或资产台账进行核对，核查是否账账相符。

2）负责现金的日常盘点工作，保证现金的账账相符、账款一致；负责银行存款的对账工作，保证银行存款与银行对账单相符；负责票据盘点工作，保证票据的账账相符、账实一致。

3）负责组织开展全面资产清查工作。

4）负责拟订资产清查方案。

【小贴士】

存货、固定资产、在建工程等实物资产应核对实物账，应收款项、预付账款、对外投资、无形资产、长期待摊费用等资产应核对资产台账。

督导下级财务部门开展资产清查工作。

23.4.3　资产管理部门

为了确保资产清查工作的有效落实，各单位应明确各类资产的管理部门。资产管理部门的主要职责如下：

1）负责与财务部门定期核对账目，核查是否账账相符。

2）负责对实物资产进行清查和盘点，核查是否账实相符。

3）负责对非实物资产进行清查，核对相关权属证书或其他材料。

【小贴士】

各项资产的日常盘点，由相关资产管理部门组织力量进行；每年的全面清查盘点由财务部门统一计划安排，组织各部门进行盘点，同时财务部门进行监盘。

非实物资产包含在财务账上记录的应收款项、应收票据、预付账款、股权投资、无形资产、长期待摊费用、其他长期资产及未在财务账上记录的专利权、软件著作权等。

23.4.4　其他相关部门

各部门负责保管本部门使用的资产，协助资产清查人员做好清查工作。

23.5　资产清查的种类及范围

23.5.1　资产清查种类

资产清查分为日常清查和专项清查两类。

1）日常清查。日常清查分为定期清查和全面清查。定期清查是指各单位在月度、季度、年度末结账时进行的资产清查。全面清查是专门组织的、对单位所有资产进行的清查。

【小贴士】

单位每年至少应进行一次全面的资产清查，以保证资产的完整、准确。

2）专项清查。专项清查是指根据实际管理需要进行的清查。在下列情况下，需进行专项清查：根据经济责任审计等相关工作需要，被纳入统一组织的资产清查范围的；进行专项清产核资、资产清查核实；进行重大资产重组、转让的；会计信息严重失真或者国有资产出现重大流失的；会计政策发生重大变更，涉及资产核算方法发生重要变化的；发生非常灾害和意外损失的；在日常工作中发生更换资产、物资和现金保管人员的；根据实际管理要求，需进行资产清查的。

【小贴士】

单位每年应对 3 年以上的应收账款进行专项清查。

23.5.2 资产清查范围

资产清查的范围根据定期清查、全面清查、专项清查而不同。

1）定期清查：日常工作中需要定期进行清查的资产包括货币资金、应收票据、应收款项、预付账款、存货、固定资产等。

2）全面清查：对所有资产进行盘点与核对。全面清查后，应形成《年度资产清查报告》。

3）专项清查：根据管理需要确定。

【小贴士】

全面资产清查建议安排在每年的四季度进行，此时临近年底，资产状况与年末资产负债表日相接近，同时通过资产清查发现的问题，可在年底前进行解决，为年底决算打下基础。

23.6 业务流程和操作规范

23.6.1 资产清查程序与时间要求

23.6.1.1 库存现金的清查

库存现金的清查分为定期清查和全面清查。

1）定期清查。出纳岗每日对库存现金进行盘点，确定库存现金的实有数，与库存现金日记账核对一致。稽核岗每月至少对库存现金进行一次监盘，会计机构负责人每年至少两次对库存现金进行监盘。每月盘点应形成《库存现金盘点表》（表 23－1），参与盘点的人员应在盘点表上签字确认。

表 23－1　库存现金盘点表

编制单位：　　　　　　　　　　　　　　　　　　　　　　　　盘点日期：

实存现金盘点记录			核对记录	
人民币现金面额	张数	总金额	项目	金额
100 元			盘点日账面余额	
50 元			加：收入凭证未记账金额	
20 元			减：支出凭证未记账金额	
10 元			盘点日账面应有金额	
5 元			盘点实有现金余额	
2 元			盘点日账面应有余额与实有金额差异	
1 元			盘点日账面应有余额与实有金额差异原因：	
5 角				
2 角				
1 角				
5 分				
2 分				
1 分				
人民币小计				
库存外币				
			盘点日确认现金余额	
			加：报表日至盘点日现金付出总额	
外币小计			减：报表日至盘点日现金收入总额	
现金合计			报表日现金应有余额	

盘点说明：

会计主管：　　　　　　　　　　　　稽核：　　　　　　　　　　　　出纳：

2）全面清查。根据现金日记账填写《库存现金清查明细表》（表 23－2）中的账面数信息，并与总账数核对一致。盘点清查日实有库存现金，填写《库存现金盘点表》，将盘点金额与现金日记账余额进行核对，如有差异，应查明原因并说明。根据盘点情况，完成《库存现金清查明细表》的编制。

表 23-2　库存现金清查明细表

编制单位：　　　　年　月　日

序号	货币种类	账面数	清查变动数		清查数	损溢类型	备注
			增加	减少			
合计						—	—

会计主管：　　稽核：　　出纳：　　制表人：

23.6.1.2　银行存款的清查

银行存款的清查分为定期清查和全面清查。

1）定期清查。出纳岗应当定期与银行核对存款余额，并每月由非出纳岗会计人员将银行对账单与本单位银行存款日记账逐笔核对，编制《银行存款余额调节表》（表 23-3），稽核人员对《银行存款余额调节表》进行复核并签字，以查明账款是否相符。

表 23-3　××账户银行存款余额调节表

编制单位：　　　　年　月　日

项目	日期	金额	备注	项目	日期	凭证号	金额	备注
单位日记账账面余额				银行日记账账面余额				
加：银行已收企业未收				加：企业已收银行未收				
减：银行已付企业未付				减：企业已付银行未付				
单位日记账调整后余额				银行日记账调整后余额				

会计主管：　　稽核：　　出纳：　　制表人：

2）全面清查。根据银行存款日记账填写《银行存款清查明细表》（表 23-4）中“账户名称”“银行账号”“币种”及“账面数”等信息，并与总账核对一致。取得银行对账单，与银行日记账核对，检查未达账项的真实性，逐笔落实未达账项的形成原因、时间、金额以及资产清查基准日后的进账情况，对长期挂账的未达账项应查明原因，或取得相关依据后进行处理。对定期存款或限定用途的存款，要查明情况，在清查明细表中的备注说明。根据上述清查情况，完成《银行存款清查明细表》的编制。

表 23-4　银行存款清查明细表

编制单位：　　　　年　月　日

序号	账户名称	银行账号	币种	账面数	清查变动数		清查数	损溢类型	备注
					增加	减少			
合计						—	—		

会计主管：　　稽核：　　出纳：　　制表人：

【小贴士】

为了保证对单位所有银行账户进行核对，建议在人民银行打印本单位的全部账户信息。

为了避免个人舞弊现象，单位的银行对账单建议通过网银系统直接打印。

POS机账户管理：POS机账户中的资金为现金性质，但建议在银行存款中核算，按银行存款管理。

23.6.1.3　应收票据的清查

应收票据的清查分为定期清查和全面清查。

1）定期清查。出纳岗在收到票据或票据状态发生变动时，应及时登记或更新应收票据台账，见表23－5。稽核岗每月至少对应收票据台账进行一次复核，做到账账相符。出纳岗每日对应收票据进行盘点，确定应收票据的实有数，并与应收票据台账核对一致。稽核岗每月至少对应收票据进行一次监盘，财务部门负责人每年至少两次对应收票据进行监盘。每月盘点形成应收票据盘点表，见表23－6，参与盘点的人员应在盘点表上签字确认。

表23－5　应收票据台账

编制单位：　　　　　　　　　　　　　　　　　　年　　月　　日

序号	汇票到期日	汇票类别	汇票形式	对方单位	出票单位	被背书单位	收票金额	背书金额	收款金额	贴现金额	期末余额	出票日期	号码	对方单位前手背书单位	业务合同号	备注
合计												—	—	—	—	

会计主管：　　　　　　　　　　稽核：　　　　　　　　　　出纳：

【小贴士】

应收票据台账要素主要有汇票到期日、汇票类别、汇票形式、对方单位、出票单位、被背书单位、收票金额、背书金额、收款金额、贴现金额、期末余额、出票日期、号码、对方单位前手背书单位、业务合同号、经办人、备注等。各单位可结合实际需要制定本单位台账模板格式。

对收到的商业承兑汇票，需查验对方单位信息。

由于纸质汇票存在伪造、变造和签发与背书不规范的情况，且财务审核具有较大的难度，存在一定的收款风险，背书的商业汇票出现问题时因为和出票人没有商业合作关系很难直接追索到出票人，建议少收纸质汇票，尤其是经过背书转让的纸质汇票。

表 23－6　应收票据盘点表

编制单位：　　　　　　　　　　　　　　　　　　　　　　　　盘点日期：

一	库存银行承兑汇票		
	出票单位	张数	金额
1			
……			
银行承兑汇票小计			
二	库存商业承兑汇票		
	出票单位	张数	金额
1			
……			
商业承兑汇票小计			
盘点日应收票据实有金额合计			
三	盘点日承兑汇票账面余额		
	加：未入账承兑汇票收入		
	减：未入账承兑汇票支出		
	=调整后的盘点日承兑汇票账面余额		
四	调整后账面余额与实有金额差异		

盘点说明：

会计主管：　　　　稽核：　　　　出纳：　　　　制表人：

2）全面清查。根据应收票据台账填写《应收票据清查明细表》（表 23－7）中“票据类别”“出票人”“票号”“账面数”等信息，并与应收票据的明细账、总账及财务报表核对是否相符。应收票据应采取发函询证的方法进行对账，并关注回函不符的情况，做出相应记录。检查有无逾期应收票据、未到期但有确凿证据表明不能够收回或收回可能性不大的应收票据，如存在此情况应予以说明。盘点库存票据，并与应收票据登记簿的有关内容核对，检查其有效性，并注意是否存在已做抵押的票据和银行退回的票据。根据上述清查情况，完成《应收票据清查明细表》的编制。

表 23－7　应收票据清查明细表

编制单位：　　　　　　　　　　　　　　　　　　　　年　月　日

序号	票据类别	出票人	票号	账面数	清查变动数		清查数	损溢类型	备注
					增加	减少			
合计								—	—

会计主管：　　　　稽核：　　　　出纳：　　　　制表人：

【小贴士】

《应收票据清查明细表》中的每张票据对应的“账面数”按台账中的“期末余额”填列，合计数与应收票据的明细账核对一致。

23.6.1.4　应收款项的清查

应收款项的清查分为定期清查和全面清查。

1）定期清查。应收款项包含应收外单位和应收单位内部员工个人的款项。财务部门每月末应当与相关业务部门及个人核对往来款项，核对后填写《应收款项对账表》，见表23－8。

表23－8　应收款项对账表

编制单位：　　　　　　　　　　　　　　　　　　年　月　日

序号	单位编号	单位名称	应收款项余额			业务部门责任人（手签字）	备注
			应收账款已开发票	应收账款未开发票	其他应收款		
1							
合计						—	—

会计主管：　　　　　　　　稽核：　　　　　　　　制表人：

【小贴士】

与业务部门及个人核对后的对账表应由相关人员签字或部门盖章确认（下同）。

2）全面清查。根据应收账款、其他应收款明细账填写《应收款项清查明细表》（表23－9）中的“单位名称”“账面数”，并与总账数及财务报表数核对是否相符。分析应收款项的账龄构成。应收账款原则上应与合同一一对应，并在此基础上确定账龄。编制《往来款项、交易询证函》（表23－10），寄往对方单位进行核对。财务部门编制《函证结果汇总表》，见表23－11。

表23－9　应收款项清查明细表

编制单位：　　　　　　　　　　　　　　　　　　年　月　日

序号	应收款项科目	单位名称	账面数	清查变动数		清查数	账龄	1年以上应收形成原因及事项进展情况	备注
				增加	减少				
合计							—	—	—

会计主管：　　　　　　稽核：　　　　　　出纳：　　　　　　制表人：

表 23－10　往来款项、交易询证函

致：×××公司

本单位对与贵单位的往来款项金额进行核对，下列信息出自本单位账簿记录，如与贵单位记录相符，请在本函下端“信息证明无误”处签章证明；如有不符，请在“信息不符”处列明不符项目。如存在与本单位有关的未列入本函的其他项目，请在“信息不符”处列出这些项目的金额及详细资料。以下信息的金额单位均为元。

回函地址：　　　　　　　　　　　　　　　　　　　　　　邮政编码：

联系人：　　　　　　　　　　　电话：　　　　　　　　　传真：

（公章/财务章）日期：　　年　　月　　日

1. 销售与收款

截止日期	销售给贵单位(不含税)	贵单位欠	欠贵单位	本单位科目
××××年12月31日				应收账款
××××年12月31日				预收账款
××××年1~12月				主营业务收入

2. 采购与付款

截止日期	向贵单位采购(不含税)	贵单位欠	欠贵单位	本单位科目
××××年12月31日				应付账款
××××年12月31日				应付账款(暂估)
××××年12月31日				预付账款
××××年1~12月				存货

3. 应收贵单位票据

类别	票据号	金额	出票日	到期日	出票人	承兑人

4. 应付贵单位票据

类别	票据号	金额	出票日	到期日	收票人	承兑人

5. 其他往来款项

截止日期	贵单位欠	欠贵单位	备注(内容、性质)	本单位科目
××××年12月31日				其他应收款

本函仅为复核账目之用，并非催款结算。本函为多页次，请加盖骑缝章。若款项在上述日期之后已经付清，仍请及时函复为盼。

结论：

信息证明无误	信息不符及需加证明事项
	（详细说明）
贵单位签章（公章/财务章）：	贵单位签章（公章/财务章）：
日期：	日期：
经办人：	经办人：

表 23－11　函证结果汇总表

编制单位：　　　　　　　　　　　　　函证信息截止日期：　年　月　日

序号	业务部门及经办人	会计科目	对方单位	函证金额	形成时间	第一次函证		第二次函证		备注
						是否回函	核对情况	是否回函	核对情况	

会计主管：　　　　　　　　　　复核人：　　　　　　　　　　制表人：

【小贴士】

对于同一债务人因业务往来较多，欠款及还款滚动发生的，可以按“先进先出”的账龄分析原则，分析应收款项余额账龄的准确性。

对于按“先进先出”法滚动账龄的单位，需定期与债务人对应收款项余额进行核对并确认。

各单位根据自身业务特点及管理要求选择账龄的分析方法，并保持前后一致。

《应收款项清查明细表》中除应填写应收款项科目、对方单位名称、账面数外，还应标注账龄。

【小贴士】

在填应收款项询证函的时候，需要将与此客户相关的所有往来款项、交易金额一同填列。

鉴于目前应收款项回函率低的情况，建议大额应收款的询证函由单位业务人员直接联系客户盖章回函，确保取得回函的应收款项金额达到一定比例。

对于没有收到回函的应收款项，应列明清单，交由相关业务部门书面确认。

对逾期一年以上的应收款项，应责成相关业务部门进行清查，并将责任落实到人。对于大额一年以上应收款项，应写明形成原因及项目进展。根据上述清查情况，完成《应收款项清查明细表》的编制。

【小贴士】

对于长期应收账款：1）可定期召开应收账款协调会，业务部门对每项应收账款催收的进展进行汇报，并讨论下一步的工作开展计划，对于个别拒不还款、经多次沟通无效的，应及时提起诉讼；2）可建立应收账款压降责任体制，明确责任人，建立问责制。设定“年度到款”考核指标，并将该考核指标与业务部门的绩效考核直接挂钩；3）严格科研生产计划考核和质量管理，避免项目延期和发生质量问题，给项目收款创造良好条件。

对于历史原因挂账的三年以上应收账款，可建立收款激励机制，促进款项的收回。

23.6.1.5 预付账款的清查

预付账款的清查分为定期清查和全面清查。

1）定期清查。财务部门每季度应当与相关业务部门核对预付款项，核对后填写《预付账款对账表》，见表 23－12。

表 23－12 预付账款对账表

编制单位： 年 月 日

序号	单位编号	单位名称	预付账款余额	业务部门责任人(手签字)	备注
8					
		合计		—	—

会计主管： 稽核： 制表人：

2）全面清查。根据预付账款明细账填写《预付账款清查明细表》（表 23－13）中的“单位名称”“账面数”，并与总账数及财务报表数核对是否相符。预付账款应与合同相核对，分析预付账款的合理性及账龄构成，并重点关注一年以上账龄的预付账款。

表 23－13 预付账款清查明细表

编制单位： 年 月 日

序号	单位名称	账面数	清查变动数		清查数	账龄	1 年以上预付形成原因及事项进展情况	备注
			增加	减少				
合计						—	—	—

会计主管： 稽核： 制表人：

【小贴士】

《预付账款清查明细表》中除应填写对方单位名称、账面数外，还应标注账龄，并要求业务部门对一年以上预付账款的形成原因及事项进展情况给予说明。

业务部门在申请支付合同的预付账款时，应附经批准的事项呈批单，并在呈批单中注明付款依据。财务部门在支付预付账款时，应与合同的相关付款条款核对。

清查时要特别关注是否存在未及时入账的情况，如：应转存货未及时结转的、应转存货并结转入成本未及时结转的。

对一年以上的预付账款，应责成相关业务部门进行清查，因发票未能及时获取等人为因素造成的长时间挂账的，要限定时间完成处理，并将责任落实到人。根据上述清查情况，完成《预付账款清查明细表》的编制。

【小贴士】

对一年以上预付账款，应逐项梳理挂账原因，对因发票未及时获取而挂账的，需加强管理，确保及时收回发票。

23.6.1.6　存货的清查

存货的清查分为定期清查和全面清查。

1）定期清查。存货按经济内容和存放地点可分为原材料、在产品（包含产品类、项目类、在研品）、库存商品、发出商品、周转材料等。财务部门应当每月末或每季度末与存货管理部门的原材料、在产品、库存商品、发出商品、周转材料的实物账进行对账，核对后填写《原材料对账表》（表 23－14）、《产成品对账表》（表 23－15）。存货管理部门应定期对原材料、在产品、库存商品、周转材料进行盘点，并形成盘点报告。

表 23－14　原材料对账表

编制单位：　　　　　　　　　　　　　　　　　　　　年　月　日

存货类别	物料编号	型号规格	物料名称	材料牌号	批处理号	仓库	库位	入库日期	入账日期	日期差异	计量单位	业务台账数量	财务账面数量	数量差异	备注
合计														—	

物资部门负责人：　　　　　　会计主管：　　　　　　制表人：

表 23－15　产成品对账表

编制单位：　　　　　　　　　　　　　　　　　　　　年　月　日

存货类别	物料编号	型号规格	产品名称	材料牌号	批次号	仓库	库位	入库日期	入账日期	日期差异	计量单位	业务台账数量	财务账面数量	数量差异	备注
合计														—	

科研、生产管理部门负责人：　　　　　　会计主管：　　　　　　制表人：

【小贴士】

存货管理部门一般涉及物资管理部门和科研生产部门。

物资管理部门负责保管原材料、库存商品、周转材料等，建立相应实物台账，并按规定与财务部门定期核对。

科研生产部门（包括计划、生产调度、生产车间和研究室等部门）负责保管在产品，建立在产品实物台账，并按规定与财务部门定期核对。

在产品实物账的登记：由于生产、研发过程中的在产品状态和数量均在不断变化，因此，在产品的实物账应借助信息化手段，在相应的管理软件中完成实物账的登记。

2）全面清查。全面清查的范围包含原材料、实物类在产品、库存商品、周转材料等实物存货的盘点和清查，及非实物类在产品和发出商品的清查。

a）实物的盘点及清查。存货管理部门应制定盘点计划并经审批后实施。盘点计划的内容应包括盘点范围、时间、盘点方法、盘点人员、工作内容、盘点步骤等。盘点前，核对清查盘点日存货管理部门的实物账是否与财务账面数之间存在差异。盘点时，存货管理部门负责盘点，财务部门参与并进行监盘；在盘点过程中，应采用以账对物、以物对账的核对方法盘点实物资产，同时将清查基准日的实物账与库存实际数量进行核对。在实物盘点过程中，需同时关注存货状态，如存在毁损待报废的情况，应进行记录。

【小贴士】

为了不影响单位的正常生产进度，在产品的盘点可分品种分别进行，并提前安排好生产，选择合适的时机进行。

b）非实物类在产品、发出商品的清查。对于存货中的非实物类在产品、发出商品等无法进行实地盘点的，需与相应的合同或合同意向、项目立项、项目预算、领料单、出库单等资料进行核对，并由业务部门对项目进展进行确认。

【小贴士】

非实物类在产品应有业务部门签字盖章的进度确认表。

对于发出商品，除应与合同或合同意向、领料单、出库单等资料进行核对外，可以通过发函询证的方式进行佐证。

针对三年及以上账龄的存货，应指定相关责任部门的责任人进行清查，摸清原因并提出解决方案。

根据上述清查情况，完成《存货盘点表》（表 23－16）的编制，盘点人员对盘点结果签字确认，并由存货管理部门编制盘点报告，报告主要内容包括存货状态、盘盈（亏）原因、改进措施等。

表 23－16　存货盘点表

编制单位：　　　　　　　　　　　　　　　　　　盘点日期：

序号	物料编号	型号规格	物料/产品名称	仓库	库位	单位	账面数量	实盘数量	盘盈+/盘亏-	备注
1										
合计										—

存货管理部门负责人：　　　　监盘人：　　　　盘点人：　　　　制表人：

【小贴士】

对于高价值的存货，建议聘请相关领域的专家对存放状态、价值进行确认。

利用信息化手段，提高存货盘点效率。如：借助自动货柜机和 ERP 信息系统，实现高效存货盘点。以产成品为例，某公司的产品生产完工后，仓储部门会将产品放入自动货柜机，并将库位信息维护进 ERP 系统中。盘点时，只要从 ERP 系统中导出产成品台账，并将拟盘点存货的库位信息输入自动货柜机中，即可快速获得实物，盘点效率较高。

ERP 系统中的产品台账对产品所在的仓库号、库位、型号规格等有详细记录。

23.6.1.7　其他流动资产的清查

其他流动资产的清查分为定期清查和全面清查。

1）定期清查。其他流动资产主要包括委托贷款和待抵扣进项税。财务部门应当每季度与委托贷款借入方核对委托贷款余额，核对后填写《委托贷款对账表》，见表 23－17。

表 23－17　委托贷款对账表

编制单位：　　　　　　　　　　年　　月　　日

序号	借入委托贷款单位名称	合同编号	金额	起止日期	对方单位委托贷款业务负责人（手签字）	备注
1						
合计				—	—	—

会计主管：　　　　稽核：　　　　制表人：

财务部门应当每季度与增值税纳税申报表核对期末留底税额，核对后填写《待抵扣进项税对账表》，见表 23－18。

表 23－18　待抵扣进项税对账表

编制单位：　　　　　　　　　　年　　月　　日

待抵扣进项税账面余额	增值税纳税申报表期末留底税额	税务岗（手签字）	备注

会计主管：　　　　稽核：　　　　制表人：

2）全面清查。根据其他流动资产明细账填写《其他流动资产清查明细表》（表 23－19）中的“资产类别”“账面数”，并与总账数及财务报表数核对是否相符。核实单位对外借出委托贷款的合同、银行扣款凭证等文件，确认委托贷款的真实性。检查单位上次缴纳增值税至清查日期间，各月的销项税票和进项税票并进行计算，确认待抵扣进项税额的真实性。根据上述清查情况，完成《其他流动资产清查明细表》的编制。

表 23－19　其他流动资产清查明细表

编制单位：　　　　　　　　　　　　　　　　　　　　　年　月　日

序号	资产类别	账面数	清查变动数		清查数	备注
			增加	减少		
合计						—

会计主管：　　　　　　　　　　稽核：　　　　　　　　　　制表人：

23.6.1.8　股权投资的清查

股权投资的清查分为定期清查和全面清查。

1）定期清查。财务部门应当每季度与投资管理部门核对台账，核对后填写《股权投资对账表》，见表 23－20。对于单位能够控制或实施重大影响的被投资单位，财务部门应当每月取得被投资单位的财务报表等相关资料，每年初取得被投资单位上一年度的审计报告，以了解被投资单位的经营业绩情况。对于参股并无重大影响的其他权益工具投资，财务部门应当每季度取得被投资单位的财务报表等相关资料，每年初取得被投资单位上一年度的审计报告和估值报告，关注其损益等情况。

表 23－20　股权投资对账表

编制单位：　　　　　　　　　　　　　　　　　　　　　年　月　日

被投资单位名称	业务台账信息			财务台账信息			差异			备注
	累计投资	持股比例	累计分红	累计投资	持股比例	累计分红	累计投资	持股比例	累计分红	
合计		—			—			—		—

投资管理部门负责人：　　　　　　　　会计主管：　　　　　　　　制表人：

2）全面清查。根据股权投资相关明细账填写《股权投资清查明细表》（表 23－21）中的“被投资单位名称”“账面余额”，并与总账数及财务报表数核对是否相符。核实单位对外投资的合同、协议、银行转账凭证（货币出资）、有关部门的批准文件等，确认投资的真实性。

表 23－21　股权投资清查明细表

编制单位：　　　　　　　　　　　　　　　　　　　　　年　月　日

序号	被投资单位名称	投资种类	投资日期	持股比例	初始投资金额	账面余额	清查变动数		清查数	备注
							增加	减少		
合计										—

会计主管：　　　　　　　　　　稽核：　　　　　　　　　　制表人：

【小贴士】

在股权投资的清查过程中，可利用相关查询软件，如“天眼查”，对本单位所有投资企业及投资企业存在状态进行查询核对，确保股权投资的完整性。

财务部门协助投资管理部门向被投资单位寄发《投资询证函》，见表 23 - 22。回函不符的，由投资管理部门查明原因。根据上述清查情况，完成《股权投资清查明细表》的编制。

表 23 - 22　投资询证函

致：××公司

本单位对贵单位的投资款项进行询证，下列数据出自本单位账簿记录，如与贵单位记录相符，请在本函下端“数据证明无误”处签章证明；如有不符，请在“数据不符及需加说明事项”处详为指正。回函请直接寄至×××单位财务处。（本函仅为复核账目之用。）

回函地址：　　　　邮政编码：

联系人：　　　　电话：　　　　传真：

（公章/财务章）日期：　年　月　日

截止日期　　年　月　日　　　　单位：元

被投资单位名称	投资类型	原始投资金额	股权比例	本期实现收益	累计实现收益	账面余额

若投资在上述日期之后已经处置，仍请及时函复为盼。

结论：

信息证明无误。	信息不符及需加证明事项
	（详细说明）
贵单位签章（公章/财务章）：	贵单位签章（公章/财务章）：
日期：	日期：
经办人：	经办人：

23.6.1.9　固定资产的清查

固定资产的清查分为定期清查和全面清查。

1）定期清查。固定资产一般分为：房屋建筑物、机器设备（仪器设备）、运输工具、其他设备（办公用品）四类。财务部门应当每季度与固定资产管理部门对账，包括固定资产类别、名称、编号等，核对后填写《固定资产对账表》，见表 23 - 23。

表 23－23　固定资产对账表

编制单位：　　　　　　　　　　　　　　　　　　　　　　　　年　月　日

资产编号	资产名称	出厂编号	资产类别	资产类别明细	入账日期	资产状态	使用部门	责任人	业务台账数量	财务账面数量	差异	备注
合计												—

固定资产管理部门负责人：　　　　会计主管：　　　　制表人：

【小贴士】

关注是否存在同一固定资产标识不一致的情况。在进行资产登记时要注意标识的规范性，有多个标识的要将所有标识都标注到资产台账上或给予统一。

2）全面清查。固定资产管理部门制定盘点计划并经审批后实施。盘点计划的内容应包括盘点范围、盘点时间、盘点方法、盘点人员、工作内容、盘点步骤等。盘点前，财务部门应将固定资产台账与固定资产管理部门的台账进行核对。盘点时，财务部门人员参与并进行监盘。在盘点过程中，应采用以账对物、以物对账的核对方法盘点实物资产，对固定资产卡片中固定资产信息不全或存在错误的，要根据清查结果进行修改、完善。在实物盘点过程中，需同时关注固定资产的使用运行状态，并进行记录。

【小贴士】

固定资产的使用运行状态可按在用、闲置和封存进行标记。

关注是否存在账外固定资产，如有，需由相关业务部门提供说明。

检查房屋产权证、车辆行驶证等权属证明文件，明确固定资产的产权归属。

【小贴士】

关注单位的历史名称及是否存在使用单位与产权单位不一致的情况，对于产权分离的需取得实际产权单位的证明或说明。

对于尚未获取房屋产权证书的，需查看提交办理产权证书的资料文件等。

车辆行驶证在盘点时如不能提供原件的，可提供复印件或购置证明等材料。

根据上述清查情况，完成《固定资产盘点表》（表 23－24）的编制，盘点人员对盘点结果签字确认，并由固定资产管理部门编制固定资产盘点报告，报告主要内容包括固定资产状态、盘盈（亏）原因和改进措施等。

表 23－24　固定资产盘点表

编制单位：　　　　　　　　　　　　　　　　盘点日期：

序号	资产编号	资产名称	资产类别	入账日期	使用期限（月）	使用部门	责任人	固定资产净值(元)	账面数量	实盘数量	盘盈+盘亏-	责任人签字
合计												—

固定资产管理部门负责人：　　　监盘人：　　　盘点人：　　　制表人：

【小贴士】

对于固定资产数量较大的单位，需做好盘点计划，可分期分批进行盘点。在日常管理工作中，建议借助信息化手段对固定资产进行管理，并将实物管理责任落实到人。

固定资产台账需要动态维护，从而提高盘点效率。

23.6.1.10　在建工程的清查

各单位在建工程可单独建账，也可在总账中分项目核算。对于单独建账的在建工程，财务部门应将基建账套中的所有资产与在建工程管理部门的资产台账进行核对。

在建工程的清查分为定期清查和全面清查。

1）定期清查。财务部门应当每季末与在建工程管理部门对账，包括在建工程类别、名称等，核对后填写《在建工程对账表》，见表23－25。

表 23－25　在建工程对账表

编制单位：　　　　　　　　　　　　　　　　年　月　日

序号	资产名称	资产类别	资产类别明细	资产状态	管理部门	责任人	业务部门台账数量	财务部门账面数量	差异	备注
合计										—

在建工程管理部门负责人：　　　会计主管：　　　制表人：

2）全面清查。在建工程管理部门进行在建工程盘点，财务部门人员参与并进行监盘。在实物盘点过程中，应采用以账对物、以物对账的核对方法盘点实物资产，对在建工程实物账信息不全或存在错误的，要根据清查结果进行修改、完善。在实物盘点过程中，需同时关注在建工程状态，对于设备类在建工程，关注其是否安装完毕，对于房屋建筑物应与基建部门一同对进度进行核验，并记录。

【小贴士】

在建工程状态可按在建、停工、达到可使用状态进行标记。

对于已达到可使用状态的在建工程，应及时转入固定资产。

根据上述清查情况，完成《在建工程盘点表》（表23－26）的编制。

表 23－26 在建工程盘点表

编制单位： 盘点日期：

序号	资产编号	资产名称	资产类别	管理部门	责任人	资产净值（元）	账面数量	实盘数量	盘盈+/盘亏-	责任人签字
合计										—

在建工程管理部门负责人： 监盘人： 盘点人： 制表人：

【小贴士】

对于单独建有基建账套的在建工程，相关资产的盘点清查参照本指南的相关部分。

23.6.1.11 无形资产的清查

无形资产的清查分为定期清查和全面清查。

1）定期清查。无形资产可按土地使用权、专利权、非专利技术、软件、软件著作权、商标等类别列示。财务部门每季度与无形资产管理部门对账，包括无形资产类别、名称等，核对后填写《无形资产对账表》，见表 23－27。

表 23－27 无形资产对账表

编制单位： 年 月 日

资产编号	资产名称	资产类别	资产来源	入账日期	资产状态	资产用途	使用部门	责任人	业务台账数量	财务账面数量	差异	备注
合计												—

无形资产管理部门负责人： 会计主管： 制表人：

2）全面清查。在盘点过程中，应采用以账对证、以证对账的核对方法，对无形资产台账中无形资产信息不全或存在错误的，要根据清查结果进行修改、完善。在盘点过程中，应同时关注无形资产的时效状态。根据上述清查情况，完成《无形资产盘点表》的编制，见表 23－28。

表 23－28 无形资产盘点表

编制单位： 盘点日期：

序号	资产编号	资产名称	资产类别	入账日期	使用期限（月）	使用部门	责任人	无形资产净值（元）	盘盈+盘亏-	时效状态	责任人签字
合计										—	—

无形资产管理部门负责人： 监盘人： 盘点人： 制表人：

【小贴士】

盘点中，对于土地使用权要查看土地使用权证书并实地查看土地使用情况；对于专利权及软件著作权需查看相应权利证书；对于无证书的非专利技术及软件需逐一将软件或平台打开查看使用状态。

在商标的清查过程中，可利用相关查询软件，如“天眼查”，对本单位的商标信息进行查询核对，确保资产的完整性。

盘点中，还需特别关注无形资产的权属关系，核对是否存在与其他单位或个人共同享有的情况，并进行标注。

23.6.1.12　长期待摊费用的清查

长期待摊费用的清查分为定期清查和全面清查。

1）定期清查。长期待摊费用可按装修费、租赁费（支付1年以上的租赁费用）、固定资产改良支出等类别列示。财务部门每季度与长期待摊费用管理部门对账，包括长期待摊费用类别、名称等，核对后填写《长期待摊费用对账表》，见表23-29。

表23-29　长期待摊费用对账表

编制单位：　　　　年　月　日

序号	资产名称	类别	资产来源	入账日期	资产状态	资产用途	使用部门	责任人	业务部门台账数量	财务部门账面数量	差异	备注
合计												—

长期待摊费用管理部门负责人：　　会计主管：　　制表人：

2）全面清查。在盘点过程中，应关注长期待摊费用的时效状态，对于装修费应实地查看装修状况；对于租赁费及固定资产改良支出实地查看租赁的实物。根据上述清查情况，完成《长期待摊费用盘点表》的编制，见表23-30。

表23-30　长期待摊费用盘点表

编制单位：　　　　盘点日期：

序号	资产名称	类别	入账日期	使用期限（月）	使用部门	责任人	长期待摊费用账面价值	盘盈+盘亏-	时效状态	责任人签字
合计									—	—

长期待摊费用管理部门负责人：　　监盘人：　　盘点人：　　制表人：

23.6.1.13　其他长期资产的清查

其他长期资产的清查应注意以下事项：长期应收款比照应收账款进行定期清查和全面清查。投资性房地产比照固定资产和无形资产进行定期清查和全面清查。工程物资比照在建工程进行定期清查和全面清查。开发支出比照无形资产进行定期清查和全面清查。商誉在清查时，应核查是否按照商誉减值的要求进行减值测试。

【小贴士】

企业合并形成的商誉无论是否存在减值迹象，都应当进行减值测试。

23.6.2　资产清查报告

23.6.2.1　形成资产清查报告

为了加强内部管理，对于在清查工作中发现的实物盘盈、盘亏、毁损、变质等问题，需及时查明原因并提出处理方案，形成资产清查报告。

23.6.2.2　资产清查报告内容

资产清查报告分为单户资产清查报告和合并资产清查报告。

单户资产清查报告主要反映单位资产清查的工作情况，内容包含但不限于："资产清查工作组织实施情况""资产清查结果""总体及具体差异说明""资产潜在损失风险分析""存在问题及潜在风险的解决措施"等。

合并资产清查报告主要反映所属单位的资产状况、清查结果，并根据清查结果进行分析，提出管理建议。内容包含但不限于："资产清查范围""工作组织实施情况""资产质量分析""不良资产情况""资金占压环节分析""存在的问题""措施及建议"等。

【小贴士】

资金占压环节分析是通过分析资金在购销、运营、固定资产投资以及研发等环节的占压情况，来支持资源的合理配置。

资产清查报告应认真分析存在的问题，由业务部门制定相应的整改措施和实施计划，推进资产管理工作水平的进一步提升。

23.6.3　资产清查结果的处理

23.6.3.1　盘盈盘亏的处理

对于资产清查中发现的盘盈、盘亏，相应资产管理部门提出处理申请，按规定程序履行相应审批手续，并将审批后的相关资料提交财务部门，财务部门进行财务处理。

【小贴士】

资产管理部门提交到财务部门的相关资料包括但不限于资产盘点表、资产盘盈（亏）处理申请、决策机构决议、入库单（如为盘盈）等。

23.6.3.2　资产损失的处理

单位对清查出的资产损失应逐项清理，由资产管理部门对报废或毁损的资产提出处置方案，按规定程序履行相应的审批手续，并将审批后的相关资料提交财务部门，财务部门进行账务处理。

【小贴士】

资产损失是指在资产清查基准日有账面记载，但实际发生的毁损、被盗或者丧失使用价值的，能以货币计量的部分。

资产管理部门提交到财务部门的相关资料包括但不限于：经批准的资产处置方案、资产报废或毁损鉴定意见、决策机构决议、处置合同及发票（若有）等。

23.6.3.3　涉嫌违纪违规的处理

因失职、渎职等原因导致资产损失，给单位造成重大损失等行为的部门和个人，各单位应根据实际情况，对直接责任人员和其他有关责任人员依法按照国家有关规定和单位内部管理制度追究责任。形成资产损失的责任人涉嫌违纪违规的交由纪检监察部门处理。

第 24 章　国有资产评估

24.1　质量目标

规范国有资产评估备案工作流程，明确资产评估项目审核要点，指导军工企事业单位国有资产评估工作的开展，提高工作质量与效率。

24.2　适用范围

应当开展国有资产评估的经济行为如下所述：

24.2.1　应当对本单位资产进行评估的行为

应当对本单位资产进行评估的行为如下：

1）整体或者部分改建为有限责任公司或者股份有限公司；

2）以非货币资产对外投资；

3）合并、分立、破产、解散；

4）非上市公司国有股东股权比例变动；

5）产权转让；

6）资产转让、置换；

7）整体资产或者部分资产租赁给非国有单位；

8）以非货币资产偿还债务；

9）资产涉讼；

10）法律法规规定的其他需要对相关国有资产进行资产评估的事项。

24.2.2　应当对接受的资产进行评估的行为

应当对接受的资产进行评估的行为如下：

1）收购非国有单位的资产；

2）接受非国有单位以非货币资产出资；

3）接受非国有单位以非货币资产抵债；

4）收购上级单位外部国有单位资产或者接受上级单位外部国有单位以非货币资产出资或抵债的，接受方需以经备案的资产评估结果为参考依据确定交易价格的行为；

5）上级单位内部国有单位之间以一方挂牌转让、另一方作为意向受让方摘牌受让的方式实施交易时，涉及受让方国有股权比例更高、需以经备案的资产评估结果为参考依据确定摘牌受让价格的行为；

6）法律法规规定的其他需要对接受的相关资产进行资产评估的事项。

【小贴士】

以下经济行为可以不对相关国有资产进行评估：

1）对企业整体或者部分资产产权实施无偿划转的行为；

2）在国有独资企业（事业单位）之间开展的合并、资产（产权）置换行为；

3）可依据审计后的净资产值确定转让价格的协议转让行为；

4）国有全资企业发生原股东增资、减资，经全体股东同意依据审计后的净资产值为基准日确定股权比例的行为；

5）账面价值低于 100 万元（不含本数）或占全部固定资产原值 20%以下（不含本数）的非整体性资产转让行为；

6）法律法规规定的其他不需要进行资产评估的事项。

鉴于实际情况往往比较复杂，针对具体经济行为是否需要进行资产评估、如何评估，各单位应通过年度资产评估工作计划和立项工作，提前与上级单位主管部门沟通确认。

24.3　相关释义

资产评估，是指评估机构及其评估专业人员根据委托对不动产、动产、无形资产、企业价值、资产损失或者其他经济权益进行评定、估算，并出具评估报告的专业服务行为。

24.4　职责分工

企事业单位应当明确国有资产评估主管部门（以下简称“主管部门”），一般是财务部门或资产管理部门；资产评估工作还涉及经营投资、计划等业务部门，以及各级次企事业单位等。

24.4.1　国有资产评估主管部门

国有资产评估工作主管部门的主要职责如下：

1）组织制定国有资产评估相关规章制度；

2）编报资产评估年度计划、立项申请表；

3）具体实施单位本级委托的资产评估项目；

4）审核、指导、上报下属各级次单位实施资产评估，组织上级单位和专家意见答复；

5）将项目信息录入国资委网站资产评估系统；

6）归档资产评估报告等相关材料；

7）组织对资产评估中介机构执业情况进行跟踪评价，上报上级单位。

24.4.2 经营投资、计划等业务部门

经营投资、计划等业务部门的主要职责如下：

1）组织涉及资产评估对应经济行为的审批或报批；

2）组织将资产评估结果纳入具体经济行为审议决策的要件中。

24.4.3 下属各级次企事业单位

下属各级次企事业单位的主要职责如下：

1）负责本单位及所属单位资产评估项目的计划申报；

2）选聘审计机构、评估机构，支付相关费用；

3）配合中介开展审计评估工作，提供项目所需资料；

4）提交资产评估报告等项目资料；

5）联合中介机构答复上级审核意见；

6）将资产评估结果纳入具体经济行为审议决策的要件中；

7）归档资产评估报告等相关材料。

24.5 评估进场前主要工作

24.5.1 年度计划与项目立项

资产评估立项分为计划内立项和计划外立项两种情形。对于集团公司（一级单位）的国有资产评估工作建议采取年度计划管理，下属各单位应于每年末梳理下年度拟开展的资产评估项目，并逐级向主管部门上报，经集团公司（一级单位）审核后形成资产评估计划。未列入计划的临时新增项目属于计划外项目。

（1）计划内立项

主管部门结合经营性投资年度计划（与上报上级单位的股权投资计划口径不一样）和各单位资产评估计划上报和项目沟通情况，编制本单位资产评估年度计划，报上级单位审核。集团公司（一级单位）下达红头反馈意见后，即完成立项，不用再额外提交申报材料。

（2）计划外立项

计划外立项是指未纳入年度资产评估计划，在项目实施前，通过本单位向集团公司（一级单位）另行申请立项。需要另行提交资产评估立项申请表，附经济行为方案、内部决策文件，经主管部门审核后逐级报集团公司（一级单位）审批。

24.5.2 前期准备及关注要点

（1）注意评估机构与审计、法律中介机构的工作协同

委托方、被评估单位应组织审计、评估、法律等中介机构在正式进场前充分沟通，明

确经济行为方案、目的、进度安排、会计政策、评估范围和重大事项的基本处理原则。

（2）明确评估目的，应与经济行为目的保持一致

资产评估载明的评估目的一般只对应特定的、单一的经济行为，不可以同时用于利益冲突的不同当事方或者不同评估目的。

（3）理清审计、评估范围，确保无遗漏资产、负债项

评估范围应覆盖评估对象所有权益，应对评估对象的资产、负债项进行认真梳理，确保无遗漏。若发生重大缺失，很可能需要调整评估结果，严重影响评估备案进度，甚至被追责。

【小贴士】

根据以往的经验来看，资产评估容易遗漏的事项主要包括：商标、专利、著作权、非专利技术等无形资产，购地款或补贴返还，由其他单位或个人代持的资产等。以上信息可以通过相关官方网站，或者借助"企查查""天眼查"等专业平台进行查询，避免遗漏资产项。

（4）合理选定评估基准日

资产评估报告从评估基准日起一年内需完成备案，否则需要重新选择基准日再次评估。在选择资产评估基准日时，应充分考虑经济行为的论证、审批周期，尽早提交上级单位审核。

另外，应当关注在评估基准日后是否发生了对评估结果产生重大影响的事项，如发生重大事项则需要重新进行评估。

【小贴士】

重大影响事项主要包括：汇率大幅变动、国家重大政策调整、企业资产权属、数量或价值发生重大变化等，也包括被评估单位基准日后的分红（包括上缴收益）、增资、大额资产处置等行为。

（5）账务清查

对在评估基准日前的账务进行必要清查梳理，比如必要的坏账准备计提、应付股东单位房租计提、内部单位债权债务处置、委托贷款归还等。以便于后续审计与评估工作的开展。

（6）关注或有事项

应关注被评估单位（尤其是拟收购或增资企业）对外担保、诉讼等或有事项，很可能会影响评估结果或企业正常经营。诉讼类文书可通过公开网站查询。对或有事项应有清晰的解决方案，方便评估机构判断对评估结果的影响。

（7）提供资产权属证明

土地、房屋建筑物、车辆及无形资产等重要资产应该权属清晰、权属证明文件齐备，

如果产权属资料不全面或存在瑕疵，应明确告知审计与评估机构，并通过出具律师函、书面承诺、提供其他证据材料等方式补充说明。

24.5.3 选聘评估机构

（1）资产评估委托方

根据评估对象，资产评估委托方有所不同。

评估对象属于流动资产、固定资产、无形资产等财产权范围的，一般由资产所在法人单位负责委托和申报备案。

评估对象属于企业产权等出资人权利的，一般由企业的出资人负责委托和申报备案，出资人的上级单位或者利益共同体也可以参与委托。

【小贴士】

国家明文规定严禁利益冲突方参与评估委托工作。如交易双方为买卖关系，各自一方应当根据自身经济行为目的单独委托评估机构出具资产评估报告，不可共同聘请评估机构出具评估报告，避免依据双方意向谈判价格操纵评估结果，影响评估的独立性。

接受非国有资产或集团公司（一级单位）外部国有单位资产、产权等情形的，由接受方负责委托。

评估项目委托方涉及多个国有产权主体的，按上级单位内最大股东的管理或产权关系办理备案手续；持股比例相等的，应协商委托一方办理备案手续。

（2）评估机构

集团公司（一级单位）一般会建立资产评估机构备选名录，并要求所属各级企事业单位从目录中选聘评估机构开展国有资产评估。评估机构备选名录及联系人由集团公司（一级单位）定期更新发布（一般 1 年或 2 年更新一次）。

部分集团公司（一级单位）对评估机构还会规定备选名单和指定团队，各单位选聘时应履行相应程序。评估机构应当至少委派 1 名入选上级单位资产评估备案库的评估师参与评估工作，并在评估报告上签字。

【小贴士】

选聘评估机构时，一般应向不低于 3 家具有相应资质（保密、证券、房地产等）的机构进行邀标询价。建议在评标时综合考虑中介机构报价、类似项目经验和项目实际承担团队等因素。

评估机构及人员应承诺未接受利益冲突方的委托对同一评估对象进行评估，且未因受监管部门处罚处于相关业务暂停受理期。在项目承接期间，如受到监管部门处罚或惩戒，应在 5 个工作日内书面告知本单位主管部门。

评估项目涉及国家秘密的，应与评估机构签订保密协议。

各企事业单位应关注资产评估机构与执业团队的工作能力，并将其执业质量、工作是否存在过失等相关情况及时逐级反馈集团公司（一级单位）主管部门。集团公司将各企事业单位的反馈情况作为更新名录的参考依据。

（3）评估费用

评估费用一般应由委托方支付，不得由利益冲突方代为支付。应分期付款，应保留一定比例的评估费用（一般至少为 20%）作为尾款，备案通过后方可付清。评估报告存在重大质量问题或者评估机构不积极配合评估备案审核的，委托方应当拒绝支付尾款。

24.5.4　资产评估前审计

审计结论是开展国有资产评估的重要依据，审计报告将作为资产评估报告的必要附件。在开展资产评估之前，应根据评估事项的具体要求由会计师事务出具相应审计报告。

（1）审计机构选聘

大型集团公司一般会定期发布财务决算审计会计师事务所备选名录，并要求其所属企事业单位在备选名录内选聘审计机构开展年度决算审计。资产评估前审计应在名录内选聘审计机构出具审计报告。确需选聘其他会计师事务所的，须经委托方单位主管领导审批同意。

（2）审计报告类别与期限

审计报告应结合具体经济行为出具。产权转让和导致实际控制权转移的增减资项目，应提供最近一年度和本年度截至评估基准日的专项审计报告；参股股权转让无法单独进行专项审计的，转让方应当取得转让标的企业最近一期年度决算审计报告；并购项目应在完成财务尽职调查的基础上出具最近 3 个完整会计年度和本年度截至评估基准日的专项审计报告；拟上市项目或已上市公司的重大资产重组项目，评估基准日在 6 月 30 日（含）之前的，应委托审计机构出具最近 3 个完整会计年度和本年度截至评估基准日的专项审计报告；评估基准日在 6 月 30 日之后的，需提供最近两个完整会计年度和本年度截至评估基准日的专项审计报告。

除上述经济行为以外的改制、非上市公司股权比例变动、以非货币资产对外投资等其他经济行为，如果基准日为 12 月 31 日，可直接用年度决算审计报告，但应充分关注资产损失事项是否已妥善处理。如涉及上市公司年报披露，应关注相关影响。

采用收益法评估的资产评估项目，本期审计机构应对最近 3 个完整会计年度的审计结果进行确认（不需出具文件）。如认为有对评估产生重大影响的问题，应及时提出解决建议，进行必要的调整。

评估标的为非法人资产，属于可独立产生经济效益的业务资产（包括分公司、事业部、资产包等），应委托审计机构出具审计报告；评估标的为非法人资产，且无法独立预测未来经营现金流，可以不审计，但应出具相关资产清单和财务报表。

（3）审计报告审核要点

审计报告是否与经济行为批准文件、评估报告确定的资产范围一致，尤其是企业整体改制涉及资产剥离的项目。

审计报告报表与报表附注之间勾稽关系是否一致，主要会计政策是否合理，包括收入确认原则、成本核算原则等。

涉及计提减值准备时，各项资产计提减值准备的依据和比例是否合理。

审计报告是否为无保留意见的标准审计报告。如为非标准无保留意见的审计报告，对其附加说明段、强调事项段或修正性用语，被评估企业是否提供了有关事项的书面说明及承诺。

24.6 评估过程关注要点

24.6.1 资料提供

委托方、被评估单位应当向资产评估机构如实提供有关情况和资料，并对所提供情况和资料的真实性、合法性和完整性负责，不得隐匿或虚报资产。提供资料清单一般包括：产权登记表、内部经济行为决策文件、有关方案、可行性研究报告、尽职调查报告、协议、财务报表、权属证明、未来年度盈利等文件。

【小贴士】

一定要做好交接记录，交接清单应由评估师签字，并在评估报告引用文件里列明，可能作为判定相关责任的重要依据。资料提供充分，相关判断主要由评估机构负责。

不应提供不符合评估准则、影响评估机构独立判断的资料，比如为刻意粉饰评估报告提供业绩承诺等。

24.6.2 评估方法简介及关注要点

本条主要依据《企业国有资产评估报告指南》（中评协〔2017〕42 号）、《企业国有资产评估项目备案工作指引》（国资发产权〔2013〕64 号）、外部专家审核经验和上级单位实际案例编写，在实施过程中相关要点主要由评估机构负责判断和把握。委托方、被评估单位应了解、尊重基本规则。

对企业价值评估的方法包括资产基础法、收益法和市场法 3 种。

（1）资产基础法

资产基础法是指在合理评估企业各项资产价值和负债的基础上确定评估对象价值的评估思路。由于测算的基础是企业现有实际拥有或控制的资产，往往最可信。但该方法无法考虑企业管理效率、自创商誉、销售网络、人力资本等未在财务报表上的因素，难以充分体现企业价值。

1）递延收益，一般来说应在以后年度转为收益，应在考虑恰当税费基础上评减，确认为无须支付的负债。

【小贴士】

需要检查递延收益相关文件，有特殊条件要求才能转为收益的需要特殊考虑。

2）专项应付款，应根据各款项拨款文件，并了解目前项目进度，基本确认无风险、可验收完成的应评减，确认为无须支付的负债。若处于项目初期或其他原因，无法判断未来情况的应按账面值确认评估值，并在特殊事项予以披露提请注意。一般可通过法律认可的协议和可靠的措施确定未来独享权益。

【小贴士】

上级单位和专家审核时会重点关注该类问题。

（2）收益法

收益法是通过将评估对象未来正常净收益折现到评估时点后累加来评估价值的方法。评估结果受收入、利润指标预测、折现率、营运资金、资本性支出等多种因素的影响。

【小贴士】

取值范围相对较大，但有其内在规则、惯例约束，应高度关注相关参数取值的合理性。

1）收入、利润指标预测，未来盈利预测与历史财务数据增长趋势如存在较大差异，应有充足的依据。

【小贴士】

评估师在运用收益法进行企业价值评估时，应当从委托方或相关当事方获取被评估企业未来经营状况和收益状况的预测，并进行必要的分析、判断和调整，确信相关预测的合理性。

一般情况下，收益法对未来收入利润等经济指标的预测是以相关经济行为“实现前”的现况为预估条件，而不是经济行为“实现后”，所以不应与可研报告预测数据一致。比如，增资行为，由于增资后企业的净资产会增加，会改善企业可研报告中的经营数据；但在评估预测应基于增资行为未发生的现状。

如无偿使用上级单位资产，在混合所有制改革应有明确的有偿使用计划，并在收益法中考虑到未来效益测算中。

2）营运资金，营运资金追加直接影响未来现金流，对收益法结果影响非常敏感，需要谨慎对待。应综合考虑行业和历史营运资金与收入比例。

3）溢余性/非经营性资产负债，列为经营性资产还是非经营性资产要结合项目具体情况，并不是绝对的，但不同处理方法可能对评估结果产生较大影响。

【小贴士】

对于土地、房产，如果在基准日时点没有在企业主营业务中加以使用，在未来预测中也不考虑其贡献，可作为非经营性资产进行加回，但由于土地房产金额较大，需要充分论证其进入交易的必要性。比如收购项目将对未来效益有贡献的办公用房纳入溢余性/非经营性资产进行加回往往存在高评问题。

4）所得税率，未来预测年度高新技术企业的所得税率一般应保持在现行优惠税率，尤其对于股权转让项目和股权稀释项目。

【小贴士】

所得税率的调整对评估结果影响很大，是否在永续期享受优惠税率，均需提供充分依据并进行判断。

5）评估假设，收益预测的假设条件应当结合评估项目的具体情况确定。一般包括国家宏观经济政策环境、税率、利率以及企业主业方向、经营能力、会计政策无重大变化、合法经营等。

【小贴士】

假设条件可作为评估机构的免责条款，备案审查中会被重点关注，所以委托单位不应允许其擅自扩大假设条件。

（3）市场法

市场法是指利用市场上同样或类似资产的近期交易价格，经过直接比较或类比分析以估测资产价值的评估方法，评估结果比较有说服力。可调节空间相对较大，在对历史期亏损、微利的企业评估时应用较多。重点是要关注可比上市公司案例及流动性折扣系数的选取。

24.6.3　评估方法选择

资产评估方法由评估机构依据被评估资产性质来选择，通常情况下，选取两种或两种以上的方法分别做出评估，最终选取其一作为评估结论。委托方在审核资产评估报告时需对评估方法的选择与最终结论确定是否合规合理进行审查。

（1）以持续经营为前提进行企业价值评估

对企业（含其拥有实际控制权的长期股权投资企业）应采用两种或两种以上方法进行评估。

1）收益法、资产基础法组合在实践中最常用。

2）市场法、资产基础法组合，一般会要求另提供收益法的验证补充说明，不需装订入正式评估报告。具体做法是建立收益法模型，套用成本法结果倒推未来现金流，判断可实现程度，从而验证成本法结果是否可能造成国有资产流失。

3）收益法、市场法组合，一般会要求另提供资产基础法的验证补充说明，不需装订入正式评估报告。

（2）对企业知识产权、打包资产的评估

对企业整体价值、未来将有效益贡献的知识产权、涉及整体业务交易的打包资产进行评估，原则上均要采用收益法进行评估。

【小贴士】

评估对象经营亏损或者收益法预测数据不准确，均不能作为不采用收益法的唯一原因。实践中，成本法评估值为正的亏损企业，采用收益法评估结果可能为负值。

（3）房屋建筑物

对于投资性房地产评估一般应选取收益法或市场法，最终价值应接近公开查询的市场价值。

房地产原则上采用或充分考虑市场法评估结果。

（4）土地

土地评估分为市场比较法、收益还原法、成本逼近法、剩余法和基准地价系数修正法。土地原则上应采用两种方法评估，如果可以采用市场比较法应优先使用。最终结果应与近期可以查询到的同一地区、同一性质土地交易单价接近。

【小贴士】

土地评估历来是监管部门审核重点，应重点关注土地估价范围、权属、土地资产处置审批与土地估价报告备案情况，尤其是划拨土地，还需考虑最佳使用状态下的价值。

（5）母子公司评估

对有子公司的企业进行评估时，一般应对母子公司分别进行单户评估。谨慎使用母子公司合并收益法（除非母公司承担大量管理费用、母子公司之间存在大量不可分割的关联交易等特殊情况），并谨慎考虑折现率如何统一。

（6）特殊情况

基于评估对象、评估目的、执业条件的特殊性，也可只采用一种评估方法（需要沟通确认），但要符合资产评估执业准则的规定，在评估报告中充分说明、验证。

24.6.4　评估结果

结合对比公司或所属行业的市盈率等指标，被评估企业的评估结果应相对公允。

采用两种或两种以上方法进行企业价值评估时，应对不同评估方法结果的差异、产生原因和最终确定评估结论的理由进行详细说明。应以有利于国有资产持有方的角度合理选择最终评估值。

【小贴士】

根据评估报告的历史沿革，如果被评估单位近 3 年做过资产评估，应与上次评估结果进行比对分析（上级审核时一般要求提供）。在外部环境、企业经营状况未发生重大变化的情况下，评估结果不应存在重大差异。

24.6.5 特别事项说明

评估报告应当说明评估程序受到的限制、评估特殊处理、评估结论瑕疵等特别事项，及期后事项，通常包括下列内容：

1）引用其他机构出具的报告结论的情况，并说明已了解所引用报告结论的取得过程，承担引用报告结论的相关责任；

2）权属资料不全面或者存在瑕疵的情形；

3）评估程序受到限制的情形；

4）评估资料不完整的情形；

5）评估基准日存在的法律、经济等未决事项；

6）担保、租赁及其或有负债（或有资产）等事项的性质、金额及与评估对象的关系；

7）评估基准日至评估报告日之间可能对评估结论产生影响的事项；

8）在本次资产评估对应的经济行为中，可能对评估结论产生重大影响的瑕疵情形。

【小贴士】

评估报告应当说明对特别事项的处理方式、特别事项对评估结论可能产生的影响，并提示评估报告使用者关注其对经济行为的影响。

上级和专家审核时会重点关注特别事项。对于将来可能流入被评估单位的权益事项，一定要充分披露。

24.6.6 报告出具

为确保评估报告的及时有效性，评估报告出具日应接近申报日，一般不应超过 3 个月。报告签字、盖章、日期及相关证书复印件应齐全。审计报告（完整版）作为必要附件须与评估报告装订在一起。

【小贴士】

对于评估报告出具日期较早的项目，上级单位一般会要求核实预测数与最新财务报表数据的一致性。如果偏差较大，且没有合理的解释，原则上应将预测数调整为实际实现数，尤其是跨年度上报的项目，可能对评估结果造成影响。

24.7　报告审核与上报备案

24.7.1　评估审核流程前置

由于资产评估报告是经济行为报批文件的附件，评估结果是定价方案的重要参考依据，为尽量避免评估值后续发生重大调整，影响项目决策、实施进度，应在项目经济行为报批前通过主管部门审核。

24.7.2　电子版文件报主管部门

评估报告经委托单位审核、定稿后，将评估报告、评估说明、评估明细表、收益法测算 Excel 表、审计报告等文件电子版（需纸质审核的涉密项目除外）报送主管部门。最终版纸质材料与审核过程电子版资料严格一致。

24.7.3　主管部门审核

主管部门及聘请的外部专家结合经济行为，对报告进行全面审核，审核常见问题主要集中在“24.6 评估过程关注要点”。

对于主管部门和专家所提意见，委托单位应协调评估公司于 10 个工作日内书面答复，并根据需要对评估报告、评估报告说明等材料进行调整、完善，直至通过专家审核。

24.7.4　提交备案申请

（1）上报期限

集团公司（一级单位）或国家有关部门负责备案的项目，应充分考虑审核周期，避免超过评估有效期情况的发生。一般情况下，集团公司（一级单位）负责备案的项目，最迟应在评估报告有效期届满前 3 个月申报备案；国家有关部门负责备案的项目，最迟应在评估报告有效期届满前 4 个月申报备案。

（2）基本流程

在经济行为报送集团公司（一级单位）的同时，评估单位主管部门同步向集团公司（一级单位）主管部门提交评估备案申请，即与经济行为申请并行开展。

（3）报送文件

向集团公司（一级单位）报送的文件应当包括：评估备案申请文件（盖单位公章）、资产评估项目相对应的经济行为方案有关初步决策或者书面认可文件、《国有资产评估项目备案表》或者《接受非国有资产评估项目备案表》一式三份（亲笔签字）。如涉及财政部批复的一级事业单位投资或处置资产项目，另沟通财政部备案表事宜；评估报告（含完整版审计报告复印件，装订在一起）、评估说明及明细表；正式审计报告（确保签署完整、附注齐全）；供专家审核所需的电子版材料（上述第四款资料电子版以及收益法测算 Excel 表）；本单位聘请专家审核所提问题及处理结果的相关补充说明（如有）。

【小贴士】

备案表应严格按照标准格式，应注意不要混淆《国有资产评估项目备案表》《接受非国有资产评估项目备案表》。“所出资企业（有关部门）”应填写本单位所属集团公司（一级单位）的完整名称；评估结果的“账面价值”“评估价值”明细相加要等于总额，不得有四舍五入造成的尾差。

在上级单位审核之前暂不需要提供经济行为最终批准文件和公示结论。

24.7.5 集团公司（一级单位）审核

集团公司（一级单位）确认申报材料齐备完整后对有关资产评估报告进行审核，必要时组织评估专家评审，并出具审核意见。主要审核要点如下：

1）资产评估项目所涉及的经济行为是否获得相应批准；

2）资产评估机构是否具备相应评估资质，是否在上级单位公布的评估机构备选范围内；

3）评估人员是否具备相应执业资格；

4）评估基准日的选择是否适当，评估结果的使用有效期是否明示；

5）资产评估范围与经济行为批准文件确定的资产范围是否一致；

6）评估依据是否适当；

7）有关单位是否就所提供的资产权属证明文件、财务会计资料及生产经营管理资料的真实性、合法性和完整性做出承诺；

8）评估过程是否符合相关评估准则的规定。

24.7.6 主管部门组织答复

对于集团公司（一级单位）出具的内审、外审意见，主管部门协调委托单位、评估公司合并出具答复说明，并根据需要对评估报告、评估报告说明等材料进行调整、完善，直至通过专家审核。

涉及评估报告修改的，答复说明应当注明修改后具体内容和相关科目评估值变化情况，并列明修改后评估报告对应页码。

涉及整个评估值修改的，应当在答复说明总体描述评估值变化情况和原因。

答复说明应加盖主管部门、评估机构章，必要时应出具承诺函，加盖本单位公章。也可评估机构出具答复说明，本单位书面认可。

24.7.7 同步公示

评估报告审核通过后，主管部门按照要求编写公示通知，并将公示通知、答复说明、修改后全套审计评估报告资料、经济行为决策文件一同提供至集团公司（一级单位），相关单位同步公示。

公示范围一般包括集团公司（一级单位）、评估委托方、资产占有方等资产评估项目相关单位。

公示方式一般通过内网、公示栏。涉及上市、涉密等特殊项目的，通过邮件在特定范围内公示。公示期限不少于 5 个工作日。

公示内容一般包括：经济行为批准文件、评估机构选聘方式、评估机构及评估师资质、评估程序履行情况、评估报告摘要和特别事项说明、评估结果汇总表、评估资料查阅方式、公示反馈意见收集及处理方式等。

公示期满，本单位主管部门向集团公司（一级单位）主管部门出具公示结论，明确是否收到反馈意见，如有反馈意见应说明相应解决情况，并确认是否影响评估结论。此款如已在评估备案申请文件中体现，则不需另报。

24.7.8　向上级单位补报文件

公示的同时，主管部门将相关项目申报文件、信息录入国资委资产评估信息系统，并组织补送以下最终版纸质资料：答复说明和有关附件；最终经济行为批准文件；公示结论（加盖本单位主管部门公章，如申请文件已明确公示结论、评估结果无变化可不再提供）；修改后申报材料、审计报告、评估报告等最终版文件。

24.7.9　备案通过

在公示无反馈意见或者反馈意见已解决落实的基础上，待最终版纸质资料齐全后，集团公司（一级单位）完成备案程序，下发资产评估备案表，或者转报国家有关部门履行备案手续。

【小贴士】

《国有资产评估项目备案表》或《接受非国有资产评估项目备案表》是产权登记、股权设置、产权转让等相关手续的必备文件和实施依据。应充分关注权属瑕疵、或有风险、补贴资金等评估报告披露的特殊事项。产权转让首次挂牌底价，不得低于经备案的评估结果。

如最终批准的经济行为方案发生重大变化，或者发生影响评估结果的其他重大事件，应及时报告集团公司（一级单位），一般需要重新履行评估审核程序。

第 25 章　事业单位国有资产报告编报

25. 1　质量目标

为了贯彻落实国务院向全国人大常委会报告国有资产管理情况制度的要求，进一步加强全国行政事业单位国有资产管理，财政部设置了行政事业单位国有资产报告。本文以夯实国有资产报告编报工作基础，规范编报流程，提高编报质量为目标。

各单位应统筹开展资产报表和部门决算报表资产数据的编制工作，确保两套报表资产数据的一致性，其中同口径数据应严格一致，因指标口径不同等原因形成的差异应有正式说明。因此，各单位应建立完善资产报表与部门决算报表编制人员的沟通协调机制，从源头确保两套报表数据的一致性，因特殊原因确实无法一致的事项，应详细说明原因。

25. 2　适用范围

本章适用于军工事业单位国有资产报告编报工作。

25. 3　相关释义

事业单位国有资产报告编报，是指财务人员结合编报年度财务决算有关工作，在对各项资产进行全面盘点的基础上，真实、准确地填报报表，并按要求编写填报说明和分析报告的一系列工作。

事业单位国有资产报告，是指财政部专用资产报告，包括资产报表、填报说明和分析报告三个部分，是各事业单位年度国有资产占有、使用、变动等情况的综合反映，其中资产报表是最重要的组成部分，是编制填报说明和分析报告的基础。资产报表主要包括单户表和汇总表，单户表反映各事业单位资产总体情况以及房屋、土地、车辆、大型设备等重要资产信息；汇总表与单户表一一对应，是上级单位汇总各下级单位的基础。

25. 4　职责分工

事业单位国有资产报告编报工作由财务部门统一负责，各实物资产主管部门配合完成。

25.4.1　财务部门

财务部门的主要职责如下：

1）组织国有资产报告编报相关政策的研究与学习，做好相关政策的宣贯与执行。

2）负责本单位国有资产报告的编报工作，确保资产报表与部门决算报表两套报表的口径协调一致。其中，上级单位财务部门负责审核、汇总下级单位资产报告。

3）负责与上级主管部门沟通协调。

25.4.2　实物资产主管部门

实物资产主管部门主要包括仪器设备、车辆、房屋构筑物、土地、家具用具、软件、商标、著作权、非专利技术等管理部门，主要职责是按照资产报告有关政策要求，做好主管实物资产的信息统计与填报工作。

【小贴士】

各实物资产主管部门均可安装软件，分别填报各自主管的资产内容，最后由财务部门编报人员统一汇总。

25.5　业务流程和操作规范

25.5.1　软件安装

软件安装是编报报表的基础，各单位可以从财政部门户网站资产管理司频道（http://zcgls.mof.gov.cn/）"工作通知"栏目中下载。安装时，应严格按照《20××年行政事业单位资产统计报表单机版用户手册》进行报表系统安装，尽量选择默认路径。

【小贴士】

财政部下发的一般是北京久其软件股份有限公司研制开发的单机版软件，需关注每年版本更新的问题。且该软件暂不支持卡片数量3万以上的单位，如遇本单位填报年度卡片数量超过3万以上情况的，请及时与财政部资产管理司沟通。

25.5.2　单户报表填报

各单位应根据资产管理和财务会计制度等规定，以单位真实完整的账簿记录、资产台账及盘点结果等为依据进行编制。其中，首次填报的用户请先了解整个软件填报流程后，再开始根据以下步骤完成具体填报工作。

25.5.2.1　单位信息维护（封面代码录入）

点击新增，录入封面代码信息，封面信息可参考部门决算报表。其中，财政预算代码、单位所在地区、隶属关系、部门标识代码、单位执行会计制度、单位基本性质、预算管理级次等信息应与编报年度部门决算报表填写一致，请勿直接复制上年封面代码。

25.5.2.2 资产盘点单录入

资产盘点是指对单位资产实物进行盘点，并将盘点结果录入盘点单的一系列工作。其中，资产编号、资产名称、资产分类、取得方式、取得日期、财务入账日期、价值类型、数量/面积、原值、盘点结果、使用状况等为必填项。

资产盘点单是整个软件填报的基础，需要填报单位在完成固定资产和无形资产盘点的基础上，录入期末固定资产和无形资产全部明细项目。

【小贴士】

资产盘点单录入首先取决于财政部当年下发的软件是否有此表单，若填报年度软件中无资产盘点单，则需在 Excel 中完成相关工作，否则无法取得固定和无形资产存量情况表和配置情况表等涉及资产分类和盘点结果录入的数据。具体填报方式以当年财政部下发软件为准。

盘点单中“资产分类”一栏是国标分类，如与各单位现行的分类标准不同，需实物管理部门按照国标重新分类填列。例如：航天五院目前执行集团航标，与国标的通用设备和专用设备分类不同，每年年末需实物管理部门对相关资产进行重分类。“国标”具体是指：固定资产依据《固定资产分类与代码》（GB/T 14885—2010）标准编码的选项，按固定资产分类代码进行填列；无形资产按 01 专利权、02 商标权、03 著作权、04 土地使用权、05 非专利技术、06 商誉以及其他财产权利、07 其他进行选择填列。

盘点单录入的两种方式：一种是直接在软件中手动录入；另一种是通过软件导出 Excel 盘点单表样，先在表样中填列全部盘点信息后再导入软件。

（1）手动录入

手动录入是指直接在软件中手动录入资产信息的方式，适用于资产数量较少的单位。其中，资产分类、取得日期等信息通过点选录入，其他信息直接填写。

（2）通过软件导入录入

通过软件导入录入是指通过软件导出 Excel 盘点单表样，先在表样中填列全部盘点信息后再导入软件，适用于资产数量较多的单位，通过 Excel 中筛选、批量复制、批量粘贴以及公式等功能的运用可大幅提高填报效率。具体步骤如下：

1）通过“表格（G）-导出到 Excel（N）”功能导出 Excel 盘点单表样。

2）删除导出的 Excel 盘点单表样中页码标识“— %d —”所在行，并保存文档。

3）根据本年期末资产台账，在 Excel 盘点单中录入固定资产和无形资产明细，包括资产编号、资产名称、取得方式、财务入账日期、规格型号、期末数、使用部门、使用人等内容。

【小贴士】

在第二种方式中，资产分类、取得方式、盘点结果、使用状况等内容可填列文字或代码。文字必须与软件中点选出的文字相同，且文字前不能有空格；代码必须用文本格式（例如：01）；日期填列格式可用“–”或“.”（例如：20××– 12 – 31 或 20××. 12. 31）。

资产分类填中文只能是末级字段，可能出现不同资产分类中末级字段相同，导入后该行资产分类无法保存的现象。例如：2018 年资产分类中“计算机设备及软件–计算机软件–应用软件 2010903”和“无形资产–信息数据–计算机软件–应用软件 6050633”中末级字段均为“应用软件”，此种情况只能逐个手动改选资产分类或资产分类填报时使用代码。

对于选择第二种方式的用户，建议先填列一行信息导入软件测试格式是否正确后，再进行全面填报。

部分资产变动较小的单位也可在上年盘点单的基础上，删掉报废资产信息，加入新增资产信息，最终形成本年资产盘点单导入软件。

4）在 Excel 盘点单中维护资产分类：以资产编号为唯一标识，通过 VLOOKUP 函数，在上年资产报表的 Excel 盘点单中找到对应的资产分类（文字或代码），补充到本年 Excel 盘点单中。未找到对应资产分类的即本年新增资产卡片，需实物管理部门在 Excel 盘点单中补充填写资产分类码。

5）在 Excel 盘点单中维护期初数：首先，在 Excel 盘点单中加入筛选功能，通过财务入账日期列筛选出以前年度入账的资产，即筛选开头不是报表年度的入账资产；然后，将筛选出的以前年度资产以资产编号为唯一标识，通过 VLOOKUP 函数，在上年 Excel 盘点单中找到对应的上期期末数（即本期期初数）。

6）在 Excel 盘点单中维护本期账面增加数：首先，利用在 Excel 盘点单中加入的筛选功能，通过财务入账日期筛选出当年入账的资产，即筛选开头是报表年度的入账资产；然后，将期末数数量（面积）、原值等直接复制粘贴到本期账面增加数对应位置。

7）本年盘点单中无本期账面减少数填报位置，故无须填写本期报废资产信息。

8）在 Excel 盘点单中维护实有数、盘点结果等剩余字段信息：可通过复制粘贴批量完成，但须据实填报。

9）通过“工具–导入盘点单”功能，将填列完整的 Excel 盘点单导入软件。

10）点击审核按钮，系统自动审核所填信息是否正确，若有错误根据系统提示进行修改，审核通过后，先点击运算按钮，再点击保存按钮。

（3）验证资产盘点单的完整性、合理性

编报人员盘点单录入结束后，需导出 Excel 进行完整性和合理性验证。

1）通过原值、累计折旧、数量等合计数校验导入资产数量的完整性（与资产台账核对是否所有资产均导入）；

2）通过随机抽取资产项目（行）校验导入资产信息的完整性（与资产台账核对是否缺项）；

3）期初数合计加上本期账面增加数合计，再减去本期账面减少数合计需等于期末数合计；

【小贴士】

当年资产盘点单中可能不填列资产减少数据，可通过固定资产管理系统导出资产减少记录或当年报废凭证取得本期减少数据。

4）本期账面增加数合计需等于财务账面新增资产数（新购和交付等）；

5）期末数合计需等于财务账面资产期末数。

25.5.2.3　单户表填报

单户表共12张，分别是资产负债简表（财资01表）、机构人员情况表（财资02表）、固定和无形资产存量情况表（财资03表）、固定和无形资产配置情况表（财资04表）、土地情况表（财资05表）、房屋情况表（财资06表）、车辆情况表（财资07表）、在建工程情况表（财资08表）、行政单位公共基础设施情况表（财资09表）、资产出租出借情况表（财资10表）、资产处置情况表（财资11表）和对外投资情况表（财资12表）。

单户表是与部门决算报表核对的基础，一切数据均应与部门决算报表保持一致，部门决算报表参考其中的资产负债简表（财决12表）、资产情况表（财决附01表）、国有资产收益征缴情况表（财决附02表）、机构人员情况表（财决附04表）等。

（1）资产负债简表（财资01表）

绿色部分通过运算生成，白色部分需手工录入。需注意的是，绿色部分固定资产和无形资产指标通过固定和无形资产存量情况表（财资03表）运算提取。因此，资产负债简表（财资01表）填报前应先填固定和无形资产存量情况表（财资03表），再填资产负债简表（财资01表）。

（2）机构人员情况表（财资02表）

绿色部分通过运算生成，白色部分需手工录入，该表与部门决算填报口径保持一致。

（3）固定和无形资产存量情况表（财资03表）

白色部分期初账面数根据去年期末数手动录入，期末账面数中“办公用房”“办公室用房”“业务用房”和“其他用房”的数量需按照“自用”“出租出借”“闲置”和“其他”四种用途分类手动录入，其余绿色部分通过运算生成。单价50万元（含）以上的通用设备、单价100万元（含）以上的专用设备应与部门决算报表保持一致。

（4）固定和无形资产配置情况表（财资04表）

绿色部分通过运算生成，白色部分“办公用房”“办公室用房”“业务用房”“其他用房”的本期账面增加数的数量栏（第5、9、13、17、21栏）需按照“新购”“调拨”“置换”“接受捐赠”和“其他”五种来源分类手动录入。

（5）土地情况表（财资05表）

绿色部分通过“工具—批量数据提取”生成，白色部分权属情况（第7~11栏）需手动录入。

【小贴士】

“工具—批量数据提取”功能的使用会使表中白色部分（手动录入的数据）清空，建议当重新提取数据前先将所有单户表导出 Excel 进行备份！表格备份请点击“表格—导出到 Excel”对单户表逐一进行备份。

注意提取数据时不可勾选固定（无形）资产盘点单。

（6）房屋情况表（财资 06 表）

绿色部分通过“工具—批量数据提取”生成，白色部分权属情况（第 7～12 栏）、期末账面数中“办公用房”（第 23～27 栏）、“办公室用房”（第 29～33 栏）、“业务用房”（第 35～39 栏）、“其他房屋”（第 41～45 栏）面积需按“自用”“出租出借”“闲置”和“其他”四种用途分类手动录入，且要与部门决算报表保持一致。

【小贴士】

在填写房屋情况表第 29 列自用办公室用房时，请注意人均办公室用房面积是否超标；标准参照《党政机关办公用房建设标准》（发改投资〔2014〕2674 号）。本表第 29 列合计数应与固定和无形资产存量情况表（财资 03 表）第 7 行的第 9 列与第 25 列保持一致。

（7）车辆情况表（财资 07 表）

绿色部分通过“工具—批量数据提取”生成，白色部分公车改革情况（第 4 栏）、车辆行驶证信息（第 9～12 栏）需手动录入。需注意的是，资产分类和车辆用途分类要与部门决算报表保持一致。

（8）在建工程情况表（财资 08 表）

全部需逐项手工录入，按建设工程项目逐项填列，“期末账面数”（第 9 栏）一栏合计数应与资产负债简表（财资 01 表）中的“在建工程”期末数相等，如“工程建设情况”（第 5 栏）选择（04 已投入使用），则“投入使用日期”（第 10 栏）与“未转固原因”（第 11 栏）为必填项。

【小贴士】

原则上不允许出现已投入使用但未转固的情况。

（9）行政单位公共基础设施情况表（财资 09 表）

事业单位一般不涉及。

（10）资产出租出借情况表（财资 10 表）

应逐项据实填列。且应与部门决算编报人员沟通，此表填报口径与部门决算保持一致。

(11) 资产处置情况表 (财资 11 表)

应逐项据实填列。本表中“本期实收处置收益”(第 56 栏) 的填写应与部门决算编报人员沟通并与部门决算保持一致。

(12) 对外投资情况表 (财资 12 表)

应逐项据实填列，其中被投资单位基本情况需主管对外投资部门提供数据。其中：“对外投资期末账面数”(第 10 栏) 合计数应等于资产负债简表 (财资 01 表)“短期投资”与“长期投资”期末数之和。“本期实收投资收益”(第 22 栏) 填报口径应与部门决算保持一致。

【小贴士】

单户表建议随填随审，填报一表审核一表，及时修改错误或编辑出错说明。审核错误分为【审核】(红色) 和【请核实】(黄色) 两类，其中【审核】必须修改，否则无法上报，【请核实】有错修改，无错保留并编辑出错说明。

25.5.2.4 汇总表填报

汇总表共 8 张，分别是资产负债简表 (财资综 01 表)、机构人员情况表 (财资综 02 表)、资产情况汇总表 (财资综 03 表)、资产配置情况表 (财资综 04 表)、资产使用情况汇总表 (财资综 05 表)、资产处置情况汇总表 (财资综 06 表)、资产收益情况汇总表 (财资综 07 表) 和行政单位公共基础设施情况表 (财资综 08 表)。

汇总表与单户表是对应关系，通过运算自动生成。

【小贴士】

由于汇总表与单户表是对应关系，故汇总表审核错误与单户表基本相同。建议：汇总表同单户表一样逐表审核，参考单户表编辑出错说明。

25.5.2.5 填报说明编制 (资产报表与部门决算数据对比表)

填报说明是一个数据对比表，是本报表和部门决算之间重点内容价值和数量的对比，与 Word 版填报说明不同。此表填报需从部门决算系统中导出“资产数据查询表”，再导入资产报表系统中，最后完成比对工作的一系列工作。

1) 进入部门决算系统，点击“查询”，选择“资产数据查询表”，点击“确定”，点击“执行查询”，导出资产数据查询表 (Excel)。

2) 进入资产报表系统，点击“工具—导入决算数据 (基层单位专用)”，导入上述资产数据查询表。

3) 点击运算、审核，完成资产数据与决算对比，该表中体现的部门决算与资产报表的比对项目原则上应无差异。如确实存在差异，需同部门决算编报人员沟通，并写明差异原因。

25.5.2.6　分析报告提取

分析报告是三个数据表，与 Word 版分析报告不同，分别是资产上年数据录入、资产总体情况和重点资产情况。其中，“资产上年数据录入”需依照上年度机构人员情况表（财资 02 表）手工录入，其余两个分析表通过点击运算完成分析。

25.5.2.7　全审

软件内嵌套表全部填完后点击全审按钮，进行全面审核，逐条核对错误提示和出错说明，保证无“审核”类错误，“请核实”类错误均已编辑出错说明。

25.5.2.8　数据导出

完成“全审”操作步骤后即可导出 jio 文件报送上级主管人员汇总。

25.5.3　汇总报表

报表汇总操作只适用于上级报表主管人员汇总下级报表。登录系统后，可以通过资产报表审核功能对下级事业单位的报表及报表材料进行汇总、确认及审核。

25.5.3.1　单户表数据导入

单户表数据导入是汇总报表的基础，填报人员需将全部下级单位上报的 jio 文件逐个导入系统。具体步骤如下：

1）主管用户登录系统，点击“装入”，弹出数据装入向导界面。

2）在数据导入向导界面点击，弹出文件选择对话框，选择基层事业单位报送的单机版 jio 文件后，点击“下一步”按钮，继续按内嵌步骤操作，直至系统提示“数据装入完成！”即可。

3）按照以上步骤逐户完成全部基层事业单位单户表数据的导入。

25.5.3.2　单户表审核

点击“全审”按钮对各单位逐户进行“全审”操作，待所有单户表审核通过以后方可进行下一步的报表汇总。

【小贴士】

单户表审核通过的标准：无“审核”类错误且“请核实”类错误均已编辑出错说明。

25.5.3.3　报表汇总

返回单机版主界面，点击“汇总”按钮，弹出完全汇总对话框。第一次汇总需点击“新建汇总封面”按钮，待弹出封面代码录入界面后，参照本单位单户报表封面录入汇总表封面代码，录入完整后点击“确定”，下级单位数据自动汇总到新建汇总单位下，最后点击单机版主界面中的编辑按钮即可进入汇总表。

当增加一个基层单位或某基层单位数据发生变化时，需按照上述步骤导入该单位数据，导入后将鼠标移至要汇总节点点击鼠标右键，再点击弹出对话框的“节点汇总所有下级”选项，系统弹出“节点汇总”对话框，点击对话框的“汇总”按钮，则全部单户表重新汇总。

25.5.3.4 填报说明（资产报表数与部门决算数差异比对）

行政事业单位可以通过部门决算系统导出“资产报表决算导入模板”的 Excel 文件数据，通过导入决算数据按钮将决算数据导入部门决算数列，汇总报表“填报说明”项下的部门决算数据的导入步骤与单户表类似。

1）进入部门决算单机版，然后点击“查询”按钮，选择“资产数据查询表”，点击“确定”。

2）进入决算单机版查询界面，然后点击“选择查询”按钮，执行完之后在结果显示页进行数据导出 Excel 文件。

3）将部门决算导出结果导入资产报表。进入资产报表单机版填报说明页签，然后点击“工具—导入决算数据（财政主管专用）”按钮，然后在弹出的对话框中上传刚才在决算单机版中导出的查询模板。

4）部门决算数据导入之后，通过运算按钮，可以从报表中计算资产报表数、差异情况列的值。

5）点击“审核”按钮，该表中“资产报表数”与“部门决算数”原则上应无差异。如果比对指标确实有差异，则应在“差异原因”栏写明实际情况，便于上级单位审核；同时作为填报说明的编报依据。

25.5.3.5 汇总报表审核

汇总报表审核是上级单位对下级单位上报的汇总表及报表材料电子数据进行审核、确认的过程。

1）点击单机版主界面中的“编辑”按钮，进入数据录入界面，选择左侧树形中的主管单位，点击资产报表汇总表页签，进入汇总表界面，点击“全审”按钮审核汇总数据。

2）在点击“审核”按钮后，展示审核错误信息。错误分为“审核”和“请核实”两种类型：审核错误必须修改，否则无法上报数据；核实错误根据实际情况修改或编制填报说明。错误修改及错误说明操作方式请参照单户表。

25.5.3.6 数据导出

完成“全审”操作步骤后即可导出 jio 数据文件报送上级主管人员汇总，导出方式参照单户表数据导出。

25.5.4 Word 版填报说明及分析报告

Word 版填报说明主要对本单位填报口径、审核情况、数据差异情况等内容进行说明，是在软件填报完整的基础上编写的。审核情况需根据软件全审后的结果逐项列示说明，差异情况需根据软件填报说明比对后的结果列示，一般应无差异。

Word 版分析报告以资产和财务状况为主要依据，对本单位资产总量、分布、构成、变动情况，以及资产管理工作情况进行分析和总结。包括但不限于以下方面：单位基本情况、资产情况分析、资产管理工作的成效及经验、资产管理工作的问题及原因、意见和建议、其他重要事项等。

Word 版填报说明和分析报告具体格式可参考财政部门户网站资产管理司频道（http：//zcgls. mof. gov. cn/）“工作通知”栏目中的相关模板。

第 26 章　基本建设项目预转资产

26.1　质量目标

根据《企业会计准则》《军工科研事业单位会计制度》和《国有建设单位会计制度》等规定，军工单位需要对达到资产确认条件的基本建设项目及时转入资产、正确进行会计处理，以加强军工单位基本建设项目资产交付工作，固化在建工程转资产相关程序，及时进行预转资产账务处理，真实、准确地反映资产情况，规范基本建设项目预转资产相关工作。

26.2　适用范围

本章适用于军工单位基本建设项目及先期自筹资金垫付、后期财政资金补偿的项目的预转资产工作和相应的会计处理工作。

26.3　相关释义

基本建设项目，是指以新增工程效益和扩大生产能力为主要目的，新建、续建、改扩建、迁建、大型维修改造工程及相关的基本建设工作。基建项目按照投资资金来源，主要分为取得自筹资金建设的项目和除自筹资金以外有其他资金支持的项目。本章所称基本建设项目主要指自筹资金建设的项目和以财政资金、自筹资金统筹建设的项目。

基本建设项目预转资产，是指超过建设工期的项目建成并已投入使用或试运行，由于项目竣工财务决算和项目竣工验收工作尚未全部完成，不能满足正式交付的要求，按照基本建设项目账面金额暂估办理资产入账，待完成相关工作后调整暂估资产价值的财务管理工作和流程。

26.4　职责分工

军工单位的基本建设项目预转资产工作涉及基本建设项目管理部门、具体实施部门、项目财务部门、审计部门和资产管理部门。其中，基本建设项目管理部门负责组织协调基建项目预转资产工作，财务部门负责整个过程的督办。

26.4.1　项目管理部门

项目管理部门是基本建设项目预转资产工作的组织协调部门，其主要职责包括两个方面：一是组织开展建设项目预转资产后的项目竣工验收和正式资产交付工作；二是向上级部门申请项目竣工决算审计并安排审计计划，进行项目正式转资产。

26.4.2　项目实施部门

军工单位基本建设项目实施部门的主要职责通常包括三个方面：一是梳理预转资产项目基本情况，填写基建项目资产预转固申请表，作为预转资产入账依据；二是组织完成建设项目工程价款结算工作，办理建设项目资产预转手续，履行相关工作程序；三是配合建设项目管理部门落实预转资产的后续工作，完成正式资产交付手续。

26.4.3　财务部门

财务部门是基本建设项目预转资产工作监督办理部门，应及时了解项目的实施进度，办理项目的预转资产工作及转资产工作，主要职责包括：一是及时了解并关注基建项目的实施状态，适时督促相关部门预转资产手续的办理；二是负责完成预转固定资产的账面支出统计，配合确定预转资产财务入账价值及入账手续；三是负责依据业务部门提交的项目批复文件督促预转资产和正式转资产并及时进行会计核算；四是办理本单位基本建设项目正式资产入账财务手续。

26.4.4　资产管理部门

资产管理部门为固定资产实物管理部门，主要职责是配合项目管理部门完成资产交付手续，对预转资产后的资产进行实物管理，确保账实相符。

26.4.5　审计部门

审计部门为审计工作的归口管理部门，主要职责是：组织工程项目的工程结算、决算审计，组织开展建设项目工程价款结算审核工作。

26.5　业务流程和操作规范

基本建设项目建设周期长、管理手续多、验收程序繁杂，军工单位常常遇到部分基本建设项目未及时转资产，单位的资产负债表无法真实反映各资产类别的情况。因此，需要将已符合会计准则规定的固定资产确认条件，但验收交付手续并不完整的基本建设项目及时办理预转资产。在预转资产过程中，通常遵循以下原则：

及时性原则，基本建设项目达到预转资产条件应及时进行预转资产会计处理，办理资产入账手续，真实反映资产状况。

依据充分原则，进行预转资产会计处理，应附有充分合理的依据。

闭环管理原则，预转资产是一个过渡阶段，必须及时进行正式转资产的跟踪管理，形成资产管理闭环。

在通常情况下，基本建设项目的单体工程达到预定可使用状态或者已试运行，满足了确认资产的条件，也应按照账面价值转入资产。基本建设项目预转资产也需要严格的验收审查，一般需提供如下依据：

1）四方验收单：四方验收单是指由甲方、施工单位、监理单位、设计单位四方通过验收认可的工程验收记录单，以证明工程已达到可使用状态。完工项目应及时办理四方验收。

2）预转资产申请表。

3）账面支出依据：财务部门提供的基建项目投资余额表。

26.5.1　预转资产流程

基本建设项目预转资产的具体流程主要包括以下6个阶段，需要项目管理部门、项目实施部门、财务部门、审计部门以及资产管理部门协同配合实施，如图26－1所示。

1）超过建设工期已建成并已投入使用或试运行的项目，竣工财务决算和项目竣工验收工作尚未全部完成，不能满足正式交付的要求，项目实施部门应当在完成工程结算工作后提出申请，申请表见表26－1，经项目建设单位项目管理部门、审计部门和财务部门确认后办理资产预转。

2）项目实施部门与资产管理部门办理资产交接，编制移交清单并双方签字盖章。

3）财务部门梳理基本建设项目账面价值，将实际发生的待摊费用进行分摊，填写建设项目预转资产总表（表26－2），依据分摊后账面实际发生额按照资产类别作为预转资产价值。

4）资产管理部门根据移交清单核实预转资产相关信息，建立资产管理实物账及相应实物卡片，负责预转资产实物管理。

5）资产管理部门确认接收资产后，财务部门办理预转资产相关财务手续，并按照财务会计制度的规定计提固定资产折旧和办理相应的资产摊销。

6）资产管理部门、项目实施部门、财务部门要加强预转资产的管理，定期进行实物盘点，做到账实相符、账表相符、账卡相符。

26.5.2　预转资产的价值确定

基本建设项目达到预转资产状态时点，应以项目实际发生的建筑安装工程投资、待摊投资支出等之和作为预转资产的暂估入账价值办理资产预转，预转后次月计提折旧，待正式转资产时再调整原值，不调整已计提折旧。

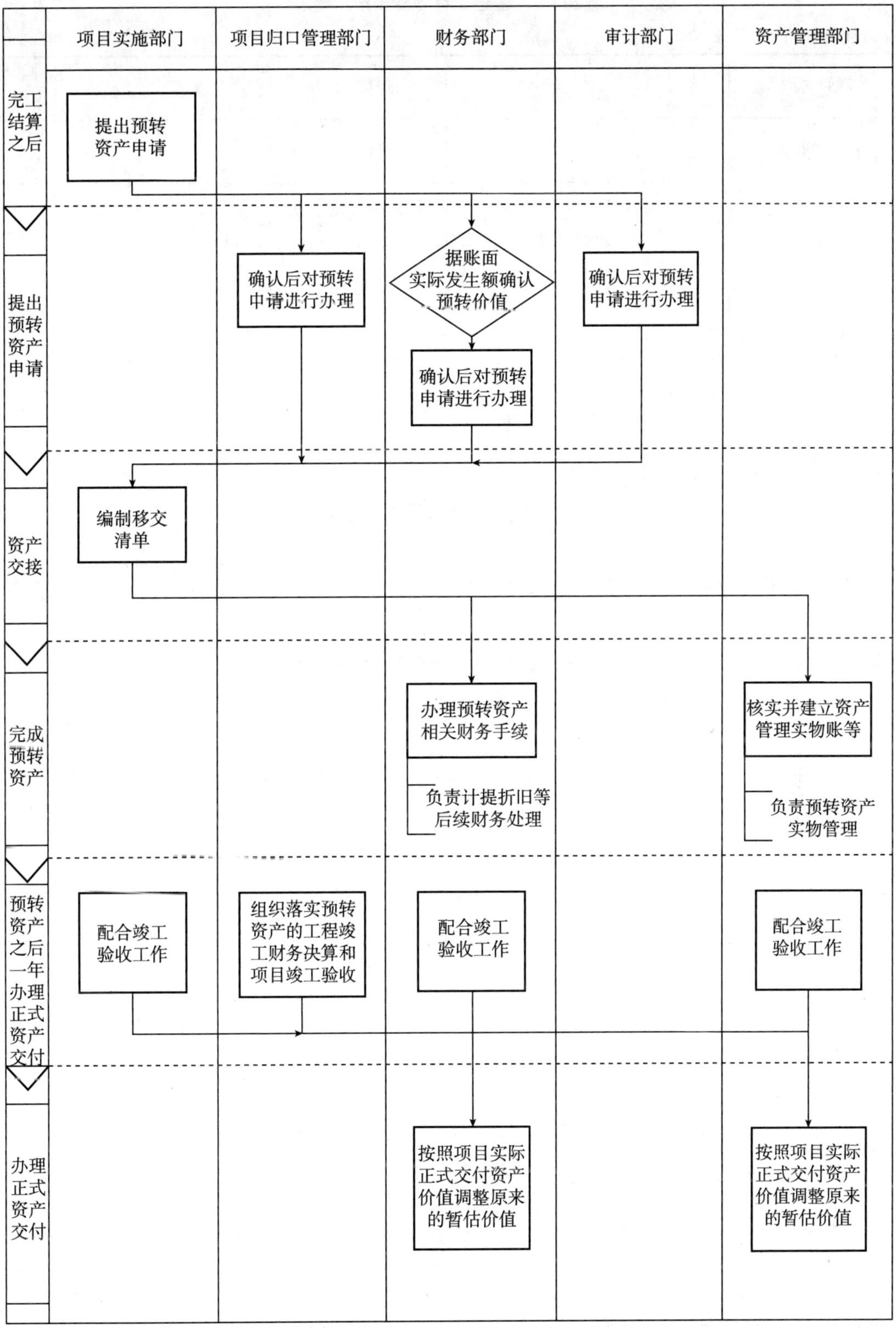

图 26－1　预转资产操作流程

表 26－1　在建工程预转资产申请表

建设单位：　　(单位:元)

项目名称		批复文件号	
批复总投资		资金来源	
暂估入账资产名称		暂估入账资产价值	
项目开工日期		交付使用日期	
暂估入账资产类型			
拟暂估入账资产建设使用情况：			
项目建设单位归口管理部门意见：			
项目建设单位审计部门意见：			
项目建设单位财务部门意见：			
工程项目实施部门意见：			

表 26-2　建设项目预转资产总表

建设项目：　　　　　　　　　　　　　　　　　　　　　　　　（单位：元）

序号	单项工程项目名称	总计	固定资产				流动资产	无形资产	递延资产
			合计	建安工程	设备	待摊投资			
	合计							—	

日期：

【小贴士】

房屋建筑物及公用设备以分摊待摊投资账面余额后的价值作为预转资产价值。

预转资产时如果建筑物中的公用设备无法准确计量，建议先计入“固定资产—房屋建筑”，待正式交付时再进行重分类调整，再将公用设备价值调整入“固定资产—设备”科目。

26.5.3　会计科目调整

基建账套需要新增设置“交付使用资产—固定资产—预转资产”“交付使用资产—固定资产—正式资产”科目；事业账套需要在“固定资产—房屋建筑”“固定资产—设备”二级科目下增设预转资产和正式资产三级科目，即“固定资产—房屋建筑—预转资产”“固定资产—设备—预转资产”“固定资产—房屋建筑—正式资产”“固定资产—设备—正式资产”。

【小贴士】

单位会计科目可以根据科目个性化设置的具体情况采用辅助核算的方式对预转资产和正式资产加以区分。

26.5.4　预转资产的会计处理

26.5.4.1　自筹资金投资建设的基本建设项目

以自筹资金投资建设的基本建设项目进行预转资产时，财务部门依据项目管理部门提供的“四方验收单”“预转资产中请表”及账务系统的“项目余额表”进行账务处理。以自筹资金投资建设 A1 楼为例，A1 楼达到预转资产状态时，按照基建账套 A1 楼完成账面投资支出进行如下账务处理：

基建账套：

借：交付使用资产—固定资产—预转资产—A1 楼

　　贷：投资支出科目（建筑安装工程投资、设备投资、待摊投资、其他投资等）—A1 楼

事业账套：

借：固定资产—房屋建筑/设备—预转资产

贷：非流动资产基金—固定资产基金

同时：

借：非流动资产基金—在建工程基金

贷：在建工程

【小贴士】

为督促预转资产基本建设项目能及时办理正式交付，基建账套预转资产第二年年初暂不冲销“交付使用资产—固定资产—预转资产”和“自筹资金拨款”科目，在项目正式转资产后第二年年初冲销。

26.5.4.2 财政资金和自筹资金统筹建设的基本建设项目

财政资金和自筹资金统筹建设的基本建设项目进行预转资产时，财务部门依据项目管理部门提供的四方验收单、预转资产申请表以及项目余额表进行如下会计处理。以财政资金和自筹资金统筹建设项目 C 统筹建设 A2 楼为例。

基建账套：

借：交付使用资产—固定资产—预转资产— C—A2 楼（财政投资部分）

交付使用资产—固定资产—预转资产— A2 楼（自筹支撑部分）

贷：建筑安装工程投资/待摊投资等—C—A2 楼（财政投资部分）

建筑安装工程投资/待摊投资等—A2 楼（自筹支撑部分）

事业账套：

借：固定资产—房屋建筑/设备—预转资产

贷：非流动资产基金—固定资产基金

借：非流动资产基金—在建工程基金

贷：在建工程

【小贴士】

建议预转资产纳入单位固定资产台账管理并做出标识，如在台账备注中注明“预转资产”。

26.5.5 预转资产正式转资产

项目管理部门按照相关制度的要求，组织落实预转资产的工程竣工财务决算和项目竣工验收，原则上在预转资产之后一年内办理正式资产交付手续。自筹资金投资建设的基本建设项目预转资产，由相关审计部门对基本建设项目进行竣工财务决算审计、确定价值后，按照审计意见进行价值调整，已计提折旧不再调整；由财政资金和自筹资金统筹建设的基本建设项目，收到国家批复的竣工财务决算审计意见时按照批复意见确定最终的固定资产价值，对预转资产价值进行调整。

正式转资产时，如果基本建设项目价值没有变化，直接将事业账套中的“固定资产—××—预转资产”结转到“固定资产—×× —正式资产”科目；基建账套中，将“交付使用资产—×× —预转资产”结转到“交付使用资产—××—正式资产”科目。

如正式转资产时价值有调整的，需要对新增的价值进行补充会计处理，增加相关资产的价值。价值减少时按照相关审计意见处理。

基建账套：

借：交付使用资产—固定资产—正式资产

　　贷：交付使用资产—固定资产—预转资产

　　　　建筑安装工程投资/待摊投资等（预转资产后新增价值）

事业账套：

借：固定资产—房屋建筑/设备—正式资产

　　贷：固定资产—房屋建筑/设备—预转资产（预转资产价值）

　　　　非流动资产基金—固定资产基金（预转资产后新增价值）

次月，按照调整原值后的固定资产价值计提折旧。

项目正式交付后第二年年初，将基建账套交付使用资产科目冲销拨款科目，会计分录如下：

借：以前年度拨款—中央预算拨款（财政投资部分）

　　　　　　　　—自筹资金拨款（自筹资金拨款部分）

　　贷：交付使用资产—固定资产—正式资产

【小贴士】

正式转资产后注意将固定资产卡片备注信息进行变更。

26. 5. 6　企业预转资产的会计处理

企业的基本建设项目核算包括两种形式：一种是对基本建设项目单独建账核算；另一种是基本建设项目不单独建账核算，在企业账“在建工程”科目统一核算。

单独建账核算的，预转资产参照以上相关会计制度处理。

不单独建账核算的，在“在建工程”科目下增设“建筑工程”“安装工程”“在安设备”“待摊支出”“工程物资”“其他”等进行明细核算。同时，本科目按工程项目进行辅助核算。

所建造的工程达到预定可使用状态，但尚未办理竣工决算的，应当自达到预定可使用状态之日起，根据工程预算、造价或者工程实际成本等，按暂估价值转入资产，并按有关固定资产折旧的规定，计提固定资产折旧。待办理竣工决算手续后再调整原来的暂估价值，但不需要调整原已计提的折旧额。具体会计处理按企业会计准则及相关规定执行。

26.5.7 固定资产投资报表中预转资产的处理

预转资产交付当年，作为交付使用资产填入固定资产投资报表相关位置。固定资产投资报表中的“交付使用资产”仅反映当年形成的交付使用资产价值。预转资产后续年度，应将预转资产价值暂放入“转出投资”栏目，并在报表附注中加以说明。待正式转资产后第二年年初随着“交付使用资产”科目的冲销，报表中的数据做相应减少。

26.5.8 会计档案的管理

基本建设项目预转资产相关会计处理资料应单独装订成册作为会计档案管理，以便查询及审计检查。

【案例1】

自筹资金投资建设的基本建设项目

1.1 案例背景

某单位于2011年取得A1楼的集团公司立项批复，批复自筹资金建设A1楼，项目总投资12 400万元。项目管理部门建立代号册，该项目代号为A1楼。

2011年，事业账套拨付基建账套自筹资金2 200万元。其中，发生的建筑安装工程投资2 000万元，待摊投资200万元。

2012年，事业账套拨付基建账套自筹资金5 700万元。其中，发生的建筑安装工程投资5 000万元，待摊投资700万元。

2013年，事业账套拨付基建账套自筹资金4 500万元。其中，发生的建筑安装工程投资4 000万元，待摊投资500万元。

以上共计发生建筑安装工程投资11 000万元，待摊投资1 400万元。

2013年11月，A1楼完成工程结算审计，工程主体审定价值为11 000万元。2013年12月，该单位完成A1楼四方验收并投入使用。

1.2 会计处理

1.2.1 日常核算

项目管理部门填写“自筹资金到位申请表”（表1），按照资金审批权限进行审批，完成审批后一式两份提交财务部门。另外，将需付款的报销单交由财务部门进行账务处理。建议财务部门依据项目管理部门提供的项目代号，在基建账套每个科目设立辅助项目，用于归集项目所有支出。

表 1　自筹资金到位申请表

收款单位	技改账户	
付款理由 相关说明	由于××项目批复本年自筹资金拨款建设 A1 楼，目前根据项目进展，需要支付以下合同款： A1 楼主体工程　201×-××-××(合同号)　付款金额：××元(工程进度款) A1 楼消防工程　201×-××-××(合同号)　付款金额：××元(工程进度款) …	
	付款金额(人民币大写)：××整	¥××

主管领导：　　　　审核会计：　　　　经办人：

财务部门依据“自筹资金到位申请表”在事业账套进行会计处理：

借：其他应收款—自筹拨款　　2 200

　　贷：银行存款　　2200

在基建账套进行会计处理：

借：银行存款—A1 楼　　2 200

　　贷：本年拨款—自筹拨款—A1 楼　　2 200

按照付款报销单在基建账套进行会计处理：

借：建筑安装工程投资—A1 楼　　2 000

　　待摊投资—A1 楼　　200

　　贷：银行存款—A1 楼　　2 200

2012 年年初，将 2011 年拨款由本年拨款结转至以前年度拨款科目：

基建账套会计处理如下：

借：本年拨款—自筹资金拨款—A1 楼　　2 200

　　贷：以前年度拨款—自筹资金拨款—A1 楼　　2 200

1.2.2　预转资产核算

2013 年 12 月，A1 楼未进行竣工决算审计，但达到预定可使用状态并已投入使用，符合预转资产条件。财务部门应提醒项目管理部门提供四方验收单、预转资产申请表，财务部门从账务系统导出该项目的项目余额表，依据该 3 项进行预转资产账务处理。从项目余额表可以看出，A1 楼发生建筑安装投资 11 000 万元，待摊投资 1 400 万元。应进行如下账务处理：

基建账套：

借：交付使用资产—固定资产—预转资产—A1 楼　　12 400

　　贷：建筑安装工程投资—A1 楼　　11 000

　　　　待摊投资—A1 楼　　1 400

事业账套：

借：固定资产—房屋建筑—预转资产　　12 400

　　贷：非流动资产基金—固定资产基金　　12 400

借：非流动资产基金—在建工程基金　　12 400

贷：在建工程　　12 400

【小贴士】

在固定资产台账中建立资产卡片，并从2014年1月开始对A1楼计提折旧，原值12 400万元。建议在A1楼的固定资产卡片备注中注明“2013年12月预转资产”。考虑到公用设备价值此时无法单独计量，暂全部并入房屋建筑价值。

2013年年底在固定资产投资报表中，将A1楼支出12 400万元填报入“交付使用资产”。

1.2.3　正式转资产核算

2014年11月，A1楼项目管理部门协同审计部门组织了A1楼的竣工决算审计。A1楼预转资产后，还发生构成A1楼主体价值的支出500万元。经审计，审定该楼投资为12 900万元，其中公用设备总价值为3 000万元，办理正式转资产。

截至2014年11月，A1楼已计提折旧299万元。于2015年3月下发了审计意见并进行了正式验收。财务部门依据审计意见及资产交付明细进行账务调整。

基建账套：

发生支出时：

借：建筑安装工程投资/待摊投资等　　500

　　贷：银行存款—A1楼　　500

正式交付时：

借：交付使用资产—固定资产—正式交付—A1楼　　12 900

　　贷：交付使用资产—固定资产—预转资产—A1楼　　12 400

　　　　建筑安装工程投资/待摊投资等　　500

事业账套：

借：固定资产—房屋建筑—正式转资产　　9 900

　　固定资产—设备—正式转资产　　3 000

　　贷：固定资产—房屋建筑—预转资产　　12 400

　　　　非流动资产基金—固定资产基金　　500

同时：

借：非流动资产基金—在建工程基金　　500

　　贷：在建工程　　500

【小贴士】

预转资产后新增价值部分增加非流动资产基金—固定资产基金，公用设备的折旧从正式转资产开始计提。

将A1楼的公用设备按照审定价值3 000万元作为原值建立台账，在固定资产卡片中备注“2015年×月×号凭证××项目转资产”。

将A1楼房屋建筑卡片价值调整为9 900万元（即12 900万元-3 000万元），按照调整后的价值计提折旧，已提折旧额不做调整。

2014年年底在固定资产投资报表中，将A1楼支出500万元填报入“交付使用资产”，应将12 400万元填报在“转出投资”栏目。如果2014年未办理正式交付，将500万元填报“在建工程”，12 400万元仍填报在“转出投资”栏目。

1.2.4　冲销拨款

2015年年初，基建账套应冲销拨款

借：以前年度拨款—自筹资金拨款—A1楼　　12 900

　　贷：交付使用资产—固定资产—正式转资产—A1楼　　12 900

1.2.5　合同台账统计

在日常核算过程中及时登记合同台账，以便准确统计基建项目合同支出情况（表2）。

表2　基本建设项目支出统计表

合同号	合同名称	合同金额	付款主要条款	审定金额	累计结算	结算金额	凭证号	对方单位
××	××	××	按进度付款，付至95%止付，审计后付至审定价95%，5%质保两年	××	××	××	××-结算	××建筑工程有限公司
						××	××-结算	

注：该表中按合同统计，包括全部建筑安装工程投资支出，已结算合计数应与A1楼账面余额相等。

【案例2】

财政资金和自筹资金统筹建设的基本建设项目

1.1　案例背景

某单位于2011年取得A2楼的集团公司立项批复，批复自筹资金建设A2楼，面积为10 000 m^2，项目总投资12 400万元。项目管理部门建立代号册，该项目代号为A2楼。银行账户按项目设置辅助核算。

2011年，事业账套拨付基建账套自筹资金2 200万元。其中，发生建筑安装工程投资2 000万元，待摊投资200万元。

2012年，单位取得国拨项目×批复，批复该项目总概算10 000万元，全部为财政资金投资。其中分摊A2楼4 200万元。

截至2012年11月底，A2楼共支出工程款7 600万元，待摊投资400万元。12月，×项目收到国拨资金1 000万元，并于当月办理了A2楼资金归垫1 000万元。

2013年11月，A2楼完成工程结算审计，共计发生建筑安装工程投资11 900万元，待摊投资600万元。2013年12月，该单位完成A2楼四方验收并投入使用。

1.2 会计处理

1.2.1 日常核算

2011 年，事业账套拨付基建账套自筹资金 2 200 万元，其中，发生建筑安装工程投资 2 000 万元，待摊投资 200 万元。由项目管理部门填写“自筹资金到位申请表”，按照资金审批权限进行审批，完成审批后一式两份提交财务部门。另外，将需付款的报销单交由财务部门进行账务处理。财务部门在基建账套设立辅助项目 A2 楼归集项目所有支出。

财务部门依据“自筹资金到位申请表”在事业账套进行会计处理：

借：其他应收款—自筹拨款　　2 200

　　贷：银行存款　　2 200

在基建账套进行会计处理：

借：银行存款—A2 楼　　2 200

　　贷：本年拨款—自筹拨款—A2 楼　　2 200

按照付款报销单在基建账套进行会计处理：

借：建筑安装工程投资—A2 楼　　2 000

待摊投资—A2 楼　　200

　　贷：银行存款—A2 楼　　2 200

2012 年年初，将 2011 年拨款由本年拨款结转至以前年度拨款科目：

基建账套会计处理如下：

借：本年拨款—自筹资金拨款—A2 楼　　2 200

　　贷：以前年度拨款—自筹资金拨款—A2 楼　　2 200

1.2.2 资金归垫

收到 1 000 万元时：

基建账套：

借：零余额用款额度（基建）—×　　1 000

　　贷：本年拨款—预算拨款　　1 000

财务部门根据项目管理部门提供的归垫依据进行账务处理：

借：建筑安装工程投资—×—A2 楼　　1 000

　　贷：建筑安装工程投资—A2 楼　　1 000

依据项目管理部门提供的×项目的资金归垫申请进行归垫：

借：银行存款—×　　1 000

　　贷：零余额用款额度（基建）—×　　1 000

将×项目分摊 A2 楼投资支出的资金归还 A2 楼项目：

借：银行存款—A2 楼　　1 000

　　贷：银行存款—×　　1 000

项目管理部门向财务部门提交自筹资金还款说明一式两份，将 A2 楼收到的×项目归还的资金归还事业账：

依据自筹资金还款说明进行如下账务处理：

借：以前年度拨款—自筹资金拨款—A2 楼　　1 000

　　贷：银行存款—A2 楼　　1 000

事业账套：

依据自筹资金还款说明进行如下账务处理：

借：银行存款　　1 000

　　贷：其他应收款—自筹拨款　　1 000

1.2.3　预转资产核算

2013 年 12 月，A2 楼达到预定可使用状态，尚未进行竣工决算审计，符合预转资产条件。财务部门依据四方验收单、预转资产申请表 A2 楼项目、×—A2 楼的项目余额表进行预转资产账务处理。A2 楼建筑安装投资账面余额 7 800 万元，待摊投资 400 万元；×—A2 楼建筑安装投资账面余额 4 000 万元，待摊投资 200 万元。应进行如下账务处理：

基建账套：

借：交付使用资产—固定资产—预转资产—A2 楼　　8 200

　　贷：建筑安装工程投资—A2 楼　　7 800

　　　　待摊投资—A2 楼　　400

借：交付使用资产—固定资产—预转资产—×—A2 楼　　4 200

　　贷：建筑安装工程投资—×—A2 楼　　4 000

　　　　待摊投资—×—A2 楼　　200

事业账套：

借：固定资产—房屋建筑　预转资产　　12 400

　　贷：非流动资产基金—固定资产基金　　12 400

借：非流动资产基金—在建工程基金　　12 400

　　贷：在建工程　　12 400

【小贴士】

在固定资产台账中建立资产卡片，并从 2014 年 1 月开始对 A2 楼计提折旧，原值 12 400 万元。建议在备注中标注预转交付时间及资金来源。

2013 年年底在固定资产投资报表中，将 A2 楼支出 12 400 万元填报入“交付使用资产”。如果 2014 年未办理正式交付，将项目新增投资填报“在建工程”，12 400 万元仍填报在“转出投资”栏目。

1.2.4　正式转资产核算

2015 年 1 月，A2 楼项目管理部门协同审计部门组织了 A2 楼的竣工决算审计，审定该楼造价为 12 400 万元，其中公用设备总价值为 3 000 万元。

2015 年 2 月，×项目收到竣工财务决算审计意见。审定×项目分摊 A2 楼支出 4 200 万元。

财务部门依据审计意见及资产交付明细进行账务调整。

正式转资产账务处理如下：

基建账套：

借：交付使用资产—固定资产—正式资产—A2 楼	8 200	
交付使用资产—固定资产—正式资产—×—A2 楼	4 200	
贷：交付使用资产—固定资产—预转资产—A2 楼		8 200
交付使用资产—固定资产—预转资产—×—A2 楼		4 200

事业账套：

应做如下账务调整：

借：固定资产—房屋建筑—正式资产	9 400	
固定资产—设备—正式资产	3 000	
贷：固定资产—房屋建筑—预转资产		12 400

【小贴士】

将 A2 楼的公用设备按照审定价值作为原值建立台账，从 2015 年 3 月开始计提折旧。每台公用设备在卡片中备注转资产凭证号及项目支撑情况。将 A2 楼房屋建筑卡片价值调整为：卡片价值 12 400 万元-公用设备总价值 3 000 万元=9 400 万元，已提折旧不调整，按照 9 400 万元继续计提折旧。公用设备按照审定价值在剩余使用年限内计提折旧。

1.2.5　冲销拨款

2016 年年初，基建账套应冲销拨款

借：以前年度拨款—自筹资金拨款—A2 楼	9 200	
以前年度拨款—预算拨款—×—A2 楼	4 200	
贷：交付使用资产—固定资产—预转资产—A2 楼		9 200
交付使用资产—固定资产—预转资产—×—A2		4 200

【小贴士】

预转资产与正式转资产的报表填报参见案例 1，随着基建拨款的冲销，固定资产投资报表中的“转出投资”随之冲销。

第 27 章　基本建设项目资产交付

27.1　质量目标

根据有关政策和规定，为进一步加强基本建设工程项目资产交付工作，明确资产交付流程，细化工程项目概算批复中的资产分类，实现规范资产管理的目标。

27.2　适用范围

本章适用于军工单位基本建设项目资产交付的相关工作。

27.3　相关释义

工程项目，是以工程建设为载体的项目，是作为被管理对象的一次性工程建设任务。它以建筑物或构筑物为目标产出物，需要支付一定费用、按照一定程序、在一定时间内完成，并应符合质量要求。

资产交付，是指项目竣工验收合格后，将形成的资产交付或者转交生产使用单位的行为。交付使用的资产包括固定资产、无形资产等。

27.4　职责分工

军工单位的基本建设项目资产交付工作涉及业务部门和财务部门，需相互配合完成资产交付工作。

27.4.1　业务部门

业务部门包括项目实施部门、资产管理部门和使用部门等。

1）项目实施部门：拟定待交付资产分类，编制资产交付资料，参与实地盘点，办理资产交付手续。

2）资产管理部门：参与拟定待交付资产分类；根据项目实施部门提供的资产交付资料，实地盘点，建立资产实物台账，出具资产建账通知单。

3）使用部门：参与交付过程中的资产盘点，负责接收以及交付后的资产使用及管理等工作。

27.4.2 财务部门

财务部门是资产交付工作中重要的参与部门，主要职责如下：

1）负责完工项目的成本归集，确认待交付资产价值。

2）参与拟定待交付资产分类，参与实地盘点，依据相关资产交付资料进行账务处理。

27.5 业务流程和操作规范

27.5.1 资产交付流程

27.5.1.1 梳理交付资产分类

交付资产分类是整个资产交付工作的重要环节。在基本建设项目完工验收后，项目实施部门会同资产管理部门、财务部门根据建设项目批复文件、规划许可证、工程结算造价审核报告、竣工财务决算审计报告等资料进行资产梳理和分类。明确资产类别后，针对不同性质的资产编制相应资产交付资料，对应不同资产管理部门办理交付手续。

27.5.1.2 办理资产交付手续

资产交付手续分为两大种类，为设备、软件、家具交付和建筑物、构筑物单项工程交付。

1）设备、软件、家具交付。若交付使用资产项目中包含仪器仪表、设备、软件、家具等资产，则项目实施部门需要编制资产移交申请单。清单按照竣工财务决算审计报告或相关资料填列资产名称、型号、国别厂家、出厂编号、原值、放置地点及部标编码等信息。

【小贴士】

无法单独入账的设备附件，应分摊到与其相关的设备系统中入账。

项目实施部门将编制的资产移交申请单提交资产管理部门、使用部门与财务部门，四方共同实地盘点，确认无误后由使用部门签字并提交资产管理部门。

资产管理部门依据盘点确认的资产移交申请单建立资产实物台账，生成资产代码，并组织项目实施部门、使用部门三方共同粘贴资产标识。

资产管理部门出具资产建账通知单提交财务部门作为入账依据。

【小贴士】

资产移交申请单一式三份，项目实施部门、资产管理部门、使用部门各留存一份。

2）建筑物、构筑物单项工程交付。编制单项工程交付使用资产表，房产（构筑物）单项工程交付使用资产表是资产管理部门进行房屋及构筑物资产管理的依据。其中工程名称以规划许可证名称为准；交付使用固定资产按照房屋建筑物、构筑物、其他进行填列。

项目实施部门将编制的房产（构筑物）单项工程交付使用资产表提交资产管理部门和财务部门，三方共同实地盘点，确认无误后项目实施部门和资产管理部门审核签字盖章，提交财务部门作为入账依据。

【小贴士】

固定资产更新改造等后续支出，满足固定资产确认条件的，应当重新确定固定资产原价、使用寿命、预计净残值和折旧方法后计提折旧；不满足固定资产确认条件的固定资产修理费用等，应当在发生时记入当期损益。

27.5.1.3　办理资产入账

财务部门审核房产（构筑物）单项工程交付使用资产表、资产建账通知单，确认无误后，办理交付资产入账。

【小贴士】

1）代管建设项目的资产交付。

代管建设项目竣工验收合格后不形成本单位资产，应按照接收单位资产交付流程办理资产交付手续。

2）前期自筹资金启动，后期实施项目分摊的资产交付。

前期自筹资金启动，后期实施项目分摊的资产在验收合格后，项目实施部门应提交新的资产相关资料，财务部门在固定资产卡片上登记资金来源，进行动态更新。

3）工程项目预转固资产交付流程可参照本文资产交付流程，如图 27 - 1 所示。

27.5.2　交付资产分类标准

27.5.2.1　固定资产的分类

根据《固定资产分类与代码》（国家标准 GB/T 14885—2010），固定资产分成六大类，分别是：土地、房屋及构筑物，通用设备，专用设备，文物和陈列品，图书、档案，家具、用具、装具和动植物。

【小贴士】

1）实际支付的房屋建筑物价款中包括土地以及建筑物的价值，如果无法在地上建筑物与土地使用权之间进行合理分配的，应当全部作为固定资产，按照固定资产确认和计量的规定进行会计处理。

2）若道路工程单独立项批复，交付入账时，作为构筑物资产；若道路与建筑物主体同一项目立项批复，属于建筑物的外线工程，交付入账时，应并入建筑物资产价值。

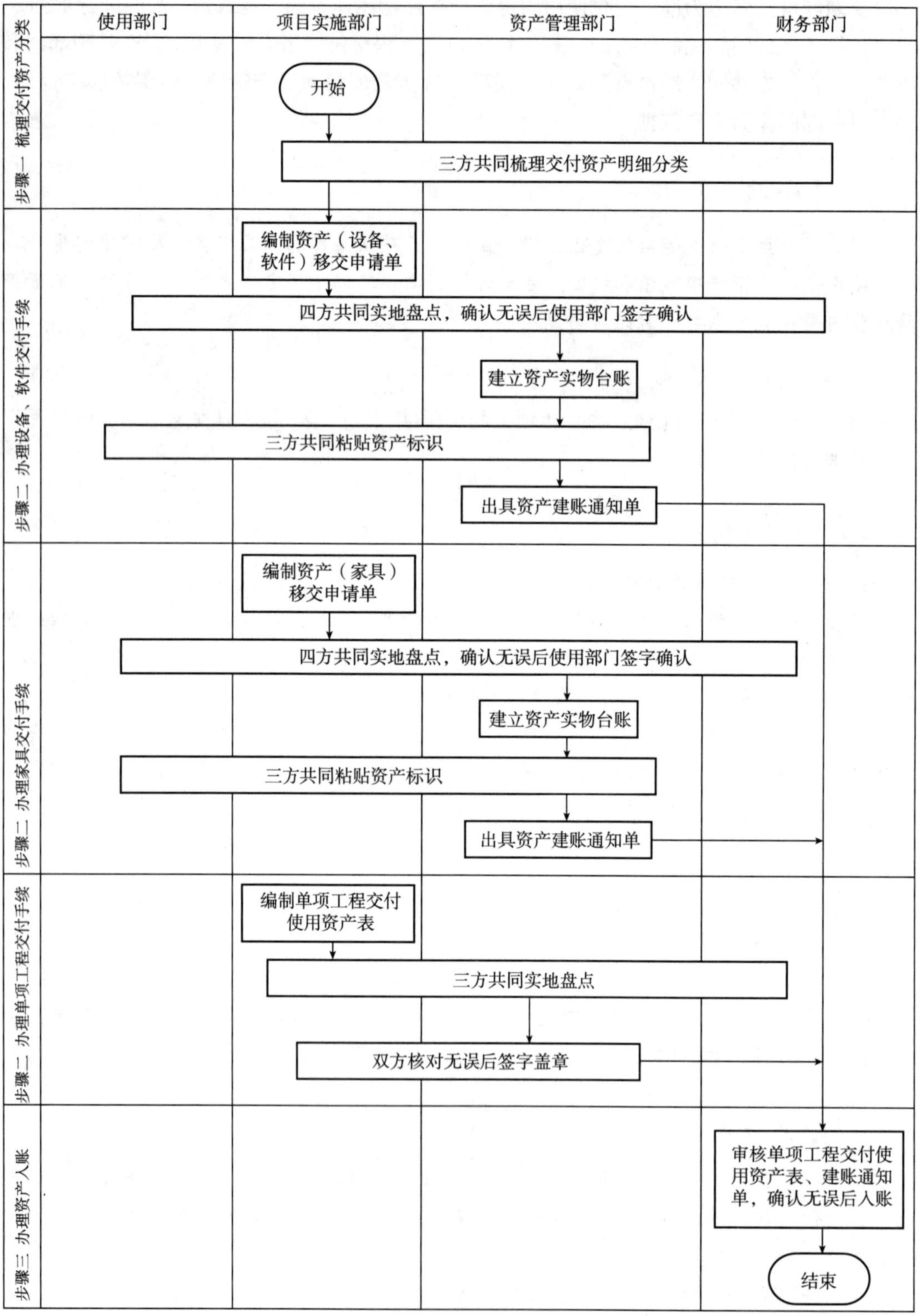
使用部门
项目实施部门
资产管理部门
财务部门
步骤一 梳理交付资产分类
开始
三方共同梳理交付资产明细分类
步骤二 办理设备、软件交付手续
编制资产（设备、软件）移交申请单
四方共同实地盘点，确认无误后使用部门签字确认
建立资产实物台账
三方共同粘贴资产标识
出具资产建账通知单
步骤二 办理家具交付手续
编制资产（家具）移交申请单
四方共同实地盘点，确认无误后使用部门签字确认
建立资产实物台账
三方共同粘贴资产标识
出具资产建账通知单
步骤二 办理单项工程交付手续
编制单项工程交付使用资产表
三方共同实地盘点
双方核对无误后签字盖章
步骤三 办理资产入账
审核单项工程交付使用资产表、建账通知单，确认无误后入账
结束

图 27－1　资产交付流程

3）若围墙属于临时修建，相关支出费用化处理；若围墙作为建设项目单独立项批复，交付入账时，应作为建筑物资产；若围墙附属于某项建筑物外线工程，包含在建筑物的立项批复文件中，交付入账时，应并入建筑物资产价值。

4）基本建设项目概算批复中的工程费用通常包含房屋的暖气、卫生、通风、照明、煤气、消防等设备，对于价值高、维修频繁、可移动的设备并入房屋价值后会对后续维修、更换、资产管理产生不利影响，应当将其从房屋价值中剥离出来，按照设备进行管理，如电梯、空调、吊车、配电柜等。

5）并入建筑物资产中的设备，后期根据管理的需求，需要通过历史资料查询设备价值后进行资产分割。

6）建筑工程预算内的给排水管道，交付入账时，其价值应并入建筑物主体进行核算；锅炉管道在交付入账时，应并入锅炉价值，按照设备类别进行核算。

7）建筑物周边的绿化工程交付入账时，其价值应并入建筑物主体进行交付入账。

8）共同出资建设项目资产分配原则如下：

a）对于房屋及构筑物，多家单位共同出资建设，可按照协议约定的价值比例确定各单位房屋及构筑物价值。

b）对于通用设备、专用设备、家具用具，独立占用和使用相关资产的单位可直接确认其资产价值，共同使用的公共资产可按照协议约定的价值比例进行分摊。

27.5.2.2　无形资产的分类

本文中无形资产的分类涉及软件及土地使用权两类。

1）软件。软件资产是指以软件载体、许可、信息化成果的复制（含文档资料）等形式存在的，单位价值在 500 元以上的资产，或者授权使用期限一年以上的批量同类资产。软件资产载体包括光盘母复制、软磁盘母复制、硬盘母复制、移动存储母复制、互联网下载文件的源文件等；许可证包括产品外包装或载体盘面上的安装序列号、原始设备制造商产品的内置信息，以及电子文档格式的授权码等。

【小贴士】

如果软件与相关硬件一起取得，构成相关硬件不可缺少的组成部分，符合固定资产确认条件的，应同硬件一起作为固定资产核算。

2）土地使用权。土地使用权指国家准许在一定期间内对国有土地享有开发、利用和经营的权利。

【小贴士】

1）取得的土地使用权，通常应当按照取得时所支付的价款及相关税费确认为无形资产。

2）实际支付的房屋建筑物价款中包括土地以及建筑物的价值，则应当对支付的价款按照合理的办法（如公允价值比例）在土地和地上建筑物之间进行分配，分别予以确认。

3）已出租的土地使用权和持有并准备增值后转让的土地使用权均按照相关制度执行。

第 6 篇

数 据 管 理

第 28 章　数据管理概述

2020 年国资委提出加快推进国有企业数字化转型，将数字化转型作为改造提升传统动能、培育发展新动能的重要手段，开启国有企业数字化转型新篇章。数据是企业的重要资产，是企业数字化的基础和前提，数据管理在提质增效、节省资源等方面发挥着举足轻重的作用。加强财务数据管理，提升财务信息化水平，提高财务数据的决策支持能力，实现业财融合，已成为企业高质量发展的内在要求。

军工科研项目经费管理遵循国家和上级单位相关制度要求，财务数据管理水平依赖于财务基础工作规范化和标准化程度，相较于其他企事业单位，要求更加严格和规范。财务在发挥传统管理职能的基础上，须深入研究和掌握国家财经政策和管理办法，融合项目管理与财务管理相关数据，降低风险，提升项目绩效评价效果。

本篇对标国家政策制度，从成本策划、预算管理源头入手，贯穿会计审核、账务处理、报表编制、审计监督等数据产生、处理过程，强化业财融合，针对项目预算编报、收入确认、对分承研单位财务管控、项目审前自查等关键环节，提取财务数据质量控制关键点，并穿透到会计基础工作中，力求规范军工单位财务管理工作，统一数据管理标准，打通业财融合、报表编制和基础工作的数据链条，夯实数据基础，提高财务管理精细化水平。

本篇总结编制了研发项目预算编报、项目分承研单位财务管理指导、军工科研项目审前自查等章节，从项目组织管理、预算与资金管理、会计核算和项目审查等方面进行总结归纳，列举大量案例，为科研项目管理提供参考和借鉴。

会计报表本质是对各类利益相关者进行综合信息披露的媒介，军工单位要对内提供全面、系统、清晰和准确的决策基础信息，对外向投资者、客户、政府机关传递科研生产、治理业绩、转型改革等重要信息，报表编制质量控制尤为重要，既要确保信息真实、可靠和及时，也要确保多口径财务报表之间信息的一致性和有用性。

为保证财务报表列报的统一性和可比性，充分、真实体现各单位财务状况和经营成果，财政部相继发布《企业会计准则第 14 号——收入》（以下简称“新收入准则”）和《企业会计准则第 36 号——关联方披露》（以下简称“关联方披露准则”）。新收入准则核心内容是合同制结算。军工单位长期以来实行国家指令性经费计划，国家军品价格管理体制长期采用成本加成定价方式，收入结算依据当期拨款和成本支出。对传统军工单位而言，既要遵循指令性经费计划和科研项目经费管理办法相关规定，又要结合科研项目研制生产特点深入研究时段履约收入原则、条件和方法，选择适应新准则收入成本结算规则，以确保完成科研任务的同时，高效实现项目经济效益，这是一个很大的挑战。关联方披露准则旨在规范财务报表列报中披露所有关联方关系及其交易相关信息，更加真实和完整地展示各主体经营状况。我国军工单位多是国有控股企业，与其他国有控股企业及其附属单位之间存在着千丝万缕的联系，国有企业之间的关联交易问题尤为突出，历次财务决算审计关注度都很高，促使军工单位不断加强关联方往来款管理、规范关联交易和对账工作、完整披露关联信息。

本篇总结编制了内部事项核对、企业财务报表编制质量控制、时段履约收入核算等章节，对报表编制质量控制等方面进行了总结归纳，对报表数据质量管理提供了参考和借鉴。

军工单位会计基础工作源于财务报销管理，最终服务于财务报表报告信息的准确和及时披露。会计基础工作作为财务管理工作的重要组成部分，通过严格执行财务报销和会计处理等规范，履行实现经营目标的重要责任。财务报销审核作为会计基础工作首个环节，历来受到极大关注。军工单位与市场化企业不同，受到国家政策和科研经费管理规定相关制约，费用报销除了票据真实、报销流程合规以外，还受中央“八项规定”中厉行勤俭节约的管控要求，经费报销流程和审核更加严格。

本篇总结编制了差旅费财务报销审核，力求从报销源头控制财务数据质量，提升会计基础工作水平，为财务报销审核管理提供参考和借鉴。

会计档案管理也是财务基础工作的重要环节，会计档案是记录和反映经济业务的重要历史资料和证据。加强会计档案科学管理，建立、健全管理制度，完善管理工作，使其规范化、系统化，是提升企业财务管理水平，适应企业高质量发展的必然要求。随着技术进步的不断推进，会计档案管理的手段和工具也在不断更新迭代。科学合理的工具不仅能够保证会计档案妥善保管、有序存放、方便查阅，严防损毁、散失和泄密，还可以帮助企业更快进行财务管理，节省时间和人力成本。随着财务工作质量保证体系建设的稳步推进，会计档案管理领域也在积极探索，推出了好用易用的财务基础管理小工具，其中具有凭证“保护伞”和转运“助力器”作用的会计凭证暂存盒和会计凭证转运车就是典型代表。财务基础管理小工具看似简单，却切实弥补了会计凭证基础管理工作中的“短板”。

本篇收录了会计凭证暂存盒、会计凭证转运车两个会计档案管理工具，分别从质量目标、工具特点和使用方法 3 个方面对工具进行了详细介绍，希望能给军工单位档案管理带来启发，促进财务管理工作的良性循环。

第 29 章　研发项目预算编报

29.1　质量目标

军工单位研发项目预算编报工作是项目经费管理的起始环节，为提高项目经费管理精细化水平，用好各类经费管理政策，足额申请项目所需经费，降低预算核减率，预算编报工作应满足政策相符性、目标相关性、经济合理性三个方面的要求。

1）政策相符性：项目预算编制所涉及的各类经费开支范围和开支标准应符合国家有关法律、法规及制度的相关要求，在此基础上，还需遵循经费主管部门制定的项目经费管理办法及其他有关要求。

2）目标相关性：在预算编报过程中，应以项目任务目标为依据，确保项目预算的结构、总量等与项目研究内容、项目技术路线、项目工作成果紧密相关，并全面考虑本单位（主承研单位）、分承研单位、外协单位项目研究内容对经费的需求，充分预测实际研究过程中的不确定性，做到成本科目全面覆盖不漏项。

3）经济合理性：在预算编报过程中，应始终以项目实际需求为测算基础，参考同类型项目的支出水平，按照节约项目经费、提高资金使用效益的原则，确保预算编报的经济性和合理性。

29.2　适用范围

适用于军工科研院所研发项目预算编报工作。

29.3　相关释义

预算编报是指项目承担单位按照项目主管部门的相关要求，对承担项目所需开支的各类直接费用和间接费用进行测算，汇总形成项目预算并向主管部门进行申报的过程。

29.4　职责分工

研发项目预算编报工作由研发项目主管机关牵头，组织本单位项目研制团队开展预算编报工作，财务部门配合进行审核把关，具体职责分工如下。

29.4.1 研发项目主管机关

项目主管机关是项目预算申报的牵头组织部门，主要职责是：

1）负责组织开展研发项目预算编报工作；

2）负责提供有关费用的测算依据；

3）对项目经费预算进行审核，并给出审核意见。

29.4.2 项目研制团队

项目研制团队是项目预算编报的责任主体，主要职责是：

1）确定项目基本情况及类别，分解研制步骤并开展成本测算；

2）汇总形成项目预算，依据约束条件及市场竞争策略对预算进行优化调整；

3）根据研发项目主管机关及财务部门意见，形成《经费概（预）算书》并正式报送。

29.4.3 财务部门

财务部门是项目预算编报的审核把关部门，主要职责是：

1）负责提供间接费测算依据；

2）对项目经费预算进行审核，给出审核意见。

29.5 预算编报流程

军工单位预算编报流程一般遵循“自下而上、汇总形成”的原则，主要包括确定项目基本情况及类别，分解细化项目经费需求，汇总优化项目预算，预算审核、修改与报送等四个步骤。军工单位研发项目预算编报流程如图 29－1 所示。

1）确定项目基本情况及类别。获取项目性质、经费来源等基本信息，将项目按照“国防科工局归口管理研发项目”“军口项目”“国家科技计划研发项目”进行归类。

2）分解细化项目经费需求。由项目研制团队基于项目指南等输入文件开展成本测算，对项目的研究内容进行细化，分解研制流程和步骤，对每一研制步骤所需消耗的资源（料、工、费、协）进行明确，归类为各项成本并进行量化，做到不缺项、不漏项。

3）汇总优化项目预算。将每一研制步骤的成本支出进行汇总后，需与本项目适用的经费管理办法的相关要求进行比对，进行合规性调整及优化调整后形成项目的最终经费预算。若存在下述两种情况，还需进一步调整：一是若该项目存在编报总额的约束条件，需按相关要求对预算总额及各成本项进行调整；二是若该项目为市场竞争项目，需按市场约束条件及竞标策略对预算总额及各成本项进行调整。

4）预算审核、修改与报送。项目预算一般应经由本单位项目主管机关及财务部门审核把关后形成《经费概（预）算书》，并正式报送。

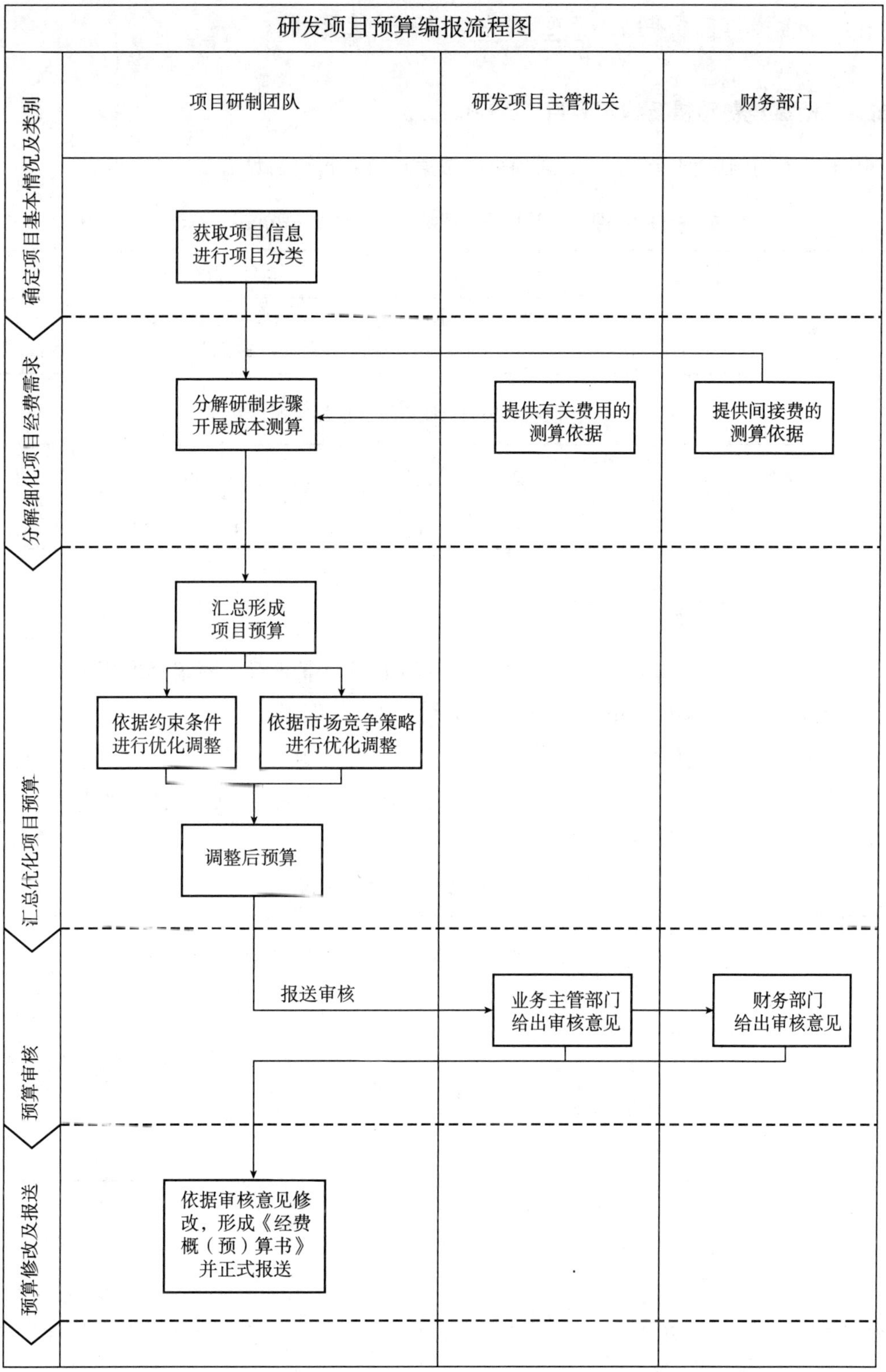

图 29－1　军工单位研发项目预算编报流程

29.6 国防科工局归口管理研发项目预算编报

29.6.1 预算经费渠道及编报科目

国防科工局归口管理研发项目的预算经费渠道及编报科目见表 29－1、表 29－2。

表 29－1 国防科工局归口管理研发项目预算经费渠道一览表

序号	经费渠道	预算编报流程	适用经费管理政策
1	国防科工局	指南—建议书—任务书	财政部、工业和信息化部、国防科工局关于印发《国防科技工业科研经费管理办法》的通知（财防〔2019〕12 号）

表 29－2 国防科工局归口研发项目预算编报科目表

材料费	专用费	外协费	燃料动力费	事务费	固定资产折旧费	管理费	工资及劳务费	不可预见费	收益	合计
(1)	(2)	(3)	(4)	(5)	(6)	(7)	(8)	(9)	(10)	

29.6.2 预算编报要点

预算按照材料费、专用费、外协费、燃料动力费、事务费、固定资产折旧费、管理费、工资及劳务费、不可预见费、收益共 10 个科目进行编报。

1）材料费。材料费是指在项目研究开发过程中必须使用的各种外购原材料、辅助材料、成品（含嵌入式软件）、半成品、存储器、元器件、陪试品和专用低值易耗品等所需费用。材料费预算申请明细表见表 29－3。

表 29－3 材料费预算申请明细表

科目	本单位申请经费		测算依据、标准及过程详细说明
	经费额	经费组成	
材料费		1. 原材料××万元 2. 辅助材料××万元 3. 外购成品××万元 4. 元器件××万元 5. 低值易耗品××万元	分项列出：名称、型号、用途及必要性分析（对应主要研究内容）、用量及必要性分析（对应预期研究成果）、单价（综合考虑采购、运输、装卸、整理、筛选等）和数量

【小贴士】

对于外单位有交付外购成品、元器件、部组件等的情况［满足《国防科技工业科研经费管理办法》（财防〔2019〕12 号）关于材料费的定义］，相应支出额度应在材料费中编报，不应在外协费中编报。

管理类低值易耗品，如打印纸、硒鼓、墨盒等，不应在材料费中编报。

2）专用费。专用费是指在项目研究开发过程中必须发生的专用工具软件费、技术引进费、专用工艺装备费、随产品交付的专用测试仪器设备购置费、知识产权使用费以及经国家和军队有关部门认可的保险费等。申请明细见表 29 - 4。

其中，专用工具软件费是指项目研究开发过程中确需购买（含软件升级）或租用，作为工具使用的计算机程序、规程、规则，以及与之有关的文件所需的费用。

专用工艺装备费是指为项目研制进行工艺组织所发生的费用，包括工艺规程制定费、专用工艺研究费、工艺装备购置费。设计定型前的专用工艺装备费可直接列入科研项目成本，试生产阶段的专用工艺装备费在科研成本和生产成本中各分摊 50%。

随产品交付的专用测试仪器设备购置费是指产品交付时确需附带的专用测试仪器设备费用，包括购置费、运输费、安装调度费。

表 29 - 4　专用费预算申请明细表

科目	本单位申请经费		测算依据、标准及过程详细说明
	经费额	经费组成	
专用费		1. 专用工具软件费××万元 2. 技术引进费××万元 3. 专用工艺装备费××万元 4. 专用测试仪器设备购置费××万元 5. 知识产权使用费××万元 6. 保险费××万元	1. 专用工具软件费（分项列出） 专用软件：名称、型号、厂商、来源（购买、自制或租赁）、用途及必要性分析（对应主要研究内容）、单价和数量 2. 专用测试仪器设备购置费（分项列出） 专用设备：名称、型号、厂商、来源（购买、自制或租赁）、用途及必要性分析（对应主要研究内容）、单价和数量

【小贴士】

对于由多台设备（如服务器、显示器、测试仪等）构成的系统类专用设备，应以系统为单位进行编报，而非罗列设备名称。

3）外协费。外协费是指在项目研究开发过程中，项目承担单位由于自身的技术、工艺和设备等条件限制，必须由外单位进行研制、研究、设计、加工、检测、软件评测、试验等所需的费用。申请明细见表 29 - 5。

表 29 - 5　外协费预算申请明细表

科目	本单位申请经费		测算依据、标准及过程详细说明
	经费额	经费组成	
外协费		1. 外协加工费××万元 2. 外协检测费××万元 3. 外协试验费××万元	1. 外协加工费：名称、加工内容、预期协作单位、单价和数量 2. 外协检测费：名称、检测内容、预期协作单位、单价和次数（或预计费用） 3. 外协试验费：名称、试验内容、预期协作单位、单价和次数

【小贴士】

由于本单位技术、工艺和设备限制等原因确需外协的事项，应在外协费中编报，不应在其他费用科目中编报。

根据近几年项目审计要求，建议外协费占项目预算总额的比例不超过40%，建议按此比例控制预算。

注意：委托外单位设计开发专用软件的相关支出，应作为专用费编报；外协单位交付物为外购成品、元器件、部组件等情况，可作为材料费编报。

4）燃料动力费。燃料动力费是指在项目研究开发过程中直接消耗且可以单独计算的水、电、气、燃料等费用。对于能够独立计量某项目燃料动力消耗的单位，采用以下方式测算、编报预算，申请明细见表29－6。

表29－6 燃料动力费预算申请明细表（独立计量模式）

科目	本单位申请经费		测算依据、标准及过程详细说明
	经费额	经费组成	
燃料动力费		1. 水费××万元 2. 电费××万元 3. 气费××万元 4. 燃料费××万元	1. 水：单价和预计消耗量 2. 电：单价和预计消耗量 3. 气：单价和预计消耗量 4. 燃料：名称、单价和预计消耗量

对于采用分摊模式将燃料动力消耗计入项目的，采用各单位的分摊方法进行测算、编报预算，工时比例法测算举例见表29－7。

表29－7 燃料动力费预算申请明细表（分摊模式）

成本项目	计划工时	单位总工时	年燃料动力费总额	计算结果
燃料动力费	①	②	③	(①÷②)×③

5）事务费。事务费是指在项目研究开发过程中必须发生的会议费、差旅费和专家咨询费。外地试验和野外作业工作量大的项目，外场试验和野外作业人员所需差旅费，以及被试品、陪试品及专用工具、设备等所需的运输费和装卸费，可增加计列。

【小贴士】

事务费申请总额不应超过《国防科技工业科研经费管理办法》（财防〔2019〕12号）中按项目类别超额累退计算的上限。

会议费指在项目研究开发过程中组织开展学术研讨、咨询评审以及项目协调等活动发生的会议场所租赁费、租车费、资料费、伙食费、住宿费、交通费等。申请明细见表29－8。

表 29－8　会议费预算申请明细表

科目	本单位申请经费		测算依据、标准及过程详细说明
	经费额	经费组成	
事务费—会议费		1. 国内会议费(分项列出)××万元 2. 国外会议费(分项列出)××万元	1. 国内会议费(分项列出) 会议主题(如×××学术研讨、咨询、评审、项目协调会等)、内容及必要性分析、会议费标准(万/人天次)×人数×天数×次数 2. 国外会议费(分项列出) 会议主题(如×××学术研讨、咨询、评审、项目协调会等)、内容及必要性分析、会议费标准(万/人天次)×人数×天数×次数

【小贴士】

会议费可参照《中央和国家机关会议费管理办法》（财行〔2016〕214 号）进行测算，各单位实施时应参照本单位具体要求。

差旅费是指在项目研究开发过程中需要开展科学实验（试验）、科学考察、业务调研、学术交流等而发生的国内外差旅费，包括交通费、住宿费、伙食补贴费等。申请明细见表 29－9。

表 29－9　差旅费预算申请明细表

科目	本单位申请经费		测算依据、标准及过程详细说明
	经费额	经费组成	
事务费—差旅费		1. 国内差旅费(分项列出)××万元 2. 国外差旅费(分项列出)××万元	1. 国内差旅费(分项列出) 差旅主题(如×××科学实验、科学考察、业务调研、学术交流等)、内容及必要性分析、地点、差旅费标准(万/人天次)×人数×天数×次数 2. 国外差旅费(分项列出) 差旅主题(如×××科学实验、科学考察、业务调研、学术交流等)、内容及必要性分析、国家、差旅费标准(万/人天次)×人数×天数×次数 或者按照往返交通费+住宿费+补助费等分解

【小贴士】

差旅费可参照《中央和国家机关差旅费管理办法》（财行〔2013〕531 号）、《中央和国家机关工作人员赴地方差旅住宿费标准明细表》（财行〔2016〕71 号）进行测算，各单位实施时应参照本单位具体要求。

为确保差旅费在执行过程中与预算的相关性，建议在任务书中列示项目主要研究人员名单。

专家咨询费是指在项目研究开发过程中一次性支付给外单位专家的评审咨询费用。申请明细见表 29－10。

表 29－10　专家咨询费用预算申请明细表

科目	本单位申请经费		测算依据、标准及过程详细说明
	经费额	经费组成	
专家咨询费		1. 国内高级专业技术职称咨询费××万元 2. 国内其他专业技术职称咨询费××万元 3. 国外高级专业技术职称咨询费××万元 4. 国外其他专业技术职称咨询费××万元	1. 会议形式(分项列出) 咨询会议专题、内容及必要性分析、每次咨询费用明细测算如下： 国内高级专业技术职称咨询费标准(元/人天)×人数×天数×次数 国内其他专业技术职称咨询费标准(元/人天)×人数×天数×次数 国外高级专业技术职称咨询费标准(元/人天)×人数×天数×次数 国外其他专业技术职称咨询费标准(元/人天)×人数×天数×次数 2. 通信形式(分项列出) 通信咨询专题、内容及必要性分析、每次咨询费用明细测算如下： 国内高级专业技术职称咨询费标准(元/人次)×人数×次数 国内其他专业技术职称咨询费标准(元/人次)×人数×次数 国外高级专业技术职称咨询费标准(元/人次)×人数×次数 国外其他专业技术职称咨询费标准(元/人次)×人数×次数

【小贴士】

专家咨询费可按照《中央财政科研项目专家咨询费管理办法》（财科教〔2017〕128号）进行测算，各单位实施时应参照本单位具体要求。

专家咨询费测算依据中所列咨询会议的主题、内容等描述，应与会议费测算依据中所列咨询会议的相关描述保持合理的逻辑关系。

6）固定资产折旧费。固定资产折旧费是指在项目研究开发过程中直接用于科研活动的固定资产应计列的折旧。

表 29－11　固定资产折旧费预算申请明细表

科目	本单位申请经费		测算依据、标准及过程详细说明
	经费额	经费组成	
固定资产折旧费		1. 科研仪器设备使用费××万元 2. 厂房建筑物使用费××万元	1. 军工科研事业单位 与项目相关的科研设备仪器原值(分项列出):名称、原值 与项目相关的厂房建筑物原值(分项列出):名称、原值 项目所占全年工时比例:××% (科研设备仪器原值×5%+厂房建筑物原值×2%)×项目所占全年工时比例 2. 企业和自收自支事业单位 按照《企业财务通则》(财政部令第 41 号)和《企业会计准则》有关规定计提

【小贴士】

项目编报单位执行的财务制度规定固定资产折旧费不得计入项目支出的（如院外分承研单位为高校或中科院），经费预算中不得编报固定资产折旧费。

7）管理费。管理费是指在项目研究开发过程中直接发生的管理性支出，以及分摊转入的研制费用（或制造费用）及管理费用等，申请明细见表 29－12。

表 29－12　管理费预算申请明细表

科目	本单位申请经费		测算依据、标准及过程详细说明
	项目类别	经费额	
管理费	研制类		项目成本总额Σ[(1)+(2)+50%×(3)+(4)+(5)+(6)]×12%
	技术类		项目成本总额Σ[(1)+(2)+50%×(3)+(4)+(5)+(6)]×15%
	研究类		项目成本总额Σ[(1)+(2)+50%×(3)+(4)+(5)+(6)+(8)]×20%

【小贴士】

由于其他经费科目的核减，会影响项目成本总额，因此在管理费编报时建议按不超过 8%申报，控制在 6%～7%。

8）工资及劳务费。工资及劳务费是指在项目研究开发过程中，项目承担单位支付给参与项目研究的本单位职工的工资、奖金、津贴、补贴等工资性支出以及支付给参与项目研究的其他人员的劳务费用。研制类、技术类、研究类项目分别按照《国防科技工业科研经费管理办法》（财防〔2019〕12 号）规定的各类别计算方法进行测算。

【小贴士】

由于年薪在项目承担单位核定工资总额之外单独计列或在绩效工资总量中单独计列，因此需关注项目团队中是否有适用年薪制政策的高端人才。

9）不可预见费。不可预见费是指为应对研究开发过程中可能出现的不可预见因素而预留的费用。研制周期超过 24 个月且项目预计成本超过 500 万元的研制类和技术类项目方可计列。申请明细见表 29－13。

表 29－13　不可预见费预算申请明细表

科目	本单位申请经费		测算依据、标准及过程详细说明
	经费额	项目预计成本	
不可预见费			预计成本×测算比例： （按超额累退比例计算）

【小贴士】

应注意申报的合理性，在经费规模不足的情况下申报不可预见费，易被核减。

10）项目收益。项目收益是指项目承担单位完成科研项目预计获得的利润。预计收益按项目预计成本扣除材料费中的外购成品费、专用费及外协费后的 5%计列。收益预算申请明细见表 29－14。

表 29－14　收益预算申请明细表

科目	本单位申请经费		测算依据、标准及过程详细说明
	经费额	经费组成	
收益			项目经费：[（Σ（1）+…+（8））－材料费中的外购成品费－专用费－外协费]×5%

29.7　国家科技计划研发项目预算编报

29.7.1　预算经费渠道及编报科目

根据《国务院印发关于深化中央财政科技计划（专项、基金等）管理改革方案的通知》（国发〔2014〕64 号），中央各部门管理的科技计划（专项、基金等）整合形成了五类科技计划，包含：国家重点研发计划、国家科技重大专项、国家自然科学基金、技术创新引导专项（基金）、基地和人才专项。

按照军工单位研发项目的常规业务范围，国家科技计划研发项目主要包含国家重点研发计划、国家科技重大专项、国家自然科学基金三类中央管理的科技计划，以及北京市科委归口管理的研发项目和中科院空间科学战略先导项目。项目经费渠道及预算编报科目分别见表 29－15、表 29－16。

表 29 - 15　国家科技计划研发项目经费渠道一览表

序号	经费渠道	预算编报流程	适用经费管理政策
1	国家重点研发计划	指南—预申报书—正式申报书—任务书	《国家重点研发计划资金管理办法》(财教〔2016〕113 号)
2	国家科技重大专项(民口)(含核高基专项)	指南—申请书(经费预算报告)—计划书	《国家科技重大专项(民口)资金管理办法》(财科教〔2017〕74 号)
3	国家自然科学基金	指南—申请书(经费预算报告)—计划书	《国家自然科学基金资助项目资金管理办法》(财教〔2015〕15 号) 《关于国家自然科学基金项目资金管理有关问题的补充通知》(财教科〔2016〕19 号)
4	北京市科委自然基金	指南—申请书(经费预算报告)—计划书	《北京市自然科学基金资助项目资金管理》(京财科文〔2017〕1842 号)
5	北京市科委	指南—申请书(经费预算报告)—计划书	《北京市科技计划项目(课题)经费管理办法》(京财科文〔2016〕2861 号)
6	空间科学战略先导	指南—项目建议书[经费概(预)算书]—任务书	《关于印发〈中国科学院空间科学战略性先导科技专项经费管理实施细则(试行)〉的通知》(科空先字〔2012〕220 号)

注:北京市以外各地方政府管理的科技项目,请参考地方政府的具体规定。

表 29 - 16　国家科技计划预研项目预算编报科目表

直接费用											间接费用	合计
设备费	材料费	测试化验加工费	燃料动力费	差旅费	会议费	国际合作与交流费	档案/出版/文献/信息传播/知识产权事务费	劳务费	专家咨询费	其他费用(要求在申请预算时单独列示)	折旧/水电气暖/管理费/绩效支出	
(1)	(2)	(3)	(4)	(5)	(6)	(7)	(8)	(9)	(10)	(11)	(12)	

29. 7. 2　预算编报要点

预算按照直接费用、间接费用两大类别科目进行编报。

1) 直接费用。直接费用是指在项目（课题）实施过程中发生的与之直接相关的费用。具体包括：

a) 设备费。设备费是指在项目（课题）实施过程中购置或试制专用仪器设备，对现有仪器设备进行升级改造，以及租赁使用外单位仪器设备而发生的相关费用，申请明细见表 29 - 17。

表 29 - 17　设备费预算申请明细表

科目名称		设备名称	型号	单价	数量	合计	用途
(1)	设备费						
设备购置费							
设备试制费							
设备改造与租赁费							

b）材料费。材料费是指在项目（课题）实施过程中消耗的各种原材料、辅助材料等低值易耗品的采购及运输、装卸、整理等费用，见表 29－18。

表 29－18　材料费预算申请明细表

科目名称		预算要素①	预算要素②	计算结果
(2)	材料费	材料单价	耗用量	Σ①×②

c）测试化验加工费。测试化验加工费是指在项目（课题）实施过程中由于承担单位自身的技术、工艺和设备等条件的限制，委托或与外单位合作（包括承担单位内部独立经济核算单位）进行的检验、测试、化验、加工、计算、试验、设计、制作等所支付的费用，申请明细见表 29－19。

表 29－19　测试化验加工费预算申请明细表

科目名称		名称	用途	加工单位	数量	单价	经费
(3)	测试化验加工费						

d）燃料动力费。燃料动力费是指在项目（课题）实施过程中相关大型仪器设备、专用科学装置等运行发生的可以单独计量的水、电、气、燃料消耗等费用，申请明细见表 29－20。

表 29－20　燃料动力费预算申请明细表

科目名称		预算要素①	预算要素②	计算结果
(4)	燃料动力费	水、电、气、燃料消耗单价	耗用量	①×②

e）差旅费。差旅费指在项目（课题）实施过程中开展科学实验（试验）、科学考察、业务调研、学术交流等所发生的城市间交通费、住宿费、伙食补助费和市内交通费等，申请明细见表 29－21。

表 29－21　差旅费预算申请明细表

科目名称		预算要素①	预算要素②	预算要素③	预算要素④	计算结果
(5)	差旅费	差旅费标准(万/人天次)	人数	天数	次数	①×②×③×④

【小贴士】

差旅费可参照《中央和国家机关差旅费管理办法》（财行〔2013〕531 号）、《中央和国家机关工作人员赴地方差旅住宿费标准明细表》（财行〔2016〕71 号）进行测算，各单位实施时应参照本单位具体要求。

f）会议费。会议费是指在项目（课题）实施过程中为组织开展学术研讨、咨询论证，以及组织协调项目或课题等活动而发生的会议费用，见表 29－22。

表 29－22　会议费预算申请明细表

科目名称		会议名称	预算要素①	预算要素②	预算要素③	预算要素④	计算结果
(6)	会议费		会议费标准（万元/人天次）	人数	天数	次数	①×②×③×④

【小贴士】

会议费可参照《中央和国家机关会议费管理办法》（财行〔2016〕214 号）进行测算，各单位实施时应参照本单位具体要求。

g）国际合作与交流费。国际合作与交流费是指在项目（课题）实施过程中，研究人员出国及外国专家来华开展科学技术交流与合作的费用，申请明细见表 29－23。

表 29－23　国际合作与交流费预算申请明细表

科目名称		国家和地区	机构	人数	时间(天)	交通费用	住宿、伙食、公杂费用	次数	金额	预算理由
(7)	国际合作与交流费									

【小贴士】

参考《因公临时出国经费管理办法》（财行〔2013〕516 号）等相关规定，按照集团公司预算编报要求执行（邀请函、批件、国外行程单、出国调研报告等）。

按照国家重点研发计划、国家科技重大专项、国家自然科学基金三类项目的管理规定，“差旅费”“会议费”“国际合作与交流费”三个科目已合并为“差旅/会议/国际合作与交流费”一个科目，要求由科研人员结合科研活动实际需要编制预算并按规定统筹安排使用，其中不超过直接费用 10%的，不需要提供预算测算依据。

h）出版/文献/信息传播/知识产权事务费。出版/文献/信息传播/知识产权事务费是指在项目（课题）实施过程中，需要支付的出版费、资料及印刷费、专用软件购买费、文献检索费、专业通信费、专利申请及其他知识产权事务等费用，申请明细见表 29－24。

表 29－24　出版/文献/信息传播/知识产权事务费预算申请明细表

科目名称		预算要素①	预算要素②	计算结果	用途
(8)	出版/文献/信息传播/知识产权事务费	单价	数量	①×②	

i）劳务费。劳务费是指在项目（课题）实施过程中支付给参与项目研究的研究生、博士后、访问学者以及项目（课题）组聘用的研究人员、科研辅助人员的劳务性费用。项目（课题）组临时聘用人员的社会保险补助纳入劳务费科目中列支，财政供养人员不得列支劳务费，申请明细见表 29－25。

表 29－25　劳务费预算申请明细表

科目名称		预算要素①	预算要素②	预算要素③	计算结果
(9)	劳务费	研究生/外聘人员补助标准(元/月)	月份数	人数	①×②×③

【小贴士】

由于已批复间接费额度，故不能采取分摊方式编报工资费用。劳务费预算不设比例限制，可据实编制。

j）专家咨询费。专家咨询费是指在项目（课题）实施过程中支付给临时聘请的咨询专家的费用。咨询费不得支付给参与项目（课题）研究及管理相关的工作人员，申请明细见表 29－26。

表 29－26　专家咨询费预算申请明细表

科目名称		预算要素①	预算要素②	计算结果
(10)	专家咨询费	专家人均评审费	人×次	Σ①×②

k）其他费用。其他费用是指项目（课题）实施过程中除上述支出费用之外的其他支出，应当在申请预算时单独列示，申请明细见表 29－27。

表 29－27　其他费用预算申请明细表

科目名称		预算要素①	计算结果
(11)	其他费用(申请预算时单独列示)		

2）间接费用。间接费用是指项目（课题）承担单位在组织实施项目（课题）过程中发生的无法在直接费用中列支的相关费用。主要包括项目（课题）承担单位为项目（课题）研究提供的现有仪器设备及房屋，水、电、气、暖消耗，有关管理费用的补助支出，以及激励科研人员的绩效支出等。其中绩效支出是指承担单位为提高科研工作绩效安排的相关支出，只能用于激励项目科研人员，申请明细见表 29－28。

表 29－28　折旧/水电气暖/管理费/绩效支出预算申请明细表

科目名称	预算要素①	预算要素②	计算结果
折旧/水电气暖/管理费/绩效支出	直接费用扣除设备购置费额度	核定比例	Σ①×②

【小贴士】

北京市科委项目及北京市自然科学基金项目，允许间接费中的绩效支出用于发放科研人员奖励，且不计入当年本单位工资总额，此部分经费应编报。

表 1　间接费用比例分类表

项目类别	间接费用比例
1. 国家重点研发计划(财教〔2016〕113 号) 2. 国家科技重大专项(民口)(财科教〔2017〕74 号) 3. 国家自然科学基金[《关于国家自然科学基金项目资金管理有关问题的补充通知》(财教科〔2016〕19 号)] 4. 军委科技委项目[《军队单位科研经费使用管理规定(试行)》军委办公厅文件〔2017〕8 号]	间接费用实行总额控制,按照不超过课题直接费用扣除设备购置费后的一定比例核定。具体比例如下: (一)500 万元及以下部分为 20% (二)超过 500 万元至 1 000 万元的部分为 15% (三)超过 1 000 万元的部分为 13%
1. 北京市自然科学基金[《北京市自然科学基金资助项目资金管理》(京财科文〔2017〕1842 号)] 2. 北京市科委项目[《北京市科技计划项目(课题)经费管理办法》[京财科文〔2016〕2861 号]	间接费用按照不超过项目经费中直接费用扣除设备购置费后的 20%核定
空间科学先导专项(科空先字〔2012〕220 号文)	间接费用按照不超过项目经费中直接费用扣除设备购置费后的 13%核定

29.8　预算执行控制注意事项

军工单位预算执行控制应重点关注以下事项：

1）专用费。此项费用在执行中需严格按照批复实施，未按批复列支且未取得项目批复部门（或授权批复部门）调整批复的，涉及的预算经费将作为专项结余资金，即多支审减、少支结余。

2）材料费。对于外单位有交付成品、元器件、部组件，并计入“材料费”的情况，项目单位应以权责相结合的原则界定交付产品的保管责任，明确责任部门，并开展相关产品库的建立与定期维护工作，完善产品的验收、入库与领用手续。应注意几个“相符”：领用材料名称、种类、规格应与项目任务书相符，领用材料数量应与研制所需数量相符，领用材料时间应与项目研制时间节点相符。

3）外协费。批复明确由项目单位自行实施，而项目单位擅自委托外协而支付的费用，审计一般不予认定。

4）工资及劳务费。实际核算及审计时，允许项目单位按照投入人员比例列支工资。工资费核算应把握以下原则：一是一贯性原则，项目单位列支的工资费依据军工企事业单位会计制度进行核算，并保持费用分摊方法的一贯性；二是合理性原则，项目单位实际支出的作为分摊基数的工资总额不得超过批复的年度工资总额，且不存在擅自扩大工资及劳务费的支出范围、虚领冒领人员工资、虚报工时等情形，合理比例的工资费审计予以认定。此合理比例应按照工资费、管理费两项费用之和不超过科研项目总经费的 30%来掌握，软课题可视情况放宽到 40%左右。

5）出国差旅费。出国差旅费审计要求严格，执行时应与批复的项目任务书工作内容具有高度相关性，需关注：出国任务批准手续是否完备、调研报告内容是否可信，人员是否与批准一致。

6）专家咨询费。专家咨询费应关注发放表信息是否完整，是否专家本人签字，专家的专业能力是否与咨询的内容相匹配，咨询费的发放是否超出规定的标准和范围。

7）管理费。工资费、管理费两项费用之和的占比一般不超过项目总经费（审定数）的30%时，审计可予以认定，对情报、标准、计量及课题研究等技术基础类科研项目，可视情况适当放宽到40%左右。

第 30 章　项目分承研单位财务管理指导

30.1　质量目标

为解决预算执行率偏低、成本列支不合理、项目经费执行与项目预算相脱节等问题，实现项目经费管理全流程覆盖，提升项目经费管理水平，有必要对分承研单位开展财务管理指导，及时发现项目财务管理过程中的风险，提前采取措施，降低审计风险和财务问题的发生，提升项目绩效评价效果。

30.2　适用范围

本章适用于军工科研院所作为主研单位对分承研单位开展的项目财务管理指导。

30.3　相关释义

分承研单位，是指具备相应资质，满足相关要求，配合主研单位在项目研究中承担单机或分系统等部分研究工作的企事业单位及军队有关单位。

30.4　职责分工

按照“统一管理、分工负责、业财融合”的原则，财务部门负责对分承研单位的项目财务管理进行业务指导，项目主管部门负责对分承研单位进行统一管理。

30.4.1　财务部门

财务部门是分承研单位的项目财务管理指导部门，主要职责是：

1）配合开展分承研单位的选择。

2）组织预算编制政策的宣贯和培训。

3）参与分承研单位项目预算书的审查。

4）组织开展经费管理政策的宣贯和交流。

5）监督项目预算调整。

6）监督资金执行情况。

7）组织开展财务中期检查（必要时）。

8）组织开展项目审计和财务评价。

9）配合开展项目检查验收和绩效评价。

【小贴士】

各承研单位可根据实际情况，建立并完善财务助理及专办员的工作机制，在项目过程中协助开展预算、资金等管理，提升项目执行的规范性。

30.4.2　项目主管部门

项目主管部门是分承研单位的统一管理部门，主要职责是：

1）组织开展分承研单位的选择。

2）组织开展预算书的编制和审查。

3）组织开展项目预算调整。

4）配合监督资金执行。

5）配合开展项目中期检查（必要时）。

6）配合开展项目审计和财务评价。

7）组织开展项目验收和绩效评价。

30.5　业务流程和操作规范

分承研单位的财务管理作为项目管理的一部分，财务部门应联合项目主管部门共同开展，主要包括三个阶段，共九项管理指导点。在论证申报阶段，主要包括参与分承研单位的选择、预算编制政策的宣贯和参与分承研单位项目预算书的审查；在执行监管阶段，主要包括经费管理政策宣贯和交流、预算调整、监督资金执行情况、中期财务自查和检查；在验收评价阶段，主要包括项目结题财务自查和审计和项目综合绩效评价。

30.5.1　论证申报阶段程序及要求

30.5.1.1　参与分承研单位的选择

分承研单位的财务基础管理水平直接影响项目的执行过程，最终影响项目的整体绩效评价结果，因此分承研单位的选择是项目财务管理指导的前提。

财务部门负责分承研单位的财务管理部分评价，并配合项目主管部门开展分承研单位的选择，财务管理主要评价要素如下（表 30－1）。

表 30－1　分承研单位财务管理评价表

评定内容	评定项目	评定标准	评价	历史评价
A. 项目管理状况(50 分)	A1 财务管理制度情况(20 分)	1)财务管理制度齐备:20 分 2)财务管理制度基本齐备:10 分 3)财务管理制度不齐备:0 分		
	A2 财务助理配备情况(30 分)	1)财务助理配备且职责明确:30 分 2)财务助理配备但职责不明确:15 分 3)财务助理未配备且职责不明确:0 分		
B. 基础核算状况(30 分)	B1 财务核算制度情况(15 分)	1)财务核算制度齐备:15 分 2)财务核算制度基本齐备:9 分 3)财务核算制度不齐备:0 分		
	B2 财务核算情况(15 分)	1)财务核算规范:15 分 2)财务核算基本规范:9 分 3)财务核算不规范:0 分		
C. 经营运行状况(20 分)－企业单位适用	C1 近三年所有者权益(5 分)	1)所有者权益高于分承研合同额:5 分 2)所有者权益低于分承研合同额:0 分		
	C2 资产负债率(5 分)	1)资产负债率 40%及以下:5 分 2)资产负债率 40%~60%(含):2~4 分 3)资产负债率 60%及以上:0~2 分		
	C3 近三年净利润情况(5 分)	1)近三年每年净利润 100 万以上:5 分 2)近三年每年净利润 50 万~100 万(含):4 分 3)近三年每年净利润 50 万及以下:2 分 4)近三年出现亏损:0 分		
	C4 资信证明情况(5 分)	1)资信证明良好:5 分 2)资信证明有瑕疵:0 分		
C. 经营运行状况(20 分)－事业单位适用	C1 国拨资金预算整体执行情况(15 分)	1)执行率 90%以上:15 分 2)执行率 70%~90%(含):10 分 3)执行率 50%~70%(含):5 分 4)执行率 50%以下:0 分		
	C2 资信证明情况(5 分)	1)资信证明良好:5 分 2)资信证明有瑕疵:0 分		
D. 负面清单	减分项	1)分承研单位配合程度:扣 0~10 分 2)分承研单位结题审计/综合绩效评价情况:扣 0~10 分 3)其他情况:扣 0~10 分		
E. 一票否决清单	终止项	1)弄虚作假等原因导致历史项目验收未通过 2)其他重大被通报事项		
合计得分				

分承研单位原则上应提供近三年经审计后的财务决算报表，财务部门主要对分承研单位的项目管理状况、基础核算状况、经营运行状况进行评价，并结合负面清单、一票否决清单进行综合打分。

为科学评价分承研单位财务基础管理水平和经营状况，根据综合打分情况，建议分四类供业务主管部门进行参考：得分≥90 分，建议优选；75 分≤得分<90 分，建议择选；60 分≤得分<75 分，建议慎选；得分<60 分，建议禁选。

【小贴士】

若分承研单位非首次选用，可借鉴历史财务评价数据，负面清单和一票否决清单可根据实际情况重新评价，但同一分承研单位不同团队之间，需对 A2 部分开展财务管理评价。

30. 5. 1. 2　预算编制政策的宣贯

为提高预算编制水平，财务部门应根据不同渠道来源的项目要求，针对预算编制的具体要求，结合分承研单位财务制度和会计核算体系的特点，面向项目负责人、经费管理、财务助理等相关人员进行定期政策宣贯，对于经费规模大、研制周期长、管理复杂的项目，可召开专题政策宣贯会，重点突出不同渠道项目的特殊要求和关注事项，提高预算的可执行性和落地性，促进与核算的衔接。

30. 5. 1. 3　参与分承研单位项目预算书的审查

财务部门配合项目主管部门开展预算书的审查及确认，项目的预算应符合政策相关性、目标相符性和经济合理性。

1）项目预算科目的开支范围和开支标准，应符合国家财经法规和相应政策规定；

2）项目预算应以其任务目标为依据，预算支出应与项目研究开发任务密切相关，预算的总量、结构等应与设定的项目任务目标、工作内容、工作量及技术路线相符；

3）项目预算应综合考虑国内外同类研究开发活动的状况以及我国相关产业行业特点等，与同类科研活动支出水平相匹配，并结合项目研究开发的现有基础、前期投入和支撑条件，在考虑技术创新风险和不影响项目任务的前提下进行安排，并提高资金的使用效益。

项目预算因资金来源各有不同，在预算编报时要结合项目任务实际需要以及资金来源方的要求编制预算，做到全面、完整、真实、准确填报，不得虚假承诺配套。原则上分承研单位应提供基础财务数据和测算依据，并由主研单位进行审查确认。

【小贴士】

主研单位财务人员可在参与预算书审查阶段，确认各分承研单位财务助理（或分管经费的项目组成员）联系方式，建立沟通、协调机制。

30.5.2　执行监督阶段程序及要求

30.5.2.1　经费管理政策的宣贯和交流

项目立项批复后，主研单位财务部门应发挥主体责任，主动联系分承研单位财务助理（或分管经费的项目组成员），针对不同渠道项目的经费管理特点，对资金管理、财务核算、中期检查（必要时）及项目验收等具体要求进行政策宣贯，并针对重点关注事项、评价标准、常见案例进行交流，指导分承研单位项目财务管理不断规范。

如项目来源为科技部民口重大专项项目，应依据《国家科技重大专项（民口）资金管理办法》（财科教〔2017〕74 号）及《国家重点研发计划项目综合绩效评价工作规范（试行）》（国科办资〔2018〕107 号）等管理规定开展政策宣贯。

30.5.2.2　预算调整

因技术方案、研制周期调整等原因造成的项目预算调整，分承研单位应及时报主研单位进行审批或备案，对拒不履行或托故延迟预算调剂、调整的分承研单位，财务部门应及时通报项目主管部门。

不同渠道的项目预算调整方式存在较大差别，财务部门应吃透政策、准确把握，并严格按政策执行。

【小贴士】

适用于《国防科技工业科研经费管理办法》的项目预算调整时，应根据办法要求，重新测算项目概算，并报审。

适用于国家重点研发计划的项目预算调整时，直接费用实行分类总额控制，间接费用预算总额不得调增，具体可参见《关于进一步优化国家重点研发计划项目和资金管理的通知》（国科发资〔2019〕45 号）（表 1）。

表 1　预算调整审批表

（单位：万元）

<table>
<tr><td colspan="2">项目(课题)名称</td><td colspan="4"></td></tr>
<tr><td colspan="2">分承研单位名称
(盖章)</td><td colspan="4"></td></tr>
<tr><td>序号</td><td>预算科目名称</td><td>原批复数</td><td>调整金额</td><td>调整后预算</td><td>调整原因</td></tr>
<tr><td>1</td><td></td><td></td><td></td><td></td><td></td></tr>
<tr><td>2</td><td></td><td></td><td></td><td></td><td></td></tr>
<tr><td>……</td><td></td><td></td><td></td><td></td><td></td></tr>
<tr><td colspan="2">合计</td><td></td><td></td><td></td><td></td></tr>
<tr><td colspan="2">申请人
(分承研单位课题组成员)</td><td colspan="2"></td><td>日期</td><td></td></tr>
</table>

续表

审批意见 （分承研单位课题负责人）		日期	
审批意见 （主研单位项目负责人）		日期	
上级主管机关意见 （设备费调增时）		日期	

注：1）不同预算调整原因审批级次按文件要求执行；
2）设备费调增原因可另附页进行详细说明；
3）间接费用预算总额不得调增，可调减用于直接费用。

30.5.2.3　监督资金执行情况

为及时掌握资金动态，主研单位应根据经费到位情况及分承研单位研制进度、资金使用情况，按照预算批复及时向分承研单位拨付项目研制经费，财务部门应及时开展资金和项目核对。

主研单位财务部门应定期了解各分承研单位资金执行情况，包括国拨资金执行和自筹资金（涉及时）到位情况，联合项目主管部门，通过沟通、约谈等方式，推进资金执行和到位。

财务部门应关注各分承研单位资金管理制度是否健全，运行是否规范，定期了解分承研单位资金流向，并应统计、汇总各分承研单位资金执行情况，提供项目主管部门，对资金执行存在偏差的分承研单位应予以分别提示（表 30－2）。

表 30－2　资金执行情况汇总表

序号	分承研单位名称	国拨部分			自筹部分（涉及时）			评价
		已拨付	已执行	执行率 1	应自筹	已执行	执行率 2	
	……	A	B	B/A	C	D	D/C	
合计								

为科学评价分承研单位资金执行情况，财务部门对分承研单位进行统计计算，建议分四类供业务主管部门进行参考：执行率≥90%，符合要求；70%≤执行率<90%，基本符合要求；50%≤执行率<70%，需关注；执行率<50%，需重点关注。

【小贴士】

《国防科技工业科研经费管理办法》第 25 条明确要求“自筹资金到位率不得低于中央财政资金到位率”。

30.5.2.4　中期财务自查及检查

为保证项目顺利通过中期财务检查，财务部门可提前与项目主管部门协调，根据检查日期预示，指导分承研单位开展财务自查，检查方式分为书面检查和现场检查，必要时可组织专家组对各分承研单位进行现场财务检查。

【小贴士】

对于实施周期较长的项目，上级主管机关一般开展中期过程检查。

财务自查的主要内容：

1）财务管理及相关制度建设情况，主要包括分承研单位是否建立预算管理、资金管理、合同管理、政府采购、审批报销、资产管理和内部控制等制度，且制度的内容是否合理。

2）资金到位和拨付情况，主要包括项目资金的到位情况，是否截留、挤占专项经费，是否违反规定转拨、转移专项经费，是否虚假承诺、单位自筹资金不到位等。

3）会计核算和财务支出情况，主要包括会计核算是否规范、准确、真实，实际支出是否按照预算执行（包括调剂后的预算），实际支出是否符合有关规定的支出范围和支出标准，支出与项目内容的相关性和合理性，以及是否挪用专项资金，是否对专项资金进行单独核算，是否提供虚假财务会计资料等。

4）预算执行情况，主要包括预算执行率、预算调整是否按规定审批等。

5）评审费、会议费等重点费用的执行是否符合要求。

依据不同渠道项目财务管理和中期检查要素要求，财务部门可根据分承研单位财务评价等级，分类开展财务检查，并将结果通报项目主管部门，督促分承研单位完成整改。具体财务检查内容和评价标准如下（表 30－3、表 30－4）。

表 30－3　中期财务检查内容表

序号	类别	优选级	择选级以下	备注
1	制度建设		√	
2	责任落实		√	
3	资金拨付	√	√	
4	财务核算		√	
5	预算执行	√	√	
6	自筹资金配套	√	√	
7	重点费用执行	√	√	
8	其他	△	△	视情况

表 30－4　中期财务检查评价意见表

项目编号		项目名称			
资金来源	批复数	资金到位数	累计支出	结余数	执行率
1. 国拨资金					
2. 自筹资金					

续表

内容	序号	评价内容	评价结果	说明
制度建设	1	制度建设是否完善	10	
	2	内控机制是否有效		
责任落实	3	项目负责人变更是否报批	10	
	4	项目实施周期是否调整，是否报批		
	5	是否设立财务助理，并提供有效服务		
资金拨付	6	是否向外转拨财政资金	10	
财务核算	7	是否独立核算、专款专用	15	
	8	成本是否有相关性		
	9	成本归集是否准确		
	10	间接费用分摊是否准确、合理		
预算执行	11	经费支出内容是否与任务相关、合规	20	
	12	预算执行率是否与进度相符		
	13	预算调整是否履行报批手续		
	14	间接费用是否调整		
自筹资金配套	15	自筹经费是否单独核算	15	
	16	自筹经费的到位情况及到位率		
重点费用执行	17	设备费列支是否依据预算	10	
	18	专家咨询费是否包含项目组成员		
	19	费用的发放是否超标		
其他	20	……	10	

评价建议：

财务部门可将分承研单位“中期财务指导评价意见”得分情况更新至财务管理评价，为后续分承研单位的选择提供依据。

财务部门根据项目中期检查要求，汇总各分承研单位财务数据，填报表格，形成报告，配合项目主管部门参加中期检查。相关财务资料准备一般包括《中期检查财务报告》、“专项资金支出明细账”“自筹资金支出明细账”、外拨资金证明材料（银行回单等）、预算调整批复材料、相关财务管理制度及其他资料。根据中期检查结果，监督并指导各分承研单位完成整改。

30.5.3 验收评价阶段程序及要求

30.5.3.1 项目结题财务自查和审计

为保证项目顺利通过结题财务审计，财务部门可提前与项目主管部门协调，指导各分承研单位开展财务自查，必要时可根据项目管理要求成立专家组，对各分承研单位开展财务预验收（表 30－5）。财务部门汇总预验收意见，报项目主管部门，并监督指导进行整改。

表 30－5　财务预验收评价意见表

指标	预验收内容	分值	评价
财务管理及相关制度建设情况	1. 项目(课题)承担单位是否建立预算管理、资金管理、合同管理、政府采购、审批报销、资产管理和内部控制等制度;如项目(课题)涉及基本建设,则需制定基建管理制度 2. 上述制度的内容是否合理	10	
资金到位和拨付情况	1. 重大专项各渠道资金的到位情况 2. 牵头承担单位是否按预算批复和任务合同书对参与单位及时足额拨付资金 资金到位率=实际到位/预算批复×100%;资金拨付率=实际拨付/预算批复×100% (如出现:截留、挤占专项经费;违反规定转拨、转移专项经费;虚假承诺、单位自筹资金不到位中的任意一种情况,该项指标得 0 分)	20	
会计核算和财务支出情况	1. 项目承担单位的会计核算是否规范、准确、真实 2. 项目的实际支出是否按照预算执行(包括调剂后的预算) 3. 项目的实际支出是否符合有关规定的支出范围和支出标准 4. 项目的支出与内容的相关性和合理性 (如出现:挪用专项资金;未对专项资金进行单独核算;提供虚假财务会计资料;其他违反国家财经纪律的行为;未按规定执行预算中的任意一种,该项指标得 0 分)	40	
预算执行情况	1. 项目的预算执行情况。重大专项预算管理的全部资金预算执行率大于等于 95%,该项考核内容得满分 预算执行率=实际支出/预算支出×100%,实际支出包含会计师事务所认定的实际支出、应付未付和后续支出 2. 项目的预算资金是否按照规定程序和权限进行 (①项目的中央财政资金预算执行率每低于 95%一个百分点,得分减少 1 分,直至预算执行情况的 20 分扣减为 0 分。②如出现未按规定调剂预算;资金管理使用存在违规问题拒不整改中的任意一种,该项指标得 0 分)	20	
中期检查整改情况	项目中期检查财务部分意见整改落实情况	10	

评价建议:

财务部门可将分承研单位"财务预验收"得分情况更新至财务管理评价,为后续分承研单位的选择提供依据。

财务自查和预验收时应重点关注中期检查财务部分意见的整改落实情况,预算执行与经费批复的差异原因,设备费执行情况与批复的对应关系以及实物管理情况等。

根据项目结题财务审计要求,财务部门汇总各分承研单位财务数据,填报表格,形成报告,参加项目结题财务审计。相关财务资料准备一般同中期检查要求,需另外准备《中期检查整改报告》及相关财务凭证。

【小贴士】

科工局来源项目审计一般依据文件为《军工项目财务决算审计管理办法》,科技部来源项目审计一般依据文件为《中央财政科技计划项目(课题)结题审计指引》。

30.5.3.2 项目综合绩效评价

财务部门应配合项目主管部门开展项目综合绩效评价。项目综合绩效评价重点对资金到位与拨付情况，会计核算与资金使用情况，预算执行与调整等情况进行评议，在此基础上确定资金结余，并由财务专家填写资金评议打分表（表 30－6）。

表 30－6 资金评议打分表

课题编号		课题承担单位	
课题名称		课题负责人	
总经费		中央财政专项资金	
		其他来源资金	

一、评分表

指标	分值	评分 1	评分 2	评分 3	评分 4	最终评分
1. 资金到位和拨付情况	30					
2. 会计核算和资金使用情况	40					
3. 预算执行与调整情况	30					
评议得分	100					

二、资金审核评议情况说明

(一)资金到位和拨付情况：
(二)会计核算和资金使用情况：
(三)预算执行与调整情况：
(四)经专家组评议，对审计确认的结余资金进行了审核调整：
1.
2.
……
最终认定本课题结余资金为　　　万元

财务专家组签字：　　　　　　　　　　　日期：

综合绩效评价结论一般分为通过、未通过和结题三类。一次性通过时，结余资金可全部作为项目收益，由承研单位统筹用于研发活动支出。

【小贴士】

国家重点研发计划相关制度特别指出：结余资金由项目承研单位在 2 年内（自综合绩效评价结论下达后次年的 1 月 1 日起计算）统筹用于本单位科研活动的直接支出，2 年后结余仍未使用完的，应及时上交专业机构，统筹用于重点专项后续支出。

未通过或结题时，由项目主研单位按财政拨款比例收缴各分承研单位资金结余，并在收到综合绩效评价结论后 1 个月内统一上交。

第 31 章　军工科研项目审前自查

31.1　质量目标

近年随着上级主管部门监管要求不断变化，军工科研事业单位面临各类财务决算审计和中期监督检查，涉及的审计范围、关注重点均发生较大转变，通过科研项目审前自查，能够有效控制降低经费审减率，进一步规范科研项目经费管理。

31.2　适用范围

本章适用于单位承担的军工科研项目中期监督检查、财务决算审计、财务验收前的自查工作。

31.3　相关释义

科研项目包含全部或部分使用国拨资金的军工科研项目。

审前自查是指项目承担单位根据项目管理需求自主安排的项目检查。

31.4　职责分工

31.4.1　财务部门

财务部门是本单位军工科研项目审前自查的牵头部门，具体职责为：

1）自查复核科研成本支撑依据的相关性及合理性。

2）对于支撑依据不充分的单据，应要求业务部门补充相关证明材料；对于无相关性支出，应进行自查调账。

3）与业务部门开展科研项目经费收支对账。

31.4.2　业务部门

业务部门是本单位军工科研项目审前自查的配合部门，具体职责为：

1）自查外协费、材料费、专用费、试验费等大额科研成本支出的相关性及合理性。

2）提供财务部门科研成本项目相关性支撑依据。

3）配合财务部门开展科研项目经费收支对账，对于项目列支有误的收支，配合财务部门完成调账。

31.5　业务流程和操作规范

31.5.1　审前自查内容

军工科研项目审前自查重点从项目组织管理、预算与资金管理、成本核算 3 个方面开展自查。

31.5.1.1　项目组织管理

项目组织管理自查主要是对单位项目组织管理合规合理性、内控制度健全有效性、项目过程管理资料完整规范性等进行检查。

（1）项目组织管理合规合理性

项目组织管理合规合理性自查重点包括项目研制进度和内容自查、人员队伍组建情况自查，以及总承包与参研单位合同签订情况自查。

1）项目研制进度和内容符合批复（合同）要求，项目变更按要求履行报批手续。

项目承担单位应将完成研制的内容、进度及其经费管理与批复（合同）要求逐项对照，查看是否按要求完成，应特别注意不能存在以下方面的问题：未完成批复的研究内容、未达到规定的技术指标或研究成果缺失；验收文件、资料或数据等弄虚作假；擅自调整项目主要研究内容、关键技术指标、研究成果形式，擅自降低自筹资金比例；存在重复申请国家财政科研经费支持、挪用国家财政科研经费、违规招投标等重大问题。

如出现改变科研项目研究目标、主要研究内容或技术指标的、增加中央财政科研经费或提高中央财政科研经费比例的、主要承研单位发生变更的、项目研制周期需要延长 6 个月以上的，需报上级机关批准。

经过中期监督检查的项目，应查看是否按要求进行整改。

2）项目承担单位主管部门在科研工程批复立项 1 个月内上报项目两总人选建议，项目承担单位在工程立项批复 2 个月内组建工程研制和管理队伍。

3）规定时间内，项目总承包单位应与参研单位签订合同。

（2）项目单位内部控制健全有效性

项目组织管理健全有效性自查重点包括内控制度自查、合同管理问题自查、实物资产管理自查。

1）项目承担单位应重点自查有关科研管理、质量管理、合同管理、资产管理、预算管理、资金审批、经费借款及报销管理等相关内控制度是否健全并有效；

2）项目承担单位合同管理重点自查是否存在未与外协单位签订合同、外协合同签订无相关比价程序、合同审签控制流程执行不到位、合同签订时间滞后合同执行时间、合同条款不严谨、合同要素不齐全等六类合同管理问题；项目承担单位应自查材料、外协、试验等合同采购、审批程序的规范性、完整性，是否符合国家招投标法、政府集中采购、单位采购管理规定等相关要求。涉及国家安全、国家秘密，不适宜进行招标的项目，可按照国家有关规定（《中华人民共和国招标投标法》中华人民共和国主席令第 21 号 1999 年 8

月 30 日）不进行招标。

3）项目承担单位实物资产管理应重点自查材料、设备等实物资产是否建立相应的内控制度并严格执行，如材料是否建立出入库管理制度，并定期进行盘点；设备采购是否办理验收、入库手续，并定期盘点；对未入固定资产的设备是否有实物管理制度等。

（3）项目过程管理资料完整规范性

项目承担单位应重点自查项目研制相关的支撑材料，如项目立项批复、可研报告、可研批复、任务书、合同约定的开发内容及项目预算等。

31.5.1.2 预算与资金管理

预算与资金管理主要是对项目预算执行、资金到位、资金支付审批及结余资金处理等进行审前自查。具体包括以下内容：

1）项目批复预算与实际执行不应有较大偏差，不应列支未经批复的专用设备。

2）预算调整应按规定程序执行；项目承担单位应按照各类科研项目的经费管理办法，执行相应的预算调整程序。

3）预算执行率应符合考核要求。

4）财政资金到位金额与资金计划下达应一致；总承研单位应及时向分承研（参研）单位拨付经费；项目总承研单位应将上级下达的资金计划文件与项目到款账面金额核对一致；总承研单位与分承研（参研）单位拨款数应核对一致；拨付联合承研单位资金应保证及时。

5）配套自筹资金应足额并及时到位。项目承担单位自筹资金到位率不得低于中央财政资金到位率；科研项目经费不得与中央财政和军队安排的其他科研项目经费相互作为自筹资金来源；在同一项目下核算国拨资金与自筹资金，支出超出国拨资金部分可视同自筹资金到位。

6）项目科研经费应专款专用。项目承担单位应自查项目科研经费是否按规定用途使用并专项核算，不得将科研项目经费用于金融性投资、担保、理财、罚款、捐款及赞助等。

7）项目资金支出审批手续应完整、规范。自查资金支出审批应符合本单位管理权限和审批程序要求；项目承担单位应严格执行国家有关现金管理制度规定，不在现金规定使用范围内的支出采取非现金方式结算。

8）项目结余资金应按相关经费管理文件要求处理，要关注项目结余资金被收回的风险。

31.5.1.3 成本核算

成本核算主要是对项目核算对象设置、经费管理制度执行、项目相关性、间接费用分摊等进行审前自查。

1）对项目进行专项核算。军工单位可根据立项批复或合同设立项目核算对象，设置项目代码进行专项核算。

【案例 1】

××项目根据立项批复为 10 个子课题，每个子课题均有相应研制内容及研制经费，但财务部门按照一个项目建立核算对象，未按照批复的 10 个子课题分别进行明细核算，造成项目核算与项目批复、研制要求不一致。

2）项目承研单位应根据单位性质执行相应的会计制度，会计科目设置应考虑不同项目经费管理要求。

3）直接成本归集科目应符合经费管理文件开支范围要求，核算内容应体现项目相关性，包括开支内容与项目批复研究内容相关，成本列支有项目相关事项依据支撑，成本归集时间与研制周期相匹配。

4）间接费用分摊基数应符合要求，分摊依据应充分，分摊计算过程应准确。是否将不应纳入分摊基数费用进行剔除，如采用工时比例法进行分摊，应提前自查工时统计原始资料是否完整。

5）会计凭证应合法、真实、完整、有效。从外单位取得的发票应符合发票报销的有关要求，发票付款单位应与合同乙方核对一致，发票开具内容应与项目研制内容相关。单位应对自制原始凭证的格式、用途等进行统一规范，自制原始凭证的设计、填具能体现与项目的相关性，从个人处取得的原始凭证，必须有本人的签名。

31.5.2　审前自查要点

本章梳理的审前自查要点的主要依据是财政部、科技部、国防科工局等部门颁布的军工科研项目管理规定。

31.5.2.1　成本费用支出

成本费用支出重点应对以下 11 项支出进行审前自查：

1）差旅费。项目承研单位应重点自查差旅费审批单等项目相关性支撑依据。审批单中出差事由应具体充分，出差地与项目研制相关，出差人属于与项目研制或管理相关的人员，差旅费报销标准符合本单位或国家规定标准。

2）会议费。项目承研单位除了按照单位内控制度进行自查外，还应重点自查会议通知或会议请示，参会者签到表，实质内容的会议纪要，结算票据，会议费开支明细等支撑性证据。

3）专家咨询费。专家咨询费为项目研究开发过程中一次性支付给外单位专家的评审咨询费用，应重点自查相关支撑依据，包括发放请示、发放表、评审结论或评审证明等，达到计税标准需扣个人所得税，不得代领代签。

专家咨询费支付标准按照国家及用户有关规定执行，不得支付给本单位在职职工或聘用劳务人员，需自查内控制度是否按相关标准制定并执行。

4）材料费。使用材料与项目技术工艺文档应相对应，如列支立项批复前的材料费，应准备提前投产的输入依据；若研制周期结束后仍有材料出库，应自查滞后出库原因。

【案例 2】

××项目研制周期于 2016 年结束，2018 年仍有材料费列支，且材料出库时间为 2018 年，核查原因为出库不及时。

保证材料账实相符，应注意：项目承研单位应按照材料实际出入库时间及时对材料进行核算，保证账实一致，对于材料已到、发票未到的材料应按照计划成本暂估入库，等到会计期末，对成本价格差异进行调整；对于已入材料成本发生退库的情况，应及时调减项目列支材料成本。

【案例 3】

××单位采购××材料，由于货已到但发票未到，按材料计划价格 100 元/件暂估入账，月末收到发票后，发票显示价格为 95 元/件，对此材料成本差异如未进行调整，则会导致领用××材料的 A 项目成本虚增。

自查材料入账的准确性，应注意：不应将其他项目用材料列入本项目支出；对于组批采购的材料，应查看是否按各项目实际耗用数量进行合理分割；不应在材料费中列支一般性管理支出。

5）燃料动力费。管理部门耗用的水、电、暖等费用，应计入项目管理费用。

6）外协费。外协费开支内容应与项目批复研制内容相关，关注是否将其他项目的外协费列入本项目，挤占本项目成本；项目合同要素要齐全，应自查合同签订日期、合同履行期限、合同负责人签字、合同专用章等相关必备要素是否齐全；外协合同付款应严格按照合同约定付款节点支付，付款节点应与研制进度相匹配，对于技术研究类外协，应有相关的验收报告，对于硬件产品外协，应有相应的产品交接、验收手续，对于试验类外协，应有相关的试验报告。

7）专用费。专用费的列支依据充分，包括项目批复、任务书或研制配套表；专用设备采购应有购置、验收、入库手续，检查专用设备采购的全流程，保证账实相符，做好盘点前的相关准备工作；不应在专用费中列支与批复无关的通用设备；专用测试仪器设备需随产品交付用户。

8）固定资产折旧费。固定资产折旧按照项目承担单位所执行的财务会计制度有关规定计列，自查折旧费计提基数的准确性。凡使用某国防科技工业科研项目项下的科研经费和国家专项基建技改投资购置建设的设备仪器和房屋建筑物，在该项目研制期内不得包括其固定资产折旧费。固定资产折旧费计提比例符合规定。

9）工资及劳务费。不能将超出核定工资总额指标的部分分摊进项目。期末分配当期应付职工薪酬时，应按照冲减财政拨款后的余额，以一定分配标准分配记入相关成本费用科目。工资发放应审批完整，发放及时，五险一金按国家规定的比例计提。

劳务费发放对象是参与项目研究且在本单位无工资收入的人员，发放标准不得超标。劳务费是指在项目（课题）实施过程中支付给参与研究的研究生、博士后、访问学者以及项目（课题）聘用的研究人员、科研辅助人员等的劳务性费用。项目（课题）聘用人员的劳务费标准，参照当地科研和技术服务业人员平均工资水平，根据其在项目（课题）研究中承担的工作任务确定，其社会保险补助纳入劳务费科目列支。

10）管理费。自查管理费用分摊基数的准确性。期末分配当期管理费时，按照冲减财政拨款后的余额，以一定分配标准分配记入相关成本费用科目。管理费中列支的工会经费、职工教育经费、安全生产费计提基数应正确，计提比例应符合规定。企业单位按照企业财务会计制度有关规定执行。

【小贴士】

职工教育经费可按比例计提，或在比例范围内据实列支，会计政策一经选定，不得随意变更。

各类经费管理办法对于间接费用的分摊比例见表 31－1。

表 31－1　部分科研项目经费管理办法有关间接费用比例的相关规定

序号	文件名称	文号	间接费用比例的相关规定
1	《国家科技重大专项（民口）资金管理办法》	财科教〔2017〕74 号	结合承担单位信用情况，间接费用实行总额控制，按照不超过课题直接费用扣除设备购置费和基本建设费后的一定比例核定。具体比例如下：500 万元及以下部分为 20%，超过 500 万元至 1 000 万元的部分为 15%，超过 1 000 万元以上的部分为 13%
2	《国家重点研发计划资金管理办法》	财科教〔2016〕113 号	结合承担单位信用情况，间接费用实行总额控制，按照不超过课题直接费用扣除设备购置费的一定比例核定。具体比例如下：500 万元及以下部分为 20%，超过 500 万元至 1 000 万元的部分为 15%，超过 1 000 万元以上的部分为 13%
3	《财政部　国家自然科学基金委员会 关于国家自认科学基金资助项目资金管理有关问题的补充通知》	财科教〔2016〕19 号	间接费用核定比例上限调整为：500 万元及以下部分为 20%，500 万元至 1 000 万元的部分为 15%，超过 1 000 万元以上的部分为 13%。加大对科研人员的激励力度，取消绩效支出比例限制
4	《北京市科技计划项目（课题）经费管理办法》	京财科文〔2016〕2861 号	间接费用实行总额控制，根据承担单位性质，按照不超过项目（课题）经费中直接费用扣除设备购置费后的一定比例核定，具体比例如下： 1）财政补助事业单位不超过 15% 2）经费自理事业单位、企业不超过 20% 间接费用中的绩效支出不超过直接费用扣除设备购置费后的 5%
5	关于调整国家科技计划和公益性行业科研专项经费管理办法若干规定的通知	财教〔2011〕434 号	间接费用是指承担课题任务的单位在组织实施课题过程中发生的无法在直接费用中列支的相关费用。主要包括承担课题任务的单位为课题研究提供现有仪器设备及房屋，水、电、气、暖消耗，有关管理费用的补助支出、以及绩效支出等。其中绩效支出是指承担课题任务的单位为提高科研工作绩效安排的相关支出。 间接费用使用分段超额累退比例计算并实行总额控制，按照不超过课题经费中直接费用扣除设备购置费后的一定比例核定，具体比例如下： 500 万元及以下部分不超过 20%，超过 500 万元至 1 000 万元的部分不超过 13%，超过 1 000 万元的部分不超过 10%。间接费用中绩效支出不超过直接费用扣除设备购置费后的 5%

11）科研收益。拨付分承研单位的经费不得计入收益计提基数。项目研制周期小于两年且未完成年度科研任务的，不得预提收益。项目预提收益比例一经确定，不得随意变更。项目完成且经过财务决算审计、验收后，方可按规定统一结算项目总收益。

31.5.2.2　其他方面

其他方面还包括对项目研制周期，审计整改情况，调账依据的充分性等方面进行审前自查并填写科研项目自查工作底稿。

成本费用支出应与项目研制周期相匹配，原则上未取得批复的，延期 6 个月（不含）以上期间发生的管理费、固定资产使用费、工资及劳务费不得计入项目成本。

审计发现问题应及时整改且按整改后的支出金额上报财务决算报告。

项目支出调账依据应充分。项目承研单位调整成本、收益时，应履行内控程序，并附调账说明或业务部门的调账输入依据。

军工单位在进行自查调账时，如果调出直接成本的年度采用的是直接成本比例法分摊方式，那么应将对应的间接费用一并调出。

军工单位可通过科研项目自查工作底稿开展工作，具体见表 31－2。

表 31－2　科研项目自查工作底稿

序号	自查要点	是否存在此问题	问题金额
1	项目组织管理		
1.1	项目研制进度和内容是否符合批复(合同)要求,项目变更是否履行报批手续		
1.2	项目两总是否及时任命,项目研制和管理队伍是否及时组建		
1.3	项目总承单位是否与分承研单位及时签订合同		
……	……		
2	预算与资金管理		
……	……		
3	……		

第 32 章　内部事项核对

32.1　质量目标

根据《企业会计准则》，在编制合并财务报表时，对单位的财务状况和经营成果产生重大影响的内部经济业务，必须进行抵销处理。内部事项核对工作的质量直接影响到单位整体财务状况、经营成果和现金流量。同时，为加强各单位往来款管理，明晰债权债务关系，规范内部对账工作。

32.2　适用范围

本章适用于纳入合并范围的母子公司（含企、事业单位）的内部事项核对工作。

32.3　相关释义

内部事项指母子公司及子企业之间基于科研生产、经营管理、资产交易、内部委托贷款、股权投资等各类业务发生的往来、交易及投资事项以及上述业务相应形成的现金流入、流出事项。

32.4　职责分工

内部事项核对工作应由各级单位财务部门牵头，负责组织本单位业务部门及子企业开展内部事项核对工作。各单位一般以本单位明细账为基础，在与业务部门业务台账核对无误后，按往来单位、项目、科目、当期余额及发生额等维度进行发函核对，并及时取得对方回函，确保账账相符、账实相符。各单位应对本单位提交的内部事项核对表的真实性、准确性负责。

32.4.1　母公司财务部门

母公司财务部门职责如下：

1）负责统一制定内部事项核对工作流程、管理要求、工作模板等，并负责组织对内部事项核对人员的专题培训。

2）负责定期发布和更新合并范围单位名录及内部事项核对联系人通信录。

3）负责组织各单位定期开展内部事项核对工作。负责对各单位上报的内部事项核对结果进行审核、汇总，用于合并报表的抵销处理。

4）负责各单位的内部事项核对工作，根据与业务部门核对相符的往来、交易、投资等事项，与各单位开展内部事项核对工作，包括发函、回函、汇总核对结果、对账差异处理等相关工作。

5）负责内部事项核对信息系统的统一建设与维护。

32.4.2 子公司财务部门

子公司财务部门职责如下：

1）负责指定专人开展本单位内部事项核对工作，根据与业务部门核对相符的往来、交易、投资等事项，与各单位开展内部事项核对工作，包括发函、回函、汇总核对结果、填报核对信息系统、处理对账差异情况等工作。

2）负责定期将本单位内部事项核对工作的责任人及联系方式上报母公司。

3）负责对本单位及所属单位内部事项工作主管人员的日常培训与业务指导。

32.4.3 业务部门

业务部门职责如下：

1）销售/市场部门负责建立本部门往来款台账，并定期与财务部门进行内部对账。

2）销售/市场部门负责向财务部门提供收入、成本结算依据，如完工结算单（进度结算单）、结题证明、销售发票、预开发票申请单、合同等。

3）销售/市场部门负责定期与客户开展对账及函证工作，并做好记录。如存在差异，应查明差异原因，提出解决措施。

32.5 业务流程和操作规范

子公司应按照母公司规定的基准日当日的账面余额进行内部事项核对，不应区分金额大小。各单位应在收到函证后，及时进行确认和回函，同时，应按本单位合并范围内的往来、交易和现金流等内部事项在合并财务报表中进行抵销处理。各单位可以采用机要、信函或传真等书面形式进行内部事项核对，也可充分利用集中核算、内部事项抵销系统等信息化手段提高内部事项核对工作效率和质量。通过内部事项询证函进行内部事项核对的单位应遵循以下要求：

1）内部事项函证应以各单位明细账为基础发函核对；

2）内部事项双方均要向对方函证。

【小贴士】

在实际工作中，内部往来和内部投资事项必须经双方逐笔函证，收到对方询证函的单位，无论是否存在差异，均需要回函。

各单位应当以内部事项与对方单位函证后的结果作为基础填报内部事项核对表，完整、准确填报相关信息。各单位应随同年度财务决算同时上报内部事项核对表，以及本单位内部的往来、交易、投资和现金流等内部事项的核对及抵销情况表。

注意事项如下：

1）内部事项核对表中本单位名称、对方单位名称务必填写准确，不应将本单位或对方单位的内部事项与其他单位汇总列示。

2）内部事项核对表中报表项目务必填写准确，本单位报表项目与对方单位报表项目应当保持逻辑关系，如债权对应债务，收入对应成本或费用。

3）内部事项核对表中各报表项目的金额、账龄划分等信息务必填写准确，应当与财务报表金额、财务报表附注披露的相关报表项目各账龄段的金额等逻辑相符。

4）对同一笔交易事项，应在与对方单位核对确认后，双方单位在内部事项核对表中以同样的方式进行列示，不应进行分拆列报。

32. 5. 1　内部往来

内部往来主要包括：

1）母子公司及子公司企业之间的商品购销业务和提供或接受劳务形成的内部往来；

2）母子公司及子企业之间的内部委托贷款、内部暂收暂付业务形成的内部往来。

32. 5. 1. 1　核对对象

核对对象主要包括：

1）商品购销业务和提供或接受劳务形成的内部往来；

2）内部委托贷款、内部暂收暂付业务形成的内部往来。

主要涉及应收账款、应收票据、预付账款、其他应收款、应付账款、应付票据、预收账款、其他应付款、短期借款、其他流动资产等报表项目。

32. 5. 1. 2　核对内容

核对内容主要包括：

1）对方单位的名称、性质、级次；

2）往来款项的内容或事项名称、主业分类；

3）本单位和对方单位各自列示的报表项目和期末余额；

4）往来款项的账龄、坏账计提金额；

5）核对的结果，包括差异金额和差异原因。

32.5.1.3　对账要求及程序

（1）科目设置

财务部门必须对全部内部往来科目按债务/债权单位设置往来单位辅助核算，个人借款还应按个人设置辅助核算。

（2）日常核算

财务部门往来款核算应以真实业务为基础，按月对往来款项进行清理，并按往来款项形成的时间划分账龄，定期开展往来款账龄分析。

（3）内部对账

财务部门根据往来款清理核对结果，按月编制往来款项核对表（格式见表 32－1），于每月末发给业务部门进行逐笔核对。业务部门对每笔往来款项的债权/债务人名称、款项内容、款项金额、账龄、业务经办人等进行核对并签字确认，若有差异，应及时查明原因并进行处理。财务部门与业务部门的对账记录应形成书面资料并按管理档案进行留存。

表 32－1　××××科目往来款项核对工作底稿（供参考）

编制单位：　　　　　　编制时间：　　　　　　（单位：元）

序号	对方单位	会计科目	款项性质	合同编号	金额				账龄	未结算原因	是否仍有业务往来	对方单位是否破产/注销	经办人签字	备注
					上期结转	本期新增	本期减少	期末余额						
	合计	—	—	—					—	—	—	—	—	—

编制人：　　　　　　复核人：　　　　　　会计机构负责人：

填表说明：

1)“对方单位”栏为必填项,按往来单位的全称列示。

2)“单位类别”栏为必填项,按“子企业”“非资企业”列示。

3)“会计科目”栏为必填项,按本单位核算会计科目据实列示。

4)“款项性质”栏为必填项,根据实际约定的业务性质进行列示,如“研制合同”“销售款”“工程款”等。

5)“合同编号”栏按本单位签署合同或协议的编号进行列示,如未签订合同或协议可以为空。

6)“账龄”栏为必填项,根据实际情况按“1 年以内”“1~2 年”“2~3 年”“3~4 年”“4~5 年”“5 年以上”分别列示。

7)“未结算原因”“是否仍有业务往来”“对方单位是否破产/注销”栏均为必填项,由业务经办人根据实际情况进行填列。

8)“经办人签字”栏为必填项,业务经办人必须逐一签字确认。

9)“编制人”“复核人”“会计机构负责人”,分别由往来款管理岗、总账报表岗、会计机构负责人等相关人员签字确认。

（4）外部对账

季末或年终决算时，财务部门根据与业务部门核对一致的全部往来款清单，编制询证函（格式见表 32－2），加盖本单位财务专用章后，提交给业务部门与客户进行函证。

表 32－2　询证函

询证函编号:×××

内部事项询证函

致:××单位

应询证本单位与贵单位的往来、交易、现金流量事项,下列数据出自本单位账簿记录,请根据决算报表将贵单位确认数据填入下表相应位置。如贵单位有其他需详细核对事项,请另附表说明。烦请贵单位收到本询证函后,以机要、信函、传真等方式及时回复。

回函地址:　　　　　　　　　　联系人:
邮政编码:　　　　　　　　　　日期:
电话:　　　　　　　　　　　　单位名称:
传真:　　　　　　　　　　　　(公章/财务章)

截至××年×月×日

内部往来	本单位确认		贵单位确认		备注
	报表项目(企业表)	金额	报表项目(企业表)	金额	
内部交易	报表项目(企业表)	金额	报表项目(企业表)	金额	
内部投资	报表项目(企业表)	金额	报表项目(企业表)	金额	
内部现金收支	报表项目(企业表)	金额	报表项目(企业表)	金额	
合计					

注:因项目较多或核对内容增加,请单独附表说明。

除上述核对信息外,我单位还需说明以下事项:

并附资料________份,包括____。

财务负责人签字:

(公章/财务章)

日期:

（5）检查回函情况

财务部门应对发函、回函情况进行逐项登记，填制《函证情况统计表》（格式见表32－3）并针对回函情况进行定期检查，如存在回函不一致或发函3次以上不回函的情况，财务部门应首先检查对方联系方式是否错误，本单位账务处理是否准确，再对业务的真实性进行核查，如存在舞弊、诈骗等情况应及时上报单位主管领导。

表32－3　函证情况统计工作底稿（供参考）

序号	部门	函证经办人	会计科目	对方单位	金额	第一次函证		第二次函证		第三次函证		备注
						发函时间	回函情况	发函时间	回函情况	发函时间	回函情况	

编制人：　　　　　　　　复核人：　　　　　　　　会计机构负责人：

填表说明：

1）“部门”“函证经办人”栏为必填项，根据实际情况列示。

2）“会计科目”“对方单位”“金额”栏为必填项，根据发送询证函内容列示。

3）“发函时间”“回函情况”栏为必填项，时间格式采用“yyyy－mm－dd”格式填列，“回函情况”栏按“已回函，核对一致”“已回函，核对不一致”“未回函”列示。

4）“编制人”“复核人”“会计机构负责人”，分别由内部事项对账主管、总账报表岗、会计机构负责人等相关人员签字确认。

（6）对账差异处理

对于通过函证等方式发现的双方记录金额不符的往来项目，应与对方单位及时联系查找原因，并根据情况做出如下处理：

1）属于未达账项的，必须在对账当月调整完毕，按调整后双方一致的金额重新进行函证，填制内部往来核对明细表后重新上报。未达账项是指由于企业与银行取得凭证的实际时间不同，导致记账时间不一致，而发生的一方已取得结算凭证且已登记入账，而另一方未取得结算凭证尚未入账的款项。

2）因会计差错导致对账不符的，应进行账务调整，按调整后双方一致的金额重新进行函证，填制内部往来核对明细表后重新上报。

3）因结算时间节点不一致导致对账不符或单方挂账的内部往来，确实无法于当期调整一致的，需在内部事项询证函核对不一致处详细说明造成双方挂账不一致的原因，并拟处理方案等，同时，应将核对不一致的原因填列在内部事项核对表的备注信息中。

4）因存在业务纠纷、历史遗留问题等客观原因导致对账不符或单方挂账的内部往来，经调查核实后确实无法于当期调整一致的，需在内部事项询证函列明本单位和对方单位分别确认的余额，并在核对不一致处详细说明造成双方挂账不一致的原因，并拟处理方案等，同时应将核对不一致的原因填列在内部事项核对表的备注信息中。

32.5.1.4　内部往来事项明细表填报

（1）单位信息内容的填报

1）"本单位名称""对方单位名称"：本栏填写单位全称，须与企业上报合并范围户数统计表名称及年度财务决算报表单位名称保持一致。

2）"单位性质"：本栏根据本单位或对方单位实际情况按"企业"或"事业"填列。

3）"本单位所属汇总单位""对方单位所属汇总单位"：本栏应按本单位或对方单位所属的二级单位填列。

4）"本单位的上级单位""对方单位的上级单位"：填写本单位所属上级单位或母公司的全称。

（2）核对内容的填报

因商品购销或提供劳务等生产经营活动形成的应收账款、应收票据、预付账款、应付账款、应付票据、预收账款等，以及生产经营以外产生暂收暂付的其他应收款、其他应付款、其他流动资产、专项应付款等。

1）"本单位核算科目""本单位期末余额"：均为必填项，根据填报单位实际情况进行填报。企业单位按报表项目的会计科目及余额填报，事业单位按国资委要求进行转换后的报表项目名称及余额进行填报。如涉及已计提坏账准备的应收账款、预付账款、其他应收款等科目，应按应收款项原值填列本栏。

2）"坏账准备"：填报单位应根据该项内部往来事项在个别报表中已计提的坏账准备进行填报。

3）"本单位账龄"：填报单位应根据该项内部往来事项在各账龄区间的余额分布，在表格中的下拉菜单选择账龄区间进行明细填报。

4）"对方单位核算科目""对方单位期末余额""对方单位账龄"：均为必填项，根据对方单位函证反馈的实际情况进行填报。

内部往来明细表见表 32－4。

表 32－4　内部事项核对表（1）——内部往来事项明细表

序号	本单位名称	本单位所属汇总单位	本单位的上级单位	对方单位名称	对方单位所属汇总单位	对方单位的上级单位	期末余额核对							差异金额	差异原因
							本单位核算科目	本单位期末余额	坏账准备	本单位账龄	对方单位核算科目	对方单位期末余额	对方单位账龄		
	1	2	3	4	5	6	7	8	9	10	11	12	13	14	15
1															
2															
3															
4															
5															
本单位往来合计								本单位往来合计				—	—	—	
应收账款								应付账款				—	—	—	
应付账款								应收账款				—	—	—	
短期借款								其他流动资产				—	—	—	
……								……				—	—	—	

【案例 1】

2017 年末 A 事业单位应收账款余额中，应收 B 企业单位项目经费 1 000 万元，其中 1 年以内应收账款 800 万元，1~2 年 200 万元，该笔应收账款 A 单位已计提坏账准备 20 万元。A 单位向 B 单位发送函证后，B 单位反馈该笔内部往来事项在应付账款挂账，余额、账龄与 A 单位核对一致。A 单位填报见表 1。

表 1　内部往来事项明细表示例

（单位：万元）

本单位名称	对方单位名称	期末余额核对						
		本单位核算科目（必填）	本单位期末余额	坏账准备	本单位账龄	对方单位核算科目（必填）	对方单位期末余额	对方单位账龄
A 单位	B 单位	应收账款	800	0	1 年以内	应付账款	800	1 年以内
A 单位	B 单位	应收账款	180	20	1~2 年	应付账款	200	1~2 年

（3）特殊业务的填报

1）涉及代收代付性质的水、电、燃气等费用，不在内部往来事项明细表中填报，但应在内部现金流事项明细表中填报。

2）单位之间的委托贷款，一年以内到期的，委出单位在“其他流动资产”或“一年以内到期的非流动资产”科目列示，委入单位应在“短期借款”或“一年以内到期的非流动负债”中列示；一年以上到期的，委出单位在“其他非流动资产”科目列示，委入单位在“长期借款”科目列示。

（4）对账差异的处理

内部往来事项对账差异处理如下：

1）“差异金额”：本栏为“本单位期末余额”与“对方单位期末余额”之差，内部事项核对填报系统中，该栏为公式自动计算。

2）“差异原因”：如“差异金额”不为 0，查明差异原因后选择“采购或安装费用”“业务纠纷”“历史遗留问题”“记账时间差异”“在途未达账项”等原因，无差异的不选择。

32.5.2　内部交易

内部交易主要包括：母子公司及子企业之间的购销业务和提供或接受劳务、资产转让和租赁、内部委托贷款形成的利息收入与支出、内部股权投资收益等事项。另外，单位之间一方销售产品、另一方购买作为固定资产核算的业务事项也属于内部交易核对的范畴。

32.5.2.1　核对对象

1）商品购销业务和提供或接受劳务形成的内部交易。

2）转让资产、货币资金等资产使用权或所有权形成的内部交易，包括固定资产交易、资产租赁、委托贷款利息收入等事项。

3）股权分红、上交上级收益等利润分配事项。

主要涉及主营业务收入、其他业务收入、投资收益、营业外收入、主营业务成本、其他业务成本、管理费用、财务费用、销售费用、营业外支出等报表项目。

32.5.2.2　核对内容

1）对方单位的名称、性质、级次。

2）内部交易项的内容或事项名称、主业分类。

3）本单位和对方单位各自列示的报表项目和本期累计发生额。

4）核对的结果，包括差异金额和差异原因。

32.5.2.3　对账要求及程序

（1）科目设置

财务部门须按收入类别、来源、合同、项目等属性设置明细账，进行辅助核算。

（2）日常核算及对账

财务部门收入确认和成本核算应以真实业务为基础，经业务部门核对确认后，严格按照执行的会计制度或会计准则相关要求进行收入确认和成本核算。各单位按月编制内部交易事项统计表（格式见表 32－5、表 32－6），作为外部对账的工作依据。

表 32-5　内部交易事项收入类统计工作底稿（供参考）

编制单位：　　　　编制时间：　　　　（单位：元）

序号	对方单位名称	单位类别	交易类型	合同名称	合同编号	主业类别	项目名称	本期确认收入金额			
								上年结转	本期收款	本期应收款项	小计
	合计										

编制人：　　　　复核人：　　　　会计机构负责人：

填表说明：

1）“单位类别”栏为必填项，按“子企业”“非子企业”列示。

2）“交易类型”栏为必填项，按交易业务的主要内容列示。

3）“合同名称”栏按合同或协议文本中的合同名称列示，如无合同或协议填“无合同/协议”。

4）“项目名称”栏为必填项，按型号/产品项目名称填列。

5）“本期确认收入金额”按截至期末累计确认的收入分情况进行填列，属于上年预收账款转入的，在“上年结转”列示；属于本期现金收入的，在“本期收款”列示；属于本期赊销收入的，计入“本期应收款项”。

6）“编制人”“复核人”“会计机构负责人”，分别由收入核算岗、总账报表岗、会计机构负责人等相关人员签字确认。

表 32-6　内部交易事项成本费用类统计工作底稿（供参考）

编制单位：　　　　编制时间：　　　　（单位：元）

序号	对方单位名称	单位类别	交易类型	合同名称	合同编号	主业类别	项目名称	本期确认成本费用金额			
								上年预付款转入	本期现金成本费用	本期应付未付款项	小计
	合计										

编制人：　　　　复核人：　　　　会计机构负责人：

填表说明：

1）“单位类别”栏为必填项，按“子企业”“非子企业”列示。

2）“交易类型”栏为必填项，按交易业务的主要内容列示。

3）“合同名称”栏按合同或协议文本中的合同名称列示，如无合同或协议填“无合同/协议”。

4）“项目名称”栏为必填项，按型号/产品项目名称填列。

5）“本期确认成本费用金额”按截至期末累计确认的成本费用分情况进行填列，属于上年预付账款报销转入的，在“上年预付款转入”列示；属于本期现金支出的成本费用，在“本期现金成本费用”列示；属于本期赊购成本的，计入“本期应付未付款项”。

6）“编制人”“复核人”“会计机构负责人”，分别由成本核算岗、总账报表岗、会计机构负责人等相关人员签字确认。

（3）外部对账

同“内部往来核对——外部对账”要求。

（4）检查回函情况

同“内部往来核对——检查回函情况”要求。

（5）对账差异处理

同“内部往来核对——对账差异处理”要求。

32.5.2.4　内部交易事项明细表填报

（1）单位信息内容的填报

1）表32－7内部交易事项明细表第1～6列用于确定单位内部交易事项的抵销级次，具体填报要求同“内部往来事项明细表填报——单位信息内容的填报”。

2）第7列用于反映交易事项业务实质，应简明扼要，如“研发费”等。

表32－7　内部事项核对表（2）——内部交易事项明细表

序号	本单位名称	本单位所属汇总单位	本单位的上级单位	对方单位名称	对方单位所属汇总单位	对方单位的上级单位	交易事项	交易金额核对				差异金额	差异原因
								本单位核算项目/科目	本单位确认的交易金额	对方单位核算项目/科目	对方单位确认的交易金额		
	1	2	3	4	5	6	7	8	9	10	11	12	13
1													
2													
3													
4													
5													
6													
7													
8													
9													
10													
11													
本单位交易合计										本单位交易合计			—
主营业务收入										主营业务成本			—
主营业务成本										主营业务收入			—
投资收益										利润分配			—
……										……			—

（2）核对内容的填报

填报的主要内容：因商品购销或提供劳务等生产经营活动形成的主营业务收入、主营业务成本、管理费用、销售费用、财务费用等，与生产经营相关的固定资产交易、资产占用等活动形成的其他业务收入、其他业务成本等，以及生产经营以外的营业外收入和营业外成本。

第 8~11 列为单位内部交易事项核对的主要内容，具体填报要求如下：

1）“本单位核算科目”“本单位确认的交易金额”：均为必填项，根据填报单位实际情况进行填报。

【小贴士】

企业单位按账面核算的会计科目及发生额填报，事业单位按规定转换后的报表项目名称及发生额进行填报。

2）“对方单位核算科目”“对方单位确认的交易金额”：均为必填项，根据对方单位函证反馈的实际情况进行填报。

【案例 2】

2017 年年末 A 事业单位科研收入发生额中，与 B 事业单位相关的收入 1 800 万元，其中，销售产品 X 收入 1 500 万元、资产占用收入 300 万元。A 单位向 B 单位发送函证后，B 单位反馈该笔内部交易事项分别在主营业务成本和其他业务成本挂账，金额与 A 单位核对一致。A 单位填报见表 2。

表 2　内部交易事项明细表示例

（单位：万元）

本单位名称	对方单位名称	交易事项	交易金额核对			
			本单位核算科目（必填）	本单位确认的交易金额	对方单位核算科目（必填）	对方单位确认的交易金额
A 单位	B 单位	销售×产品	主营业务收入	1 500	主营业务成本	1 500
A 单位	B 单位	资产占用	其他业务收入	300	其他业务成本	300

（3）特殊业务的填报

1）委托贷款利息，委出方在“其他业务收入”科目列示，委入方在“财务费用”科目列示。

2）分红款，投资单位在“投资收益”科目列示，被投资单位在“利润分配”科目列示。

【案例 3】

2017 年 A 事业单位向 B 单位借入短期委托贷款 10 000 万元，支付委托贷款利息 200 万元，向 B 单位分红 2 000 万元。A 单位向 B 单位发送函证后，B 单位反馈该笔内部交易事项均在投资收益挂账，金额与 A 单位核对一致。A 单位填报见表 3。

表3　内部交易事项明细表示例

（单位：万元）

本单位名称	对方单位名称	交易事项	交易金额核对			
			本单位核算科目（必填）	本单位确认的交易金额	对方单位核算科目（必填）	对方单位确认的交易金额
A单位	B单位	委贷利息	财务费用	200	其他业务收入	200
A单位	B单位	分红	利润分配	2 000	投资收益	2 000

【案例4】

2017年A企业向B企业借入短期委托贷款5 000万元，支付委托贷款利息100万元。A企业向B企业发送函证后，B企业反馈该笔内部交易事项在其他业务收入挂账，金额与A单位核对一致。A单位填报见表4。

表4　内部交易事项明细表示例

（单位：万元）

本单位名称	对方单位名称	交易事项	交易金额核对			
			本单位核算科目（必填）	本单位确认的交易金额	对方单位核算科目（必填）	对方单位确认的交易金额
A单位	B单位	委贷利息	财务费用	100	其他业务收入	100

（4）对账差异的处理

1）“差异金额”：本栏为“本单位确认的交易金额”与“对方单位确认的交易金额”之差，内部事项核对填报系统中该栏为公式自动计算。

2）“差异原因”：如“差异金额”不为0，查明差异原因后在表格中的下拉菜单分别选择“错期结算”“税金差异”“历史遗留问题”“在途未达发票”等原因，无差异的不选择。

32.5.3　内部投资

内部投资主要包括：对纳入合并报表范围内企业的权益性投资事项。

32.5.3.1　核对对象

各单位对纳入合并报表范围内企业的权益性投资。主要涉及“划分为持有待售的资产”“长期股权投资”等报表项目。

32.5.3.2　核对内容

1）被投资单位的名称、性质、级次、投资类型等。

2）初始投资成本金额、本年增加投资金额、年初股权比例、年末股权比例、期末账面余额及所列示的资产负债表报表项目。

3）本期账面投资收益、本期实际收到的投资收益等。

4）核对的结果，包括差异金额和差异原因。

32.5.3.3 对账要求及程序

（1）科目设置

财务部门须按投资类型、被投资单位等设置明细账，进行辅助核算。

（2）日常核算

财务部门应根据投资业务的种类设立投资明细账，根据投资管理部门提供的相关信息进行核算，掌握被投资单位的财务状况、经营情况和现金流量。

（3）内部对账

财务部门应编制权益性投资事项统计表（格式见表32－8），与投资管理部门对权益性投资的原始投资成本、本期实现收益、累计收益等事项进行核对，核对出现差异时，投资管理部门应对差异原因进行分析，查明原因并取得相关原始单据，及时提交财务部门进行账务处理。财务部门与业务部门的对账记录应形成书面资料并按管理档案进行留存。

表32－8 权益性投资事项统计工作底稿

编制单位： 编制时间： （单位：万元）

序号	投资主体	投资对象	注册资本（万元）	实收资本（万元）	初始投资时间	投资总额（万元）	所占股比	是否主业投资	是否并表	董监高派驻情况			经营情况		盈亏情况（近3年）			分红情况		长期股权投资减值情况	
										董事	监事	高管	是否正常经营	说明	201×年	201×年	201×年	截至目前累计分红	本年分红	是否计提减值	截至目前累计减值金额

编制人： 复核人： 会计机构负责人（签章）： 投资管理部门（签章）：

填表说明：

1）“投资主体”“投资对象”栏为必填项，按投资单位与被投资单位全称列示。

2）“注册资本”“实收资本”栏为必填项，分别按被投资单位的工商营业执照及经审计后决算报表列示。

3）“初始投资时间”“投资总额”“所占股比”栏为必填项，由投资单位主管投资的部门根据实际情况填报。

4）“董监高派驻情况”栏由投资单位主管投资的部门根据实际情况填报，如对投资对象派驻董事、监事和高管，请按人数列报。

5）“经营情况”栏为必填项，如“是否正常经营”栏为“是”，则“说明”栏为空，如“是否正常经营”栏为“否”，需简要说明目前经营状况。

6）“盈亏情况”栏为必填项，按被投资单位经审计后的近三年财务决算报表中的“利润总额”列报。

7）“分红情况”栏由投资单位根据实际情况进行列示，“截至目前累计分红”为投资日至编制日期间收到的累计分红金额，“本年分红”为填表当年截止编制日收到的分红。

8）“长期股权投资减值情况”由投资单位投资部门、财务部门根据实际情况填报，其中“截至目前累计减值金额”由财务部门根据账面情况进行列示。

9）“编制人”“复核人”“会计机构负责人”“投资管理部门”，分别由股权投资核算岗、总账报表岗、会计机构负责人、投资管理部门主管等相关人员签字，确认，另外还需加盖财务部门与投资管理部门公章。

（4）外部对账

同“内部往来核对——外部对账”要求。

（5）检查回函情况

同“内部往来核对——检查回函情况”要求。

（6）对账差异处理

各单位对于函证等方式发现双方记录金额不符的内部投资事项，应与被投资单位及时联系查找原因，并根据情况做出如下处理：

1）因会计差错导致核对不符的（如将投资款列入其他应收款核算），应进行会计差错更正，按调整后金额确认投资余额。

2）因其他原因导致核对不符或双方存在争议无法进行调整的投资项目，如未入账的投资项目及投资转出而未做处理的投资项目，应列明本单位和被投资单位分别确认的金额，并注明差异原因及对资产、负债的影响，形成专项报告向并向上级单位报送。

32.5.3.4　内部投资事项明细表填报

（1）单位信息内容的填报

表 32－9 内部事项核对表（3）——内部投资核对明细表第 1～8 列用于确定单位内部投资事项的抵销级次，具体填报要求同“内部往来事项明细表填报——单位信息内容的填报”。

（2）核对内容的填报

填报的主要内容：因权益性投资活动形成的长期股权投资、可供出售金融资产等。第 7～19 列为单位内部投资事项核对的主要内容，具体填报要求如下：

1）第 7～9 列反映投资主体的投资成本，其中“期末余额”应与资产负债表相关报表项目一致，“本年新增”仅反映对账年份新增的投资金额，并应在“出资方式”的下拉菜单中分别选择“股权出资”“现金出资”“资产出资”“其他方式”。

2）第 10～13 列反映投资主体在对账年度的投资在股权比例和账面金额上的变化，其中，第 10 和 12 列反映投资主体在对账年度年初的持股比例和账面余额，第 11 和 13 列反映投资主体在对账年度末的持股比例和账面余额。

3）第 14～15 列反映投资主体因投资行为应获得的分红以及实际收到的分红。

4）第 16～17 列反映因被投资单位经营亏损等原因导致投资主体该项权益投资减值的情况。

5）第 18 列反映投资主体对该项投资的核算科目，在下拉菜单中分别选择“长期股权投资”和“其他权益工具投资”。

6）第 19 列反映投资主体对该项投资所采用的核算方法，在下拉菜单中分别选择“成本法”和“权益法”。

内部交易明细表见表 32－9。

表 32－9 内部事项核对表（3）——内部投资核对明细表

序号	投资主体	本单位所属汇总单位	本单位的上级单位	被投资企业名称	对方单位所属汇总单位	对方单位的上级单位	投资成本			年初股权比例（%）	年末股权比例（%）	年初账面余额	年末账面余额	本年账面投资收益	本年实际收到投资收益	减值准备年初余额	减值准备年末余额	核算科目	核算方法
							期末余额	其中：本年新增	出资方式（本年新增）										
	1	2	3	4	5	6	7	8	9	10	11	12	13	14	15	16	17	18	19
1																			
2																			
3																			
4																			
5																			

【小贴士】

1）“长期股权投资”，是指投资主体对被投资单位实施控制，影响重大的权益性投资，以及对其合营企业的权益性投资。

2）“其他权益工具投资”，是指制定为以公允价值计量且其变动计入其他综合收益的非交易性权益工具投资。

【案例 5】

2017 年末企业单位 A 长期股权投资余额中，对 B 事业单位投资 3 000 万元，其中本年新增投资 200 万元，持股比例由 50%提高至 53.6%，采用成本法核算。A 单位向 B 单位发送函证后，B 单位反馈该笔内部投资事项在持股比例和金额上与 A 单位核对一致。A 单位填报见表 5。

表 5 内部投资事项明细表示例

（单位：万元）

投资主体	被投资企业	内部投资核对						
		投资成本期末余额	本年新增投资	出资方式	年初股权比例	年末股权比例	本年实际收到投资收益	核算方法
A 单位	B 单位	3 000	200	现金出资	50%	53.6%	80	成本法

【案例 6】

2017 年末企业单位 A 长期股权投资余额中，对 B 企业单位投资成本 1 513 万元，其中本年新增投资 612 万元，采用权益法核算。A 单位年初账面余额为 750 万元，权益法下确认的投资收益-106 万元。A 单位向 B 单位发送函证后，B 单位反馈该笔投资事项在投资成本和追加投资上与 A 单位核对一致。A 单位填报见表 6。

表 6　内部投资事项明细表示例

（单位：万元）

投资主体	被投资企业	内部投资核对						
		投资成本期末余额	本年新增投资	年初账面余额	年末账面余额	本年账面投资收益	本年实际收到投资收益	核算方法
A 单位	B 单位	1 513	612	750	1 256	-106	0	权益法

32.5.4　内部现金流量事项的核对

32.5.4.1　核对对象

与上述内部往来、内部交易和内部投资中涉及现金收支的事项相应的现金收支金额。

32.5.4.2　核对内容

1）对方单位的名称、性质、级次等。

2）内部现金流量事项的内容或名称、主业分类。

3）本单位和对方单位各自列示的现金流量表报表项目和本期现金收支金额。

4）核对的结果，包括差异金额和差异原因。

32.5.4.3　对账要求及程序

（1）科目设置

财务部门应对“现金”“银行存款”等科目按现金流量表中的明细项目、往来单位等进行辅助核算。

（2）日常核算

财务部门应对日常所有涉及现金收支的事项除按会计制度开展会计核算，还应同时在现金流量表辅助账中按现金收支事项的类别登记相应的现金收支金额。

（3）对账

季末或年终决算时，财务部门应根据现金收支情况，填写现金收支明细表（格式见表 32-10），并根据该表编制询证函，加盖本单位财务专用章后，由财务部门与对方单位财务部门进行函证。

表 32－10　内部现金收支明细工作底稿

编制单位：　　　　　　　　　　编制时间：　　　　　　　　　　（单位：元）

序号	日期	凭证号	对方单位名称	业务内容	金额		现金流量表项目	备注
					收款	支出		

编制人：　　　　　　　　　　复核人：　　　　　　　　　　会计机构负责人（签章）：

填表说明：

1）“单位类别”栏为必填项，按“子企业”“非子企业”列示。

2）各单位应依据现金及银行存款明细账填列本表。

3）“业务内容”“对方单位”栏为必填项，各单位应依据资金收支业务的主要内容和往来或交易单位填列。

4）“主业类别”栏为必填项，按“宇航系统”“航天技术应用”“航天技术服务”列示。

5）“金额”栏为必填项，应与各单位现金或银行存款明细账所列收支金额保持一致。

6）“现金流量表项目”栏为必填项，应由现金流量表编制人员按报表编制要求进行填列，列示项目与金额应与本单位当期现金流量表保持一致。

7）“编制人”“复核人”“会计机构负责人”，分别由审核岗、总账报表岗、会计机构负责人等相关人员签字确认。

（4）检查回函情况

同“内部往来核对-检查回函情况”要求。

（5）对账差异处理

同“内部往来核对-对账差异处理”要求。

32.5.4.4　内部现金流量事项明细表填报

（1）单位信息内容的填报

1）第1~6列用于确定单位内部现金流量事项的抵销级次，具体填报要求同“内部往来事项明细表填报——单位信息内容的填报”。

2）第7列用于反映现金流量事项业务实质，应简明扼要，如“外协费”等。

（2）核对内容的填报

填报的主要内容：因商品采购或销售，接受或提供劳务，股权投资，固定资产投资，资产占用，筹融资，分配股利等经营、投资、筹资活动产生的现金收支事项。第8~11列为单位内部现金流量事项核对的主要内容，具体填报要求如下：

1）“本单位现金流量表项目”“本单位确认的收支金额”：均为必填项，根据填报单位银行流水、现金明细账等实际情况进行填报。

2）“对方单位现金流量表项目”“对方单位确认的收支金额”：均为必填项，根据对方单位函证反馈的实际情况进行填报。

内部现金流量明细表见表32－11。

表 32－11　内部事项核对表（4）——内部现金流量明细表

序号	本单位名称	本单位所属汇总单位	本单位的上级单位	对方单位名称	对方单位所属汇总单位	对方单位的上级单位	现金收支事项	现金收支金额核对			
								本单位现金流量表项目	本单位确认的收支金额	对方单位现金流量表项目	对方单位确认的收支金额
	1	2	3	4	5	6	7	8	9	10	11
1											
2											
3											
本单位现金流合计						本单位现金流合计					
销售商品、提供劳务收到的现金						购买商品、接受劳务支付的现金					
收回投资收到的现金						偿还债务所支付的现金					
偿还债务所支付的现金						收回投资收到的现金					
分配股利、利润或偿付利息所支付的现金						取得投资收益收到的现金					
……						……					

【案例 7】

2017 年末 A 事业单位银行日记账中记载，支付 B 企业单位 1 000 万元，用于购买产品 X；收到 B 事业单位 500 万元，为协外合同收款。A 单位向 B 单位发送函证后，B 单位反馈该笔内部现金流量事项分别在销售商品收到和购买商品支付的现金流量中挂账，金额与 A 单位核对一致。A 单位填报见表 7。

表 7　内部现金流量事项明细表示例

（单位：万元）

本单位名称	对方单位名称	现金收支事项	现金流量事项核对			
			本单位现金流量表项目	本单位确认的收支金额	对方单位现金流量表项目	对方单位确认的收支金额
A 单位	B 单位	购买产品 X	购买商品、接收劳务支付的现金	1 000	销售商品、提供劳务收到的现金	1 000
A 单位	B 单位	协外合同款	销售商品、提供劳务收到的现金	500	购买商品、接收劳务支付的现金	500

（3）特殊业务的填报

内部现金流量事项核对结果除用于现金流量表的合并抵销外，还可用于检查内部往来、内部交易及内部投资事项核对结果是否完整、准确。各单位在填报时应关注现金流量项目与资产负债表和利润表之间的勾稽关系，原则上除赊销或赊购业务往来挂账，以及建设项目按完工百分比确认收入及成本等特殊情况外，往来事项或交易事项须与现金流的流入和流出相符。

委托贷款及利息，企、事业单位分别按以下原则填报：

1）委出方本金在“支付其他与经营活动有关的现金”项目列示，取得的利息收入在“收到其他与经营活动有关的现金”项目列示。

2）委入方无论是事业还是企业的单位，收到本金均在“取得借款所收到的现金”项目列示，支付利息支出均在“分配股利、利润或偿付利息所支付的现金”项目列示。

3）偿还委托贷款时，还款方单位无论是事业还是企业单位，偿还本金均在“偿还债务所支付的现金”项目列示；收款方为事业单位的，收到本金在“收回投资收到的现金”项目列示；收款方为企业单位的，收到本金在“收到其他与经营活动有关的现金”项目列示。

【小贴士】

1）收款方收到的分红款在“取得投资收益收到的现金”项目列示，付款方在“分配股利、利润或偿付利息所支付的现金”项目列示。

2）涉及内部投资事项的现金出资，投资主体在“取得子公司及其他营业单位支付的现金净额”或“投资支付的现金”中列示，被投资单位在“吸收投资收到的现金”中列示。

3）各单位收到的基建项目财政资金以及其他资金，在“收到其他与筹资活动有关的现金”项目中列示。

32.5.5　复核与检查

内部事项填报后，需复核与检查各往来资产类科目、负债类科目、收入类科目、成本类科目、现金流出科目、现金流入科目的逻辑关系是否正确，不合理的项目需重新进行对账或填报。

在以上检查的基础上，各单位还需根据询证函与电子数据，电子数据与财务账簿进行复核。同时，将内部事项按照往来科目、交易科目、现金流项目、内部投资科目合计与决算报表各项目余额对照复核检查。

32.5.6　信息披露

各单位向上级单位上报的内部事项核对表中的信息，务必确保与财务报表附注中披露的关联方交易、关联方往来等信息一致，与决算数据中各往来款项附注披露的关联方单位明细一致。

第 33 章　企业财务报表编制质量控制

33. 1　质量目标

依据财政部、国资委、证监会等上级部门相关法律法规，强化单位会计基础工作，加强财务报表质量过程控制，规范和指导母子公司合并财务报表与个别财务报表的编制与审核，实现企业财务报表真实、准确、完整。

33. 2　适用范围

本章适用于母子公司的单户报表及合并报表编制质量控制工作。

33. 3　相关释义

财务报表，指单位按照国家统一会计制度规定和报表格式，以及上级部门的具体要求编制的反映单位某一特定日期财务状况和某一会计期间经营成果、现金流量等财务信息的文件。

33. 4　职责分工

企业财务报表编制质量控制工作由母公司及子公司财务部门组织开展，具体职责分工如下。

33. 4. 1　母公司

规范财务报表及质量控制要求，统一各子公司财务报表模板；对各子公司上报的财务报表进行稽核检查，并将报表中勾稽关系错误的内容进行统计，汇总后在全公司范围内进行公示，对子公司财务报表编报质量进行考核评价；负责母公司单体报表编制的准备工作；编制母公司单体财务报表，并进行稽核；根据各子公司上报的财务报表，编制公司合并财务报表，并进行稽核；对编制完毕的合并财务报表进行检查、修改，出具正式财务报表，报相关领导审批。

33. 4. 2　子公司

子公司财务部门的主要职责为：

组织本单位财务报表编报的准备工作；编制本单位财务报表并及时上报；检查本单位编报完毕的财务报表，对报表内及报表间的勾稽关系、各项目的列报范围等进行确认。

33.5　业务流程和操作规范

33.5.1　财务报表编报流程及说明

单位财务报表从编报到出具，一般会经历编报前准备、编制、编报后检查、审核签字等过程，财务报表编报流程图如图 33－1 所示。

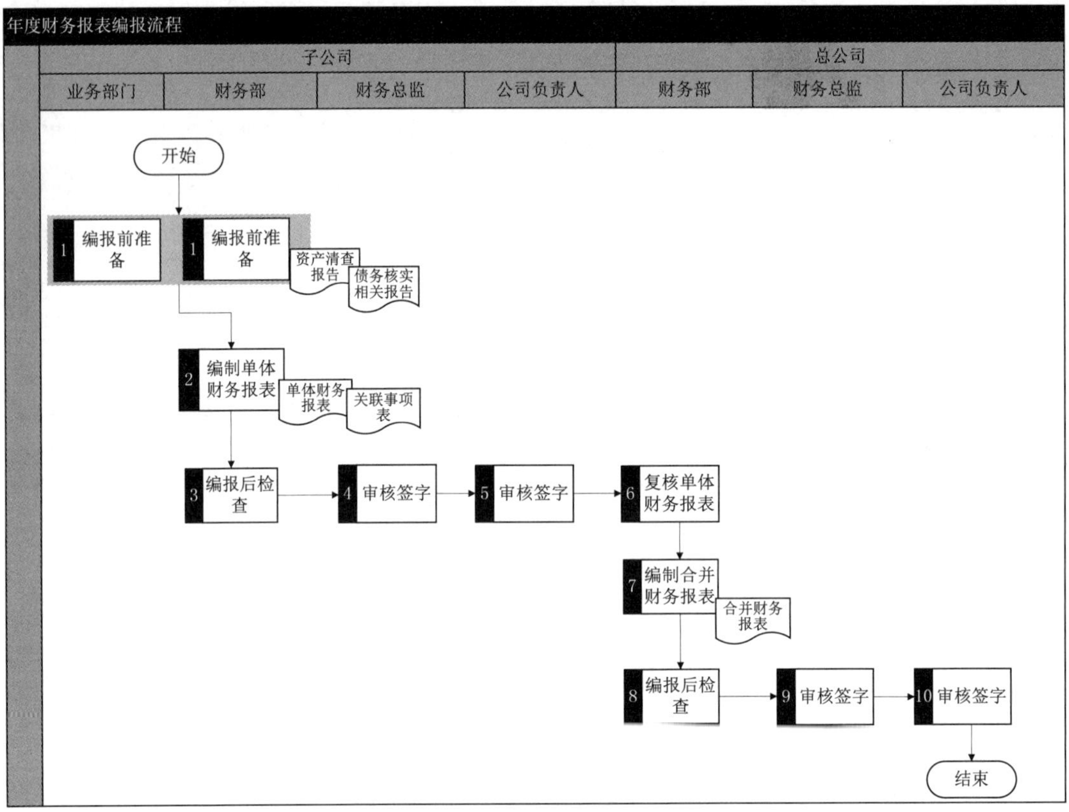

图 33－1　流程图

年报及定期报表编制流程有 1~10 个环节，各个环节的步骤描述、输出文档集流程关键点说明见表 33－1。

表 33－1　年报及定期报表编制流程说明

步骤编号	步骤名称	步骤描述	输出文档	流程关键点
1	编报前准备	单位开展财务报表编制准备工作	1.1　资产清查报告 1.2　债务核实相关报告	财务报表准备工作包括核实资产；清理债务；复核成本等 -核实资产，检查资产数量与账面是否相符 -清理债务，及时偿还债务，缴纳税款 -复核成本，确认生产、销售项目的成本结转是否存在少转、多转、漏转、错转的情况 -内部调账。包括计提预期信用损失、摊销待摊费用、计提固定资产折旧、摊销各种无形资产和递延资产、试算平衡及结账 单位需参照下文中编报前的准备工作清单进行具体的编报前准备
2	编制单体财务报表	单位根据各类余额表，编制财务报表	2.1　单体财务报表 2.2　关联事项表 2.3　财务信息报告	单位应根据各类余额表，编制 4 张主要的财务报表 单位填制本期的关联事项表 单位通过信息系统出具财务信息报告
3	编报后检查	单位对编制完毕的财务报表进行检查	3.1　单体财务报表 3.2　单体财务信息报告	单位对编制完毕的财务报表及财务信息报告进行检查，检查内容包括报表内及报表间的勾稽关系、报表各项目的列报范围、各项目细项的完整性及金额的正确性等
4	审核签字	单位总会计师、财务总监对报表进行审核，并签字确认	4.1　单体财务报表	单位总会计师、财务总监对编报后的单体财务报表进行审核，确认其内容的真实性与准确性，并签字
5	审核签字	单位负责人对报表进行审核，并签字确认	5.1　单体财务报表	单位负责人对编报后的单体财务报表进行审核，确认其完整性，并签字
6	复核单体财务报表	母公司对签字后的单体财务报表进行复核	6.1　单体财务报表	母公司财务部门对了公司上报的单体财务报表进行复核，再次确认其内容的完整、真实、准确
7	编制合并财务报表	复核完毕单体报表后，母公司财务部门编制合并财务报表。	7.1　合并财务报表	母公司财务部门根据子公司上报的单体财务报表和关联事项表编制合并财务报表
8	编报后检查	母公司财务部门对编制完毕的合并报表进行检查	8.1　合并财务报表	母公司财务部门对编制完毕的合并财务报表进行检查。检查内容包括报表内及报表间的勾稽关系、报表各项目的列报范围、各项目细项及金额等
9	审核签字	母公司总会计师、财务总监对合并财务报表进行审核，并签字确认	9.1　合并财务报表	母公司总会计师、财务总监对编报后的合并财务报表进行审核，确认其内容的真实性与准确性，并签字
10	审核签字	母公司负责人对合并财务报表进行审核，并签字确认	10.1　合并财务报表	母公司负责人对编报后的合并财务报表进行审核，确认其完整性，并签字

33.5.2　编报前的准备工作

单位编报财务报表之前，应当做好各项准备工作，从业务前端保证报表质量。主要准备工作涉及货币资金、往来款、非货币性资产与负债、各项税费以及收入成本的确认与其他准备工作六个方面。

33.5.2.1　货币资金相关准备工作（表 33－2）

表 33－2　货币资金相关准备工作

项目		工作内容	要求及重点
1	现金	1.1　现金余额控制	12 月底现金余额控制在母公司备案的库存现金限额内
		1.2　核对现金流水账和财务账	每日进行核对，账账核对一致，确保日清月结
			确保账实相符，定期编制现金盘点表并签字确认
2	银行存款	2.1　当年开户、销户清单	提供电子版或纸质开户、销户申请
		2.2　对银行存款实时监控	每年 12 月，对银行存款的大幅度波动及时进行上报
		2.3　核对银行流水账和财务账	每月进行核对。在 12 月 31 日核对一致
		2.4　关注财务公司存款	在每月底，确保资金集中度满足要求
		2.5　编制银行存款余额调节表	提供月末的定期存单和对账单；年末尽量做到没有未达账项
		2.6　企业信用报告	银行出具，纸质
		2.7　贷款卡信息	若有，银行出具，纸质
		2.8　本年的银行询证函	年审时事务所提供模板
3	其他政府专项项目（非零余额）	3.1　及时支付专项资金	各项目主管在 12 月份及时上报大额资金的使用情况
4	募投专户	4.1　募投专户资金转入一般户	募投项目完成时，对募投专户销户，在履行相应的审批手续后资金转入一般户
		4.2　募投项目的费用支出	募投项目固定资产、无形资产、生产成本－外协费、研发支出－外协费必须通过募投专户支出，其他费用可以通过一般户支出。付款时需关注一个外协合同涉及多个项目的情况，其中募投项目要从专户支出，各项目主管应对重要募投资金的使用进行汇报
5	募投项目	5.1　募投项目资金置换	各募投项目主管在审核资金支付无误的基础上，编制完成募投项目资金置换明细表，经汇总后提交审批
6	零余额账户	6.1　控制账户结余	12 月底关注零余额账户结余的额度是否在批复的结余额度内
7	存、贷款利息	7.1　预提利息	季度末预提未到期的定期存单及未计息资金账户最后 10 天的利息收入，年末预提最后 10 天的利息支出

33.5.2.2　往来款相关准备工作（表 33-3）

表 33-3　往来款相关准备工作

项目		工作内容	要求及重点
1	应收账款回收	1.1　应收账款催收	督促各部门及时回收
2	内部往来、内部交易、内部现金流核对	2.1　单位、集团内的内部往来、内部交易、内部现金流的核对	按通知要求进行核对上报，双方不一致要说明原因
3	往来款项函证	3.1　取得函证	财务部门要同业务部门进行全面对账，向各个往来单位发放询证函，取得往来款项询证函
4	往来款	4.1　到期末收回应收票据转应收账款	关注月底到期的应收票据是否收回款项，说明转应收的原因
		4.2　单位明细	提供报告期末往来单位明细及账龄，审核期末往来款项单位的合理性，特别是预付款项
		4.3　提供材料暂估的明细	按要求及时提供
		4.4　对三年以上大额应付账款进行说明	提供清单，由项目主管负责 3 年以上大额应付账款挂账原因清理
		4.5　清理个人借款和备用金	年末督促清理个人借款，部门归还备用金

33.5.2.3　非货币性资产和负债相关准备工作（表 33-4）

表 33-4　非货币性资产和负债相关准备工作

项目		工作内容	要求及重点
1	原材料、产成品核算	1.1　材料出入库核算	及时办理暂估入库，不要跨期；督促材料管理部门及时办理出库，配合成本结算。未取得发票的材料办理暂估入库
		1.2　实物与物资账核对	定期盘点核对，关注差异
		1.3　提醒实物管理部门提前做好物资盘点工作的准备，最后一天停止流动	取得由部门负责人、盘点人、保管人、监盘人签字的期末物资盘点表
		1.4　本年存货收发存的明细	按要求及时提供
		1.5　发票跨期、入库单跨期，但入账时没有冲暂估的情况	提供合理性的解释
2	固定资产核算	2.1　计提固定资产折旧	确认折旧的计提是否正确，是否每月计提折旧
		2.2　配合主责部门的资产盘点	取得由部门负责人、盘点人、监盘人签字的固定资产盘点表
3	在建工程核算	3.1　项目费用整理、工程批复等文件	及时上报文件
		3.2　预提工程款	预提报告期末知悉尚未付款的工程金额
4	研发项目核算	4.1　资本化项目测试	每季度末，对所有资本化项目进行业务测试，确认各项目是否仍符合资本化条件
		4.2　费用化项目测试	每季度末，对所有费用化项目进行业务测试，确认各项目是否仍符合费用化条件，符合的是否至少每季末结转至研发费用

续表

项目		工作内容	要求及重点
5	无形资产	5.1　无形资产盘点	需要提供年底的无形资产盘点表
		5.2　无形资产待摊费用	归口管理部门出具完工结算单进行摊销，已摊完项目经归口管理部门履行审批手续确认无使用价值后，对冲原值和累计摊销
6	应付职工薪酬	6.1　计提工资及奖金	按工资、奖金预估方案计提当月工资及年度奖金
7	递延收益	7.1　提供未确认补助项目的依据	未确认的补助项目需提供相关依据
		7.2　政府补助项目	提供政府补助相关批文，按补助性质进行会计处理

33.5.2.4　各项税费相关准备工作（表33－5）

表33－5　各项税费相关准备工作

项目		工作内容	要求及重点
1	开具发票，进项税额抵扣	1.1　与收入确认结合，开具相关发票。扫描或勾选验证进项税发票	在发票认证期内验证发票，进项税与销项税匹配
2	计提所得税	2.1　确认期末应计提所得税	考虑加计扣除等因素，期末计提应交所得税数
3	清理应交税费	3.1　缴纳印花税等	按时缴纳应交印花税等

33.5.2.5　收入成本的确认相关准备工作（表33－6）

表33－6　收入成本的确认相关准备工作

项目		工作内容	要求及重点
1	已结题项目	1.1　已结题项目清理	将所有已结题项目再次发给业务主管部门，并在浪潮账务核算系统中停用
2	收入成本确认	2.1　汇总各项目收入成本数据，与目标收入对比，分析差距	及时向领导提供达到确认时点的收入成本数据
		2.2　预提项目外协成本	需出具预提证明
		2.3　收入成本确认依据	各项目主管需准备本领域项目进度确认单，凡是本年完成节点为100%的项目必须提供验收报告或其他证明完工的外部证明，交付产品类项目必须准备产品交付证明
			需提供相关成本，如项目预算及合同等
			核对项目本年结算毛利率（本年毛利/本年收入）与去年累计结算毛利率的差异，看差异是否过大，说明原因
3	生产成本核实	3.1　按项目核实生产成本	按项目核实生产成本余额是否为负数或存在其他异常

续表

项目		工作内容	要求及重点
4	收入成本结算表	4.1　收入成本结算表	关注营业收入、营业成本、生产成本等科目余额,要和账面核对一致
5	项目成本	5.1　项目完工成本说明	针对已完工但还有成本的项目提供说明
		5.2　本年项目无收入或成本	年底决算重点关注本年没有收入,但有成本的项目,并提供合理性解释

33.5.2.6　其他准备工作（表 33－7）

表 33－7　其他准备工作

项目		工作内容	要求及重点
1	销售商品提供劳务收到的现金	1.1　核对 12 月份集中到款	催促相关部门认领到款;各项目主管核对项目到款是否正确后,及时入账
		1.2　按客户类别,将本年到款情况进行分类	根据关联方子公司名录进行分类

33.5.3　财务报表项目及附注的质量控制要求

33.5.3.1　财务报表控制的总体要求

企业应以持续经营为基础，根据实际发生的交易和事项，遵循我国的企业会计准则进行确认和计量，在此基础上编制财务报表。

企业财务报表应该真实、准确、完整、及时、公平。按照企业会计准则要求，在填制资产负债表及利润表时，应以权责发生制为基础；填制现金流量表时，应以收付实现制为基础。

为加强对子公司财务信息质量的管控力度，母公司可要求各子公司在编报前按时上报各类财务报表支撑资料，如关联事项情况表、盈利预测（亏损计提递延所得税资产的盈利预测和总经理办公会纪要）、会计政策统计表等。以上资料均需经单位负责人、业务主管负责人、财务负责人等签字并加盖单位公章后上报。

单位如有会计政策变更、重要的前期会计差错、同一控制下企业合并等情况时，需要调整财务报表期初数，同时将期初调整数及时上报母公司。

单位财务负责人应当对本单位财务报表与企业整体经营相吻合的逻辑性复核，确保财务报表反映企业的业务发展趋势与本期的经营状况，并且涵盖了重大事项对单位财务报表的影响。

33.5.3.2　会计政策、会计估计变更与前期差错更正的主要质量控制要求

企业的会计政策和会计估计一经确定，不得随意变更。如需变更，应重新履行程序，并按照企业会计准则 28 号的规定处理。

1）企业应当对相同或者相似的交易或事项采用相同的会计政策进行处理。

2）若与上一会计期间相比，企业会计政策以及财务报表合并范围发生变化，或报告期因重大会计差错而进行追溯调整，应予以披露，并对其原因和影响数进行说明。

3）单位应当在附注中披露与会计政策变更有关的下列信息：会计政策变更的性质、内容和原因；当期和各个列报前期财务报表中受影响的项目名称和调整金额；无法进行追溯调整的，说明该事实和原因以及开始应用变更后的会计政策的时点、具体应用情况。

4）附注中描述的会计政策和会计估计的变更需经权力机构批准。

5）会计政策变更不包括：本期发生的交易或者事项与以前相比具有本质差别而采用新的会计政策；对初次发生的或不重要的交易或者事项采用新的会计政策。

6）确定会计政策变更对列报前期影响数不切实可行的，应当从可追溯调整的最早期间期初开始应用变更后的会计政策；在当期期初确定会计政策变更对以前各期累积影响数不切实可行的，应当采用未来适用法处理。

7）会计估计变更应当采用未来适用法，单位应提供会计政策估计变更的决议备案资料。

8）单位应在附注中披露与前期差错更正有关的下列信息：前期差错的性质；各个列报前期财务报表中受影响的项目名称和更正金额；若无法进行追溯重述，应说明该事实和原因及对前期差错开始进行更正的时点、具体更正情况。

9）单位应当采用追溯重述法更正重要的前期差错，但确定前期差错累积影响数不切实可行的除外。若确定前期差错影响数不切实可行，可以从可追溯重述的最早期间开始调整留存收益的期初余额，同时调整财务报表其他相关项目的期初余额，也可采用未来适用法。

33.5.3.3 资产负债表主要项目的质量控制要求

从资产负债表中选取了重点关注项目，主要从其质量控制、报表稽核等方面提出具体要求。对于常规控制项目参照本章其他部分的控制流程、总体控制要求执行质量控制程序。

（1）货币资金（表 33－8）

表 33－8 货币资金

质量控制	■填报时应清晰界定其他货币资金的范围，确保符合列报范围的要求 ■ 3 个月以上不能随时支取的资金为受限资金，主要包括汇票的保证金，共管账户资金不属于受限资金。受限资金不属于现金及现金等价物，需在“货币资金”附注说明 ■外币货币资金应列示原币金额以及折算汇率。发生外币交易时折算汇率的确定方法、在资产负债表日对外币货币性项目采用的折算方法、汇兑损益的处理方法以及外币报表折算的会计处理方法，应严格遵循单位的会计政策 ■ 3 个月以上的银行未达账应查明原因并及时处理 ■半年报及年报的现金余额控制在母公司备案库存现金限额以内
报表稽核	■检查资产负债表货币资金年初数、期末数与现金流量表货币资金期初余额、期末余额的差值是否合理 ■检查所有权或使用权受限的货币资金是否与三个月以上保证金等金额一致 ■检查期初期末货币资金的变动情况，针对异常变动给出合理解释

（2）应收票据（表 33－9）

表 33－9　应收票据

质量控制	■针对单项工具层面计提预期信用损失的应收票据，应准确披露其预期信用损失计提的理由 ■针对按信用风险特征组合计提预期信用损失的应收票据，应区分不同组合方式披露确定该组合的依据 ■针对本期收回或转回的重要预期信用损失，应披露转回或收回的金额、原因、方式，确定原预期信用损失计提金额的依据及其合理性 ■分类列示应收票据金额，包括期末已质押的应收票据金额，终止确认票据金额，已背书或贴现但在资产负债表日尚未到期的应收票据金额，出票人未履约而将票据转应收账款的金额等 ■准确披露已背书或贴现但未到期的票据信息。注意出票日与到期日的信息准确性 ■转移应收票据且继续涉入的，应披露资产转移方式、分项列示继续涉入形成的资产、负债的金额 ■检查是否有到期仍挂账的应收票据，并查找原因，判断是否需转入“应收账款”科目
报表稽核	■检查单位的票据登记簿，确认各类应收票据的金额加计是否正确 ■检查资产负债表应收票据贴现利息与财务费用表贴现利息的差值是否合理 ■检查到期未兑付的票据是否有明确原因及相关依据

（3）应收账款（表 33－10）

表 33－10　应收账款

质量控制	■针对单项计提预期信用损失的应收款项，应准确披露其预期信用损失的计提理由，包括在单项工具层面能以合理成本评估预期信用损失的充分证据等 ■针对按信用风险特征组合计提预期信用损失的应收款项，应区分不同组合方式披露确定该组合的依据 ■针对以账龄为基础的减值矩阵，应判断迁徙率、历史损失率测算过程以及前瞻性调整的合理性 ■针对本期收回或转回的重要预期信用损失，应披露转回或收回的金额、原因、方式，确定原预期信用损失计提金额的依据及其合理性 ■针对本期实际核销的重要应收款项，应逐项披露款项性质、核销金额、核销原因、履行的核销程序。实际核销的款项由关联交易产生的，应单独披露 ■转移应收款项且继续涉入的，应披露资产转移方式、分项列示继续涉入形成的资产、负债的金额 ■企业与联营企业、合营企业及其子企业属于关联方
报表稽核	■检查应收账款账龄矩阵，应收账款期末账龄与上年同期及年初账龄进行比对，确认账龄划分的合理性，风险大小是否判断准确 ■确认期末应收账款前五名的信息是否正确，坏账准备金额和账龄是否匹配

（4）应收款项融资（表 33－11）

表 33－11　应收款项融资

质量控制	■分类列示应收款项融资的金额，包括成本、累计公允价值变动、账面价值、累计预期信用损害准备等 ■企业应当详尽披露公允价值的确定方法，前后各期公允价值的确认方法是否一致，各层次的公允价值的计量依据是否充分 ■针对本期收回或转回的重要预期信用损失，应披露转回或收回的金额、原因、方式，确定原预期信用损失准备金额的依据及其合理性 ■针对分类为以公允价值计量且其变动计入其他综合收益的应收票据和应收账款，应基于出售的频繁程度、金额以及内部管理情况，分析说明此类金融资产的业务模式为既以收取合同现金流量为目标又以出售为目标的判断依据 ■结合应收票据、应收账款等会计科目，确定应收款项融资的余额正确并存在 ■检查应收款项融资是否存在质押、担保情况，如果存在，是否进行了详尽披露 ■企业应当在附注中披露其累计确认的预期信用损失准备，但不应在资产负债表中将预期信用损失准备作为账面金额的扣减项目

续表

报表稽核	■检查票据登记簿,确认各类应收票据的金额加计是否正确 ■检查资产负债表应收票据贴现利息与财务费用表贴现利息的差值是否合理 ■复核加计是否正确,与报表数核对是否相符;结合应收款项融资减值准备科目与报表数核对是否相符 ■检查到期未兑付的票据是否有明确原因及相关依据

（5）预付款项（表 33 - 12）

表 33 - 12　预付款项

质量控制	■账龄超过 1 年且金额重要的预付款项,要进行账龄分析,应说明其未及时结算的原因 ■对于期末重要的预付款项,要根据欠款单位分别关注其金额和占预付款项合计的比例
报表稽核	■检查大额预付账款挂账单位的经济实质,判断其合理性 ■检查预付款项账龄划分的合理性 ■对超过 1 年且金额重要的预付款项与上年同期进行比对,判断其账龄的正确性和金额的合理性 ■预付款项期末账龄与上年同期及年初账龄进行比对,确认账龄划分的合理性 ■确认期末预付款项前 5 名的信息是否正确,预付同一单位的金额和账龄与上年披露是否匹配 ■检查预付长期资产类款项是否重分类至其他非流动资产项目

（6）其他应收款（表 33 - 13）

表 33 - 13　其他应收款

质量控制	■其他应收款期末账龄与上年同期及年初账龄进行比对,确认账龄划分的合理性 ■针对单项工具层面计提预期信用损失的其他应收款项,应准确披露其预期信用损失计提的理由 ■针对按信用风险特征组合计提预期信用损失的其他应收款项,应区分不同组合方式披露确定该组合的依据 ■针对存在持续经营问题的关联方和出现严重信用风险的关联方等存在明显不同的情况,是否从组合中进行剔除 ■针对本期收回或转回的重要预期信用损失,应披露转回或收回的金额、原因、方式,确定原预期信用损失计提金额的依据及其合理性 ■针对本期实际核销的重要其他应收款项,应逐项披露款项性质、核销金额、核销原因、履行的核销程序。实际核销的款项由关联交易产生的,应单独披露 ■转移其他应收款项且继续涉入的,应披露资产转移方式、分项列示继续涉入形成的资产、负债的金额 ■针对重要的逾期应收利息,应按借款单位披露应收利息的期末余额、逾期时间和逾期原因、判断其是否发生减值以及判断依据 ■应按照被投资单位或投资项目列报应收股利 ■需如实填报款项性质,如保证金、押金、备用金、资产转让款等,以作为汇总取数进行披露的依据 ■重点关注非经营性资金占用,一般体现为其他应收关联方款项,关联单位的其他应收款应在每年末及时进行清理 ■基于实际利率法计提的金融工具的利息应包含在相应金融工具的账面余额中,不体现在应收利息中 ■其他应收款不适用简化处理情形,企业应当按照预期信用损失模型分三个阶段对其他应收款预期信用损失情况进行披露
报表稽核	■检查其他应收款按债务人设置的明细账,确认列报是否正确 ■检查单位的应收利息明细表,确认应收利息的分类及金额是否正确,计提是否完整 ■检查现金流量表附注中"收到与其他经营活动有关的现金中的利息收入"与财务费用中的"利息收入"及资产负债表中应收利息的差值是否合理 ■确认取得被投资单位决策文件和议案,确认应收股利的列报是否正确 ■检查其他应收款按款项性质列示分类的合理性 ■检查其他应收款账龄划分的合理性,确认期末其他应收款前 5 名的信息是否正确,账龄与上年同期进行比对是否合理,坏账金额跟账龄是否匹配

（7）存货（表 33 - 14）

表 33 - 14　存货

质量控制	■单位对存货的二级科目分类应前后一致 ■单位应按存货类别列示存货以及对应的跌价准备,本期计提、转回或转销金额。披露确定可变现净值的具体依据及本期转回或转销存货跌价准备的原因,以及期末余额中含有的借款费用资本化金额 ■针对报告期内存货同比发生的重大变动,应说明产生变化的主要影响因素 ■存货明细构成是否合理;是否存在单个项目存货余额为负的情况,若有是否需要补提生产成本 ■准确(不重不漏)统计并上报存货的外购、外协总额 ■前 10 名采购金额的单位均应列明二级单位,并按下发的国资委下属企业名录正确填报其所属的集团公司
报表稽核	■检查单位的存货盘点明细表和汇总表、盘点盈亏调整和损失处理记录,确认存货的数量及金额是否列报正确 ■检查资产负债表存货期末数、存货表在产品订单情况、存货表库存商品订单情况、存货表生产成本订单情况是否一致 ■检查存货表原材料及库存商品减值期末数与资产减值准备表原材料、库存商品减值准备期末数是否一致 ■检查资产减值准备表存货跌价准备与资产减值损失表存货跌价损失是否一致 ■检查资产负债表存货变动与现金流量附表存货变动差值是否合理 ■将存货外购、外协金额与营业成本进行比对,看统计得是否合理 ■检查前 10 名采购金额的单位,有无同一控制人归属不准确或未按同一控制人口径划分的情况

（8）合同资产（表 33 - 15）

表 33 - 15　合同资产

质量控制	■合同资产期末账龄与上年同期及年初账龄进行比对,确认账龄划分的合理性 ■企业应当以定性和定量信息的形式说明合同资产的账面价值在本期内发生的重大变动 ■针对本期收回或转回的重要预期信用损失,应披露转回或收回的金额、原因、方式,确定原预期信用损失计提金额的依据及其合理性 ■对期末余额做流动性分析后,如有自资产负债表日起 1 年以上收回的,应将报表列示重分类至“其他非流动资产”
报表稽核	■同一合同下的合同资产和合同负债应当以净额列示

（9）其他流动资产（表 33 - 16）

表 33 - 16　其他流动资产

质量控制	■若应交税金中某项税费为负且为流动资产的税费,则应将其重分类至其他流动资产
报表稽核	■检查小于零的应交税金是否计入该项目 ■各子公司委托贷款是否计入该项目

（10）债券投资（表 33 - 17）

表 33 - 17　债券投资

质量控制	■与上年明细项目进行比较,确定与上年分类相同 ■确定实际利率确定依据是否充分,复核实际利率是否与前期一致,持有期间的利息收入和投资收益计算是否准确 ■检查债权投资是否按照预期信用损失模型分三个阶段对债权投资减值准备进行确认 ■检查对债权投资信用风险显著增加的评估,以及初始确认后发生信用减值的评估所依据的客观证据是否存在质量控制

续表

	■对本期发生损失准备变动的账面余额显著变动的情况进行说明 ■检查债权投资预期能收到的现金流量的现值是否客观准确，如出现导致其“预期能收到的现金流量现值”低于“应收取的合同现金流量的现值”的情况，差额作为债权投资减值准备予以计提，并与已计提数相核对
报表稽核	■检查本期减值准备计提（或转回）金额与利润表资产减值损失中的相应数字核对是否一致

（11）其他债券投资（表 33－18）

表 33－18　其他债券投资

质量控制	■与上年明细项目进行比较，确定与上年分类相同 ■检查其他债权投资的计价方法，是否按公允价值计量，前后期是否一致，三个层次的公允价值取得依据是否充分 ■检查其他债权投资是否按照预期信用损失模型分三个阶段对债权投资减值准备进行确认 ■检查对其他债权投资信用风险显著增加的评估，以及初始确认后发生信用减值的评估所依据的客观证据是否存在 ■对本期发生损失准备变动的账面余额显著变动的情况进行说明 ■检查其他债权投资预期能收到的现金流量的现值是否客观准确，如出现导致其“预期能收到的现金流量现值”低于“应收取的合同现金流量的现值”的情况，差额作为其他债权投资减值准备予以计提，并与已计提数相核对
报表稽核	■检查本期减值准备计提（或转回）金额与利润表资产减值损失中的相应数字核对是否一致

（12）长期股权投资（表 33－19）

表 33－19　长期股权投资

质量控制	■检查长期股权投资对应的核算方法是否正确，当期的增减变动原因是否合理 ■应按被投资单位披露长期股权投资的减值情况，以及当期及累计未确认的投资损失金额 ■若由于所在国家或地区其他方面的影响，被投资单位向投资企业转移资金的能力受到限制，则应披露受限制的具体情况
报表稽核	■检查长期股权投资按权益法核算的金额与投资收益中按权益法核算的投资收益数是否一致 ■当期增加或减少的子公司引起长期股权投资增减变动是否合理

（13）其他权益工具投资（表 33－20）

表 33－20　其他权益工具投资

质量控制	■检查将非交易性权益工具投资在初始确认时指定为以公允价值计量且其变动计入其他综合收益的金融资产的依据是否充分 ■检查其他权益工具投资的处置时，是否将原直接计入其他综合收益的利得和损失累计额对应处置部分的金额转出至留存收益 ■检查其他权益工具投资的计价方法，是否按公允价值计量，前后期是否一致，三个层次的公允价值取得依据是否充分 ■检查其他权益工具投资的处置时，是否将原直接计入其他综合收益的利得和损失累计额对应处置部分的金额转出至留存收益
报表稽核	■检查其他权益工具投资利得和损失（包括汇兑损益）确认的其他综合收益与其他综合收益科目金额是否一致

（14）投资性房地产（表 33－21）

表 33－21　投资性房地产

质量控制	■针对采用成本计量模式的投资性房地产，应分类列示其账面原值、累计折旧、减值准备累计金额以及账面价值 ■针对采用公允价值计量模式的投资性房地产，应披露其公允价值的确认依据和方法，及其变动对损益的影响 ■应说明房地产转换的原因及其对损益或所有者权益的影响 ■在附注中披露当期处置的投资性房地产及其对损益的影响 ■针对未办妥产权证书的投资性房地产，应披露其账面价值及原因
报表稽核	■检查单位投资性房地产的明细表、折旧明细表以及资产减值准备明细表，确认各项投资性房地产的账面原值、账面价值是否填列正确 ■检查投资性房地产报表"固定资产转入数""累计折旧转入数"与固定资产表"房屋建筑物原值转入投资性房地产""房屋建筑物累计折旧转入投资性房地产"是否一致 ■检查投资性房地产报表"土地使用权转入数""累计摊销转入数"与无形资产表"土地使用权原值转入投资性房地产""土地使用权累计折旧转入投资性房地产"是否一致 ■检查投资性房地产报表折旧和摊销与现金流量附表折旧差值是否合理 ■检查单位投资性房地产的产权证、土地使用证 ■针对采用公允价值计量模式的投资性房地产，要检查其公允价值的确认依据和方法的合理性

（15）固定资产（表 33－22）

表 33－22　固定资产

质量控制	■每年的固定资产分类应与上年一致 ■针对本期在建工程完工转入的固定资产，应披露其具体情况 ■针对期末暂时闲置的固定资产，应准确披露其账面原值、累计折旧、减值准备累计金额以及账面价值 ■应按照估计的残值率计提固定资产的残值 ■针对期末未办妥产权证书的固定资产，应披露其账面价值及原因 ■自有房产的装修费应列入固定资产，而不是长期待摊费用
报表稽核	■检查单位的工程竣工验收表，确认在建工程结转至固定资产是否有误 ■检查单位的固定资产重大抵押担保资料，确认固定资产担保的金额是否列报正确 ■检查单位固定资产所有权受限的资料是否完整，金额是否正确 ■检查固定资产减少的审批资料，确认固定资产的减少是否正确列报。检查固定资产减少的累计折旧金额是否小于账面原值，并与营业外收支中的固定资产处置收益或者资产处置收益的发生数进行比对是否合理 ■检查固定资产减值明细表，确认固定资产减值的计提范围与金额是否正确 ■检查固定资产盘亏鉴定表，确认固定资产盘亏是否列报正确 ■检查固定资产折旧明细表，确认固定资产的折旧计提正确 ■检查是否按时上报《固定资产投资决算表》，上报的质量是否符合要求 ■检查资产减值准备表固定资产减值准备与资产减值损失表固定资产减值是否一致 ■检查固定资产表"折旧与摊销"项和现金流量附表"折旧"项的差值是否合理 ■检查固定资产中是否列报了自有房产的装修费用 ■检查单位固定资产清理的审批资料、固定资产报废鉴定表，确认该项目的金额是否列示正确

(16) 在建工程（表 33－23）

表 33－23　在建工程

质量控制	■应分项列示本期计提的在建工程减值准备金额及计提原因 ■准确列示重要在建工程项目的本期变动情况，包括在建工程名称、预算数、本期转入固定资产金额、本期其他减少金额、工程累计投入占预算的比例、工程进度和工程资金来源。工程资金来源包括募股资金、金融机构贷款和其他来源等 ■应按要求列示工程累计投入占预算的比例；在建工程的预算数＝批复的总投资额－土地使用权（预算数）－不通过在建工程核算的固定资产（预算数）－流动资金；工程投入占预算比例＝累计投入/预算数 ■若在建工程账面价值中包含资本化利息，则应披露利息资本化累计金额、本期利息资本化率及资本化金额 ■需检查并上报利息资本化金额计算过程 ■单位购入不需要安装的设备应计入固定资产；购买完需要安装的设备是否计入该项目，需视具体情况而定 ■对已达到预定可使用状态的在建工程预估后续需要发生的支出
报表稽核	■检查单位在建工程的减值准备明细表，确认减值准备的金额是否正确 ■检查工程累计投入占预算的比例计算是否正确，投入比例跟实际情况是否匹配 ■检查当期资本化利息加上以前年度资本化利息是否等于累计资本化利息 ■检查在建工程表本期资本化利息金额与财务费用表利息支出资本化金额是否一致

(17) 使用权资产（表 33－24）

表 33－24　使用权资产

质量控制	■检查折旧政策和方法是否符合规定，确定采用的折旧方法能否在使用权资产租赁期内合理分摊其成本 ■检查使用权资产折旧费用的分配方法是否合理，是否与上期一致；分配计入各项目的金额占本期全部折旧计提额的比例与上期比较是否有重大差异 ■检查使用权资产的后续改良支出是否满足资产确认条件，如不满足，检查该支出是否在该后续支出发生时计入当期损益 ■检查证实关联交易的支付性文件，是否经适当授权，交易价格是否公允。对于合并范围内的租赁活动，应予合并抵销
报表稽核	■检查减值准备明细表，确认减值准备的金额是否正确

(18) 无形资产（表 33－25）

表 33－25　无形资产

质量控制	■对无形资产的分类应前后一致 ■分类披露无形资产账面原值、累计摊销、减值准备累计金额以及账面价值 ■专利权与非专利技术应分别核算。开发项目成功时已经取得或即将取得专利的，转入无形资产时计入“专利权”；尚未取得专利权的，计入“非专利技术” ■当月新增的无形资产当月进行摊销 ■准确披露未办妥产权证书的土地使用权账面价值及原因 ■详细统计各项内部研发形成的无形资产明细情况，包括原值、类别、累计摊销、摊销月数、已摊销月数，准确计算期末无形资产中通过内部研发形成的无形资产占无形资产余额的比例 ■不同子公司相近技术的摊销年限应基本一致

续表

报表稽核	■检查单位的无形资产明细表、无形资产摊销明细表、资产减值准备明细表，确认该项目的账面价值和账面原值是否填列正确 ■对比子公司相近技术的摊销年限，确认其是否存在较大差异 ■检查单位的非专利技术项目清单、专利技术项目清单，确认"专利权"和"非专利技术"明细项的列报是否正确 ■检查无形资产减少的审批资料，确认无形资产的减少是否正确列报。检查无形资产减少的累计摊销金额是否小于等于账面原值，并与营业外收支中的无形资产处置收益或者资产处置收益的发生数进行比对是否合理 ■检查土地使用权取得、出售和抵押时的有关权属证明，确认土地使用权明细项是否填列正确，以及该项目是否包含土地所有权 ■检查资产减值准备表无形资产减值准备与资产减值损失表无形资产减值是否一致 ■检查账面是否存在已摊销完毕的无形资产，如已无使用价值及时履行审批手续对冲账面原值和累计摊销 ■检查无形资产表无形资产摊销与现金流量附表无形资产摊销差值是否合理 ■检查开发支出表中转入无形资产的金额是否与无形资产表中内部研发转入无形资产金额一致 ■对于期末无形资产中通过内部研发形成的无形资产占无形资产余额的比例合理性进行审核，与以往数据进行对比与原因分析

（19）开发支出（表 33 – 26）

表 33 – 26　开发支出

质量控制	■预付的开发支出款不应计入该项目 ■应说明报告期内研发项目（包括费用化和资本化项目）的目的、进展和拟达到的目标，以及预计对未来发展的影响 ■应披露资本化开始时点、资本化的具体依据、截至期末的研发进度等 ■同一项目的资本化支出不能部分结转无形资产
报表稽核	■检查该项目是否包含预付的开发支出 ■检查是否存在混淆生产成本的支出与开发支出的情况 ■对于一段时间无发生额的开发支出项目出具合理的解释 ■开发支出结转至其他项的应做出合理的解释 ■检查某一项目的资本化支出是否同时出现在两个及两个以上报表项目内 ■检查开发支出各项目名称及期初数与年初披露数是否一致 检查开发支出年报发生额是否大于或等于中报发生额

（20）长期待摊费用（表 33 – 27）

表 33 – 27　长期待摊费用

质量控制	■长期待摊费用仅指分摊期限在 1 年以上的费用。分摊期限小于 12 个月的费用，无论是否跨年度均不应计入长期待摊费用 ■长期待摊费用核算 1 年以上的租入固定资产的装修和改良支出、支付 1 年以上的租金等支出。自有资产的装修改良支出不应在此反映
报表稽核	■检查长期待摊费用中是否有分摊期限小于 1 年的费用 ■检查租入资产的装修费用是否包含在该项目中 ■检查长期待摊费用表长期待摊费用摊销与现金流量附表长期待摊费用摊销差值是否合理

（21）递延所得税资产（表 33－28）

表 33－28　递延所得税资产

质量控制	■形成可抵扣暂时性差异时，需根据充分依据判断是否形成递延所得税资产。如：减值准备、亏损等 ■若经判断确认可抵扣暂时性差异形成递延所得税资产，递延所得税资产金额应以未来期间会大概率取得的用来抵扣的应纳税所得税额对应的税额为限；若经判断可抵扣暂时性差异不形成递延所得税资产，需提供判断依据 ■对于亏损形成可抵扣暂时性差异的，应提供未来可抵扣期间的盈利预测 ■应按暂时性差异的类别列示未经抵销的递延所得税资产，以及相应的暂时性差异金额 ■若存在未确认为递延所得税资产的可抵扣暂时性差异和可抵扣亏损，应列示其期初余额、期末余额及可抵扣亏损到期年度
报表稽核	■检查所得税费用表的“本期未确认递延所得税的可抵扣的暂时性差异与可抵扣亏损”项与递延所得税资产表的“本期未确认递延所得税的可抵扣的暂时性差异与可抵扣亏损”项差值是否合理 ■根据盈利预测计算确认递延所得税资产的可抵扣亏损金额是否正确 ■检查递延所得税资产除以可抵扣暂时性差异的税率是否正确 ■检查未确认递延所得税的可抵扣亏损到期时间是否正确 ■检查资产负债表的递延所得税资产变动与现金流量附表的递延所得税资产变动差值是否合理

（22）短期借款（表 33－29）

表 33－29　短期借款

质量控制	■应按借款条件分类列示短期借款，具体分为质押借款、抵押借款、保证借款、信用借款。借款性质分类列示为银行借款和非银行机构借款 ■汇总披露逾期借款（包括从长期借款转入的）的期末余额。对于重要的逾期借款，还应按借款单位列示借款期末余额、借款利率、逾期未偿还原因、逾期时间、逾期利率、逾期还款期等
报表稽核	■检查短期借款的分类是否正确

（23）应付票据（表 33－30）

表 33－30　应付票据

质量控制	■应分类列示期末商业承兑汇票和银行承兑汇票余额 ■通过财务公司开具的电子承兑汇票应分类至银行承兑汇票，通过财务公司开具的纸质承兑汇票分类至商业承兑汇票 ■对超过到期日仍挂账的应付票据，要转入应付账款、其他应付款、短期借款等 ■对于期末到期未付的应付票据要分类列示并汇总金额
报表稽核	■检查应收票据明细表及应付账款和短期借款项目，确认是否存在转入应付账款或短期借款的应付票据，并判断这一处理是否正确 ■检查是否有超过到期日仍挂账的应付票据，查找原因，确认其是否需转入“应付账款”或“短期借款”

（24）应付账款（表 33－31）

表 33－31　应付账款

质量控制	■账龄超过 1 年的重要应付账款应披露未偿还或未结转的原因
报表稽核	■检查是否存在长期挂账的应收、应付款项对冲，隐匿往来的行为 ■检查应付账款按款项性质分类的合理性 ■账龄超过 1 年的应付账款前 5 名与上年同期单位明细进行比对，确认金额及账龄划分的合理性

（25）预收款项（表 33－32）

表 33－32　预收款项

质量控制	■账龄超过 1 年的重要预收款项，应披露未偿还或未结转的原因 ■预收款项期末余额中若含有建造合同形成的已结算未完工项目，应汇总披露其累计已发生成本、累计已确认毛利、预计损失、已办理结算的金额
报表稽核	■检查账龄超过一年的重要预收款项，并核对其未偿还或结转的原因 ■检查预收账款按款项性质分类的合理性 ■检查往来款项明细，确认是否存在长期挂账的预收、预付款项对冲，隐匿往来的行为

（26）合同负债（表 33－33）

表 33－33　合同负债

质量控制	■检查应收账款、合同负债等往来项目的明细余额，检查是否存在应收、合同负债两方挂账的项目 ■企业应当以定性和定量信息的形式说明合同资产和合同负债的账面价值在本期内发生的重大变动 ■检查合同负债账龄分析表，并对期末账龄在上年账龄基础上递增的合理性进行分析，并检查合同负债长期挂账的原因
报表稽核	■同一合同下的合同资产和合同负债应当以净额列示

（27）应付职工薪酬（表 33－34）

表 33－34　应付职工薪酬

质量控制	■应列明非货币性福利的形式、金额和确认依据 ■存在设定受益计划的，单位应说明设定受益计划的内容及相关风险。记录设定受益计划对单位未来现金流量的金额、时间和不确定性的影响，以及义务现值所依赖的重要精算假设和有关敏感性分析的结果 ■所有跟人工成本相关的支出，在成本费用类科目和应付职工薪酬科目同时反映 ■期末应将未支付的代扣个人社保、个人所得税等计入应付职工薪酬的实发数，结转至其他应付款或应交税费 ■无特殊情况，应付职工薪酬的福利费、其他项应为零
报表稽核	■检查应付职工薪酬减少额与支付给职工以及为职工支付的现金的差异是否合理 ■检查应付职工薪酬表应付职工薪酬工资、奖金、津贴和补贴、职工福利费、社会保险费、住房公积金、工会经费和职工教育经费本期增减数与基本情况表应付职工薪酬各分项是否一致

（28）应交税费（表 33－35）

表 33－35　应交税费

质量控制	■应交税金负数重分类应与原数额相等 ■“应交税费”科目下的“未交增值税”“简易计税”“转让金融商品应交增值税”“代扣代交增值税”等科目期末贷方余额应在资产负债表中的“应交税费”项目列示，借方余额一律不能放在“应交税费”科目列示
报表稽核	■检查该项目期末余额为负的明细项是否重分类至其他流动资产、其他非流动资产 ■国资委要求，应交增值税为借方余额的，应重分类至其他流动资产 ■证监会要求，应交税费明细项为借方余额的，应重分类至其他流动资产、其他非流动资产 ■检查是否有长期挂账的应交税费，长期挂账原因是否合理

（29）其他应付款（表 33－36）

表 33－36　其他应付款

质量控制	■账龄超过 1 年的重要其他应付款，应披露未偿还或未结转的原因 ■针对重要的逾期未付利息，应披露其逾期金额及原因 ■对于重要的超过 1 年未支付的应付股利，应披露未支付原因

续表

报表稽核	■检查其他应付款按款项性质分类的合理性 ■检查其他应付款账龄分析表，确认是否存在重要的账龄超过1年的其他应付款，并核对其逾期原因是否正确 ■检查应付利息账龄分析表，确认是否存在重要的逾期未付利息，并核对其逾期原因及金额 ■检查应付股利账龄分析表，确认是否存在重要的超过1年未付的股利，并核对其逾期原因及金额

（30）长期借款（表33－37）

表33－37　长期借款

质量控制	■按借款条件分类列示长期借款期初余额、期末余额及利率区间
报表稽核	■检查借款明细，确认是否存在漏报、误报长期借款的情况 ■检查是否有1年内到期的长期借款，并列报至1年内到期的非流动负债

（31）递延收益（表33－38）

表33－38　递延收益

质量控制	■明确所收款项是经营性质还是政府补助性质，准确列示负债科目 ■需列示形成递延收益的原因，根据补助批复及用途准确划分是与资产相关还是与收益相关 ■与日常经营活动无关的政府补助，直接计入营业外收入 ■与资产相关的政府补助，确认为递延收益，按照所建造或购买的资产使用年限内按照合理、系统的方法分期计入损益。与收益相关的政府补助，若用于补偿以后的损失或成本，则先计入递延收益，补偿后再冲减当期成本费用或计入当期损益；若用来补偿已发生成本或损失，则直接冲减当期成本费用或计入当期损益
报表稽核	■检查各项目与资产相关/与收益相关与年初划分是否一致，若不一致，提供变更原因。检查计入“营业外收入”的政府补助是否确实与日常经营活动无关 ■检查非经常性损益表政府补助是否包含计入其他收益和冲减成本费用、计入营业外收入的所有政府补助

（32）递延所得税负债（表33－39）

表33－39　递延所得税负债

质量控制	■形成应纳税暂时性差异时，需根据充分依据判断是否形成递延所得税负债。如：固定资产折旧等 ■自2018年1月1日至2020年12月31日期间新购进的设备、器具，单位价值不超过500万元的，允许一次性计入成本费用在计算应纳税所得额时扣除。该部分固定资产的账面价值大于其计税基础，两者的差异会增加未来期间的应纳税所得额和应交所得税，形成应纳税暂时性差异，需确认与其相关的递延所得税负债
报表稽核	■检查资产负债表递延所得税负债变动与现金流量附表递延所得税负债变动是否一致

（33）实收资本（或股本）（表33－40）

表33－40　实收资本（或股本）

质量控制	■以现金投资的资本，在增加货币资金的同时，增加实收资本（股本）、资本公积。以非现金（固定资产、无形资产等）投资的资本，在增加固定资产、无形资产等时，增加实收资本（股本）、资本公积
报表稽核	■检查实收资本增加时，资产负债表内相关项目的勾稽关系是否正确 ■检查资产负债表股本年初数/期末数与所有者权益变动表股本年初数/期末数是否一致

（34）资本公积（表 33－41）

表 33－41　资本公积

质量控制	■写明资本公积的本期增减变动情况和变动原因
报表稽核	■检查是否已列明资本公积的本期增减变动原因，并核实所列原因是否正确 ■检查资产负债表资本公积年初数/期末数与所有者权益变动表资本公积年初数/期末数是否一致

（35）盈余公积、专项储备（表 33－42）

表 33－42　盈余公积、专项储备

质量控制	■根据财企〔2012〕16 号《企业安全生产费用提取和使用管理办法》的通知，武器装备研制生产与试验的单位应以上年度军品实际营业收入为计提依据，每月提取安全生产费用 ■单位使用提取的安全生产费时，若属于费用性支出，需直接冲减专项储备；若形成固定资产，需通过"在建工程"科目归集所发生的支出，待安全项目完工达到预定可使用状态时，确认为固定资产；同时，将其按形成固定资产的成本冲减专项储备，并确认相同金额的累计折旧。该固定资产在以后期间不再计提折旧 ■年度结余资金结转下年度使用时，若当年计提安全生产费用不足，超出部分应按正常成本费用渠道列支
报表稽核	■检查安全费用冲减专项储备是否正确 ■检查专项储备本期增加和本期减少数与所有者权益变动表专项储备的增减、减少数是否一致 ■检查法定盈余公积提取比例是否为 10%。确认法定公积金转增资本时，留存的该项公积金不少于转增前单位注册资本的 25% ■检查资产负债表盈余公积年初数/期末数与所有者权益变动表盈余公积年初数/期末数是否一致

（36）未分配利润（表 33－43）

表 33－43　未分配利润

质量控制	■若对期初未分配利润进行调整，应披露调整前、调整后金额，各项调整原因及金额
报表稽核	■检查资产负债表未分配利润年初数/期末数与所有者权益变动表未分配利润年初数/期末数是否一致 ■检查未分配利润当期净利润与利润表中净利润是否一致，应付普通股股利与所有者权益变动表中对所有者分配数是否一致

33.5.3.4　利润表各项目质量控制要求

从利润表中选取了重点关注项目，主要从其质量控制、报表稽核等方面提出具体要求。对于常规控制项目（营业利润和利润总额、净利润、每股收益），参照本章其他部分的控制流程、总体控制要求执行质量控制程序。

（1）营业收入（表 33－44）

表 33－44　营业收入

质量控制	■检查合同履约义务的识别、特殊交易的处理、交易价格及价格调整因素的确定、交易价格在多项履约义务间的分摊、某一时点履行履约义务的履约时点、某一时段内履行的履约义务的履约进度确认方法等是否符合规定，前后期是否一致 ■收入确认的条件应符合会计准则及会计核算相关规定的要求，真实反映控制权的转移，产品实际交付且无退货风险及服务实际提供情况 ■收入确认必须有内外部支撑材料的附件 ■当合同金额尚未确定时，若符合收入确认条件且能提供充分合理依据以可靠估计收入金额，方可确认收入 ■发票已开但不符合收入确认条件不应确认收入

续表

质量控制	■在确定履约进度时,是否扣除那些控制权尚未转移给客户的商品和服务;在采用成本法确定履约进度时是否需要对已发生的成本进行适当的调整;履约进度是否从内部不同部门获取资料中相关信息一致;或是否能够取得客户确认、监理报告、供应商结算单据等外部证据佐证 ■前 10 名销售商品取得收入的客户,应列明二级单位,并按下发的国资委下属企业名录正确填报所属的集团公司
报表稽核	■抽取某一时段履行履约义务确认收入的项目,检查金额和比例是否有内外部资料支撑,如预算成本,工作量分解表 ■抽取个别业务相关合同,判断检查该项业务是否符合收入确认条件 ■抽取个别批次已确认收入的产品,检查是否有内外部的验收证明材料。毛利率异常波动的项目,检查波动原因是否合理

（2）营业成本（表 33 - 45）

表 33 - 45　营业成本

质量控制	■针对在某一时段内履行履约义务的项目结转成本需依据充分、配比合理。结转成本需以成本预算为依据,按成本预算和履约进度结转成本 ■采用履约进度在某一时段内结转成本的项目,成本预算变更时需履行变更手续 ■暂估成本需后附业务部门签章的书面依据 ■采用计划成本法结转成本时,需定期按实际成本调整差异。至少每年一次核定标准成本,并书面留档 ■定期清理在途物资、暂估入库原材料、生产成本等,避免重复入账和长时间挂账 ■设立尚未取得发票但已入损益的情况统计表,或者通过在应付账款下设置“实际应付”“暂估应付”等科目对发票的情况进行区分,及时更新进展情况,并向业务人员定期发送发票催要情况统计表 ■单个项目生产成本期末余额不能为负 ■应披露当期营业成本的主要构成项目本期发生额、在成本总额中的占比以及与上年同期变动比例 ■项目结项,必须取得业务部门出具的项目成本完结确认单。若出现红冲成本,判断红冲原因是否合理。大额红冲,必须取得合同变更等外部证据
报表稽核	■抽取个别在某一时段内履行履约义务结转成本的项目,检查是否有内外部资料支撑,如成本预算、履约进度表等 ■检查成本构成项目占比波动是否与实际情况相符,对成本分析表(材料和外协、人工成本、其他)中占比变化超过 20%的项目逐项说明原因 ■检查是否有红冲成本情况,如有原因是否合理 ■抽取个别已完结项目,看是否有业务部门提供的项目成本完结确认单 ■检查本期是否有由于政府补助冲减的营业成本,并与政府补助表中冲减营业成本数核对是否一致

（3）税金及附加（表 33 - 46）

表 33 - 46　税金及附加

质量控制	■在附注中应披露各税种计缴标准,并按照未来适用的税率计提相关税金 ■房产税、土地使用税、车船税、印花税不再列入管理费用,而应计入该项目 ■增值税不应计入该项目 ■城建税、教育费及附加应按照缴纳流转税的一定比例核算
报表稽核	■检查税金及附加的构成是否合理、完整 ■计算已计提的城建税、教育费附加占当期应交流转税的比例,与此项税费税率进行比较,判断计提是否合理、完整 ■检查本期是否有由于政府补助冲减的税金及附加,并与政府补助表中冲减税金及附加数核对是否一致

（4）销售费用（表 33－47）

表 33－47　销售费用

质量控制	■销售费用同比发生重大变动的，应结合业务模式和费用构成，说明产生变化的主要驱动因素 ■当“销售费用-其他”金额较大时，应将其他项进一步明细拆分。其他项金额控制在销售费用总额的 10%以内
报表稽核	■关注现金流量表支付其他与经营有关的现金中的销售费用付现支出与利润表销售费用扣除非付现支出的勾稽关系是否正确 ■检查本期是否有由于政府补助冲减的销售费用，并与政府补助表中冲减销售费用数核对是否一致

（5）管理费用（表 33－48）

表 33－48　管理费用

质量控制	■管理费用同比发生重大变动的，应当结合业务模式和费用构成，说明产生变化的主要驱动因素 ■当“管理费用-其他”金额较大时，应将其他项进一步明细拆分。其他项金额控制在管理费用总额的 10%以内
报表稽核	■关注现金流量表支付其他与经营有关的现金中的管理费用付现支出与利润表管理费用扣除非付现支出的勾稽关系是否正确 ■检查本期是否有由于政府补助冲减的管理费用，并与政府补助表中冲减管理费用数核对是否一致

（6）研发费用（表 33－49）

表 33－49　研发费用

质量控制	■研发费用只包括费用化研发支出，资本化研发支出不在此反映 ■研发费用同比发生重大变动的，应当结合业务模式和费用构成，说明产生变化的主要驱动因素 ■研发费用应包含计入管理费用的自行开发无形资产的摊销
报表稽核	■检查研发费用是否与研发支出科目中的费用化研发支出合计相等 ■检查本期是否有由于政府补助冲减的研发费用，并与政府补助表中冲减研发费用数核对是否一致

（7）财务费用（表 33－50）

表 33－50　财务费用

质量控制	■披露发生外币交易时折算汇率的确定方法，在资产负债表日对外币货币性项目采用的折算方法，汇兑损益的处理方法以及外币报表折算的会计处理方法，应严格遵循单位的会计政策 ■报告期内财务费用财务数据同比发生重大变动的，应当结合业务模式和费用构成，说明产生变化的主要驱动因素
报表稽核	■检查利润表中财务费用的利息费用和利息收入与财务费用附注的利息支出和利息收入数是否一致 ■检查财务费用表财务费用与现金流量附表财务费用的差值是否合理 ■检查在建工程表本期资本化利息金额与利息支出资本化金额是否一致 ■检查财务费用表利息收入与现金流量表附注中“收到的其他与经营活动有关的现金利息收入本期数”的差值是否合理 ■检查财务费用表利息支出上期数与现金流量表附注中“偿付利息支付的现金本期数”的差值是否合理 ■检查财务费用表汇兑损益与现金流量表“汇率变动对现金及现金等价物的影响”的差值是否合理 ■检查资产负债表应收票据贴息利息与财务费用表贴现利息的差值是否合理 ■检查本期是否有由于政府补助冲减的财务费用，并与政府补助表中冲减财务费用数核对是否一致

（8）信用减值损失（表 33－51）

表 33－51 信用减值损失

质量控制	■发生重大信用减值损失的,应在附注中披露导致每项重大信用减值损失的原因和当期确认的重大信用减值损失的金额,以及信用减值损失的确定方法
报表稽核	■检查各项金融工具信用减值准备的计提数减转回数与信用减值损失表对应项目是否一致

（9）资产减值损失（表 33－52）

表 33－52 资产减值损失

质量控制	■每年末需对单位合并所形成的商誉、使用寿命不确定的无形资产、尚未达到预期可使用状态的无形资产进行减值测试 ■发生重大资产减值损失的,应在附注中披露导致每项重大资产减值损失的原因和当期确认的重大资产减值损失的金额,以及资产(或者资产组)可收回金额的确定方法
报表稽核	■检查资产减值测试表,确认已进行资产减值测试 ■检查资产减值准备表应收款项坏账准备、存货跌价准备、固定资产减值准备、无形资产减值准备等的计提数减转回数与资产减值损失表对应项目是否一致

（10）其他收益（表 33－53）

表 33－53 其他收益

质量控制	■分类列示与资产相关的政府补助和与收益相关的政府补助,并与资产负债表的递延收益应一致 ■列示政府补助详细信息,如补助项目、发放主体、发放原因、性质类型、补贴是否影响当年盈亏、是否特殊补贴、来源和依据等 ■企业作为个人所得税的扣缴义务人,收到的扣缴税款手续费,应作为其他与日常活动相关的项目在利润表的"其他收益"项目中填列
报表稽核	■检查该项目是否列报与日常经营无关的政府补助 ■检查非经常性损益表政府补助是否包含计入其他收益的政府补助 ■抽查个别本期确认的政府补助文件,判断该项目是与资产相关还是与收益相关,账务处理是否正确

（11）投资收益（表 33－54）

表 33－54 投资收益

质量控制	■应按照被投资单位或产生投资收益来源列示各类投资收益 ■公允价值变动损益转为投资收益时,需在该项目列示 ■在投资收益中应单独列示对联营企业和合营企业的投资收益
报表稽核	■检查公允价值变动损益中是否有需转但未转为投资收益的内容 ■检查权益法核算的长期股权投资收益与长期股权投资中权益法核算金额是否一致 ■联营企业和合营企业当期利润乘以持股比例计算出来的数与投资收益中对联营企业和合营企业的投资收益进行比对,检查数据是否正确

（12）资产处置收益（表 33－55）

表 33－55 资产处置收益

质量控制	■应列示本年度资产处置收益发生额以及同比变动比例,分析变动的原因;当资产处置收益为负时,应以"－"号填列 ■出售金融工具、长期股权投资和投资性房地产的利得或损失不应计入该项目 ■债务重组中因处置非流动资产产生的利得或损失和非货币性资产交换产生的利得或损失不应计入该项目 ■报废的固定资产、在建工程、无形资产等产生的利得或损失不应计入该项目

续表

报表稽核	■检查资产处置收益的金额填列是否正确 ■检查该项目是否不含损毁报废固定资产的利得或损失 ■检查非经常性损益是否包含计入资产处置收益的金额

（13）营业外收入（表 33－56）

表 33－56　营业外收入

质量控制	■计入该项目的政府补助应是与日常活动无关的项目 ■债务重组利得、非货币性资产交换利得应计入“资产处置收益”“投资收益”等项目，而不是本项目
报表稽核	■检查该项目是否列报报废固定资产、无形资产等非流动资产的利得 ■检查该项目是否列报的是与日常经营活动无关的政府补助 ■检查现金流量表收到的其他与经营活动有关的现金中违约、罚没等收入与利润表营业外收入差值是否合理 ■检查递延收益本期增加数加上营业外收入表政府补助两项的合计数与现金流量附注收到的其他与经营活动有关的现金中政府补助本期数差值是否合理 ■检查非经常性损益表是否包含计入营业外收入的金额

（14）营业外支出（表 33－57）

表 33－57　营业外支出

质量控制	■债务重组利得、非货币性资产交换利得应计入“资产处置收益”“投资收益”等项目，而不是本项目
报表稽核	■检查该项目是否列报报废固定资产、无形资产等非流动资产的损失 ■检查非经常性损益表是否包含计入营业外支出的金额 ■检查营业外支出表非流动资产报废损益与现金流量附表中非流动资产报废损益的差值是否合理

（15）所得税费用（表 33－58）

表 33－58　所得税费用

质量控制	■当期所得税费用需按纳税调整后的应纳税所得额计提 ■研发费用加计扣除应根据单位惯例在下年利润表或本年利润表中体现 ■应按未来适用的税率计提递延所得税税率 ■当递延所得税资产增加时，相应的所得税费用应以负数列示 ■所得税汇算清缴时，长期股权投资产生的投资收益可做纳税调整的调减项处理 ■需正确计算会计利润与所得税费用调整过程 ■季度计提所得税时应当对当期确认的递延所得税负债及资产减值损失进行纳税调整
报表稽核	■检查递延所得税费用是否等于递延所得税资产的期初减期末数加上递延所得税负债的期末减期初数 ■复核会计利润与所得税费用调整的计算 ■检查研发费用加计扣除是否按惯例体现在利润表中 ■检查应纳税所得额的计算是否进行了纳税调整，调整项目计算是否正确。检查利润表所得税费用与所得税费用表所得税费用是否一致 ■检查所得税费用表所得税费用本期数与所得税费用表调整计算的所得税费用是否一致 ■检查所得税费用表本期未确认递延所得税的可抵扣暂时性差异和可抵扣亏损与递延所得税资产表本期末确认递延所得税的可抵扣暂时性差异与可抵扣亏损的差值是否合理

33.5.3.5 现金流量表各项目质量控制要求

从现金流量表中选取了重点关注项目，主要从其质量控制、报表稽核等方面提出具体要求。对于常规控制项目，参照本章其他部分的控制流程、总体控制要求执行质量控制程序。

（1）销售商品、提供劳务收到的现金（表 33－59）

表 33－59 销售商品、提供劳务收到的现金

质量控制	■销售材料和代购代销业务收到的现金应计入该项目。客户用商品抵债的进项税不应计入该项目 ■收回的坏账不应计入该项目 ■其他业务收入的现金流应在该项目列示，如收到的委托贷款利息等
报表稽核	■与上年同期对比，波动是否合理 ■检查销售商品、提供劳务收到的现金与久其中主业收款情况表是否一致

（2）收到的税费返还（表 33－60）

表 33－60 收到的税费返还

质量控制	■收到的税费返还应分为“退回的增值税款”与“收到的除增值税外的其他税费返还”两个项目，后者包括所得税、关税和教育费附加返还款等 ■出口产品按规定退税而取得的现金，应单独反映 ■个税手续费返还不应列示在此项目
报表稽核	■检查收到的税费返还是否包括所得税、关税和教育费附加各税种的返还

（3）收到其他与经营活动有关的现金（表 33－61）

表 33－61 收到其他与经营活动有关的现金

质量控制	■该项目中的往来款，若为合并范围内单位的现金流，则应注明具体单位和款项性质，否则需注明科目和款项性质（尤其是大额款项） ■该项目中的利息收入应与资产负债表、利润表勾稽 ■企业实际收到的政府补助，无论是与资产相关还是与收益相关，在编制现金流量表时均作为收到其他与经营活动有关的现金列报 ■若该报表项目中有保证金、押金的单独项目，应准确填报保证金押金的项目，以便汇总、披露
报表稽核	■检查财务费用表财务费用中的利息收入与现金流量表附注中“收到的其他与经营活动有关的现金利息收入本期数”差值是否合理 ■检查收到的其他与经营活动有关的现金中违约、罚没等收入与营业外收入的差值是否合理 ■检查收到的其他与经营活动有关的现金中的往来款是否过大，如果过大继续分拆到明细项

（4）购买商品、接受劳务支付的现金（表 33－62）

表 33－62 购买商品、接受劳务支付的现金

质量控制	■计入研发费用的材料和外协的现金流出计入购买商品、接受劳务支付的现金
报表稽核	■与上年同期对比，波动是否合理

（5）支付给职工以及为职工支付的现金（表 33－63）

表 33－63　支付给职工以及为职工支付的现金

质量控制	■定期分析并说明现金流量表中支付给职工的现金与应付职工薪酬的减少数不勾稽的具体原因，如有不合理因素，及时进行调整 ■为职工支付及支付给职工的各类保险和福利费用，应根据职工的工作性质和服务对象，分别在“购建固定资产、无形资产和其他长期资产所支付的现金”和该项目中反映 ■支付给离退休人员和在建工程人员的现金以及为之支付的现金不应计入该项目 ■代扣代缴、代收代缴的税费，如个人所得税、对外付汇时的预提所得税和增值税等，应计入其所对应的主项目的现金流量，如工资薪金的个人所得税缴纳数应计入支付给职工以及为职工支付的现金 ■计入研发费用中的工资应在本项目列示 ■收到的生育保险应冲减支付给职工以及为职工支付的现金
报表稽核	■检查本项目是否包含实际支付给职工的工资、奖金、各种津贴补贴、为职工代扣代缴的个人所得税等

（6）支付的各项税费（表 33－64）

表 33－64　支付的各项税费

质量控制	■代扣代缴、代收代缴的税费，如个人所得税、对外付汇时的预提所得税和增值税等，不应计入本项目 ■与购建固定资产等非流动资产相关的契税、耕地占用税等计入资产成本的税费，其相应的现金流量不应计入该项目 ■该项目中的增值税指的是实际缴纳给税务机关的增值税款，不包括通过支付的货款中所包含的进项税额间接付出的部分。可抵扣的进口环节增值税也属于该项目 ■本期退回的增值税、所得税，不应在该项目列示
报表稽核	■检查支付的税费与应交税费减少数（剔除个人所得税）是否一致 ■检查缴税记录，确认该项目中的增值税是否与实际缴纳给税务机关的增值税款一致

（7）支付其他与经营活动有关的现金（表 33－65）

表 33－65　支付其他与经营活动有关的现金

质量控制	■定期分析该项目与利润表中的管理费用及销售费用扣非付现后的数字不勾稽的具体原因，如有不合理因素及时进行调整 ■该项目中的往来款，如是合并范围内的单位应注明具体单位和款项性质，其他应注明科目和款项性质（尤其是大额款项）。计入管理费用的研发费用现金流出中，除人员工资、材料外协费外的支出在该项目列示 ■该项目明细表中应填报支付的银行手续费 ■若该项目中有保证金、押金的单独项目，应准确填报保证金押金的项目以便汇总、披露
报表稽核	■检查该项目中销售费用和管理费用支出的现金与销售费用和管理费用明细中的付现支出差异是否合理 ■检查支付其他与经营活动有关的现金中的往来款是否过大，如果过大继续分拆到明细项 ■检查支付的其他与经营活动有关的现金中违约、罚没等支出与营业外支出的差值是否合理

（8）收回投资收到的现金（表 33－66）

表 33－66　收回投资收到的现金

质量控制	■该项目不包括债权性投资收回的利息、收回的非现金资产，以及处置子公司及其他营业单位收到的现金净额 ■交易性金融资产在出售时收到的现金，不论是本金还是投资收益均应列示在该项目中 ■长期股权投资在转让时收回的现金中若不包含股利收入，则应全额列示在该项目中 ■在控股合并或处置子公司股权发生当期的母公司个别现金流量表中，处置子公司及其他营业单位收到的现金对价应计入该项目

续表

报表稽核	■检查该项目是否不含长期股权投资转让时收回的股利

（9）取得投资收益收到的现金（表33－67）

表33－67 取得投资收益收到的现金

质量控制	■股票股利不涉及现金流动，不应计入该项目 ■长期股权投资在转让时，收回的现金中若包含股利收入，则应将现金股利计入该项目 ■在现金等价物范围内的债券性投资，其利息收入应计入该项目 ■企业投资于其他企业，如购入股票债券作为交易性金融资产取得的收益应计入该项目
报表稽核	■检查该项目中是否不包含股票股利

（10）处置固定资产、无形资产和其他长期资产收回的现金净额（表33－68）

表33－68 处置固定资产、无形资产和其他长期资产收回的现金净额

质量控制	■处置固定资产、无形资产和长期资产若产生亏损，则不应计入该项目 ■处置长期资产过程中收到的保险赔偿收入应计入该项目 ■处置长期资产过程中支付的相关税费应计入该项目 ■若固定资产、长期资产和其他无形资产用于资产置换，没有收到现金，则不应计入该项目
报表稽核	■检查该项目是否为负 ■检查资产处置收益、营业外收支表中非流动资产处置损益与现金流动附表非流动资产处置、固定资产报废损益差值是否合理

（11）处置子公司及其他营业单位收到的现金净额（表33－69）

表33－69 处置子公司及其他营业单位收到的现金净额

质量控制	■处置子公司及其他营业单位收到的现金净额如为负数，则不在该项目中反映 ■处置不受企业控制、不在企业合并报表范围内的投资所收到的现金不在该项目中反映 ■子公司及其他营业单位在处置日所持有的现金及现金等价物应在此项目中予以扣除 ■处置过程中发生的相关费用应在此项目中予以扣除
报表稽核	■检查该项目是否为负 ■检查该项目是否不包含非合并范围内的企业处置现金流 ■检查该项目是否扣除处置费用 ■检查该项目是否不含子公司及其他营业单位持有的现金及现金等价物

（12）收到其他与投资活动有关的现金（表33－70）

表33－70 收到其他与投资活动有关的现金

质量控制	■该项目中大额的其他现金流入应单列项目反映 ■收到对方归还的委托贷款应计入该项目 ■企业投资于其他企业，如购入股票债券作为交易性金融资产取得的收益不应计入该项目
报表稽核	■检查该项目中大额的其他现金流入是否单独列示 ■检查本项目是否不含企业投资于其他企业取得的收益

（13）购建固定资产、无形资产和其他长期资产支付的现金（表 33－71）

表 33－71 购建固定资产、无形资产和其他长期资产支付的现金

质量控制	■若自行建造固定资产、无形资产与其他长期资产，则建造过程中的各项支出均应在此项目中反映，如通过现金方式向工程建造人员支付的职工薪酬等 ■若外购固定资产、无形资产与其他长期资产，则所支付的价款及相关税费均应在此项目中反映 ■为购建固定资产、无形资产与其他长期资产而发生的借款利息资本化部分不应计入该项目 ■融资租入固定资产所支付的租赁费不应计入该项目 ■以分期付款方式购建固定资产、无形资产与其他长期资产所支付的各期现金不应计入该项目 ■与购建固定资产等非流动资产相关的契税、耕地占用税等计入资产成本的税费，其相应的现金流量应计入该项目 ■资本化的研发支出对应的现金流应计入该项目
报表稽核	■检查该项目是否不包含为购建长期资产而产生的借款利息资本化部分 ■检查该项目是否不包含融资租入固定资产所支付的租赁费 ■检查资本化的研发支出对应的现金流是否计入该项目

（14）投资支付的现金（表 33－72）

表 33－72 投资支付的现金

质量控制	■若支付的投资款，对方尚未增加实收资本，但预计较大概率转为实收资本，则建议计入该项目 ■在控股合并或处置子公司股权发生当期的母公司个别现金流量表中，取得子公司及其他营业单位所支付的现金对价，应计入该项目
报表稽核	■检查本项目是否包含尚未计入被投资方实收资本的投资款支出，并查明具体情况，确认该投资款转为实收资本的可能性较大

（15）取得子公司及其他营业单位支付的现金净额（表 33－73）

表 33－73 取得子公司及其他营业单位支付的现金净额

质量控制	■在发生吸收合并或业务合并，或者整体处置非法人营业单位的情况下，该项目可以出现在个别现金流量表
报表稽核	■若该项目出现在个别现金流量表，检查并确认是否存在发生吸收合并或业务合并，或整体处置非法人营业单位的情况

（16）支付其他与投资活动有关的现金（表 33－74）

表 33－74 支付其他与投资活动有关的现金

质量控制	■提供委托贷款现金流支出应计入该项目 ■预计计入长期待摊费用的装修预付款应计入投资活动的现金流 ■若处置固定资产、无形资产与其他长期资产收回的现金净额为负，则应将其作为投资活动产生的现金流量计入该项目 ■若处置子公司及其他营业单位收到的现金净额为负，则应将其计入该项目
报表稽核	■检查该项目是否包含处置固定资产、无形资产与其他长期资产收回的现金净额，并检查其是否为负 ■检查该项目是否包含处置子公司及其他营业单位收到的现金净额，并检查其是否为负

（17）吸收投资收到的现金（表 33－75）

表 33－75 吸收投资收到的现金

质量控制	■发行股票等过程中支付的佣金、税费等必要的发行费用应在该项目中扣除 ■发行债券筹集到的资金不应计入该项目 ■各类借款不应计入该项目

续表

报表稽核	■检查该项目是否不包含企业发行债券筹集的资金 ■检查该项目是否不包含企业的各类借款 ■检查该项目是否扣除企业支付的股票发行费用

(18) 取得借款收到的现金 (表 33 - 76)

表 33 - 76 取得借款收到的现金

质量控制	■企业发生的与借款直接相关的手续费可从该项目中扣除，发生的咨询费等则不应在该项目中扣除 ■取得借款所收到的现金，根据类别(短期借款、长期借款等)列示，并细分为内部委贷、外部商业银行借款、财务公司自营借款
报表稽核	■检查该项目是否包含取得的委托贷款 ■检查该项目是否扣除企业借款直接相关的手续费 ■检查该项目是否包含企业发行债券所收到的现金

(19) 偿还债务支付的现金 (表 33 - 77)

表 33 - 77 偿还债务支付的现金

质量控制	■以非现金资产偿还债务本金不应计入该项目
报表稽核	■对比现金流量表与单位的债务明细，确认该项目的金额是否正确

(20) 分配股利、利润或偿付利息支付的现金 (表 33 - 78)

表 33 - 78 分配股利、利润或偿付利息支付的现金

质量控制	■为购建固定资产、无形资产与其他长期资产而发生的借款利息资本化部分应计入该项目 ■以现金方式偿还各类债务(包括债券、借款等)利息的支出应计入该项目
报表稽核	■检查财务费用表利息支出本期数与现金流量表附注偿付利息支付的现金本期数是否一致 ■检查财务费用表利息支出上期数与现金流量表附注偿付利息支付的现金本期数差值是否合理 ■检查其中项子公司支付给少数股东的股利、利润金额是否正确

(21) 期初、期末现金及现金等价物余额 (表 33 - 79)

表 33 - 79 期初、期末现金及现金等价物余额

质量控制	■填报该项目时注意报表间及报表内部的勾稽关系 ■受限的 3 个月以上的保证金应从现金流量表的现金及现金等价物中扣除
报表稽核	■检查资产负债表货币资金年初余额、期末余额与现金流量附表现金及现金等价物年初余额、期末余额差值是否合理

33.5.4 合并报表质量控制要求

本章仅列示有别于单个公司个别报表的合并报表质量控制要求。

33.5.4.1 合并报表整体质量控制要求

单位编制合并财务报表时，应以个别财务报表为基础进行编制，并遵循一体性原则和重要性原则。合并财务报表反映企业集团的财务状况和经营成果；对企业集团财务影响较小的子公司业务，可不编制抵销分录，直接编制合并财务报表。

【小贴士】

单位编制合并财务报表前，应确保母子公司的会计政策、资产负债表日及会计期间统一，同时对子公司以外币表示的财务报表进行折算。

33.5.4.2 合并范围

凡母公司能够对子公司实际控制，即母公司可享可变回报，且可运用被投资方的权力影响可变回报金额，均应纳入合并范围。

母公司在合并期内因同一控制增加的子公司，编制合并资产负债表时，应调整合并资产负债表的期初数，将子公司或业务合并当期期初至报告期末的收入、费用、利润纳入合并利润表；将子公司或业务合并当期期初至报告期末的现金流量纳入合并现金流量表，同时对比较报表的相关项目进行调整，视同合并后的报告主体自最终控制方开始控制时点起一直存在。

因非同一控制下企业合并增加子公司或业务的，则不调整合并资产负债表期初数；将该子公司或业务自购买日至报告期末的收入、费用、利润纳入合并利润表；该子公司或业务自购买日至报告期末的现金流量纳入合并现金流量表。

母公司在报告期内处置子公司，编制合并资产负债表时，不需要对该出售转让股份而成为非子公司的资产负债表进行合并。

母公司在报告期内处置子公司，应将该子公司期初至处置日的收入、费用、利润纳入合并利润表；同期间的现金流纳入合并现金流量表。

在合并所有者权益变动表中应单独列示归属于母公司所有者的综合收益总额和归属于子公司少数股东的综合收益总额。

33.5.4.3 合并抵销

在编制合并财务报表前，应对关联方之间的内部往来、内部交易、内部投资及内部现金流量进行核对，确认双方一致。单位应严格按照第 10 章内部事项核对工作规范要求开展对账工作。

编制合并报表抵销分录时，应确认各项目抵销完整。合并报表的抵销分录包括内部投资的抵销、内部债权债务的抵销和内部交易、内部现金流的抵销。其中，重点关注以下方面：

1）取得子公司的财务报表后，应将母公司的长期股权投资与子公司的所有者权益相抵销，并将母公司的投资收益与子公司的利润分配相抵销。在进行内部投资抵销时，应将成本法核算的长期股权投资调整为权益法核算。

2）内部债权债务的抵销不仅包括内部往来款的抵销，也包括持有至到期投资与应付债券之间的抵销。在进行内部债权债务投资时，合并范围内部单位的坏账准备应视情况进行抵销。

3）合并范围内单位之间存货的内部交易、固定资产的内部交易、无形资产的内部交易和逆流交易未实现收益。在进行内部交易抵销时，若购买方购买的存货尚未结转至主营业务成本，应抵销内部未实现利润。购买方购买的是固定资产、无形资产等长期资产，购买当期应抵销内部未实现利润，后期按照折旧或摊销进度将未实现利润实现。

33.5.4.4　关联事项

为方便数据的汇总，填报时尽量不要使用关联事项单位简称或代号。

【小贴士】

每季度应与上年同期填报数和单位进行比较，避免遗漏关联销售、采购、租赁等内容。关联事项统计口径必须前后一致。本期上报的年初数与上年年底数一致。

本年累计发生额与上季度累计发生额进行比对，本年累计发生额小于上季度累计发生额的应说明原因。

关联租赁应与租赁合同核对，并与上年同期上报的租赁单位和租赁额进行比较，对产生变化的项目说明原因。并在分析其合理性后上报。应避免关联事项填报、对账不完整，认真对账。（如与同一单位业务只有现金流而没有交易或往来记录，或者只有交易记录，而没有往来或者现金流等）。

【小贴士】

单位在预测关联交易时，应认真对待，提高预测的准确性。预计年末关联销售、采购、租赁要超过年初上报的关联销售采购数据时，应及时上报母公司；若低于年初上报预测数 30%的需说明原因。

33.5.4.5　报表项目质量控制

以下是各报表项目在合并报表层面的质量控制要点：

（1）应收账款

按信用风险特征划分的组合标准确定特定用户和关联方范围。在合并报表层面，子公司另一方股东（除本集团合并范围内单位外）按非关联方处理。

本期实际核销的应收款项金额。对于其中重要的应收款项，应逐项披露款项性质、核销原因、履行的核销程序及核销金额。实际核销的款项由关联交易产生的，应单独披露。

（2）其他应收款

高度关注对关联方的其他应收款。非经营性资金占用一般体现为其他应收关联方款项，单位关联单位的其他应收款应在每年末及时进行清理。

（3）递延所得税负债

在合并财务报表中，纳入合并范围的企业中，一方的当期所得税资产或递延所得税资产与另一方的当期所得税负债或递延所得税负债一般不能予以抵销，除非所涉及的企业具有以净额结算的法定权利并且意图以净额结算。

（4）营业收入

合并报表时抵销委贷利息收支及相关现金流量。

（5）资产减值损失

每年末必须对企业合并所形成的商誉、使用寿命不确定的无形资产、尚未达到预期可使用状态的无形资产进行减值测试。

（6）其他综合收益

合并资产负债表中的“其他综合收益”项目只能填列归属于母公司股东的其他综合收益余额，归属于少数股东的其他综合收益余额应在“少数股东权益”中列报。

（7）收到其他与经营活动有关的现金

收到的其他与经营活动有关的现金中往来款、其他应注明科目和款项性质（尤其是大额的款项），合并范围内的往来款现金流应注明具体单位。

（8）支付其他与经营活动有关的现金

支付的其他与经营活动有关的现金中往来款、其他应注明科目和款项性质（尤其是大额的款项），合并范围内的往来款现金流应注明具体单位。

（9）处置子公司及其他营业单位收到的现金净额

该项目仅出现在合并现金流量表中，反映处置子公司股权（指处置所持子公司的全部或部分股权导致丧失对其控制权）及其他营业单位所取得的现金减去子公司或其他营业单位持有的现金及现金等价物以及相关处置费用后的净额。处置子公司及其他营业单位收到的现金净额如为负数，应将金额填列至“支付其他有投资活动有关的现金”项目中。处置不受企业控制、不在企业合并报表范围内的投资所收到的现金在“收回投资收到的现金”项目中反映。

（10）取得子公司及其他营业单位支付的现金净额

该项目仅出现在合并现金流量表中，反映取得子公司及其他营业单位购买出价中以现金支付的部分，减去子公司或其他营业单位持有的现金及现金等价物后的净额，发生在控股合并情况下。

（11）吸收投资收到的现金

子公司吸收少数股东的投资需要在合并现金流量表中“吸收投资收到的现金”项目下的“子公司吸收少数股东投资收到的现金”中填报。

33. 5. 4. 6　合并报表关注点

合并报表的关注点包括子公司个别报表对母公司会计政策的遵循性与一致性，内部交易往来是否正确合并抵销，关联交易是否完整披露，所有影响合并报表的主要事项或是报表波动是否有效说明。关注重点如下：

（1）收入波动

若单个子公司或参股公司的经营业绩同比出现大幅波动，且对合并经营业绩造成重大影响的，母公司应当对其业绩波动情况及其变动原因进行分析。

【小贴士】

上市公司进行信息披露时会对四个季度的收入、利润、现金流进行列示，各子公司在结转收入成本时，应尽量保持每季度按进度结算平稳、均衡结算，避免出现第四季度收入利润占全年比重超过50%的情况。若第四季度收入利润占比过高，应分析原因并上报原因说明。

（2）毛利率合理性

单位应关注毛利率的波动是否合理、按权责发生制计提相关成本费用、是否大额红冲成本、暂估成本依据是否充分、结转营业成本后剩余的生产成本余额是否合理、重视项目完成时的成本完整性。

严格控制红冲成本。若红冲成本，需后附书面说明和依据。涉及因业务部门提供数据发生调整的，需业务部门盖章确认。为有效控制红冲成本，企业需积累历史数据，提高预估成本准确性，将红冲成本的次数和金额控制在合理范围内；按成本预算和履约进度结转成本时，预算毛利率调整避免上下波动。

（3）政府补助

1）填报资产负债表递延收益时，应注意如下要点：

明确所收款项是经营性质还是政府补助性质，准确列示负债科目；营业外收入中政府补助是与日常经营活动无关的项目；分类列示政府补助中与资产相关和与收益相关的本期发生额、上期发生额。

2）填报利润表营业外收入及其他收益时，应注意如下要点：

与企业日常经营活动密切相关的项目，不应计入营业外收入；应列示政府补助详细信息，如补助项目、发放主体、发放原因、性质类型、补贴是否影响当年盈亏、是否特殊补贴、来源和依据等；营业外收入及其他收益中政府补助是与资产相关还是与收益相关与资产负债表的递延收益应一致。

3）在填报现金流量表时，应注意如下要点：

实际收到的政府补助，无论是与资产相关还是与收益相关，在编制现金流量表时均作为经营活动产生的现金流量列报。

33.5.5　财务报表事后检查

单位应在决算完成后检查财务报表编制所依据的资料是否完整，并严格归档管理。母公司应对各子公司的资料完整性、合规性以及归档情况进行抽查。

33.5.5.1　报表项目归档资料清单（表33-80）

表33-80　报表项目归档资料清单

序号	项目	归档所需资料清单
1	现金	1.1　现金流水账 1.2　现金盘点表

续表

序号	项目	归档所需资料清单
2	银行存款	2.1　当年开户、销户清单(纸质或电子版) 2.2　银行流水账(仅包括支出,不包括收入) 2.3　银行对账单 2.4　银行存款余额调节表 2.5　年末定期存单 2.6　企业信用报告 2.7　贷款卡信息 2.8　本年的银行询证函
3	其他政府专项项目	3.1　大额(专项)资金的使用情况
4	募投项目	4.1　募投项目资金置换明细表
5	已结题项目	5.1　已结题项目清单
6	收入成本确认	6.1　达到确认时点的收入成本数据 6.2　成本预提证明 6.3　收入成本确认依据(项目预算及合同等) 6.4　项目进度确认单 6.5　验收报告或其他证明完工的外部证明 6.6　产品交付证明(产品项目) 6.7　承接合同(混合项目) 6.8　生产成本余额(按项目) 6.9　收入成本结算表 6.10　项目完工成本说明(已完工但还有成本的项目) 6.11　本年无收入有成本项目说明
7	内部往来及内部交易、现金流核对	7.1　院、集团内的内部往来及交易、现金流核对表
8	开具发票,进行税额抵扣	8.1　进项税发票
9	清理应交税费	9.1　应交税费清单
10	往来款	10.1　到期未收回应收票据清单 10.2　往来款项账龄分析表 10.3　各类往来款询证函(本年及上一年年底) 10.4　提供材料暂估的明细 10.5　三年以上大额应收、应付账款清单
11	存货核算	11.1　出入库记录 11.2　期末存货盘点表(部门负责人、盘点人、保管人、监盘人签字) 11.3　本年存货收发存的明细 11.4　发票跨期清单、入库单跨期清单 11.5　超期元器件说明 11.6　在产品核算流程 11.7　出入库记录
12	固定资产核算	12.1　固定资产台账 12.2　固定资产盘点表(部门负责人、盘点人、监盘人签字)
13	在建工程核算	13.1　项目费用整理、工程批复等文件 13.2　工程款收款确认书(尚未支付)
14	研发项目核算	14.1　立项资料 14.2　资本化项目业务测试表

续表

序号	项目	归档所需资料清单
15	无形资产	15.1 无形资产盘点表 15.2 完工结算单
16	递延收益	16.1 提供未摊销项目的依据 16.2 政府补助项目的批复或立项文件
17	清理账簿	17.1 项目成本梳理(包括募投项目) 17.2 账簿

33.5.5.2 各类报表其他归档资料清单（表33-81）

表33-81 各类报表其他归档资料清单

序号	项目	归档所需资料清单
1	合并报表工作底稿(纸质+电子版)	1.1 合并报表工作底稿 1.2 合并报表抵销分录
2	国资委久其决算报表	2.1 财务决算报表封面及报表(公式审核未通过并有合理解释的必须上报出错说明)(纸质+电子版) 2.2 财务报表附注(纸质+公章) 2.3 财务决算专项说明(单位负责人、主管财务领导、财会机构负责人签名和盖章) 2.4 母公司 & 合并的财务情况说明书(纸质)
3	会审资料	3.1 各部分会审记录
4	年终决算要报送的其他资料	4.1 本年的政府补助文件复印件 4.2 本年的税收优惠政策批文复印件 4.3 本年末亏损计提递延所得税资产的盈利预测和总经理办公会纪要及议案复印件 4.4 本年科目余额表(电子版,至最末级) 4.5 收入成本确认的依据:(产品类业务-交付单,对方确认;研制类业务-进度确认表,业务部门提供);项目合同,若无合同,收入金额确认说明(业务部门提供)

33.5.6 财务报表的信息化系统控制

前述章节的财务报表质量控制要求，在单位间具有普适性。随着信息技术的发展，财务报表质量控制要求可进一步固化植入信息系统，通过系统控制功能保证控制要求严格执行、同时提高工作效率，提高报表质量。单位可结合自身的信息平台探索系统控制功能的实现，主要包括以下几个方面：

（1）关联会计科目自动生成报表确保列报范围与取数准确

借助财务报表系统，可以按照每个报表项目的列报范围及涉及科目要求，自动关联财务模块的相关科目，实现财务报表的自动取数与生成，确保列报范围、科目取数准确。

（2）财务信息报告涵盖全部附注信息系统生成、稽核检查

母公司可根据财务报表附注要求，设定子公司财务信息报告模板，涵盖全部附注信息，并植入信息系统，报表与会计科目关联取数的同时，表间计算关系全部通过系统生

成，确保附注要求的分类信息准确、合规。

同时，系统固化每项列报质量控制与稽核检查公式，包括一致性检查与合理性检查，对于差错或是异常项会自动报错。

（3）关联事项与往来对账的系统平台支撑

针对关联交易的重要性，将关联事项的列报内容及范围预设在系统中，防止漏报、错报。

（4）驾驶舱测定关键财务指标实现预警控制

运用管理驾驶舱，自动测算关键财务指标，通过设定阈值等实现异常报表项目的预警，财务分析与报表质量控制同步实现。

第 34 章　时段履约收入核算

34.1　质量目标

根据《企业会计准则第 14 号——收入》（2017 年修订）及其应用指南中某一时段内履行履约义务的要求，为各单位某一时段内履行履约义务的收入确认、计量和相关会计处理提供应用范例。

34.2　适用范围

本章适用于各企业单位在某一时段内履行履约义务的收入核算。

34.3　相关释义

新收入准则，是指《企业会计准则第 14 号——收入》（2017 年修订）及其应用指南。

收入，是指企业在日常活动中形成的、会导致所有者权益增加的、与所有者投入资本无关的经济利益的总流入。

时段履约，是指满足新收入准则在某一时段内履行履约义务条件之一的商品或服务，属于在某一时段内履行的履约义务，在该段时间内按履约进度分期确认收入。

时点履约，是指不满足新收入准则在某一时段内履行履约义务条件的商品或服务，在商品或服务履约后客户取得相关商品控制权时点一次性确认收入。

交易价格，是指企业因向客户转让商品而预期有权收取的对价金额。

合格收款权，是指在整个合同期间内的任一时点由于客户或第三方原因终止合同时，企业均拥有法定的收款权利，该收款权为：由于客户或第三方原因终止合同时，企业有权就累计至合同终止日的已发生成本加合理利润向客户收取款项的权利。

重大融资利益，是指企业将商品控制权转移给客户的时间与客户支付价款的时间间隔超过一年且包含重大融资成分。

34.4　职责分工

34.4.1　财务部门

财务部门是时段履约收入核算的归口部门，其主要职责为：

1）参与合同签订前的审核，对合同是否满足新收入准则识别合同的五个条件以及合同是否满足时段履约的条件提出意见建议。

2）按照时段履约的相关规定进行收入确认、计量和会计处理。

3）获取、编制充分、恰当的收入核算证明材料。

34.4.2　业务部门

业务部门是合同的签订和项目的执行部门，其主要职责为：

1）签订合同时审阅合同是否满足新收入准则识别合同的五个条件，同时审阅合同是否满足时段履约的条件，不满足的与客户协商修改合同条款。

2）履行项目立项审批程序，编制项目预算、项目工作量分解表，合同变更的应及时履行变更立项审批程序。

3）提供项目收入确认、计量和履约进度的各类资料。

4）提供成本归集、结转的各类资料。

5）办理价款结算、收取合同价款。

34.5　业务流程和操作规范

《企业会计准则第 14 号——收入》（2017 年修订）执行时间为境内上市企业自 2020 年 1 月 1 日起施行，执行企业会计准则的非上市企业自 2021 年 1 月 1 日起施行。

企业应当按五步法进行收入的确认和计量，收入确认计量的一般步骤：

第 1 步，识别与客户订立的合同。获取企业与客户签订的合同后，应当首先判断合同是否同时满足新收入准则中关于合同的五项条件，满足条件的合同，企业在客户取得相关商品控制权时确认收入；不满足条件的合同，企业只有在合同已完成或取消且已向客户收取的对价无需退回时，才能将已收取的对价确认为收入。

第 2 步，识别合同中单独的履约义务。履约义务是指合同中企业向客户转让可明确区分商品的承诺。企业应当识别合同中包含几个单项履约义务。

第 3 步，确定交易价格。企业应当考虑可变对价、合同中存在的重大融资成分、非现金对价、应付客户对价等因素的影响，确定交易价格。

第 4 步，将交易价格分摊至单独的履约义务。合同中包含两项或多项履约义务的，企业应当在合同开始日，按照各单项履约义务所承诺商品的单独售价的相对比例，将交易价格分摊至各单项履约义务。企业应当按照分摊至各单项履约义务的交易价格计量收入。

第 5 步，在履行各单项履约义务的期间内或客户取得相关商品控制权时点确认收入。收入确认分为两种模式，一是满足新收入准则在某一时段内履行履约义务条件之一的商品或服务，属于在某一时段内履行的履约义务，在该段时间内按履约进度分期确认收入；二是不满足新收入准则在某一时段内履行履约义务条件的商品或服务，在商品或服务履约后客户取得相关商品控制权时点一次性确认收入。

本范例仅就时段履约的收入核算进行规范。

34.5.1 识别合同

企业应当首先判断与客户之间的合同是否同时满足下列条件，同时满足的企业应当在客户取得相关商品控制权时确认收入；不满足条件的合同，企业只有在不再负有向客户转让商品的剩余义务，且已向客户收取的对价无需退回时，才能将已收取的对价确认为收入。

1）合同各方已批准该合同并承诺将履行各自义务。

2）该合同明确了合同各方与所转让商品或提供劳务相关的权利和义务。

3）该合同有明确的与所转让商品相关的支付条款。

4）该合同具有商业实质，即履行该合同将改变企业未来现金流量的风险、时间分布或金额。

5）企业因向客户转让商品而有权取得的对价很可能收回。

合同合并。企业与同一客户同时订立或在相近时间内先后订立的多份合同，在满足条件时，应当合并为一份合同进行会计处理。

合同变更。企业与客户的合同变更，应当区分合同变更部分作为一份单独的合同、原合同终止将原合同未履约部分与合同变更部分合并为新合同、合同变更部分作为原合同的组成部分三种情况进行会计处理。

【案例 1】

2020 年 1 月 15 日，乙公司和客户签订了一项总金额为 1 000 万元的合同，为客户研制一颗商用微小卫星，预计合同总成本为 700 万元。2020 年 3 月，合同双方同意更改该卫星的设计，合同价格因此而增加 200 万元。在本例中，由于合同变更后拟提供的研制服务与在合同变更日或之前已提供的研制服务不可明确区分，因此，乙公司应当将合同变更作为原合同的组成部分进行会计处理。

34.5.2 识别合同中的单项履约义务并确定交易价格

识别合同中所包含的各单项履约义务，并确定交易价格，将交易价格分摊至各单项履约义务，按照分摊至各单项履约义务的交易价格确认收入。

34.5.2.1 识别合同中所包含的各单项履约义务

企业应当识别合同中包含的几个单项履约义务。下列情况企业应当作为单项履约义务：

一是转让可明确区分的商品，例如转让北斗用户机、天线等。

二是转让符合时段履约条件的单项可明确区分商品，例如转让卫星、提供固定期限的卫星广播电视传输服务等。

34.5.2.2 确定交易价格

交易价格，是指企业因向客户转让商品而预期有权收取的对价金额。合同标价并不一定代表交易价格，企业代第三方收取的款项（例如增值税）以及企业预期将退还给客户的款项，应当作为负债进行会计处理，不计入交易价格。

在确定交易价格时，企业应当考虑可变对价、合同中存在的重大融资成分、非现金对价以及应付客户对价等因素的影响。

（1）可变对价

企业与客户的合同中约定的对价金额可能是固定的，也可能因或有事项的发生而变化（如索赔条款等）。

【案例 2】

乙公司为其客户研制一颗商用卫星，合同约定的价款为 5 000 万元，但是，如果乙公司不能在合同签订之日起的 1 年半内完工交付，则须支付 500 万元罚款，该罚款从合同价款中扣除。上述金额均不含增值税。

本例中，该合同的对价金额实际由两部分组成，即 4 500 万元的固定价格以及 500 万元的可变对价。

【小贴士】

企业可以根据情况选择下列两种方法之一确定可变对价最佳估计数：按最可能发生金额或按照期望值，但包含可变对价的交易价格，应当不超过在相关不确定性消除时累计已确认收入极可能不会发生重大转回的金额。

①可变对价最佳估计数的确定

在对可变对价进行估计时，企业应当按照最可能发生金额或期望值确定可变对价的最佳估计数。这并不意味着企业可以在两种方法之间随意进行选择，而是应当选择能够更好地预测其有权收取的对价金额的方法，并且对于类似的合同，应当采用相同的方法进行估计。

最可能发生金额是一系列可能发生的对价金额中最可能发生的单一金额，即合同最可能产生的单一结果。当合同仅有两个可能结果（例如，企业能够按时完成或不能按时完成某项目）时，按照最可能发生金额估计可变对价金额可能是恰当的。

【案例 3】

乙公司为其客户研制一颗商用卫星，合同约定的价款为 5 000 万元，但是，如果乙公司不能在合同签订之日起的 1 年半内完工交付，则须支付 500 万元罚款，该罚款从合同价款中扣除。上述金额均不含增值税。

乙公司对合同结果的估计如下：卫星按时完工的概率为 90%，工程延期的概率为 10%。本例中，由于该合同涉及两种可能结果，乙公司认为按照最可能发生金额能够更好地预测其有权获取的对价金额。因此，乙公司估计的交易价格为 5 000 万元，即为最可能发生的单一金额。

期望值是按照各种可能发生的对价金额及相关概率计算确定的金额。如果企业拥有大量具有类似特征的合同，企业据此估计合同可能产生多个结果时，按照期望值估计可变对价金额通常是恰当的。

【案例4】

乙公司与甲公司签订卫星通信系统合同，合同金额2 000万元，合同工期1年5个月，合同约定系统提前10天完工交付奖励50万元，提前20天完工交付奖励100万元，提前30天完工交付奖励200万元，上述价格均不包含增值税。

本例中，乙公司认为期望值能够更好地预测其有权获取的对价金额，判断提前完工的概率分别为60%、30%、10%，假定不考虑有关将可变对价计入交易价格的限制要求，在该方法下，乙公司估计交易价格为2 080元（表1）。

表1 交易价格的估计

（单位：万元）

	固定价格	奖励金额	概率	不同概率的价格	估计的交易价格
提前10天完工	2 000	50	60%	2 050	1 230
提前20天完工	2 000	100	30%	2 100	630
提前30天完工	2 000	200	10%	2 200	220
合计					2 080

②计入交易价格的可变对价金额的限制

包含可变对价的交易价格，应当不超过在相关不确定性消除时，累计已确认的收入极可能（远高于50%但不要求达到95%）不会发生重大转回的金额。

（2）合同中存在重大融资成分

当企业将商品的控制权转移给客户的时间与客户实际付款的时间不一致时，应当考虑合同中是否包含了重大融资成分。

合同中存在重大融资成分的，企业应当按照假定客户在取得商品控制权时即以现金支付的应付金额（即现销价格）确定交易价格。

如企业以赊销的方式销售商品，如果在合同中约定的付款时间为客户提供了重大融资利益，在确定交易价格时，应当对已承诺的对价金额做出调整，剔除货币时间价值的影响，即收入中不含货币时间价值。

如企业以预收款的方式销售商品，如果在合同中约定的付款时间为企业提供了重大融资利益，客户选择在合同签订时预付货款，商品控制权在交付时转移，在确定交易价格时，应当对已承诺的对价金额做出调整，增加货币时间价值的影响，即收入中包含货币时间价值。

【小贴士】

如果在合同开始日，企业预计客户取得商品控制权与客户支付价款间隔不超过 1 年，可以不考虑合同中存在的重大融资成分。企业应当对类似情形下的类似合同一致地应用这一简化处理方法。

合同中存在重大融资成分的，企业在确定该重大融资成分的金额时，应使用将合同对价的名义金额折现为商品现销价格的折现率。该折现率一经确定，不得因后续市场利率或客户信用风险等情况的变化而变更。企业确定的交易价格与合同承诺的对价金额之间的差额，应当在合同期间内采用实际利率法摊销。

（3）非现金对价

当企业因转让商品而有权向客户收取的对价是非现金形式时，如实物资产、无形资产、股权等。企业通常应当按照非现金对价在合同开始日的公允价值确定交易价格。非现金对价公允价值不能合理估计的，应当参照其承诺向客户转让商品的单独售价间接确定交易价格。

（4）应付客户对价

合同中存在应付客户对价的，除非该对价是为了向客户取得其他可明确区分商品或服务的，否则企业应用该应付对价冲减交易价格，并在确认相关收入与支付（或承诺支付）客户对价二者孰晚的时点冲减当期收入。

34 5.2.3　将交易价格分摊至各单项履约义务

当合同中包含两项或多项履约义务时，需要将交易价格分摊至各单项履约义务，以使企业分摊至各单项履约义务（或可明确区分的商品）的交易价格，能够反映其因向客户转让已承诺的相关商品而预期有权收取的对价金额。

（1）分摊的一般原则

合同中包含两项或多项履约义务的，企业应当在合同开始日，按照各单项履约义务所承诺商品的单独售价的相对比例，将交易价格分摊至各单项履约义务。

【案例 5】

乙公司与客户签订合同，承担客户 A、B、C 三个项目，合同价款为 10 000 万元。A、B、C 的单独售价分别为 5 000 万元、2 500 万元和 7 500 万元，合计 15 000 万元。上述价格均不包含增值税。

本例中，根据上述交易价格分摊原则，A 应当分摊的交易价格为 3 333 万元（即 5 000÷15 000×10 000 万元），B 应当分摊的交易价格为 1 667 万元（即 2 500÷15 000×10 000 万元），C 应当分摊的交易价格为 5 000 万元（即 7 500÷15 000×10 000 万元）。

单独售价，是指企业向客户单独销售商品的价格。合同上的金额可能是商品的单独售价，但不能默认其一定是该商品的单独售价。单独售价无法直接观察的，企业应当综合考虑其能够合理取得的全部相关信息，采用市场调整法、成本加成法、余值法等方法合理估计单独售价。

（2）分摊合同折扣

当客户购买的一组商品中所包含的各单项商品的单独售价之和高于合同交易价格时，表明客户因购买该组商品而取得了合同折扣。合同折扣，是指合同中各单项履约义务所承诺商品的单独售价之和高于合同交易价格的金额。企业应当在各单项履约义务之间按比例分摊合同折扣。有确凿证据表明合同折扣仅与合同中一项或多项（而非全部）履约义务相关的，企业应当将该合同折扣分摊至相关的一项或多项履约义务。

同时满足下列三项条件时，企业应当将合同折扣全部分摊至合同中的一项或多项（而非全部）履约义务：一是企业经常将该合同中的各项可明确区分商品单独销售或者以组合的方式单独销售；二是企业也经常将其中部分可明确区分的商品以组合的方式按折扣价格单独销售；三是归属于上述第二项中每一组合的商品的折扣与该合同中的折扣基本相同，且针对每一组合中的商品的分析为将该合同的整体折扣归属于某一项或多项履约义务提供了可观察的证据。

【案例6】

乙公司与客户签订合同，承担客户A、B、C三个项目，合同总价款为120万元，这三个项目构成三项履约义务。企业经常以50万元单独销售A，其单独售价可直接观察；B和C的单独售价不可直接观察，企业采用市场调整法估计B的单独售价为25万元，采用成本加成法估计C的单独售价为75万元。乙公司通常以50万元的价格单独销售A，并将B和C组合在一起以70万元的价格销售。上述价格均不包含增值税。

本例中三个项目的单独售价合计为150万元，而该合同的价格为120万元，该合同的整体折扣为30万元。由于乙公司经常将B和C组合在一起以70万元的价格销售，该价格与其单独售价之和（100万元）的差额为30万元，与该合同的整体折扣一致，而A单独销售的价格与其单独售价一致，证明该合同的整体折扣仅应归属于B和C。因此，在该合同下，分摊至A的交易价格为50万元，分摊至B和C的交易价格合计为70万元，乙公司应当进一步按照B和C的单独售价的相对比例将该价格在两者之间进行分摊：B应分摊的交易价格为17.5万元（25÷100×70万元），C应分摊的交易价格为52.5万元（75÷100×70万元）。

（3）分摊可变对价

合同中包含可变对价的，该可变对价可能与整个合同相关，也可能仅与合同中的某一特定组成部分有关。

同时满足下列两项条件的，企业应当将可变对价及可变对价的后续变动额全部分摊至与之相关的某项履约义务：一是可变对价的条款专门针对企业为履行该项履约义务所做的努力（或者是履行该项履约义务所导致的特定结果）；二是企业在考虑了合同中的全部履约义务及支付条款后，将合同对价中的可变金额全部分摊至该项履约义务符合分摊交易价格的目标。

对于不满足上述条件的可变对价及可变对价的后续变动额，以及可变对价及其后续变动额中未满足上述条件的剩余部分，企业应当按照分摊交易价格的一般原则，将其分摊至合同中的各单项履约义务。

【小贴士】

对于已履行的履约义务，其分摊的可变对价后续变动额应当调整变动当期的收入。

【案例 7】

乙公司与甲公司签订合同，合同中 X 和 Y 分别构成单项履约义务，且都属于在某一时段履行的履约义务。合同约定，X 的价格为 80 万元，Y 提前或推后完成均有奖罚措施。X 和 Y 的单独售价分别为 80 万元和 100 万元。乙公司估计 Y 的交易价格为 100 万元。上述价格均不包含增值税。

本例中，该合同中包含固定对价和可变对价，其中，X 的价格为固定对价，且与其单独售价一致，Y 的价格根据完工的早晚估计，属于可变对价，该可变对价全部与 Y 的对价有关，且乙公司估计的交易价格接近 Y 的单独售价。因此，乙公司将可变对价部分金额全部由 Y 承担符合交易价格的分摊目标。

（4）交易价格的后续变动

合同开始日之后，由于相关不确定性的消除或环境的其他变化等原因，交易价格可能会发生变化，从而导致企业因向客户转让商品而预期有权收取的对价金额发生变化。

交易价格发生后续变动的，企业应当按照在合同开始日所采用的基础将该后续变动金额分摊至合同中的履约义务。企业不得因合同开始日之后单独售价的变动而重新分摊交易价格。

对于合同变更导致的交易价格后续变动，应当按照有关合同变更的规定进行会计处理。合同变更之后发生可变对价后续变动的，应当区分不同情形分别进行会计处理。

34.5.3　识别某一时段内履行履约义务的条件

合同生效日，企业应当对合同进行评估，识别合同中包含几项单项履约义务，并确定各单项履约义务是在某一时段内履行，还是在某一时点履行，然后，在履行了各单项履约义务时分别确认收入。

满足下列条件之一的，属于在某一时段内履行履约义务；否则，属于在某一时点履行履约义务：

1）企业在向客户提供商品或服务的同时客户即能够享受该商品或服务所带来的经济利益。

2）客户能够控制企业履约过程中在建的商品。

3）企业提供的商品具有不可替代用途，且在整个合同期间内的任一时点由于客户或第三方原因终止合同时企业均拥有法定的收款权利，该收款权为由于客户或第三方原因终止合同时企业有权就累计至合同终止日的已发生成本加合理利润向客户收取款项的权利。

【小贴士】

时段履约在履行合同的过程中按履约进度分期确认收入，时点履约在客户取得商品控制权时点一次性确认收入。

34.5.3.1　企业在向客户提供商品或服务的同时客户即能够享受该商品或服务所带来的经济利益

企业在向客户提供商品或服务的同时，客户即能够享受该商品或服务所带来的经济利益，该履约义务属于在某一时段内履行的履约义务，企业应当在履行履约义务的期间内确认收入。

【案例8】

卫星广播电视传输服务中的固定业务，物业服务中的保安及保洁等服务类合同，可以直观的获知，企业在提供传输、保安、保洁服务的同时，客户即收看或收听到广播电视信号，享受到安全清洁的环境。

【小贴士】

对于难以判断是否符合本条件的情形，可以假定在履约过程中更换为其他企业继续履行剩余履约义务，当继续履行合同的企业实质上无需重新执行原企业已经完成的工作时，表明客户在企业履约的同时即取得并消耗了企业履约所带来的经济利益。

34.5.3.2　客户能够控制企业履约过程中在建的商品

企业在履约过程中在建的商品包括在产品，在建工程，尚未完成的研发项目，正在进行的服务等。客户控制了在建的商品，并在企业提供商品的过程中获得其利益，因此，该履约义务属于在某一时段内履行的履约义务，应当在该履约义务履行的期间内确认收入。

【案例9】

乙公司与客户签订合同，按照客户要求在其土地上建设应急通信系统，包括大型天线（天线基座需土建）、配套机房（机房需土建）、通信设备、软件等，在建设过程中客户有权修改系统的设计，并与乙公司重新协商设计变更后的合同价款。客户定期按进度向乙公司支付项目款。如果客户终止合同，已完成的系统（不可轻易被拆除）归客户所有。

本例中，乙公司为客户建设通信系统，该通信系统位于客户的土地上，客户终止合同时，已建设的系统（不可轻易被拆除）归客户，表明客户在该系统建设的过程中就能够控制该在建的系统。因此，乙公司提供的该系统建设属于在某一时段内履行的履约义务，企业应当在提供该服务的期间内确认收入。

【小贴士】

如果合同中约定“乙方在合同标的研制过程中形成在产品的所有权归客户所有”，且客户能够合理利用该在产品并从中获得几乎全部的经济利益，也就是说，即使合同终止，在产品的所有权也归客户所有，客户取得该在产品可由其他单位继续生产，无需重新执行已经开展的工作，该履约义务属于在某一时段内履行的履约义务，应当在该履约义务履行的期间内确认收入。

34.5.3.3　企业提供的商品具有不可替代用途且拥有合格收款权

企业提供的商品具有不可替代用途，且在整个合同期间内的任一时点由于客户或第三方原因终止合同时，企业均拥有法定的收款权利，该收款权为：由于客户或第三方原因终止合同时，企业有权就累计至合同终止日的已发生成本加合理利润向客户收取款项的权利，该履约义务属于在某一时段内履行的履约义务，应当在该履约义务履行的期间内确认收入。

【小贴士】

在判断是否满足本条件时，以下两个要素缺一不可：

1）商品具有不可替代用途。在合同开始日，如果合同中约定的实质性限制条款导致企业不能将商品用于其他用途，或当企业将合同中约定的商品用作其他用途将导致企业遭受重大的经济损失时，表明商品具有不可替代用途。

2）拥有合格收款权。在整个合同期间内的任一时点由于客户或第三方原因终止合同时企业均拥有法定的收款权利，该收款权为由于客户或第三方原因终止合同时企业有权就累计至合同终止日的已发生成本加合理利润向客户收取款项的权利。

关于合格收款权。企业在合同中有如下约定之一，且实际发生的成本（成本构成双方达成一致）和合理利润是从客户获得的表明其拥有合格收款权：

1）由于甲方调整性能指标要求等原因，致使无法实现合同目标，或者合同变更、解除，并给乙方造成损失的，已拨经费不得追回，超出已拨经费范围外完成工作的对应经费，甲方与乙方签订违约补偿合同实施补偿。

2）由于甲方原因致使合同解除，并给乙方造成损失的，已付价款不得追回，超出已付价款范围外完成工作的对应价款，甲方与乙方签订违约补偿合同实施补偿。

3）由于甲方原因致使合同解除，并给乙方造成损失的，已付价款不得追回，超出已付价款范围外完成工作的对应价款，甲方向乙方实施补偿。

4）由于甲方原因致使合同解除，并给乙方造成损失的，甲方补偿乙方实际已完成工作对应的合同价款。

5）由于合同当事人一方原因解除合同时，合同解除后，尚未履约的，终止履行；已经履行的，根据履行情况和合同性质，合同当事人有权要求赔偿损失；赔偿的损失应当包括截至合同解除日守约方实际发生的成本（包括实际发生的材料费、外协费、人工费、直接费用和间接费用）与生产利润损失或经营利润损失之和。

6）由于合同当事人一方原因解除合同时，合同解除后，尚未履约的，终止履行；已经履行的，根据履行情况和合同性质，合同当事人有权要求赔偿损失，赔偿的损失应当包括截至合同解除日守约方实际发生的成本与生产利润损失或经营利润损失之和。

【小贴士】

如果合同的终止、违约或赔偿责任等条款的约定为“客户原因终止合同，客户补偿给企业造成的直接损失”，由于合同约定的直接损失对应于成本损失，如果客户在合同执行过程中终止合同，企业仅有权主张客户补偿其已发生成本所对应的收款权利，因此，企业不拥有合格收款权，不能按时段履约确认收入，应在商品控制权转移时一次性确认收入。

补偿企业的合理利润并不意味着补偿金额一定要等于该合同的整体毛利水平。

企业在判断是否具有合格收款权时，需要注意以下五点：

1）企业和客户之间在合同中约定的付款时间进度表，不一定就表明企业有权就累计至今已完成的履约部分收取款项，这是因为合同约定的付款进度和企业的履约进度可能并不匹配。

2）企业通常会在与客户的合同中约定，只有在达到某一重要时点、某重要事项完成后或者整个合同完成之后，企业才拥有无条件的收取相应款项的权利。应当考虑，假设在发生由于客户或其他方原因导致合同在重要时点、重要事项完成前或合同完成前终止时，企业是否有权主张该合格收款权。

3）企业有权收取的款项为保证金或仅是补偿企业已经发生的成本或可能损失的利润的，不满足这一条件。

4）当客户先行支付的合同价款金额足够重大（通常指全额预付合同价款），以致能够在整个合同期间内任一时点补偿企业已经发生的成本和合理利润时，如果客户要求提前终止合同，企业有权保留该款项并无需返还，且有相关法律法规支持的，则表明企业能够满足在整个合同期间内有权就累计至今已完成的履约部分收取款项的条件。

5）企业应当综合考虑合同条款、法律法规要求、以往司法实践以及类似案例的结果等判断是否拥有法定的收款权利。

【案例 10】

乙公司与甲公司签订合同，针对甲公司的实际情况和面临的具体问题，乙公司为其接口控制与数据处理系统提供定制升级服务。双方约定，乙公司仅需要向甲公司提交最终的定制升级服务，而无需提交任何其在工作过程中相关资料；在整个合同期间内，如果由于甲公司原因其单方面终止合同，甲公司需要赔偿截至合同终止日乙公司实际已完成工作对应的合同价款。

本例满足条件3）。由于该定制升级服务是针对甲公司的具体情况而提供的，乙公司无法将最终的服务成果用作其他用途，表明其具有不可替代用途；此外，在整个合同期间内，如果由于甲公司原因其单方面终止合同，甲公司需要赔偿乙公司实际已完成工作对应的合同价款。因此，乙公司向甲公司提供的数据处理系统属于在某一时段内履行的履约义务，乙公司应当在其提供服务的期间内按照适当的履约进度确认收入。

【案例 11】

乙公司是一家卫星研制企业，与甲公司签订了一份卫星研制合同，按照甲公司的具体要求设计和研制卫星。乙公司在自己的厂区内完成该卫星的研制，甲公司无法控制在建过程中的卫星。乙公司如果想把该卫星出售给其他客户，需要发生重大的改造成本。双方约定，如果甲公司单方面解约，甲公司需向乙公司支付相当于合同总价 30% 的违约金，且研制中的卫星归乙公司所有。该合同仅包含一项履约义务，即设计和研制卫星。

本例不满足时段履约的条件 2)，也不满足条件 3)。第一，由于卫星在乙公司场地研制，且卫星研制中过程中的在产品归乙公司所有，甲公司无法控制在建过程中的卫星，不满足时段履约的条件 2)。第二，卫星是按照甲公司的具体要求进行设计和研制，需要发生重大改造成本才能将其出售给其他方，对于乙公司是不经济的，因此，该卫星具有不可替代用途，然而，如果甲公司单方面解约，仅需向乙公司支付相当于合同总价 30% 的违约金，表明乙公司无法在整个合同期间内都有权就累计至今已完成的履约部分收取能够补偿其已发生成本和合理利润的款项，不满足时段履约的条件 3)。因此，乙公司为甲公司设计和研制卫星不属于在某一时段内履行的履约义务，应按时点履约确认收入。

判断合同是否满足时段履约条件的关键点，具体可见表 34－1。

表 34－1　判断合同是否满足时段履约条件的关键点

合同类型	适用的时段履约条件	判断关键点
航天器研制及应用类合同	客户能够控制企业履约过程中在建的商品	如果合同中约定“乙方在合同标的研制过程中形成在产品的所有权归客户所有”，且客户能够合理利用该在产品并从中获得几乎全部的经济利益，也就是说，即使合同终止，在产品的所有权也归客户所有，客户取得该在产品可由其他单位继续生产，无需重新执行已经开展的工作，该履约义务属于在某一时段内履行的履约义务，应当在该履约义务履行的期间内确认收入
	企业提供的商品具有不可替代用途且拥有合格收款权	商品具有不可替代用途。在合同开始日，如果合同中约定的实质性限制条款导致企业不能将商品用于其他用途，或当企业将合同中约定的商品用作其他用途将导致企业遭受重大的经济损失时，表明商品具有不可替代用途。 拥有合格收款权。在整个合同期间内的任一时点由于客户或第三方原因终止合同时企业均拥有法定的收款权利，该收款权为由于客户或第三方原因终止合同时企业有权就累计至合同终止日的已发生成本加合理利润向客户收取款项的权利
服务类合同	企业向客户提供商品或服务的同时客户即能够享受该商品或服务所带来的经济利益	对于难以判断是否符合本条件的情形，可以假定在履约过程中更换为其他企业继续履行剩余履约义务，当继续履行合同的企业实质上无需重新执行原企业已经完成的工作时，表明客户在企业履约的同时即取得并消耗了企业履约所带来的经济利益

在执行新收入准则判断合同是否满足时段履约条件并进行收入核算时，应将合同中与时段履约的相关信息进行梳理、分析、判断，识别合同是否满足时段履约条件，具体可参见表 34－2。

表 34－2　新收入准则执行相关事项信息表

（单位：元）

序号	项目编号	项目名称	合同编号	合同名称	客户单位		合同额	增值税	收入	预计总成本	合同包含的单项履约义务	时段履约条件 2 的判断	时段履约条件 3 的判断		时段/时点	合同约定的收款情况		合同约定的中间/最终交付成果情况		
					单位性质	单位名称						合同中是否约定乙方在合同标的研制过程中形成在产品的所有权归客户所有，如有，列明具体条款	是否为定制化项目	合同中甲方终止合同的相关条款		合同约定的收款时间（年–月）	合同约定的收款条款	合同约定的中间/最终交付成果的时间节点	合同约定的中间/最终交付节点对应工作成果	合同约定的中间/最终交付节点对应成果的证明材料
合计																				

34.5.4　某一时段内履行履约义务的收入确认

对于在某一时段内履行的履约义务，企业应当在该段时间内按照履约进度确认收入，但是，履约进度不能合理确定的除外。企业应当考虑商品的性质，采用产出法或投入法确定恰当的履约进度，并且在确定履约进度时，应当扣除那些控制权尚未转移给客户的商品和服务。其中，产出法是根据已转移给客户的商品对于客户的价值确定履约进度；投入法是根据企业为履行履约义务的投入确定履约进度。对于类似情况下的类似履约义务，企业应当采用相同的方法确定履约进度。

企业按照履约进度确认收入时，通常应当在资产负债表日按照合同中单项履约义务的交易价格总额乘以履约进度扣除以前会计期间累计已确认的收入后的金额，确认为当期收入。

当履约进度不能合理确定时，企业已经发生的成本预计能够得到补偿的，应当按照已经发生的成本金额确认收入，直到履约进度能够合理确定为止。

34.5.4.1　产出法

产出法是根据已转移给客户的商品对于客户的价值确定履约进度的方法，通常可采用实际测量的完工进度、评估已实现的结果、已达到的里程碑、时间进度、已完工或交付的产品等产出指标确定履约进度。

【小贴士】

企业在评估是否采用产出法确定履约进度时，应当考虑具体的事实和情况，并选择能够如实反映企业履约进度和向客户转移商品控制权的产出指标。

当企业采用实际测量的完工进度、评估已实现的结果、已达到的里程碑等产出指标确定的完工进度与实际履约进度一致时，采用产出法是恰当的。例如，科研型卫星研制业务，各阶段发生的支出与产出不匹配，采用工作量法确定完工进度，可恰当反映企业各时段的履约进度。

【案例 12】

乙公司与客户签订合同，为该客户研制一颗卫星，合同价格为 1 亿元（不含税价）。该卫星研制分为 100 个节点，截至 2020 年 12 月 31 日，乙公司完成 30 个节点的工作，业务部门提供的约当量为 25%。该合同仅包含一项履约义务，且该履约义务满足在某一时段内履行的条件。假定不考虑其他情况。

本例中，乙公司提供的卫星研制业务属于在某一时段内履行的履约义务，乙公司按照已完成的工作量确定履约进度。因此，截至 2020 年 12 月 31 日，该合同的履约进度为 25%，乙公司应确认的收入为 2 500 万元（即 1 亿元×25%）。

产出法是根据能够代表向客户转移商品控制权的产出指标而直接计算履约进度的，因此通常能够客观地反映履约进度。当选择的产出指标无法计量控制权已转移给客户的商品时，不应采用产出法。例如，当处于生产过程中的在产品在其完工或交付前已属于客户时，如果该在产品对本合同或财务报表具有重要性，则在确定履约进度时不应使用已完工或已交付的产品作为产出指标，这是因为处于生产过程中的在产品的控制权也已经转移给了客户，而这些在产品不应包括在产出指标的计量中，因此该指标并未如实反映已向客户转移商品的进度。又如，如果企业在合同约定的各个里程碑之间向客户转移了重大的商品的控制权，则很可能表明基于已达到的里程碑确定履约进度的方法是不恰当的。

34.5.4.2　投入法

投入法是根据企业履行履约义务的投入确定履约进度的方法，通常可采用投入的材料数量、花费的人工工时或机器工时、发生的成本和时间进度等投入指标确定履约进度。当企业从事的工作或发生的投入是在整个履约期间内平均发生时，企业也可以按照直线法确认收入。

【小贴士】

当企业采用累积实际发生支出/预算总成本计算的完工进度（成本法）、时间进度等与实际履约进度一致时，采用投入法是恰当的。如果企业的投入进度与实际完工进度一致，一般采用成本法确定履约进度。卫星广播电视传输中的固定业务，企业在合同期内随时在客户需要时提供传输服务，可按时间进度确定完工进度。

投入法所需要的投入指标虽然易于获得，但是，投入指标与企业向客户转移商品的控制权之间未必存在直接的对应关系。因此，企业在采用投入法确定履约进度时，应当扣除那些虽然已经发生，但是未导致向客户转移商品的投入。对于由于报销不及时造成当期成本归集不完整的，应当暂估成本。

企业通常按照累计实际发生的成本占预计总成本的比例（即成本法）确定履约进度，累计实际发生的成本包括企业向客户转移商品过程中所发生的直接成本和间接成本，如直接人工、直接材料、外协成本、分包成本以及其他与合同相关的成本。

在下列情形下，企业在采用成本法确定履约进度时，可能需要对已发生的成本进行适当的调整：

一是，已发生的成本并未反映企业履行履约义务的进度。例如，因企业生产效率低下等原因而导致的非正常消耗，包括非正常消耗的直接材料、直接人工及制造费用等，不应包括在累计实际发生的成本中，这是因为这些非正常消耗并没有为合同进度做出贡献，但是，企业和客户在订立合同时已经预见会发生这些成本并将其包括在合同价款中的除外。

二是，已发生的成本与企业履行履约义务的进度不成比例。当企业已发生的成本与履约进度不成比例，企业在采用成本法确定履约进度时需要进行适当调整。对于由于报销不及时造成当期成本归集不完整的，应当暂估成本；对于在合同开始日就预期将能够满足下列所有条件时，应在采用成本法确定履约进度时不包括这些成本，而仅以其已发生的成本为限确认收入。

第一，该商品或材料不可明确区分，即不构成单项履约义务。

第二，客户先取得该商品或材料的控制权，之后才接受与之相关的服务。

第三，该商品或材料的成本相对于预计总成本而言是重大的。

第四，企业自第三方采购该商品或材料，且未深入参与其设计和制造，对于包含该商品的履约义务而言，企业是主要责任人。

【案例 13】

2020 年 10 月，乙公司与客户签订合同，在客户的产业园区内按照客户要求建设智慧安监系统（包括自研软件和相关硬件，该软件是相关硬件不可缺少的组成部分），合同总金额为 1 000 万元。乙公司预计的合同总成本为 800 万元，其中包括相关硬件的采购成本 300 万元。客户定期按进度向乙公司支付项目款。如果客户终止合同，已完成的系统归客户所有。该智慧安监系统（包括自研软件和相关硬件）构成单项履约义务，并属于在某一时段内履行的履约义务，乙公司是主要责任人，但不参与硬件的设计和制造。乙公司采用成本法确定履约进度。上述金额均不含增值税。

假设 1：2020 年 12 月，乙公司将相关硬件运达客户现场并经过客户验收，客户已取得对相关硬件的控制权，但是，根据项目进度，预计到 2021 年 9 月才会完成该系统。截至 2020 年 12 月，乙公司累计发生成本 400 万元，其中包括支付给设备供应商的采购成本 300 万元以及自研软件发生的人工等相关成本 100 万元。

本例中，截至 2020 年 12 月，乙公司发生成本 400 万元（包括设备采购成本 300 万元以及自研软件发生的人工等相关成本 100 万元），乙公司已发生的成本和履约进度不成比例，因此，在同时满足上述 4 个条件时需要对履约进度的计算做出调整，将硬件的采购成本排除在已发生成本和预计总成本之外。在该合同中，该硬件不构成单项履约义务，其成本相对于预计总成本而言是重大的，乙公司是主要责任人，但是未参与硬件的设计和制造，客户先取得了硬件的控制权，随后才接受与之相关的智慧安监系统，因此，乙公司应在客户取得该硬件控制权时，按照该硬件采购成本的金额确认转让硬件产生的收入。2020 年 12 月，该合同的履约进度为 20% [即（400−300）÷（800−300）]，应确认的收入和成本金额分别为 440 万元 [即（1 000−300）×20% 万元+300 万元] 和 400 万元 [即（800−300）×20% 万元+300 万元]。

假设 2：2020 年 12 月，乙公司将相关硬件运达客户现场但未经客户验收，客户未取得对相关硬件的控制权，其他同假设 1。在该合同中，该硬件不构成单项履约义务，其成本相对于预计总成本而言是重大的，硬件外购且未参与硬件的设计和制造，乙公司是提供智慧安监系统的主要责任人，但客户未取得硬件的控制权，不满足上述 4 个条件中的“第二条，客户先取得该商品或材料的控制权之后才接受与之相关的服务”。因此，乙公司按已发生成本占预计总成本的比例确认收入。2020 年 12 月，该合同的履约进度为 50%（即 400÷800），应确认的收入和成本金额分别为 500 万元（即 1 000×50% 万元）和 400 万元。

【案例 14】

乙公司经营卫星广播电视传输业务。2020 年 2 月 1 日，某客户与乙公司签订合同，乙公司在未来的 12 个月内为其提供卫星电视传输业务，合同金额 300 万元（不含税价）。

本例中，乙公司在该合同下的履约义务是承诺随时为客户提供传输服务，因此，该履约义务属于在某一时段内履行的履约义务，并且该履约义务在未来 12 个月内随时间的流逝而被履行。因此，乙公司按照直线法确认收入，即每月应当确认的收入为 25 万元（300÷12 万元），截至 2020 年 12 月 31 日，乙公司应确认的收入为 275 元（25×11 元）。另外，如果乙公司为客户提供临时的上行或下行卫星电视传输业务，合同约定按每次上行或下行的时长收费，则乙公司应当按照时点履约确认收入，即在完成每次传输后按上行或下行的时长与合同单价之积确认收入。

【小贴士】

每一资产负债表日，企业应当对履约进度进行重新估计。当客观环境发生变化时，企业也需要重新评估履约进度是否发生变化，以确保履约进度能够反映履约情况的变化，该变化应当作为会计估计变更进行会计处理。对于每一项履约义务，企业只能采用一种方法来确定其履约进度，并加以一贯运用。对于类似情况下的类似履约义务，企业应当采用相同的方法确定履约进度。

对于在某一时段内履行的履约义务，只有当其履约进度能够合理确定时，才应当按照履约进度分期确认收入。当履约进度不能合理确定时，企业已经发生的成本预计能够得到补偿的，应当按照已经发生的成本金额确认收入，直到履约进度能够合理确定为止。

不论企业采用产出法还是投入法确定履约进度，每年最后一个节点的履约进度均需附外部书面资料作为支撑依据。

34. 5. 5 合同履约成本

企业为履行合同发生各种成本，不属于存货、固定资产、无形资产等准则规范范围且同时满足下列条件的，应当作为合同履约成本确认为一项资产。

1）该成本与一份当前或预期取得的合同直接相关。包括直接材料、外协成本、直接人工、制造费用、明确由客户承担的成本以及仅因该合同而发生的其他成本。

2）该成本增加了企业未来用于履行（包括持续履行）履约义务的资源。

3）该成本预期能够收回。

34. 5. 6 相关会计科目设置

企业应当正确记录和反映与客户之间的合同产生的收入及相关成本费用。涉及时段履约的会计科目：“主营业务收入”“其他业务收入”“主营业务成本”“其他业务成本”“合同履约成本”“合同履约成本减值准备”“合同取得成本”“合同取得成本减值准备”

“合同资产”“合同资产减值准备”“合同负债”（见表 34－3）。

表 34－3　新收入准则新增会计科目与资产负债表报表项目列报

会计科目	资产负债表报表项目	
	流动	非流动
合同资产	同资产	其他非流动资产
合同资产减值准备		
合同负债	合同负债	其他非流动负债
合同履约成本	货	其他非流动资产
合同履约成本减值准备		
合同取得成本	他流动资产	其他非流动资产
合同取得成本减值准备		

34.5.7　某一时段内履行履约义务收入确认的会计处理

34.5.7.1　合同中不存在重大融资利益且履约进度可以合理确定

（1）项目前期准备工作

相关业务部门应根据合同等确定交易价格，履行企业内部立项审批程序，编制项目预算及项目的工作量分解表；财务部门应及时获取前述资料。合同变更的应及时履行变更立项审批程序，财务部门及时获取变更后的相关资料。

（2）合同约定预收款的，在收到预收款时

企业根据合同、银行收款凭证等·

借：银行存款

　　贷：合同负债

　　　　应交税金—应交增值税—销项税额（纳税义务发生时）

　　　　应交税费—待转销项税额

（3）项目支出的归集

企业实际发生支出时，根据合同、经审批的支出单据、发票、银行付款凭证、人工成本相关单据、出库单据、外协成本暂估说明、各类费用摊销或分配表等：

借：合同履约成本等

　　贷：原材料/应付职工薪酬/银行存款/应付账款等

（4）按履约进度确认收入结转成本

①履约进度确定方法

企业应当考虑项目的性质采用“产出法”或“投入法”确定履约进度。当企业从事的工作或发生的投入是在整个履约期间内平均发生时，企业也可以按照直线法确认收入。

1）按“产出法”确定履约进度。期末相关业务部门将经客户（第三方）确认或企业内部授权审批的项目节点完成情况的证明材料及对应的履约进度提供给财务部门。

本期确认的收入＝单项履约义务（交付物）的交易价格×履约进度－截至上期末累积已

确认收入

本期确认的成本=合同预计总成本×履约进度-截至上期末累积已确认成本

【小贴士】

完成某产出节点时其累计实际发生的成本超过按履约进度计算的成本时，超出部分的支出与该产出节点的工作相关，未来没有对应的经济利益流入，因此，应将超出部分的成本结转计入对应产出节点的主营业务成本。

2）按“投入法”确定完工进度。财务部门与相关业务部门确定成本归集的完整性后计算履约进度，履约进度=（累计已发生成本+暂估成本-支出已发生但未导致向客户转移商品的投入）/合同预计总成本；合同发生变更的需对合同预计总成本进行相应调整，调整后合同预计总成本=截至本期末累计已发生成本+预计完成合同尚需发生成本。

本期确认的收入=单项履约义务（交付物）的交易价格×履约进度-截至上期末累积已确认收入

本期确认的成本=截至本期末累积发生的成本（含暂估成本同时应减去支出已发生但未导致向客户转移商品的投入）-截至上期末累积已确认成本

②收入确认的依据

项目在年度中间（包括首次确认）确认收入的依据：

1）产出法。企业根据合同、合同预计总成本/调整后合同预计总成本，企业内部授权审批的履约进度证明材料（产出法），收入确认成本结转表等。

【小贴士】

采用产出法确定履约进度的企业内部授权审批的履约进度证明材料应当包括：工作节点完成情况的评审报告，完成的工作节点及其对应的完工进度比例，同时，相关节点和比例应当与项目的工作量分解表存在对应关系。

2）投入法。企业根据合同、合同预计总成本/调整后合同预计总成本、按投入法计算的履约进度表、收入确认成本结转表等。

项目年度内最后一个节点确认收入的依据：

1）产出法。企业根据合同、合同预计总成本/调整后合同预计总成本、客户或第三方确认或出具的工作节点完成情况评审报告，企业内部授权审批的履约进度表，收入确认成本结转表等。

【小贴士】

采用产出法确定履约进度的企业内部授权审批的履约进度表，应当列明经客户或第三方确认或出具的已完工作节点及其对应的履约进度比例，同时，相关节点和比例应当与项目的工作量分解表存在对应关系。

2）投入法。企业根据合同、合同预计总成本/调整后合同预计总成本、客户或第三方确认或出具的工作节点完成情况评审报告，按投入法计算的履约进度表、收入确认成本结转表等。

③会计处理

借：合同资产（收入确认时未到合同约定的收款节点）

　　应收账款（收入确认时达到合同约定的收款节点）

　　合同负债（收入确认时存在预收款项）等

　　贷：主营业务收入

　　　　应交税费—应交增值税—销项税额（纳税义务发生时）

　　　　应交税费—待转销项税额（确认收入时点早于增值税纳税义务发生时点）

借：主营业务成本

　　贷：合同履约成本

每一资产负债表日，同一合同的“合同资产”与“合同负债”科目相抵后的余额，根据流动性在资产负债表中分别列示为合同资产或其他非流动资产，合同负债或其他非流动负债。

（5）办理价款结算（达到合同约定的收款节点）

企业根据合同、结算单、第三方或客户确认的工作量完成情况证明材料等。

借：应收账款

　　应交税费—待转销项税额

　　贷：合同资产

　　　　应交税费—应交增值税—销项税额（纳税义务发生时）

（6）收取合同价款

企业根据合同、银行收款凭证等。

借：银行存款

　　贷：应收账款

（7）项目完工

企业根据合同，确定交易价格的资料、卫星在轨交付通知（卫星研制业务）、项目完工验收报告、项目成本完整性确认函（项目完工后需要业务部门对成本归集的完整性予以确认）、收入确认成本结转表等。

借：合同资产（收入确认时未到合同约定的收款节点）

　　应收账款（收入确认时达到合同约定的收款节点）

　　合同负债（收入确认时存在预收款项）等

　　贷：主营业务收入

　　　　应交税费—应交增值税—销项税额（纳税义务发生时）

　　　　应交税费—待转销项税额（确认收入时点早于增值税纳税义务发生时点）

借：主营业务成本

贷：合同履约成本

如果合同中约定了保证类质量保证金，应当在项目完工验收后将其确认为收入，将预计发生的质保费用计提计入“预计负债”科目，发生时冲减预计负债的产品质量保证费，质保期结束后冲销已计提未发生的余额，实际发生数大于计提数的差额计入当期损益。

34. 5. 7. 2　合同中不存在重大融资利益且履约进度不能合理确定

企业与客户签订的合同，经评估该合同中的履约义务符合在某一时段内履行履约义务条件，但是履约进度不能合理确定的，企业已经发生的成本预计能够得到补偿的，按照已经发生的成本金额确认收入，即确认的收入金额与结转的成本金额相等。

企业根据合同、履约进度不能合理确定及已经发生的成本预计能够得到补偿的说明、收入确认成本结转表等。

借：主营业务成本

　　贷：合同履约成本

同时

借：合同资产（收入确认时未到合同约定的收款节点）

　　应收账款（收入确认时达到合同约定的收款节点）

　　合同负债（收入确认时存在预收款项）等

　　贷：主营业务收入

　　　　应交税费—应交增值税—销项税额（纳税义务发生时）

　　　　应交税费—待转销项税额（确认收入时点早于增值税纳税义务发生时点）

项目执行中情况变化，履约进度能够合理确定时，按“合同中不存在重大融资利益且履约进度可以合理确定”进行相应的会计处理。

34. 5. 7. 3　合同中存在企业为客户提供重大融资利益

企业为客户提供重大融资的融资性合同在按履约进度确认收入时，所依据的交易价格不应包含未实现融资收益。

相关业务部门应履行为客户提供重大融资利益的审批程序，根据合同等确定交易价格，履行企业内部立项审批程序，编制卫星项目预算，卫星项目的工作量分解表；财务部门应及时获取前述资料。合同变更的应及时履行变更立项审批程序，财务部门应及时获取变更后的相关资料。

（1）按履约进度确认收入结转成本

企业选择适当方法确定履约进度，并根据未实现融资收益计算表以及“合同中不存在重大融资利益且履约进度可以合理确定”中“按履约进度确认收入结转成本”的附件要求。

借：长期应收款

　　贷：主营业务收入

　　　　未实现融资收益

　　　　应交税费—待转销项税额（确认收入时点早于增值税纳税义务发生时点）

借：主营业务成本

　　贷：合同履约成本

（2）项目完工

企业根据合同，确定交易价格的资料、卫星在轨交付通知（卫星研制业务）、项目完工验收报告、项目成本完整性确认函（项目完工后需要业务部门对成本归集的完整性予以确认）、未实现融资收益计算表、收入确认成本结转表等。

借：长期应收款

　　贷：主营业务收入

　　　　未实现融资收益

　　　　应交税费—应交增值税—销项税额（纳税义务发生时）

　　　　应交税费—待转销项税额（确认收入时点早于增值税纳税义务发生时点）

借：主营业务成本

　　贷：合同履约成本

（3）资产负债表日，确认融资成分的影响

企业根据合同、未实现融资收益结转计算表等。

借：未实现融资收益

　　贷：财务费用

（4）在合同约定的收款日

企业根据合同、未实现融资收益结转计算表、银行收款凭证、发票等。

借：银行存款

　　应交税费—待转销项税额

　　贷：长期应收款

　　　　应交税费—应交增值税—销项税额（纳税义务发生时）

借：未实现融资收益

　　贷：财务费用

34.5.7.4　合同中存在客户为企业提供重大融资利益

【小贴士】

客户为企业提供重大融资的融资性合同在按履约进度确认收入时，所依据的交易价格包含未实现融资费用。

相关业务部门应根据合同等确定交易价格，履行企业内部立项审批程序，编制卫星项目预算，卫星项目的工作量分解表；财务部门应及时获取前述资料。合同变更的应及时履行变更立项审批程序，财务部门应及时获取变更后的相关资料。

（1）收到款项

企业根据合同、发票、银行收款凭证、未确认融资费用计算表等。

借：银行存款

未确认融资费用

贷：合同负债

应交税费—应交增值税—销项税额（纳税义务发生时）

应交税费—待转销项税额

（2）资产负债表日，确认融资成分的影响

企业根据合同、未确认融资费用结转计算表等。

借：财务费用—未确认融资费用

贷：未确认融资费用

（3）项目支出归集和按履约进度确认收入结转成本以及项目完工

项目支出的归集，确定履约进度的方法，收入确认成本结转的具体会计处理和附件要求，除依据的交易价格包含未确认融资费用、增值税纳税义务已在收款时考虑外，其他参见“合同中不存在重大融资利益且履约进度可以合理确定”的相关内容。

【案例 15】

采用工作量法确定履约进度的卫星研制业务收入核算

案例背景

2020 年 1 月 1 日，甲公司与乙公司签订一颗商用卫星研制合同。根据双方合同，该合同的不含税价为 6 600 万元（含税价 7 458 万元），研制期限为 1 年半，甲公司按照合同和研制进度每半年与乙公司结算（本例中的结算即合同约定的付款时间，下同）一次，乙公司负责卫星的研制和卫星设计寿命期内的在轨运行服务；预计 2021 年 6 月 30 日完工；预计卫星研制可能发生的总成本为 4 000 万元。卫星的设计寿命 3 年。乙公司增值税税率为 13%，不考虑其他相关因素。合同约定，如果甲公司无故解除合同，应赔偿乙公司实际已完成工作对应的合同价款。

2020 年 6 月 30 日，累计实际发生成本 1 520 万元，甲公司与乙公司结算合同价款 2 500 万元，乙公司实际收到价款 2 500 万元；2020 年 12 月 31 日，卫星研制累计实际发生成本与暂估成本合计 3 500 万元，甲公司与乙公司结算合同价款 4 200 万元，乙公司实际收到价款 4 200 万元；2021 年 6 月 30 日，累计实际发生成本 4 100 万元，甲公司与乙公司结算了合同价款 758 万元，并支付剩余合同款。假定乙公司与甲公司结算时即发生增值税纳税义务。乙公司（采用成本法确定履约进度）的账务处理：

涉及知识点

1. 合同包含几项履约义务（两项）；
2. 判断在轨运行是否包含重大融资成分（不含重大融资成分）；
3. 交易价格如何确定；
4. 判断各单项履约义务是时段履约还是时点履约（是时段履约）；符合哪个时段履约确认条件（符合履约条件 3 和履约条件 1）；

5. 分别采用哪种方法确定履约进度（采用产出法的工作量法、直线法）。

解析

经审阅合同同时满足识别合同的五个条件；合同中包含两项单项履约义务，一项是卫星研制，另一项是卫星在轨运行服务；交易价格为 6 600 万元；卫星在轨运行业务，虽然客户取得商品控制权与客户支付价款间隔超过一年，但两者之间没有包含重大融资成分，根据历史数据估计卫星在轨运行服务为 300 万元，则卫星研制业务的交易价格为 6 300 万元（即 6 600 万元-300 万元）。

判断是时段履约还是时点履约。在卫星研制单项履约义务中，如果乙公司被中途更换，新供应商需要重新执行卫星研制工作，所以甲公司在乙公司履约的同时并未取得并消耗乙公司卫星研制过程中所带来的经济利益，不满足时段履约条件 1；未约定履约过程中的在产品归客户所有，不满足时段履约条件 2；该卫星是根据客户的技术要求研制，且合同约定如果甲公司无故解除合同，应赔偿乙公司实际已完成工作对应的合同价款，合同价款一般包含利润，同时卫星是定制化项目，需要发生重大的改造成本才能出售给第三方，基本不存在转售收益，即利润从甲方赔偿中获得，另外，双方在合同洽谈过程中已对卫星成本构成达成一致，因此，满足时段履约条件 3“企业提供的商品具有不可替代用途，且在整个合同期间内的任一时点由于客户或第三方原因终止合同时企业均拥有法定的收款权利，该收款权为由于客户或第三方原因终止合同时企业有权就累计至合同终止日的已发生成本加合理利润向客户收取款项的权利”，属于在某一时段履行的履约义务。在卫星在轨运行服务单项履约义务中，乙公司在提供卫星在轨运行服务的同时甲公司就可获得卫星提供的信息，符合时段履约条件 1“企业在向客户提供商品或服务的同时客户即能够享受该商品或服务所带来的经济利益”，属于在某一时段履行的履约义务。

确定履约进度的方法。卫星研制业务，由于方案、设计、总装、试验、测试等的成本支出少、利润贡献率大，分系统和载荷的成本支出大、利润贡献率相对小，因此采用工作量法确定履约进度；业务部门编制全部节点的料、工、费、利的工作量分解表（金额合计等于卫星研制总收入），已完节点累计履约进度=累计已完工作的约当量金额（工作量分解表的已完节点金额）合计/卫星研制总收入。卫星在轨运行服务，由于卫星在轨运行业务是在未来 3 年内随时间的流逝而被履行，故乙公司采用直线法确定履约进度。

相关业务部门履行了立项审批程序，财务部门获得合同、确定交易价格的资料、内部立项审批表、项目全周期预算等相关资料。

提示：以下账务处理按半年列示，实务中应在每期末进行相关账务处理，单位：元。

1. 卫星研制业务会计处理

（1）2020 年 1 月 1 日至 6 月 30 日归集的卫星研制成本

根据合同、经审批的支出单据、发票、银行付款凭证、人工成本相关单据、出库单据、各类费用摊销或分配表、经审批的暂估外协成本说明及明细表等：

借：合同履约成本　　15 200 000

　　贷：原材料/应付职工薪酬/银行存款/应付账款等　　15 200 000

（2）2020 年 6 月 30 日按履约进度确认收入结转成本并办理价款结算等

1）按履约进度确认收入结转成本，根据合同、确定交易价格的资料、合同预计总成本、卫星项目中间关键节点评审或阶段验收报告、卫星项目阶段收入确认函、卫星项目完工进度表、收入确认成本结转表等。

履约进度：用完成方案、设计、任务书的编制和下达工作产出的工作当量除以总收入=23 625 000÷63 000 000=37.5%。

本期应确认的收入=63 000 000×37.5%=23 625 000

借：合同资产　26 696 250

　贷：主营业务收入　23 625 000

　　应交税费—待转销项税额　3 071 250

注：如果合同约定有预收款，应将预收的款项扣除销项税额后的金额贷记“合同负债”科目，将销项税额贷记“应交税费—待转销项税额”或“应交税费—应交增值税—销项税额（纳税义务发生时）”科目；确认收入时借记“合同负债”科目。

借：主营业务成本　15 200 000

　贷：合同履约成本　15 200 000

注：完成卫星方案、设计、任务书的编制和下达累计实际发生的成本 1 520 万元，按履约进度计算的成本 1 500 万元（4 000 万元×37.5%），实际发生成本超过计算成本的差额为 20 万元，该部分支出与履行方案、设计、任务书的编制和下达工作相关，未来没有对应的经济利益流入，因此，应将在确认设计方案收入时同时结转其实际发生的全部成本。

2）办理价款结算，根据合同、结算单、第三方或客户确认的工作量完成情况证明材料等资料。

借：应收账款　25 000 000

　贷：合同资产　25 000 000

结转达到增值税纳税义务发生时点的待转销项税额=25 000 000÷1.13×0.13=2 876 106

借：应交税费—待转销项税额　2 876 106

　贷：应交税费—应交增值税—销项税额　2 876 106

3）收取合同价款，根据合同、银行收款凭证等。

借：银行存款　25 000 000

　贷：应收账款　25 000 000

（3）2020 年 7 月 1 日至 12 月 31 日归集的卫星研制成本

实际发生的成本为 1 900 万元，部分外协已完成但尚未报账，需要暂估成本。暂估成本=预计总成本乘以根据工作量法确定的履约进度 87.5%之积减去已归集和已结转的成本=40 000 000×87.5%−15 200 000−19 000 000=800 000

根据暂估成本说明，其他相关附件见本案例（1）：

借：合同履约成本　19 800 000

　贷：原材料/应付职工薪酬等　19 000 000

　　应付账款（暂估）　800 000

（4）2020 年 12 月 31 日按履约进度确认收入结转成本并办理价款结算等

除卫星项目中间关键节点评审或阶段验收报告需要客户或第三方确认或出具外，其他相关附件见本案例（2）。

①确认收入结转成本

履约进度：以完成卫星总装、整星电性能测试产出的工作当量除以总收入＝55 125 000÷63 000 000＝87.5%

本期应确认的收入＝63 000 000×87.5%−23 625 000＝31 500 000

本期应结转的成本＝40 000 000×87.5%−15 200 000＝19 800 000

借：合同资产　35 595 000

　贷：主营业务收入　31 500 000

　　应交税费—待转销项税额　4 095 000

借：主营业务成本　19 800 000

　贷：合同履约成本　19 800 000

②办理价款结算

合同资产的借方＝26 696 250−25 000 000+35 595 000＝37 291 250

合同负债的贷方＝（42 000 000−37 291 250）÷113%＝4 167 035

结算时应计提的销项税额＝ 4 167 035×13%＝541 715

借：应收账款　42 000 000

　贷：合同资产　37 291 250

　　合同负债　4 167 035

　　应交税费—应交增值税—销项税额　541 715

结转达到增值税纳税义务发生时点的待转销项税额＝3 071 250−2 876 106+4 095 000＝4 290 144

借：应交税费—待转销项税额　4 290 144

　贷：应交税费—应交增值税—销项税额　4 290 144

③收取合同价款

借：银行存款　42 000 000

　贷：应收账款　42 000 000

（5）2021 年 1 月 1 日至 6 月 30 日实际发生的卫星研制成本

相关附件见本案例（1）：

借：合同履约成本　6 000 000

　贷：原材料/应付职工薪酬等　6 000 000

(6) 2021 年 6 月 30 日，确认完工项目的收入、结转成本并办理价款结算等

1）确认完工项目的收入并结转成本，根据合同、确定交易价格的资料、卫星在轨交付通知、项目成本完整性确认函、收入确认成本结转表等。

卫星研制完成并已发射且在轨运行正常，在获得卫星在轨交付通知后其履约进度为 100%。

本期应确认的收入=63 000 000 −23 625 000− 31 500 000=7 875 000

合同资产的借方=（7 875 000−4 167 035）×113%=4 190 000

确认的待转销项税额=（7 875 000−4 167 035）×13%=482 035

借：合同资产	4 190 000	
合同负债	4 167 035	
贷：主营业务收入		7 875 000
应交税费—待转销项税额		482 035
借：主营业务成本	6 000 000	
贷：合同履约成本		6 000 000

2）办理价款结算，根据合同、结算单、第三方或客户确认的工作量完成情况证明材料等资料。

借：应收账款	7580 000	
贷：合同资产		4 190 000
合同负债（在轨运行收入）		3 000 000
应交税费—应交增值税—销项税额		390 000

结转达到增值税纳税义务发生时点的待转销项税额：

借：应交税费—待转销项税额	482 035	
贷：应交税费—应交增值税—销项税额		482 035

3）收取合同价款，根据合同、银行收款凭证等。

借：银行存款	7 580 000	
贷：应收账款	7 580 000	

2. 卫星在轨运行业务会计处理

卫星在轨运行服务的交易价格为 300 万元（虽然客户取得商品控制权与客户支付价款间隔超过一年，但两者之间没有包含重大融资成分），设计寿命 3 年，按直线法每半年确认收入 50 万元。

每半年确认收入时，根据卫星在轨运行收入确认说明等：

借：合同负债	500 000	
贷：主营业务收入		500 000

相关成本结转的会计处理同上。

【案例 16】

采用成本法确定履约进度的卫星应用业务收入核算

案例背景

2020 年 1 月 1 日，甲单位与乙公司签订一项卫星地面应用系统研制合同，该合同的价款为 5 000 万元（免税合同），项目期限为 1 年 3 个月，甲单位按照合同和研制进度按下列付款条款与乙公司结算，乙公司负责卫星地面应用系统研制；预计 2021 年 3 月 31 日完工；预计可能发生的总成本为 4 000 万元。假定该卫星地面应用系统属技术创新性系统且时间紧任务重，如果乙公司能按时完成并达到技术先进性指标，甲单位将奖励乙公司不含税价 100 万元，质保期满后系统无质量问题，奖励款与质量保证金一并支付。该合同属于免征增值税项目，不考虑其他相关因素。假定该卫星地面应用系统研制整体构成单项履约义务。

假定甲方均按付款条款支付节点进度款，合同约定的付款条款见表 2。

表 2　合同约定的付款条款

时间	合同约定的付款节点	付款金额(万元)
2020 年 01 月 01 日	合同签订	500
2020 年 06 月 30 日	设计方案等	1 000
2020 年 12 月 31 日	完成系统研制	1 700
2021 年 03 月 31 日	完成系统测试并通过用户评审	1 600
2022 年 03 月 31 日	交付系统满 1 年后	200
合计		5 000

乙公司预计质保期内需要计提的质保费用为 80 万元，质保期内的质保支出为 60 万元。

涉及知识点

1. 合同包含几项履约义务（一项）；

2. 是否涉及可变对价（涉及可变对价），交易价格如何确定；

3. 不同合同条款下该履约义务是时段履约还是时点履约（假设 1 是时点履约、假设 2 是时段履约），符合哪个时段履约确认条件（符合履约条件 3）；

4. 采用哪种方法确定履约进度（采用成本法）；

5. 法定质保的收入和支出如何处理（法定质保确认收入预计支出）。

解析：经审阅合同同时满足识别合同的五个条件；合同中包含一个单项履约义务即卫星地面应用系统研制；交易价格为 5 100 万元 = 5 000 万元固定对价 + 100 万元可变对价，鉴于乙公司的技术能力和研制能力较强，公司有 90% 的把握按时、按技术要求完成系统研制并交付客户，因此 100 万元的可变对价可以计入交易价格，乙公司估计的交易价格为 5 100 万元，在之后的每一资产负债表日，乙公司应当根据发生的情况变化重新估计可变对价金额。乙公司需要根据合同条款的约定，判断卫星地面应用系统研制是时段履约还是时点履约；如果乙公司被中途更换，新供应商需要重新执行卫星地面应用系统定制工作，所以甲单位在乙公司履约的同时并未取得并消耗乙公司研制过程中所带来的经济利益，不满足时段履约条件1；未约定履约过程中的在产品归客户所有，不满足时段履约条件2；卫星地面应用系统属定制项目，在下述两种假设下判断是否满足时段履约条件3。

假设与结论

【假设1】合同终止或违约责任条款中约定：甲方无故解除合同，应向乙方支付合同款30%的违约金。

解析：判断该合同是否可按时段履约确认收入。

虽然付款条款是按约定节点支付合同款，甲单位与乙公司在合同中约定的付款时间进度表，不一定就表明乙公司有权在任一时点就累计至该时点已完成的履约部分收取款项，这是因为合同约定的付款进度和乙公司的履约进度可能并不匹配。

虽然合同终止或违约条款约定，如甲方无故解除合同，应向乙方支付合同款30%的违约金；但如果合同执行到50%时，甲方解除合同，乙方收到的违约金小于已发生的成本和合理利润，该合同不满足时段履约条件3，也不满足时段履约的其他两个条件，应按时点履约确认收入。

结论：假设1的情况下，该单项履约义务应在项目完工交付并经甲单位验收后确认收入。

【假设2】合同终止或违约责任条款中约定：由于甲方原因致使合同解除，并给乙方造成损失的，已付价款不得追回，超出已付价款范围外完成工作的对应合同价款，甲方向乙方实施补偿。

解析：判断是时段履约还是时点履约。甲乙双方已对卫星地面应用系统成本构成在合同洽谈、邮件沟通中达成一致，合同条款中的补偿对应合同价款一般包含利润，同时本系统是定制化项目，需要发生重大的改造成本才能出售给第三方，基本不存在转售收益，即利润从甲方赔偿中获得。因此，本合同符合时段履约收入确认条件3，该卫星地面应用系统整体构成单项履约义务，并属于在某一时段履行的履约义务。

确定履约进度的方法。乙公司根据自身业务特点判断采用成本法确定履约进度可恰当反映各时段的完工进度，因此，选择成本法确定履约进度。

乙公司的会计处理：

相关业务部门履行了立项审批程序，财务部门获取了相关资料，见表3。

表3 相关资料

（单位：万元）

时间	关键节点	履约进度	累计确认收入	累计结转成本	累计归集的成本	合同履约成本余额
2020年06月	完成设计方案等	30%	1 530	1 200	1 300	100
2020年12月	完成系统研制	70%	3 570	2 800	3 000	200

续表

时间	关键节点	履约进度	累计确认收入	累计结转成本	累计归集的成本	合同履约成本余额
2021 年 03 月	通过用户终验	100%	5 100	4 090	4 090	0

提示：以下账务处理按半年列示，实务中应在每期末进行相关账务处理，单位：元。

（1）2020 年 1 月 1 日乙公司收到甲单位预付款

根据合同、银行收款凭证等。

借：银行存款　　5 000 000

　　贷：合同负债　　5 000 000

（2）2020 年 1 月 1 日至 6 月 30 日归集卫星地面应用系统研制成本

截至 6 月 30 日完成设计方案等业务累计归集的成本 1 300 万元，根据合同、经审批的支出单据、发票、银行付款凭证、人工成本相关单据、出库单据、各类费用摊销或分配表、经审批的暂估外协成本说明及明细表等。

借：合同履约成本　　13 000 000

　　贷：原材料/应付职工薪酬/应付账款等　　13 000 000

注：对于已发生未入账的事项，需要根据实际业务情况暂估成本。

（3）2020 年 6 月 30 日按履约进度确认收入结转成本并办理价款结算等

1）按履约进度确认收入结转成本，根据合同、确定交易价格的资料、合同预计总成本、项目中间关键节点完成情况的评审或阶段验收报告、收入确认成本结转表等。

按成本法计算履约进度。项目累计归集成本 1 300 万元，其中的 100 万元虽然项目已领用但尚未使用，故 100 万元在计算履约进度时不能作为已发生的成本，履约进度＝（13 000 000－1 000 000）/40 000 000＝30%。

当期应确认收入＝51 000 000×30%＝15 300 000

当期应结转成本＝40 000 000×30%＝12 000 000

注：100 万元属于支出已发生但未导致向客户转移商品的投入，在采用成本法确定履约进度时不包括这些成本。

合同资产的借方＝15 300 000－5 000 000＝10 300 000

借：合同资产　　10 300 000

　　合同负债　　5 000 000

　　贷：主营业务收入　　15 300 000

借：主营业务成本　　12 000 000

　　贷：合同履约成本　　12 000 000

2）办理价款结算，根据合同、结算单、第三方或客户确认的工作量完成情况证明材料等。

借：应收账款　　10 000 000

　　贷：合同资产　　10 000 000

3）收取合同价款，根据合同、银行收款凭证等。

借：银行存款 10 000 000

　　贷：应收账款 10 000 000

（4）2020 年 7 月 1 日至 12 月 31 日归集卫星地面应用系统研制成本

归集卫星地面应用系统研制成本，相关附件见本案例（2）。

借：合同履约成本 17 000 000

　　贷：原材料/应付职工薪酬/应付账款等 17 000 000

注：对于已发生未入账的事项，需要根据实际业务情况暂估成本。

（5）2020 年 12 月 31 日按履约进度确认收入结转成本并办理价款结算等。

除项目中间关键节点完成情况的评审或阶段验收报告需要客户或第三方确认或出具外，其他相关附件见本案例（3）。

①按履约进度确认收入结转成本

按成本法计算履约进度。项目累计归集成本为 3 000 万元，其中的 200 万元虽然项目已领用但尚未使用，故 200 万元在计算履约进度时不能作为已发生的成本，履约进度=（30 000 000−2 000 000）/40 000 000=70%。

当期应确认收入=51 000 000×70% − 15 300 000=20 400 000

当期应结转成本=40 000 000×70%−12 000 000=16 000 000

合同资产=20 400 000+2 652 000=23 052 000

借：合同资产 20 400 000

　　贷：主营业务收入 20 400 000

借：主营业务成本 16 000 000

　　贷：合同履约成本 16 000 000

注：200 万元属于支出已发生但未导致向客户转移商品的投入，在采用成本法确定履约进度时不包括这些成本。

②办理价款结算

借：应收账款 17 000 000

　　贷：合同资产 17 000 000

③收取合同价款

借：银行存款 17 000 000

　　贷：应收账款 17 000 000

（6）2021 年 1 月 1 日至 3 月 31 日实际发生卫星地面应用系统研制成本并预计质保期内发生的费用

实际发生卫星地面应用系统研制成本，相关附件见本案例（2）。

借：合同履约成本 10 900 000

　　贷：原材料/应付职工薪酬等 10 900 000

根据预计产品质量保证费用计算表等计提产品质量保证费。

借：销售费用—产品质量保证费 800 000

贷：预计负债—产品质量保证 800 000

（7）2021年3月31日，确认完工项目的收入、结转成本并办理价款结算等

1）确认完工项目的收入并结转成本，根据合同、确定交易价格的资料、项目完工验收报告、项目成本完整性确认函（项目完工后需要业务部门对成本归集的完整性予以确认）、收入确认成本结转表等。

卫星地面应用系统研制项目完工，履约进度为100%。

当期应确认收入＝51 000 000－15 300 000－20 400 000＝15 300 000

当期应结转成本＝40 900 000－12 000 000－16 000 000＝12 900 000

借：合同资产 15 300 000

贷：主营业务收入 15 300 000

借：主营业务成本 12 900 000

贷：合同履约成本 12 900 000

2）办理价款结算，根据合同、结算单、第三方或客户确认的工作量完成情况证明材料等。

借：应收账款 16 000 000

贷：合同资产 16 000 000

3）收取合同价款，根据合同、银行收款凭证等。

借：银行存款 16 000 000

贷：应收账款 16 000 000

（8）2021年3月31日—2022年3月31日发生质保费用

根据报销审批单据、银行付款凭证等。

借：预计负债 600 000

贷：银行存款等 600 000

（9）2022年3月31日，质保期结束

1）质保期结束收到尾款和奖励款，根据合同、银行收款凭证、相关计算表或说明等。达到合同约定的收款日结转合同资产。

借：应收账款 3 000 000

贷：合同资产 3 000 000

收取合同价款。

借：银行存款 3 000 000

贷：应收账款 3 000 000

2）冲减已预提但尚未使用的质保费，根据合同、质保期结束的说明、相关计算表等。

借：预计负债 200 000

借：销售费用 200 000（红字）

第 35 章　差旅费财务报销审核

35.1　质量目标

进一步指导差旅费财务报销审核工作，明晰差旅费业务报销流程和审核要点，加强审核工作质量。

35.2　适用范围

本章适用于军工单位因公开展的各项差旅、外事出访活动（含涉港澳台事务）所产生经费开支的借款、报销审核业务。

35.3　相关释义

差旅费是指工作人员临时到常驻地以外地区公务出差所发生的城市间交通费、住宿费、伙食补助费和市内交通费。包括国内差旅费和出国费。

科研项目成本中的差旅费是指在项目研究开发过程中需要开展科学实验（试验）、科学考察、业务调研、学术交流等而发生的国内外差旅费。差旅费的开支按照国家有关规定执行。(《国防科技工业科研经费管理暂行办法》财防〔2019〕12 号文)

出国费是指军工单位人员（含在外单位挂职、借调人员）因公开展的各项外事出访活动（含涉港澳台事务）所产生费用。外事出访活动（含涉港澳台事务）范围包括：因公出国（境）执行任务、参加会议、引智专项（出国境培训）、工作外派、公派留学、代表团长期派驻等。

35.4　职责分工

财务审核岗位人员依据国家的会计法规以及本单位的财会制度，对提交至会计机构的原始凭证的真实性、合法性、完整性、准确性等进行审查、监督；对审批手续的完备性、准确性进行审查；对开支金额是否超过规定标准进行审查。只有经过审核并确认无误的原始凭证，才能进行款项支付并登记会计账簿。审核岗不得兼任出纳、稽核工作。

35.5　业务流程和操作规范

35.5.1　国内差旅费财务报销审核

35.5.1.1　审核报销单据是否齐全

审核要点：报销单据是否齐全、无涂改、粘贴平整。

（1）报销单据须齐全

出差审批表、差旅费报销单及差旅费用的原始票据（包括住宿费发票、飞机票、出租车票、订退票费票据等）须齐全，如有遗漏须退给经办人补充。

所有票据须为原件，粘贴在原始凭证粘贴单上，排列整齐，不允许使用订书钉等金属类介质固定单据。

从外单位取得的原始票据如有丢失，按以下方法处理：

1）由当事人填写情况说明，同时提供原始发票记账联的复印件并加盖开票单位发票专用章，方可作为原始凭证报销。

2）若无法取得原始发票记账联的复印件，应提供支付记录、订票记录、登机牌等其他证明材料，经单位相关业务主管领导、财务部门领导批准后，方可作为原始凭证报销。

【小贴士】

参加外单位组织的会议或培训，报销时须提供会议或培训通知。

（2）注意事项

经办人不得擅自涂改报销单。如果出现涂改，则报销单作废，经办人须重新填报。可由财务审核人员修正的三种填报错误：

1）出差人：由其他员工代实际出差人报差旅费，财务审核人员须将差旅费报销单上的出差人由代报人改为实际出差人。

2）出差日期：因实际行程较审批日期延后出发或提前返回，导致审批日期与实际日期不一致。财务审核人员须将差旅费报销单上的出差日期改为实际出差日期。

3）支付方式：因支付方式选择有误而导致无法正确支付的，如应选择电汇方式，却误选为入银行卡的，财务人员须将支付方式修改正确。

【小贴士】

财务审核人员更正有误信息的方法：财务审核人员用“\”将错误信息划去，在旁边空白处填写正确信息，并在修改处加盖审核人员人名章。

35.5.1.2　审核出差审批流程是否正确

审核要点：出差审批看职级，一事一批。

（1）出差申请单须一事一批

一事一批是指为遵守事前审批原则，每一个出差事项都须单独审批，杜绝出现多个出差事项集中在一张出差审批表审批的情况。

（2）出差人须按级别履行出差审批手续

各单位应建立健全差旅审批制度，出差活动按规定履行审批手续。报销时需出具《差旅费审批表》（样表见表 35－1），履行相应的审批手续。

表 35－1　××单位差旅费审批表样表

出差人		所在部门	
出差事由	［须完整翔实填写］		
出差目的地			
交通工具	［须注明乘坐交通工具的等级］		
出差时间	年　月　日至　年　月　日 共　天		
申请人	签名：　年　月　日		
部门领导意见	签名：　年　月　日		
备注			

【小贴士】

出差审批原则上须为事前审批。出差审批的签字日期不应晚于申请的出差起始日期。特别提醒：出差审批单打印显示的条形码日期应不晚于审批日期。

特殊情况无法事前取得审批人签字的，按以下方法处理：

1）报销时因差旅审批表填报有误，被财务审核人员退回重填的，出差人应按实际日期重新填报，并在差旅审批表备注栏注明重新审批日期延后原因。

2）因审批人在外地等客观原因导致出差人事前无法取得审批人签字的，出差人应通过电话等方式得到审批人口头同意，其差旅审批表可按实际签署日期后补签字，但应在备注栏说明口头审批情况。

35.5.1.3　审核报销审批流程是否正确

审核要点：报销审批看金额，审批分两类，详见差旅费审批权限表（表 35－2）。

出差人须按差旅费单笔报销金额履行报销审批手续。

表 35－2　差旅费审批权限表（以某军工科研院所为例）

审批类型	单笔报销金额	批准人
业务审批	≤5 万元	部门负责人
	5 万~20 万元(含)	单位主管业务领导
	>20 万元	单位负责人
财务审批	≤2 万元	财务审核人员
	2 万~5 万元(含)	财务经理
	5 万~20 万元(含)	财务机构负责人
	>20 万元	财务总监(总会计师)

35.5.1.4　审核填报内容是否准确

审核要点：以原始票据和出差审批表为审核依据。差旅报销单的各项内容须填报正确。

1）基本信息：包括出差事由、预算项目、任务号、出差地点、出差人、出差日期、交通工具。差旅费报销单应与出差审批表填写一致。

2）费用开支明细：包含飞机票、火（动）车票、轮船及其他交通工具、住宿费、退订票及其他杂费、包干标准等费用的开支金额。各类差旅费用的开支金额应与同类费用原始票据合计金额一致。

【小贴士】

若实际行程较审批日期延后出发或提前返回，出差时间以实际往返时间为准；出差人选择的任务号须与出差审批表上填写的出差事由相关；其他杂费包含改签费、托运费等。

3）支付信息：包含收款人姓名、支付方式、申请金额、收款单位名称、收款行、账号，如图 35－1 所示。

35.5.1.5　审核交通费票据是否合规合理

重点关注出差人、出差地点、乘坐日期和乘坐标准。

（1）审核出差人与乘坐人是否一致

除船票、打车票等不显示乘坐人的票据等特殊情况外，乘坐人与出差人须一致。

（2）审核出差日期与乘坐日期是否匹配

飞机、火车、轮船、长途客车的乘坐日期须在出差日期之内，提前出发或延后返回均须重新履行审批手续。

【案例 1】

某员工出差审批表申请的出差日期为 1 月 10~12 日。其报销的火车票乘车日期为 1 月 9 日，较审批时间提前出发，经办人须重新填写出差审批表。

差旅费报销单

质量成本：否

No. 201811002039

单位 ××单位　　部门 ××部门　　2018 年 11 月 21 日　　附件 10 张　　页码 1/2

事由	出差		电话	46＊＊6	密级	内部		
预算	××部门财务大检查		任务号					
出差地点	兰州		出差人	张三				
开支内容明细			日期	自 2018 年 11 月 09 日至 2018 年 11 月 11 日　共 3 天				
差旅费用明细	开支金额	核准金额	支付信息	姓名	支付方式	申请金额	核准金额	支票号
飞机票	2 230.00	2 230.00		张三	电汇	2270.00	2270.00	
火(动)车票	0.00			张三	入银行卡	1588.00	1588.00	
轮船及其他交通工具	272.00	272.00						
开支金额			¥					
核准金额			¥					
偿还借款	0.00	扣除统一订票费	0.00 结算后补领 3 858.00 元					
收款单位	上海携程宏睿国际统行社有限公司	收款行	工商银行××路支行	账号	10010×××19000001515			

单位负责人：　　部门领导：李四　　处室领导：王五

总会计师：　　财务领导：　　财务审核：

差旅费报销单

No. 201811002039

单位 ××单位　　部门 ××部门　　2018 年 11 月 21 日　　附件 10 张　　页码 2/2

事由	出差		电话	46＊＊6	密级	内部		
预算	××部门财务大检查		任务号					
出差地点	兰州		出差人	张三				
开支内容明细			日期	自 2018 年 11 月 09 日至 2018 年 11 月 11 日　共 3 天				
差旅费用明细	开支金额	核准金额	支付信息	姓名	支付方式	申请金额	核准金额	支票号
住宿费	776.00			张三	电汇	2 270.00	2 270.00	
退订票及其他杂费	40.00			张三	入银行卡	1 588.00	1 588.00	
包干标准	540.00							
开支金额	叁仟捌佰伍拾捌元整		¥3 858					
核准金额	叁仟捌佰伍拾捌元整		¥3 858					
偿还借款	0.00	扣除统一订票费	0.00 结算后补领 3 858.00 元					
收款单位	上海携程宏睿国际统行社有限公司	收款行	工商银行××路支行	账号	10010×××19000001515			

单位负责人：　　部门领导：李四　　处室领导：王五

总会计师：　　财务领导：　　财务审核：

图 35－1　差旅费报销单示例

无法审核票据乘坐日期的情况及其解决措施：

①因改签等原因导致机票行程单没有航班日期

报销时须提供登机牌或订票机构出具的行程证明。行程证明应列明乘机人信息及航班改签情况，包括乘机人姓名、身份证号，改签前后的航班号，起飞时间、降落时间、座位等级等，并加盖订票机构公章或业务专用章。

②因工作需要采取自驾、租车或由单位派车往返驻地周边省市发生的差旅支出

报销时须提供明确反映往返日期的原始资料，如用车记录、省际高速通行费发票等，无法提供交通费票据的，须提供差旅审批人签字并加盖部门公章的情况说明，否则不得申请包干标准费用。

③出差往返交通费用全部或部分由对方单位承担

报销时须提供本人交通费票据复印件等资料作为计算相关包干标准的时间依据。无法提供任何原始票据的，不能申请包干标准费用。

（3）审核交通票起止城市与出差地点是否匹配

交通票起止城市与出差地点须匹配，绕道须重新审批。但出差地无直达航班或高铁需中转的情况除外。

【案例 2】

某员工乘坐飞机去西昌出差，由于北京至西昌的直达航班班次极少，故经成都中转，不属于绕道。

（4）审核乘坐的交通工具等级是否符合标准

员工国内差旅应按照履职待遇相关规定，乘坐相应等级的交通工具，交通工具乘坐标准见表 35－3。无特殊原因的超标交通票不予报销。

表 35－3　交通工具乘坐标准

<table>
<tr><th>人员类别</th><th>飞机（国内）</th><th>高铁（动车）</th><th>普通火车</th><th>轮船</th><th>其他交通工具
（不包括出租汽车）</th></tr>
<tr><td>部级及相当职务人员</td><td>头等舱</td><td>商务座</td><td rowspan="2">软席（软座、软卧）</td><td>一等舱</td><td rowspan="3">凭据报销</td></tr>
<tr><td>司局级及相当职务人员</td><td>经济舱</td><td>一等座</td><td>二等舱</td></tr>
<tr><td>其他员工</td><td>经济舱</td><td>二等座</td><td>硬席（硬座、硬卧）</td><td>三等舱</td></tr>
</table>

如遇以下特殊情况，交通工具等级标准可根据实际情况适当安排：

1）部级及相当职务人员出差，乘坐高铁、动车、普通火车和轮船时，因工作需要，符合条件的随行一人可乘坐同等级交通工具。

2）因规定等级交通工具无票且因公务须立即出行，导致无法选择规定等级交通工具而提高等级的，须事先经国内差旅审批人同意，报销时附差旅审批人签字并加盖部门公章的情况说明，按照差旅费开支标准上限报销，超标部分自理。

【案例 3】

某员工为普通员工，出差期间购买返程车票时由于二等座无票，选择了一等座，票价为 400 元。财务审核人员应首先根据《本单位履职待遇和业务支出管理办法》判断出其所乘交通工具超标，然后查看是否附有差旅审批人签字并加盖部门公章的情况说明。如果没有，将报销单退给经办人，补充完整后再报销；如果有，查看同车次二等座票价，若价格为 300 元，则该张车票核准金额为 300 元。

【小贴士】

1）对于因公邀请出差的离退休专家，比照其离退休前职级乘坐交通工具。

2）对于因公邀请出差的外部专家，按其职级，比照交通工具乘坐标准（表 9－3）乘坐相应等级的交通工具。

（5）如果报销机票，查看购买渠道是否为指定渠道

依照相关规定，员工因公出差机票原则上必须通过指定渠道购买，无特殊情况而通过其他渠道购票的不予报销。

特殊情况报销时，出差人须附经差旅审批人签字并加盖部门公章的情况说明方可报销：

1）规定的三个渠道显示无票且因公务须立即出行，可通过其他渠道购票，例如通过航空公司官网购票。

2）出差人所处地区较偏远，暂无网络及通信信号且因公务须立即出行，可通过线下网点购票。

（6）审核市内交通费

往返机场、车站、码头的市内交通费乘坐时间应合理。出差人自驾前往机场的，机场停车费发票实行限额内实报实销。

【案例 4】

某员工申请的出差日期为 1 月 10~12 日。但由于晚点，导致打车票乘车时间为 13 日凌晨 2 点。虽然打车日期不在出差日期之内，但可以正常报销。

【案例 5】

某员工的差旅费报销单后附一张晚 7 点发车的火车票，对应的前往车站打车票乘车时间为当天早 8 点。虽然打车日期在出差日期之内，但时间间隔明显不合理，应将该车票金额核减，并把车票退给经办人。

（7）审核开支金额填写是否准确

各类差旅费用的开支金额应与同类费用原始票据合计金额一致。

【小贴士】

1）申请的开支金额大于票面金额，财务审核人员修改后予以报销。

2）申请的开支金额小于票面金额，财务审核人员应将报销单退回经办人重新填报。

【案例 6】

某员工机票行程单显示票价为 1 200 元，其差旅费报销单飞机票开支金额为 1 400 元，开支金额大于票面金额，财务审核人员在飞机票核准金额栏填写 1 200 元后予以报销。

【案例 7】

某员工机票行程单显示票价为 1 200 元，其差旅费报销单飞机票开支金额为 1 100 元，开支金额小于票面金额，财务审核人员应将报销单退给经办人重新填报。

（8）审核航空运输电子客票行程单

通过如下步骤审核航空运输电子客票行程单，如图 35－2 所示。

1）审核出差地点是否匹配。

2）审核乘坐的座位等级是否合规。

3）审核出差日期是否匹配。

4）审核验证码与印刷序号后四位是否一致，如不一致退回经办人更换。

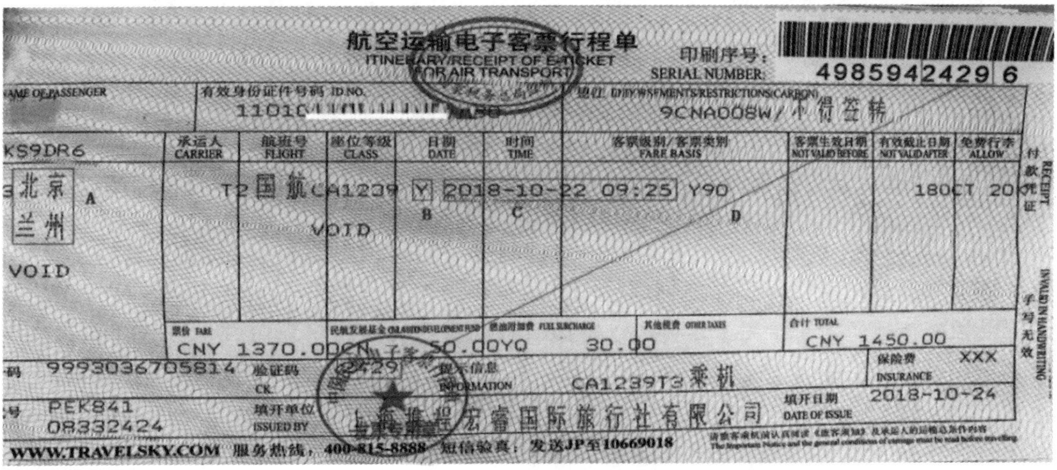

图 35－2　交通费票据示例

35.5.1.6　审核住宿费发票是否合规合理

审核要点：须重点关注发票的抬头和印章、住宿天数和标准。

（1）审核发票是否真实、准确

1）发票抬头、纳税人识别号须开具准确，并加盖发票专用章。

【小贴士】

开票信息应完整：增值税普通发票至少应包含抬头和纳税人识别号，增值税专用发票四项信息须开具完整。

常见的开票错误情况包括：

a）抬头错误：单位名称错误。

b）税号错误：多“0”少“0”，字母漏写或写成小写，数字错误、缺漏。

2）须查验发票真伪的情况。

当审核人员对发票真伪存疑时，须及时查验。

电子发票和单张大于或等于2 000元的纸质发票须提供验真证明或由经办人查验后在每张发票背面注明“已验证相符”字样并签名。

【小贴士】

发票查验的方法：

1）通过微信小程序“微信发票助手”中的“发票查验”功能，扫描发票二维码，完成查验。

2）登录国税局发票查验网站。访问网址 https:\\inv - veri. chinatax. gov. cn，分别填写发票代码、发票号码、开票日期、验证码等发票票面信息完成查验。

3）通过第三方平台，如可使用与国家税务局发票数据库关联的发票查验模块查验发票。

（2）审核发票开具日期是否合理

发票开具日期与其他业务支撑资料在逻辑上须匹配，如因特殊原因导致发票在前而业务发生在后，报销时须附差旅审批人签字并加盖部门公章的情况说明，否则不予报销。

【小贴士】

出差人预订的酒店房间需提前付款且不可撤销，出差人在付款同时申请开具发票，导致开票日期早于实际出差入住日期。

（3）审核发票显示的住宿天数是否合理

住宿天数最长一般不超过出差自然天数。出差人员应在离开当天及时退房，对于因航班延误等客观原因导致延后退房的，报销时须附差旅审批人签字并加盖部门公章的情况说明，准予全额报销。

（4）审核发票金额是否符合标准

住宿费发票开支金额、核准金额的审核规则与审核交通费票据相同，见表35－4。

员工国内差旅应按照履职待遇相关规定，入住相应标准的酒店。无特殊原因的超标住宿费发票不予报销。

表 35－4　住宿费开支标准

人员类别	住宿费最高限额(元/晚)
部级相当职务人员	800
司局级相当职务人员	500
其他员工	300~500

如遇以下特殊情况，住宿标准可根据实际情况适当安排：

1）参加国际会议或者重要外事、商务活动，会议、住宿酒店由外方或合作伙伴指定的，报销时如果所附会议通知对入住酒店做出了明确规定，住宿费准予全额报销。

2）主办重要外事、商务活动，外方或合作伙伴对会议、住宿酒店有明确要求和标准，以及限额内酒店无法满足会议规模和条件等需要的，报销时须附差旅审批人签字并加盖部门公章的情况说明，准予全额报销。

3）合理交通半径中限额内酒店标准过低，无法提供基本的伙食、会议服务的，报销时须附差旅审批人签字并加盖部门公章的情况说明，按照差旅费开支标准上限报销，超标部分自理。

4）因重要活动、旅游旺季等原因，当地住宿价格标准整体上浮造成限额内无法安排的，报销时须附差旅审批人签字并加盖部门公章的情况说明，准予全额报销。

如因特殊情况未产生住宿费用的，报销时须附差旅审批人签字并加盖部门公章的情况说明。

【小贴士】

对于因加班产生的本地住宿费通过差旅费报销，报销时须提交加盖部门公章的事由、人员、住宿时间及单价的说明。

(5) 审核住宿费发票

通过如下步骤审核住宿费发票，如图 35－3 所示。

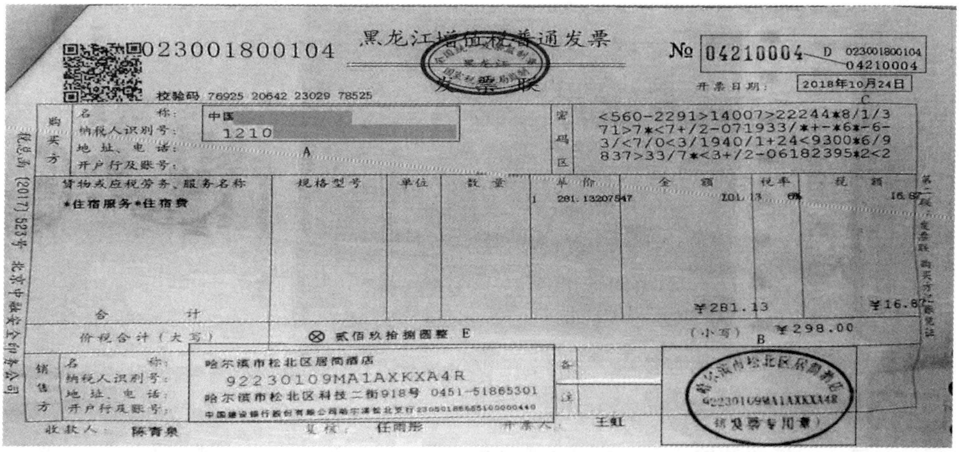

图 35－3　住宿费发票示例

1）审核发票信息是否正确。

2）审核 B、E 信息是否一致，印章是否为发票专用章。

3）审核开票日期是否合理。

4）审核两个号码是否一致，如不一致退回经办人更换。

35.5.1.7 审核退订票费及其他杂费是否正确

审核要点：审核是否据实报销。

订退票费、改签费、行李托运费等应实报实销。

35.5.1.8 审核包干标准是否正确

要点：审核出差人员类别、出差天数、出差性质（业务、会议、培训）。

1）包干标准=（伙食费包干标准+市内交通费包干标准）×出差天数。

2）伙食费、市内交通费包干标准按照《中央和国家机关差旅费管理办法》（财行〔2013〕531 号）规定执行。

3）出差天数按自然（日历）天数计算，出差途中因私占用的天数在计算包干标准时须相应扣除。

【案例 8】

某员工因公出差，审批时间为 9 月 4 日至 10 日，9 月 5 日因私外出办事占用 1 天，并在审批表备注栏注明，审核人员在计算包干标准时据此扣除 1 天。

特殊情况下的包干标准计算方法：

（1）外出参加本单位组织的培训

单位统一组织安排的外出学习进修期间不得领取出差补助。

（2）外出参加外单位组织的培训、会议

培训、会议通知中如果注明食宿自理，则可全额申请包干标准费用，否则只领取往返两天的包干标准费用（当天往返则领取 1 天）。

【案例 9】

某员工 9 月 21 日至 9 月 25 日赴某地参加外单位组织的培训，培训通知注明食宿自理，则包干标准为（100+80）×5 元=900 元，否则，包干标准为（100+80）×2 元=360 元。

（3）因公邀请外单位人员出差

外单位人员因工作需要参加各部门组织的因公出差，不计算包干标准费用。

（4）因公邀请离退休专家

因公邀请出差的离退休专家，不继续在单位任职的，不计算包干标准费用。

（5）交通票票面日期早于抵京一天

若票面显示的回京出发时间为实际抵京前一天，经办人须在票面备注抵京实际时间。

包干计算以实际抵京日期为准。

【案例 10】

某员工乘坐 10 日 21：00 西安—北京的卧铺返程，抵京时间为 11 日早 10 点。计算出差天数时，应截至 11 日，而不是车票显示的 10 日。

35.5.1.9　审核支付信息是否准确

支付信息：包括支付方式和收款单位信息。

（1）支付方式的选择

支付方式：差旅费支付方式包括入银行卡、电汇、现金和 POS 机刷卡，出差人报销时须选择正确的支付方式。

a）携程机票及其订退票费、改签费。购票账户为月结账户，支付方式选择电汇；购票账户为现付账户，支付方式选择入银行卡。

b）其余差旅费用，支付方式选择入银行卡。

【小贴士】

外聘、借调人员报销差旅费，支付方式选择现金或 POS 机刷卡。

（2）收款单位信息

选择电汇方式的，须填写准确的收款单位、收款行和银行账号，否则会出现退汇情况。收款单位名称、银行账号、开户行应与发票的销售方信息一致。

【小贴士】

出差人因公出差借款，报销时应首先选择冲抵差旅借款。

35.5.1.10　驻外地区人员的差旅费应据实报销

驻外人员发生的火车票、过桥过路费、退订票费等填列经费报销单应据实报销。

35.5.2　出国费借款、审核

35.5.2.1　出国费借款审核要点

（1）审核借款单是否齐全

借款单据齐全，如有遗漏须退给经办人补充。

必须提供的单据如下：

1）“一式三联”借款单。

2）出国/赴港澳任务批件，说明出国人员的出境时间、地区及原因，如图 35 - 4 所示。

3）出国（境）请示表，见表 35 - 5。

<table>
<tr><td>
出国
赴港澳　　　　　　　　　　　　　　　任务批件

xxx[xxx] xxx 号

兹批准 xxx 单位 xxx 同志等 xx 人自二Oxx 年 xx 月 xx 日至二Oxx 年 xx 月 xx 日经 xxx(国家、地区）前往 xxx（国家、地区）执行 xxxx 任务，在国（境）外停留 xx 天。
费用来源：内外汇自理。
附注：此批件三个月有效。

名单附后。

二Oxx 年 xx 月 xx 日
</td></tr>
</table>

图 35－4　出国/赴港澳任务批件

表 35－5　出国（境）请示表

年　月　日

<table>
<tr><td colspan="4">单位领导批示：
年　月　日</td></tr>
<tr><td colspan="4">单位处领导意见：</td></tr>
<tr><td>出访团组名称：</td><td colspan="3"></td></tr>
<tr><td>出访任务名称：</td><td></td><td>缓急程度：</td><td></td></tr>
<tr><td>组团单位：</td><td></td><td>组团单位团长：</td><td></td></tr>
<tr><td>参团单位：</td><td></td><td>参团单位负责人：</td><td></td></tr>
<tr><td>专办员：</td><td></td><td>联系电话：</td><td></td></tr>
<tr><td>团组联系人：</td><td></td><td>联系电话：</td><td></td></tr>
<tr><td>出访国家：</td><td></td><td>离境日期：</td><td></td></tr>
<tr><td>抵境日期：</td><td></td><td>停留天数：</td><td></td></tr>
<tr><td>团组人数</td><td colspan="3"></td></tr>
<tr><td>邀请单位</td><td colspan="3"></td></tr>
<tr><td>出访事由</td><td colspan="3">□技术引进　□项目推洽　□项目履约　□国际会议　□国际展览　□合作交流　□境外培训
□其他(详注)</td></tr>
<tr><td>经费来源</td><td colspan="3">□内外汇自理　□外方支付　□组团单位支付　□派出单位支付　□外专局资助 %,其余自筹
□其他　□内汇自理外汇公司解决(需详注)</td></tr>
<tr><td colspan="4">附件：
□任务批件(外单位组团)　□论文发表保密审查表(国际会议)　□任务通知书(外单位组团)
□退休人员在职证明　□政审备案表　□赴敏感国家(地区)应急预案　□邀请信
□合同培训部分复印件</td></tr>
<tr><td colspan="2">主管领导签字：</td><td colspan="2">(公章)
年　月　日</td></tr>
</table>

4）出访团组名单，包含所有出国人员的信息，见表 35－6。

表 35－6　出访团组名单表

（公章）

姓名	性别	出生日期/地	工作单位	行政职务/技术职称	配偶姓名	护照号码/有效期	专业
邀请单位	中文		英文				
邀请人	中文		英文			职务	
地址	中文		英文			电话	
离境日期			抵境日期		路线		

××是××任命的总指挥/总设计师,任命文号：　　　　任命时间：　　　年　　月

5）因公出国（境）借款预算表见表 35－7。

表 35－7　因公出国（境）借款预算表

借款单位			姓名		
出境人数			团组号		
出国日期					
前往国家或地区					
借款名目	明细	外汇		折人民币	说明
		币种	金额	金额	
一、外汇现钞	—				按出访期间汇率换算
1	住宿费				
2	膳食费				
3	公杂费				
4	交通费				
5	会议注册费				
二、国际旅费		—			往返经济舱 报销以实际票价为准
三、护照/签证费		—			报销以实际发票为准
四、换汇服务费		—			报销以实际票价为准
五、礼品费		—			
合计金额(小写)					人民币
合计金额(大写)					人民币
汇款单位及账号					
审核人签字			申请人签字		

视情况提供的单据如下：

1）城市间交通费（或会议注册费等）申请报告见表35－8。

表35－8　城市间交通费（或会议注册费等）申请报告

事由：
批准人： 申请单位公章 年　　月　　日

联系人：　　　　　　　　　　　　　　　　电话：

2）参加国际会议的邀请函（会议通知）。

3）参加培训留学的人员，须有上级单位等有关部门的培训通知、学员名单、国际学校的学费发票（复印件）、归口管理部门请示批件。国外学习期间的生活费补助，需要归口管理部门“出国留学奖学金资助申请表”（表35－9），方可对大学奖学金资助经费进行借款申请，待出国留学毕业后，据实办理资助金确认手续。

表35－9　出国留学奖学金资助申请表

姓名					
所在部门					
相关通知/要求	通知： 要求：				
国别		天数		汇率	
计算标准					
金额					

批准人：　　　　　　　　　　　　　　　　申请人：

外事出访分为组团和参团两种模式，申请借款时参照表 35 - 10。

表 35 - 10　组团/参团出国费借款事项对照表

项目	组团	参团
提交单据	“必须提供的单据”之 1) ~5)	“必须提供的单据”之 1) ~5)，此外，出访团组需将组团单位出具的书面盖章借款通知交外事归口管理部门审核
借款预算	出访人员根据上级单位批件中批准的天数和财行〔2013〕516 号、财行〔2017〕434 号中规定的开支标准编写“借款预算表”	出访人员根据组团单位借款通知中列明的出国费金额编写“借款预算表”
借款支付	支付给借款单中申请的收款方	由财务处将出国费汇至组团单位指定账户，由组团单位负责办理换汇、购买机票、保险等

如存在以参团形式出访，但组团方不进行统一结算的情况，则应参照“组团”模式履行借款、报销手续。

（2）各项单据审核要点

各项单据审核要点有：

1）“一式三联”借款单：纸质“一式三联”借款单与网报申请的金额应一致，大小写应一致。

2）出国/赴港澳任务批件：经由上级公司批复，含批件号的出国申请批件，可提供复印件。

【案例 11】

某单位员工随团赴某国考察，由于该单位有出国审批权，故此员工未在上级公司审批，批件中未包含此人，则需提供该单位批件。

3）出国（境）请示表（复印件）：经单位领导批示、主管领导签字或加盖手签章及单位公章。

4）出访团组名单表：由出访团组准确填写全部出访人员的信息、邀请单位信息及乘机路线，加盖单位公章。

5）因公出国（境）借款预算表：姓名、团组号、前往国家或地区等信息应与上级公司批复信息一致，出境人数、出国日期应满足批复范围，借款单额度不应超过预算表中额度。（国际旅费、住宿费、城市间交通费、伙食费、公杂费等标准应符合《财政部　外交部关于印发〈因公临时出国经费管理办法〉的通知》（财行〔2013〕516 号）和《财政部　外交部关于调整因公临时出国住宿费标准等有关事项的通知》（财行〔2017〕434 号）要求。）

6）城市间交通费（或会议注册费等）申请报告：涉及城市间交通费和会议注册费的出访，需在出访前完成申请，单位领导审批后，加盖单位公章，方可办理借款。

7）其他材料：履约团组需提供合同复印件，国际会议出访团组的外事出访需提供会议日程安排、“发表国际学术论文审批表”、论文录用通知和会议举办方的邀请信，论文第一作者的有关证明材料（原则上只有论文第一作者才能出访）；境外培训类出访需提供单位领导批准的境外培训人员名单。

【小贴士】

学习培训类通常为一事一批，按批复的开支标准执行，不适用外事出访相关开支标准、要求，且财务核算时计入“职工教育培训费”，不计入“外事费”。

（3）审核借款审批流程是否正确

审核“一式三联”借款单归口部门及相应审批权限的业务领导、财务领导签字是否齐全。审核要点参照《出国费审批权限表》（表 35－11）。

表 35－11　出国费审批权限表

审批类型	单笔报销金额	批准人
业务审批	3 万元以下	责任人、归口部门责任人
	3 万（含）~10 万元	业务主管部门领导、归口部门责任人
	10 万元（含）以上	单位负责人、归口部门责任人
财务审批	3 万元以下	财务审核人员
	3 万（含）~10 万元	财务经理
	10 万元（含）以上	财务总监

（4）审核支付信息是否正确

出国费借款单审核的支付信息包含收款人姓名、支付方式、申请金额、收款单位名称、收款行、账号。

如采用对公换汇模式，则从单位银行账户直接扣款，报销时支付方式应选择“转账”或“电汇”。

可由财务审核人员修正的填报错误：

支付方式选择有误，导致无法正确支付，如：应选择电汇方式的，误选为入银行卡。

财务审核人员更正有误信息的方法：财务审核人员用“\”将错误信息划去，在旁边空白处填写正确信息，并在修改处加盖审核人员人名章。

（5）对公换汇

出访团组一般应通过单位办理对公换汇。

1）出访团组取得护照后，出访人员需提前向银行预约办理换汇。

2）出访人员按照国家规定的国外开支标准填写“企业和预算外单位公务出国用汇预算表”（表 35－12），一式两份并加盖单位公章，持“出国（境）请示表”复印件并加盖单位公章。

表 35－12　企业和预算外单位公务出国用汇预算表

<table>
<tr><td>用汇单位名称</td><td colspan="2"></td><td>出境人数</td><td></td></tr>
<tr><td>出国日期</td><td colspan="4">年　月　日至　月　日</td></tr>
<tr><td>境外停留天数</td><td colspan="2"></td><td>外汇来源</td><td>购汇</td></tr>
<tr><td>前往国家或地区</td><td colspan="4"></td></tr>
<tr><td rowspan="2">开支项目</td><td colspan="3">预算金额</td><td rowspan="2">说明
（标准×人数×天数）</td></tr>
<tr><td colspan="2">实际购汇币种</td><td>折美元</td></tr>
<tr><td>住宿费</td><td colspan="2"></td><td></td><td></td></tr>
<tr><td>膳食费</td><td colspan="2"></td><td></td><td></td></tr>
<tr><td>公杂费</td><td colspan="2"></td><td></td><td></td></tr>
<tr><td></td><td colspan="2"></td><td></td><td></td></tr>
<tr><td>小计</td><td colspan="2"></td><td></td><td></td></tr>
<tr><td>个人购汇</td><td colspan="2"></td><td></td><td>购汇所需人民币由个人负担</td></tr>
<tr><td>合计</td><td colspan="2"></td><td></td><td></td></tr>
<tr><td colspan="3">财务负责人签字：（单位印章）

年　月　日</td><td colspan="2">银行印章经办人：
复核人：
年　月　日</td></tr>
</table>

注：本表一式二联，第一联为企业和预算外单位留存联。对于由银行直接办理的，第二联由银行留存；对于需由外汇局核准的，第二联由外汇局留存，银行凭外汇局核准件和第二联复印件办理。

3）出访人员填写并打印银行因公换汇说明（图 35－5），加盖部章。

4）由财务处填写购汇申请书，并加盖财务章和人名章。

5）出访人员持已获取签证的全团人员因公护照、换汇人身份证、支票及上述材料原件到银行办理换汇手续，并留存银行出具的外汇兑换水单。

× × 银行因公换汇说明

工商银行：

我单位拟派_____________等人出访_____________（国家／地区）参加，该团组拟在外停留______天（含路程），请协助办理换汇手续。

特此说明。

单位全称（签章）　　年　月　日

图 35－5　银行因公换汇说明

35.5.2.2　出国费报销审核要点

（1）审核报销单据是否齐全

①已发生借款后报销的情况

在已经发生借款的情况下，报销单据齐全、无涂改、粘贴平整。如有遗漏须退给经办人补充。

1）因公出国（境）经费报销决算表（表 9 – 13）。按照财行〔2013〕516 号文要求，单位财务部门应当对因公临时出国团组提交的出国任务批件、护照（包括签证和出入境记录）复印件及有效费用明细票据进行认真审核。

2）出国费用的原始票据，包括：住宿费票据、交通费发票（包括出访国家城际间车票等）、会议注册费发票、国际旅费发票（包括飞机票、订退票费票据、保险费发票等）、护照签证费发票、换汇服务费发票、换汇凭条，组团方出国经费明细证明等。此外还需借款单及其附件复印件。

3）参加培训留学的人员，国外学习期间的生活费补助，归国后，持归口管理部门“出国留学奖学金资助确认表”（表 35 – 14），对出国留学时间进行确认，按照实际出国留学时间对出国期间的奖学金资助进行核算。

表 35 – 13　因公出国（境）经费报销决算表

名称：　　　　　　　　　　　　　　　　　　　　　　　　　　　　赴：

<table>
<tr><td colspan="2">实际行程</td><td colspan="4">自　　年　　月　　日　至　　年　　月　　日
出国人数　　　人,共计　　　天</td></tr>
<tr><td>姓名</td><td></td><td>团组号</td><td colspan="3"></td></tr>
<tr><td colspan="2" rowspan="2">金额
项目</td><td colspan="2">外汇</td><td>折人民币</td><td>备注</td></tr>
<tr><td>币种</td><td>金额</td><td>金额</td><td>备注</td></tr>
<tr><td rowspan="13">一、
外汇现钞</td><td>1. 收入合计(借款)</td><td></td><td></td><td></td><td>预估汇率：</td></tr>
<tr><td>1.1　住宿费</td><td></td><td></td><td>—</td><td></td></tr>
<tr><td>1.2　膳食费</td><td></td><td></td><td>—</td><td></td></tr>
<tr><td>1.3　公杂费</td><td></td><td></td><td>—</td><td></td></tr>
<tr><td>1.4　交通费</td><td></td><td></td><td>—</td><td></td></tr>
<tr><td>1.5　会议注册费</td><td></td><td></td><td>—</td><td></td></tr>
<tr><td>2. 支出合计(实际支出)</td><td></td><td></td><td></td><td>银行成交汇率：</td></tr>
<tr><td>1.1　住宿费</td><td></td><td></td><td>—</td><td></td></tr>
<tr><td>1.2　膳食费</td><td></td><td></td><td>—</td><td></td></tr>
<tr><td>1.3　公杂费</td><td></td><td></td><td>—</td><td></td></tr>
<tr><td>1.4　交通费</td><td></td><td></td><td>—</td><td></td></tr>
<tr><td>1.5　会议注册费</td><td></td><td></td><td>—</td><td></td></tr>
<tr><td>3. 结余</td><td></td><td></td><td></td><td></td></tr>
<tr><td rowspan="3">二、
国际旅费</td><td>1. 收入合计(借款)</td><td>—</td><td></td><td></td><td></td></tr>
<tr><td>2. 支出合计(实际支出)</td><td>—</td><td></td><td></td><td></td></tr>
<tr><td>3. 结余</td><td>—</td><td></td><td></td><td></td></tr>
<tr><td rowspan="3">三、
护照签证费</td><td>1. 收入合计(借款)</td><td>—</td><td></td><td></td><td></td></tr>
<tr><td>2. 支出合计(实际支出)</td><td>—</td><td></td><td></td><td></td></tr>
<tr><td>3. 结余</td><td>—</td><td></td><td></td><td></td></tr>
</table>

续表

四、换汇服务费	1. 收入合计(借款)	—			
	2. 支出合计(实际支出)	—			
	3. 结余	—			
五、礼品	1. 收入合计(借款)	—			
	2. 支出合计(实际支出)	—			
	3. 结余	—			
收支汇总	1. 收入合计(借款)	—			
	2. 支出合计(实际支出)	—			
	3. 结余	—			

代表团团长(签章):　　　　经手人:　　　　日期:　　年　　月　　日

表 35－14　出国留学奖学金资助确认表

姓名						
所在部门						
相关通知/要求						
国别		实际天数	年　　月　　日至　　　年　　月　　日,共　　天	汇率		
计算标准						
实际金额						

批准人:　　　　　　　　申请人:

组团和参团两种模式报销时需提交单据参照表 35－15。

表 35－15　组团/参团出国费报销提交单据对照表

项目	组团	参团
提交单据	"报销决算表" 国际旅费发票(包括飞机票、订退票费票据、保险费发票等) 住宿费票据 交通费发票(城际间车票) 会议注册费发票 护照签证费发票 换汇服务费发票(或换汇凭条) 保险费发票 其他特殊事项票据	"报销决算表" 组团单位出具的发票 出国费用决算清单原件(加盖组团单位财务章)

②未发生借款直接报销的情况

报销时除按照有借款报销时需提供的必要单据外，同时还需提供出国/赴港澳任务批件、出国（境）请示表、出访团组名单，并视情况提供城市间交通费（或会议注册费等）申请报告、组团方通知（函）、组团方出国经费明细证明、参加国际会议的邀请函（会议通知）等资料。

③原始凭证如有遗失，需按以下方式处理后方可报销

取得原开具单位盖章的证明（如发票丢失，应取得该发票记账联或存根联的复印件，并加盖原开票单位的发票专用章），由当事人写出详细情况说明，经责任人或业务主管部领导审核，总会计师确认后，代作原始凭证。

对确实无法取得证明的，由当事人写出详细情况，由经办人所在部门责任人、总会计师和部长/书记批准后，代作原始凭证。

经办人不得擅自涂改报销单，如果出现涂改，则报销单作废，经办人须重新填报。

（2）审核报销审批流程是否正确

报销审批看金额，分业务审批和财务审批两类。出国费应选择正确的预算事项，费用报销按单笔报销金额履行报销审批手续。

（3）审核填报内容是否准确

以原始票据、《因公出国（境）借款预算表》和《因公出国（境）经费报销决算表》为审核依据。

①“实际行程”栏

与因公出国（境）借款预算表核对，审核出入境时间、实际行程是否相符，如有因工作需要，经批准合并行程的，提供相对应的支撑依据。财务审核时以实际发生时间重新核算补贴费用。

【案例 12】

某员工甲2019年1月1日至1月10日赴A国谈判，中途因特殊事项于1月6日回国，或因特殊事项中途转往B国。某员工乙2019年3月19日至3月27日赴俄、法、比利时三国出国费。报销审核时发现，该员工借出国费时，除“出国（境）请示表”批复的出国地点为俄、法、比利时三国外，所填写的其他表格“一式三联”借款单、出国（境）借款预算表、出国人员随团表所反映的前往国家均为俄、法两国。

处理方法：第一，当事人写明原因，部门领导签字并加盖部门公章。第二，依据《本单位外事管理规定》，应提供相应审批依据。第三，检查当事人所赴各国的补助与实际是否超标。

②“姓名”栏

《因公出国（境）经费报销决算表》应列明全部出访人员姓名，且人数不超计划。其他人员出访需另行履行审批流程。

【案例 13】

员工甲与员工乙2人随团于2019年1月1日赴A国考察，实际出访人员只有员工甲1人。

处理方法：这种情况不影响出国，但若员工乙换成员工丙出国考察，需要提供出国审

批依据。

③“团组号”栏

应为上级单位批复时配置的相应文号。

④“收入合计（借款）”栏及其明细栏

按《因公出国（境）借款预算表》填写。

⑤“支出合计（实际支出）”栏及其明细栏

需按各类费用的实际开支金额填列，应与同类费用原始票据合计金额一致（人民币核算到角分）。

【案例 14】

2018 年某员工赴某国执行任务，组团方为某公司，该员工出国前发生了借款业务。该员工在报销时，《因公出国（境）经费报销决算表》涉及的币种填列金额只填至元。组团方某公司进行业务结算退回出国费多余款项时，按照会计基础工作规范要求计算到元、角、分。因此，《因公出国（境）经费报销决算表》中结算金额与实际结算金额不符。财务审核时退回经办人员重新填报。

【案例 15】

2019 年上级单位批复某员工一行 3 人赴俄罗斯执行国际展览任务，经办人员未发生借款业务。按照财政部和外交部文件规定，赴俄罗斯出国补助标准是以美元计算的，而实际发生币种为卢布。审核时首先把卢布按照汇率折算成美元，审查住宿费标准是否符合文件规定标准，有无超标问题。然后再按照人民币与美元的汇率将报销决算表的金额折算为人民币进行核算。

（4）审核各项费用开支及票据是否合规合理

因公临时出国（境）相关费用标准执行《财政部　外交部关于印发〈因公临时出国经费管理办法〉的通知》（财行〔2013〕516 号）和《财政部　外交部关于调整因公临时出国住宿费标准等有关事项的通知》（财行〔2017〕434 号）相关规定。

要点：审核所赴国家、地区的住宿费、伙食费和公杂费是否符合国家规定标准，有无超标现象。审核住宿费天数是否合理。

【小贴士】

由于大部分境外国家无法开具发票，依据国家税务总局发布的《企业所得税税前扣除凭证管理办法》相关要求：“企业从境外购进货物或者劳务发生的支出，以对方开具的发票或者具有发票性质的收款凭证、相关税费缴纳凭证作为税前扣除凭证。”必要时，出访人员应提供相关证明材料，出访人员须对票据的真实性负责。

①外汇现钞

此类支出指以外币形式发生的费用开支，需要依据实际银行成交汇率换算，主要包括住宿费、膳食费、公杂费、交通费等。

1）住宿费。应提供国（境）外住宿原始票据及票据的中文翻译件（表 9－16）。中文翻译件应包含团组名称、住宿的城市、宾馆名称、入住的起止时间、天数、人数、币种、住宿标准、总金额等关键信息。

在批准的范围内按在外实际住宿天数报销，住宿费超出标准的部分不予报销。

审核票据显示的住宿天数是否合理：

住宿天数最长一般不超过出差自然天数。由于客观原因导致住宿天数延长的，应提前三天报上级单位批准，并在报销时附经批准的《关于××团组延长在外停留时间的请示》，准予全额报销。

审核住宿费开支内容是否合规：

应注意剔除除住宿费以外的其他开支，如迷你吧、叫车费、餐食费等。

表 35－16　国（境）外住宿费中文翻译

出访团组名称			
城市 1		酒店名称	
住宿时间	______年______月______日至______年______月______日		
住宿人数		住宿天数	
币种		住宿标准	
开支金额			
城市 2		酒店名称	
住宿时间	______年______月______日至______年______月______日		
住宿人数		住宿天数	
币种		住宿标准	
开支金额			
住宿费合计			
本人负责本翻译件的真实性、准确性 填写人：		团长签字：	

应入住相应标准的酒店，无特殊原因的超标住宿费发票不予报销。如酒店由外方或合作伙伴指定，报销时应附对入住酒店做出明确规定的通知或文件，如超标，应履行事前报批手续，住宿费准予全额报销。

【案例 16】

某员工前往 A 国参加国际会议，根据会议方邀请函的要求，该员工下榻在会议方指定酒店，虽然酒店住宿费标准远高于财政部和外交部目前执行文件标准，财务审核时住宿费应准以全额报销。

2）膳食费、公杂费。此项开支为补助类，由外事归口管理部门负责核算，以《因公临时出国经费管理办法》中规定的出访国家（地区）开支标准计算包干费用。

包干标准=（膳食费包干标准+公杂费包干标准）×出访天数

出访天数按自然（日历）天数计算，途中因私占用的天数在计算包干标准时须相应扣除。(按规定的标准发给个人包干使用，包干天数按离、抵我国国境之日计算。)

3）交通费。有国外城市间交通费开支的团组，应提供国外城市间交通费原始票据及票据的中文翻译件（图 35－6）。中文翻译件中需说明城市信息，乘客人数及本单位人员数量，在批准的范围内报销。

城市间交通费中文翻译

__________团组于_____年______月_____日从某国某城市乘坐 _________到某国某城市，乘客共______人，其中 XX 单位 ____人，费用共计_______。

填写人：

团长签字：

图 35－6　城市间交通费中文翻译

②国际旅费

1）国际机票费。应提供航空运输电子客票行程单。如因特殊原因无法取得电子客票行程单，则应提供其他支撑材料。

2）订票费。应提供由订票机构开具的订票费发票，实报实销。

3）境外保险费。应提供覆盖全程的境外人身意外、医疗保险费用发票，实报实销。

③护照签证费

应提供由出访国家驻华大使馆收取的签证费票据，如有中介机构代办并收取手续费，需提供由该机构开具的手续费发票，实报实销。

④其他费用

防疫费用、体检费用、公证费用、会议注册费、换汇服务费等，凭有效原始票据据实报销。

（5）审核支付信息是否准确

支付信息：包括支付方式和收款单位信息。

①支付方式的选择

支付方式：出国费支付方式包括入银行卡、电汇、转账。对公业务、机票款原则上不应入个人银行卡。

②收款单位信息

选择电汇方式的，须填写准确的收款单位、收款行和银行账号，否则会出现退汇情况。收款单位名称、银行账号、开户行应与发票的销售方信息一致。

第 36 章　会计凭证暂存盒

36.1　质量目标

凭证暂存盒确保对会计凭证的全面保护、整齐存放和便捷查询，实现凭证问题记录、修改完善、汇总分析和持续改进的全过程记录。

36.2　工具特点

会计凭证暂存盒是为进一步加强装订前会计凭证的管理而设计和制作的一款实用工具，这款工具充分考虑了尺寸、功能、易用性等多方面因素，有效解决了会计凭证装订、保管和使用过程中的痛点和常见问题，促成了会计凭证流转、装订、保管和使用的良性循环，起到了“牵一发而动全身”的良好效果。

会计凭证暂存盒遵循“保护到位、整齐美观、查询方便、记录明确”的设计思路，由凭证盒主体、标签卡片和记录卡片三部分组成，主体部分为坚韧耐磨的进口厚牛皮纸卡，便于循环使用；标签卡片采用韧性高的进口薄牛皮纸卡，便于拿取和书写。记录卡片采用进口米黄色纸卡，醒目且耐用。凭证盒上所有文字、图案均采用“藏蓝色”，与现行会计档案保持一致，如图 36－1、图 36－2 所示。

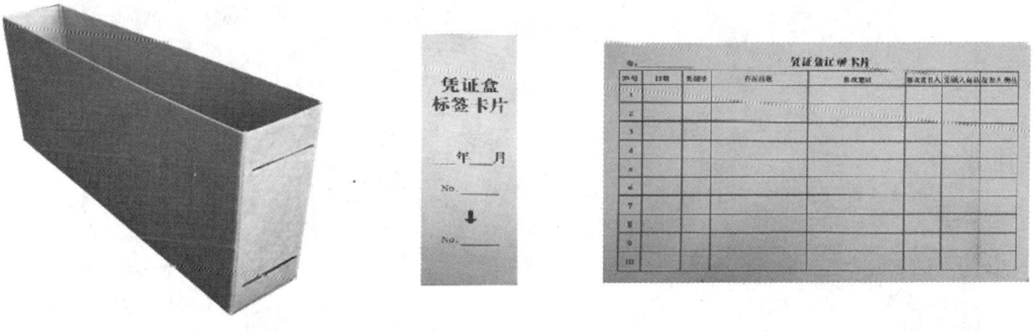

图 36－1　会计盒主体、标签卡片、记录卡片

36.2.1　凭证盒主体

用于存放会计凭证，上端开口，其中一侧预留两行标签卡片插槽。凭证盒主体尺寸为 260 mm×50 mm×120 mm（长×宽×高），其中侧面两行插槽上下相隔 80 mm，每个插槽尺寸为 40 mm×2 mm（长×高）。

图 36－2　会计凭证暂存盒效果展示

长度上，凭证盒比凭证长 30 mm，一方面便于使用食指和中指轻松拿取、摆放凭证盒，另一方面也便于一次牢固抓取多个凭证盒。

图 36－3　凭证盒长度设计便于牢固抓取

高度上，凭证盒比凭证低 10 mm，一方面便于使用拇指和食指查找、翻阅凭证信息而不必将凭证全部取出，另一方面也便于用手指将一沓凭证从凭证盒中取出。

宽度上，将宽度设计为 50 mm，一方面保证了凭证盒稳定竖立，另一方面一盒凭证的厚度刚好可装订为一本会计凭证档案。

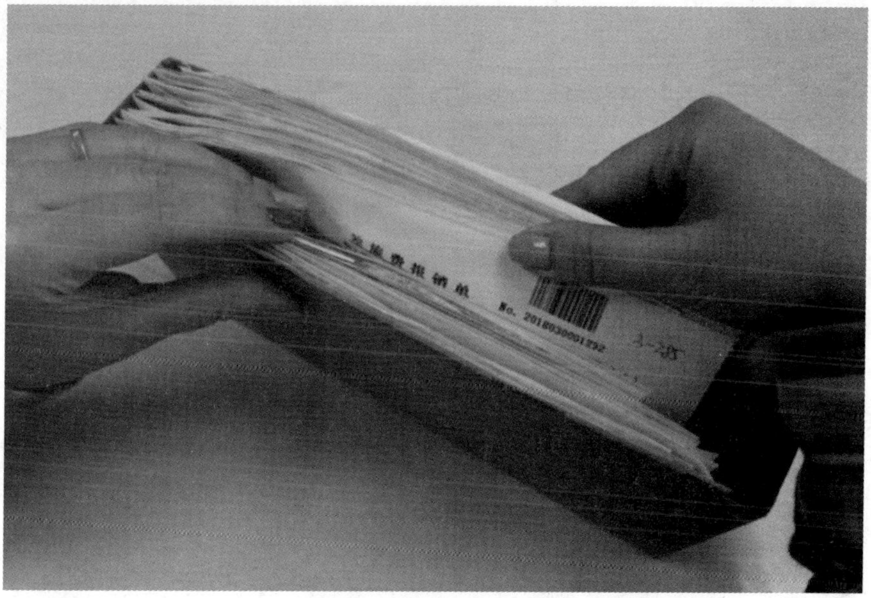

图 36-4　凭证盒高度设计便于查找翻阅凭证

图 36-5　凭证盒宽度设计保证稳定树立

该凭证盒主体的设计解决了凭证易丢失、易破损、不整齐、不美观的问题，实现了凭证“保护到位、整齐美观”的管理效果。

凭证盒主体为硬壳设计，四个凭证盒可交叉拼成一组，便于取拿和存放。

36.2.2 标签卡片

用于标识一盒凭证的日期和编号等基本信息。使用时插入凭证盒主体一侧预留的插槽内。标签卡片的尺寸为 38 mm×118 mm（长×高），卡片长度比凭证盒侧面插槽长度短 2 mm，卡片高度比凭证盒高度低 12 mm，便于卡片的插入和换取。标签卡片为消耗品，正反面均可填写信息，一般可以使用两次。

该标签卡片的设计解决了以往在一堆凭证中来回翻找才能定位需求凭证的问题，实现了凭证“查询方便”的管理效果。

36.2.3 记录卡片

用于记录复核（稽核）时发现的前期审核、制单等问题，并记录后续问题修改情况。使用时插放在凭证盒内一侧。记录卡片的尺寸为 230 mm×140 mm（长×高），长度与凭证长度相等，但高度高出凭证 10 mm，以凸显米黄色记录卡片，便于在查找、定位存疑凭证时能一目了然。

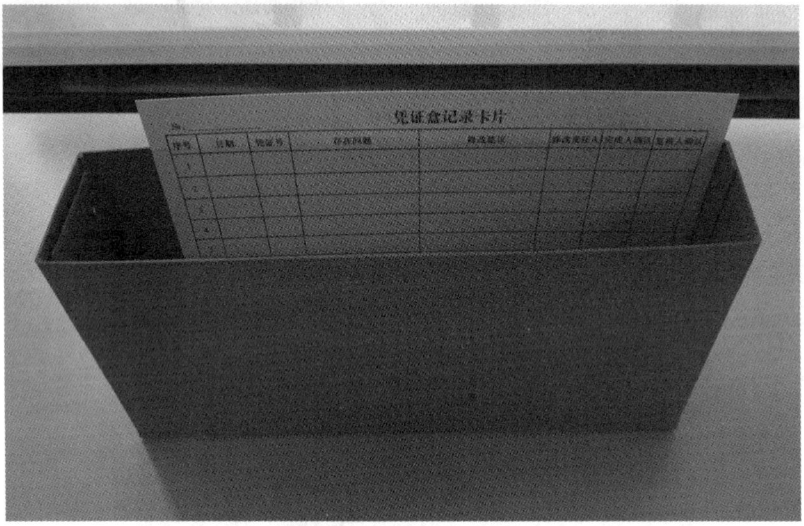

图 36-6 凭证盒记录卡片

依据日常复核（稽核）的记录习惯和凭证修改需求，记录卡片印制有序号、日期、凭证号、存在问题、修改建议、修改责任人、完成人确认和复核人确认等信息，形成了较完整的凭证问题记录、跟踪和改进清单，实现了凭证装订前的全过程记录，达到了“记录明确”的管理效果。

36.3 使用方法

使用凭证盒时，按如下步骤进行：

36.3.1　凭证制单后

当天凭证制单后，将原始凭证依据制单顺序编号，一般按 20~30 张凭证为一组装入凭证盒。一组原始凭证装入凭证盒内应预留一定活动间隙，便于后续增加相应的记账凭证。每盒凭证的厚度以刚好够装订一本为佳，过薄或过厚均会影响后期装订效率。

36.3.2　填写插入标签卡片

在标签卡片上填写好××年××月、××号—××号等凭证信息并插入凭证盒，将凭证盒按凭证序号整齐摆放在凭证柜中。

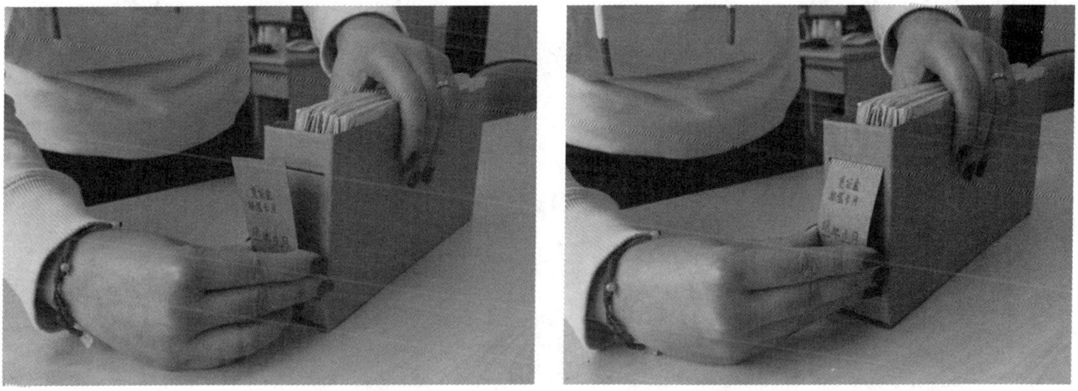

图 36-7　凭证盒标签卡片安装示意步骤

36.3.3　填写记录卡片

复核（稽核）人员发现某盒凭证存在审核或制单等问题时，在记录卡片表格内填写日期、凭证号、存在问题、修改建议、修改责任人等信息。使用时需先填写卡片序号（左上角 No.），记录相关信息后放入凭证盒内侧。记录卡片只在填写问题时才使用，不需要每个凭证盒都放入。

36.3.4　修改记录卡片

相关会计人员定期核对凭证盒，发现存在记录卡片则找出凭证进行修改，完成后在卡片的“完成人确认”栏签字确认或盖章。复核（稽核）人员定期对修改结果进行确认，完成后在卡片的“复核人确认”栏签字确认或盖章。

36.3.5　装订前检查

装订前会计档案管理人员对会计凭证的完整情况进行检查，对记录卡片上的问题进行修订情况复查。装订时将记录卡片按序号汇总后交部门开展问题分析和举一反三，形成管理提升清单并持续改进。

【小贴士】

1）复查时如再次发现问题则在卡片上用红笔记录，并直接交相关人员立即修改、补充。

2）记录卡片排号方式一般为 2018001、2018002…，若汇总时出现空序号即为卡片缺失，须查找丢失卡片或重新复核凭证。

第37章　会计凭证转运车

37.1　质量目标

会计凭证转运车的质量目标是确保大批量会计凭证的快速转运，便于会计凭证的整齐存放和便捷查询。

37.2　工具特点

会计凭证转运车遵循“凭证容量大、转运快速、摆放整齐、查询便捷”的设计思路，由车轮、结构架、底板、侧板及附件共5部分组成，车轮采用带刹车静音万向轮，结构架采用5层设计，由钢架结构焊接而成，底板和侧板采用1 mm厚冷轧钢板，附件由2件斜坡组成，采用防滑不锈钢板焊接而成，凭证转运车整体采用静电喷涂工艺，颜色采用亚光灰，确保凭证转运车外形美观。如图37－1所示。

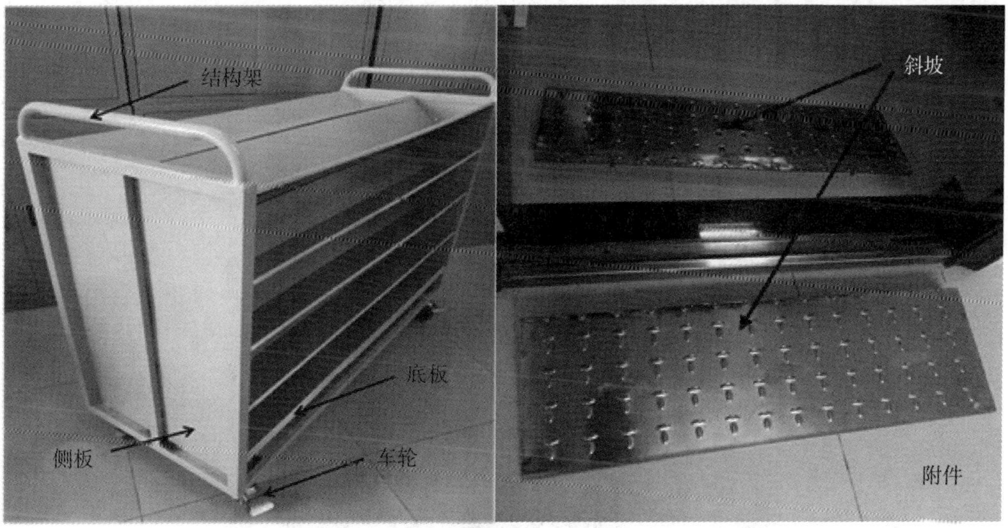

图37－1　会计凭证转运车的结构图

37.2.1　车轮

用于转运车的快速移动，一般选择4 in耐磨尼龙万向轮，实现全方位旋转，保证静音和持久耐用，整体承载能力≥400 kg。

37.2.2　结构架

结构架尺寸为 1 300 mm×500 mm×900 mm（长×宽×高），采用五层设计，层间距 170 mm，保证目前会计凭证可顺利取放。

注：目前会计凭证盒尺寸为 265 mm×40 mm×135 mm（长×宽×高）。会计凭证的高度与结构架的层间距一般控制在 20~50 mm 之间，便于放置和抽取。

37.2.3　底板

采用“w”形状，会计凭证放置倾角为 30°，每层两侧均可放置，增加存放容量，方便操作人员站立时抽取，同时从两侧便于查询。每层每侧可放置会计凭证 28 册，若全部放满，一共可放置 280 册，目前每册约 40~50 张记账凭证及相关附件，凭证车最大可放置约 11 200~14 000 张记账凭证及相关附件。

37.2.4　侧板

采用 500 mm×900 mm 矩形冷轧板，焊接在转运车两侧，防止会计凭证掉落。

37.3　使用方法

使用凭证转运车时，按如下步骤进行：

1）大批量会计凭证转运前，需将凭证转运车放置在空旷场地，并刹住车轮。

2）会计凭证往凭证转运车码放时，建议从一侧自左向右、自上而下，按顺序码放整齐，如图 37－2 所示。

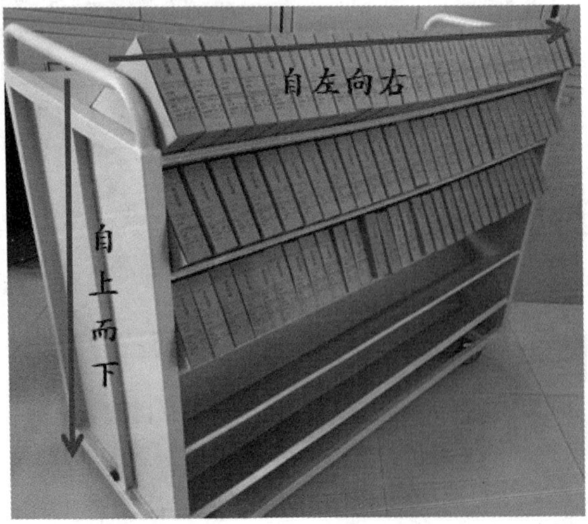

图 37－2　会计凭证摆放示意图

【小贴士】

1）因会计凭证尺寸（如 A4 版式）影响，无法竖立放置时，可采用横向放置。

2）会计凭证编码一侧朝外，方便查询。

3）使用凭证转运车转运凭证的过程中，通过门槛时，应保证车辆平稳，防止会计凭证的坠落。凭证转运车装满财务凭证时，重量较大，建议由两人推送，在坡道上或电梯间时应注意使用刹车，防止磕伤。

4）会计凭证使用完毕后，按自右向左、自下而上的顺序放回库房。

5）凭证转运车使用完毕后，放置在规定场地，并刹住四个车轮。会计档案管理人员负责凭证转运车的存放及保养维护，并定期检查，保持车辆清洁。

37.4　应用价值

会计凭证转运车是为实现大批量会计凭证的快速转运、整齐存放和便捷查询设计并加工生产的一款工具，一次可运送 280 册约 11 200~14 000 张记账凭证及相关附件，实现了单次转运凭证数量多、转运快、省人力和查询有序的设计初衷，极大提升了工作效率。

第 7 篇

应用效果与前景

第 38 章　应用效果与前景

五院财务质保体系提出了一套能够有效指导并提升各单位财务业务基础水平和质量的有效模式和方法，经过了试点应用和优化调整，已经在五院全院范围内进行应用推广，取得了良好的应用效果。各单位通过应用这套具体的工作指南、标准和方法，统一了财务业务工作要求和标准，规范了业务操作流程，将各单位的质量管理标准提升到同一水平线，提升了各单位协同业务的工作质量和效果。作为财务质保体系主要成果的操作手册，成为财务队伍全员参与的平台，知识管理的工具，经验传承的媒介，能力提升的途径和质量保证的核心，展示出广阔的应用前景。

38.1　应用效果

38.1.1　规范程度不断提高，财务基础工作进一步夯实

（1）审计问题逐年下降

综合审计问题数量逐年下降。本套操作手册细化、固化、标准化各项财务管理业务应遵循的操作步骤、方法，并充分发挥“一站式体检”的服务功能，从各类审计、检查的问题出发，梳理各项业务的监管要求和风险点，落实部门职责，形成一系列指导文件，支撑五院顺利通过各项审计及监督检查。近年来五院每年度接受审计次数逐年增加，但审计问题数量逐年下降。

项目经费审计审减率逐年下降。针对项目审计问题和审减事项，五院总结形成科研项目经费管理政策研究、科研项目审前自查工作指导等指南和标准，帮助院内单位充分理解政策、熟悉审计惯例，自主开展审前自查，引导院内单位规范管理。“十三五”期间，五院 17 个军工项目达到零问题零审减，型号项目经费年度综合审减率（由国家、上级机关或项目主管部门进行审计）逐年下降，目前已经优于军工企业平均水平。

（2）预算管理水平持续提高

财政资金预算执行率逐年提升。针对五院某些单位存在预算执行偏差大，预算绩效考核应用不足的问题，五院从项目管理入手，强化财务与业务的协同合作，以财政资金用款计划编报工作指南为指导，从预算申报到预算执行，业财共同策划，同时对各月度预算执行情况进行通报，严控年末财政资金结转和结余，提高财政资金利用效率。对全院各单位财政项目绩效执行情况进行评估监控，实现全院所有单位半年度项目、年度项目自评全覆盖，不断提高财政资金使用效果。财政资金预算执行率从“十二五”末的 95% 提高到“十三五”末的几乎 100%。

预算执行偏差率明显下降。根据研发项目资金来源渠道众多、经费管理制度庞杂、预

算申报口径复杂的特点，五院各单位推广应用研发项目预算编报指南，科研人员编制预算时，更加注重预算事项、开支内容与科研任务实际需求相结合，并遵循相关性、合规性、合理性原则，确定消耗数量、单价、工时等成本价格要素，形成合理预算报价，使项目预算更加符合技术经济可行性要求。预算编报指南在各单位推广以来，预算编制的规范性、准确性大大提高，预算一次通过率由原先的80%提升至90%；同类型项目间的预算可比性增强，预算执行偏差率下降约5个百分点，显著降低了项目审计风险。

（3）在建工程转固问题得到提前解决

为进一步解决在建工程比例较大、计入固定资产比例较低等问题，财政部于2019年下发《关于加快做好行政事业单位长期已使用在建工程转固工作的通知》，要求各单位贯彻落实党中央、国务院完善国有资产管理有关要求，加快做好长期已使用在建工程转固的相关工作，提高资产的使用效益。五院于2018年已总结提炼形成在建工程预转资产工作规范、基建项目预转资产会计处理范例等要求，并在全院各单位推广应用，指导各单位完成长期已使用在建工程的预转固工作，解决相关单位几十亿的在建工程长期挂账问题。在建工程预转资产工作规范突出预转资产的规范管理，强调各部门职责，规范了操作流程、方法、步骤，推动了五院在建工程长期挂账预转资产工作，促进固定资产投资项目闭环管理。基建项目预转资产会计处理指导预转资产账务处理，针对已达到使用状态尚未进行竣工财务决算和验收的项目，提出了不同资金来源、资金归垫、资金后补偿等复杂业务形成的预转资产的账务处理方法，既保证了各单位预转资产的后续决算与验收数据完整，又满足了各单位账务处理、报表编制、实务管理等要求。

38.1.2 精益管理手段不断夯实，财务工作效率进一步提升

（1）信息化工具利用率大幅增加

由于五院单位较多，数据量庞大，五院各单位为提高工作效率，除五院统一部署的集中核算等财务信息化系统外，根据自身实际情况建设了个性化的信息化工具，以提高业务效率，提升管理水平。通过财务质保体系建设，五院搭建了各单位交流、推广和发布平台，部分单位自主研发的具有知识产权的网上报销看板、项目费用分摊模块受到各单位普遍好评。基于互联网的费用支出移动终端报销系统、财务微信公众号等应用，经过相关单位讲解，提高了后续感兴趣单位的建设效率，已经得到验证的好用、易用的信息化工具在全院的推广，提升了全院财务报销工作效率，提高了整体财务服务质量。

（2）档案管理手段不断完善

随着国家档案管理要求不断提高，应用创新、便捷的档案管理手段和工具的需求日益迫切。通过财务质保体系建设，五院将个别单位设计的凭证暂存盒、凭证转运车等好用易用的财务管理硬件工具向全院予以推广，从小处着手减轻财务人员日常操作的繁重劳动。科学合理的工具不仅能够保证会计档案妥善保管、有序存放、方便查阅，还可以帮助提高财会人员工作效率，节省时间和人力成本，为确保财务数据的真实可靠提供了前提和保障。

（3）财务报表编制质量和效率显著提高

为解决各单位财务报表编制质量参差不齐，效率偏低的问题，五院以建立数据标准为核心，以信息化工具为手段，开发应用内部事项核对工具、企业财务报表编制质量控制工作指南，明确报表编制质量控制方法和注意事项，提高抵消效率和质量，帮助新编报表人员能够迅速进入角色，有经验的报表编制者提高工作质量和效率。其中财务报表编制质量控制工作指南，指导各单位建立财务报表标准化体系，实现报表数据可穿透至会计科目，使报表数据有迹可循，某单位在此基础上开发了报表编制系统，基本实现"一键出表"。五院建立的内部事项核对系统，使各单位核对频次和准确率都得到提升，抵消效率由过去的季报抵消，调整为月报抵消，抵消不充分金额下降超过 10%。经统计，上述两个手册的应用，使得五院各子公司上报母公司月报同比提前 1 天，年报的上报周期缩短了 10 天，12 月快报和年度决算报表主要指标差异率控制在 0.5%以内。

38.1.3　资金统筹运用能力持续提升，财务价值创造能力进一步凸显

（1）财税政策的理解和运用能力不断提升

为引导各单位准确把握所得税政策，明晰纳税管理操作流程，科学、合理利用有关税收优惠政策，同时做到依法合规纳税，五院深入研究国家相关财税政策，编写了相应的政策应用指南，提高财税管理的规范化、标准化程度。针对税收优惠政策应用，编制并发布研究开发费用税前加计扣除工作手册，全院研发费加计扣除金额逐年增加，占减免所得税额比重逐年增大，所得税优惠政策利用更加合理。同时，五院引导各单位准确把握所得税政策，做好汇算清缴，防范税务风险，激发各单位申报高新资质的积极性，全院各单位具备享受高新资质的单位均完成了申报并获批，极大提升了单位品牌形象和核心竞争力。针对各类贴息补助政策，五院编制了军工项目贷款贴息申报工作指南等一系列应用指南，从政策的适用范围和政策应用具体操作流程进行了细化，各单位申报质量和效率明显提升，贴息补助获批率及大型设施入库数量逐年增加。

（2）金融工具应用不断深化

五院深化应用应收账款保理、融资租赁、承兑汇票等金融工具，并借助金融产品服务于各单位产业链上下游。目前各种金融工具已成为各单位日常融资的有效手段，节省资金成本的同时，助推产业发展。五院编制的商业汇票使用工作指南，明确指出了商业汇票开具、收取、管理等阶段的操作流程及注意事项，规范相关单位商业汇票使用，提高了资金使用效率。同时指南中明确指出要加强商业承兑汇票的风险管控，要求财务部门联合业务部门按照指南要求开展客户信用调查、信用评级等相关工作，建立销售业务客户信用管理制度，进行客户分级分类管理，明确各类客户商业承兑汇票与银行承兑汇票结算额度、期限、审批权限及黑名单管理机制，合理控制商业承兑汇票收票规模，自工作指南发布以来，五院未出现商业承兑汇票到兑付难问题。

38.1.4 专业能力不断夯实，财务队伍能力素质整体提高

（1）打造了一支咨询专家团队

经过两年多体系建设的团队作战，五院组建了涵盖 9 个财务业务领域的 54 名专家队伍。专家队伍全程参与质保体系建设，审核各项操作手册，使得个人能力与组织能力交互提升。在后续重大财金问题研究解决上，54 名专家充分参与，带头研究制定方案，带动全院财会队伍专业素质整体提升。

（2）发掘、锻炼了一批优秀的财务人才

财务指标体系建设，为青年财经人才提供了充分展示自我的机会，培养了一批既精通财务又了解业务的复合型人才，一批年轻人快速成长为业务骨干。操作手册的编写者经过锻炼加速成长，专业技术能力快速提升，财务队伍中、高级职称人员数量不断增长，“十三五”末占比相对“十二五”末提高了 7.3 个百分点。

（3）财务系统形成“雁行式”发展格局

操作手册编写使隐性知识显性化，显性知识制度化，个人能力与组织能力都得到明显提升。岗位新人通过手册学习快速进入角色，与业务专家、业务骨干形成良性发展的人才队伍格局。通过体系建设充分发挥财务系统中的“头雁效应”，鼓励各单位在不同领域轮流充当“头雁”角色，促进了各单位的“短板”向全院的“长板”看齐，形成了五院财务系统“雁行式”发展格局。通过操作手册的讨论、编写、推广培训，积极防范财务风险，践行中国航天科技集团有限公司“像军队、像学校、像家庭”的财金文化。

38.2 应用前景

38.2.1 夯实财务工作基础，助推财务管理工作标准化开展

本书将财务操作过程中粗糙、零散的模板和表单进行显性化、系统化和规范化的梳理，最大化挖掘和提升财务一线人员先进的做法和经验，固化形成一套操作手册，覆盖了企事业单位的各类财务业务，能够直接应用于企事业单位财务工作。首先，操作手册能够指导财务人员按照制度和流程要求，规范开展财务工作，显著提高工作质量。其次，能够帮助财务人员优化工作流程，更好开展业务操作，提升财务工作效率。再次，方便各行业财务人员更详细了解和合理应用财务管理相关政策，指导财务人员高效、合理的创造价值。

38.2.2 基于标准化的数据，助推财务管理数字化转型

财务管理的科学化、规范化，离不开财务信息化的支撑，建设财务信息化系统，一是有效解决单位内部之间信息不对称的问题，实现财务管理“实时动态，有效监控”的效果，真正摸清情况，支撑管理决策。二是能够固化内部控制，将单位的各项内部控制制度变为信息系统中刚性、留痕的工作流程，实现单位内部控制机制科学严谨。实现信息化，建设有价值的财务系统，必须首先开展流程再造，整合各项业务管理流程，操作手册固化

并标准化了各项财务业务流程，形成了顺向支撑、左右互联、有效制衡、制度刚性、有效监督的科学流程体系及统一的财务数据标准，为全院财务管理全数字化系统建设及更广泛地节约人力资源提供了坚实的基础。

38.2.3　深化业财融合管理能力，助推财务工作向管理会计转型

财务质保体系秉承“以业务牵引财务，财务支撑业务”的理念，转变过去财务管理普遍存在的“重核算、轻管理”观念，一直注重与业务系统的横向交流沟通。编写的操作手册绝不仅是财务人员操作手册，操作手册也是连接业务和财务部门的桥梁纽带，财务和业务人员共同按照操作手册开展业务，才能达到最佳效果。大部分财务工作均涉及业务部门，操作手册中单独设计了部门职责一章，不仅规定了财务部门职责，对于业务部门职责也进行了细化，使手册阅读者能够迅速找到工作方法、工作步骤，完成业务操作。在工作程序章节，财务人员应该做什么，怎么做，与哪个业务部门协商，需要业务部门提供什么数据支撑，各种做法优劣对比等等，均进行了细致描述。在具备了业财融合的基础，建设了业财连通的财务管理系统后，财务人员将会把更多的时间和精力放在财务管控和决策支持上，促进财务工作由传统的财务会计向管理会计转变、财务职能由核算型向价值型转变，为管控模式改革和经营决策提供有力支撑。

本书具有较强的针对性、系统性和实用性，可成为从事财务管理人员的参考书和工具书。本书中的财务质保体系建设和管理模式亦可直接借鉴使用。

参考文献

[1]《2020年政府收支分类科目》(财预〔2019〕142号)

[2]《财政部关于编报2019年度行政事业单位国有资产报告的通知》(财资〔2020〕2号)

[3]《财政部关于深化军工部门国库集中支付改革的通知》(财库〔2011〕173号)

[4]《财政部关于中央预算单位2019年预算执行管理有关问题的通知》(财库〔2018〕95号)

[5]《财政部　国家档案局关于规范电子会计凭证报销入账归档的通知》(财会〔2020〕6号)

[6]《财政部　国家税务总局　保监会关于将商业健康保险个人所得税试点政策推广到全国范围实施的通知》(财税〔2017〕39号)

[7]《财政部　国家税务总局关于工伤职工取得的工伤保险待遇有关个人所得税政策的通知》(财税〔2012〕40号)

[8]《财政部　国家税务总局关于明确金融房地产开发教育辅助服务等增值税政策的通知》(财税〔2016〕140号)

[9]《财政部　国家税务总局关于全面推开营业税改征增值税试点的通知》(财税〔2016〕36号)

[10]《财政部　国家税务总局关于宇航发射业务企业所得税政策的通知》(财税〔2017〕9号)

[11]《财政部　国家税务总局关于租入固定资产进项税额抵扣等增值税政策的通知》(财税〔2017〕90号)

[12]《财政部　国家税务总局　科技部关于完善研究开发费用税前加计扣除政策的通知》(财税〔2015〕119号)

[13]《财政部　国家税务总局　证监会关于上市公司股息红利差别化个人所得税政策有关问题的通知》(财税〔2015〕101号)

[14]《财政部　人力资源社会保障部　国家税务总局〈关于企业年金、职业年金个人所得税有关问题的通知〉》(财税〔2013〕103号)

[15]《财政部　商务部关于2020年度外经贸发展专项资金重点工作的通知》(财建〔2020〕109号)

[16]《财政部　商务部关于印发〈外经贸发展专项资金管理办法〉的通知》(财企〔2014〕36号)

[17]《财政部　税务总局关于非居民个人和无住所居民个人有关个人所得税政策的公告》(财政部税务总局公告2019年第35号)

[18]《财政部　税务总局关于个人所得税法修改后有关优惠政策衔接问题的通知》(财税〔2018〕164号)

[19]《财政部　税务总局关于明确部分先进制造业增值税期末留抵退税政策的公告》(财政部税务总局公告2019年第84号)

[20]《财政部　税务总局关于明确生活性服务业增值税加计抵减政策的公告》(财政部税务总局公告2019年第87号)

[21]《财政部　税务总局关于企业职工教育经费税前扣除政策的通知》(财税〔2018〕51号)

[22]《财政部　税务总局　海关总署关于深化增值税改革有关政策的公告》(财政部　税务总局海关总署公告2019年第39号)

[23]《财政部　税务总局　科技部关于科技人员取得职务科技成果转化现金奖励有关个人所得税政策的通知》(财税〔2018〕58号)
[24]《财政部　税务总局　人力资源社会保障部　中国银行保险监督管理委员会证监会关于开展个人税收递延型商业养老保险试点的通知》(财税〔2018〕22号)
[25]《财政部　外交部关于调整因公临时出国住宿费标准等有关事项的通知》(财行〔2017〕434号)
[26]《财政部　外交部关于印发〈因公临时出国经费管理办法〉的通知》(财行〔2013〕516号)
[27]《财政部　中国人民银行关于调整中央预算单位银行账户管理有关事项的通知》(财库〔2016〕210号)
[28]《对储蓄存款利息所得征收个人所得税的实施办法》(中华人民共和国国务院令272号)
[29]《鼓励进口技术和产品目录(2016年版)》
[30]《固定资产分类与代码》(国家标准 GB/T 14885－2010)
[31]《关于工会经费企业所得税税前扣除凭据问题的公告》(国家税务总局公告2010年第24号)
[32]《关于国内旅客运输服务进项税抵扣等增值税征管问题的公告》(国家税务总局公告2019年第31号)
[33]《关于加快做好行政事业单位长期已使用在建工程转固工作的通知》(财建〔2019〕1号)
[34]《关于设备器具扣除有关企业所得税政策的通知》(财税〔2018〕54号)
[35]《关于税务机构改革有关事项的公告》(国家税务总局公告2018年第32号)
[36]《关于调整中央和国家机关差旅住宿费标准等有关问题的通知》(财行〔2015〕497号)
[37]《关于推行通过增值税电子发票系统开具的增值税电子普通发票有关问题的公告》(国家税务总局公告2015年第84号)
[38]《关于推进纳税缴费便利化改革优化税收营商环境若干措施的通知》(税总发〔2020〕48号)
[39]《关于预算执行细化管理后调整国库集中支付年终结余资金申报核批表的通知》(财办库〔2010〕297号)
[40]《关于增值税发票开具有关问题的公告》(国家税务总局公告2017年第16号)
[41]《关于专项用途财政性资金企业所得税处理问题的通知》(财税〔2011〕70号)
[42]《国家税务总局关于办理增值税期末留抵税额退税有关事项的公告》(国家税务总局2019年第20号)
[43]《国家税务总局关于进一步完善固定资产加速折旧企业所得税政策有关问题的公告》(国家税务总局公告2015年第68号)
[44]《国家税务总局关于扩大小规模纳税人自行开具增值税专用发票试点范围等事项的公告》(国家税务总局公告2019年第8号)
[45]《国家税务总局关于取消增值税扣税凭证认证确认期限等增值税征管问题的公告》(国家税务总局公告2019年第45号)
[46]《国家税务总局关于全面实施新个人所得税法若干征管衔接问题的公告》(国家税务总局公告2018年第56号)
[47]《国家税务总局关于深化增值税改革有关事项的公告》(国家税务总局公告2019年第14号)
[48]《国家税务总局关于实施高新技术企业所得税优惠政策有关问题的公告》(国家税务总局公告2017年第24号)
[49]《国家税务总局关于调整增值税纳税申报有关事项的公告》(国家税务总局公告2019年第15号)
[50]《国家税务总局关于研发费用税前加计扣除政策有关问题的公告》(国家税务总局公告2017年第

40 号）
[51]《国家税务总局关于印发〈增值税纳税申报比对管理操作规程（试行）〉的通知》（税总发〔2017〕124 号）
[52]《国内投资项目不予免税的进口商品目录（2012 年调整）》（财政部、国家发展改革委、海关总署、国家税务总局公告 2012 年第 83 号）
[53]《国务院办公厅关于进一步优化营商环境更好服务市场主体的实施意见》（国办发〔2020〕24 号）
[54]《国务院关于印发个人所得税专项附加扣除暂行办法的通知》（国发〔2018〕41 号）
[55]《行政事业单位国有资产年度报告管理办法》（财资〔2017〕3 号）
[56]《会计档案管理办法》（财政部 国家档案局第 79 号令）
[57]《会计基础工作规范》（财政部令第 98 号）
[58]《基本建设财务规则》（财政部令第 91 号）
[59]《军工科研事业单位财务制度》（财防〔2012〕386 号）
[60]《军工科研事业单位会计制度》（财防〔2013〕381 号）
[61]《科技部关于印发〈国防军工引智专项管理办法〉的通知》（国科发专〔2019〕144 号）
[62]《流动资金贷款管理暂行办法》（银监会令〔2010〕第 1 号）
[63]《企业财务会计报告条例》（中华人民共和国国务院令第 287 号）
[64]《企业国有资产评估报告指南》（中国资产评估协会〔2017〕42 号）
[65]《企业会计准则》
[66]《企业会计准则第 14 号——收入》（2017 年修订）及其应用指南
[67]《企业所得税税前扣除凭证管理办法》（国家税务总局公告 2018 年第 28 号）
[68]《企业所得税优惠政策事项办理办法》（国家税务总局公告 2018 年第 23 号）
[69]《商业银行委托贷款管理办法》（银监发〔2018〕2 号）
[70]《现金管理暂行条例》（中华人民共和国国务院令第 588 号）
[71]《一般企业财务报表格式》（财会〔2019〕6 号）
[72]《支出经济分类科目改革方案》（财预〔2017〕98 号）
[73]《中共中央国务院关于印发党政机关厉行节约反对浪费条例的通知》（中发〔2013〕13 号）
[74]《中国人民银行关于规范和促进电子商业汇票业务发展的通知》（银发〔2016〕224 号）
[75]《中华人民共和国城市维护建设税暂行条例》（国务院令 2011 年第 588 号）
[76]《中华人民共和国房产税暂行条例》（国务院令 2011 年第 588 号）
[77]《中华人民共和国个人所得税法》（2018 年 8 月 31 日第十三届全国人民代表大会常务委员会第五次会议第七次修正）
[78]《中华人民共和国个人所得税法实施条例》（中华人民共和国国务院令 707 号）
[79]《中华人民共和国技术进出口管理条例》（国务院令第 331 号）
[80]《中华人民共和国民法典》（主席令 2020 年第 45 号）
[81]《中华人民共和国票据法》（中华人民共和国主席令第 22 号）
[82]《中华人民共和国企业国有资产法》（中华人民共和国主席令第五号）
[83]《中华人民共和国企业所得税法》（主席令 2018 年第 23 号）
[84]《中华人民共和国企业所得税法实施条例》（国务院令 2019 年第 714 号）
[85]《中华人民共和国税收征收管理法》（主席令 2015 年第 23 号）
[86]《中华人民共和国税收征收管理法》实施细则（国务院令 2016 年第 666 号）

［87］《中华人民共和国印花税暂行条例》（国务院令 2011 年第 588 号）
［88］《中华人民共和国预算法》（中华人民共和国主席令第二十一号）
［89］《中华人民共和国增值税暂行条例》（国务院令 2017 年第 691 号）
［90］《中华人民共和国增值税暂行条例》实施细则（中华人民共和国财政部令第 65 号）
［91］《中华人民共和国资产评估法》（中华人民共和国第十二届全国人民代表大会常务委员会第二十一次会议通过）
［92］《中央行政事业单位软件资产管理暂行办法》（国管资〔2011〕280 号）
［93］《中央和国家机关差旅费管理办法》（财行〔2013〕531 号）
［94］《中央企业财务决算报告管理办法》（国务院国有资产监督管理委员会令第 5 号）
［95］白春礼．强化国家战略科技力量［J］．求是，2021（1）
［96］北京市《关于推广电子发票应用试点若干事项的公告》（2013 年第 25 号）
［97］陈志飞．管理会计在军工企业财务转型中的应用——“业财融合”赋能财务管理体系调整改革案例与实践［J］．中国总会计师，2020（2）：4245
［98］国家税务总局《关于物业管理服务中收取的自来水水费增值税问题的公告》（国家税务总局公告 2016 年第 54 号）
［99］国家税务总局关于发布《个人所得税扣缴申报管理办法（试行）》的公告（国家税务总局公告 2018 年第 61 号）
［100］国家税务总局关于发布《个人所得税专项附加扣除操作办法（试行）》的公告（国家税务总局公告 2018 年第 60 号）
［101］国家税务总局关于个人所得税自行纳税申报有关问题的公告（国家税务总局公告 2018 年第 62 号）
［102］国家税务总局关于自然人纳税人识别号有关事项的公告（国家税务总局公告 2018 年第 59 号）
［103］国资委关于印发《企业国有资产评估项目备案工作指引》的通知（国资发产权〔2013〕64 号）
［104］郝鹏．深入实施国企改革三年行动推动国资国企高质量发展［J］．求是，2021（2）：4－10
［105］文静．业财融合视角下军工科研项目提升财务精细化管理水平的探讨［J］．会计师，2019（23）：3839
［106］吴伊平．以党建引领推动企业高质量发展［J］．现代国企研究，2020（7）：5255
［107］余后满．航天器产品保证［M］．北京：北京理工大学出版社，2017.

后　记

2017年初，我交流到中国空间技术研究院（以下简称“五院”）工作时，五院正值中纪委第一轮巡视后，还在接受航天科技集团党组的巡察。巡视巡察不仅指出了财务系统自身存在的问题，也要求我们更好地履行财会监督职责。院长与我谈话，希望我牵头落实好这件工作。初来乍到，我对五院的文化尚不了解，此前虽也抓过会计内部控制工作，但不同单位的文化小同大异，简单照搬，效果有可能会南橘北枳。

怎么做？我和同事们开始了一轮轮的头脑风暴。按照原定计划，我们完成了又一次的财务检查，选调骨干分组到所属单位，对全部发票“拉网式”查验，发现有不符合“八项规定”精神的，立即整改。财务检查越有效果，我们心里就越没底，因为这并非长久之计。除了检查标准的尺度不好裁量，检查的频次也不好把握。太频繁，如同在稽核岗之外，财务又多了一个“检验”岗，与内审部门的职能重复。一筹莫展时，有同事启发了我们。她们开发了一个小软件，统计出了不合规发票的“限定词”，报销时要求输入所有发票信息，如果触发“限定词”，系统就不通过。她解释说，与其事后检查整改，不如在开展工作时就把质量保证好。这就是质量事后检验与产品过程保证的最大不同。五院的产品保证工作，在几任院长接续推动下，已经根深叶茂、开花结果了。言者无心，听者有意，我们决定学习五院产品保证方法，探索建设财务工作质量保证体系（“财务质保体系”）。

大方向确定了，但从哪儿入手呢？我们讨论认为，工作创新得在“事上磨砺”，最好从解决火烧眉毛的问题入手。当时五院一家四级公司正在接受税务稽查，初步结论是公司管理混乱、内部控制缺失，开具的增值税票有“变票”嫌疑，偷漏税款加上滞纳金、罚款，是这家公司十几年来的累计利润。这件事对大家触动很大，急用先行，《增值税发票管理工作规范》于是成了财务质保体系的第一个标准。我们一鼓作气，后来又制定了研发费加计扣除、所得税申报、个人所得税代扣代缴、电子发票等一系列税务工作规范与作业指南。这种问题导向的工作方法，是深入全体航天人骨髓的一种文化。不放过任何一个问题，通过彻底的问题“归零”来提升财务系统的专业能力，这是建设财务质保体系需要长期坚持的工作原则，也是我们从航天大家庭中汲取到的营养。财务部的同事们将历次审计检查、巡视巡察中指出的问题全部拉条挂账，分门别类，梳理出任务清单，准备解决跨期结算、项目成本归集与收入确认等“多发病”“常见病”。不过，在一次讨论中，有一位同事提出疑问：“如果只从问题出发，如何保证财务质保体系的完备性呢？”这个问题很难回答，新事物开始时都难以望到边界。我当时刚好读到古埃及人丈量不规则的田地时，会先沿着这块土地的外围，画一块面积尽可能接近的长方形，然后从四周随机地往里扔石头，通过落在田地里石头的比例来估算田地面积，作者评论说这就是蒙特卡罗模拟方法。我于是说，我们学习古埃及人，大家都从不同的方向往田里扔石头吧。

这个答复虽然勉强，但这次讨论催生了大家日后津津乐道的“找亮点”活动。为了多从一些方向“扔石头”，我们决定找出全院最佳管理实践，从中提炼一批财务质保标准。我们一行四、五人，到每家三级单位财务部门登门调研，鼓励他们说出各自“最得意”的事情，职级高的后发言，以便补充前面漏掉的“亮点”工作。我们不插话，只是非常认真地倾听。每次调研结束前，我都会将记录下来的亮点一一列举，请他们确认。我通常还会讲下面这个例子，用它来说明我们进一步的打算——有户每年都是决算优秀的三级单位，前一年的决算质量却由于主管轮岗而“断崖式”下跌了，这就是因为主管的个人能力还没有变成单位的组织能力。我解释说，找亮点，就是希望把个人好的做法转变成组织的制度、标准、流程、文化，把“隐性知识显性化，显性知识规范化”，从而把大家的个人能力转化成单位的组织能力。这次活动效果很好，我们与 200 余名财务人员面对面交流，找出了大小 200 多项亮点工作，更重要的是，我们让更多的同事了解、认可了这种做法。后来 120 多人的财务质保工作骨干，很多人都参与过这次活动。调研结束后，我们在讨论调研报告时发现，成员单位彼此间各项工作的质量、水平差别很大，长板很长，短板很短。大家意识到通过财务质保体系建设，能够推动“短板”向“长板”看齐，从而实现全院 80 余家成员单位的“雁行式”发展。那是最后一次头脑风暴，如同玩游戏通了关，大家都很兴奋。一位同事说，刚接到加强部门监管这项工作时，还以为是捡一根绳子呢，没想到现在牵出来了一头牛。

万事开头难，随后的进度就快了很多。我们召开了财务质保体系工作启动会，确定了“院搭平台、厂所唱戏、团队作战、边建边用、持续改进”的工作方法。一大批财务人员动员起来了，很快就见到了成效：资金贴息管理工作指南，让 3 户单位首次获得了 200 多万元的财政贴息；研发费加计扣除工作指南，让利用政策单位增加一倍，整体税负比平均水平低了 3 个百分点；数易其稿的出纳岗位工作指导书，让很多新人工作起来得心应手。2019 年初，一位同事总结道：“财务工作质保体系从梳理工作亮点和问题清单，启动体系建设，到今天体系建设硕果累累；从 2017 年的 3 个手册到 2018 年的 24 个手册；从每个手册的构建、初稿、讨论、修改、评审、定稿、下发再到宣贯、实施都凝聚了全院财务工作者的心血。财务工作质保体系文件将会成为每一位转战新岗位小白的红宝书，也是每一位老师傅经验传承的宝地和宝典……在这里，每个人都是参与者，每个人都是比翼齐飞的小伙伴。”

我于 2018 年底离开五院总会计师岗位，由胡苇交流接任。五院财务部长也经历了金胜、栗晋、李宏宇三任。四年来，财务工作质保体系不断完善、成熟：制定了管理办法，宣贯了更多标准，更多的单位与同事参与，在更大范围内得到了认可。五院全体财务人员

“一张蓝图绘到底”，接续奋斗，终于让财务工作质保体系开出了最美的花，结出了最甜的果。我们敝帚自珍，把这几年的初步成果编辑成册，是为了求教于方家，让更多的人参与到这项有意义的工作中来。我借此机会，把财务工作质保体系诞生前后的事情整理出来，也是想提醒大家不忘初心、方得始终。

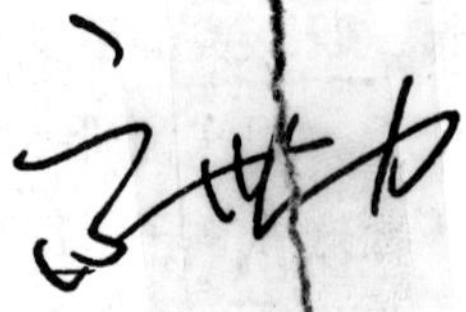

2020 年 12 月